Affinity Publisher Workbook

Professionelle Seitenlayouts und Techniken
für Publikationen mit Affinity Publisher

Und Ihrem Affinity-Team

HINWEISE ZU DEM INHALT

Urheberrechtsvermerke zu Bildern und Schriften finden Sie hinten in diesem Workbook *(Seite 528)*.

ISBN-13: 978-1-909581-08-1

Dieses Buch wurde für die Mac- und Windows-Versionen von Affinity Publisher 1,1 und höher entworfen. Die Screenshots in diesem Buch stammen aus der Mac-Version von Affinity Publisher. Die Windows- und Mac-Versionen von Affinity Publisher unterscheiden sich in ihrem Aussehen und in ihrer Bedienung nur minimal. Besteht ein deutlicher Unterschied, wie z. B. bei manchen Tastenkürzeln, weisen wir gezielt auf die jeweilige Mac- und Windows-Variante hin.

Edition 1.0

Vorwort

Endlich halten Sie das lang erwartete Affinity Publisher Workbook in den Händen. Es ist uns ein wahres Vergnügen, all das Wissen auf diesen Seiten mit Ihnen zu teilen.

Dieses Buch tritt in die Fußstapfen seiner begeistert aufgenommenen „älteren Brüder" – dem Affinity Designer Workbook und dem Affinity Photo Workbook. Es unterscheidet sich jedoch in einem Punkt von den anderen Workbooks. Dieses Kompendium zu Affinity Publisher wurde in der bahnbrechenden DTP-App entworfen und produziert, die es auch behandelt. Das Affinity Publisher Workbook ist ein echtes Kind von Affinity Publisher.

Für dieses Workbook haben wir uns Autoren aus den unterschiedlichsten Sparten des DTP-Designs gesucht, um Ihnen eine breite Palette interessanter Projekte und nützlicher Tipps zu bieten. Nachdem Sie diese 10 Projekte mit ihren über 300 Seiten an Anleitung gemeistert haben, sind Sie bestens gerüstet, um mit Affinity Publisher alle möglichen professionellen Publikationen zu entwerfen, die Ihr Portfolio um viele Meisterstücke bereichern werden.

Affinity Publisher wäre niemals möglich gewesen, wenn Sie uns nicht so tatkräftig und zahlreich bei den zwei anderen Affinity-Apps unterstützt hätten. Wir hoffen, die App und auch das Workbook bereiten Ihnen viel Freude und beflügeln Ihre Kreativität noch weiter.

Ash Hewson
Managing Director

Mitwirkende am Workbook aus dem Affinity-Team

Dieses Buch wurde von folgenden Mitgliedern aus dem Team Affinity erdacht und umgesetzt:

Lektorat	Andy Capstick
Technische Autoren	Andy Capstick, Caroline Doughty und Alan Stonebridge
Künstlerische Leitung	Neil Ladkin und Ian Cornwall
Grafiken	Ian Cornwall und Ian Upcott
Werbetexterin	Kelly Mancaruso
Koordination mit externen Künstlern	Kate Musgrove und Charlotte Thomson-Morley

Mitwirkende

DTP-Projekte umfassen für gewöhnlich Inhalte aus drei kreativen Branchen: Fotografie, Illustration und Design. Daher haben wir uns für dieses Affinity Publisher Workbook eine Menge kreativer Köpfe als Verstärkung geholt. Die Mitwirkenden aus unserem Team erhielten so jede Menge Hilfe von Spezialisten der jeweiligen Branchen, damit die DTP-Projekte in diesem Workbook so vielfältig sind wie die Möglichkeiten von Affinity Publisher und außerdem Druckprojekten aus der echten Arbeitswelt dieser Kreativprofis entsprechen.

Emily Goater – Unsere interne Produktexpertin für Affinity Publisher verfügt über jede Menge Erfahrung im redaktionellen Design sowie im Grafik-, Typografie- und Markendesign. Emily erläutert Ihnen im Kapitel „Grundlagen des Seitendesigns" (Seite 151) die wichtigsten Punkte für DTP-Projekte.

Emilys eigene Werke finden Sie unter:
emilygoaterdesign.com

Ian Cornwall – Unser Manager für kreative Projekte ist ein alter Hase des Layoutdesigns und leitet die künstlerische Gestaltung der Affinity Workbooks. Ian führt Sie insgesamt durch drei Projekte – die als doppelt gefaltet entworfene „Root Box"-Broschüre (Seite 174), ein auf inspirierende Fotos gestütztes Fashionista Lookbook (p. 264) und das als Blickfang für öffentliche Plätze konzipierte Bijou Film Festival Poster (Seite 388).

Matt Searston – Unser interner Produktexperte für Affinity Designer hat das Vektorlogo für das Projekt zur „Root Box"-Broschüre auf Seite 174 entworfen, das Sie als Ressource herunterladen und in dem Projekt verwenden können.

Matts Eigenkreationen finden Sie unter:
instagram.com/mattsearston

Fernando Martins Ribeiro– Als Meister der Produktfotografie hat Fernando all die Produktfotos erstellt, die Sie für das Projekt „Root Box"-Broschüre auf Seite 174 benötigen.

Die Fotos für das Cover dieses Workbooks stammen ebenfalls von Fernando.

Entdecken Sie Fernandos Welt auf:
martinsribeiro.com

Adam Banks – Als ehemaliger Redakteur und kreativer Leiter von MacUser sammelt Adam seit mehr als 30 Jahren Erfahrung im Verlagswesen für Magazine. In dem Projekt „Spotlight Magazine" auf Seite 216, zeigt er Ihnen, wie Sie mit Affinity Publisher das Layoutdesign für ein Magazin von Grund auf selbst entwerfen.

Mehr über Adam erfahren Sie unter: adambanks.com

Roberta Burattini – Roberta, auch als Moon Lotus Dreams bekannt, hat bereits ein Tutorial über ihre digitale Maltechnik für AffinitySpotlight.com verfasst – einer der Artikel in dem Projekt „Spotlight Magazine" auf Seite 216. In den Ressourcen sind ihre Bilder sind als Download verfügbar, damit Sie das Layout selbst nachstellen können.

Robertas Werke finden Sie unter: instagram.com/moonlotusdreams

Eleni Debo – Eleni ist eine preisgekrönte Illustratorin, deren Werke regelmäßig in internationalen Zeitungen, Magazinen und Büchern veröffentlicht werden. Den Artikel zu Eleni auf AffinitySpotlight.com haben wir in dem Projekt „Spotlight Magazine" auf Seite 216 verwendet und Eleni hat dazu ihre als Download verfügbaren Illustrationen geliefert, damit Sie das Layout selbst nachstellen können.

Elenis Werke finden Sie auf: elenidebo.com

Rosa Maglione – Rosa, auch bekannt als „More Profesh" arbeitet im schönen Georgia und ist für ihre eleganten und wirkungsvollen Lebenslaufvorlagen bekannt. In dem Projekt „Talent auf einen Blick – Lebensläufe" auf Seite 300 zeigt Sie Ihnen, wie man diese wichtigen Dokumente entwirft und dabei stets auch an die Personen denkt, die sie später lesen.

Rosas breite Palette an Designs für Lebensläufe finden Sie auf: moreprofesh.com

Steve Simpson – Als preisgekrönter Illustrator und Designer hat Steve all die wunderschönen Bilder für unser Buchprojekt rund um einen Klassiker der Kinderbuchliteratur erschaffen – *Alice's Adventures in Wonderland*. Begleiten Sie uns in „Alice's Adventures in Wonderland als neues Buch" auf Seite 326 und in dem ergänzenden Projekt zu dem Buchcover auf Seite 362 durch diese fantastische Reise.

Steves Werke finden Sie auf: stevesimpson.com

Sandi Dez – Als Gründer von **Zeune Type Foundry** hat Sandi unter anderem die Schrift Wallington Pro entworfen. Diese dekorative Serifenschrift mit vielen OTF-Features stellt er den Käufern des Affinity Publisher Workbook mit einer Lizenz für die gewerbliche Nutzung zur Verfügung. Wie wir Wallington Pro eingesetzt haben, sehen Sie in „Alice's Adventures in Wonderland – Cover" auf Seite 362.

Zeune Ink finden Sie auf: ink.creativezeune.com

James Bates – Mit mehr als 10 Jahren Erfahrung im Markendesign für Unternehmen ist James als unser interner Grafikdesigner absolut perfekt, um Ihnen die Grundlagen des Brandings in dem Projekt zu dem KB/A-Markenleitfaden auf Seite 430 zu demonstrieren.

Die in diesem Projekt festgelegten Richtlinien greift James dann in dem Projekt „KB/A-Briefpapier" auf Seite 460 erneut auf, um auch bei ganz verschiedenen Artikeln einen durchgängigen Look zu gewährleisten.

David Hussner – Unter dem Namen Egotype ist David ein viel beschäftigter Designer kreativer Layoutvorlagen. Die im KB/A-Markenleitfaden entworfenen Elemente greift er für den KB/A-Jahresbericht auf Seite 482 wieder auf, der genau wie das Briefpapier zu der Markenidentität der Firma passen muss.

Davids Arbeiten finden Sie auf:
behance.net/egotype

INHALT

Willkommen

Kapitel 1: Tour durch die App-Oberfläche

Kapitel 2: Grundlagen

Kapitel 3: Grundlagen des Seitendesigns

Kapitel 4: Professionelle Projekte

Kapitel 5: Kreative Projekte

Kapitel 6: Markenprojekte für Unternehmen

Index

Beilagen

WILLKOMMEN

Affinity Publisher Workbook

Willkommen zu dem Affinity Publisher Workbook. Dieses Workbook wurde in Zusammenarbeit mit einer Schar kreativer Köpfe entwickelt, um Ihnen sowohl den Einstieg in Affinity Publisher zu erleichtern als auch eine Fülle praktischer Techniken und Designansätze für die unterschiedlichsten Projekte mit der App zu vermitteln.

In dieser Einführung erfahren Sie mehr über uns und wie Sie dieses Kompendium zu Affinity Publisher optimal für Ihre Arbeit nutzen.

Dieses Workbook wurde vollständig in Affinity Publisher entworfen und mit der App auch publiziert.

Design auf Kapitel- und Projektebene

Ein kleines Team von Spezialisten aus unterschiedlichen Branchen hat die Projekte einzeln und in separaten Publisher-Dateien entwickelt und anschließend lektoriert.

Für die Projekte wurden jeweils zwei Master-Seiten mit Hilfslinien verwendet – mit und ohne Felder für Seitenzahlen und Sektionen.

Alle Texte sind mit einem streng hierarchischen Stilset formatiert. Sämtliche Konflikte bei den Textstilen wurden mithilfe von Testverschmelzungen der verschiedenen Dateien eliminiert.

Für jedes Dokument haben wir die Sektionsdetails und Indexeinträge separat erstellt.

Montage des Workbooks durch Zusammenlegen der Dokumente

Zum Schluss haben wir die endgültigen Versionen von 23 Dokumenten mit ihren Kapiteltrennungen, Kapiteln und Projekten mit unserem Vorwort-Dokument zusammengelegt.

Dieses Zusammenlegen erfolgt über **Seiten aus Datei hinzufügen** (per Rechtsklick im Panel **Seiten** auf die Miniatur des zuvor zusammengelegten Dokuments).

Für jedes Dokument konnten wir so die importierten Textstile überprüfen und dann in dem Hauptdokument hinzufügen.

Die Indexeinträge der Dokumente wurden automatisch in das „Master-Dokument" importiert und dort zusammengestellt und sortiert.

WAS IST AFFINITY?

Der neue Standard für Kreativsoftware

Affinity revolutioniert gerade die Design-, Foto- und Verlagsbranche mit einem Trio leistungsstarker und professioneller Apps, die auf eine absolut einzigartige Weise zusammenarbeiten. Alle Apps wurden so entwickelt, dass sie die Leistung modernster Technologie voll ausnutzen, und die Entwicklung selbst wurde genau auf die Arbeitsanforderungen im typischen Alltag kreativer Profis abgestimmt.

Mit mehr als drei Millionen Anwendern weltweit entwickelt sich Affinity langsam zu einem neuen globalen Standard für Kreativsoftware.

Unser Trio von Apps umfasst:

- **Affinity Designer** für professionelles Grafikdesign – verfügbar für Mac, Windows und iPad
- **Affinity Photo** für die professionelle Fotobearbeitung – verfügbar für Mac, Windows und iPad
- **Affinity Publisher** für professionelles Desktop Publishing – verfügbar für Mac und Windows

Entworfen für plattformübergreifendes kreatives Arbeiten

Affinity-Software wird so entwickelt, dass die mit den Apps erstellten Dateien auf allen unterstützen Plattformen vollständig kompatibel sind und die verschiedenen Versionen auch die gleichen Features und Werkzeuge bieten. Jede Affinity-Datei, die Sie mit den Apps erstellen, lässt sich auch in jeder Affinity-App öffnen – in Designer, Photo oder Publisher und das auf jeder unterstützten Plattform. Diese Komptabilität umfasst auch das Verlaufsprotokoll der Bearbeitungsschritte! Unter Windows ein Objekt verändern und den Schritt auf dem Mac später widerrufen? Kein Problem!

Mit Affinity Publisher können Sie nun die Vorteile und Features der drei Apps aus unterschiedlichen kreativen Branchen für Ihren Workflow kombinieren. So sollte unserer Meinung nach eine kreative Software-Suite aussehen und darum haben wir uns auch für den Markennamen Affinity entschieden.

UND WAS IST JETZT AFFINITY PUBLISHER?

Entworfen von den Entwicklern der preisgekrönten Apps Affinity Designer und Affinity Photo, ist Affinity Publisher vielleicht die modernste und flexibelste App für professionelle DTP-Projekte, die zur Zeit erhältlich ist.

Mit der unglaublich eleganten und intuitiven App können Sie Ihre Bilder, Grafiken und Texte zu wunderschönen Layouts für die professionelle Drucklegung zusammenstellen. Ob nun Zeitschriften, Bücher, Broschüren, Poster, Berichte, Briefpapier und all die vielen anderen Projekte – diese App enthält alles, was Sie für ein perfektes Layout benötigen.

Da sich die anderen Affinity Apps vollständig in Affinity Publisher integrieren lassen, revolutioniert die App gerade den Workflow von DTP-Profis auf der ganzen Welt und wurde daher auch von Apple zur **Mac App des Jahres 2019** gekürt.

DIE WICHTIGSTEN FEATURES

Seitenverwaltung

Vollständiger Überblick über gesamte Arbeit

Im Panel **Seiten** werden alle Seiten des Dokuments als Miniaturen angezeigt, sodass Sie stets alles im Blick und griffbereit haben. Durch simples Ziehen und Ablegen lassen sich die Seiten neu anordnen und per Doppelklick springen Sie direkt zu den einzelnen Seiten.

Sektionen für Kapitelnummerierung und Struktur

Mit dem Sektionsassistenten können Sie die Seitenzahlen bequem festlegen und Ihr Dokument in verschiedene Abschnitte mit separaten Namen unterteilen. Die Seitenzahlen der einzelnen Sektionen lassen sich entweder aus der vorangehenden Sektion fortführen oder auch mit einer frei wählbaren Seitenzahl neu starten.

Beeindruckende Designs

Enterwerfen Sie horizontale oder vertikale Layouts mit gegenüberliegenden Seiten. Bilder und andere Designelemente lassen sich flexibel über den Zwischenraum legen, sodass sie noch besser zur Geltung kommen.

Master-Seiten für häufig verwendete Seitenelemente

Master-Seiten sind ideal, wenn Sie Objekte auf mehreren Seiten an derselben Stelle verwenden möchten. Platzieren Sie die Inhalte einfach auf der Master-Seite – sobald Sie dort ein Element ändern, werden alle Publikationsseiten automatisch aktualisiert, denen Sie diese Master-Seite zugewiesen haben. Sie können diese Inhalte aber bearbeiten sowie auf den Publikationsseiten ganz einfach die Objekte von den Master-Seiten abkoppeln und dann individuell anpassen. Durch die Smart-Funktion der Master-Seiten lassen sich komplette Seitenlayouts mit ein paar Klicks austauschen.

Dokumentdesign

Hilfslinien für ein gutes Layout

Mit dem Dialogfeld **Hilfslinien** können Sie Seiten in gleichmäßige Zeilen und Spalten unterteilen, und so ein gut strukturiertes und durchgängiges Layout für Ihr Dokument festlegen. Die Seitenelemente richten sich beim Ziehen magnetisch an den Hilfslinien aus, wenn Sie die Objektposition oder -größe verändern. Diese automatische Hilfe lässt sich mit nur einem Tastendruck umgehen, wenn Sie ein Objekt benötigen, das etwas „aus der Reihe tanzt". Zusätzliche Hilfslinien erstellen Sie ganz einfach, indem Sie von einem Lineal direkt auf die Seite ziehen. Über das Dialogfeld **Hilfslinien** lässt sich die Position jeder einzelnen Linie auch nachträglich noch ganz genau festlegen.

Cleveres Platzieren von Bildern

Platzieren Sie Rasterbilder einfach in rechteckigen oder elliptischen Bilderrahmen, die Sie mit eigenen Werkzeugen flexibel skalieren können. Darüber hinaus lassen sich auch alle Vektorformen in Bilderrahmen umwandeln, und Sie können die Bilder selbstverständlich in ihren Rahmen passend skalieren und verschieben.

Grundlinienraster

Mit dem Grundlinienraster können Sie Texte vertikal über alle Spalten und Seiten der gesamten Publikation ausrichten – oder auch nur für einzelne Textrahmen und Tabellen. Die Startposition des Rasters auf der Seite lässt sich ebenso flexibel festlegen wie seine Farbe und ab welcher Zoomstufe es sichtbar wird.

Verwalten von Assets

Speichern Sie Seitenelemente einfach im Panel Assets zur späteren Verwendung.

Kristallklare Vorschau

Raster, Hilfslinien und andere Elemente, die nicht zu einem Dokument gehören, lassen sich durch den Wechsel zum Vorschaumodus sofort ausblenden, sodass Sie in aller Ruhe wirklich nur den Inhalt Ihrer Seiten überprüfen können.

Zusammenlegen von Dokumenten

Versammeln Sie andere Dokumente aus Affinity Publisher PDFs in einem einzigen „Master-Dokument" – ideal für Bücher oder Dokumente, die ein zusätzliches Cover oder Beilagen benötigen. Die Indexeinträge und Textstile lassen sich ebenfalls zusammenlegen.

Datenzusammenführung

Kombinieren Sie Text und Bildverknüpfungen aus einer externen Datenquelle, wie Textdateien (einfach/CSV), JSON-Dateien und XLSX-Arbeitsmappen (z. B. MS Excel).

Arbeiten mit Text

Unverzichtbare Textwerkzeuge

Nutzen Sie das Werkzeug **Grafiktext** für Überschriften und kreative Typografie und das Werkzeug **Rahmentext** für Fließtexte. Texte lassen sich zusätzlich noch auf jedem beliebigen Vektorpfad platzieren. Verfeinern Sie Ihre Texte mit eleganten Ligaturen, Formatvarianten und Alternativen. Natürlich lassen sich all diese Schrift-Features flexibel anpassen – genau wie Unterschneidung, Zeichen- und Zeilenabstand, Tabstopps und Grundlinienversatz. Eine Rechtschreibprüfung gibt es ebenfalls und selbstverständlich können Sie Textrahmen auch mit Platzhaltertext füllen. Dank der Textstile lassen sich all Ihre Texte ganz flexibel formatieren – auf Zeichenebene und auf Absatzebene.

Textfluss über mehrere Seiten

Mit wenigen Klicks führen Sie Ihren Text durch eine Sequenz mit ein- oder mehrspaltigen Textrahmen – sogar über mehrere Seiten. Publisher passt den Textfluss automatisch und augenblicklich an wenn Sie einen verknüpften Textrahmen vergrößern oder verkleinern. Die Funktion AutoFlow kann sogar automatisch so viele Seiten mit Textrahmen erstellen, dass Ihr Text komplett sichtbar ist.

Alles fließt - drumherum und knapp daneben

Text kann problemlos andere Elemente umfließen, einschließlich Bilder und Formen, damit Ihre Designs ganz natürlich wirken. Die Abstände zwischen Text und Objekt können Sie präzise festlegen, damit der Text die Bilder nicht überlappt. Wo der Text die Objekte umfließt, ist natürlich ebenfalls frei wählbar.

Immer hübsch zusammen bleiben

Grafiken, Tabellen oder andere Textrahmen lassen sich an dem Text anpinnen, auf den sie sich beziehen, sodass sie bei einer Änderung am Textfluss automatisch passend auf der Seite verschoben werden.

Hilfe für Ihre Leser

Affinity Publisher kann automatisch ein Inhaltsverzeichnis aus den Sektionen und Textstilen Ihrer Publikation erstellen. Platzieren Sie Indexmarken in Wörtern und Ausdrücken, erzeugt die App auch einen Index aus all den Stellen, an denen diese Begriffe vorkommen – inklusive Querverweise, die den Leser zu verwandten Themen leiten.

Flexible und übersichtliche Tabellen

Mit dem Tabellenwerkzeug legen Sie einfach durch Ziehen die Anzahl der Spalten und Zeilen fest. Die Größe der Tabelle lässt sich anschließend präzise auf einen ganz bestimmten Bereich anpassen, ohne dass ihre interne Struktur verändert wird. Zellen lassen sich direkt auf den Seiten hinzufügen und entfernen, gezielt und in zusammenhängenden Abschnitten auswählen sowie mit Stilen formatieren. Die Formatierung für Ihre Tabellen können Sie außerdem als Vorgabe speichern und dann später noch in anderen Dokumenten verwenden.

Unverzichtbare Designwerkzeuge

Sofortiges Zurückrudern zu bestimmten Arbeitsschritten

Mit dem Schieber im Panel **Protokoll** können Sie durch Tausende von Bearbeitungsschritten scrollen.
Alle Bearbeitungsschritte lassen sich zusammen mit dem Dokument speichern und damit auch noch widerrufen, wenn Sie das Dokument schließen und erneut öffnen.

Clevere Farbpipette

Mit der Pipette lassen sich Farben gezielt aus Bildern und anderen Elementen auswählen (wahlweise von einem Punkt oder per Durchschnittsberechnung) und dann erneut mit Werkzeugen und Objekten einsetzen.

Das Panel „Transformieren"

Absolut präzise Vorgaben für die Position, Größe, Rotation oder den Neigungswinkel von Objekten? Kein Problem.

Das Panel „Kontur"

Breite, Enden, Ecken, Ausrichtung oder Gehrung? Aber sicher. Und jede Menge Optionen für gestrichelte Linien und Pfeilspitzen.

Konfigurierbare Tastenkürzel

Affinity Publisher bietet eine breite Palette an Standardkürzeln, die Sie natürlich genau an Ihre Arbeitsweise anpassen können.

Verwalten Ihrer Ressourcen

Ressourcenverwaltung

Hier können Sie alle eingebetteten und verknüpften Bilder und Dokumente überprüfen sowie verknüpfte Ressourcen in einem einzigen Ordner sammeln.

Schriftverwaltung

Hier ersetzen Sie fehlende Schriften durch einen vorgeschlagenen Ersatz oder wählen die Ersatzschrift manuell aus.

Paketformat

Sammeln Sie alle verknüpften Bilder, Dokumente und Schriften für Ihr Projekt in einer einzigen Datei, die sich bequem auf andere Computer übertragen lässt.

Professionelle Dateiformate und Ausgabe

Arbeiten mit vertrauten Formaten

Importieren und platzieren Sie Dateien aus Adobe InDesign (nur IDML) und PDFs (Transfer). Öffnen und platzieren Sie Dokumente aus anderen Affinity Apps. Platzieren Sie Bilder (PNG, JPEG, TIFF, SVG), PSD-Formate mit Ebenen, DOCX-Dateien aus Microsoft Word, XLSX-Arbeitsmappen, RTF- und einfache Textdateien.

Erstellen von Vorlagen

Exportieren Sie Publikationen als Vorlagen (*.aftemplate) die sich bequem über Cloud-Speicher teilen und im Dialogfeld **Neues Dokument** aufrufen lassen.

Professionelle Farbverwaltung

Mit dem Panel **Farbfelder** haben Sie alle Farben für Ihre Publikation stets im Griff. Arbeiten Sie mit vollständigem CMYK-Workflow direkt für die professionelle Drucklegung. Farbprofile für Dokumente lassen sich sogar sperren. Neben PANTONE®-Farbmustern werden hier auch RGB-, LAB- und Graustufen-Farbräume unterstützt.

Checkliste mit Echtzeitprüfung

Fehlermeldungen und Warnungen werden sofort angezeigt, sobald ein Problem auftritt, und lassen sich bequem über das Panel **Checkliste** prüfen und beseitigen.

Professionelle PDF-Ausgabe

Bereiten Sie Ihre Ausgabe für die professionelle Drucklegung vor – komplett mit Anschnitt-, Beschnitt- und Zuschnittmarken und Unterstützung für die PDF/X-Ausgabe. Für besondere Farben können Sie auch ganz gezielt Schmuckfarben festlegen.

Interaktive digitale Publikationen

PDFs für die Bildschirmdarstellung lassen sich mit Hyperlinks und PDF-Lesezeichen versehen.

STUDIOLINK: INTEGRIERTE AFFINITY-APPS

Dank der revolutionären StudioLink-Technologie von Affinity Publisher, können Sie direkt in Publisher auf Funktionen und Werkzeuge für Grafikdesign und Fotobearbeitung von Affinity Designer und Affinity Photo zugreifen, wenn diese auf Ihrem Computer installiert sind, und für alle Objekte auf Ihren Seiten nutzen, ohne zwischen den Apps zu wechseln.

Mit StudioLink reicht ein Mausklick und schon stehen Ihnen die Hauptfunktionen von Designer und Photo zur Verfügung. Klicken Sie einfach nur auf das entsprechende Symbol der Personaleiste links oben im Arbeitsbereich von Publisher. Alle Werkzeuge und Panels werden nun automatisch durch die jeweiligen Elemente für Grafikdesign und Fotobearbeitung ausgetauscht, wenn Sie zwischen den Personas umschalten. Sobald Sie in der Designer oder Photo Persona alles erledigt haben, klicken Sie wieder auf das Symbol der Publisher Persona und schon sind all die Werkzeuge für das Seitenlayout wieder da.

Endlich ist Schluss mit dem ständigen App-Wechsel und dem Export und Import neuer Grafik- und Bildversionen. Willkommen zu Ihrem neuen kreativen Workflow!

StudioLink

Möchten Sie StudioLink nutzen, überprüfen Sie zunächst, ob Sie die aktuellsten Versionen von Affinity Designer und Affinity Photo installiert haben und öffnen dann die Apps, um sie bei StudioLink einzuklinken.

Für dieses Beispiel haben wir die Vektorillustration mit Anmerkungen (linke Seite) in der **Designer Persona** erstellt, das 3D-Bild (rechte Seite) in der **Photo Persona** manipuliert und dann mit der **Publisher Persona** alles zu einer Layoutseite mit Logo, Titel, Tabelle und Tabellentext verbunden.

OPTIMALE NUTZUNG DIESES BUCHES

Damit Sie an den Projekten in diesem Workbook arbeiten können, muss auf Ihrem Mac oder PC Affinity Publisher installiert sein. Affinity Publisher ist im Mac App Store, im Microsoft Store sowie über affinity.serif.com erhältlich.

Eine vollständige Liste der Systemanforderungen finden Sie unter affin.co/publisherfeatures

Sie sollten sich in der App-Oberfläche auskennen.

Bei den Projekten in diesem Buch gehen wir davon aus, dass Sie mit der Oberfläche von Affinity Publisher so vertraut sind, dass Sie damit arbeiten können oder bereits das Kapitel „Tour durch die App-Oberfläche" (Seite 14) gelesen und verinnerlicht haben.

Meistern Sie die Grundlagen.

Bei den Projekten in diesem Buch gehen wir außerdem davon aus, dass Sie die Grundlagen der Arbeit in Affinity Publisher beherrschen oder die in dem Kapitel „Die Grundlagen" (Seite 76) erläuterten Prinzipien verstanden haben. Zu Beginn eines jeden Projekts sind die für das Projekt benötigten Grundlagen aufgeführt.

Arbeiten Sie mit den Standard-einstellungen.

Bei den Projekten gehen wir davon aus, dass Sie die Standardeinstellungen für Affinity Publisher verwenden. Wie Sie die App auf die Standardeinstellungen für den Arbeitsbereich zurücksetzen, steht in dem Kapitel „Tour durch die App-Oberfläche" (Seite 14).

Tastenkürzel

Hinten in diesem Buch finden Sie als Beilage ein paar praktische „Spickzettel" mit den standardmäßig für die App festgelegten Tastenkürzeln. Das Standardkürzel haben wir automatisch angegeben, wenn wir ein Werkzeug das erste Mal in einem Projekt verwenden.

Wie Sie die Standardkürzel an Ihre bevorzugte Arbeitsweise anpassen, steht ebenfalls in dem Kapitel „Tour durch die App-Oberfläche".

Projektressourcen

Zu Beginn eines jeden Projekts finden Sie einen Download-Link für alle Ressourcen, die der Designer für das jeweilige Projekt verwendet hat, wie z. B.:

https://affin.co/RBBrochure

Auf den folgenden Projektseiten werden manchmal noch bestimmte Dateien aus diesen Ressourcen aufgeführt, damit Sie dem Projekt leichter folgen können:

Ressourcen
Rootbox_brochure_02.afpub Root Box.afpalette rootbox-ribeiro-berries.png

Die Ressourcen sind im Affinity Store (https://affinity.serif.com/store) gespeichert und Sie erreichen sie über Ihr Affinity-Konto. Klicken Sie einfach auf den Button **Meinen Download-Link abrufen**, um die Ressourcen für das Projekt in Ihrem Downloads-Ordner (oder dem von ihnen für Downloads vorgesehenen Ordner) zu speichern.

WERDEN SIE TEIL UNSERER COMMUNITY

Hier finden Sie stets die aktuellsten News und Updates sowie weitere Ressourcen.

Wir entwickeln unsere Affinity-Apps ständig weiter und stehen unserer wachsenden Community stets gern mit Rat und Tat zur Seite.

Immer auf dem Laufenden und Hilfe bei Problemen

Unsere Seiten auf **Twitter**, **Facebook** und **Instagram** sind ideal, wenn Sie nach den neuesten Informationen suchen oder einen Blick in kommende Features werfen möchten. Hier finden Sie auch einige exklusive Infos und können sich für unseren **Newsletter** anmelden, damit Ihnen keine Neuigkeit, kein Angebot und kein Wettbewerb mehr entgeht. Wir informieren Sie dann einfach per E-Mail und Spam gibt es von uns auf gar keinen Fall. Niemals.

Haben Sie eine detaillierte Frage oder benötigen technische Unterstützung, schauen Sie am besten in unseren **Foren** vorbei. Unsere Entwickler sind in den Foren aktiv, sodass Sie Hilfe und Updates direkt aus der Quelle beziehen. Hier können Sie auch an unseren kostenlosen Betatests teilnehmen und somit direkt alle neuen Features selbst ausprobieren.

Neue Inspiration

Affinity Spotlight ist eine kostenlose Onlineressource, in der wir all die kreativen Werke mit anderen teilen, die wir so sehr lieben. Hier finden Sie außerdem jede Menge Tipps von Kreativprofis. Von Interviews mit echten Affinity-Profis über einen Blick hinter die Kulissen bis hinzu Studienmaterial, wie z. B. Tutorials und Erläuterungen zu technischen Konzepten, ist hier einfach alles dabei. Beachten Sie bitte, dass Affinity Spotlight momentan nur in englischer Sprache verfügbar ist. Besuchen Sie uns einfach auf affinityspotlight.com und riskieren Sie einen Blick.

Man lernt nie aus

Unterstützt werden unsere Affinity-Produkte von einer breiten Auswahl an Videotutrials – allesamt aufgenommen in 4K. Die Videos erreichen Sie direkt über den Willkommen-Bildschirm der App. Klicken Sie einfach auf Tutorials ansehen. So lernen Sie unsere Apps besser kennen und können Ihre eigene Palette an kreativen Techniken und Tricks ständig erweitern. Die Videos eignen sich sowohl für Anfänger als auch für Fortgeschrittene. Und da wir ständig neue Features für die Apps entwickeln, wächst auch die Zahl der Videos immer weiter.

Wenn auch Sie Interesse an den aktuellen News und Updates zu Affinity haben, dann tragen Sie sich einfach unter folgender Adresse in unsere Mailingliste ein: affin.co/subscribe

Möchten Sie mehr über den Einsatz der verschiedenen Features aus der Affinity-Suite erfahren, werfen Sie doch einfach mal einen Blick in unsere umfangreiche Auswahl an Videotutorials auf vimeo.com/affinitybyserif und affin.co/youtube

Wie wäre es mit News, Updates, Support und interessanten Wettbewerben? Dann folgen Sie uns einfach auf Twitter @affinitybyserif

Support, News, Updates und Infos zu Wettbewerben finden Sie auch auf Facebook. Liken Sie einfach @affinitybyserif

Teilen Sie Ihre Arbeiten mit dem Tag #madeinaffinity und vielleicht präsentieren wir Ihr Werk auf unserer Instagram-Seite @affinitybyserif

News, Studienmaterial und Inspiration von dem preisgekrönten Affinity-Team finden Sie auch unter affinityspotlight.com

Möchten Sie an unseren kostenlosen Betatests teilnehmen oder benötigen Sie Support durch unser Team – inklusive unsere Entwickler – schauen Sie einfach in unseren Foren vorbei: affin.co/forum

KAPITEL 1

Tour durch die App-Oberfläche

In diesem Kaptitel führen wir Sie durch die einzelnen Elemente der App-Oberfläche von Affinity Publisher. Wir konzentrieren uns dabei auf alle Werkzeuge für das Seitenlayout und die Studiopanels und erläutern, wie Sie in der kontextabhängigen Arbeitsumgebung schnell, intuitiv und vor allem mit jeder Menge Spaß arbeiten können.

AFFINITY PUBLISHER

Tour durch die App-Oberfläche

Symbolleiste

Hier wechseln Sie zwischen den Personas und finden häufig verwendete Funktionen und Einstellungen, wie z. B. Textumbruch (Umfließen), Anpinnen (Verankern), Designhilfen, Objektsortierung und Ausrichtung.

Werkzeugleiste

Hier sind alle Werkzeuge für das Seitenlayout aufgelistet. Die hier verfügbaren Werkzeuge ändern sich, wenn Sie per StudioLink zu einer anderen Persona wechseln.

Kontextleiste

Die hier verfügbaren Optionen variieren je nach dem aktuell aktiven Werkzeug oder ausgewähltem Objekt, sodass stets schnell und einfach auf die wichtigsten Einstellungen für die aktuelle Aufgabe zugreifen können.

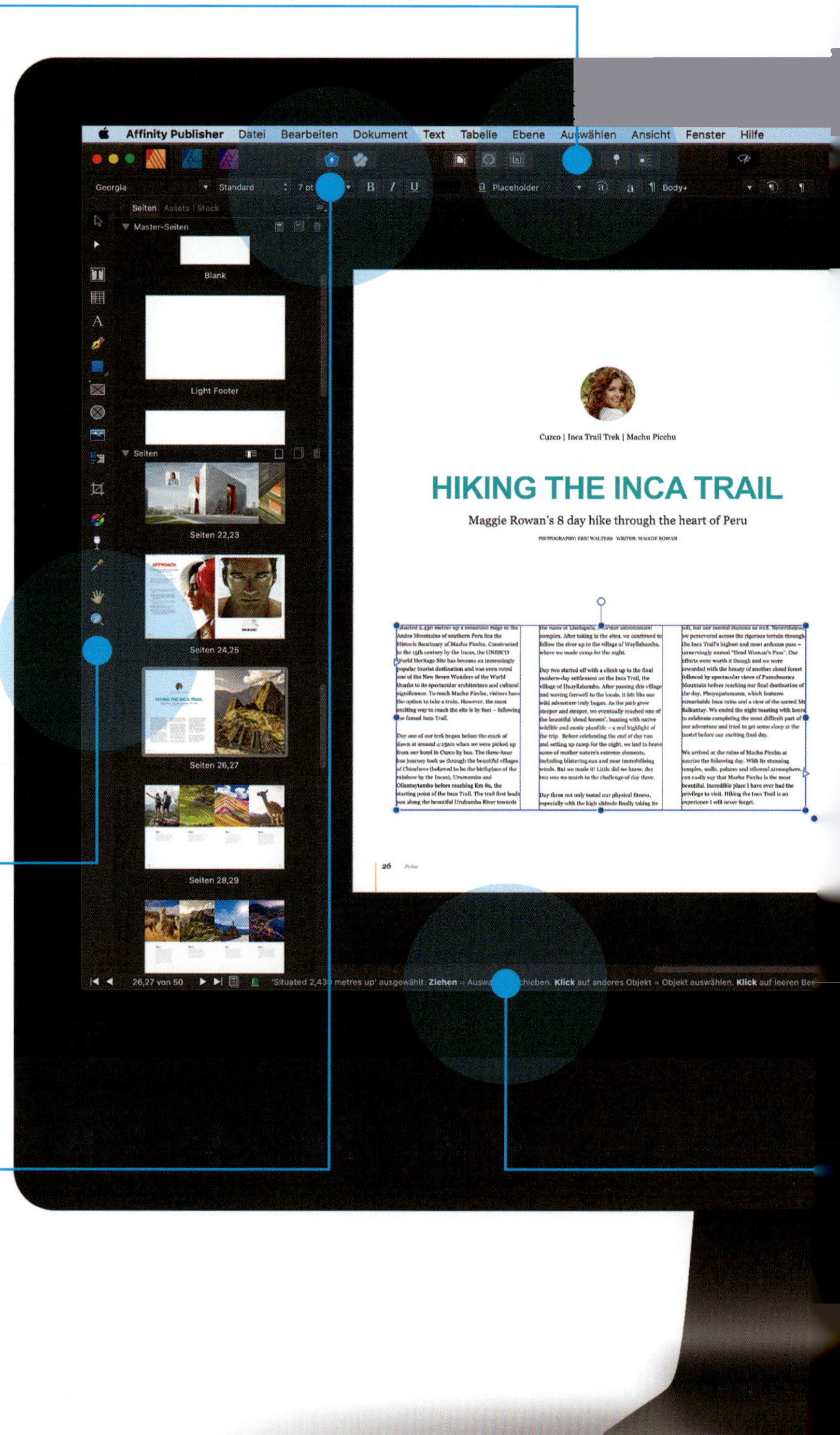

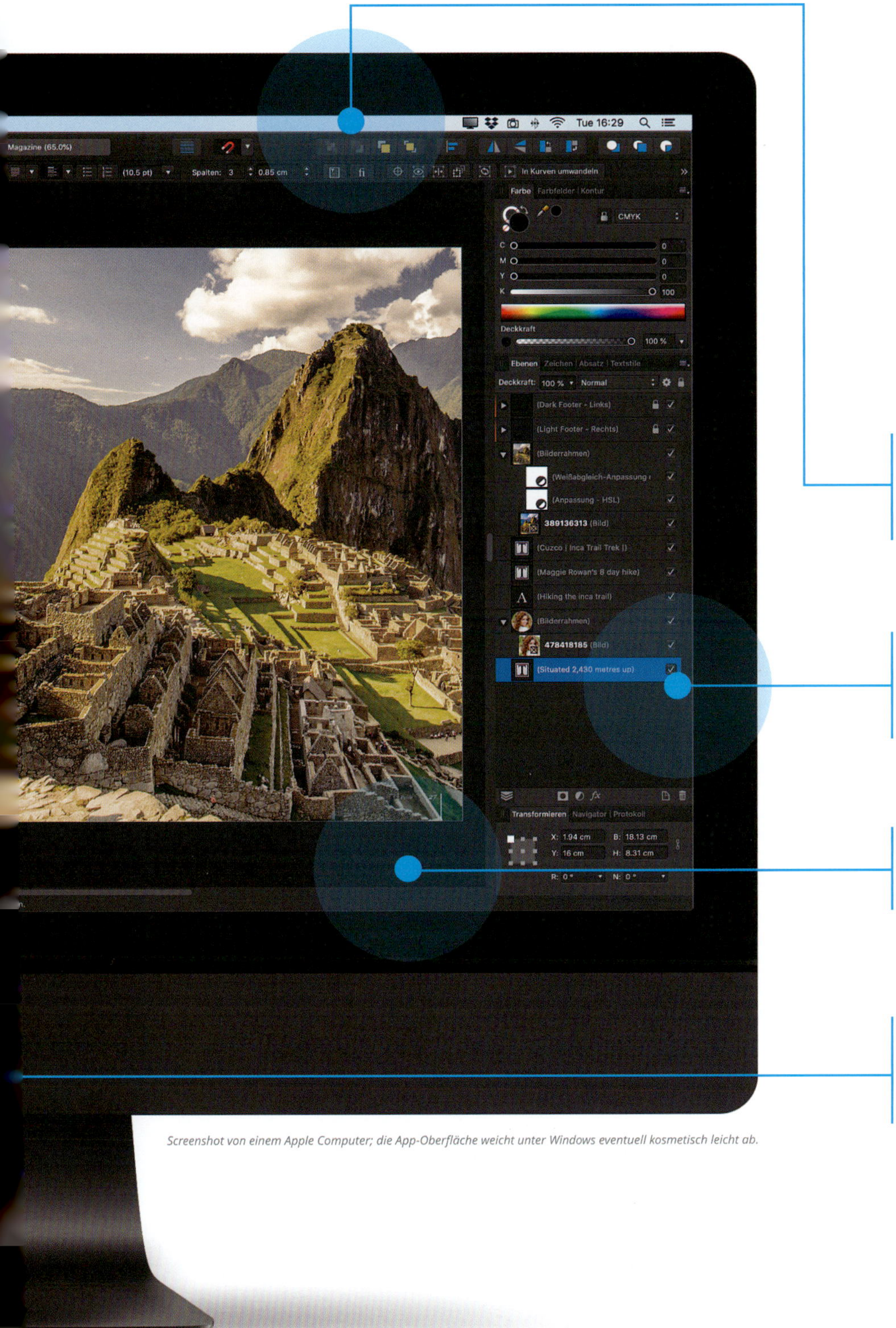

Screenshot von einem Apple Computer; die App-Oberfläche weicht unter Windows eventuell kosmetisch leicht ab.

Menüleiste

Hier finden Sie alle Befehle und Optionen übersichtlich in verschiedenen Menüs angeordnet.

Studiopanels

Hier ändern Sie die Eigenschaften von Seitenobjekten und Elementen oder legen Designhilfen fest.

Dokumentansicht

Das ist die „Arbeitsplatte", auf der Sie die Seitenlayouts zusammenstellen.

Statusleiste

Hier finden Sie praktische Tipps und Tastenkürzel zu dem aktuell aktiven Werkzeug.

PERSONAS

Personas ermöglichen Ihnen unterschiedliche Arbeitsweisen in der App. Über die entsprechenden Symbol der Symbolleiste können Sie einfach zwischen den Personas umschalten.

Ist auf Ihrem Computer lediglich Affinity Publisher installiert und keine Version von Affinity Designer oder Affinity Photo, können Sie nur ein Persona-Symbol namens **Publisher Persona** auswählen.

Publisher Persona

Mit dieser Persona für Seitenlayouts können Sie folgende Elemente erstellen:

- Seiten, Master-Seiten und Layoutseiten
- Textrahmen
- Bilderrahmen
- Tabellen
- Kurven und Formen
- Grafik- und Rahmentexte
- Inhaltsverzeichnisse und Indexlisten
- Hyperlinks und Anker
- PDF-Ausgaben (für das Web und die professionelle Drucklegung)

StudioLink

Über die **StudioLink**-Technologie (Seite 8) können Sie zusätzliche Personas aktivieren und so auf Funktionen von **Affinity Photo** und **Affinity Designer** zugreifen. Auf diese Weise stehen Ihnen zusätzliche Möglichkeiten für die Arbeit mit Vektorobjekten bzw. Fotos zur Verfügung. Sie müssen also niemals Affinity Publisher verlassen und ersparen sich ständiges Exportieren und Importieren Ihrer Dateien, wenn Sie Ihr Design erweitern möchten. Nahtloser können Sie kaum zwischen Apps und unterschiedlichen Arbeitsaufgaben wechseln.

Designer Persona

Diese Persona bietet zusätzliche Möglichkeiten für die Bearbeitung Ihrer Vektorobjekte. Haben Sie eine Kopie von **Affinity Designer** erworben und installiert, erhalten Sie über diese Persona sofortigen Zugriff auf die wichtigsten Werkzeuge der App. Hierzu gehören:

- Symbole
- Eckenwerkzeug
- Vektorpinsel und andere Pinselkategorien
- Bleistift
- Effekte mit mehreren Konturen und Füllungen

Photo Persona

Diese Persona ist speziell für die professionelle Bearbeitung Ihrer Fotos ausgelegt. Haben Sie eine Kopie von **Affinity Photo** erworben und installiert, finden Sie hier:

- Malpinsel und viele andere Pinselkategorien
- Werkzeuge für freihändige, speziell geformte und mit Pinseln erstellte Auswahlbereiche
- Retuschierpinsel
- Live-Filter
- Maskierungsoptionen für Anpassungen und Filter

Wechseln zwischen Personas

Möchten Sie die Funktionen der anderen Affinity-Apps nutzen, wählen Sie einfach in der **Symbolleiste** das entsprechende Symbol aus und setzen Ihre Arbeit dann mit der neuen Werkzeugpalette fort. Wechseln Sie zu einer anderen Persona, ändern sich Arbeitsbereich und Panels, damit Sie auf die entsprechenden Werkzeuge, Symbolleisten, Menüs und Optionen zugreifen können.

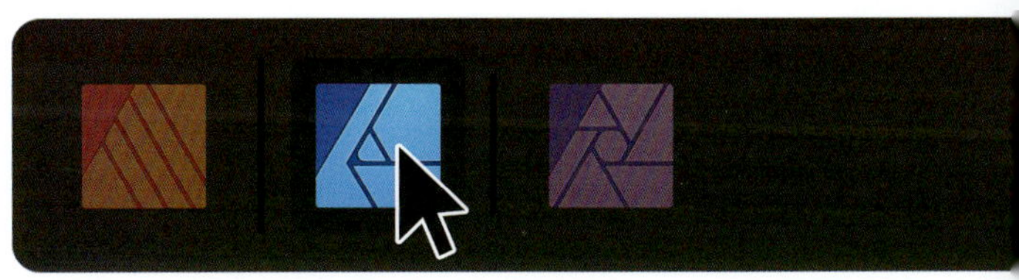

DIE WERKZEUGE DER PUBLISHER PERSONA

Verschieben

Mit diesem Werkzeug können Sie Seitenobjekte verschieben, drehen, skalieren, transformieren und kopieren.
Tastenkürzel: V

Knotenwerkzeug

Mit dem **Knotenwerkzeug** lassen sich alle Kurven und Formen extrem präzise bearbeiten, die Sie mit dem **Zeichenstift** oder einem **Formwerkzeug** erstellt haben.
Tastenkürzel: A

Rahmentext

Mit dem Werkzeug **Rahmentext** fügen Sie Textabsätze in Ihr Dokument ein, die in einem Textrahmen platziert sind.
Tastenkürzel: T
(Wechselt zwischen folgenden Werkzeugen: Rahmentext, Grafiktext und Tabelle)

Tabelle

Mit dem Werkzeug **Tabelle** platzieren Sie Tabellen auf Ihren Dokumentseiten.

Grafiktext

Mit dem Werkzeug **Grafiktext** erstellen Sie skalierbare Texte – ideal für Titel oder als Verzierungen.

Zeichenstift

Mit dem **Zeichenstift** zeichnen Sie Bézier-Kurven, geschlossene unregelmäßige Formen, gerade Linien oder Polygone. All diese Formen lassen sich bequem in Text- oder Bilderrahmen umwandeln.
Tastenkürzel: P

Formwerkzeuge

Mit diesen Werkzeugen lassen sich komplizierte geometrische Figuren schnell und einfach auf Ihren Dokumentseiten zeichnen. Sie können alle Formen flexibel anpassen und bearbeiten. Zu den hier verfügbaren Formen gehören Rechtecke, Sterne, eine Ellipse und ein Zahnrad.
Tastenkürzel: M
*(Wechselt zwischen folgenden Werkzeugen: **Rechteck**, **Ellipse** und **Abgerundetes Rechteck**)*

Rechteckiger Bilderrahmen

Mit diesem Werkzeug platzieren Sie rechteckige oder perfekt quadratische Bilderrahmen auf Ihren Dokumentseiten, die sich dann beliebig mit Inhalten füllen lassen.
Tastenkürzel: F
(Wechselt zwischen den Werkzeugen für Bilderrahmen)

In der **Werkzeugleiste** finden Sie die umfangreiche Palette von Werkzeugen der aktuell aktiven Persona. Die Werkzeuge der **Publisher Persona** wurden hauptsächlich für das Seitenlayout und das Erstellen von Seitenobjekten konzipiert.

Elliptischer Bilderrahmen

Mit diesem Werkzeug platzieren Sie elliptische oder perfekt kreisförmige Bilderrahmen auf Ihren Dokumentseiten.
Tastenkürzel: F
(Wechselt zwischen den Werkzeugen für Bilderrahmen)

Bild platzieren

Mit diesem Werkzeug können Sie Bilder, Affinity-Dokumente oder PDF-Dokumente auf Ihren Seiten oder in einem ausgewählten Bilderrahmen platzieren. Ein Klick platziert die Datei mit ihren Originalabmessungen; durch Ziehen legen Sie die Abmessungen selbst fest.

Knotenwerkzeug zur Datenzusammenführung

Erstellt einen Bereich für die Zusammenführung externer Daten. So lassen sich zum Beispiel Inhalte auch mehrfach reproduzieren.

Vektorzuschnitt

Mit dem Werkzeug **Vektorzuschnitt** entfernen Sie Teile eines ausgewählten Objekts oder von gruppierten Objekten – und das absolut zerstörungsfrei. Platzierte Bilder lassen sich ebenfalls zuschneiden.

Füllung

Mit diesem Werkzeug legen Sie flexibel anpassbare und seidenweiche Farbverläufe auf die Kontur und/oder Füllung von Objekten. Diese Füllung ist ideal für Textrahmen, Titel und Formen (als Seitenhintergründe).
Tastenkürzel: G

Transparenz

Mit diesem Werkzeug legen Sie einen Transparenzverlauf auf ein Objekt.
Tastenkürzel: Y

Farbpipette

Mit diesem Werkzeug können Sie Farbproben aus Ihrem Dokument entnehmen und wahlweise auf die aktuelle Auswahl anwenden.
Tastenkürzel: I

Ansichtswerkzeug

Verschiebt den sichtbaren Teil Ihres Dokuments in der **Dokumentansicht**. Per Doppelklick auf das Symbol stellen Sie für die aktuelle Seite die Ansicht **Passend zoomen** ein.
Tastenkürzel: H
Verschieben der Ansicht mit Tasten: Leertaste

Zoomwerkzeug

Mit diesem Werkzeug ändern Sie die Zoomstufe der **Dokumentansicht**. Per Doppelklick auf das Symbol stellen Sie den Zoom auf 100 % ein.
Tastenkürzel: Z

DIE SYMBOLLEISTE

Die **Symbolleiste** der **Publisher Persona** bietet Optionen für den Wechsel zu anderen Personas sowie für Standardsteuerung, Textumbruch (Umfließen), Anpinnen (Verankern), Vorschau, Optionen des Grundlinienrasters und Objektmanipulation.

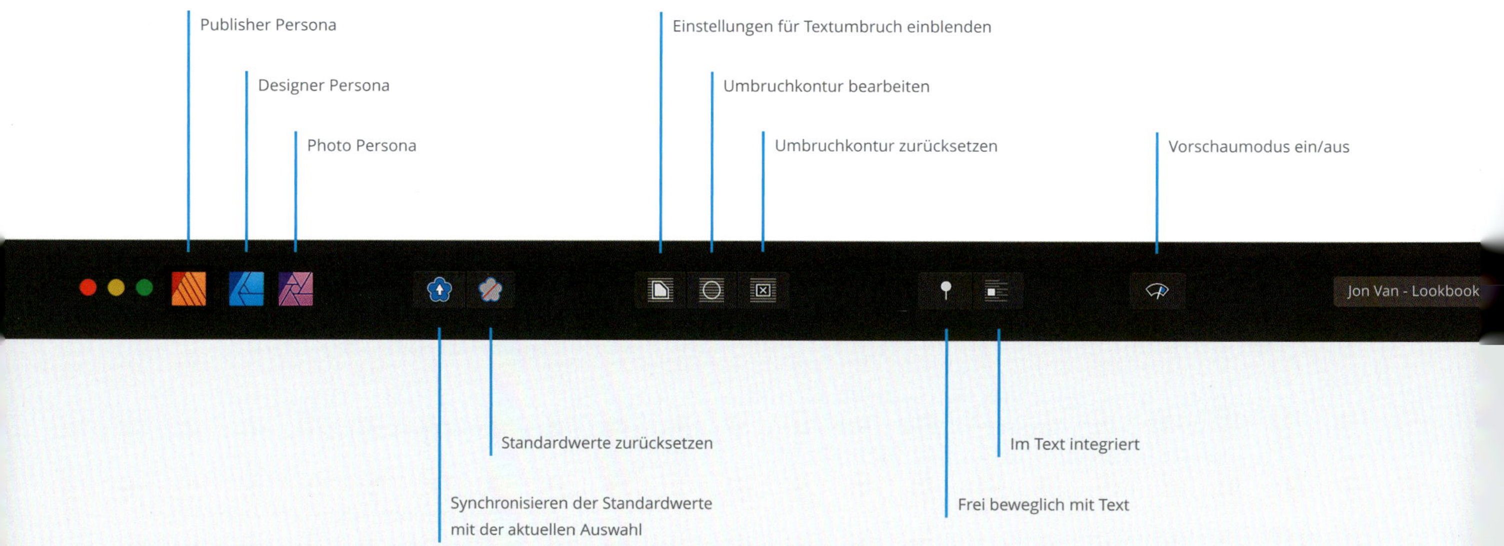

Screenshot von einem Apple-Computer; die App-Oberfläche weicht kosmetisch eventuell von der Windows-Version ab.

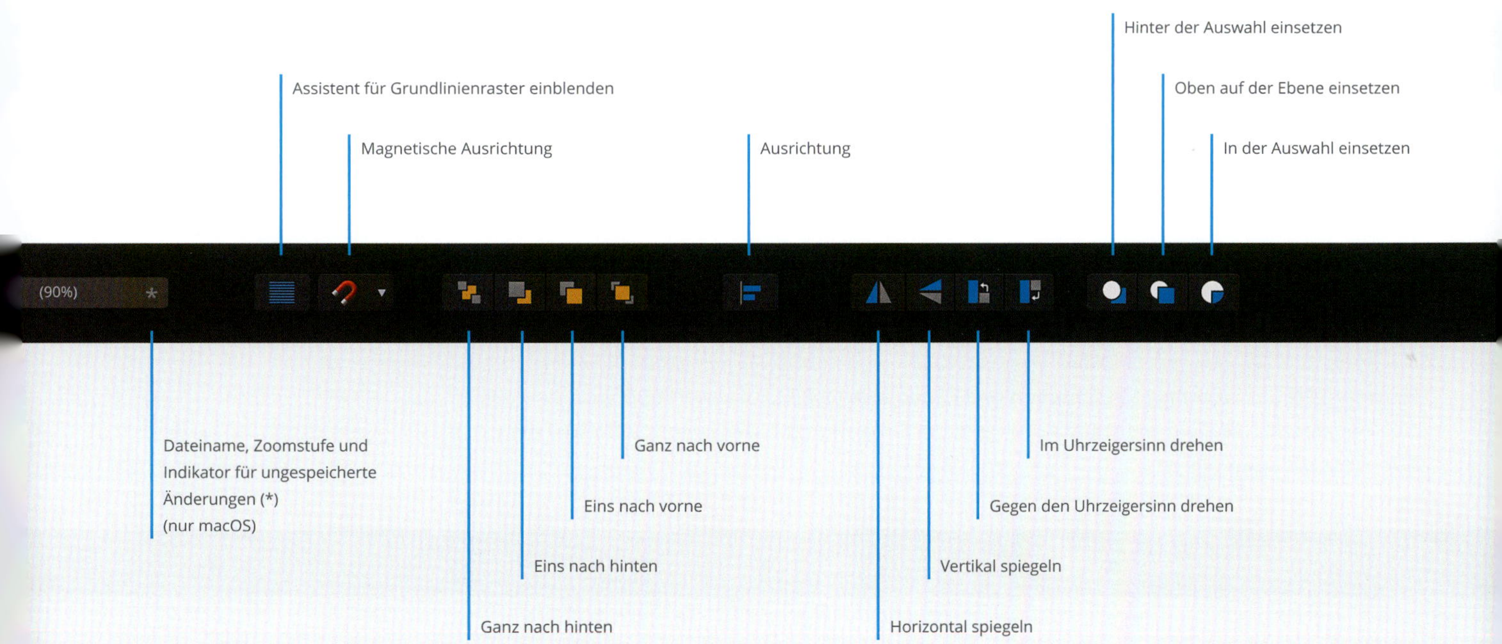
Hinter der Auswahl einsetzen
Assistent für Grundlinienraster einblenden
Oben auf der Ebene einsetzen
Magnetische Ausrichtung
Ausrichtung
In der Auswahl einsetzen
(90%)
Dateiname, Zoomstufe und Indikator für ungespeicherte Änderungen (*) (nur macOS)
Ganz nach vorne
Im Uhrzeigersinn drehen
Eins nach vorne
Gegen den Uhrzeigersinn drehen
Eins nach hinten
Vertikal spiegeln
Ganz nach hinten
Horizontal spiegeln

DIE KONTEXTLEISTE

Die Kontextleiste wird direkt über der **Dokumentansicht** eingeblendet.

Wie der Name schon andeutet, variieren die Optionen in der Kontextleiste je nach dem aktuell ausgewählten Werkzeug. Egal, zu welchem Werkzeug Sie greifen, hier finden Sie stets alle Optionen, die Sie für Ihre Arbeit benötigen.

Ein Beispiel: Die Kontextleiste für das Werkzeug **Rechteck** (siehe unten) im Vergleich zu der völlig anderen Kontextleiste für das Werkzeug **Rahmentext** (siehe andere Seite).

Aktivieren Sie das Werkzeug **Verschieben** und wählen ein **Objekt** aus, enthält die Kontextleiste Bearbeitungsmöglichkeiten für dieses Objekt, wie z. B. für einen ausgewählten Bilderrahmen:

Aktivieren Sie das Werkzeug **Verschieben** und haben kein Objekt ausgewählt, können Sie über die Kontextleiste die **Dokumenteinstellungen**, die **Einstellungen der Layoutseite** und die **App-Einstellungen** öffnen.

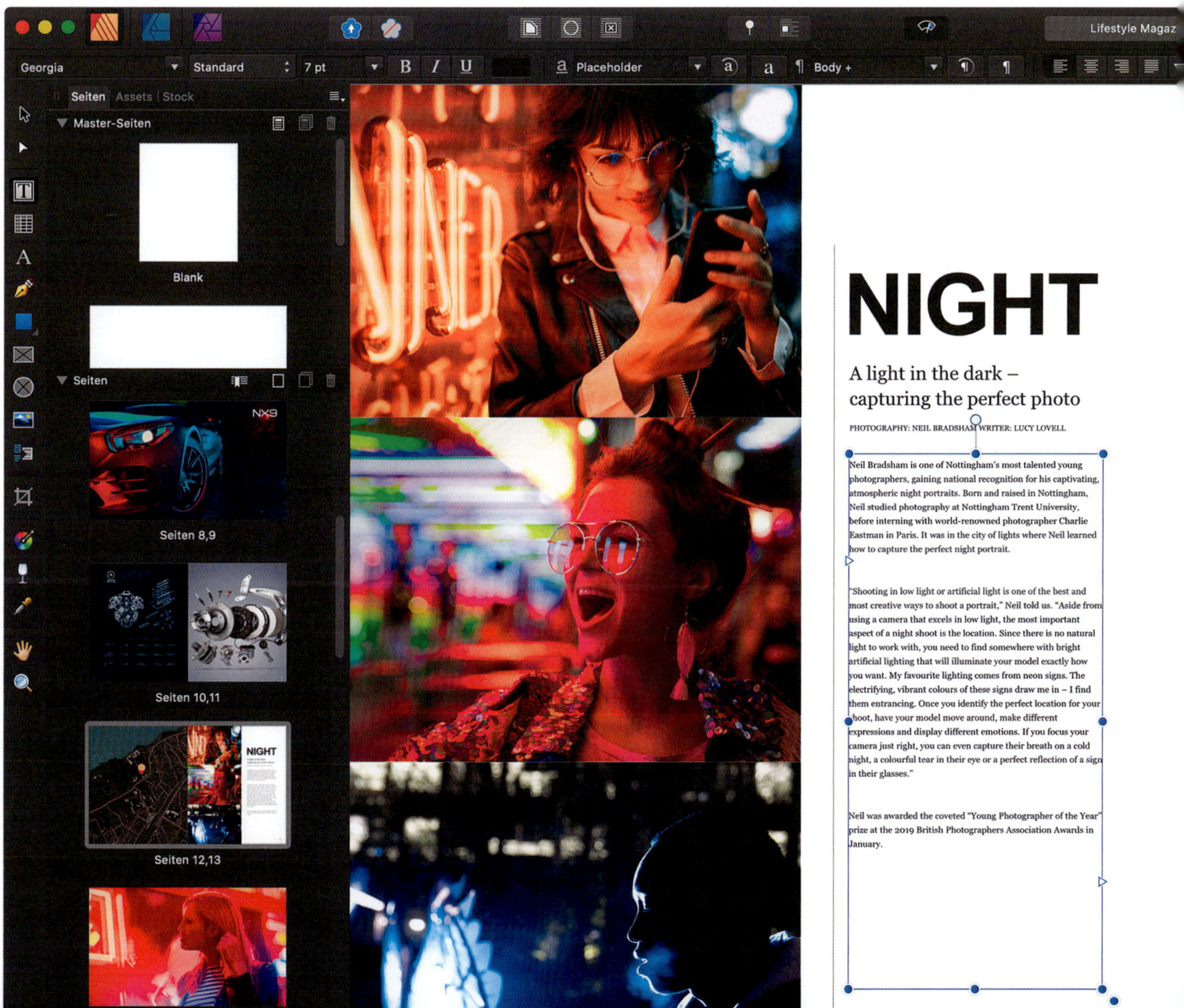

Lifestyle Magaz
Georgia
Standard
7 pt
Placeholder
Body +
Seiten
Assets
Stock
Master-Seiten
Blank
Seiten
Seiten 8,9
Seiten 10,11
Seiten 12,13
NIGHT
A light in the dark – capturing the perfect photo
PHOTOGRAPHY: NEIL BRADSHAM WRITER: LUCY LOVELL
Neil Bradsham is one of Nottingham's most talented young photographers, gaining national recognition for his captivating, atmospheric night portraits. Born and raised in Nottingham, Neil studied photography at Nottingham Trent University, before interning with world-renowned photographer Charlie Eastman in Paris. It was in the city of lights where Neil learned how to capture the perfect night portrait.
"Shooting in low light or artificial light is one of the best and most creative ways to shoot a portrait," Neil told us. "Aside from using a camera that excels in low light, the most important aspect of a night shoot is the location. Since there is no natural light to work with, you need to find somewhere with bright artificial lighting that will illuminate your model exactly how you want. My favourite lighting comes from neon signs. The electrifying, vibrant colours of these signs draw me in – I find them entrancing. Once you identify the perfect location for your shoot, have your model move around, make different expressions and display different emotions. If you focus your camera just right, you can even capture their breath on a cold night, a colourful tear in their eye or a perfect reflection of a sign in their glasses."
Neil was awarded the coveted "Young Photographer of the Year" prize at the 2019 British Photographers Association Awards in January.

DIE STUDIO-PANELS

Nachdem Sie ein Objekt erstellt und ausgewählt haben, können Sie seine Objekteigenschaften mit den verschiedenen Optionen der **Studiopanels** anpassen.

Beachten Sie bitte, dass standardmäßig nicht alle Panels eingeblendet werden, da einige von ihnen für Workflow-Alternativen konzipiert sind. Einzelne Panels lassen sich jederzeit über das Menü **Ansicht > Studio** ein-/ausblenden. Mit **Studio zurücksetzen** in diesem Menü stellen Sie die Standardkonfiguration der Studio-Panels wieder her.

Folgende Panels werden bei aktivierter **Publisher Persona** eingeblendet.

Das Panel „Seiten"

Mit dem Panel **Seiten** können Sie Master-Seiten, Publikationsseiten und Sektionen in Ihrem Dokument hinzufügen, betrachten und bearbeiten.

Einzelne oder mehrere Publikationsseiten lassen sich einfügen, duplizieren oder neu anordnen sowie mit einer oder mehreren Master-Seiten versehen.

Abmessungen, Skalierungsverhalten und Ausrichtung von Einzelseiten und Layoutseiten mit gegenüberliegenden Seiten lassen sich bequem über den Eintrag **Layoutseite – Eigenschaften** des per Rechtsklick auf die Seitenminiatur geöffneten Kontextmenüs ändern.

Feld für Master-Seiten

Listet alle aktuell im Dokument verfügbaren Master-Seiten auf.

Master-Seite hinzufügen

Erstellt eine neue Master-Seite.

Feld für Seiten

Listet alle Publikationsseiten Ihres Dokuments als Miniaturen auf.

Sektionsassistent

Mit dem **Sektionsassistent** können Sie Sektionen hinzufügen, löschen und verwalten sowie den Start der Seitennummerierung anpassen.

Angesehene Seiten

Per Doppelklick auf eine Miniatur öffnen Sie diese Seite (graue Umrandung) im Arbeitsbereich.

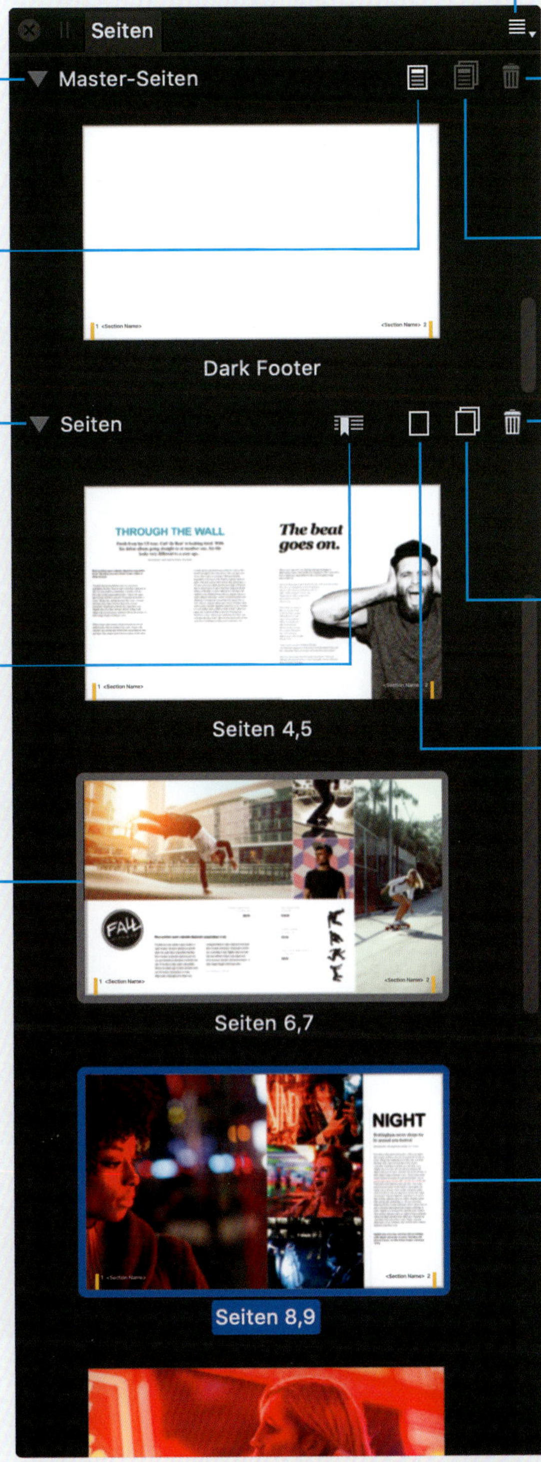

Paneleinstellungen

Hier legen Sie die Größe der Seitensymbole fest und können die aktuelle Ansicht automatisch scrollen.

Ausgewählte Master-Seite löschen

Löscht die ausgewählte Master-Seite.

Ausgewählte Master-Seite duplizieren

Dupliziert die ausgewählte Master-Seite.

Ausgewählte Seiten löschen

Löscht die ausgewählten Publikationsseiten.

Ausgewählte Seiten duplizieren

Dupliziert die ausgewählten Publikationsseiten.

Seiten hinzufügen

Erstellt zusätzliche Publikationsseiten.

Ausgewählte Seiten

Per Klick auf eine Miniatur können Sie die ausgewählte Seite (blaue Umrandung) bearbeiten.

Das Panel „Assets"

Assets sind gespeicherte Objekte (oder Gruppen) auf die Sie von jedem geöffneten Affinity-Dokument aus zugreifen können. Gespeichert werden diese Elemente in dem Panel **Assets**.

Um ein Asset zu erstellen, ziehen Sie das gewünschte Seitenelement einfach von der Seite in eine Unterkategorie des Panels. Anschließend können Sie durch simples Ziehen der Miniatur aus dem Panel das Asset erneut in dasselbe Dokument oder jedes andere Dokument einsetzen – und zwar auf jeder beliebigen Seite.

Sie können jederzeit neue Kategorien und Unterkategorien für Assets anlegen, um Ihre Assets übersichtlich zu sortieren. Diese Kategorien finden Sie anschließend in dem Menü **Kategorien** an der Oberkante des Panels.

Standardmäßig ist das Panel leer. Das nebenstehende Beispiel dient nur illustrativen Zwecken.

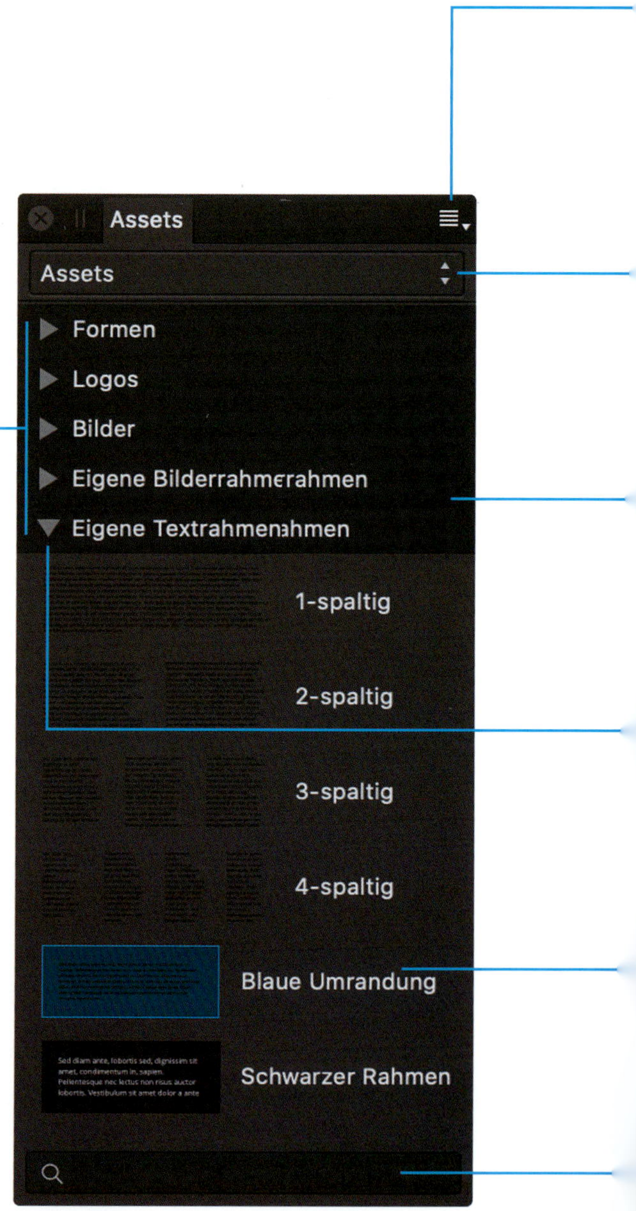

Unterkategorien

Sortieren Sie Ihre Assets in Unterkategorien mit eigenen Namen.

Paneleinstellungen

Hier können Sie Kategorien und Unterkategorien erstellen, umbenennen und löschen, sowie Assets importieren, exportieren und einbetten und als Namensliste anzeigen lassen.

Menü für Kategorien

Wählen Sie einfach eine übergeordnete Kategorie aus, um ihre Unterkategorien und gespeicherten Assets einzublenden.

Optionsmenü für Unterkategorien

Hier können Sie eine Unterkategorie umbenennen, löschen sowie innerhalb der Kategorie auf- und abwärts verschieben.

Erweitern / Reduzieren

Mit einem Klick auf das Symbol blenden Sie die enthaltenen Assets ein. Ein weiterer Klick reduziert die Liste wieder.

Assets

Hier werden Ihre gespeicherten Assets als Miniaturen (in Listenform) angezeigt.

Suchen

Hier können Sie Assets gezielt anhand ihrer Namen suchen.

Das Panel „Stock"

Das Panel **Stock** ist ein direkt in die App integrierter Bildbrowser, der Inhalte von kostenlosen und lizenzgebühr-freien Fotoanbietern auflistet. Sie können die Bilder bequem suchen und durchblättern und dann einfach durch Klicken und Ziehen in Ihre Seiten einsetzen.

Archiv

Hier legen Sie den Anbieter fest, dessen Bilder Sie durchsuchen möchten.

Suchen

Das Panel „Farbe"

Über das Panel **Farbe** wählen Sie Farben für die verschiedenen Werkzeuge und ausgewählte Objekte aus. Legen Sie eine Farbe in einem anderen Dialogfeld fest, wird eventuell eine Einblendversion des Panels **Farbe** geöffnet.

Sie können im Panel **Farbe** mit verschiedenen Farbmodi arbeiten: RGB, RGB HEX, HSL, CMYK, LAB und Graustufen. Die Farben lassen sich wahlweise über Schieber, Spektrumsfelder sowie ein Farbrad festlegen. Darüber hinaus können Sie in dem Panel auch Farbschattierungen definieren.

Vertauschen

Vertauscht die in den Selektoren festgelegten Farben.

Kontur/Füllung

Der aktive Selektor wird immer vor dem anderen Selektor angezeigt. Wählen Sie eine neue Farbe aus, wird sie immer auf den aktiven Farbselektor übertragen.

Ohne

Entfernt die Farbe aus dem aktiven Selektor.

Deckkraft/Rauschen

Klicken Sie hier, um zwischen Deckkraft und Rauschen zu wechseln.

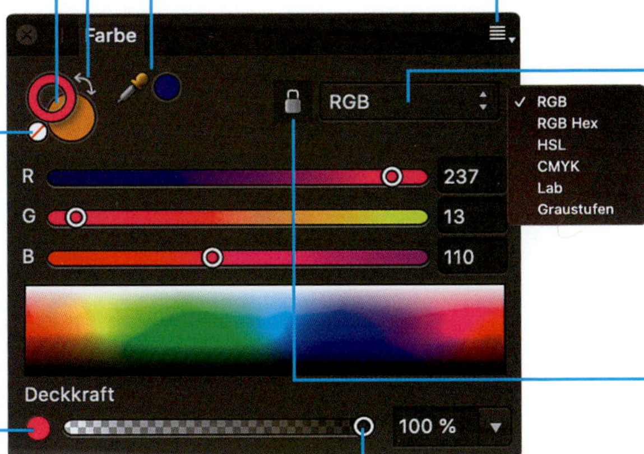

Farbpipette und Farbfeld „Ausgewählte Farbe"

Mit diesen Elementen können Sie Farben aus einzelnen Pixeln entnehmen. Per Klick auf das Farbfeld übertragen Sie die ausgewählte Farbe auf den aktiven Selektor.

Paneleinstellungen

Hier legen Sie fest, ob Sie Farben per Schieber, Spektrumsfeld oder Farbrad (nur HSL). Farbschattierungen und Farbverteilungen lassen sich hier ebenfalls erstellen.

Farbmodus

Hier legen Sie den Modus fest, in dem Sie die Farben auswählen möchten.

Farbraum schützen

Ist diese Option aktiviert, lässt sich der aktive Farbmodus nicht versehentlich ändern, wenn Sie mit dem Panel **Farbfelder** arbeiten oder ein Objekt auswählen, das in einem anderen Farbraum erstellt wurde.

Deckkraft/Rauschen einstellen

Hier legen Sie die Deckkraft bzw. das Rauschen der aktiven Farbe fest.

Das Panel „Farbfelder"

Das Panel **Farbfelder** speichert Ihre zuletzt verwendeten Farben. Hier können Sie auch direkt auf verschiedene vordefinierte Paletten zugreifen, die jeweils Volltonfarben oder Farbverläufe enthalten. Wählen Sie einfach eine Farbe oder einen Verlauf aus und tragen Sie sie mit verschiedenen Werkzeugen oder direkt auf Objekte auf. In diesem Panel können Sie ebenfalls Ihre selbst definierten Farben als eigene Paletten speichern – wahlweise nur für das Dokument oder die App (systemweit für die macOS-Version).

Neben dem einfachen Zugriff auf Paletten bietet das Panel auch die Möglichkeit, globale oder Schmuckfarben zu definieren sowie Überdruckfarben festzulegen. Hier stellen Sie auch die Passermarkenfarbe ein.

Das Panel **Farbfelder** enthält auch die Felder **Ohne**, **Schwarz**, **Mittelgrau** und **Weiß** sowie Felder für zuletzt verwendete Farben und eine Steuerungsoption für die Deckkraft. Die Farbfelder sind nach Kategorien in Paletten eingeteilt.

Im Gegensatz zum Panel **Farbe** mischen Sie in diesem Panel keine Farben, sondern wählen sie aus bereits vordefinierten Paletten aus. Farben lassen sich hierbei aus temporären Paletten (zuletzt verwendeten Farben), sowie selbst definierten und auch vorgefertigten Paletten auswählen, wie z. B. PANTONE®-Farben.

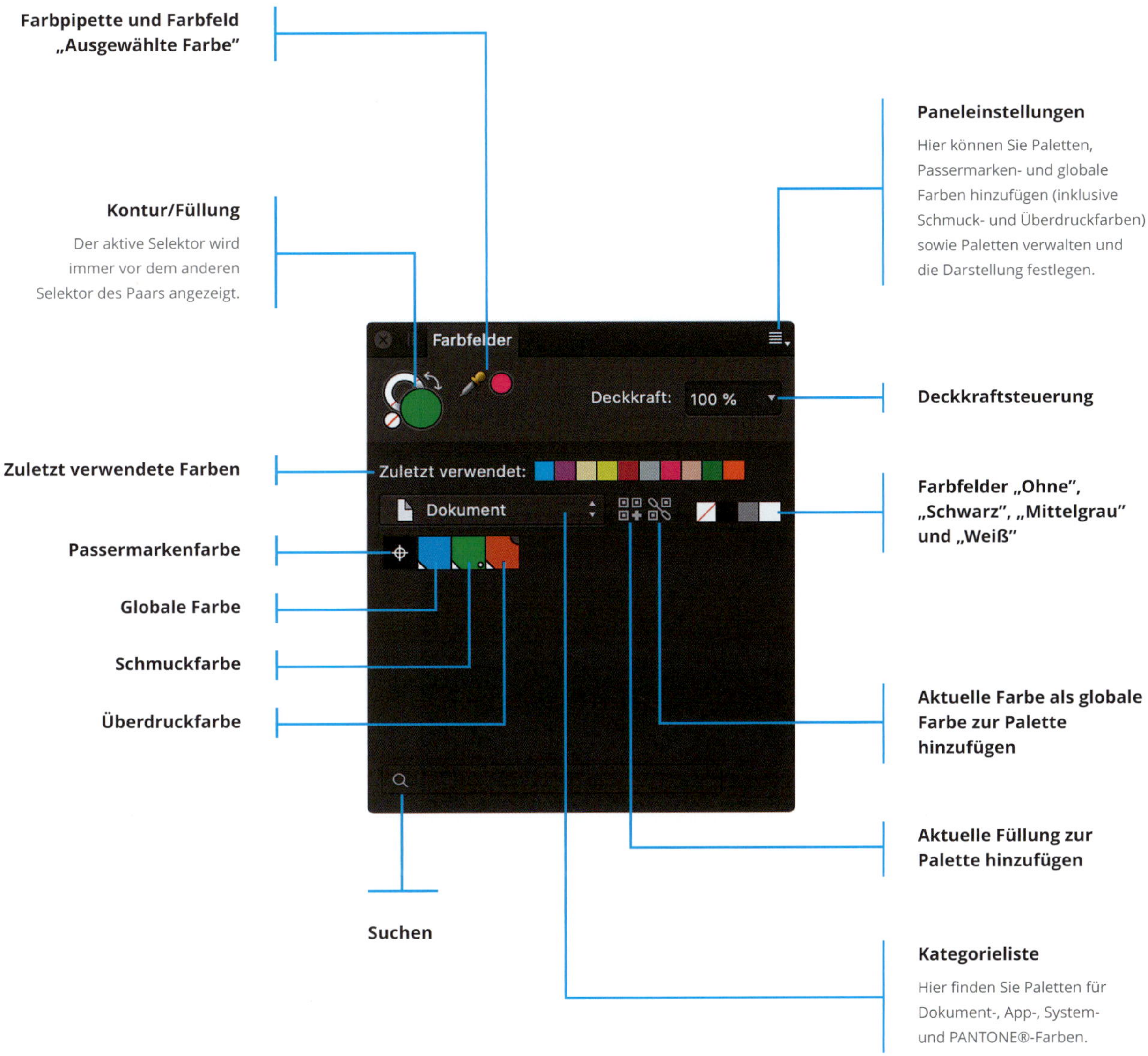
Farbpipette und Farbfeld „Ausgewählte Farbe"
Kontur/Füllung
Der aktive Selektor wird immer vor dem anderen Selektor des Paars angezeigt.
Zuletzt verwendete Farben
Passermarkenfarbe
Globale Farbe
Schmuckfarbe
Überdruckfarbe
Suchen
Paneleinstellungen
Hier können Sie Paletten, Passermarken- und globale Farben hinzufügen (inklusive Schmuck- und Überdruckfarben) sowie Paletten verwalten und die Darstellung festlegen.
Deckkraftsteuerung
Farbfelder „Ohne", „Schwarz", „Mittelgrau" und „Weiß"
Aktuelle Farbe als globale Farbe zur Palette hinzufügen
Aktuelle Füllung zur Palette hinzufügen
Kategorieliste
Hier finden Sie Paletten für Dokument-, App-, System- und PANTONE®-Farben.
Farbfelder
Deckkraft:
100 %
Zuletzt verwendet:
Dokument

Das Panel „Kontur"

Mit diesem Panel lassen sich Linien und Kurven bearbeiten sowie die Kontur einer ausgewählten Form. Sie können neben der Konturbreite auch die Skalierung der Kontur festlegen sowie ihre Position relativ zu dem Objekt. Darüber hinaus lassen sich Konturenden hier auch in unterschiedlichen Formen sowie als Pfeilspitzen erstellen.

Ende

Enden einer Kontur oder Linie lassen sich als **Rund**, **Stumpf** oder **Quadratisch** formatieren.

Ecke

Die Konturecken eines ausgewählten Objekts lassen sich als **Rund**, **Abgeschrägt** oder mit **Gehrung** formatieren.

Ausrichtung

Mit diesen Symbolen legen Sie fest, wo die Kontur in Relation zu der Objektkante platziert wird.

Stil

Klicken Sie auf ein Symbol, um den Linienstil zu ändern: **Kein Linienstil**, **Volllinie**, **Gestrichelt** oder **Texturlinie** (Pinsel). Für **Gestrichelt** können Sie das **Strichmuster** und die **Phase** festlegen.

Breite

Ziehen Sie diesen Regler, um die Stärke der ausgewählten Linie zu ändern.

Pfeilspitzentyp (Start und Ende)

Hier legen Sie Variante für Anfang und Ende jedes einzelnen Pfeils fest. Für das Ende sind auch typische Pfeilenden (gefiedert) verfügbar.

Pfeilskalierung

Hier legen Sie fest, wie Start und Ende des Pfeils in Relation zu der Konturbreite skaliert werden.

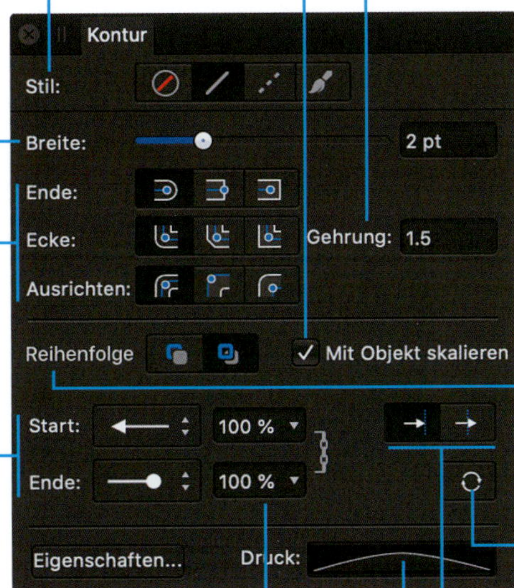

Mit Objekt skalieren

Ist diese Option aktiviert, wird die Konturbreite skaliert, wenn Sie ihr Objekt vergrößern oder verkleinern. Deaktivieren Sie die Option, bleibt die Konturbreite immer konstant – auch wenn Sie die Objektgröße ändern.

Gehrung

Bestimmt die Verlängerung bei **Gehrungsverbindungen**, sodass entweder spitze oder flache Ecken entstehen.

Reihenfolge

Hier legen Sie fest, ob die Kontur hinter oder vor ihrem Objekt gezeichnet werden soll.

Pfeilspitze und Pfeilende vertauschen

Mit dieser Option kehren Sie die Richtung um, in die ein Pfeil zeigt.

Position der Pfeilspitze

Pfeilspitzen lassen sich hier wahlweise innerhalb der Linie platzieren oder an ihrem Ende ansetzen, sodass sie die Linie verlängern.

Druck

Hier finden Sie das aktuelle Druckprofil, das für eine Kurve oder einen Pinselstrich festgelegt ist. Per Klick auf diese Option können Sie das Profil ändern und für den späteren Einsatz speichern.

Deckkraft

Bestimmt die Transparenz der ausgewählten Elemente.

Indikatoren für Master-Objekte

Orangefarbene Volllinien markieren Objekte, die mit Master-Seiten verbunden sind, und gestrichelte Linien Objekte, die von Master-Seiten abgetrennt sind.

Das Panel „Ebenen"

Mit dem Panel **Ebenen** bestimmen Sie die Stapelfolge (Z-Reihenfolge) der Objekte auf Ihrer Seite, verwalten die Ebenen und Objekte und stellen Sichtbarkeit, Schutz, Deckkraft und Mischung für die Ebenen ein. Hier finden Sie auch Informationen zu den Ebenen, wie z. B. ihren Typ und ob für die Ebenen Effekte festgelegt sind.

Element

Eine Miniatur des erstellten Objekts mit dem Inhalt, Elementnamen, Elementtyp (in Klammern) und der Angabe zu Ebeneneffekten. Für Textobjekte wird der tatsächlich auf der Seite platzierte Text angezeigt.

Erweitern/Reduzieren

Per Klick erweitern Sie den Elementeintrag und blenden so untergeordnete Elemente oder Gruppeninhalte ein. Ein weiterer Klick reduziert die Liste wieder.

Alle Ebenen bearbeiten

Ist diese Option aktiviert, können Sie Objekte auf allen Ebenen auswählen und bearbeiten (nicht nur die der aktuellen Ebene).

Maskierungsebene

Erstellt eine Ebenenmaske, die einen Teil der Ebene sichtbar lässt und den Rest der Ebene ausblendet.

Anpassungen

Erstellt eine Anpassungsebene für die Tonwert- oder Farbkorrektur der aktuellen Ebene, eines Objekts oder der Seite.

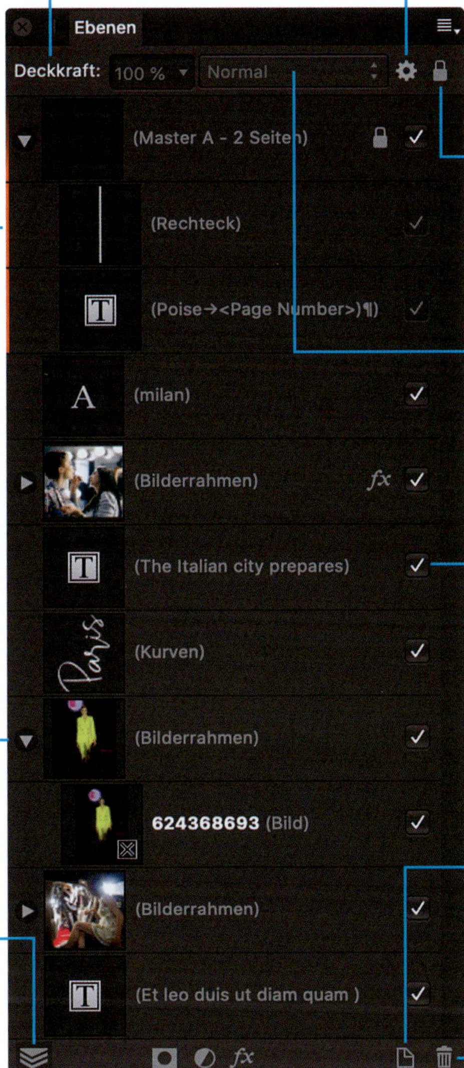

Mischoptionen

Hier finden Sie die Einstellungen für Mischbereiche, Gamma und Antialiasing.

Schützen/Schutz aufheben

Per Klick können Sie das ausgewählte Objekt gegen eine versehentliche Bearbeitung schützen bzw. seine Bearbeitung ermöglichen.

Mischmodus

Bestimmt, wie die Farben der aktuellen Ebene die Darstellung der Farben auf darunter liegenden Ebenen beeinflussen.

Ein-/Ausblenden

Klicken Sie auf diese Option, um Elemente auszublenden bzw. per Häkchen einzublenden.

Ebene hinzufügen

Erstellt eine leere Ebene über der aktuell ausgewählten Ebene.

Ebene entfernen

Löscht das aktuell ausgewählte Objekt bzw. die ausgewählte Ebene oder Gruppe.

Ebeneneffekte

Wendet einen Ebeneneffekt auf die aktuell ausgewählte Ebene an.

Das Panel „Zeichen"

Mit dem Panel **Zeichen** legen Sie lokale Formatierungen für einzelne Wörter, Sätze und Absätze oder auch für ganze Texte fest.

Unterschneidung

Bestimmt den Abstand zwischen zwei Zeichen. **Auto** legt die Unterschneidung automatisch fest (Standardeinstellung). Positive Werte erweitern die Unterschneidung und negative Werte verringern die Unterschneidung.

Zeichenabstand

Bestimmt den Abstand zwischen den Zeichen in einem ganzen Wort.

Grundlinie

Bestimmt die Position der Unterkante von Textzeichen. Erhöhen Sie den Wert, senkt sich die Grundlinie; verringern Sie den Wert, hebt sich die Grundlinie an.

Abstandskorrektur

Korrigiert den Wert, den Sie für den Zeilenabstand im Absatz des ausgewählten Textes festgelegt haben.

Schriftsammlung

Filtert die Liste der Schriften, die im Einblendmenü **Schriftart** verfügbar sind.

Schriftgröße

Bestimmt die Größe der Zeichen gemessen in Punkt.

Zeichenstil

Hier können Sie einen Zeichenstil für den ausgewählten Text festlegen.

Verzierung

Hier können Sie Unterstriche, Durchstriche oder Umrisslinien mit Farboptionen festlegen.

Typografie

Je nach verwendeter Schrift können Sie die Darstellung der Zeichen mit verschiedenen Optionen erweitern. Hier finden Sie OpenType-Schriftoptionen wie Ligaturen, Alternativen, Zeichenvarianten und noch viele weitere Möglichkeiten.

Sprache

Bestimmt die Sprache des Wörterbuches für die Rechtschreibprüfung, Silbentrennung und Typografie.

Schriftart

Bestimmt die Schriftart für den ausgewählten Text.

Schriftschnitt

Bestimmt die Stilvariante für den ausgewählten Text.

Schriftfarbe

Bestimmt die Farbe der Textzeichen.

Hintergrundfarbe

Bestimmt die Farbe, die hinter den ausgewählten Text gelegt wird, sodass ein Textmarker-Effekt entsteht.

Neigung

Bestimmt die Schieflage der Textzeichen. Positive Werte neigen den Text nach links; negative Werte neigen den Text nach rechts.

Horizontale Skalierung

Dehnt die Zeichen und Abstände in Relation zu der Punktgröße.

Vertikale Skalierung

Dehnt die Zeichen in Relation zu der Punktgröße.

Hochgestellt/Tiefgestellt

Formatiert Text als hochgestellt oder tiefgestellt.

Optische Ausrichtung

Bestimmt die Ausrichtung von Bindestrichen, Satzendzeichen oder jedes beliebigen Zeichens, das Sie am Absatzanfang auswählen

Das Panel „Absatz"

Mit dem Panel **Absatz** können Sie Absätze von Texten präzise formatieren. Die Absatzformatierung gilt immer für den gesamten Absatz, in dem sich der ausgewählte Text oder die aktuell platzierte Einfügemarke befindet.

Absatzstil

Bestimmt den Stil für den markierten (durch Auswahl oder Einfügemarke) Absatz.

Einzug der ersten Zeile

Bestimmt den Einzug der ersten Zeile im Absatz.

Ausrückung der letzten Zeile

Bestimmt die Ausrückung der letzten Zeile, wenn Sie einen rechten Einzug festgelegt haben.

Einsatz von Abstand vor/nach

Bestimmt, wie die Einstellungen für **Abstand vor Absatz** und **Abstand nach Absatz** zusammenarbeiten.

Tabstopps

Hier können Sie Tabstopps in dem Absatz erstellen und ihre Position und Ausrichtung festlegen.

Blocksatz

Bei Absätzen mit Blocksatz bestimmen Sie hier die Zeichen- und Wortabstände.

Flussoptionen

Bestimmt die Startposition des Absatzes, die Korrektur von Waisen- und Hurenkindern und den Zusammenhalt zwischen Absätzen.

Nummerierung und Aufzählungen

Erstellt Aufzählungen mit frei wählbarer Glyphe als Aufzählungszeichen oder Nummerierungen nach verschiedenen Schemata.

Grundlinienraster

Richtet den Absatz an dem aktiven Grundlinienraster aus.

Silbentrennung

Hier aktivieren Sie die automatische Silbentrennung und legen fest, nach welchen Vorgaben Silben getrennt werden.

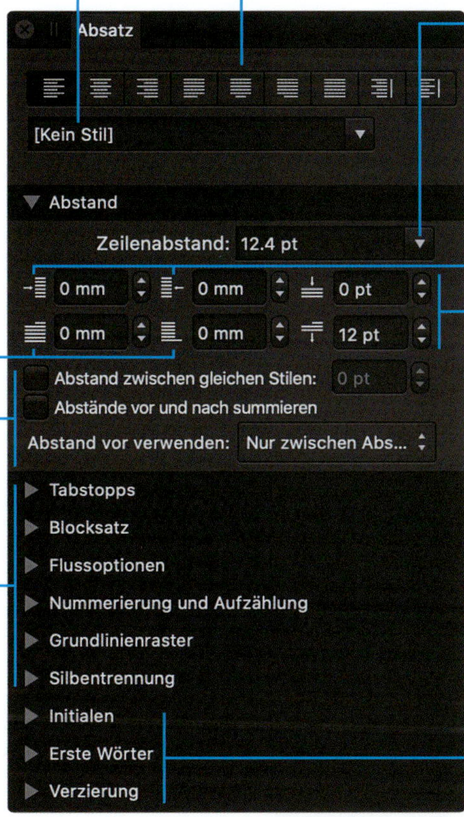

Ausrichtung

Hier formatieren Sie Ihre Texte als: **Linksbündig**, **Zentriert**, **Rechtsbündig**, **Blocksatz links**, **Blocksatz zentriert**, **Blocksatz rechts**, **Blocksatz komplett** (erzwungener Blocksatz) sowie mit **Zum Rücken hin ausrichten** oder **Vom Rücken weg ausrichten**.

Zeilenabstand

Bestimmt die Distanz zwischen Textgrundlinien (vertikale Lücken zwischen Zeilen) innerhalb des Absatzes.

Linker Einzug / Rechter Einzug

Bestimmt den linken oder rechten Einzug für den gesamten Absatz (mit Ausnahme der ersten Zeile).

Abstand vor Absatz / Abstand nach Absatz

Bestimmt die vertikale Lücke vor bzw. nach dem Absatz.

Initialen

Skaliert erste Zeichen über mehrere Zeilen, um einen Hingucker im Text zu erzeugen.

Erste Wörter

Bestimmt die Zeichenformatierung für Wörter am Anfang des Absatzes bis zu einem wählbaren Endzeichen.

Verzierung

Bestimmt Schmucklinien oder eine Hintergrundfüllung für den Absatz.

Das Panel „Textstile"

Ein Textstil ist ein Satz Attribute (oder auch nur ein einziges Attribut), der sich in einem Rutsch auf große Textmengen anwenden lässt. Wenn Sie später den Textstil ändern, werden alle Texte automatisch mit der neuen Formatierung aktualisiert, denen Sie den Stil zugewiesen hatten. Mit dem Panel **Textstile** können Sie Textstile für Ihre Publikation erstellen, zuweisen und verwalten.

Aktuelle Formatierung

Hier wird die Formatierung angezeigt, die für die aktuelle Auswahl bzw. an der Position der Einfügemarke festgelegt ist. Klicken Sie auf den Pfeil, um weitere Details einzublenden.

Textstil

Jeder Eintrag enthält den Namen, eine Vorschau der Formatierung, den vorrangigen Typ und das Tastenkürzel für den entsprechenden Stil.

Absatz-, Zeichen-, Gruppenstil erstellen

Öffnet das entsprechende Dialogfeld **Stil erstellen** für den Stiltyp (Absatz-, Zeichen- oder Gruppenstil).

Absatz-, Gruppenstil aktualisieren

Passt den aktuellen Absatz- oder Gruppenstil an die lokale Formatierung in dem ausgewählten Text an.

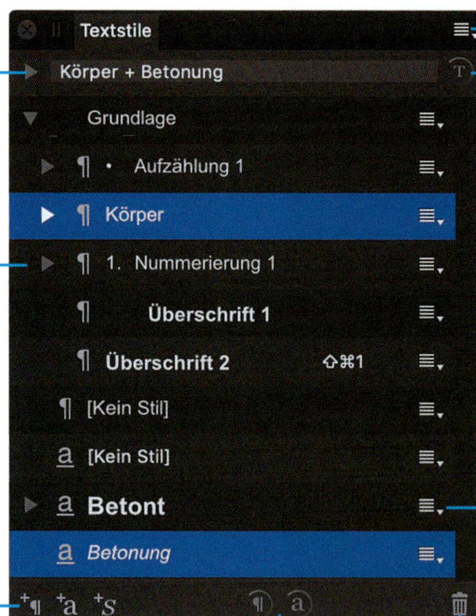

Paneleinstellungen

Hier konfigurieren Sie die Anzeige der Stilliste und können nicht verwendete Stile löschen, alle Stile löschen/abtrennen sowie Stile als Standard festlegen und neue Stile importieren.

Formatierung zurücksetzen

Entfernt Stilanpassungen und lokale Formatierungen, die Sie für den aktuell ausgewählten Text festgelegt haben; zusätzlich angewendete Textstile bleiben erhalten.

Optionsmenü

Über dieses Menü können Sie die einzelnen Textstile anwenden, bearbeiten und löschen sowie neue Varianten erstellen.

Stil löschen

Entfernt den ausgewählten Textstil aus dem Dokument und sämtlichen Textinstanzen, auf die er angewendet wurde.

Das Panel „Transformieren"

Mit dem Panel **Transformieren** können Sie die horizontale (X) und vertikale (Y) Position von Objekten auf der Seite sowie ihre Gesamtbreite (B) und Gesamthöhe (H) sehr präzise festlegen. Optionen für Neigung und Rotation runden dann das Panel ab. Alle Transformationen werden in Relation zu einem festgelegten Ankerpunkt durchgeführt – eine Ecke, eine Seitenmitte oder die absolute Mitte.

X – Horizontale Position

Ändert die horizontale Position des Objekts oder der Ebene in Relation zu dem ausgewählten Ankerpunkt.

Y – Vertikale Position

Ändert die vertikale Position des Objekts oder der Ebene in Relation zu dem ausgewählten Ankerpunkt.

Ankerpunktauswahl

Alle Transformationen werden von dem hier festgelegten Ankerpunkt aus durchgeführt. Klicken Sie einfach auf den gewünschten Punkt, um ihn auszuwählen.

R – Rotation

Dreht das Objekt oder die Ebene um die hier festgelegte Gradzahl in Relation zu dem ausgewählten Ankerpunkt.

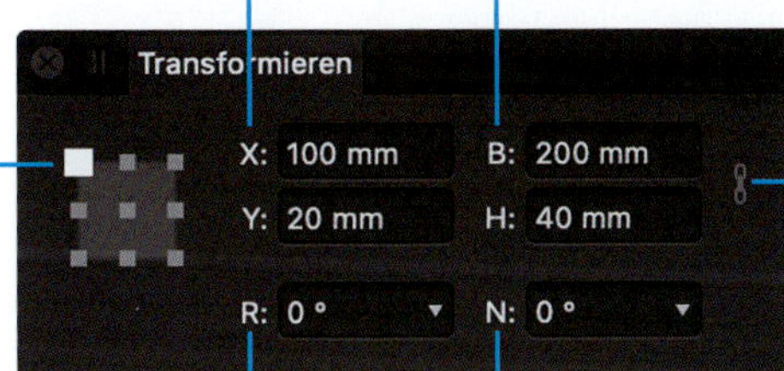

B – Breite

Ändert die Breite des Objekts oder der Ebene in Relation zu dem ausgewählten Ankerpunkt.

H – Höhe

Ändert die Höhe des Objekts oder der Ebene in Relation zu dem ausgewählten Ankerpunkt.

Verknüpfen

Ist diese Option aktiviert, werden Breite und Höhe so proportional zueinander geändert, dass das aktuelle Seitenverhältnis erhalten bleibt. Deaktivieren Sie diese Option, lassen sich beide Werte separat voneinander ändern.

N – Neigung

Neigt das Objekt oder die Ebene um die hier festgelegt Gradzahl in Relation zu dem ausgewählten Ankerpunkt.

Das Panel „Navigator"

Dieses Panel hat keinerlei Einfluss auf Ihr Design. Hier verschieben und zoomen Sie lediglich die Darstellung in der **Dokumentansicht** und können bestimmte **Ansichtspunkte** definieren, mit denen Sie dann sofort zu bestimmten Teilen Ihres Projekts springen und die Anzeige entsprechend groß/klein darstellen.

Zoom

Mit dem Schieber, den Symbolen und der Prozentanzeige können Sie die Zoomstufe beliebig einstellen.

Ansichtsbox

Um die Ansicht Ihres Designs zu verschieben, ziehen Sie einfach diese Box in dem Panel. In der Hauptansicht wird alles angezeigt, was sich innerhalb der Box befindet.

Menü für Ansichtspunkte

Wählen Sie einen benannten **Ansichtspunkt** aus, um in der Dokumentansicht direkt dorthin zu springen und die Darstellung auf den Punkt zu zoomen.

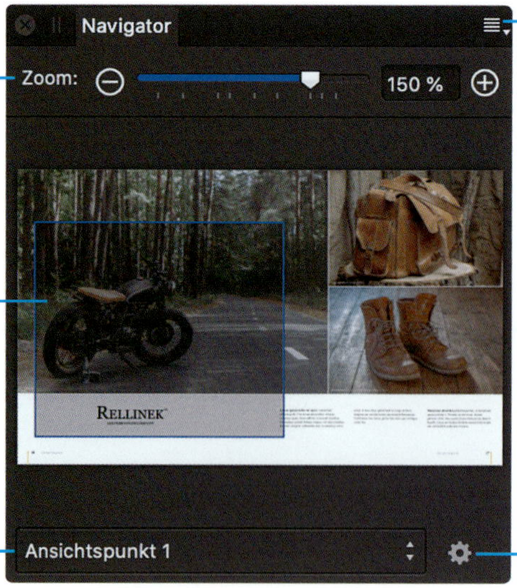

Paneleinstellungen

Hier blenden Sie das **Menü für Ansichtspunkte** und die **Einstellungen** ein.

Einstellungen für Ansichtspunkte

Hier können Sie Ansichtspunkte hinzufügen, entfernen und umbenennen.

Das Panel „Protokoll"

Das Panel **Protokoll** zeichnet alle Änderungen auf und zeigt jeden einzelnen Bearbeitungszustand als benannten Eintrag in einer Liste an, sodass Sie jederzeit zu einem früheren Bearbeitungszustand zurückkehren können. Der älteste Zustand steht ganz oben auf der Liste. Sobald Sie neue Änderungen vornehmen, wird diese Liste nach unten erweitert. Klicken Sie auf einen vorangehenden Zustand und ändern dann etwas, können Sie nachfolgende Zustände trotzdem noch wiederherstellen.

Das Protokoll eines Dokuments lasst sich auch mit dem Dokument zusammen speichern. Klicken Sie hierzu auf den Menüpunkt **Datei > Protokoll mit Dokument speichern**. So können Sie frühere Bearbeitungszustände auch dann noch wiederherstellen, wenn Sie das Dokument zwischendurch schließen und neu öffnen.

Wenn Sie das Dokumentprotokoll nicht speichern, werden alle Rückgängig-Zustände im Panel **Protokoll** gelöscht, sobald Sie das Dokument schließen.

Zustand

Die jeweiligen Änderungen sind hier kurz zusammengefasst. Um zu einem Bearbeitungszustand zurückzukehren, klicken Sie einfach auf seinen Eintrag.

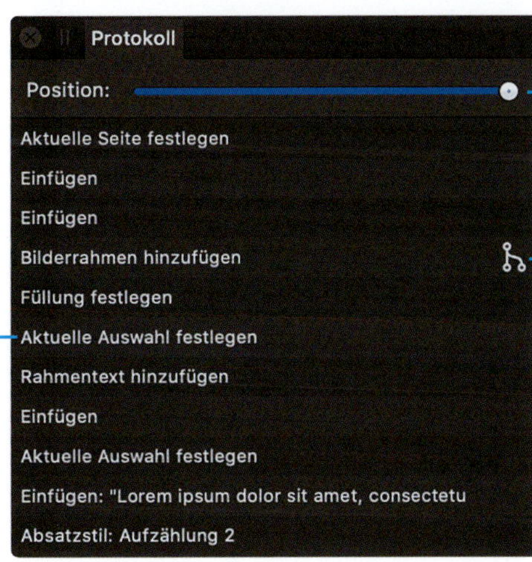

Position

Um eine Änderung zu widerrufen, ziehen Sie den Schieber nach links; um eine Änderung erneut durchzuführen, ziehen Sie nach rechts.

Alternative Fortsetzung

Sind Sie zu einen alten Zustand zurückgekehrt und haben dann etwas geändert, können Sie mit einem Klick auf dieses Symbol das „verlorene" Wiederholen-Protokoll wiederherstellen.

Das Panel „Anker" (Ansicht > Studio)

Das Panel **Anker** verwenden Sie zusammen mit dem Panel **Hyperlinks** (Seite 53), um die Anker für Ihr Dokument zu erstellen und zu verwalten.

Anker sind perfekt, um wichtige Rahmentextpassagen zu markieren, damit sich diese später per Hyperlink erreichen lassen. Verschiebt sich diese Textpassage durch eine Änderung am Textfluss auf eine neue Seite, folgt ihr der Anker ganz einfach. So verweist der Hyperlink immer auf die richtige Stelle.

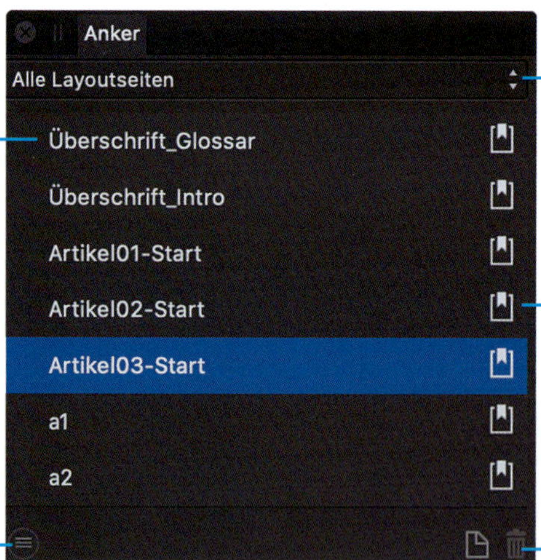

Name

Der hier angezeigte Name leitet sich entweder von ausgewähltem Quelltext ab oder wird als Standardname Anker 01, Anker 02 usw. aufgeführt.

Zum Anker wechseln

Wechseln zu der Seite, auf der sich der ausgewählte Anker befindet. Der Textrahmen des Ankers wird ausgewählt und die Ankerposition angezeigt.

Bereich

Grenzt die Seiten ein, auf denen Anker platziert sind. Wählen Sie entweder die Option **Alle Layoutseiten** oder eine bestimmte Seite aus.

Als PDF-Lesezeichen exportieren

Markiert den Anker als PDF-Lesezeichen.

Anker entfernen

Entfernt den ausgewählten Anker.

Neuer Anker

Öffnet das Dialogfeld **Anker einfügen**, mit dem Sie einen Anker aus ausgewähltem Text hinzufügen können.

Das Panel „Beschränkungen" (Ansicht > Studio)

Mit dem Panel **Beschränkungen** steuern Sie, wie untergeordnete Objekte in ihrem übergeordneten Objekt (ihrem „Container") skaliert oder verankert werden, wenn Sie die Größe des übergeordneten Objekts ändern.

Mit Beschränkungen könnten Sie zum Beispiel verhindern, dass sich in einem Bilderrahmen platzierter Grafiktext verschiebt, wenn Sie die Rahmengröße ändern.

Die Skalierungs- und Verankerungsmethode des untergeordneten Objekts werden in dem Panel mit den inneren Skalierungspfeilen und den äußeren Ankerlinien dargestellt. Über diese Elemente steuern Sie auch die beiden Methoden.

Anker

Wird von den Linien bestimmt, die das innere Quadrat mit dem äußeren verbinden. Wird eine Linie grau gestrichelt dargestellt, ist das Objekt in dieser Richtung nicht verankert. Weiße Volllinien kennzeichnen Richtungen, in denen das Objekt verankert ist.

Skalierung

Wird von den Pfeilen in dem inneren Quadrat bestimmt. Ist ein Pfeil grau gestrichelt dargestellt, wird das Objekt in dieser Richtung nicht skaliert. Weiße Pfeile mit Volllinien kennzeichnen Richtungen, in denen das Objekt skaliert wird. Weiße unterbrochene Pfeile bedeuten, das Objekt wird in dieser Richtung durch die Verankerung zur Skalierung gezwungen.

Inneres Quadrat / Äußeres Quadrat

Das innere graue Quadrat steht für das ausgewählte untergeordnete Objekt; das äußere Quadrat steht für sein übergeordnetes Objekt (z. B. für einen Bilderrahmen).

Maximal passend skalieren

Bei einer unproportionalen Größenänderung des übergeordneten Objekts wird das untergeordneten Objekt eventuell größer skaliert als sein skaliertes übergeordnetes Objekt, sodass eventuell auch Inhalte verdeckt sind.

Minimal passend skalieren

Bei einer unproportionalen Größenänderung des übergeordneten Objekts wird das untergeordnete Objekt eventuell so skaliert, dass es immer in sein übergeordnetes Objekt passt (sofern nicht verankert).

Schützen

Untergeordnete Objekte werden skaliert, wenn sich die Größe ihrer übergeordneten Objekte ändert. Ändert sich auch das Seitenverhältnis des übergeordneten Objekts, bleibt das Seitenverhältnis des untergeordneten Objekts erhalten. Seine Skalierung variiert je nach der Passend-Einstellung.

Das Panel „Effekte" (Ansicht > Studio)

Das Panel **Effekte** bietet eine breite Palette an Effekten, wie z. B. Unschärfen, Schatten, Lichtschimmer usw., sowie jede Menge Optionen, mit denen Sie die Effekte genau konfigurieren können.

Ebeneneffekte lassen sich auf das aktuell ausgewählte Objekt oder auch auf ganze Ebenen anwenden. Diese Effekte sind außerdem komplett zerstörungsfrei, sodass Sie ihre Einstellungen jederzeit ändern können.

Füllungsdeckkraft

Ändert die Deckkraft für Kontur und Füllung des Objekts, ohne die Deckkraft der angewendeten Ebeneneffekte zu verändern.

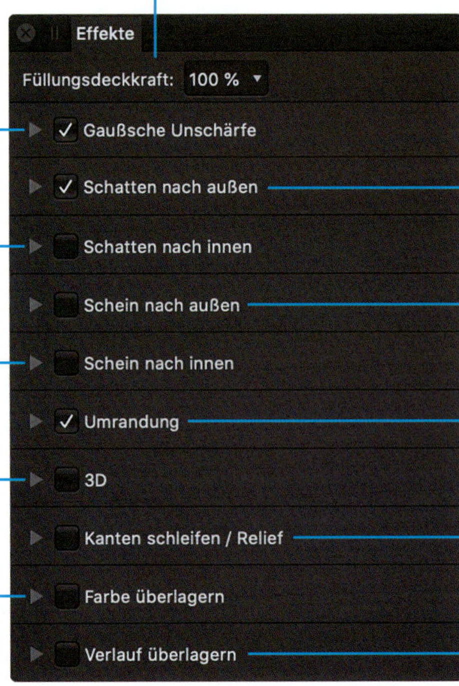

Gaußsche Unschärfe

Lässt Objekte unschärfer wirken.

Schatten nach innen

Erzeugt einen Schatten innerhalb der Objektkanten.

Schein nach innen

Erzeugt einen Farbschimmer, der von der Innenkante ausgeht.

3D

Erzeugt Lichteffekte, um einen 3D-Look zu simulieren.

Farbe überlagern

Legt eine Volltonfarbe auf das Objekt.

Schatten nach außen

Fügt einen Schatten hinter dem Objekt ein.

Schein nach außen

Erzeugt einen Farbschimmer, der von der Außenkante ausgeht.

Umrandung

Fügt eine Umrandung an den Objektkanten hinzu.

Kanten schleifen/Relief

Ermöglich verschiedene Effekte mithilfe von Lichtspiegelungen und Schatten.

Verlauf überlagern

Legt einen linearen Farbverlauf auf das Objekt.

Das Panel „Felder" (Ansicht > Studio)

Mit dem Panel **Felder** können Sie Felder in Ihre Dokumenttexte einfügen, die dann mit verschiedenen Dokumentinformationen gefüllt werden. Die Felder werden automatisch aktualisiert, sobald sich die entsprechenden Informationen ändern (z. B. ein Datum).

Dokumentinfos

Hier finden Sie **Autor**, **Tags**, **Kommentare**, **Titel**, **Thema** und **Revision**.

Dokumentsektionen

Zeigt Sektionsfelder für die Darstellung von Sektionsnamen und Seitenzahlen an. Diese Felder werden für gewöhnlich auf Master-Seiten platziert.

Allgemeine Infos

Hier finden Sie die aktuellen Werte für **Datum & Uhrzeit**.

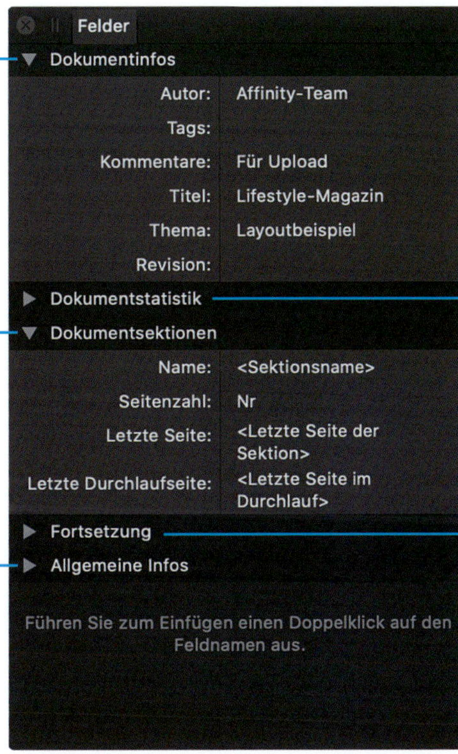

Dokumentstatistik

Hier finden Sie die wichtigsten Statistikwerte für das Dokument: **Zuletzt geändert von**, **Erstellt**, **Gespeichert**, **Gedruckt**, **Anzahl der Speicherungen**, **Dateiname**, **Pfad** und **Seiten insgesamt**.

Fortsetzung

Hier finden Sie die Angaben **Vorangehender Rahmen** und **Nächster Rahmen.**

Das Panel „Suchen und Ersetzen" (Ansicht > Studio)

Mit dem Panel **Suchen und Ersetzen** können Sie Wörter, Schriften, Formate und Zeichenattribute bequem suchen und austauschen – wahlweise für alle Instanzen im gesamten Dokument oder auch nur für einzelne Instanzen.

Suchen

Hier geben Sie das Element an, nach dem Sie suchen möchten.

Sonderzeichen

Hier können Sie Sonderzeichen über ein Einblendmenü in das Suchkriterium bzw. in den Ersatz eintragen.

Suchen

Blendet eine Liste der passenden Suchergebnisse unten im Panel ein.

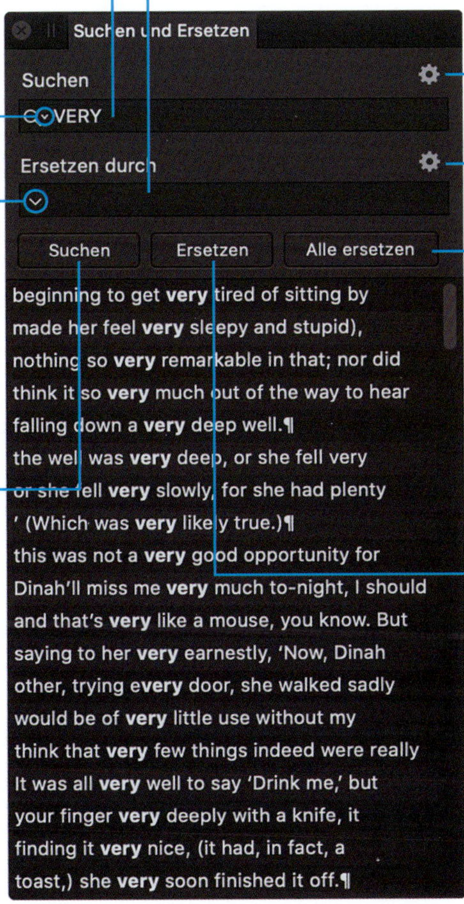

Ersetzen durch

Hier geben Sie den gewünschten Ersatz für das gesuchte Element an (nicht zwingend erforderlich!).

Formatierung

Mit diesen Optionen können Sie gezielt nach Zeichenformatierungen, Textstilen, Groß- und Kleinschreibung sowie regulären Ausdrücken suchen.

Alle ersetzen

Ersetzt alle Instanzen für das aufgelistete Ergebnis.

Ersetzen

Ersetzt das ausgewählte Ergebnis mit den Einstellungen, die Sie in dem Feld **Ersetzen durch** festgelegt haben.

Der Glyphen-Browser (Ansicht > Studio)

Mit dem **Glyphen-Browser** können Sie durch die Glyphen oder Unicode-Zeichen Ihrer aktuellen installierten Schriften blättern. Möchten Sie eine bestimmte Glyphe für ein Zeichen oder an der Einfügemarken einsetzen, geben Sie zuerst die Schrift vor oder verwenden die Suchfunktion und führen dann einen Doppelklick auf die Glyphe aus.

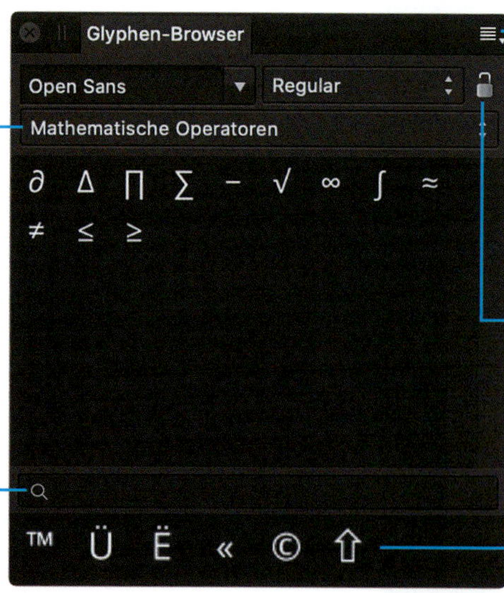

Zeichensatz

Wählen Sie einen Satz Glyphen oder Unicode-Zeichen aus, wie z. B. Kyrillisch.

Suchen

Paneleinstellungen

Hier können Sie die Glyphen nach ihrem oder dem Unicode-Wert sortieren sowie die Darstellungsgröße festlegen.

Schrift und Eigenschaften schützen

Deaktivieren Sie diese Option, ändert sich die im Panel angezeigte Schrift mit der Schrift der ausgewählten Textstelle; ist die Option aktiv, hat die Schriftart der Seitentexte keinen Einfluss auf die im Panel angezeigte Schrift.

Zuletzt verwendete Glyphen

Das Panel „Hyperlinks" (Ansicht > Studio)

Mit dem Panel **Hyperlinks** können Sie die in Ihrem Dokument verwendeten Hyperlinks auflisten und bearbeiten. Ein Hyperlink wird automatisch aktualisiert, wenn Sie ihn im Panel bearbeiten.

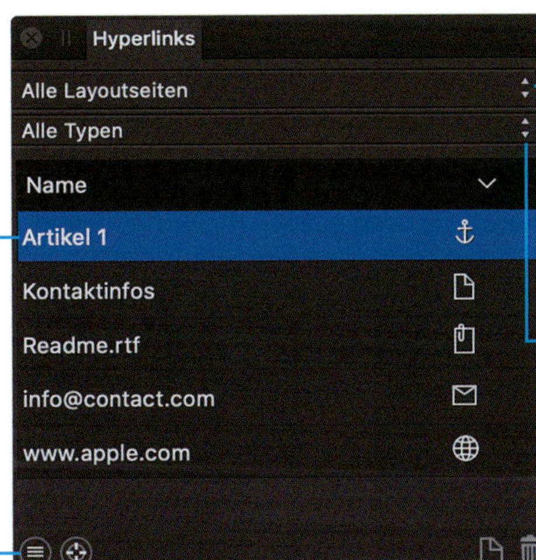

Name

Der hier angezeigte Name leitet sich entweder aus dem Quelltext ab oder erscheint für Formen und Bilder ohne eigenen Namen mit der Standardbezeichnung (z. B., Hyperlink1).

Zur Quelle wechseln

Wechselt zu der Seite, auf der sich die Quelle des Hyperlinks befindet.

Zum Ziel wechseln

Wechselt zu der Position des Hyperlinkziels (nur wenn sich das Ziel in demselben Dokument befindet).

Bereich

Hier legen Sie fest, welche Hyperlinks angezeigt werden – die von **Allen Layoutseiten** oder nur von einer bestimmten Seite.

Hyperlinktyp

Filtert die Hyperlinks nach Typ: **Anker**, **Seite**, **Datei**, **E-Mail**, **URL**.

Hyperlink entfernen

Entfernt den ausgewählten Hyperlink.

Hyperlink hinzufügen

Öffnet das Dialogfeld **Hyperlink-Eigenschaften**, mit dem Sie einen neuen Hyperlink erstellen können.

Das Panel „Index" (Ansicht > Studio)

Über das Panel **Index** können Sie Indexthemen erstellen und Indexmarken direkt in Ihre Seiten einfügen sowie auch den Index für das Dokument erzeugen und auf einer Seite platzieren.

Indexthemen sind einfach nur Stichwörter, nach denen Sie Ihr Dokument durchsuchen können. Aus der Liste der Suchergebnisse im Panel lassen sich dann alle Instanzen oder auch nur ausgewählte Instanzen in den Index aufnehmen.

Mit dem Panel können Sie ebenfalls alle Verwaltungsaufgaben für die Indexeinträge bequem von einer Stelle aus erledigen.

Löschen

Löscht das ausgewählte Indexthema bzw. die Indexmarke aus dem Panel und der Seite oder einfach nur die ausgewählte Indexmarke.

Marke einfügen

Setzt für den aktuell ausgewählten Text eine Indexmarke in Ihre Seite ein. Die Indexmarke wird am Anfang des für den Index ausgewählten Wortes platziert.

Thema hinzufügen

Trägt ein neues Indexthema in den Index ein, nach dem Sie dann per Rechtsklick suchen können.

Optionen

Sprache

Hier legen Sie die Indexsprache über ein Einblendmenü fest.

Trennelement

Hier legen Sie fest, wie der Themenname und die damit verknüpften Seitenzahlen getrennt werden.

Bezeichnung für Siehe (Auch)

Hier legen Sie den Text fest, der für Querverweise verwendet wird.

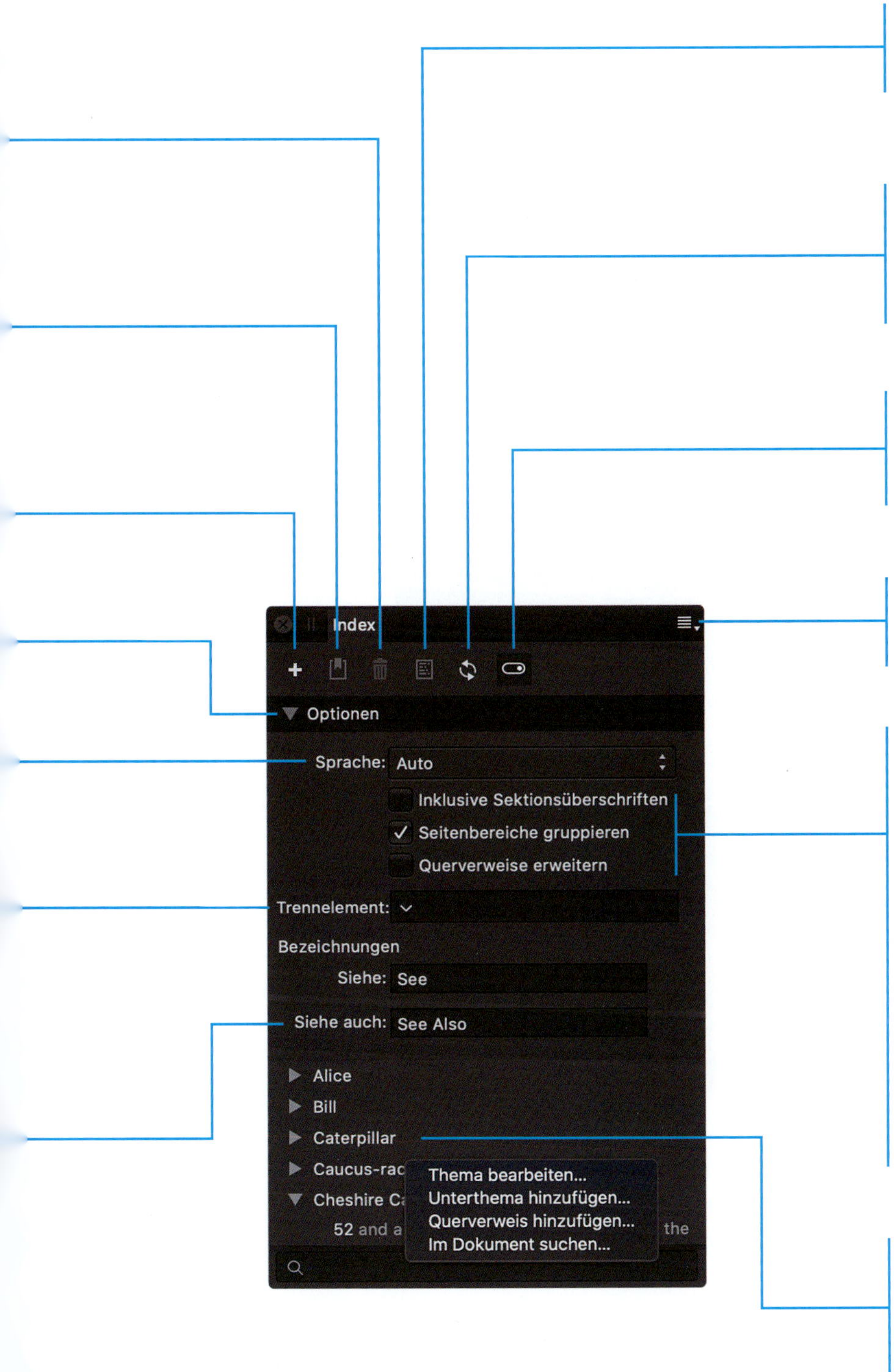

Index einfügen

Platziert einen erzeugten Index an der Einfügmarke in einem Textrahmen

Aktualisieren

Aktualisiert einen bestehenden bereits erzeugten Index mit neu erstellten oder geänderten Indexthemen oder Indexmarken.

Indexmarken ein-/ausblenden

Blendet die Indexmarken ein oder aus, die Sie in den Texten Ihrer Dokumentseiten platziert haben.

Paneleinstellungen

Hier konfigurieren Sie die Anzeige (nur Themen oder Themen mit Verweisen).

Inklusive Sektionsüberschriften

Ist diese Option aktiviert, werden die Indexthemen nach ihrem Anfangsbuchstaben in Sektionen eingeteilt.

Seitenbereiche gruppieren

Ist diese Option aktiviert, werden Bereiche von drei oder mehr aufeinanderfolgenden Seiten gruppiert.

Querverweise erweitern

Ist diese Option aktiv, werden für Querverweise in dem erzeugten Index die Seitenzahlen des Verweisziels angezeigt und nicht der Text.

Liste der Indexthemen

Hier werden alle Indexthemen/-marken aufgelistet. Per Rechtsklick auf ein erstelltes Indexthema können Sie den Begriff **Im Dokument suchen**.

Das Panel „Anpinnen" (Ansicht > Studio)

Mit dem Panel **Anpinnen** können Sie Objekte an Textrahmen wahlweise als frei bewegliche Objekte verankern (die Objekte sind dann an dem Rahmentext verankert) oder als integrierte Objekten (die Objekte werden dann wie Zeichen in den Text eingesetzt).

Die im Panel verfügbaren Einstellungen variieren je nachdem, ob Sie die frei bewegliche oder die integrierte Methode auswählen.

Frei beweglich mit Text

Klicken Sie auf diese Option, um das ausgewählte Objekt (z. B. Bild, Tabelle oder Textrahmen) an dem benachbarten Text in einem Textrahmen anzupinnen. So verschiebt sich das Objekt automatisch auf der Seite, wenn Sie den Textfluss in dem Textrahmen ändern.

Horizontale Ausrichtung

Die horizontale Position (z. B. **Außen Links**, **Innen Rechts** usw.) in Relation zu dem Seitenelement, das Sie für die Option **Von** festgelegt haben.

Von

Das Seitenelement, von dem aus die horizontale Ausrichtung festgelegt wird, wie z. B. ein Zeichen (Pinposition), ein Rahmen, eine Spalte usw.

Versatz

Versetzt das Objekt horizontal von der mit **Horizontale Ausrichtung** festgelegten Position. Gemessen wird der Versatz in absoluten Einheiten.

Innerhalb der Begrenzung halten

Mit dieser Option lasst sich das angepinnte Objekt nur innerhalb der Begrenzung des Textrahmens platzieren.

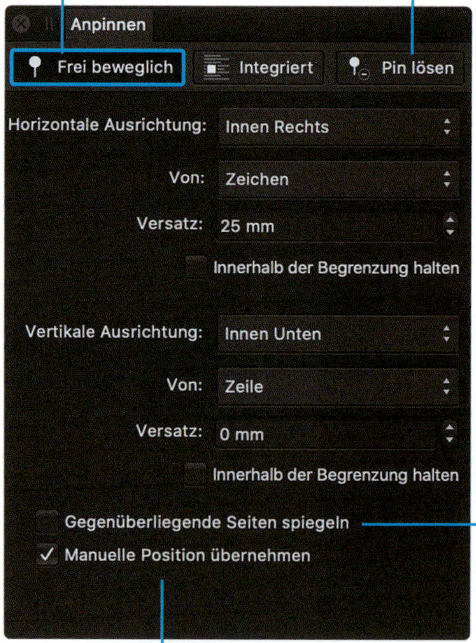

Manuelle Position übernehmen

Ist diese Option aktiviert, lassen sich das angepinnte Objekt und sein Pin unabhängig voneinander verschieben. Deaktivieren Sie diese Option, ist das angepinnte Objekt gesperrt und lässt sich nur in Übereinstimmung mit den Einstellungen des Panels verschieben.

Pin lösen

Löst ein frei bewegliches oder integriertes Objekt und stellt seinen unabhängigen Status wieder her.

Vertikale Ausrichtung

Die vertikale Position (z. B. **Innen Oben**, **Außen Unter** usw.) in Relation zu dem Seitenelement, das Sie für die Option **Von** festgelegt haben.

Von

Das Seitenelement, von dem aus die vertikale Ausrichtung festgelegt wird, wie z. B. ein Zeichen (Pinposition), ein Rahmen, eine Spalte usw.

Versatz

Versetzt das Objekt vertikal von der mit **Vertikale Ausrichtung** festgelegten Position. Gemessen wird der Versatz in absoluten Einheiten.

Innerhalb der Begrenzung halten

Verhindert, dass angepinnte Objekte außerhalb des Textrahmens platziert werden. Das Objekt verschiebt sich zwar, aber nur bis zur Rahmenkante. Deaktivieren Sie diese Option gibt es keinerlei Einschränkungen für die Objektplatzierung.

Gegenüberliegende Seiten spiegeln

Bei aktivierter Option **Gegenüberliegende Seiten** wird die Objektposition automatisch gespiegelt, wenn sich der Text auf eine neue Seite verschiebt.

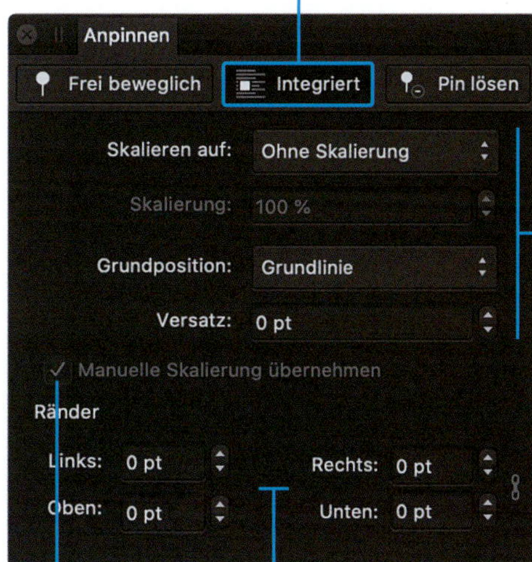

Im Text integriert

Klicken Sie auf diese Option, um das Objekt wie ein Zeichen in den Text Ihres Textrahmens einzusetzen.

Skalieren auf

Skaliert das integrierte Objekt in Relation zu der Schriftgröße gemessen in Punkt sowie verschiedenen Schriftwerten, wie z. B. Oberlänge, X-Höhe usw.

Skalierung

Skaliert das Objekt auf einen Prozentsatz des mit **Skalieren auf** festgelegten Wertes. So bleibt die relative Größe erhalten, wenn Sie die Textgröße ändern.

Grundposition

Integrierte Objekte lassen sich vertikal in Relation zu der Grundlinie oder Unterlängen positionieren.

Versatz

Verschiebt das integrierte Objekt vertikal in Schritten von einem Prozent.

Ränder

Hier legen Sie positive oder negative Ränder links, rechts, oben oder unten an dem integrierten Objekt fest.

Manuelle Skalierung übernehmen

Ist diese Option aktiviert, können Sie das Objekt manuell an seinen Griffen skalieren; deaktivieren Sie diese Option, wird das angepinnte Objekt nur in Übereinstimmung mit der Option **Skalierung** des Panels skaliert.

Das Panel „Checkliste" (Ansicht > Studio)

Das Panel **Checkliste** sammelt alle Fehlermeldungen und Warnungen zu Ihrem Dokument. Standardmäßig wird die Checkliste während Ihrer Arbeit in Echtzeit überprüft – die Probleme werden automatisch in dem Panel angezeigt, sobald sie auftreten.

Indem Sie diese Probleme beseitigen, sorgen Sie dafür, dass die PDF-Ausgabe fehlerfrei abläuft und es später in der Druckerei keine Schwierigkeiten gibt.

Per Doppelklick auf einen Eintrag springen Sie zu der Seite, auf der das Problem aufgetreten ist. Das problematische Objekt wird automatisch ausgewählt, sodass Sie es direkt bearbeiten können.

Für die Checkliste können Sie auch verschiedene Vorgaben definieren und speichern, um genau festzulegen, nach welchen Problemen die Liste suchen soll.

> Das Glockensymbol in der Statusleiste wird automatisch gelb angezeigt, sobald eine Warnung vorliegt, bzw. rot, wenn eine Fehlermeldung auftritt. Per Klick auf das Symbol öffnen Sie das Panel **Checkliste** und können das Problem direkt analysieren und beseitigen.

Profil

Hier finden Sie den Namen des gespeicherten Checklistenprofils, nachdem Sie die Einstellungen der Checkliste angepasst und über das Menü **Optionen** als Profil gespeichert haben. Ist das Feld leer, werden die Standardeinstellungen für die Checkliste verwendet.

Check

Hier legen Sie fest, wann die Checkliste überprüft wird. **Niemals** deaktiviert die Checks; mit **Export** wird die Liste nur vor dem Export überprüft; mit **Live** werden Fehlermeldungen und Warnungen in Echtzeit erzeugt.

Problemstufe

Rote Symbole kennzeichnen Fehler mit hoher Priorität, gelbe Symbole stehen für Warnungen mit niedriger Priorität.

Problem

Eine Beschreibung des von der Checkliste gefundenen Problems.

Paneleinstellungen

Hier können Sie die Liste nach Seiten oder Fehlertyp sortieren.

Optionsmenü

Hier können Sie die Einstellungen für die Checkliste anpassen, um z. B. bestimmte Checks zu deaktivieren, die Problemstufe zu ändern und eingebettete/verknüpfte Dokumente zu überprüfen. Ihre Einstellungen lassen sich als Vorgaben in verschiedenen Kategorien speichern.

Korrektur

Für einige Probleme wird eine Option **Korrektur** angezeigt, mit der Sie das Problem direkt im Panel beseitigen können.

Seitenzahl

Hier finden Sie die Seitenzahl der Seite, auf der das Problem auftritt. **M** steht für eine Master-Seite.

Das Panel „Tabelle“ (Ansicht > Studio)

Mit dem Panel **Tabelle** können Sie die Formatierung der einzelnen Tabellen in Ihrem Dokument anpassen. Die Tabellen selbst erstellen Sie mit dem Werkzeug **Tabelle**.

Versatzabstände

Hier legen Sie weißen Leeraum zwischen Tabellenrahmen und Tabellentext fest.

Grundlinienraster ignorieren

Ist diese Option aktiviert, hat das aktuell für Ihr Dokument festgelegte Grundlinienraster keine Auswirkung auf die Tabelle.

Umrandung

Hier legen Sie fest, für welche Umrandungen die aktuell festgelegten Formatoptionen gelten.

Zellenkonturfarbe

Hier legen Sie die Farbe der Umrisslinie für die ausgewählten Zellen fest.

Versatzabstände

Hier legen Sie weißen Leeraum zwischen den Zellenkanten und dem Zellentext der ausgewählten Zellen fest.

Vertikale Position

Hier legen Sie die vertikale Ausrichtung für den Zellentext fest: **Oben ausrichten**, **Zentriert ausrichten**, **Unten ausrichten** oder **Blocksatz**.

Rotation

Dreht den Zellentext um 0° (fungiert als Reset), 90°, 180° oder 270° im Uhrzeigersinn.

Füllung

Bestimmt die Farbfüllung für die gesamte Tabelle.

Konturfarbe

Bestimmt die Konturfarbe für die gesamte Tabelle.

Kontureigenschaften

Bestimmt Konturbreite und -stil für die gesamte Tabelle.

Versatzabstände verknüpfen

Ist diese Option aktiviert, werden die Versatzabstände proportional zeinander gerändert. Deaktivieren Sie diese Option, können Sie die Werte unabhängig voneinander einstellen.

Füllung

Bestimmt die Füllungsfarbe der ausgewählten Zelle.

Zellenkontureigenschaften

Bestimmt Konturbreite und -stil für die ausgewählten Zellen.

Breite

Bestimmt die Breite der ausgewählten Zelle.

Höhe

Bestimmt die Höhe der ausgewählten Zelle.

Versatzabstände verknüpfen

Ist diese Option aktiviert, werden die Versatzabstände proportional zueinander gerändert. Deaktivieren Sie diese Option, können Sie die Werte unabhängig voneinander einstellen.

Grundlinienraster

Möchten Sie ein Grundlinienraster für die Tabelle festlegen, erweitern Sie dieses Feld und aktivieren die Option **Grundlinienraster verwenden**.

Das Panel „Tabellenformate" (Ansicht > Studio)

Mit dem Panel **Tabellenformate** können Sie Formatierungsoptionen (z. B. Umrandungs- und Zellenfarben) für Tabellen und Zellen definieren und als Vorgaben speichern, die sich dann jederzeit noch auf andere Tabellen in Ihrem Dokument anwenden lassen.

Paneleinstellungen

Hier legen Sie die Miniaturgröße fest, speichern die aktuelle Tabellenvorgabe als Standard und können Tabellenformate aus einer Datei importieren. Zusätzlich lassen sich auch neue Tabellenformate erstellen – wahlweise aus einer auf der Seite ausgewählten Tabelle oder von Grund auf neu.

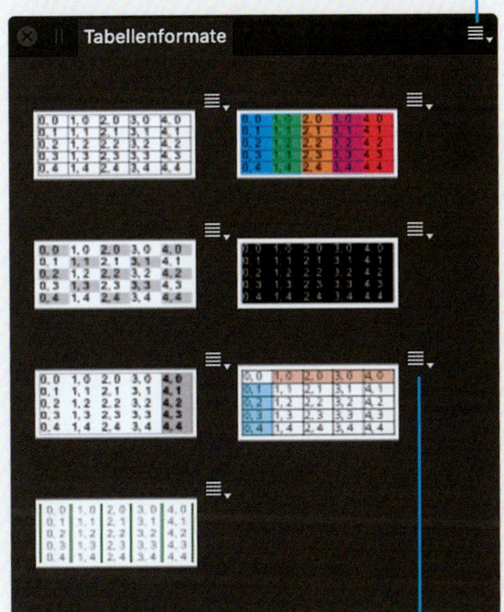

Optionsmenü

Hier bearbeiten Sie die Formatierung und Eigenschaften der Tabellenvorgabe, können eine Kopie erstellen und bearbeiten sowie die Formatierung auf die ausgewählte Tabelle der Seite anwenden.

Das Panel „Stile“

Mit dem Panel **Stile** können Sie vordefinierte Stile auf Ihre Objekte anwenden. Stile umfassen Effekte, Kontureigenschaften, Textattribute sowie jede mögliche Kombination dieser Möglichkeiten. Über das Panel **Stile** wenden Sie diese Formatierungen einfach durch Ziehen und Ablegen auf die Objekte an oder wählen zuerst die Objekte aus und klicken dann auf die Stilminiatur des Panels. In diesem Panel können Sie auch den Stil jedes beliebigen Objekts speichern und dann später noch für andere Objekte verwenden.

Paneleinstellungen

Hier können Sie Stilkategorien anlegen, umbenennen und löschen, Stile importieren und exportieren und den Stil der aktuellen Auswahl als neue Vorlage in einer Kategorie speichern.

Suchen

Das Panel „Inhaltsverzeichnis“ (Ansicht > Studio)

Mit dem Panel **Inhaltsverzeichnis** können Sie ein Inhaltsverzeichnis für Ihr Dokument erstellen, aktualisieren und all seine Einträge verwalten.

Einfügen

Platziert ein erstelltes Inhaltsverzeichnis an der Einfügemark in einem Textrahmen.

Umfang

Sie können das Inhaltsverzeichnis wahlweise aus dem gesamten Dokument erstellen oder nur aus der Sektion, in dem es platziert ist.

Suchen in

Die Übeschriften für das Inhaltsverzeichnis lassen sich aus allen Textrahmen der Sektion(en) erstellen oder auch nur aus Textrahmen, die zu einem Textfluss verknüpft sind.

Ihv-Stil

Hier legen Sie eine Stilvorgabe (Textstil und **Stilname**) für das aktuell ausgewählte Inhaltsverzeichnis fest.

Zahlen vor Überschriften

Möchten Sie im Inhaltsverzeichnis die Seitenzahlen vor den Überschriften platzieren, wählen Sie diese Option aus.

Zeilenwechsel entfernen

Ersetzt Zeilenwechsel in den Verweistexten durch Leerzeichen.

Inklusive integrierter Pins

Kopiert als integriert angepinnte Objekten aus Überschriften in das Inhaltsverzeichnis.

Trennelement

Hier legen Sie fest, mit welchen Glyphen Seitenzahlen und Text in einem Eintrag getrennt werden sollen. Über den Pfeil öffnen Sie ein Einblendmenü mit gängigen Glyphen.

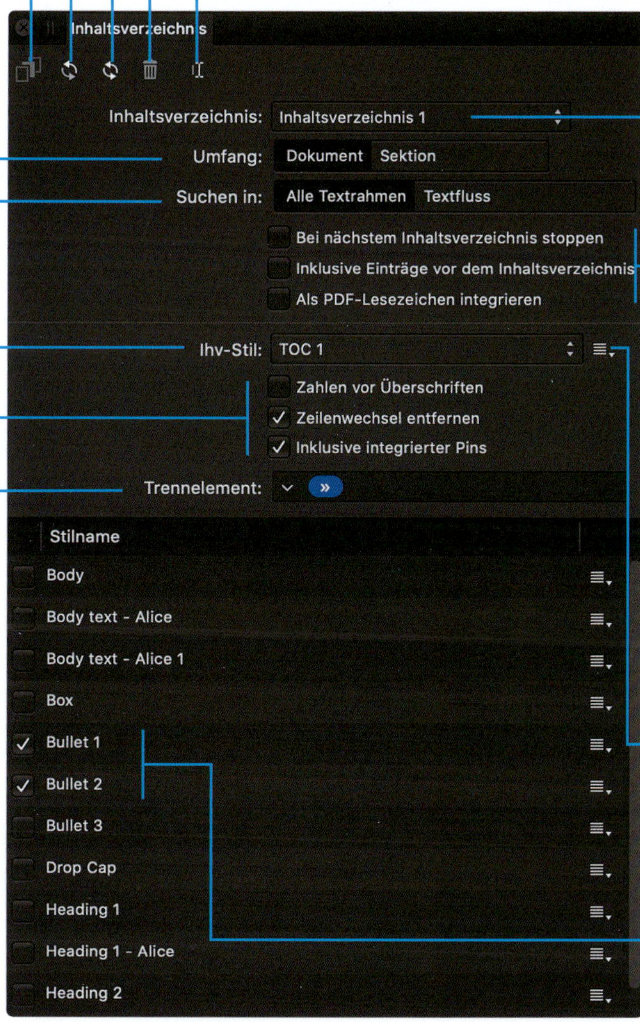

Aktualisieren

Aktualisiert das ausgewählte Inhaltsverzeichnis mit neuen Texteinträgen, für die Sie einen Textstil festgelegt haben, der in das Inhaltsverzeichnis aufgenommen wird.

Alle Inhaltsverzeichnisse aktualisieren

Aktualisiert alle Inhaltsverzeichnisse in Ihrem Dokument.

Löschen

Löscht das ausgewählte Inhaltsverzeichnis aus dem Einblendmenü **Inhaltsverzeichnis**.

Umbenennen

Hier legen Sie einen neuen Namen für das ausgewählte Inhaltsverzeichnis fest.

Inhaltsverzeichnis

Hier wählen Sie ein Inhaltsverzeichnis aus, um seine Einstellungen zu ändern und direkt zu der Seite zu wechseln, auf der es platziert ist.

Bei nächstem Inhaltsverzeichnis stoppen

Ist diese Option aktiviert, erstellt die App ein Inhaltsverzeichnis nur bis zu der Stelle, an der ein weiteres Inhaltsverzeichnis platziert ist.

Inklusive Einträge vor dem Inhaltsverzeichnis

Ist diese Option aktiviert, enthält das Inhaltsverzeichnis auch Einträge für die Seiten, die vor dem platzierten Inhaltsverzeichnis liegen – z. B. aus dem Vorwort oder einer Einführung.

Als PDF-Lesezeichen integrieren

Markiert die Einträge beim Export als PDF-Lesezeichen.

Optionsmenü für die Stile zum Inhaltsverzeichnis

Hier können Sie Vorgaben für **Inhaltsverzeichnisstile** erstellen, umbenennen oder löschen. Weitere Inhaltsverzeichnisse in Ihrem Dokument lassen sich so leichter formatieren.

Stilname

Wählen Sie Absatzstile in der Liste aus, um das Inhaltsverzeichnis aus Texten aufzubauen, denen dieser Stil zugewiesen ist. Die Seitenzahlen werden für jeden ausgewählten Stil automatisch hinzugefügt.

Das Panel „Textrahmen" (Ansicht > Studio)

Mit dem Panel **Textrahmen** können Sie das Rahmenlayout anpassen – inklusive Kontur- und Füllungsfarbe des Rahmens, Anzahl der Spalten, Spaltenabstände, vertikaler Ausrichtung und Grundlinienraster.

Überlauf ausblenden

Ist diese Option aktiviert, wird sämtlicher Text ausgeblendet, der nicht mehr in den Rahmen passt. Diese Option entspricht dem Augensymbol des Textrahmens.

Textumbrüche ignorieren

Ist diese Option aktiviert, umfließt der Rahmentext keine Objekte, für die Sie ein Umfließen festgelegt haben.

Grundlinienraster ignorieren

Ist diese Option aktiviert, hat das Grundlinienraster des Dokuments keinen Einfluss auf den Textrahmen.

Vertikale Position

Hier legen Sie die vertikale Ausrichtung für den Rahmentext fest: **Oben ausrichten**, **Zentriert ausrichten**, **Unten ausrichten** oder **Blocksatz.**

Füllung

Bestimmt die Füllungsfarbe für den gesamten Textrahmen.

Konturfarbe

Bestimmt die Konturfarbe für den gesamten Textrahmen.

Versatzabstände

Hier legen Sie den weißen Leerraum zwischen Textrahmen und Rahmentext fest.

Spalten

Hier legen Sie die Anzahl der Spalten in Ihrem Textrahmen fest.

Breite

Hier legen Sie die Breite für jede einzelne Spalte fest.

Gleichmäßiger Text in Spalten

Ist diese Option aktiviert, werden die Spalten gleichmäßig mit Text gefüllt.

Zwischenraum

Hier legen Sie den Start- und Endpunkt für Spaltentrennlinien fest.

Grundlinienraster verwenden

Aktivieren Sie diese Option, um ein Grundlinienraster festzulegen, das nur für den Textrahmen gilt.

Farbe

Bestimmt die Farbe der Rasterlinien. Mit dem Schieber ändern Sie die Deckkraft der Linienfarbe.

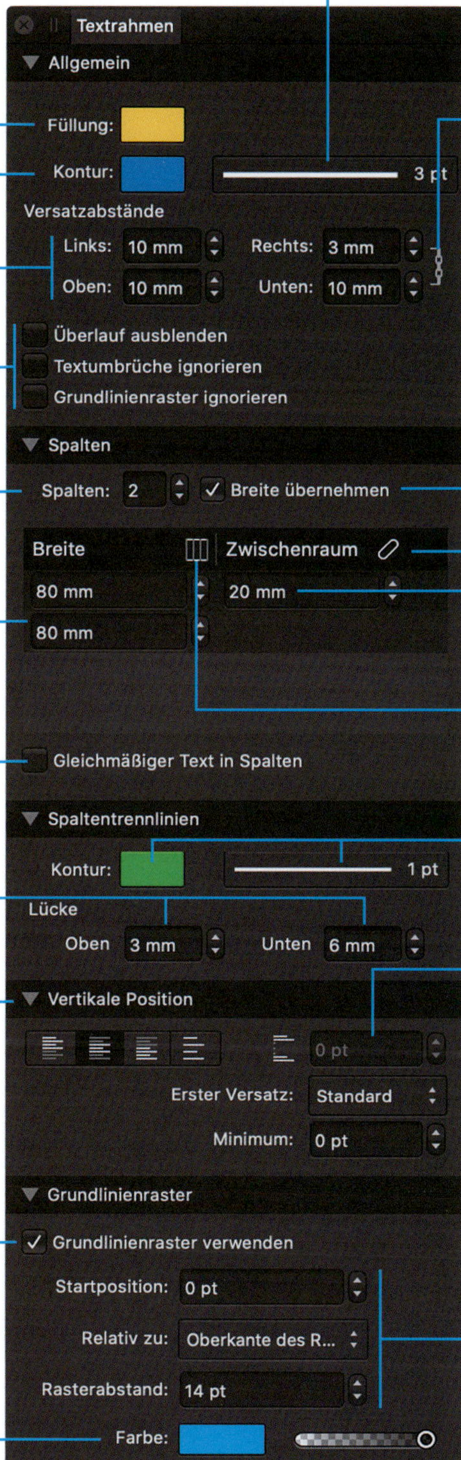

Kontureigenschaften

Bestimmt Konturbreite und -stil für den gesamten Textrahmen.

Versatzabstände verknüpfen

Ist diese Option aktiviert, werden die Werte proportional zueinander verändert. Deaktivieren Sie die Option, können Sie die Werte unabhängig voneinander ändern.

Breite übernehmen

Ist diese Option aktiviert, bleibt die Textrahmenbreite unverändert, wenn Sie die Breite der Spalten oder Zwischenräume ändern.

Verknüpfen

Ist diese Option aktiviert, werden identische Zwischenräume verwendet. Deaktivieren Sie die Option, können Sie die Werte unabhängig voneinander ändern.

Zwischenraum

Hier geben Sie an, wie breit die Zwischenräume der Spalten sind.

Identische Spaltenbreite

Ist diese Option aktiviert, werden alle Spalten automatisch in einer Breite erstellt.

Farbe/Eigenschaften für Spaltentrennlinien

Bestimmt die Kontur, Breite und den Stil vertikaler Trennlinien zwischen den Textspalten.

Max. Absatzabstand

Bestimmt die maximale Distanz zwischen Absätzen in dem Textrahmen.

Startposition

Bestimmt den Versatz der ersten Rasterlinie gemessen von der Einstellung für **Relativ zu**.

Relativ zu

Bestimmt die Startposition des Rasters in Relation zu der Oberkante des Textrahmens oder dem oberen Versatzabstand.

Rasterabstand

Bestimmt den Abstand aufeinanderfolgender horizontaler Rasterlinien.

ANPASSEN IHRES ARBEITSBEREICHES

Da wir nicht alle auf dieselbe Art und Weise arbeiten, ist es ausgesprochen praktisch, dass sich der Arbeitsbereich in Affinity Publisher flexibel an Ihre Vorlieben anpassen lässt.

Einstellungen für die App-Oberfläche

Die Programmoberfläche der App können Sie über den Menüpunkt **Einstellungen** ändern. Klicken Sie auf **Affinity Publisher > Einstellungen** (Mac) oder **Bearbeiten > Einstellungen** (Win) und dann auf die Option **Oberfläche**, um die folgenden Einstellungen anzupassen:

- **Graustufe des Hintergrunds:** Bestimmt die Graustufe des Hintergrunds für die Dokumentvorschau.
- **Graustufe des ArtBoard-Hintergrunds**: Bestimmt die Graustufe der Montagefläche, von der die ArtBoards umgeben sind, wenn Sie Dateien aus Affinity Designer öffnen.
- **Gamma**: Ändert den Kontrast der App-Oberfläche.
- **Schriftgröße (nur für Mac)**: Hier können Sie die Schriftgröße der App-Oberfläche erhöhen.
- **Oberflächenstil:** Hier legen Sie den Oberflächenstil fest – dunkel, hell oder OS-Standard (nur für Mac).
- **Quickinfo-Verzögerung**: Bestimmt, wie lange es dauert, bis Quickinfos zu Programmelementen angezeigt werden, auf denen Sie den Cursor platzieren.
- **Dezimalstellen für Einheiten**: Hier legen Sie fest, mit wie vielen Dezimalstellen die Maßeineinheiten für Dokumente angezeigt werden.
- **Hintergrundebene beim Import automatisch schützen**: Schützt ein importiertes Bild automatisch als Hintergrundebene.

- **Linien in Punkt angeben**: Hier legen Sie fest, ob Linienbreiten in Punkt oder in der Maßeinheit des Dokuments angegeben werden.
- **Textgröße in Punkt angeben**: Hier legen Sie fest, ob Textgrößen in Punkt oder in der Maßeinheit des Dokuments angegeben werden.
- **Vorschau für Pinsel anzeigen**: Hier legen Sie fest, ob der Pinselcursor automatisch eine Vorschau der aufzutragenden Pixel anzeigt.
- **Immer Fadenkreuz für Pinsel anzeigen**: Diese Option blendet ein Fadenkreuz über dem Pinsel ein, sodass Sie die gewünschten Stellen einfacher treffen.
- **Monochrome Icons**: Ändert die farbige Darstellung der Icons in Graustufen.
- **Auswahl im Panel "Ebenen" anzeigen**: Wenn Sie ein Objekt auswählen, scrollt das Panel automatisch zu seinem Ebeneneintrag.
- **Unterstützung für Touch Bar aktivieren**: Mit dieser Option können Sie die Touch Bar auf einem Apple MacBook Pro verwenden.

Die Modi für den Arbeitsbereich (nur Mac)

In der Mac-Version stehen Ihnen zwei unterschiedliche Modi für den Arbeitsbereich zur Verfügung: **Normal** und **Modular**. Über das Menü **Fenster** können Sie bequem zwischen den Modi wechseln.

Standardmäßig verwendet Affinity Publisher den Modus **Normal** (ein einziges Fenster). Alle Panels und die Dokumentansicht sind hierbei zu einer durchgängigen Oberfläche zusammengesetzt. Der **Modulare Modus** verzichtet auf den gemeinsamen Rahmen, sodass alle Panels (oder Panelgruppen) und die Symbolleisten frei auf dem Bildschirm verschiebbar sind. Jedes geöffnete Dokument belegt hierbei eine separate Ansicht (Sie können jedoch weiterhin Gruppen erstellen).

> Wenn Sie mit der Vollbildansicht arbeiten, können Sie nicht zwischen den Modi für den Arbeitsbereich wechseln.

Anpassen Ihrer Studiopanels

Sie können den Arbeitsbereich genau an Ihre bevorzugte Arbeitsweise anpassen. Dies gilt vor allem für die Anordnung der Studiopanels und die Zusammensetzung der Studios (d. h. welche Panels ein- oder ausgeblendet sind).

Ein-/Ausblenden einzelner Panels:

- Klicken Sie auf den Namen des Panels in dem Untermenü **Ansicht > Studio**.

Ein-/Ausblenden aller Panels:

- Klicken Sie im Menü **Ansicht** auf **Oberfläche ein/aus** (Tab).

Ein-/Ausblenden der linken/rechten Panelgruppen:

- Klicken Sie im Menü **Ansicht > Studio** auf **Linkes Studio einblenden** oder **Rechtes Studio einblenden**.

Reduzieren einzelner Panels/Panelgruppen:

- Führen Sie einen Doppelklick auf den Namen des aktiven Panels aus.

Erweitern einzelner Panels/Panelgruppen:

- Klicken Sie auf den Namen des Panels, das Sie betrachten möchten.

Verschieben einzelner Panels:

- Ziehen Sie den Namen des Panels an eine neue Position – wahlweise frei schwebend auf dem Bildschirm oder in eine bestehende Panelgruppe.

Ändern der Panelgröße:

- Ziehen Sie eine beliebige Ecke des gewünschten Panels.

Docken (Verankern) einzelner Panels:

- Ziehen Sie den Panelnamen in eine Panelgruppe.
- Ziehen Sie den Panelnamen auf einen Bereich des Studios. An der nun eingeblendeten Markierung sehen Sie, wo Sie das Panel verankern können.

Verschieben einer Panelgruppe:

- Ziehen Sie die Panelgruppe an eine neue Position – wahlweise frei schwebend auf dem Bildschirm oder in eine andere Panelgruppe.

Docken (Verankern) einer Panelgruppe:

- Ziehen Sie die Panelgruppe in eine andere Panelgruppe.
- Ziehen Sie die Panelgruppe auf einen Bereich des Studios. An der nun eingeblendeten Markierung sehen Sie, wo Sie die Gruppe verankern können.

Speichern Ihres Studiolayouts als Vorgabe:

- Klicken Sie auf **Ansicht > Studiovorgaben > Vorgabe hinzufügen**.

Zurücksetzen des Arbeitsbereiches:

- Klicken Sie im Menü **Ansicht** auf **Studio > Studio zurücksetzen**.

Anpassen der Werkzeugleiste

Die **Werkzeugleiste** lässt sich verankern oder frei beweglich platzieren sowie ein- und ausblenden. Sie können ebenfalls einzelne Werkzeuge entfernen oder hinzufügen, um die Leiste genau auf Ihre Anforderungen abzustimmen.

Docken/Lösen der Werkzeugleiste:

- Klicken Sie im Menü **Ansicht** auf **Werkzeuge docken**.

Ein-/Ausblenden der Werkzeugleiste:

- Klicken Sie im Menü **Ansicht** auf **Werkzeuge einblenden**.

Hinzufügen/Entfernen von Werkzeugen:

1. Klicken Sie im Menü **Ansicht** auf **Werkzeuge anpassen**.
2. Ziehen Sie ein Werkzeugsymbol aus der **Werkzeugleiste** in das eingeblendete Menü oder umgekehrt.
3. Klicken Sie auf **Schließen**.

Zurücksetzen der Werkzeugleiste:

- Klicken Sie im Menü **Ansicht** auf **Werkzeuge anpassen** und in dem nun eingeblendeten Menü auf **Zurücksetzen**.

Anpassen der Symbolleiste

In der **Symbolleiste** finden Sie einige der wichtigsten und am häufigsten verwendeten Funktionen. Sie können diese Leiste jedoch ebenfalls flexibel an Ihre Projekte und Arbeitsweise anpassen:

Ein-/Ausblenden der Symbolnamen in der Symbolleiste:

1. Klicken Sie im Menü **Ansicht** auf **Symbolleiste anpassen**.
2. Legen Sie in dem Einblendmenü **Anzeigen** des Dialogfelds die Option **Nur Symbol** oder **Symbol und Text** fest.

Ein-/Ausblenden der Symbolleiste:

- Klicken Sie im Menü **Ansicht** auf **Symbolleiste einblenden**.

Anpassen der Symbolleiste:

1. Klicken Sie im Menü **Ansicht** auf **Symbolleiste anpassen**.
2. Ziehen Sie Elemente aus dem Dialogfeld in die **Symbolleiste**.
3. Um Elemente zu entfernen, ziehen Sie sie aus der Symbolleiste in die Dokumentansicht.

Zurücksetzen der Symbolleiste:

1. Klicken Sie im Menü **Ansicht** auf **Symbolleiste anpassen**.
2. Ziehen Sie das Standardset in die **Symbolleiste**. Hierdurch werden die Originaleinstellungen der Symbolleiste wiederhergestellt.

> Die Anpassungen Ihres Arbeitsbereiches werden automatisch für die nächsten Arbeitssitzungen übernommen.

ANPASSEN DER TASTENKÜRZEL

Über Ihre Tastatur können Sie häufig verwendete Werkzeuge und Funktionen schnell und einfach aktivieren. Viele der Tastenkürzel kennen Sie wahrscheinlich bereits aus anderen Apps.

> In dieser App stehen einige Tastenkürzel direkt hinter ihren Menüeinträgen.

Eine umfassende Liste der Tastenkürzel finden Sie als heraustrennbare „Spickzettel" am Ende dieses Workbooks.

Anpassen der Tastenkürzel

Wenn Sie in Affinity Publisher mit Tastenkürzeln arbeiten, können Sie Ihren Workflow deutlich beschleunigen. Die Tastenkürzel lassen sich auch bequem an Ihre Vorlieben anpassen – sowohl für die gesamte App als auch nur für einzelne Personas. Darüber hinaus können Sie Ihre angepassten Tastenkürzel als Datei speichern und mit anderen teilen oder als Back-up sicher aufbewahren. Um die Tastenkürzel zu ändern, klicken Sie **Affinity Publisher > Einstellungen** (Mac) oder **Bearbeiten > Einstellungen** (Win) und dann auf **Tastenkürzel**.

> Exportierte Dateien mit Tastenkürzeln lassen sich nur auf derselben Plattform nutzen, auf der sie auch erstellt wurden. Eine Datei mit exportierten Tastenkürzeln aus Affinity Publisher für Mac lässt sich nicht in Affinity Publisher für Windows importieren und umgekehrt. Die Dateiendung für Tastenkürzeldateien lautet ***.affshortcuts** für Mac-Versionen und ***.afshort** für Windows-Versionen.

Hier finden Sie folgende Einstellungen:

- **Persona**: In diesem Menü legen Sie die Persona fest, für die Sie die Tastenkürzel ändern möchten.
- **App-Element**: In diesem Menü finden Sie die Menüs, Befehle und Vorgänge für die aktuell ausgewählte Persona. In der Kategorie **Verschiedenes** finden Sie einige gängige Funktionen und können Tastenkürzel für das Ein-/Ausblenden von Panels festlegen.
- **Für alle verwenden**: Ist diese Option aktiviert, gilt das für ein App-Element festgelegte Tastenkürzel in allen Personas. Deaktivieren Sie diese Option, gelten die neu festgelegten Tastenkürzel für ein App-Element nur in der Persona, die Sie aktuell in dem Persona-Menü ausgewählt haben.

Ist ein Tastenkürzel bereits für einen anderen Befehl festgelegt, wird ein Warndreieck eingeblendet. Der Quickinfo-Text verrät Ihnen, welcher Befehl das Kürzel belegt.

Ein Pfeilsymbol bedeutet, dass sich mehrere Werkzeuge ein Tastenkürzel teilen. Platzieren Sie den Cursor auf dem Symbol, um die Namen der anderen Werkzeuge einzublenden.

Um ein Tastenkürzel zu löschen, klicken Sie auf das Kreuzsymbol am Ende seines Eintrags.

- **Modifier-Tasten ignorieren**: Ist diese Option aktiv, können Sie Tastenkürzel festlegen, die nur aus einer Taste bestehen – ohne zusätzliche Modifikatoren wie Umschalt-, Strg-, Alt oder Option-Taste.

- **Zurücksetzen**: Alle angepassten Tastenkürzel werden wieder auf ihre Standardeinstellungen zurückgesetzt.

- **Alle Tastenkürzel löschen**: Alle Standardkürzel und selbst definierten Kürzel werden gelöscht.

- **Laden**: Hier können Sie eine zuvor gespeicherte Datei mit Tastenkürzeln laden. Die Kürzel der Datei ersetzen dann Ihre aktuell festgelegten Tastenkürzel.

- **Speichern**: Speichert das aktuelle Set von Tastenkürzeln als Datei.

Die Tastenkürzel in Affinity Publisher unterscheiden sich von den macOS-Standardkürzeln, z. B. für das Anpassen von Zeichenabstand, Grundlinie und Zeilenabstand im Absatz, das Verschieben der Einfügemarke und das Auswählen von Text. Möchten Sie lieber die Systemkürzel verwenden, klicken Sie auf die Option **Apple-Standard**.

ZURÜCKSETZEN DES ARBEITSBEREICHES

Nachdem Sie jetzt wissen, wie man die verschiedenen Elemente der App-Oberfläche von Affinity Publisher konfiguriert, sollten Sie den Arbeitsbereich auf die Standardeinstellungen der Installation zurücksetzen, bevor Sie mit den Projekten in diesem Buch beginnen.

Eventuell haben Sie versehentlich etwas geändert, Leisten oder Panels ausgeblendet und verschoben usw. Durch das Zurücksetzen stellen Sie sicher, dass die Anleitungen der Projekte möglichst genau zu den Arbeitsschritten an Ihrem Bildschirm passen.

Zurücksetzen der Symbolleiste

Klicken Sie im Menü **Ansicht** auf **Symbolleiste anpassen**. Ziehen Sie das Standardset von Symbolen am unteren Rand des Dialogfelds auf die **Symbolleiste**, die über Ihrem Arbeitsbereich verläuft und lassen Sie die Maustaste los.

Zurücksetzen der Werkzeugleiste

Klicken Sie im Menü **Ansicht** auf **Werkzeuge anpassen** und in dem nun geöffneten Menü auf **Zurücksetzen**.

Zurücksetzen der Studiopanels

Klicken Sie im Menü **Ansicht** auf **Studio > Studio zurücksetzen**. Diesen Schritt müssen Sie für den Arbeitsbereich jeder einzelnen Persona durchführen.

Lifestyle Magazine (52.3%)
Keine Auswahl
Dokumenteinstellungen...
Layoutseite einrichten...
Einstellungen...
Seiten
Master-Seiten
Light Footer
Seiten 2,3
Seiten 4,5
Seiten 6,7
Seiten 8,9
THROUGH THE WALL
Chad Felix on his return to competitive BMX and how biking saved his life after almost taking it
The beat goes on
Farbe
Deckkraft
Farbfelder
Zuletzt verwendet:
Kontur
Transformieren
Navigator
Zoom:
Protokoll
Position:
Master-Seiten löschen
Aktuelle Seite festlegen
Auswahl entfernen
Typografie
Sprache
Optische Ausrichtung
Positionierung und Transformation
Verzierung
Ohne Wechsel
4,5 von 50
Ziehen = Per Auswahlrahmen markieren. Klick auf Objekt = Objekt auswählen.

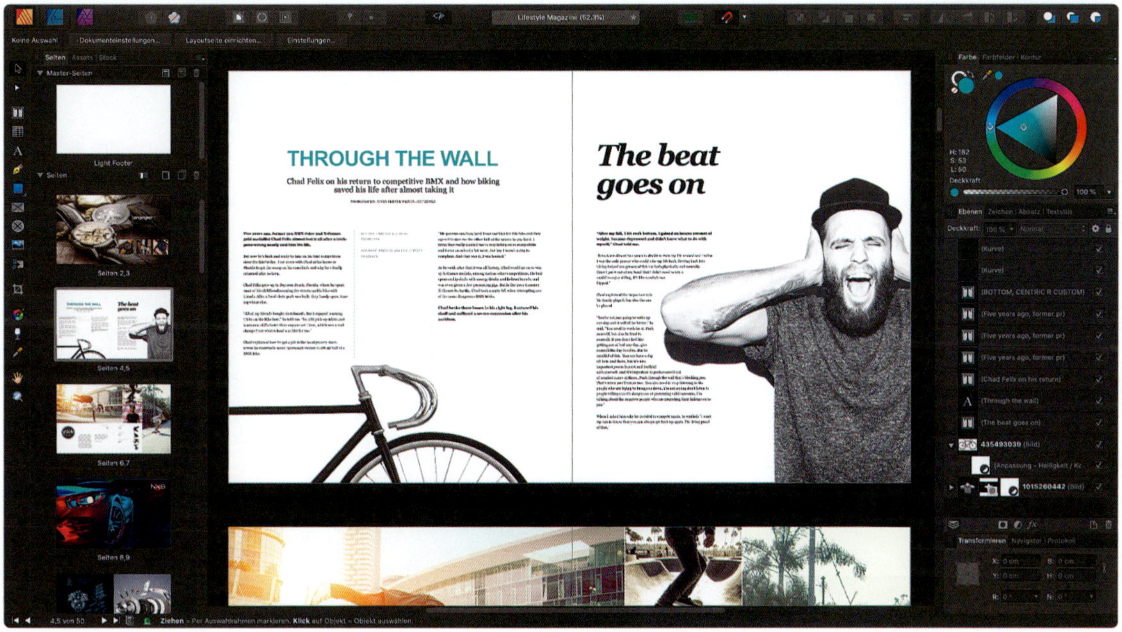
Lifestyle Magazine (52.3%)
Keine Auswahl
Dokumenteinstellungen...
Layoutseite einrichten...
Einstellungen...
Seiten
Master-Seiten
Light Footer
Seiten 2,3
Seiten 4,5
Seiten 6,7
Seiten 8,9
THROUGH THE WALL
Chad Felix on his return to competitive BMX and how biking saved his life after almost taking it
The beat goes on
Farbe
Deckkraft
Ebenen
(Kurve)
(Through the wall)
(The beat goes on)
Transformieren
4,5 von 50
Ziehen = Per Auswahlrahmen markieren. Klick auf Objekt = Objekt auswählen.

FESTLEGEN DES APP-STILS

Sie können für Affinity Publisher eine helle oder dunkle Programmoberfläche verwenden. Jede dieser Varianten hat ihre Vor- und Nachteile und eignet sich für manche Designs besser als für andere. Hier ein paar Punkte, die Sie bedenken sollten:

Dunkle Oberfläche

- Ideal für Designs mit wenig Text und vielen Bildern oder Videos, auf die Sie sich konzentrieren müssen.
- Weniger anstrengend für die Augen.
- Funktioniert gut mit minimalistischen Designs, die nur sehr wenige Elemente enthalten und bei denen alle Elemente gut verteilt sind.
- Unterstreicht die Wirkung der wichtigsten Seitenelemente.

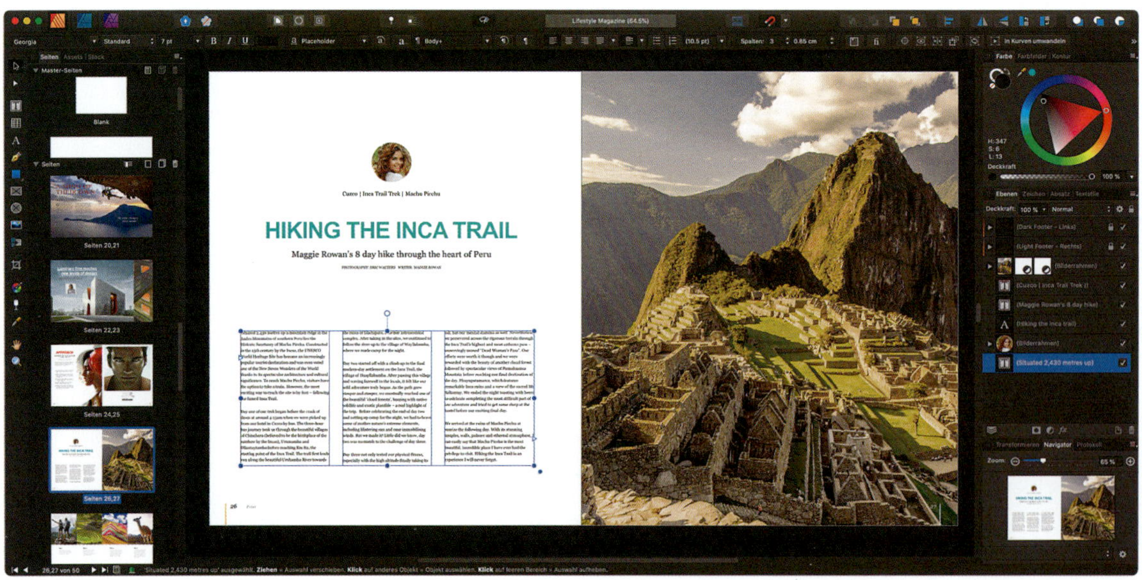

Ändern des Stils für die App-Oberfläche

1. Klicken Sie auf **Affinity Publisher > Einstellungen** (Mac) oder **Bearbeiten > Einstellungen** (Windows) und dann auf **Oberfläche**.
2. Legen Sie als **Oberflächenstil** die Option *Dunkel*, *Hell* oder *OS-Standard* fest. Die letzte Variante ist nur für macOS verfügbar und verwendet automatisch die Standardoberfläche des Betriebssystems.

Helle Oberfläche

- Ideal für Designs, bei denen Sie viel Text lesen müssen.
- Gut für komplexe Designs mit vielen visuell ansprechenden Elementen.
- Unterstreicht die Wirkung von Designs mit vielen verschiedenen Farben.

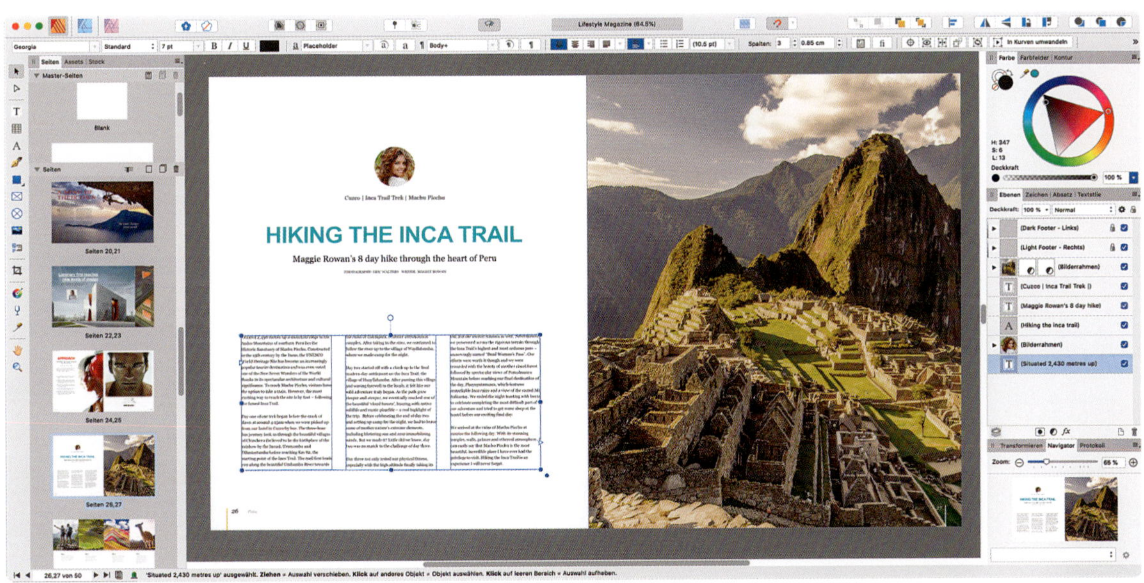

KAPITEL 2

Grundlagen

In diesem Kapitel vermitteln wir Ihnen die grundlegenden Techniken, die Sie für Ihre Arbeit in Affinity Publisher benötigen und auch für die Projekte der nachfolgenden Kapitel. Nicht alle grundlegenden Techniken sind auch für jedes Projekt erforderlich, aber wenn Sie sich jetzt schon in alles einarbeiten, finden Sie sich leichter in Affinity Publisher zurecht und die einzelnen Handgriffe gehen später wie von selbst.

BEVOR SIE LOSLEGEN

Ressourcen

Alle Ressourcen, auf die in diesem Kapitel verwiesen wird, finden Sie unter : https://affin.co/PublisherCoreSkills

ÖFFNEN VON DOKUMENTEN UND VORLAGEN

Die Dateiendung **.afpub** der mit Affinity Publisher erstellten Dokumente weist macOS und Windows an, welche App geöffnet werden soll, wenn Sie einen Doppelklick auf den Dateinamen ausführen. Mit Affinity Publisher können Sie ebenfalls IDML- (InDesign Markup Language) und PDF-Dateien öffnen.

Dank der IDML-Kompatibilität lassen sich InDesign-Dokumente nach Affinity Publisher migrieren.

Falls keine editierbare Version Ihres Dokuments vorliegt oder Ihre zuletzt verwendete DTP-App keine IDML-Dateien exportieren kann, lässt sich das Dokument auch in Affinity Publisher nachstellen, indem Sie eine zur Weitergabe exportierte PDF-Version des Dokuments öffnen.

Öffnen von Dateien aus Affinity Publisher

Führen Sie im Finder (Mac) oder Dateiexplorer (Windows) einen Doppelklick auf das Publisher-Dokument aus.

File Name.afpub

In Affinity Publisher, Designer oder Photo (Mac/Win):

1. Klicken Sie auf **Datei > Öffnen**.
2. Wählen Sie die gewünschte Datei aus.
3. Klicken Sie auf **Öffnen**.

Migrieren von InDesign-Dokumenten

Dokumente und Vorlagen aus Adobe InDesign lassen sich als IDML-Datei exportieren, die Sie dann in Affinity Publisher importieren können.

1. Klicken Sie in InDesign, auf **Datei > Exportieren** (CS4 bis CS5,6) oder **Datei > Speichern unter** (CS6 oder CC).
2. Stellen Sie für **Format** (Mac) oder **Dateityp** (Win) **InDesign CS4 oder später (IDML)** oder die entsprechende Option ein.
3. Klicken Sie auf **Speichern**.

Öffnen von IDML-Dokumenten

Dokumente, die mit einer alternativen App für Seitenlayouts erstellt wurden, lassen sich nach Affinity Publisher migrieren, wenn die andere App sie im IDML-Format exportieren kann.

IDML-Dateien lassen sich auf die gleiche Weise in Affinity Publisher öffnen, wie mit Affinity Publisher erzeugte Dokumente.

Arbeiten mit Vorlagen

Wir haben mit einigen der besten kreativen Köpfe gearbeitet, die Vorlagen für die Kreativbranche zum Kauf anbieten, damit Ihnen für Ihre Projekte eine breite Palette an Vorlagen im passenden Format von Affinity Publisher zur Verfügung steht. Diese Vorlagen sind zwar alle kostenpflichtig, jedoch ein guter Ausgangspunkt für Ihre Designs.

Sie können auch alle Vorlagen im IDML-Format in Affinity Publisher öffnen, die online erhältlich sind (sowohl kostenlose als auch kostenpflichtige).

Websites wie indesignskills.com, pagephilia.com und elements.envato.com bieten ebenfalls Vorlagen an. Diese lassen sich dann mit Affinity Publisher genau an Ihre Bedürfnisse anpassen.

Lesen Sie auf diesen Websites immer die Lizenzbedingungen zu den Vorlagen, bevor Sie etwas veröffentlichen, was Sie mit einer dieser Vorlagen erstellt haben. Manche Vorlagen sind nur für die private Nutzung kostenfrei, nicht jedoch für die kommerzielle Nutzung. Einige Vorlagen enthalten eventuell auch Bilder und Schriften, für die separate Lizenzbedingungen gelten.

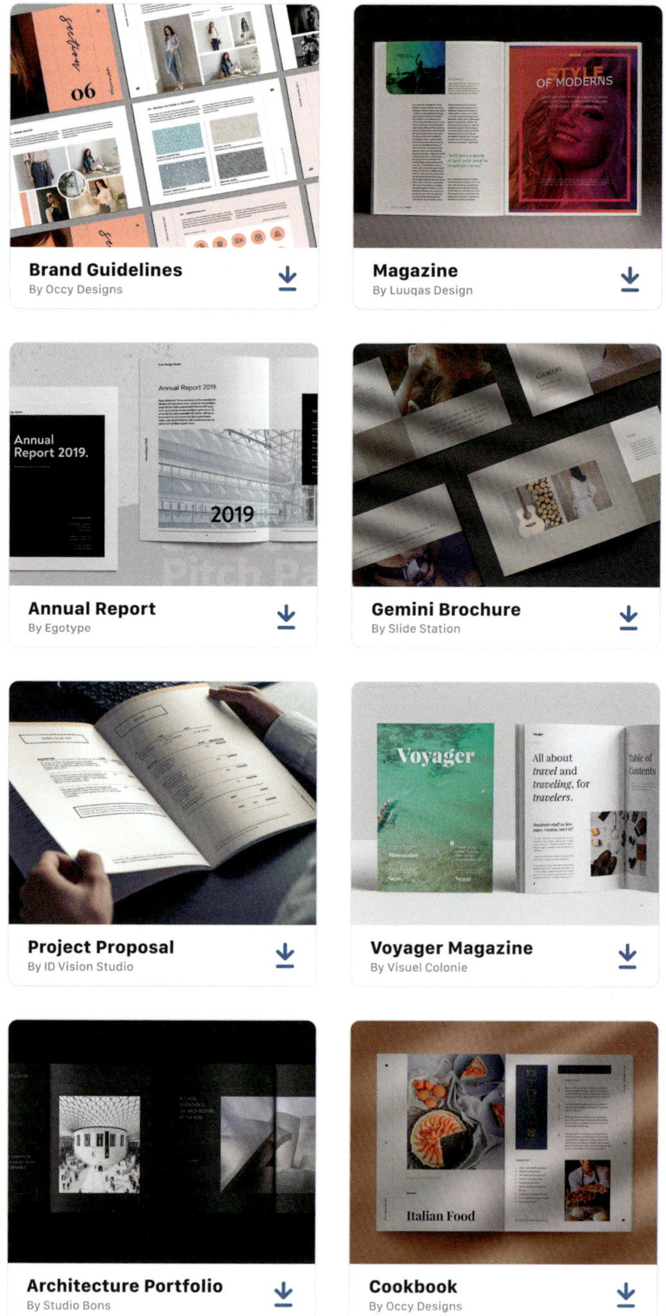

Öffnen von PDFs

Öffnen Sie eine PDF-Datei, erstellt die App daraus ein neues Affinity Publisher Dokument. Auf diese Weise können Sie die Inhalte der PDF-Datei bearbeiten und dann die neue Version veröffentlichen.

1 Klicken Sie auf **Datei > Öffnen**.

2 Wählen Sie die gewünschte PDF-Datei aus. Klicken Sie auf **Öffnen**.

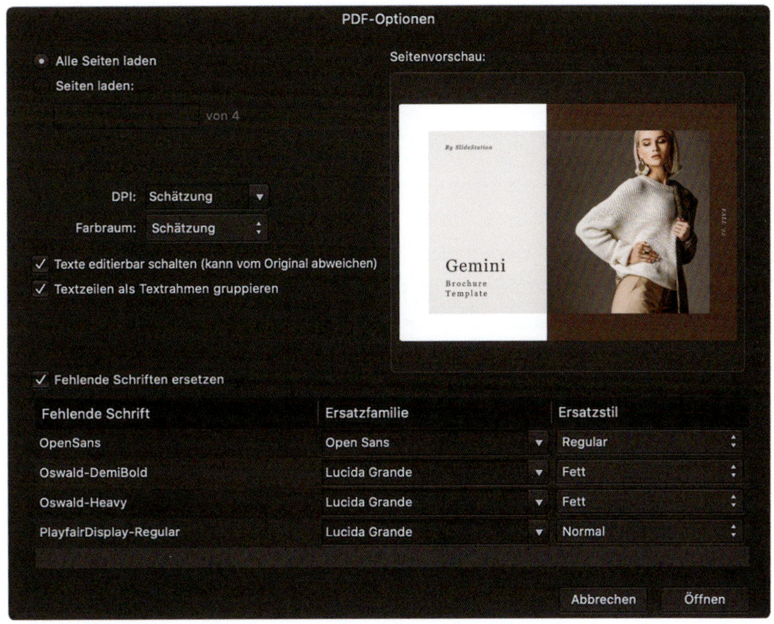

Gehen Sie im Dialogfeld **PDF-Optionen** wie folgt vor:

1 Enthält die PDF-Datei mehrere Seiten, wählen Sie die Option **Seiten laden** aus und geben dann die Seite(n) an, die Sie extrahieren möchten.

2 Legen Sie **DPI** und **Farbraum** nach Ihren Wünschen fest, oder weisen Sie Affinity Publisher an, diese Werte basierend auf der PDF-Datei zu schätzen.

3 Aktivieren Sie die Option **Texte editierbar schalten**, damit Sie die Dokumenttexte aktualisieren können.

4 Um die Anzahl separater Textrahmen in dem neuen Dokument zu minimieren, wählen Sie die Option **Textzeilen als Textrahmen gruppieren** aus.

5 Fehlen einige der im PDF-Dokument verwendeten Schriften, wählen Sie die Option **Fehlende Schriften ersetzen** aus und dann für jede fehlende eine Ersatzschrift.

SEITEN UND MASTER-SEITEN

Seiten sind der fundamentale Baustein aller in Affinity Publisher erstellten Dokumente. Jedes Dokument kann mehrere Seiten in unterschiedlichen Größen enthalten.

Es gibt zwei Arten von Seiten: **Publikationsseiten** und **Master-Seiten**. Publikationsseiten sind die Seiten, die Sie mit dem Dokument exportieren und Master-Seiten sind spezielle Seiten, aus denen die Publikationsseiten sich wiederholende Elemente beziehen. Im Panel **Seiten** werden die Master-Seiten im oberen Feld und die Publikationsseiten im unteren Feld aufgelistet.

Alle Änderungen an einer Master-Seite werden automatisch und sofort auf alle Seiten übertragen, denen diese Master-Seite zugewiesen ist.

Seiten werden entweder als Einzelseiten oder als Doppelseiten angezeigt. Auf beiden Varianten können Sie jede gewünschte Kombination von Text, Vektor- und Rastergrafiken platzieren.

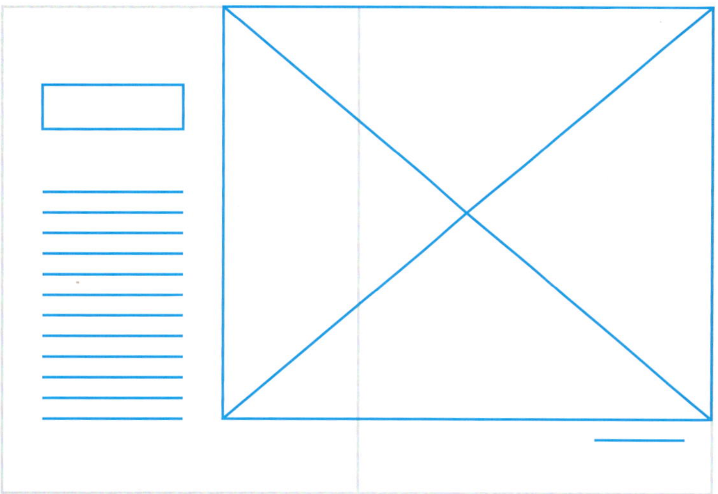

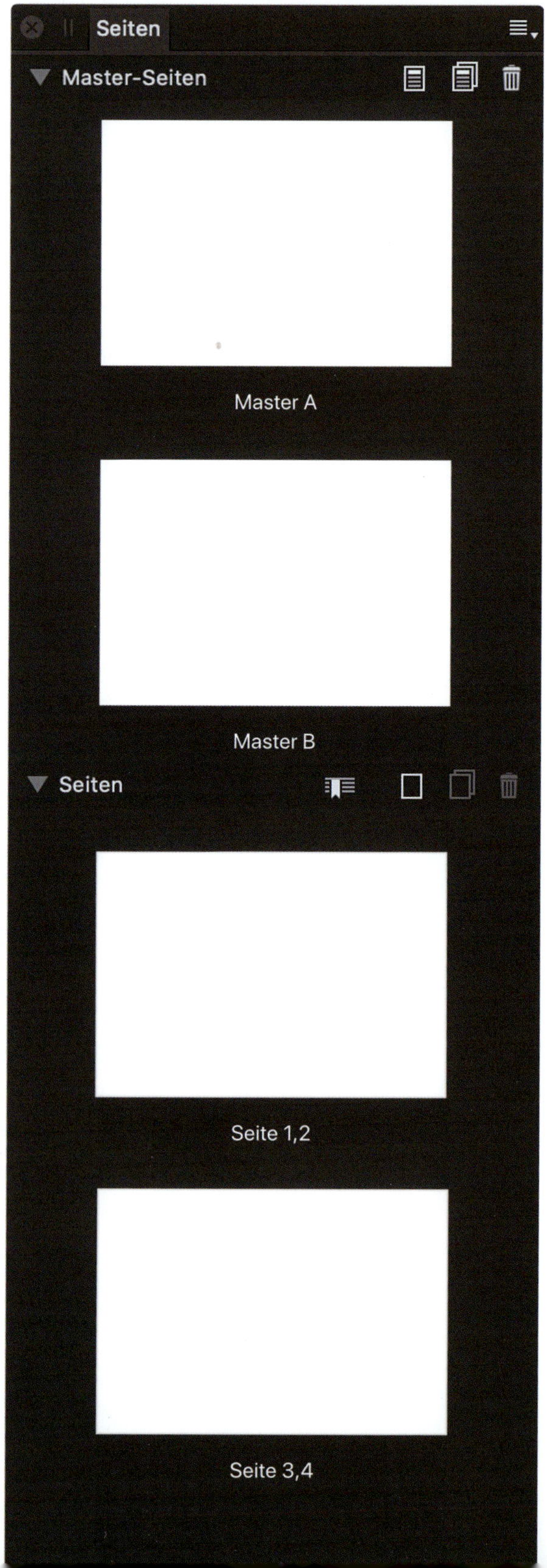

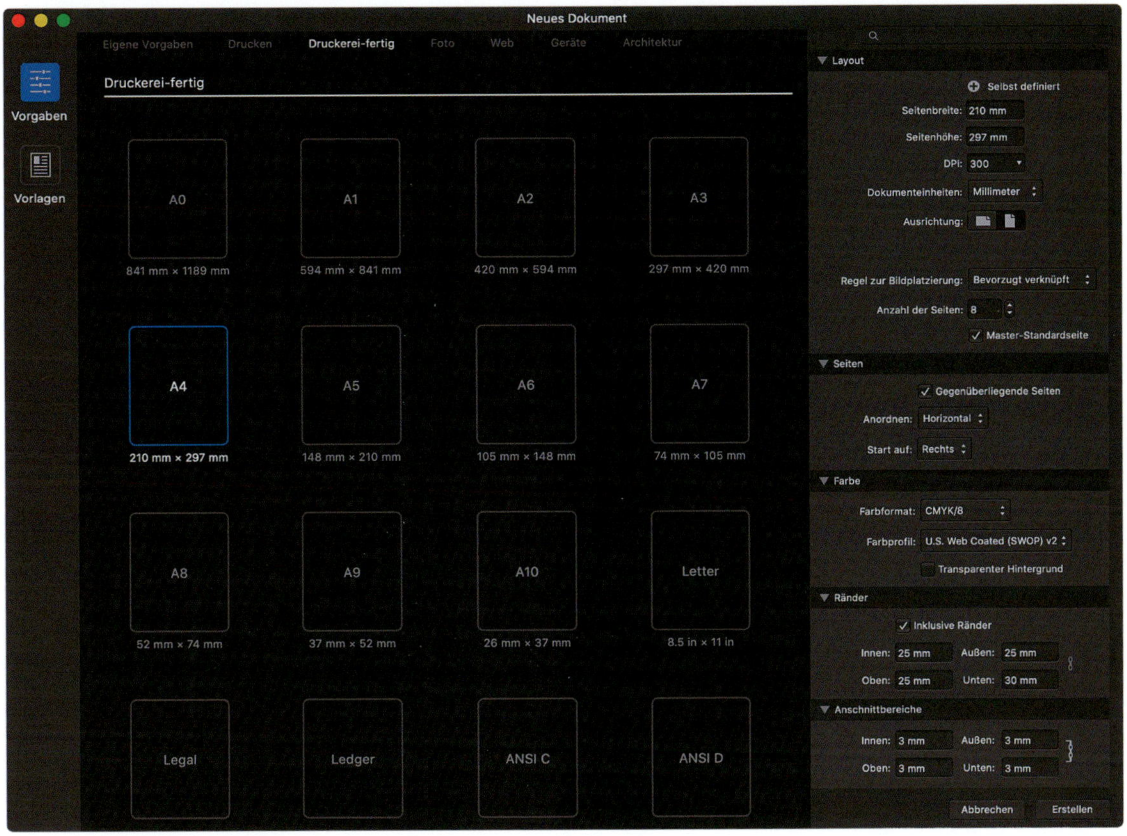

Sollte keine der Vorlagen zu Ihrem Projekt passen, wählen Sie einfach die ähnlichste Entsprechung aus und passen dann rechts ihre Einstellungen an.

Per Klick auf das + am oberen Rand können Sie die neuen Einstellungen speichern, um sie später erneut zu verwenden.

Erstellen von Dokumenten

Sie sollten den Dokumenttyp immer basierend auf dem Ausgabeformat festlegen, da diese Option auch die Seitenvorgaben bestimmt, die Ihnen angeboten werden.

Diese Wahl beeinflusst Farben, Maßeinheiten, DPI-Einstellung und andere Optionen. Die Varianten **Druckerei-fertig** und **Web** verwenden unterschiedliche Farbräume und Anschnitte – genau abgestimmt auf die professionelle Drucklegung bzw. Onlinedarstellung.

Erstellen von Dokumenten für den Druck

1 Klicken Sie auf **Datei > Neu**.

2 Wählen Sie links im Dialogfeld **Neues Dokument** die Option **Vorgaben** aus und dann oben links die Option **Druckerei-fertig**.

3 Wählen Sie die Vorgabe *A4* aus. Legen Sie rechts in ihren Einstelllungen die **Anzahl der Seiten** auf *8* fest.

4 Bei aktivierter Option **Gegenüberliegende Seiten** sind die erste und letzte Seite Cover und die dazwischen liegenden Seiten sind Doppelseiten – wie in einer Zeitschrift.

5 Klicken Sie auf **Erstellen**. Die erste Seite wird nun mitten in der Dokumentansicht eingeblendet. Durch Scrollen erreichen Sie die anderen Seiten.

Nachdem Sie ein Dokument erstellt haben, können Sie Farbprofil, Einheiten, Anschnitt und andere Einstellungen für das Dokument jederzeit über **Datei > Dokumenteinstellungen** ändern. Die Abmessungen einer Seite ändern Sie über **Datei > Layoutseite einrichten**.

Hinzufügen von Seiten

Die Anzahl der Seiten für ein Dokument wird bei seiner Erstellung nicht endgültig festgelegt. Sie können jederzeit weitere Seiten hinzufügen.

1 Führen Sie einen der folgenden Schritte aus:

- Klicken Sie im unteren Feld des Panels **Seiten** auf **Seiten hinzufügen**.
- Handelt es sich bei der aktuellen Seite um die letzte Dokumentseite, klicken Sie in der Statusleiste auf **Nächste Layoutseite**.

2 Legen Sie die **Anzahl der Seiten** fest, die Sie hinzufügen möchten.

3 Legen Sie fest, ob die neuen Seiten vor oder nach der Seite eingesetzt werden, die neben **Seite** angegeben ist.

4 (Optional) Legen Sie fest, welche **Master-Seite** den neuen Seiten zugewiesen wird (Seite 88).

5 Klicken Sie auf **OK**.

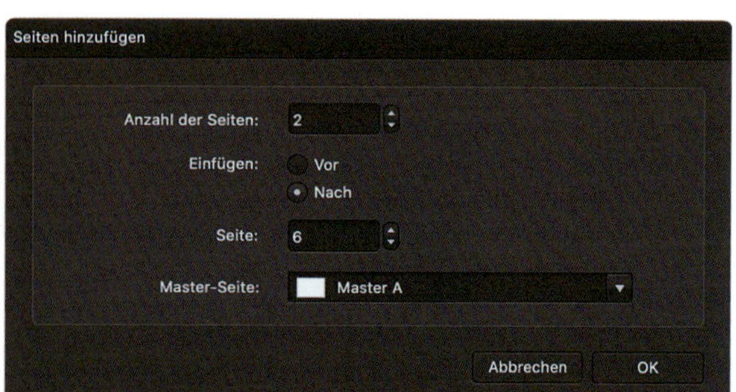

Duplizieren von Seiten

Das Layout und der Inhalt von Seiten lassen sich exakt duplizieren und dann flexibel anpassen.

1 Wählen Sie im Panel **Seiten** eine oder mehrere Publikationsseiten aus.

2 Klicken Sie an der Oberkante des unteren Panelfeldes auf die Option **Ausgewählte Seiten duplizieren**.

Die Kopien werden sofort nach dem letzten Original eingefügt. Alle auf die Originale angewendeten Master-Seiten werden auch auf die Kopien angewendet.

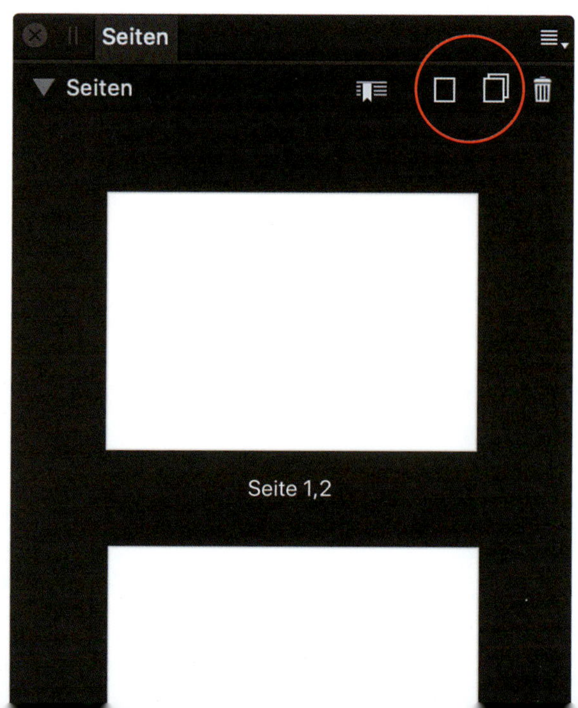

Betrachten und Bearbeiten von Seiten

Die Seitenzahl der Seite/Layoutseite, die Sie gerade bearbeiten, wird in der **Seitennavigationsleiste** unten links im App-Fenster angezeigt. Die entsprechende Miniatur im Panel **Seiten** wird zusätzlich grau markiert (wie rechts für die Seiten 12,13 gezeigt).

Um die aktuelle Seite/Layoutseite festzulegen, verwenden Sie eine der folgenden Methoden:

- Führen Sie im Panel **Seiten** einen Doppelklick auf ihre Miniatur aus.
- Wechseln Sie mit den Navigationssymbolen für Layoutseiten zu der gewünschten Seite.
- Klicken Sie auf die Seitenzahl zwischen den Navigationssymbolen und geben Sie die gewünschte Seitenzahl ein.
- Klicken Sie in der Dokumentansicht auf eine Seite.

Bearbeiten Sie eine Master-Seite, wird in der **Seitennavigationsleiste** der Name der Master-Seite angezeigt.

Ressource
core_skills_rearranging_pages.afpub

Neuordnen von Seiten

Im Panel **Seiten** wird stets eine Vorschau für die Anordnung aller Dokumentseiten und ihrer Inhalte angezeigt. Hier können Sie die Reihenfolge der Seiten ändern, indem Sie einfach ihre Miniaturen mit der Maus ziehen und an der gewünschten Position ablegen.

Die linke oder rechte Seite einer Doppelseite wählen Sie einzeln einfach per Klick aus.

Um beide Seiten einer Doppelseite auszuwählen, klicken Sie in die Nähe ihrer Mitte.

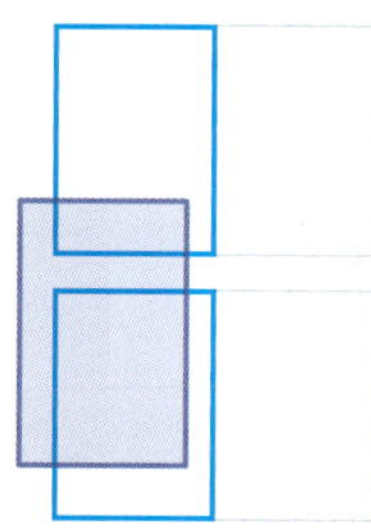

Um mehrere Seiten im Panel **Seiten** auszuwählen, klicken Sie auf einen leeren Bereich und ziehen dann über die gewünschten Seiten.

Halten Sie die **Umschalttaste** (⇧) und klicken auf eine Seitenminiatur und dann auf eine andere Seitenminiatur, wählen Sie diese Seiten und alle dazwischen liegenden Seiten aus.

Möchten Sie Seiten auswählen, die nicht aufeinander folgen, halten Sie die cmd-Taste ⌘ (Mac) oder Strg-Taste (Win) und klicken auf ihre Miniaturen.

1 Wählen Sie eine oder mehrere Seiten aus.

2 Ziehen Sie die ausgewählten Seiten an die neue Position, an der sie platziert werden sollen.

3 Sobald eine vertikale blaue Linie eingeblendet wird, legen Sie die Seiten einfach an dieser Stelle ab, um sie zu verschieben.

Verschieben Sie mehrere Seiten, bleibt ihre alte Reihenfolge im Dokument an der neuen Position bestehen.

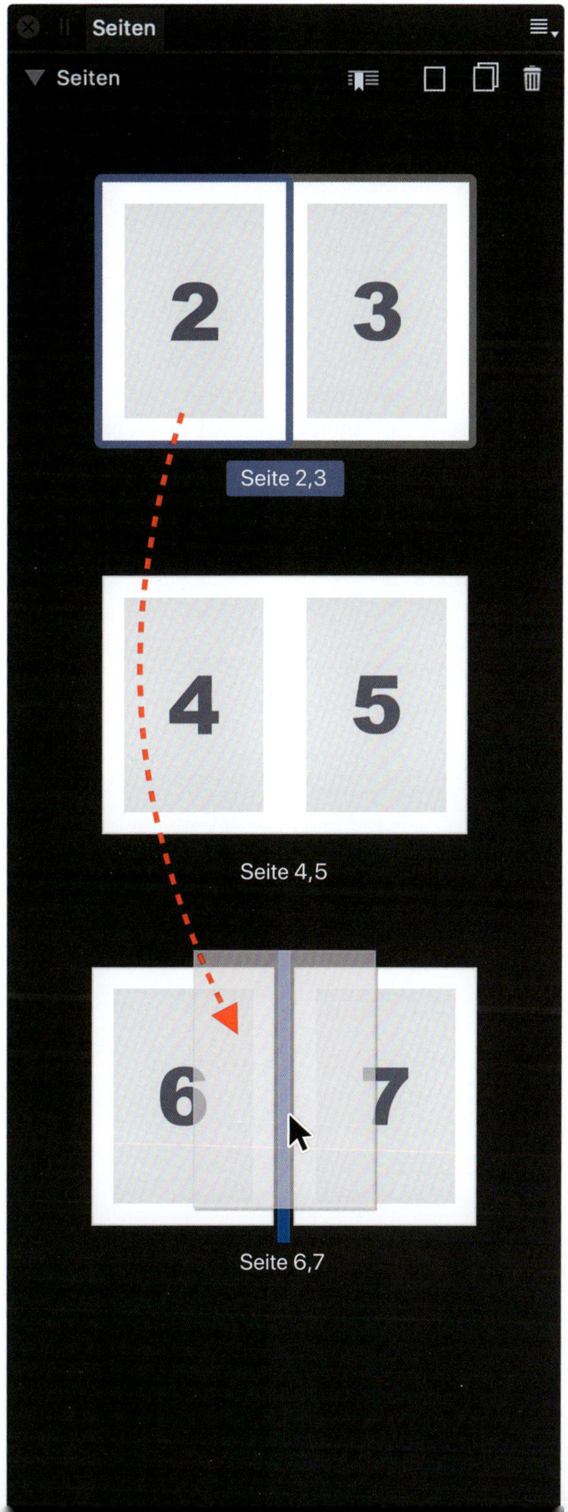

Master-Seiten

Master-Seiten verwalten Sie im oberen Feld des Panels **Seiten** (Seite 26). Mithilfe dieser Seiten werden oft Kopfzeilen, Fußzeilen, Seitenzahlen und andere sich wiederholende Seitenobjekte (z. B. Platzhaltertexte) sowie Hilfslinien (Seite 102) auf mehreren Publikationsseiten platziert.

Wenn Sie eine Master-Seite auf eine Publikationsseite anwenden, übernimmt die Publikationsseite alle Elemente, die auch auf der Master-Seite enthalten sind.

Änderungen an einer Master-Seite werden automatisch auf alle Publikationsseiten übertragen, denen diese Master-Seite zugewiesen ist.

Master-Seiten können Objekte auf der Seite enthalten und auch einen eigenen Satz Hilfslinien.

Sie müssen für eine Publikationsseite keine Master-Seite festlegen. Manchmal möchten Sie vielleicht nur ein Bild oder eine Werbung auf einer Seite platzieren und keine Seitenzahlen. Master-Seiten sind eine praktische Hilfe aber kein Muss.

Hinzufügen leerer Master-Seiten

Dokumente können auch mehrere Master-Seiten enthalten.

1 Klicken Sie über dem Feld **Master-Seiten** des Panels **Seiten** auf die Option **Master-Seite hinzufügen**.

2 Geben Sie einen Namen für die Master-Seite ein und legen Sie fest, ob Sie eine Master-Seite für **Einzelseiten** oder **Gegenüberliegende Seiten** (eine Layoutseite) wünschen.

Die Dokumentansicht wechselt nun zu der neuen Master-Seite, sodass Sie direkt Elemente einfügen können.

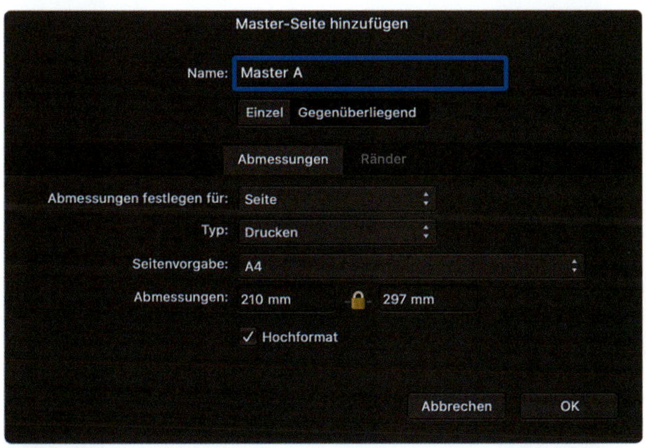

Einfügen von Seitenzahl und Sektionsdetails als Fußzeile

1 Zeichen Sie einen Textrahmen in die linke untere Ecke Ihrer neuen Master-Seite.

2 Platzieren Sie die Einfügemarke in dem Textrahmen und klicken Sie auf **Text > Einfügen > Felder > Seitenzahl**.

3 Geben Sie ein Leerzeichen, eine Vertikallinie (|) und noch ein Leerzeichen ein.

4 Klicken Sie auf **Text > Einfügen > Felder > Sektionsname**.

5 Kopieren Sie den Textrahmen auf die rechte Seite der Master-Seite.

6 Richten Sie alle Inhalte der Kopie **Rechtsbündig** aus und vertauschen Sie mit **Ausschneiden** und **Einfügen** die Informationen, sodass die Seitenzahl der Seitenaußenkante am nächsten steht.

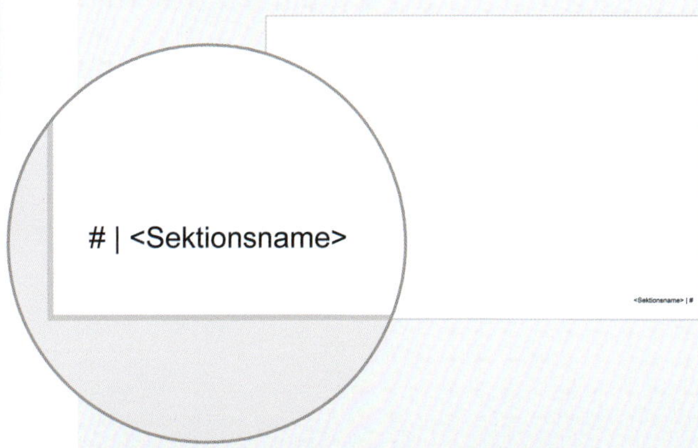

Zuweisen einer Master-Seite

So weisen Sie Ihren Publikationsseiten eine Master-Seite zu:

1 Ziehen Sie die Miniatur der Master-Seite aus dem oberen Feld des Panels **Seiten**.

2 Legen Sie die Miniatur auf der Miniatur einer Publikationsseite in dem unteren Feld ab. Handelt es sich bei Ihrem Ziel um eine Layoutseite:

- Legen Sie die Master-Miniatur in der Mitte ab, um die Master-Seite für beide Seiten festzulegen (a).
- Legen Sie die Seite nur auf der linken (Verso-Seite) oder rechten (Recto-Seite) ab, um sie nur für die entsprechende halbe Layoutseite festzulegen (b).

Wählen Sie mehrere Publikationsseiten aus und legen die Master-Seite auf der Auswahl ab, wird die Master-Seite allen ausgewählten Seiten zugewiesen.

> Master-Seiten für Einzelseiten lassen sich wahlweise der linken oder rechten Seite einer Layoutseite zuweisen. Weisen Sie eine Master-Layoutseite einer Einzelseite zu, werden die Inhalte der entsprechenden rechten oder linken Seite der Master-Layoutseite übernommen.

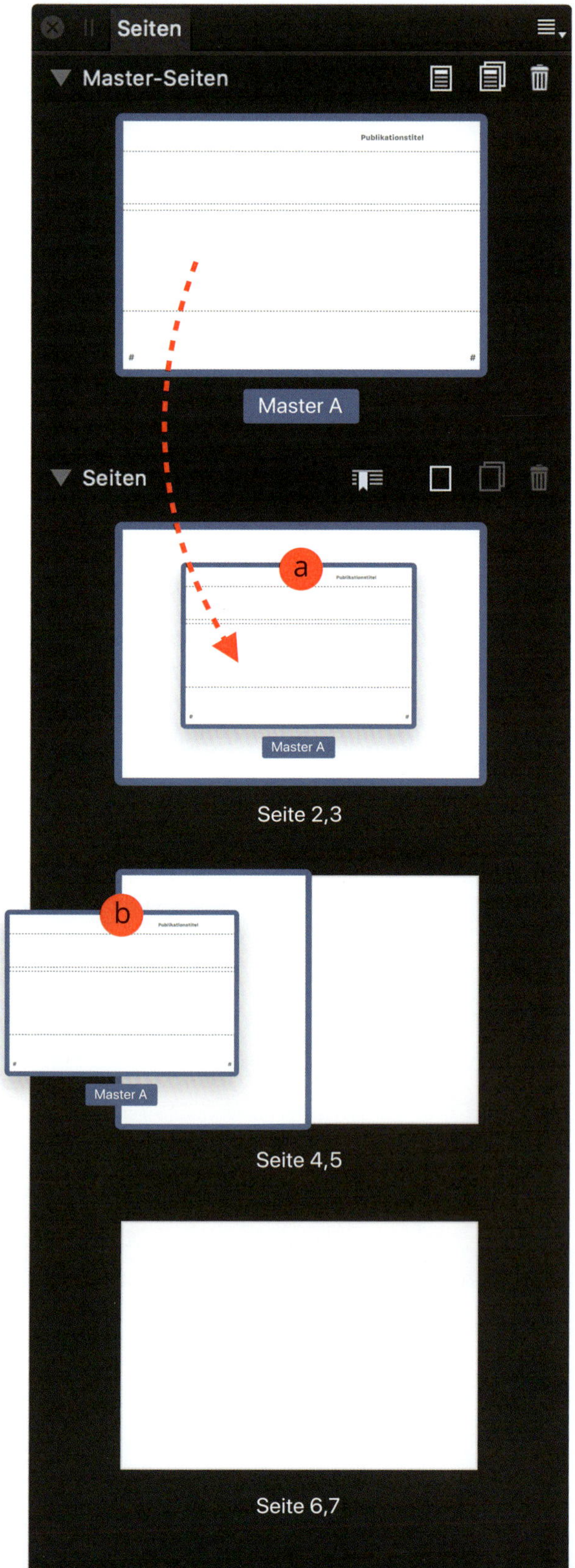

Alternativ können Sie eine Master-Seite auch geraden Seiten, ungeraden Seiten oder einem ganzen Seitenbereich zuweisen, ohne die Miniaturen der Seiten auszuwählen:

1. Führen Sie einen ctrl-Klick (Mac) oder Rechtsklick (Win) auf eine Publikationsseite aus und klicken Sie in dem Kontextmenü auf **Master-Seite anwenden**.
2. Wählen Sie in dem Einblendmenü **Master-Seite anwenden** eine Master-Seite aus.
3. Legen Sie die Seiten fest, auf die Sie die Master-Seite anwenden möchten.
4. Möchten Sie mehrere Master-Seiten für diese Seiten festlegen, deaktivieren Sie die Option **Bestehende ersetzen**.
5. Klicken Sie auf **OK**.

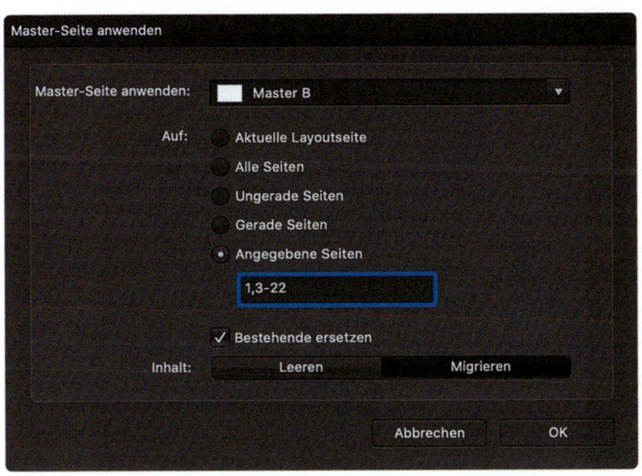

Wenn Sie genaue Seitenzahlen angeben, trennen Sie nicht aufeinanderfolgende Seiten mit einem Komma und Seitenbereiche mit einem Minuszeichen.
Ein Beispiel: 1, 3 – 22.

Platzieren Sie den Cursor über einer Seitenminiatur im Panel ***Seiten****. Wird ein QuickInfo-Tipp eingeblendet, zeigt er die Master-Seiten an, die dieser Seite zugewiesen sind.*

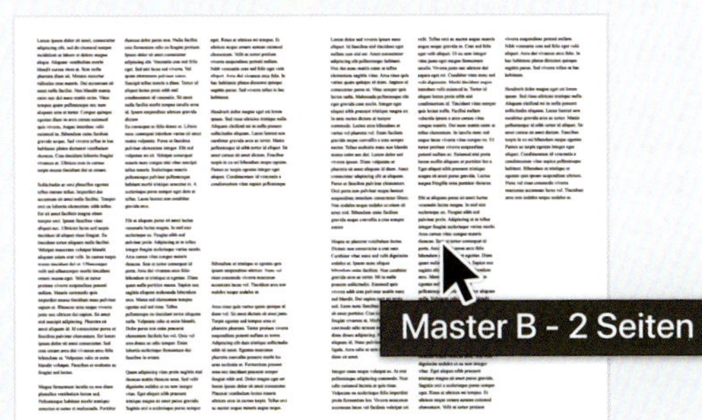

Lokale Änderungen

Die Inhalte von Text- und Bilderrahmen auf einer Publikationsseite, die aus der zugewiesenen Master-Seite (1) stammen, lassen sich jederzeit durch neue Inhalte ersetzen – und das auf jeder Publikationsseite, der Sie die Master-Seite zugewiesen haben (2). Diese lokalen Änderungen sind dann nur auf die jeweilige Publikationsseite begrenzt und beeinflussen weder die Master-Seite noch andere Publikationsseiten.

> Standardmäßig werden Position, Größe und Rotation von Text- und Bilderrahmen aus der Master-Seite übernommen und lassen sich nicht ändern. Die Inhalte lassen sich jedoch unabhängig von der Master-Seite ändern.

Andere Attribute von übernommenen Objekten müssen Sie vielleicht auf der Publikationsseite anpassen. Sie könnten zum Beispiel Position, Größe und Textumbruch eines Bilderrahmens ändern, damit der Rahmen besser zu den verfügbaren Bildern passt.

Hierzu wählen Sie einfach im Panel **Ebenen** die Ebene aus, die nach der zugewiesenen Master-Seite benannt ist, wechseln zum Werkzeug **Verschieben** und wählen in der Kontextleiste einen Bearbeitungsmodus aus (siehe rechte Erläuterung).

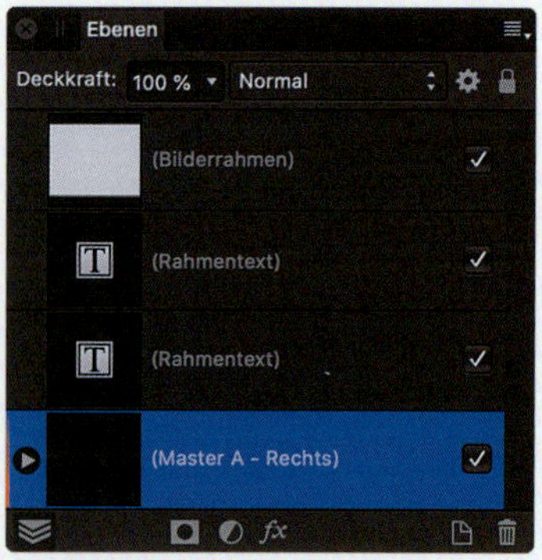

Abgetrennt

Mit diesem Modus können Sie übernommene Elemente anpassen, ohne die Master-Seite zu ändern und andere Seiten zu beeinflussen, denen diese Master-Seite ebenfalls zugewiesen ist. Die Verknüpfung mit der Master-Seite wird jedoch nicht vollständig getrennt. Änderungen an der Master-Seiten werden weiterhin übernommen und ersetzen eventuell die von Ihnen lokal auf der Publikationsseite vorgenommenen Änderungen.

Das Beispiel zeigt, wie sich eine Master-Seite (1), die Sie auf eine Publikationsseite angewendet haben, abtrennen lässt, um einen Bilderrahmen zu ändern (3). So können Sie zum Beispiel seine Position und Größe ändern, damit er sich über beide Seiten erstreckt (4).

Verknüpft

Mit dieser Option aktivieren Sie die Bearbeitung von Master-Elementen auf der Publikationsseite. Die Änderungen werden so auf die Master-Seite und alle Publikationsseiten übertragen, denen die Master-Seite zugewiesen ist.

Inhalt

Dies ist der Standardmodus, in dem Sie nur die Inhalte von Text- und Bilderrahmen bearbeiten können, die von der Master-Seite übernommen wurden, aber keine anderen Objektattribute. Sie können jedoch die Master-Elemente auf der Seite verschieben, um ihre Position zu ändern.

Schützen

Diese Option entspricht dem Schutz im Panel **Ebenen** und verhindert eine versehentliche Bearbeitung.

1. Master-Seite

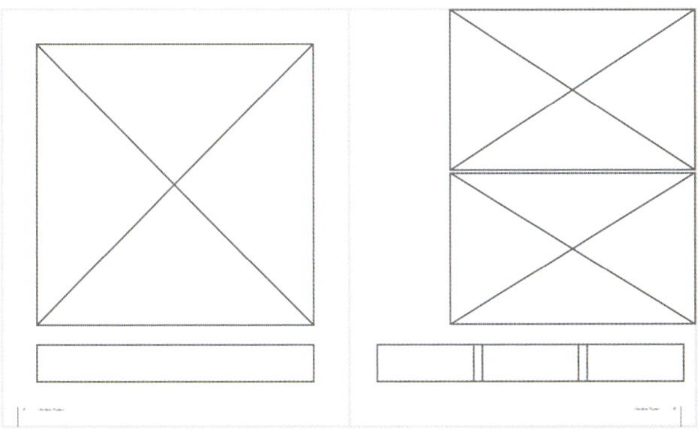

2. Publikationsseite mit angewendeter Master-Seite; Inhalte geändert

3. Abgetrennter Bilderrahmen wird auf der Publikationsseite vergrößert

4. Endgültiges Layout der Publikationsseite

Ressource
core_skills_master_pages.afpub

Entfernen einer Master-Seite von einer Seite

1 Führen Sie einen ctrl-Klick (Mac) oder Rechtsklick (Win) auf die Seitenminiatur aus.

2 Klicken Sie auf **Master-Seiten entfernen**.

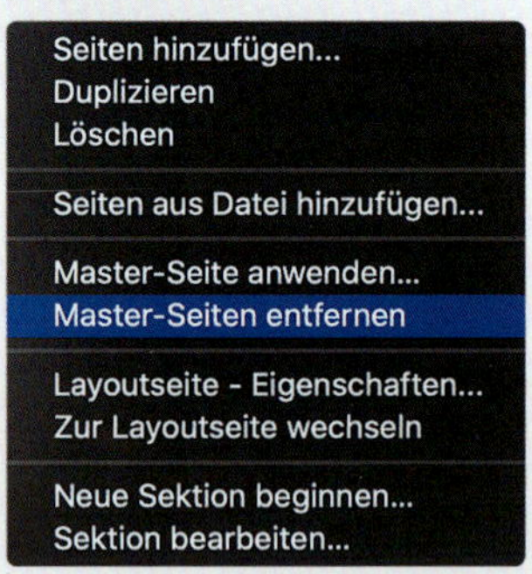

Anwenden einer Master-Seite auf eine andere Master-Seite

Master-Seiten lassen sich auch auf andere Master-Seiten anwenden, um ein „verschachteltes" Layout aufzubauen. Master A könnten zum Beispiel eine Fußzeile mit Seitenzahl (Seite 89) enthalten und Master B eine farbige Leiste am linken Seitenrand, um so die Sektion des Dokuments zu kennzeichnen, zu dem die Publikationsseite später gehört.

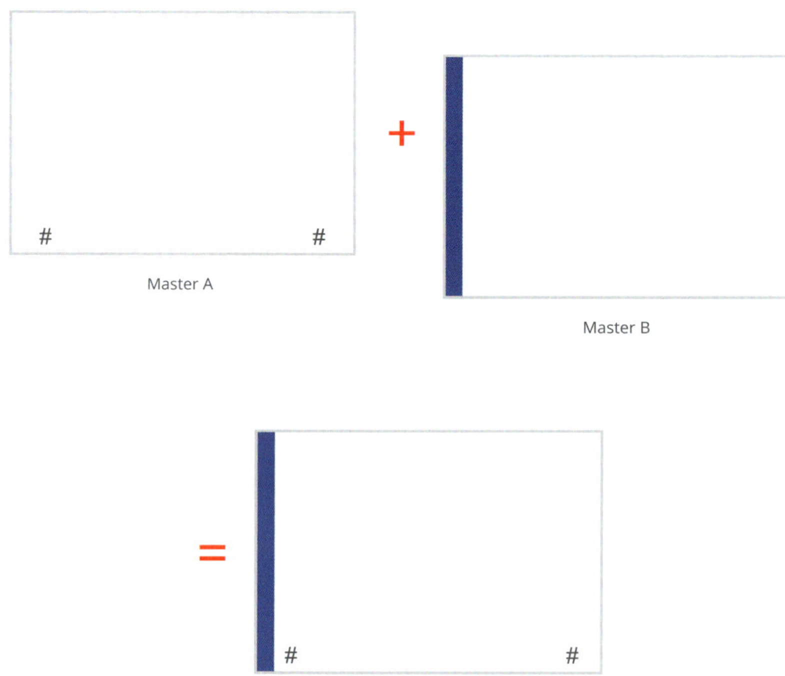

Master B mit Master A angewendet

Gehen wir jetzt noch einen Schritt weiter und platzieren auf jeder Master-Seite von Master B bis Master E eine anders gefärbte Leiste. Wenn Sie nun Master A auf Master B bis Master E anwenden, können Sie einfach nur eine Master-Seite auf die entsprechenden Publikationsseiten ziehen, um beide Layoutelemente auf die Publikationsseiten zu übertragen. Möchten Sie nun die Informationen der Fußzeilen erweitern oder ihre Formatierung ändern, müssen Sie nur Master A bearbeiten.

1 Wenden Sie im Panel **Seiten** Master A auf Master B an. Stellen Sie hierbei sicher, dass Sie Master A auch auf beide Seiten von Master B anwenden.

2 Wiederholen Sie Schritt 1 für Master C bis E.

3 Führen Sie nacheinander Doppelklicks auf die Miniaturen der Master-Seiten B bis E aus. Auf jeder Master-Seite wird nun die Fußzeile aus Master A angezeigt.

4 Führen Sie einen Doppelklick auf die Miniatur von Master A aus und verändern Sie diese Master-Seite.

5 Wählen Sie in dem Textrahmen das Feld (#) aus und klicken Sie auf **Text > Zeicheneigenschaften > Fett**.

6 Führen Sie nacheinander Doppelklicks auf die Miniaturen der Master-Seiten B bis E aus. Auf jeder Master-Seite wird die Seitenzahl nun ebenfalls fett dargestellt.

Indem Sie Master A auf jeder der anderen vier Master-Seiten anwenden, können Sie später mit einer der Master Seiten B bis E Seitenzahlen und ein sektionsspezifisches Objekt (in unserem Fall die farbige Leiste) auf eine Doppelseite übertragen.

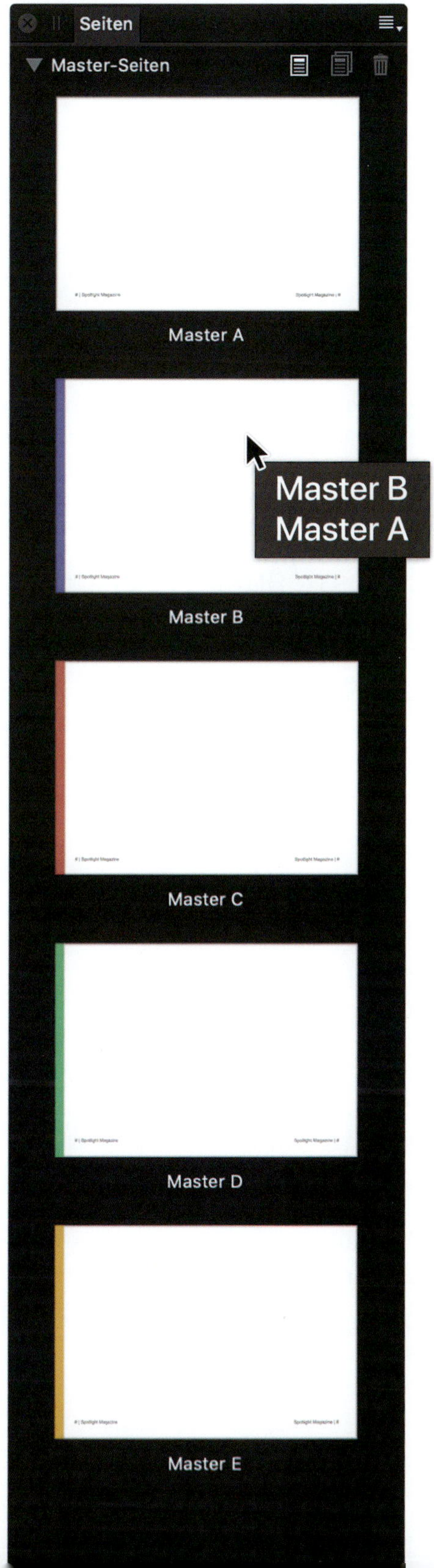

DESIGNHILFEN

Mit den Designhilfen von Affinity Publisher können Sie nicht nur extrem präzise, sondern auch viel einfacher arbeiten. Wir werfen nun einen Blick auf die magnetische Ausrichtung sowie Spalten- und Linealhilfslinien zur visuellen Ausrichtung von Objekten und auf das Grundlinienraster für besonders akkurate Texte. Alle diese Hilfen können Sie jederzeit ein- und ausschalten.

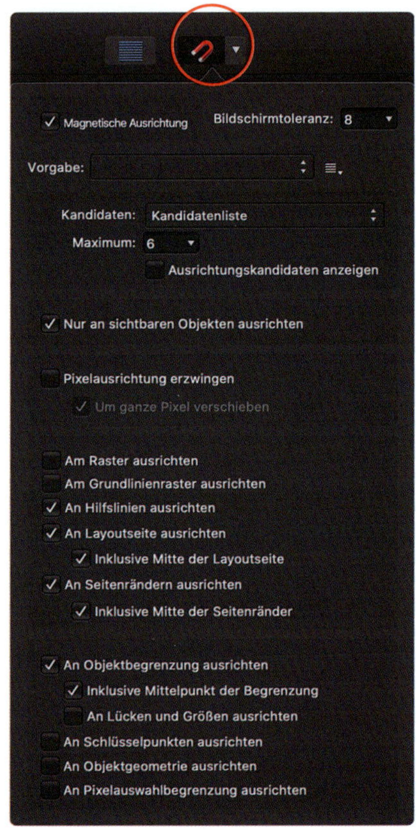

Die magnetische Ausrichtung

Wie Sie auf den folgenden Seiten noch sehen, können Sie mit der magnetischen Ausrichtung Objekte an anderen Objekten ausrichten und sowie auch an den verschiedenen Hilfslinien und dem Grundlinienraster. Die magnetische Ausrichtung ist standardmäßig aktiviert und ihre Funktionsweise lässt sich genau anpassen. Selbstverständlich können Sie diese Hilfe auch komplett deaktivieren.

- Über die Option **Magnetische Ausrichtung** der **Symbolleiste** schalten Sie dieses Feature ein und aus.

Die Maßeinheiten

Möchten Sie anstelle der Standardeinheit Ihres Dokuments lieber eine andere Maßeinheit verwenden, wie z. B. Pica-Werte (3p6 anstatt 42 pt), können Sie dies an verschiedenen Stellen tun:

Ansichts- und Zoomwerkzeug (a)

Ist eines dieser Werkzeuge aktiviert, wählen Sie die gewünschte Einheit in dem Einblendmenü **Einheiten** der Kontextleiste aus.

Direkte Eingabe (b)

In viele Dialogfelder und Panels können Sie Werte in der Maßeinheit Ihrer Wahl eintragen. Diese Felder akzeptieren auch Ausdrücke (in einer einzigen Einheit) zur Berechnung von Werten (siehe Beilage „Erweiterte Textoptionen, Ausdrücke & Gesten“).

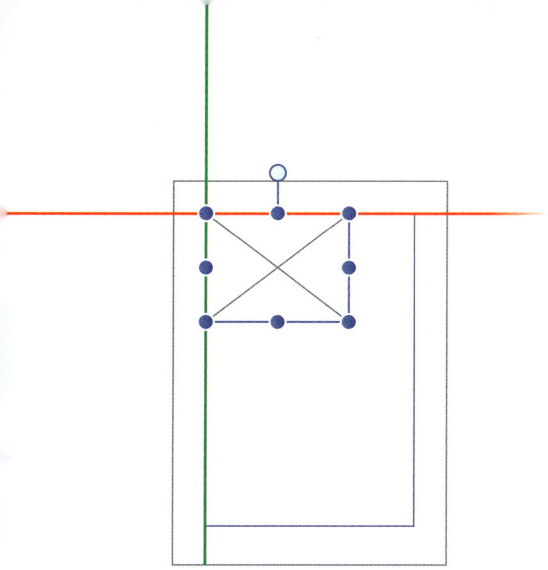

Magnetische Ausrichtung am Seitenrand

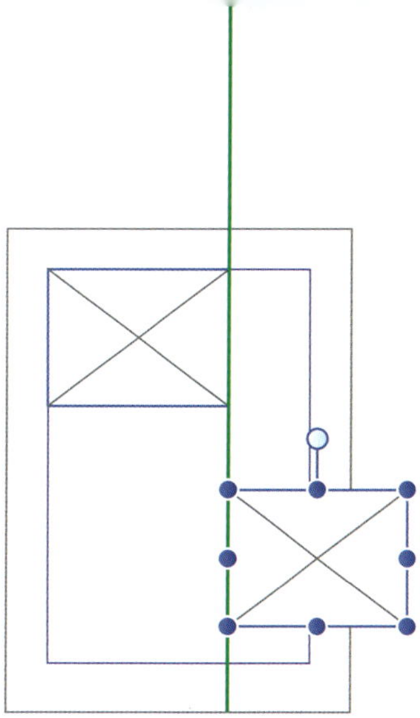

Magnetische Ausrichtung an bestehendem Bilderrahmen

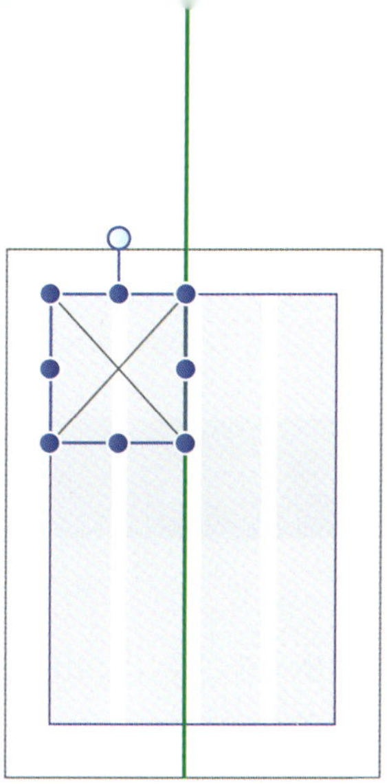

Magnetische Ausrichtung an Spaltenhilfslinien

Die Ausrichtungsmethoden

Klicken Sie auf den Pfeil neben dem Symbol Magnetische Ausrichtung, um eine oder mehrere Ausrichtungsmethoden zu aktivieren: am Grundlinienraster, an Hilfslinien, an Seitenrändern und Randmittelpunkten, an Begrenzungsrahmen anderer Objekte, an Schlüsselpunkten innerhalb von Objekten usw.

Für verschiedene Layoutaufgaben können Sie auch einfach eine **Vorgabe** in dem gleichnamigen Einblendmenü auswählen. Über das benachbarte Symbol **Einstellungen** lassen sich Ihre ausgewählten Optionen speichern.

Lineale (c)

Führen Sie einen ctrl-Taste (Mac) oder Strg-taste (Win) auf die Maßeinheit der Lineale an ihrem Kreuzungspunkt oben links aus, um eine andere Einheit auszuwählen. Hierdurch ändern Sie auch die Standardeinheit für das Dokument.

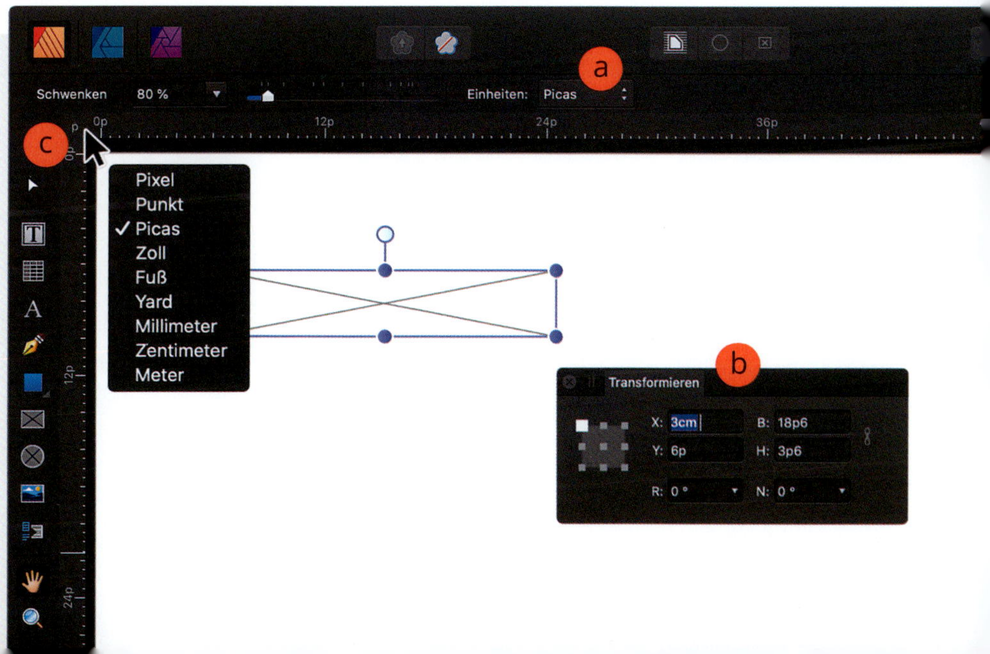

Die Grundlinienraster

Ein für das gesamte Dokument geltende **Grundlinienraster** ist eine Anordnung von horizontalen Linien, die auf alle Dokumentseiten gelegt wird. Nachdem Sie es eingerichtet haben, werden Texte in Rahmen, Formen und Tabellen automatisch an diesen Linien magnetisch ausgerichtet.

Grundlagen für das Grundlinienraster sind häufig Schriftgröße und Zeilenabstand des Textkörpers, obwohl das Raster auch für andere Textstile gilt.

Eine wichtige Funktion des Grundlinienrasters ist, dafür zu sorgen, dass eine untergeordnete Überschrift mit anderer Textgröße in einer Spalte oder in einem Textrahmen nicht die Ausrichtung der Grundlinien für den nachfolgenden Text stört; mit dem Raster bleibt die Ausrichtung erhalten und das gesamte Layout wirkt ordentlicher.

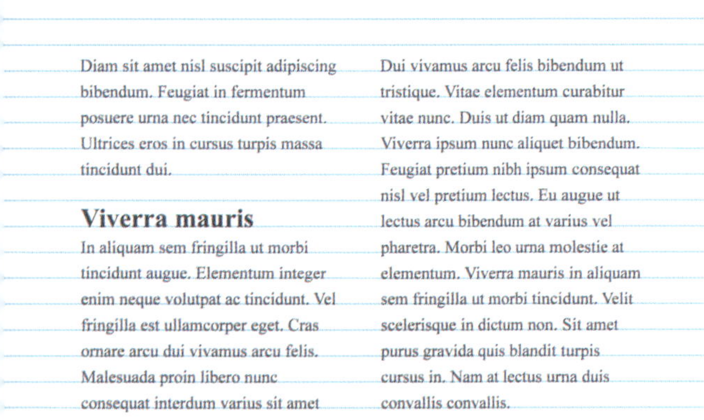

Festlegen eines Grundlinienrasters

Das Grundlinienraster wird auf alle Seiten angewendet.

1 Klicken Sie in der **Symbolleiste** auf die Option **Assistent für Grundlinienraster einblenden**.

2 Aktivieren Sie die Option **Grundlinienraster verwenden**.

3 Wählen Sie im Einblendmenü **Relativ zu** die Option **Oberer Rand** aus. Linien werden zwar über diesem Punkt eingeblendet, aber den Ursprung des Rasters legen Sie mit dem Wert für **Startposition** fest.

4 Legen Sie mit **Rasterabstand** die Distanz zwischen den Linien fest.

5 (Optional) Legen Sie die **Farbe** und Deckkraft der Rasterlinien fest.

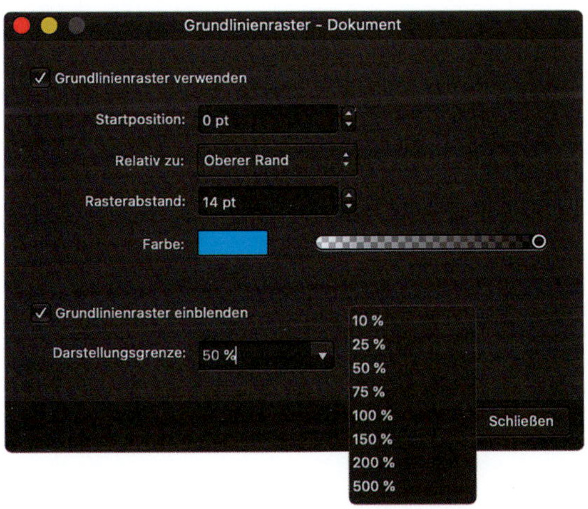

Einblenden des Grundlinienrasters

Das Grundlinienraster muss nicht ständig sichtbar sein:

1 Aktivieren Sie in dem Dialogfeld **Grundlinienraster – Dokument** die Option **Grundlinienraster einblenden**.

2 Stellen Sie die **Darstellungsgrenze** auf *50 %*. Das Raster wird dann nur bei dieser Zoomstufe oder näher angezeigt.

3 Klicken Sie auf **Schließen**.

4 Wenn Sie die Zoomstufe mindestens bis zu Darstellungsgrenze erhöhen, können Sie das Grundlinienraster über **Ansicht > Grundlinienraster einblenden** beliebig sichtbar und unsichtbar schalten.

> Text in bestehenden Rahmen und Tabellen verschiebt sich eventuell merklich, wenn Sie das Grundlinienraster für das gesamte Dokument aktivieren.

Grundlinienraster für Tabellen und Textrahmen

Für Textrahmen und Tabellen können Sie eigene Grundlinienraster unabhängig von dem Grundlinienraster für das gesamte Dokument festlegen. So lassen sich Texte auch dann gleichmäßig in den Rahmenspalten oder Tabellenzellen ausrichten, wenn Sie kein Grundlinienraster für das gesamte Dokument verwenden.

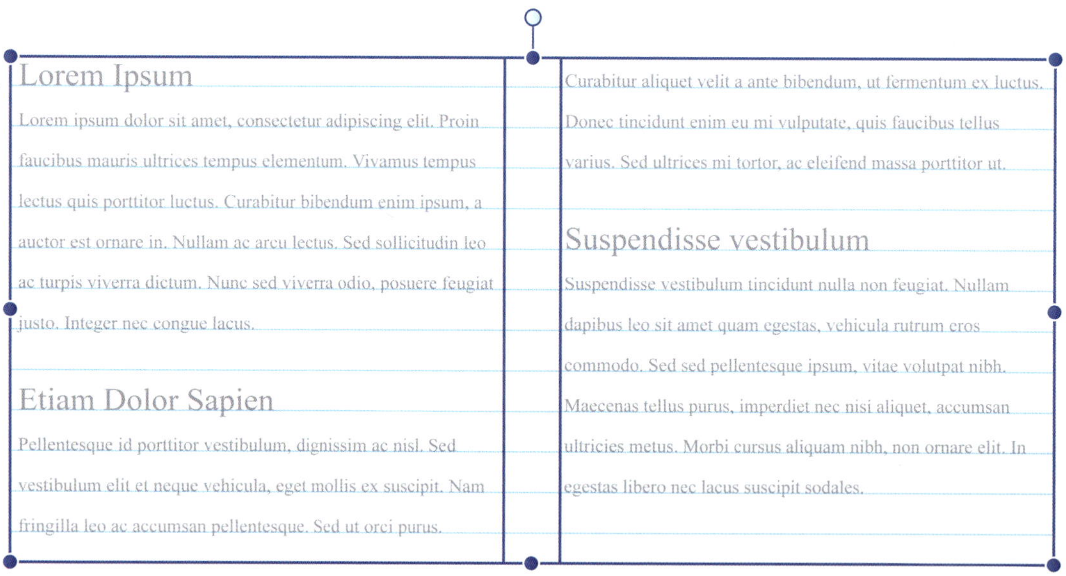

Um ein Grundlinienraster festzulegen, das nur für ein bestimmtes Objekt gilt, gehen Sie wie folgt vor:

1 Wählen Sie einen Textrahmen oder eine Tabelle aus.

2 Klicken Sie im Menü **Ansicht > Studio** auf **Textrahmen** oder **Tabelle**.

3 Aktivieren Sie in dem Abschnitt **Grundlinienraster** des Panels die Option **Grundlinienraster verwenden**.

4 Die meisten objektspezifischen Grundlinienraster entsprechen dem Grundlinienraster für das gesamte Dokument. Die Ausnahme ist jedoch, auf was sich die erste Rasterlinie mit **Relativ zu** bezieht – die Oberkante des Objekts oder seinen oberen Versatzabstand.

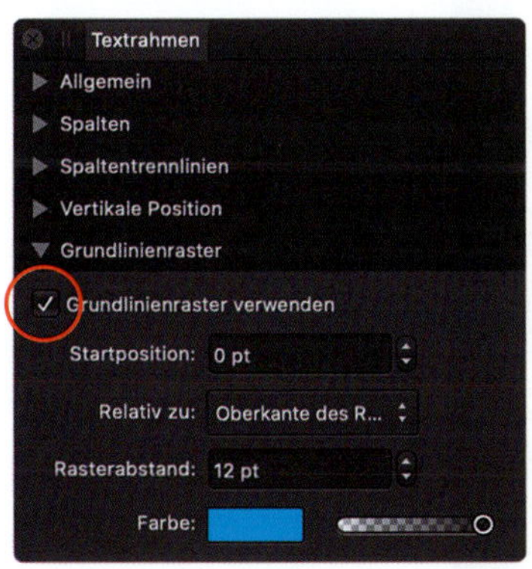

Ignorieren des Grundlinienrasters

Elemente können auch das Grundlinienraster für das gesamte Dokument ignorieren, ohne ein eigenes Grundlinienraster zu verwenden.

1 Wählen Sie das Element auf der Seite aus.

2 Klicken Sie im Menü **Ansicht > Studio** auf **Textrahmen** oder **Tabelle**.

3 Aktivieren Sie im Abschnitt **Allgemein** des Panels die Option **Grundlinienraster ignorieren**.

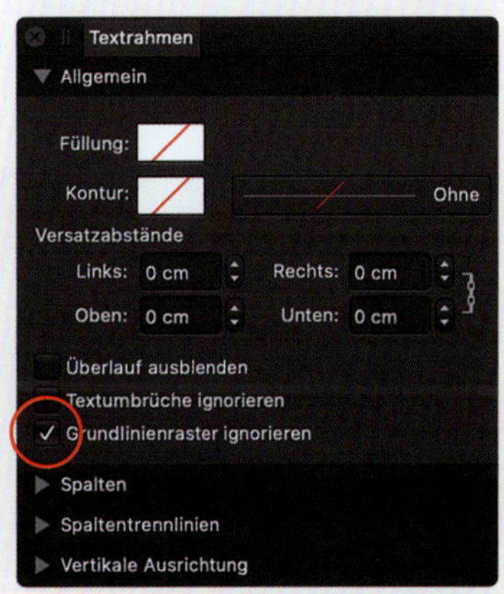

Ressource
core_skills_column_ruler_guides.afpub

Die Hilfslinien

Mit Hilfslinien können Sie die Position und Größe von Objekten auf den Seiten genau einstellen und leichter auf die Grundlagen des Seitenlayouts (Seite 151) achten. Diese Linien sind eine rein visuelle Hilfe und sind später weder in der Druckausgabe noch einer exportierten Dokumentversion enthalten.

Spalten- und Linealhilfslinien legen Sie über **Ansicht > Hilfslinien konfigurieren** fest. Zusätzlich können Sie Linealhilfslinien auch direkt über die Lineale einstellen.

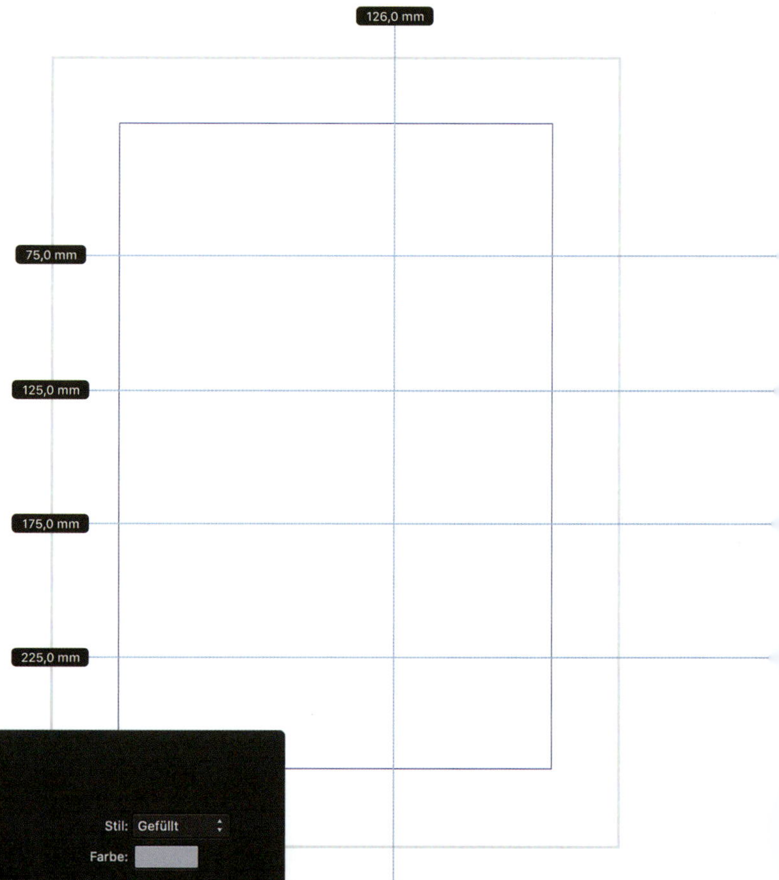

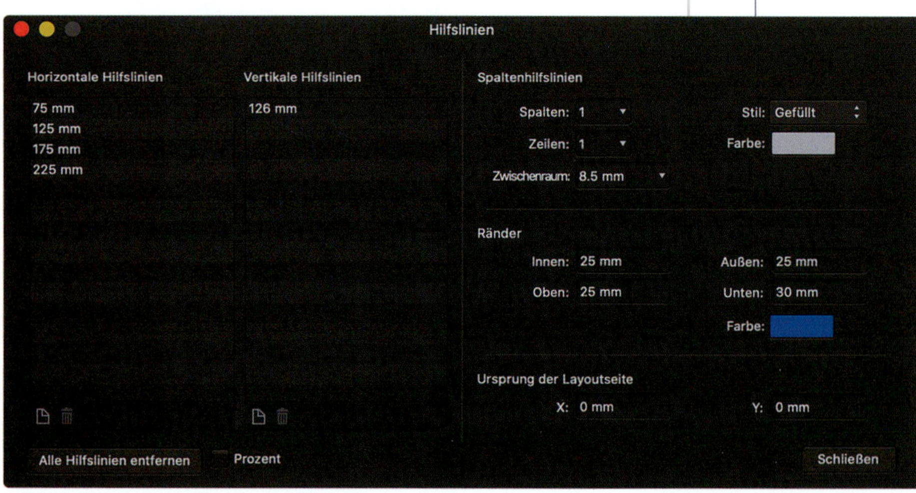

Spaltenhilfslinien

Mit Spaltenhilfslinien unterteilen Sie Seiten in Spalten und Zeilen und erzeugen so ein ausgewogenes Seitenlayout. Für jede Seite oder Layoutseite Ihres Dokuments können Sie eigene Spaltenhilfslinien einstellen.

Spaltenhilfslinien werden als halbtransparentes Overlay auf die Seiten gelegt und sind später nicht in der Druckausgabe enthalten. Den **Stil** (Füllung oder Kontur) und die **Farbe** der Spaltenhilfslinien können Sie beliebig anpassen. Der **Zwischenraum** (die Lücke zwischen Spalten) wird gleichmäßig zwischen den einzelnen Spalten jedes Spaltenpaars angewendet.

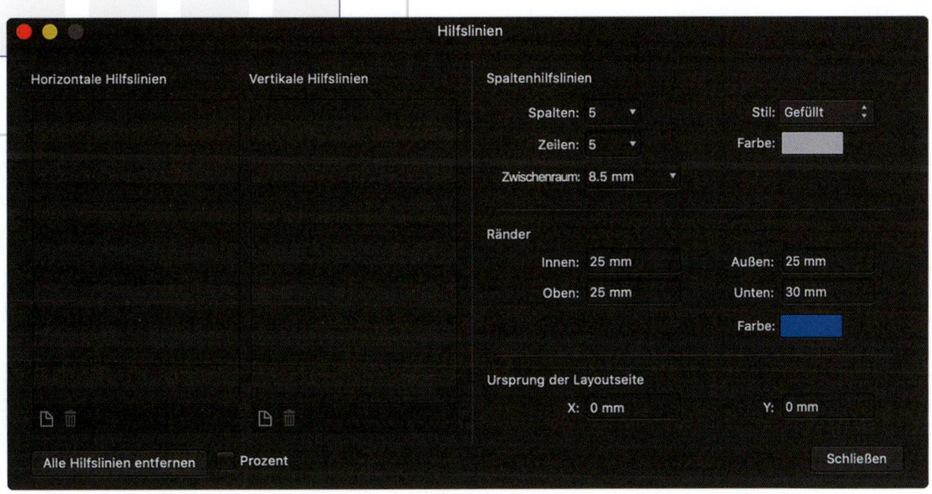

Linealhilfslinien

Linealhilfslinien können Sie jederzeit genau da platzieren, wo sie benötigt werden, indem Sie einfach von einem Lineal auf die Seite ziehen. Diese Methode ist sehr schnell und intuitiv.

Wenn das Layout Ihrer Publikation jedoch auf einem Raster beruht, ist es eventuell sinnvoller, die Hilfslinien im Dialogfeld **Hilfslinien konfigurieren** mit präzisen Werten festzulegen, damit einzelne Seitenelemente kreativ aus diesem Raster „ausbrechen" können.

Spalten- und Linealhilfslinien werden für gewöhnlich auf Master-Seiten platziert. Von einer Master-Seite übernommene Linealhilfslinien werden auf den Publikationsseiten gestrichelt angezeigt und nicht als Volllinien.

> Ändern Sie die Größe oder Position eines Objekts und es richtet sich dabei magnetisch an einer Linealhilfslinie aus, wird diese Hilfslinie rot (horizontale Linien) oder grün (vertikale Linien). So erkennen Sie direkt, dass die magnetischen Linien „zugreifen".

Hinzufügen von Linealhilfslinien

Linealhilfslinien lassen sich direkt auf den Seiten hinzufügen.

1 Klicken Sie auf **Ansicht > Lineale einblenden**.

2 Ziehen Sie entweder von dem horizontalen Lineal (a) oder dem vertikalen Lineal und legen Sie die Hilfslinie direkt auf der Seite ab.

Wenn Sie Linealhilfslinien auf diese Weise hinzufügen, sollten Sie auch das Dialogfeld **Hilfslinien konfigurieren** öffnen, falls Sie die Positionen präzise ändern müssen.

Linealhilfslinien lassen sich auch mit exakt festgelegten Positionswerten erstellen. Natürlich können Sie auch bereits platzierte Hilfslinien mit genauen Werten verschieben.

1 Klicken Sie auf **Ansicht > Hilfslinien konfigurieren**.

2 (Optional) Klicken Sie unter der entsprechenden Liste auf **Neue horizontale Hilfslinie hinzufügen** / **Neue vertikale Hilfslinie hinzufügen**.

3 Führen Sie einen Doppelklick auf die Position einer Linie in der Liste aus, um sie zu ändern.

4 Geben Sie die genaue Position ein.

Ausblenden von Spalten- und Linealhilfslinien

Klicken Sie im Menü Ansicht auf **Spaltenhilfslinien einblenden** oder **Hilfslinien einblenden**, um das entsprechende Overlay ein-/auszuschalten. Sind die Hilfslinien sichtbar/aktiv, wird neben ihrem Menüeintrag ein Häkchen angezeigt.

Unsichtbare Spalten- oder Linealhilfslinien werden von der magnetischen Ausrichtung ignorieret.

ARBEITEN MIT OBJEKTEN

Affinity Publisher bietet für alle Objekte ähnliche Bearbeitungsoptionen. Als Objekte gelten in diesem Fall alle Elemente, die Sie auf einer Seite auswählen können: Textrahmen, Bilderrahmen, Tabellen, Formen und Grafiktext.

Mit dem Werkzeug **Verschieben** (V) lassen sich Objekte einfach per Mausklick auswählen. Für ausgewählte Objekte wird ein Begrenzungsrahmen mit Griffen an den Ecken und den Seitenmittelpunkten angezeigt.

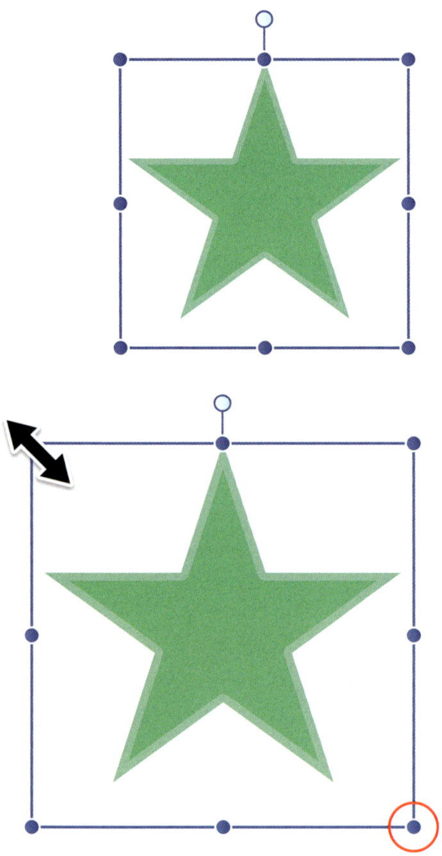

Ändern der Objektgröße

Ziehen Sie einfach einen der Objektgriffe, um das Objekt zu vergrößern oder zu verkleinern. Die meisten Objekte werden bei einer Größenänderung (Skalierung) verzerrt. Um das Seitenverhältnis des Objekts zu schützen, halten Sie bei der Größenänderung die **Umschalttaste** (⇧).

Ausnahmen sind hierbei Grafiktexte und ungerahmte Bilder. Bei diesen Objekten bleibt das Seitenverhältnis automatisch erhalten, wenn Sie die Objektgröße ändern. Möchten Sie diese Objekte verzerren, halten Sie bei der Größenänderung ebenfalls die **Umschalttaste** (⇧).

Wenn Sie ein Objekt skalieren, fungiert die gegenüberliegende Ecke der gezogenen Ecke als Ankerpunkt. Möchten Sie ein Objekt von seinem Mittelpunkt aus skalieren, halten Sie die cmd-Taste ⌘ (Mac) oder Strg-Taste (Win).

Ressource
core_skills_object_control.afpub

Skalierter Rahmen mit alter Textgröße und Zwischenraumbreite

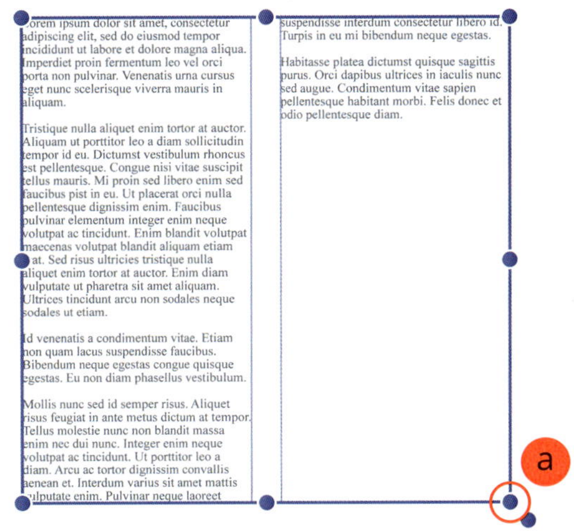

Vollständig proportional skalierter Rahmen

Ändern der Textrahmengröße

Wenn Sie den Eckgriff oder Seitengriff (a) eines Textrahmens verschieben, skalieren Sie den Rahmen selbst und seine Spaltenbreiten – seine Schriftgröße und Zwischenräume bleiben unverändert.

Textrahmen verfügen außerhalb der rechten untere Ecke über einen zusätzlichen Griff (b). Mit diesem Griff skalieren Sie den *gesamten* Rahmen proportional – seine Gesamtmaße, interne Struktur und Textgröße.

Ursprünglicher Textrahmen

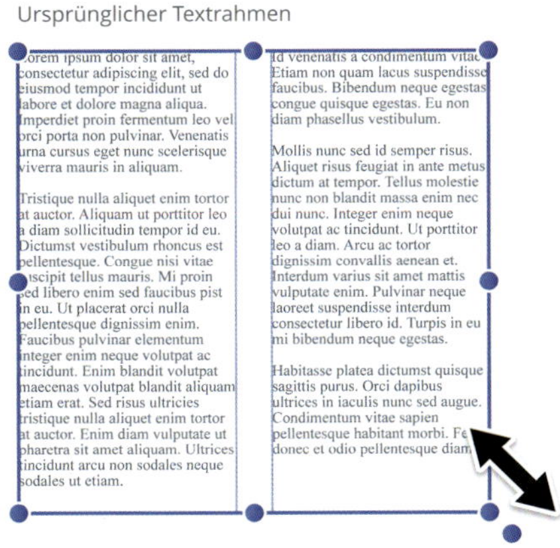

Verschieben von Objekten

- Mit dem Werkzeug **Verschieben** ziehen Sie einfach den Begrenzungsrahmen des Objekts (klicken Sie hierzu irgendwo in den Rahmen), um es neu auf der Seite zu positionieren.

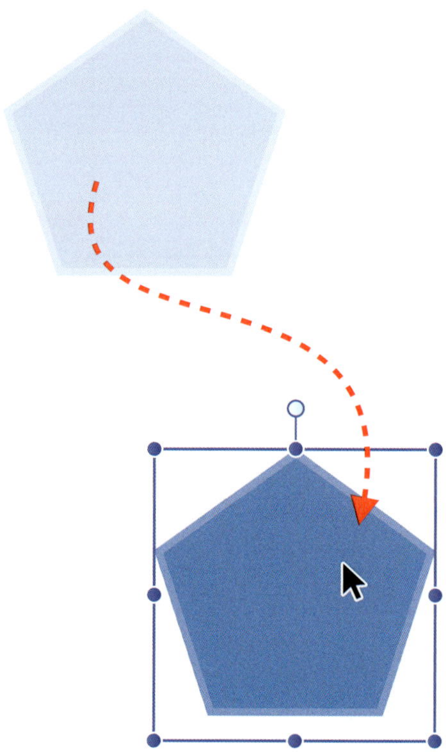

Duplizieren von Objekten

- Aktivieren Sie das Werkzeug **Verschieben**, halten Sie die cmd-Taste ⌘ (Mac) oder Strg-Taste (Win) und ziehen Sie ein Objekt, um ein Duplikat an der Stelle zu platzieren, an der Sie das Ziehen beenden. Das Originalobjekt bleibt hierbei unverändert.

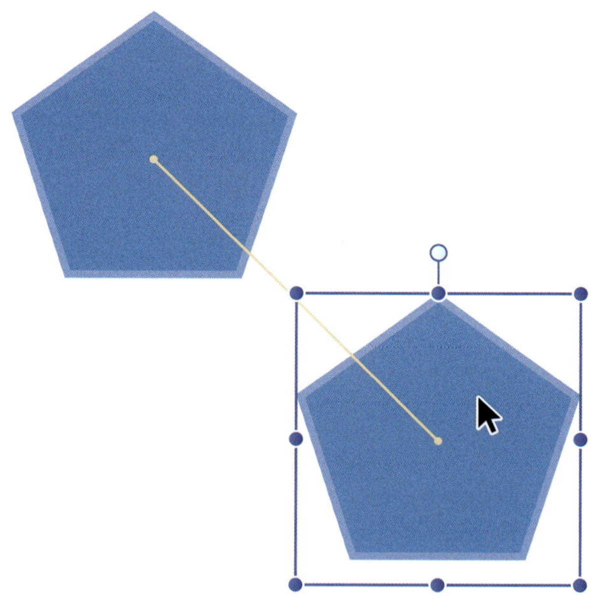

Wenn Sie Objekte verschieben oder duplizieren und dabei auch die **Umschalttaste** (⇧) halten, schränken Sie die Bewegungsmöglichkeiten des Objekts auf Schritte von 45° ein.

Drehen von Objekten

Ziehen Sie an dem Lollipop-ähnlichen Rotationsgriff nach links oder rechts, der oben aus dem Objekt ragt. Das Objekt wird immer um seinen Mittelpunkt gedreht.

Um die Rotation in Schritten von 15° durchzuführen, halten Sie die **Umschalttaste** (⇧), während Sie den Griff ziehen.

Per Doppelklick auf den Rotationsgriff stellen Sie die Objektrotation wieder auf 0° zurück.

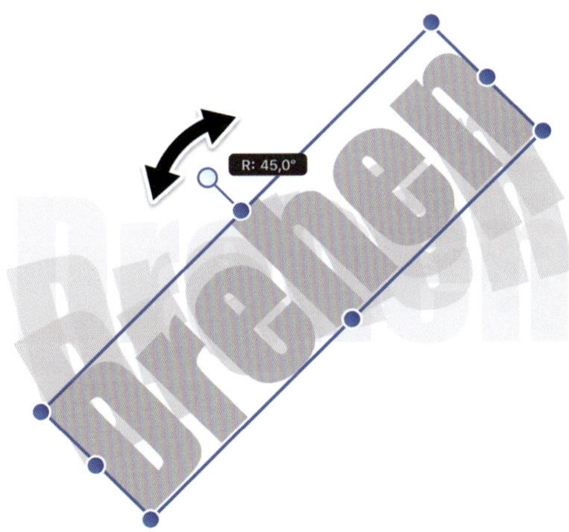

Die hier erläuterten Techniken zur Objektbearbeitung lassen sich für einzelne Objekte, eine Ebene oder eine Auswahl von mehreren Objekten einsetzen. Um mehrere Objekte auszuwählen, klicken Sie mit gedrückter **Umschalttaste** (⇧) auf die Objekte.

Präzises Verschieben, Skalieren und Drehen von Objekten

Wählen Sie ein Objekt aus und geben Sie im Panel **Transformieren** die gewünschten Werte ein. Mit **X** und **Y** ändern Sie die Objektposition, mit **B** und **H** die Objektgröße und mit **R** und **N** den Rotations- bzw. Neigungswinkel. Diese Felder können auch neue Werte basierend auf den aktuellen Objektattributen berechnen. Nähere Informationen hierzu finden Sie in der Beilage „Erweiterte Textoptionen, Ausdrücke und Gesten".

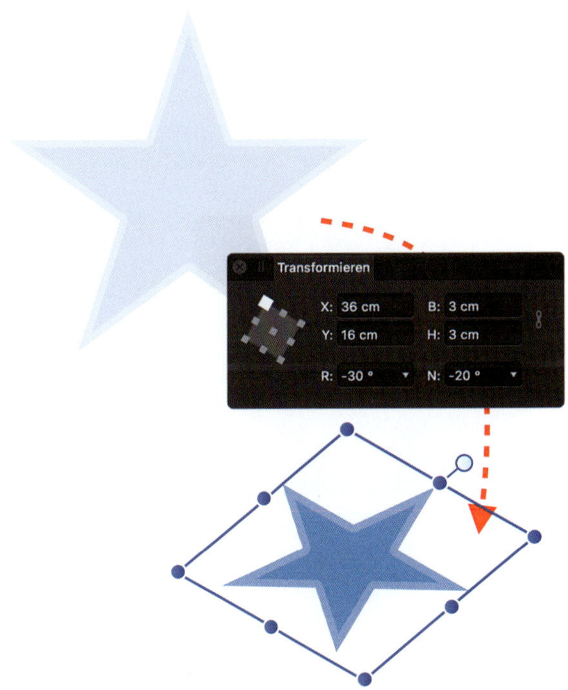

Anordnen von Objekten

Alle auf der aktuellen Seite platzierten Objekte werden im Panel **Ebenen** aufgelistet. Die Reihenfolge der Ebenen von oben nach unten im Panel entspricht den Objektpositionen von vorn nach hinten auf der Seite.

Um die Position eines Objekts im Ebenenstapel zu ändern, führen Sie einen der folgenden Schritte aus:

- Wählen Sie das Objekt aus und verschieben Sie es mit den Symbolen **Anordnen** der **Symbolleiste** vorwärts und rückwärts – wahlweise in Ebenenschritten von 1 oder direkt ganz nach vorn oder hinten.
- Verwenden Sie die entsprechenden Tastenkürzel des Menüs **Ebene > Anordnen**.

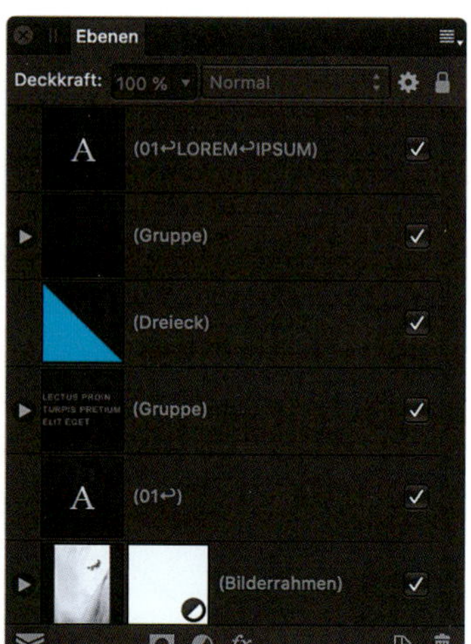

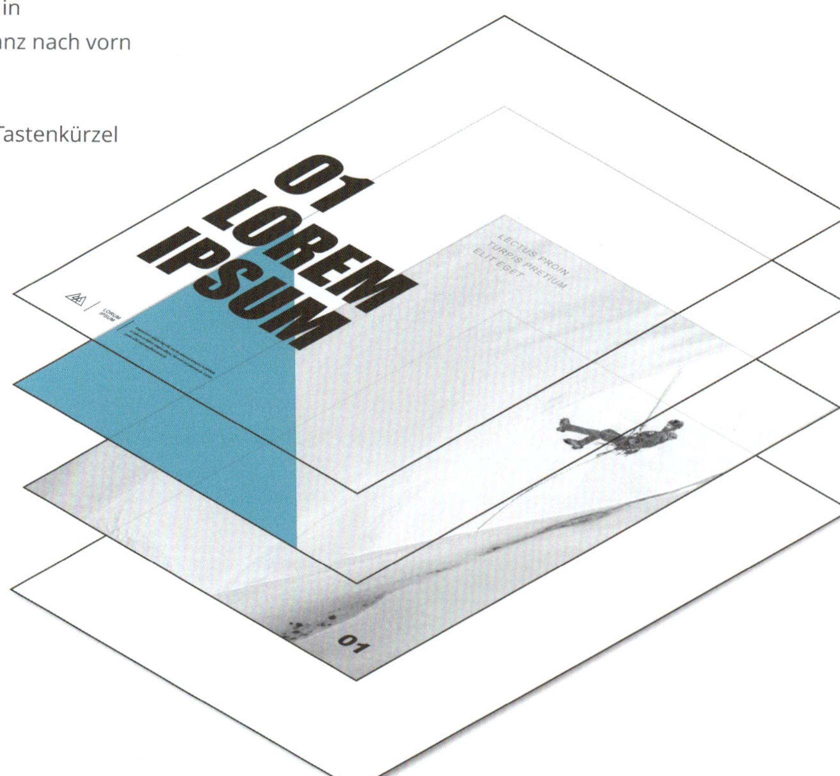

Ressource
core_skills_new_object_insertion.afpub

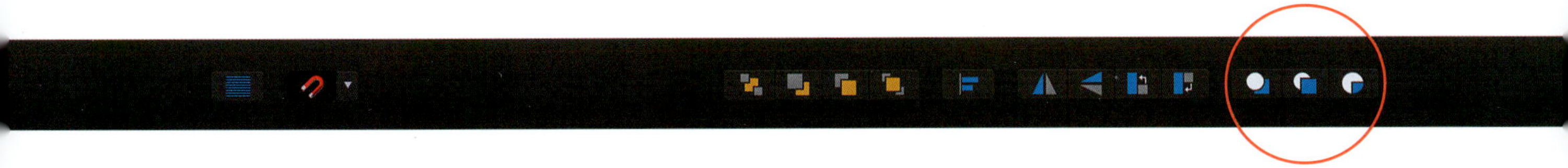

Einfügen neuer Objekte

Die Position eines neu gezeichneten Objekts im Ebenenstapel hängt von der unter **Ebene > Einfügen** aktivierten Option ab oder von dem Symbol, das Sie in der Gruppe **Einfügen** der **Symbolleiste** ausgewählt haben. In den folgenden Beispielen ist das Dreieck das neu gezeichnete Objekt.

Standard

Fügt das Dreieck auf einer neuen Ebene direkt über der aktuellen Auswahl ein oder ganz oben im Ebenenstapel, wenn keine Auswahl besteht.

Hinter

Fügt das Dreieck direkt unter der aktuellen Auswahl ein oder ganz unten im Ebenenstapel, wenn keine Auswahl besteht.

Oben

Fügt das Dreieck **immer** ganz oben im Ebenenstapel ein. Es spielt keine Rolle, was aktuell ausgewählt ist.

Innen

Heftet das Dreieck an das ausgewählte Objekt an, sodass nur die überlappenden Teile sichtbar sind, oder ganz oben, wenn nichts ausgewählt ist.

Ressource
core_skills_multicolumn_text_frames.afpub

ARBEITEN MIT TEXT

Text ist ein wichtiger Bestandteil fast aller Publikationen. Affinity Publisher bietet Ihnen mehrere Einsatzmöglichkeiten für Wörter und Worte, mit denen wir uns in diesem Abschnitt beschäftigen. Wenn Sie bereits mit anderen Affinity-Apps gearbeitet haben, werden Sie einige davon kennen. Das Werkzeug **Rahmentext** von Affinity Publisher bietet jedoch einige zusätzliche Möglichkeiten speziell für Seitenlayouts.

Rahmentext

Diesen Texttyp werden Sie in Affinity Publisher wohl am häufigsten verwenden. Rahmentexte lassen sich für alles einsetzen – von Überschriften mit nur einem Satz bis hin zu großen Texten mit mehreren Absätzen.

1 Ziehen Sie mit dem Werkzeug **Rahmentext** über die Seite, um einen Textrahmen in diesem Bereich zu erstellen.

2 Klicken Sie auf **Text > Fülltext einfügen**, um den Rahmen mit Platzhaltertext zu füllen. Standardmäßig erstreckt sich der Fülltext über die komplette Breite und Höhe des Rahmens.

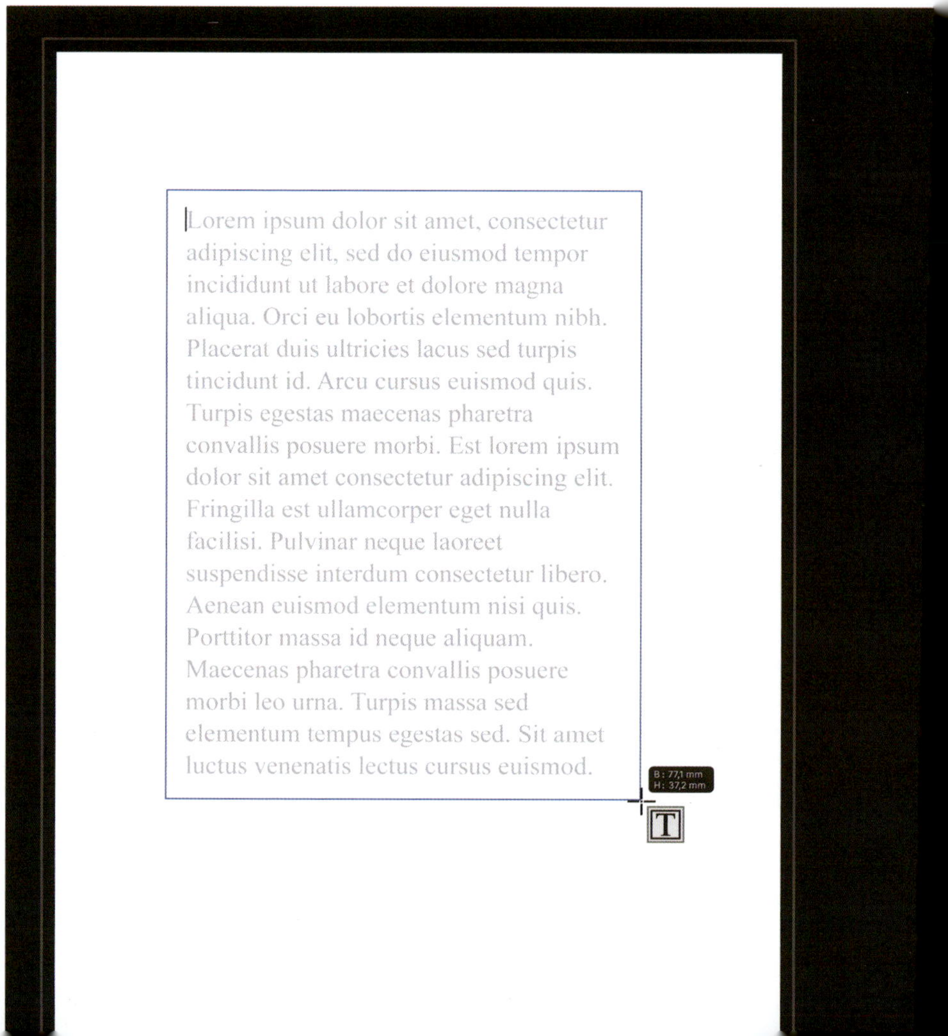

Textrahmen mit mehreren Spalten

Inhalte von Textrahmen lassen sich in mehreren Spalten darstellen, deren Zwischenräume Sie flexibel festlegen können. Diese Layoutvariante wird bei vielen Publikationen eingesetzt – von Postern über Zeitschriften bis hin zu Büchern.

Einrichten von Textrahmen

1 Wählen Sie mit dem Werkzeug **Verschieben** (V) einen Rahmen aus, der bereits Text enthält.

2 Stellen Sie in der Kontextleiste die **Schriftfarbe** auf *Weiß*.

3 Stellen Sie die **Spalten** auf *3* ein.

4 Klicken Sie auf **Textrahmen**.

5 Legen Sie im Panel **Textrahmen** eine dunkle Kontrastfarbe als **Füllung** fest.

6 Stellen Sie unter **Versatzabstände** alle Werte auf *2 mm*, damit der Text nicht die Rahmenkanten berührt.

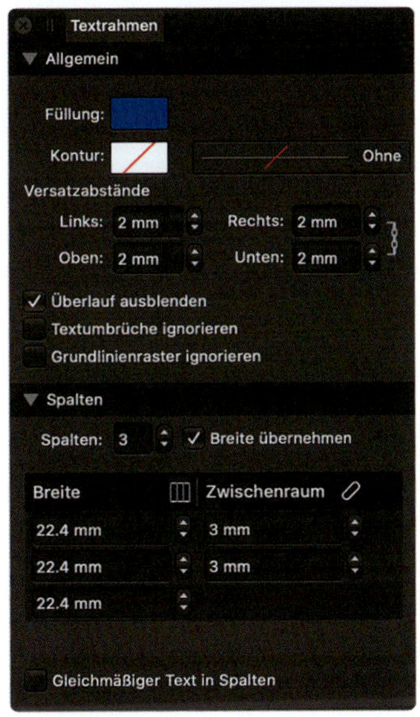

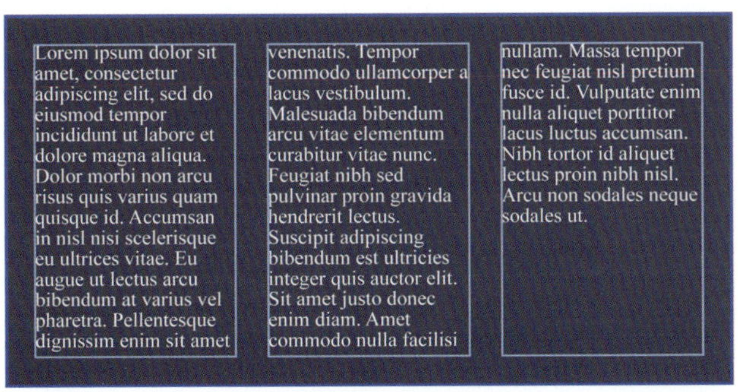

Asymmetrische Textrahmen

Spaltenbreiten werden anfänglich immer auf denselben Wert eingestellt, lassen sich aber individuell anpassen. Per Klick auf das Symbol **Breite** stellen Sie für alle wieder denselben Wert ein.

Standardmäßig werden alle Zwischenraumbreiten angepasst, wenn Sie einen Zwischenraum ändern. Per Klick auf das Symbol **Zwischenraum** können Sie die Zwischenräume einzeln oder gleichzeitig anpassen.

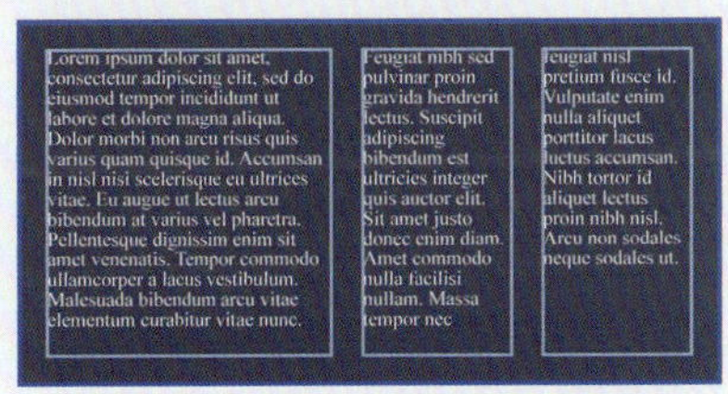

Füllt der Text die letzte Spalte nicht mehr ganz aus, können Sie den Text mit der Option **Gleichmäßiger Text in Spalten** den Text ausgewogen auf alle Spalten verteilen.

Ressource
core_skills_overset_text.afpub

Korrigieren von Übersatztext

Enthält ein ausgewählter Textrahmen mehr Text, als er darstellen kann (Übersatztext), wird sein dreieckiges Symbol **Textfluss** rot angezeigt.

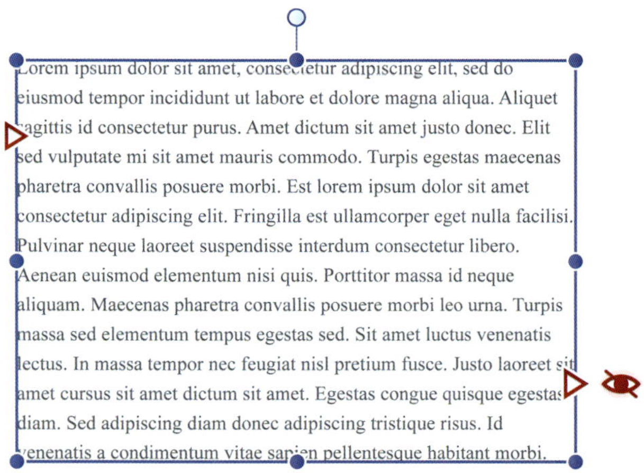

Nicht ausgewählte Textrahmen zeigen den Übersatztext mit roten Griffen an den Rahmenkanten an.

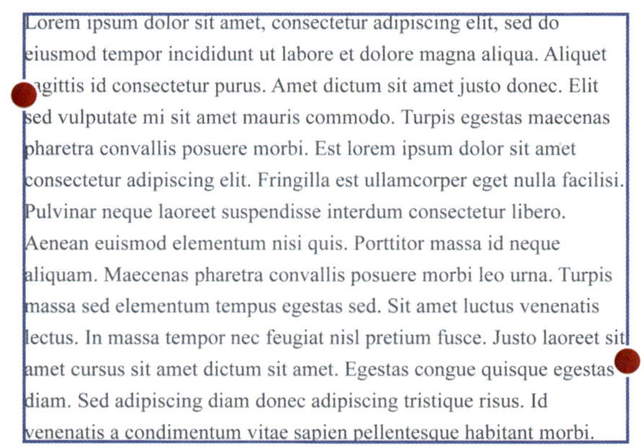

Klicken Sie auf das Auge neben dem Symbol **Textfluss**, um den Übersatztext einzublenden. Mit einem weiteren Klick auf das Auge verschwindet der Text dann wieder.

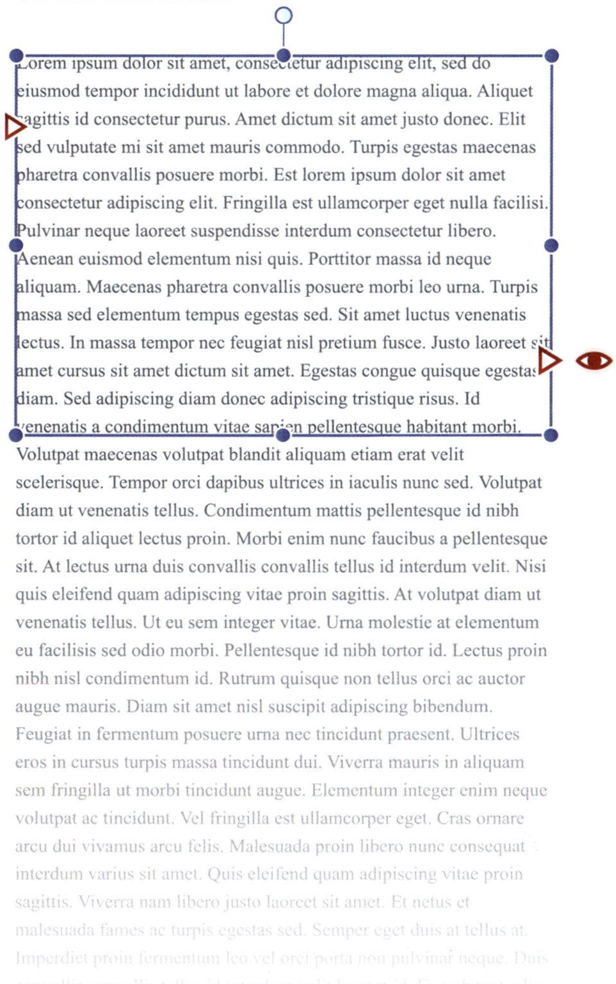

Warnungen zum Übersatztext

Wenn Sie ein Dokument drucken oder exportieren, zeigt Affinity Publisher automatisch eine Warnung für Probleme in der Checkliste an. Hierzu gehört auch Übersatztext, den Sie über das rote Augensymbol vorübergehend eingeblendet haben. Um das Übersatzproblem zu beheben, führen Sie einen der folgenden Schritte aus:

- Ändern Sie die Rahmengröße so, dass der gesamte Text sichtbar ist.
- Kürzen Sie den Text so, dass er in den Rahmen passt.
- Setzen Sie den Textfluss in zusätzlichen verknüpften Textrahmen fort.

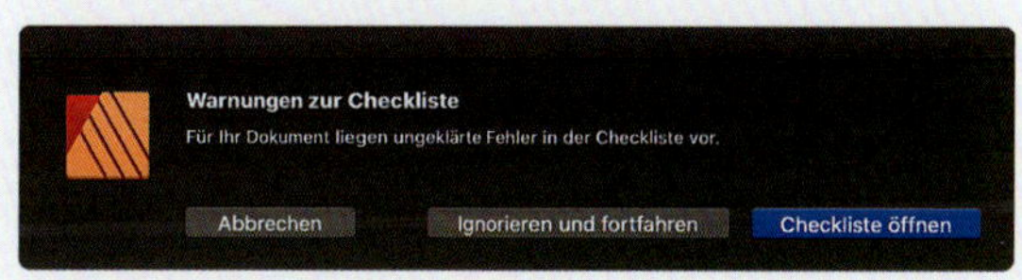

Ressource
core_skills_linking_text_frames.afpub

Verknüpfen von Textrahmen

Textrahmen lassen sich verknüpfen, sodass Übersatztext aus einem Rahmen einfach automatisch in die nachfolgenden Rahmen der Sequenz fließt. Die neuen Rahmen können Sie auf derselben Seite oder auch auf anderen Seiten erstellen.

Rahmen lassen sich bereits bei ihrer Erstellung verknüpfen oder auch erst später.

1 Erstellen Sie mit dem Werkzeug **Rahmentext** den ersten Textrahmen.

2 Klicken Sie auf das Symbol **Textfluss** rechts unten im Rahmen.

3 Erstellen Sie durch Ziehen einen weiteren Textrahmen (oder klicken Sie in einen bestehenden Textrahmen), um den Text aus dem ersten Rahmen hier weiterzuführen.

4 Wiederholen Sie die Schritte 2 und 3, um alle Rahmen zu erstellen und zu verknüpfen, die Sie für Ihren Text benötigen.

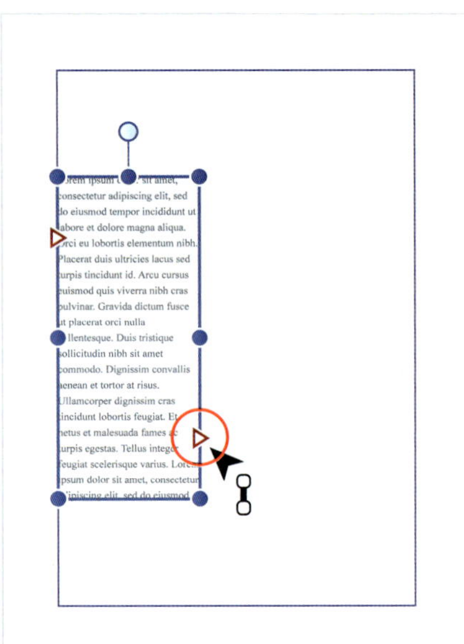

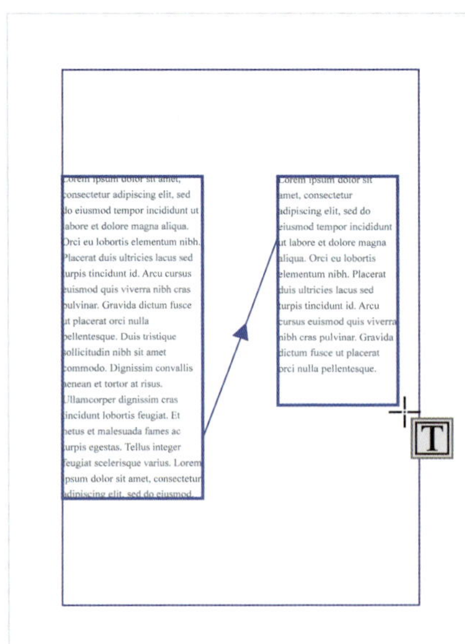

Absatzstile und **Zeichenstile** (Seite 140) werden häufig auf Rahmentext angewendet, um einen durchgängigen Look für die Publikation zu erzeugen. Wenn Sie einen Stil ändern, sehen Sie die Auswirkung sofort in allen Textstellen, auf die der Stil angewendet ist.

Arbeiten mit einer Sequenz verknüpfter Rahmen

Textrahmen lassen sich beliebig inmitten der Sequenz hinzufügen oder auch löschen.

Wenn Sie einen neuen Textrahmen einsetzen, ändert sich auch der Textfluss ab diesem Punkt.

1 Klicken Sie auf eins der **Textfluss**-Symbole des Textrahmens – je nachdem, wo Sie den neuen Textrahmen benötigen.

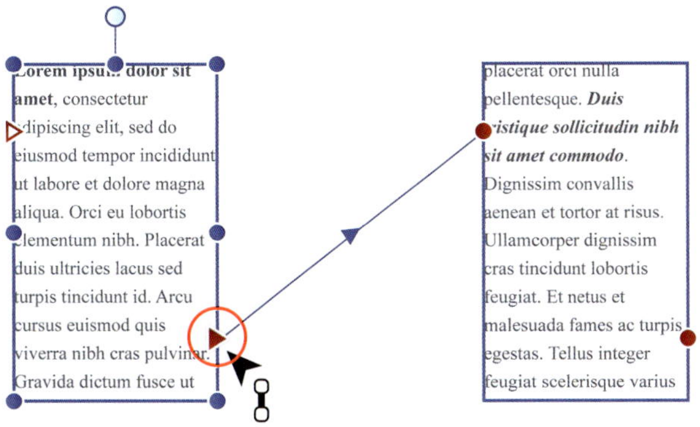

2 Ziehen Sie auf der Seite, um einen neuen Rahmen zu erstellen, oder klicken Sie auf einen bestehenden **unverknüpften** Rahmen.

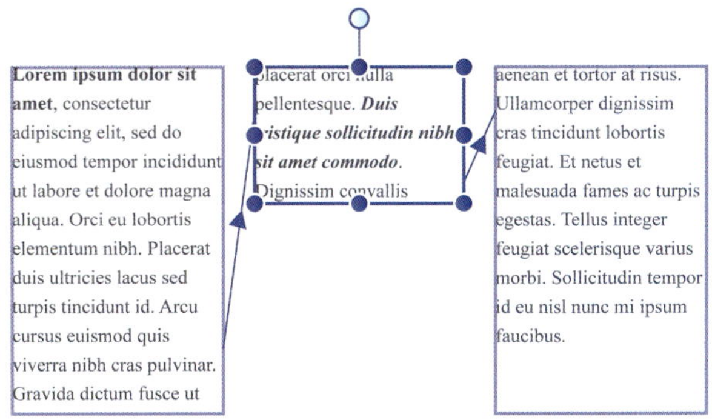

Löschen Sie einen verknüpften Textrahmen oder die Seite, auf der er sich befindet, unterbricht dies nicht die gesamte Sequenz. Die vorangehenden und nachfolgenden Verknüpfungen werden angepasst und der Textfluss entsprechend geändert.

Achtung: Verschieben Sie möglichst keine Seiten mit Textrahmen, die zu einer verknüpften Sequenz gehören. Hierdurch ändert sich nicht die Reihenfolge, in der die Rahmen verknüpft sind, und Ihr Text gerät eventuell durcheinander.

Ressource
core_skills_autoflow_text.afpub

Automatischer Textfluss

Mit nur einem Klick können Sie über das Symbol **Textfluss** so viele neue Seiten mit verknüpften Textrahmen erstellen, wie für die Darstellung Ihrer gesamten Textmenge nötig sind.

Gerade bei Publikationen mit einem sich wiederholenden Format, wie z. B. Bücher und Berichte, sparen Sie so enorm Zeit. Sie können diese Funktion sowohl nur für einzelne Seiten oder auch so viele Seiten verwenden, wie für Ihren Text notwendig sind.

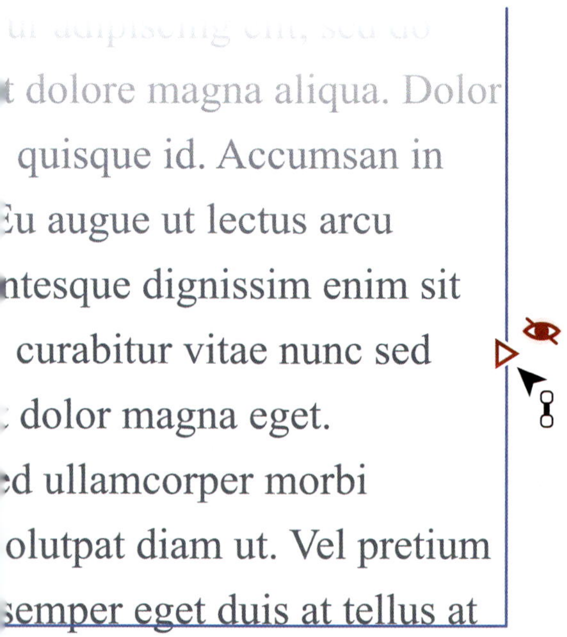

Automatischer Textfluss für einzelne Seiten

1. Halten Sie die Option-Taste ⌥ (Mac) oder die Alt-Taste (Win) und klicken Sie auf das Symbol **Textfluss** des Rahmens, um eine neue Seite an Ihr Dokument anzuhängen. Der Textrahmen auf dieser Seite hat die gleiche Größe und Position wie der angeklickte Rahmen.

2. Wiederholen Sie Schritt 1 für den neuen Rahmen, bis Sie alle erforderlichen Seiten und Textrahmen platziert haben.

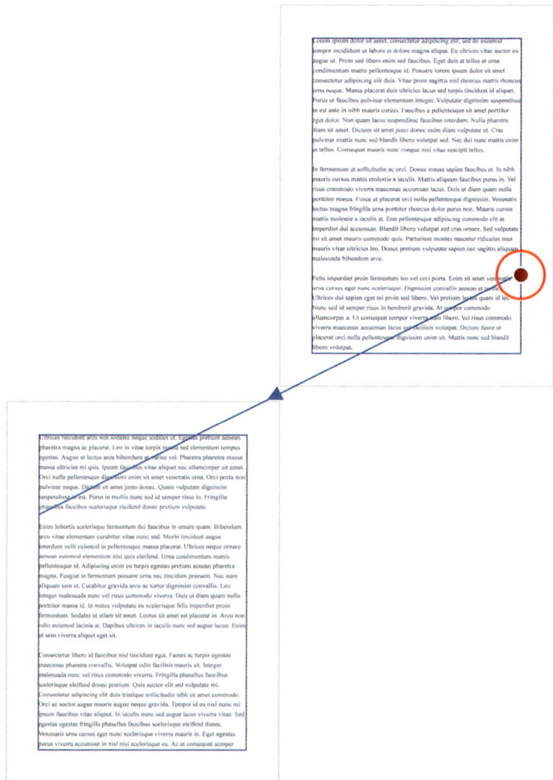

Automatischer Textfluss für alle Seiten

Halten Sie die **Umschalttaste** (⇧) und klicken Sie auf das Symbol **Textfluss** des Rahmens, um sofort so viele Seiten und Textrahmen (alle in derselben Größe) zu erstellen, wie für die Darstellung der *gesamten Menge* an Übersatztext notwendig sind.

Enthält ein Dokument gegenüberliegende Seiten und der erste Textrahmen ist asymmetrisch positioniert, wird die Position des neuen Rahmens auf der Dokumentseite gespiegelt.

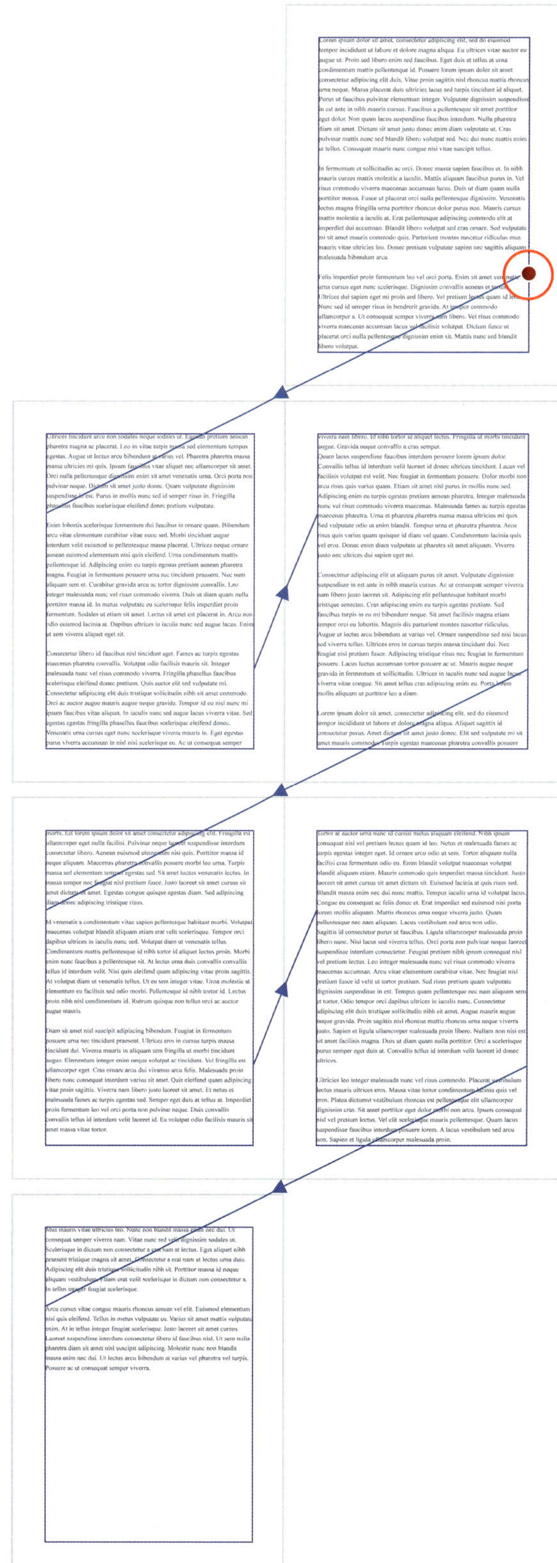

Ressource

core_skills_other_text_types.afpub

Andere Arten von Text

Grafiktext

Mit dem Werkzeug **Grafiktext** können dekorative Texte erstellen, wie zum Beispiel Überschriften. Grafiktext wird immer so skaliert, dass er seinen Container ausfüllt.

1 Ziehen Sie mit dem Werkzeug **Grafiktext** (T) auf der Seite, um die Schriftgröße festzulegen.

2 Geben Sie den Text ein.

3 (Optional) Ziehen Sie einen Eckgriff, um den Grafiktext proportional zu skalieren (d. h. nur seine Größe zu ändern und nicht sein Seitenverhältnis – der Text wirkt also nicht verzerrt).

Der eigentliche Text, seine Unterschneidung sowie seine Zeichen- und Zeilenabstände müssen für große Texte häufig angepasst werden damit sie sich gut in das Gesamtdesign des Dokuments einfügen.

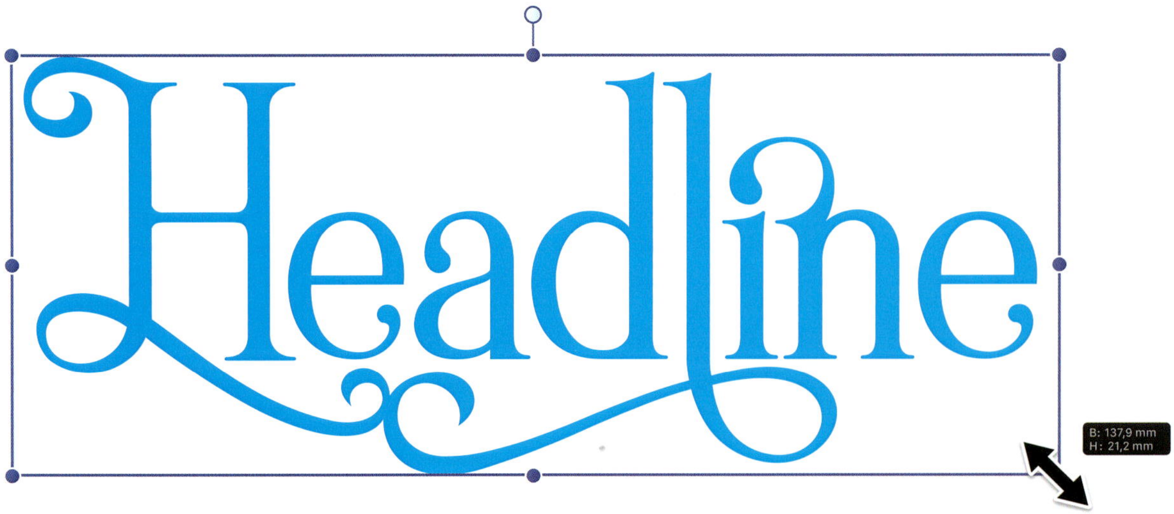

Pfadtext

Sie können Text auch auf einer Kurve, geschlossenen Form oder geometrischen Form platzieren, sodass er diese Figuren „entlangläuft".

1. Wählen Sie ein passendes Objekt aus.
2. Aktivieren Sie das Werkzeug **Grafiktext** und platzieren Sie den Cursor auf der Kante des Objekts. Klicken Sie einmal, wenn der Cursor die nachfolgend abgebildete Form annimmt.
3. Geben Sie den gewünschten Text ein.
4. Ziehen Sie die farbigen Marker, um die Textposition anzupassen. Text, der nicht zwischen die Marker passt, fließt auf die andere Seite der Kurve oder Objektumrisslinie.

Handelt es sich bei dem Pfad um ein sichtbares Designelement, können Sie mit der Option **Grundlinie** der Kontextleiste einen Versatz zwischen Element und Text festlegen.

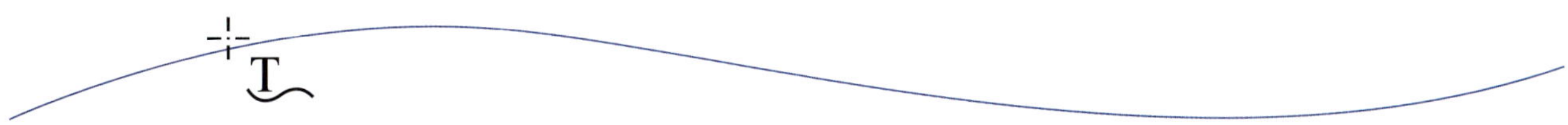

Wenn die Pfadlinie in dem endgültigen Design unsichtbar sein soll, entfernen Sie die Konturbreite von dem Pfad, bevor Sie alles in Pfadtext umwandeln.

Formtext

Sie können Texte nicht nur in rechteckige Textrahmen einsetzen, sondern auch in Formen, die Sie mit den **Formwerkzeugen** oder dem **Zeichenstift** erstellt haben.

Genau wir Rahmentext lässt sich Formtext in Spalten aufteilen und mit Versatzabständen versehen, damit er nicht die Umrisslinie der Form berührt.

1 Klicken Sie auf das Werkzeug **Rechteck**, halten Sie die Maustaste und wählen Sie das Werkzeug **Ellipse** aus.

2 Halten Sie die **Umschalttaste** (⇧) und ziehen Sie auf einer Seite, um einen Kreis zu zeichnen.

3 Aktivieren Sie das Werkzeug **Rahmentext** und platzieren Sie es auf dem Kreisinnern.

4 Klicken Sie auf die Form und dann in der Kontextleiste auf **Zentriert ausrichten**.

5 Klicken Sie in der Kontextleiste auf den Pfeil neben **Oben ausrichten** und dann in dem Menü auf **Vertikal zentrieren**.

6 Klicken Sie auf **Ansicht > Studio > Textrahmen** und legen Sie die Füllung und Kontur für die Form fest.

7 Geben Sie den gewünschten Text ein – z. B. „Inklusive Bonus im Heft!" – und passen Sie seine Größe und Farbe an.

8 (Optional) Bei manchen Formen, Wörtern und Schrifteinstellungen wirken Formtexte in Bezug auf die Lücken um sie herum etwas ausgeglichener, wenn Sie den Text leicht aus der vertikalen Mitte der Form versetzen. Falls notwendig, deaktivieren Sie die Verknüpfung der **Versatzabstände** im Panel **Textrahmen** und passen den Versatzabstand **Unten** an.

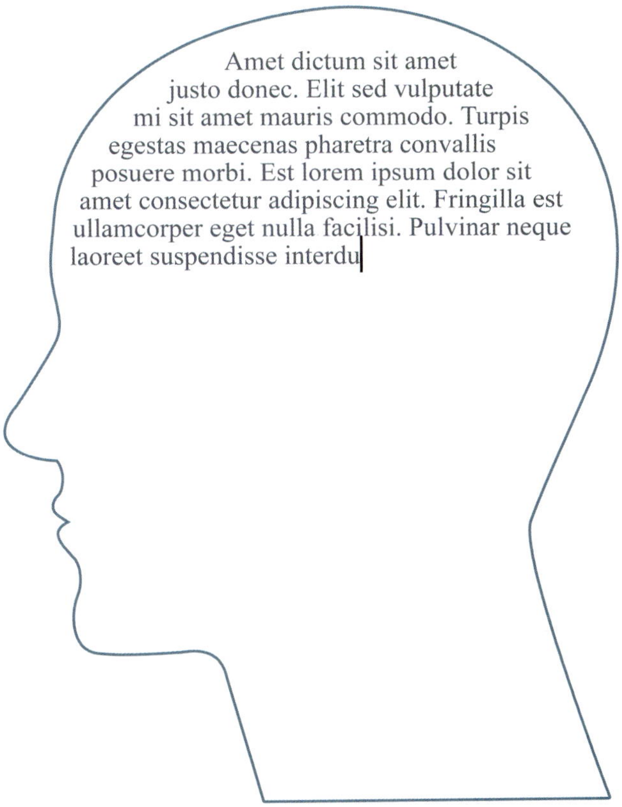

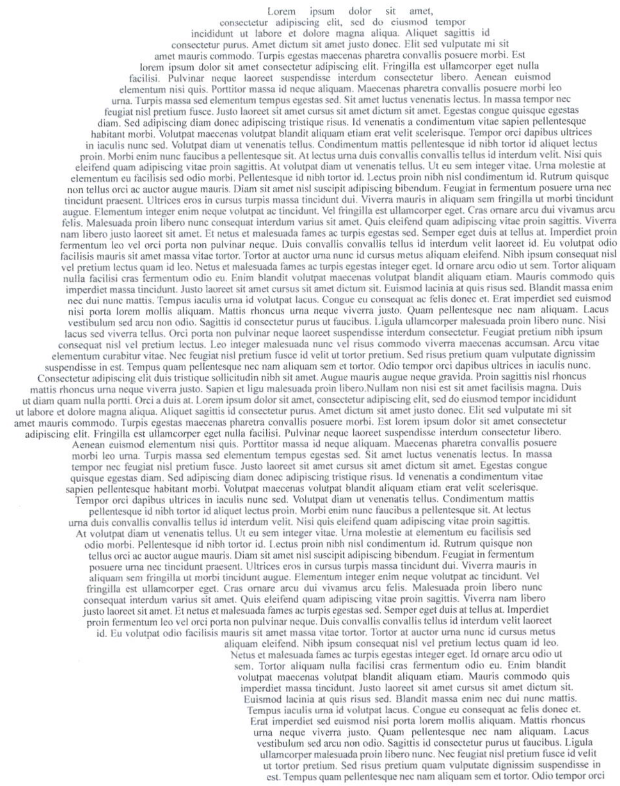

Handgezeichnete Formen als Textrahmen

Geschlossene Formen, die Sie mit dem **Zeichenstift** erstellt haben, lassen sich ebenfalls mit Text füllen.

Aktivieren Sie den **Zeichenstift**. Um eine Form mit Kurven zu zeichnen, stellen Sie in der Kontextleiste den **Stiftmodus** oder **Smart-Modus** ein. Um eine Form mit geraden Strichen zu zeichnen, stellen Sie den **Polygon-Modus** ein.

Wenn die geschlossene Form fertig ist, gehen Sie wie ab Schritt 3 auf der vorangehenden Seite beschrieben vor, um Text in die Form einzusetzen.

Ressource

core_skills_picture_frames.afpub

BILDERRAHMEN

Bilderrahmen sind Platzhalter, die Sie mit Bildern sowie mit PDF- und Affinity-Dokumenten füllen können. Affinity Publisher enthält Werkzeuge, mit denen sich rechteckige und elliptische Bilderrahmen schnell und einfach erstellen lassen.

Leere Bilderrahmen können Sie auf einen Blick an den gekreuzten Diagonalen von normalen Formen unterscheiden.

Erstellen eines Bilderrahmens:

1 Aktivieren Sie das Werkzeug **Rechteckiger Bilderrahmen** (F) oder **Elliptischer Bilderrahmen**.

2 (Optional) Möchten Sie ein perfektest Quadrat oder einen perfekten Kreis zeichnen, halten Sie die **Umschalttaste** (⇧) gedrückt.

3 Ziehen Sie auf einer Seite, um die Größe und Position für den Rahmen festzulegen.

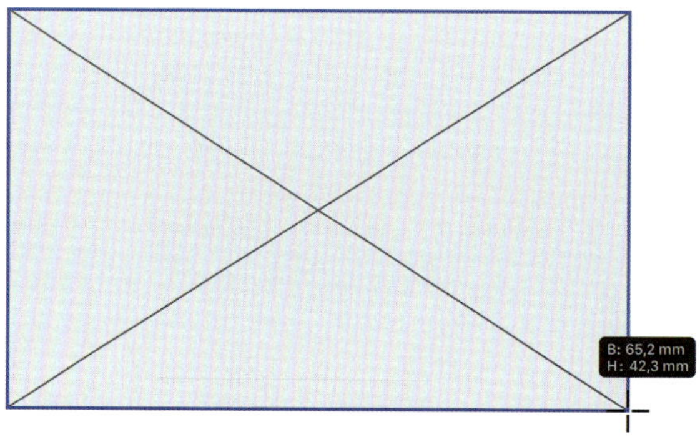

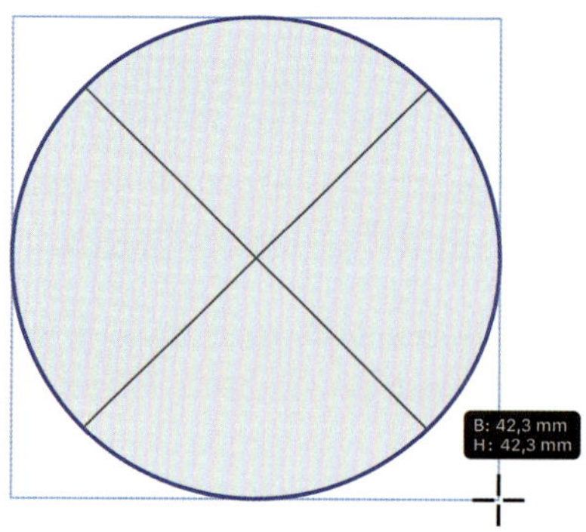

Wie Sie Inhalte in Bilderrahmen einsetzen, erläutern wir auf Seite 130.

a

Formen als Bilderrahmen

Geschlossene Formen, die Sie mit dem **Zeichenstift** (a) zeichnen oder per Montage über **Ebene > Geometrie** aus mehreren Objekten zusammensetzen (b), lassen sich ebenfalls in Bilderrahmen umwandeln (c).

Wählen Sie eines dieser Elemente aus und:

- Klicken Sie auf **Ebene > In Bilderrahmen umwandeln**.

b

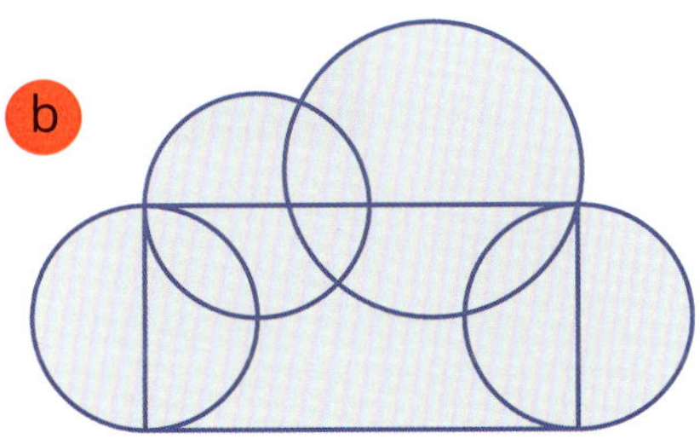

c

Umfließen/Umbrechen von Text um Bilder

Standardmäßig bleibt der Textfluss in einem Textrahmen von alle Elementen unbeeinflusst, die den Rahmen überlappen. Manchmal ist das gewünscht und manchmal auch nicht. Wenn nicht, bietet Affinity Publisher verschiedene Möglichkeiten, mit denen Sie Text um diese Elemente herumführen können.

Text kann Bilderrahmen, Formen, Tabellen und auch andere Textobjekte umfließen.

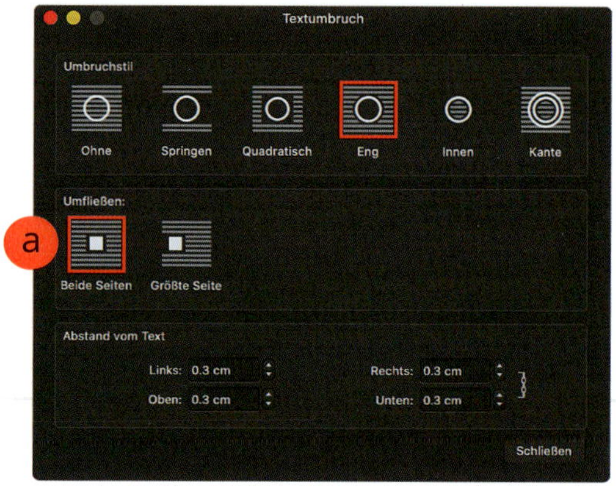

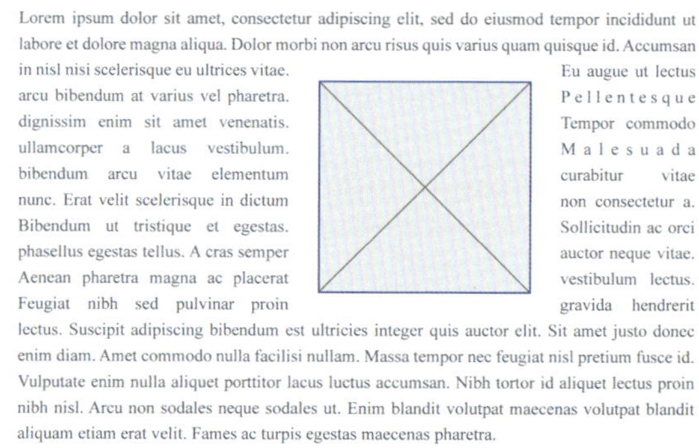

1 Wählen Sie einen Bilderrahmen aus, der einen Textrahmen überlappt.

2 Klicken Sie in der **Symbolleiste** auf die Option **Einstellungen für Textumbruch einblenden**.

3 Legen Sie den gewünschten **Umbruchstil** fest – z. B. **Springen** (ohne Text rechts und links), **Quadratisch** (an beiden Seiten des rechteckigen Begrenzungsrahmens für den Bilderrahmen) oder **Eng** (präzise entlang einer Umrisslinie).

4 Fließt der Text zu nah an dem Bild oder zu weit davon entfernt, ändern Sie den **Abstand vom Text**. Hier können Sie auch negative Werte vorgeben.

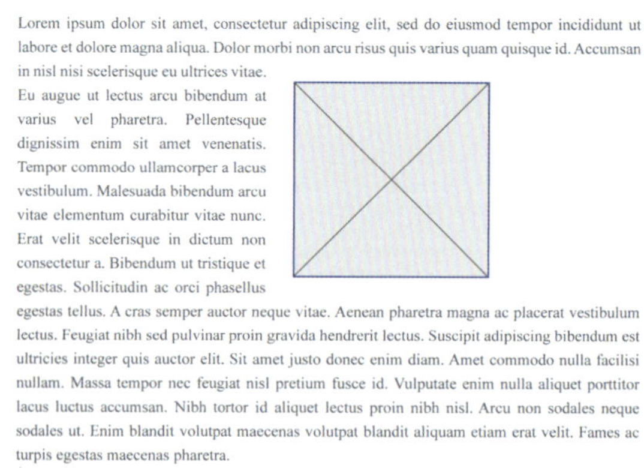

Umfließen ist nur für die Umbruchstile **Quadratisch** und **Eng** verfügbar. Mit dieser Option legen Sie fest, ob der Text an **Beiden Seiten** (a) umfließt oder nur an der **Größten Seite** (b), an der die Textzeilen am längsten sind.

Auswirkung der Bildtransparenz auf den Textfluss

Text fließt vielleicht nicht immer sofort so um „Hindernisse" wie in den Beispielen des Dialogfelds **Textumbruch**. Er umfließt den rechteckigen Begrenzungsrahmen von Bilderrahmen, Grafiktext oder anderen Textrahmen (a) auch dann, wenn das Bild in einem Bilderrahmen einen Alphakanal enthält, der einige seiner Pixel als transparent deklariert.

Platzieren Sie eine Bilddatei mit Alphakanal direkt auf der Seite anstatt in einem Bilderrahmen und legen dann den Umbruchstil **Eng** fest, fließt der Text zum Beispiel um die nicht-transparenten Außenkanten (b).

Sie können die Umbruchkontur für gerahmte transparente Bilder aber auch noch anpassen. Damit beschäftigen wir uns als Nächstes.

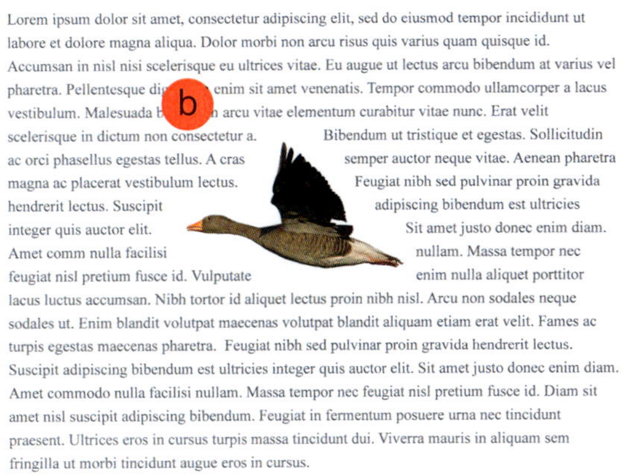

Anpassen von Textumbrüchen

Die flexiblere Methode für das Umfließen von nicht recheckigen Formen mit Text lässt sich auch für Bilder ohne Alphakanal und Bilder in Bilderrahmen verwenden. Je nach den Kanten in dem Bild ist dies eventuell mit etwas mehr Aufwand verbunden.

1. Wählen Sie das Bild mit festgelegtem Textumbruch aus.
2. Klicken Sie in der **Symbolleiste** auf **Umbruchkontur bearbeiten**.

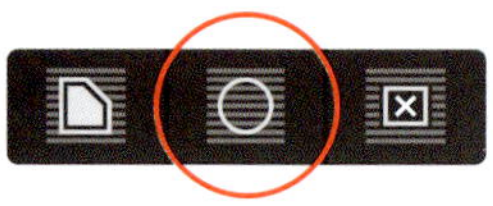

3. Ziehen Sie die Knoten auf der Objektkontur, um den Textfluss zu steuern. Diese Änderung hat keinerlei Auswirkung auf den Inhalt des Objekts.
4. Möchten Sie einen Knoten hinzufügen, klicken Sie einfach auf eine leere Stelle der Umbruchkontur.
5. Ziehen Sie den neuen Knoten in Position.
6. Wiederholen Sie die Schritte 4 und 5 so oft wie nötig.

Wenn die Textumbrucheinstellungen eines Objekts unerwünschte Umbrüche erzeugen – z. B. an einem Textrahmen, der darauf platziert ist – können Sie den Umbruch auch einfach ignorieren.

1 Wählen Sie den Textrahmen mit dem unerwünschten Textumbruch aus.

2 Klicken Sie auf **Text > Textumbruch > Textumbrüche ignorieren** oder aktivieren Sie die entsprechende Option im Panel **Textrahmen**.

EINSETZEN VON INHALTEN

Sie können Inhalte für Ihre Seiten nicht nur direkt mit den Werkzeugen von Affinity Publisher erstellen, sondern auch bequem aus verschiedenen Text-, Raster- und Vektorgrafikdateien importieren.

Inhalte lassen sich aus den verschiedensten Dateiformaten importieren, wie z. B. PNG, JPEG, TIFF, SVG, PSD mit Ebenen aus Photoshop, PDF, XLSX aus Microsoft Excel und auch Affinity-Dokumenten. Die aktuelle Liste von importierbaren Formaten finden Sie auf der Seite https://affin.co/afpfeatures unter **Platzieren von Inhalten**.

Mit dem Werkzeug **Bild platzieren** können Sie Bilder (oder ein PDF- oder Affinity-Dokument) auf den Seiten Ihrer Publikation in Affinity Publisher einfügen.

Die Arbeitsweise des Werkzeugs richtet sich nach der Anzahl der Bilddateien, die Sie importieren.

Direktes Platzieren auf einer Seite

1 Aktivieren Sie das Werkzeug **Bild platzieren**.

2 Wählen Sie eine Bilddatei aus und klicken Sie auf **Öffnen**.

3 Ziehen Sie über einen Bereich der Seite, den das Bild einnehmen soll.

Platzieren in einem Bilderrahmen

1 Wählen Sie einen oder mehrere bestehende Bilderrahmen aus.

2 Aktivieren Sie das Werkzeug **Bild platzieren**.

3 Wählen Sie ein Bild aus und klicken Sie auf **Öffnen**. Das Bild wird nun in allen ausgewählten Bilderrahmen platziert.

Umwandeln von Bildern in Bilderrahmen

1 Wählen Sie das ungerahmte Bild aus.

2 Klicken Sie auf **Ebene > In Bilderrahmen umwandeln**.

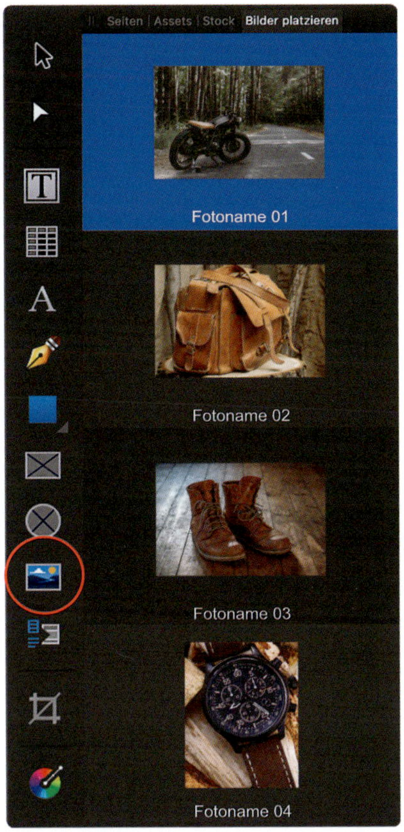

Platzieren mehrerer Bilder

Sie können mehrere Bilder platzieren, ohne für jedes einzelne Bild das Werkzeug **Bild platzieren** zu verwenden.

1 Aktivieren Sie das Werkzeug **Bild platzieren**.

2 Wählen Sie mehrere Bilder aus und klicken Sie auf **Öffnen**.

3 Die Bilder werden nun links in dem Panel **Bilder platzieren** aufgelistet.

4 Führen Sie einen der folgenden Schritte aus:

- Um einen bestehenden Bilderrahmen zu füllen, klicken Sie auf den Rahmen.
- Ziehen Sie auf einer Seite, um die Größe für das neue Bild selbst festzulegen.

Standardmäßig werden die Bilder aus dem Panel von oben nach unten platziert. Sie können aber auch ein bestimmtes Bild auswählen, um es als Nächstes zu platzieren.

5 Wiederholen Sie Schritt 4, bis alle Bilder platziert sind, oder drücken Sie die Esc-Taste, um das Platzieren weiterer Bilder abzubrechen.

Ziehen und Ablegen von Bildern

Nachdem Sie mit der Suchfunktion im Panel **Stock** das passende Bild gefunden haben, ziehen Sie es einfach aus dem Panel auf einen Bilderrahmen und legen es dort ab.

Auf die gleiche Weise können Sie auch Bilder aus dem Finder (Mac) und Dateiexplorer (Win) ziehen und ablegen.

> Legen Sie ein Bild außerhalb eines Bilderrahmens ab, wird es direkt auf der Seite platziert und bietet dann nicht die flexiblen Skalierungsmöglichkeiten von Bilderrahmen.

Maximal passend skalieren
Das Bild wird so skaliert, dass es den gesamten Rahmen ohne Verzerrung ausfüllt. Ein Teil des Bildes wird eventuell an den Rändern ausgeblendet. Dies ist die standardmäßig verwendete Skalierungsmethode.

Minimal passend skalieren
Das gesamte Bild wird ohne Verzerrung in den Rahmen eingesetzt, sodass es ihn möglichst gut ausfüllt. Ein Teil des Rahmens kann jedoch leer bleiben. Eventuell müssen Sie dann noch Ihr Seitenlayout anpassen.

Passend dehnen
Das gesamte Bild ist in dem Rahmen sichtbar und wird eventuell gedehnt, um ihn komplett auszufüllen. Dies ist besonders praktisch, wenn Bild und Bilderrahmen fast gleiche Abmessungen aufweisen.

Ohne
Das Bild wird nicht automatisch skaliert. Diese Einstellung wird festgelegt, wenn Sie manuell die Position, Größe oder Rotation des Bildes in dem Rahmen ändern.

Clevere Optionen zur automatischen Skalierung

Platzieren Sie ein Bild in einem Bilderrahmen, wird die Option **Maximal passend skalieren** verwendet. Diese ist jedoch nur eine Skalierungsmethode, die Affinity Publisher augenblicklich für Sie durchführen kann.

1 Wählen Sie einen mit Inhalt gefüllten Bilderrahmen mit dem Werkzeug **Verschieben** (V) oder **Bilderrahmen** (F) aus.

2 Klicken Sie in der Kontextleiste auf **Eigenschaften** und legen Sie eine Skalierungsmethode fest.

Wird das Bild in einem Rahmen aufgrund der Rahmenabmessungen beschnitten, können Sie mit einem Klick auf die Option **Rahmengröße an Inhalt anpassen** der Kontextleiste den Rahmen so skalieren, dass er das gesamte Bild zeigt.

Die Skalierungsmethoden sind auch für PDFs und andere Affinity-Dokumente in Bilderrahmen verfügbar.

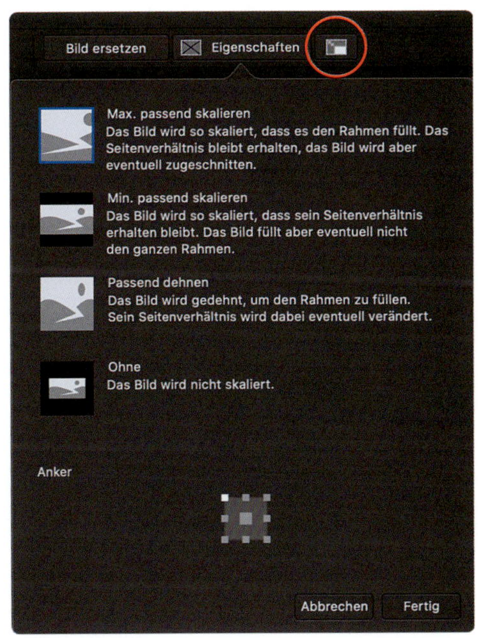

Manuelle Positionen und Skalierung

Wählen Sie einen Bilderrahmen mit Inhalt aus, werden zusätzliche Optionen eingeblendet, sobald Sie den Cursor auf dem Rahmen platzieren.

Ziehen Sie den Kreispfeil nach links oder rechts, um den Inhalt zu drehen.

Ziehen Sie das Schwenkelement, um den Inhalt in dem Rahmen zu verschieben.

Stellen Sie mit dem Zoomschieber die Vergrößerung des Inhalts ein.

Sie können auch einen Doppelklick auf den Bilderrahmen ausführen und dann mit traditionellen Steueroptionen für Objekte den Rahmeninhalt drehen, verschieben und vergrößern. Je nach Größe des platzierten Inhalts müssen Sie eventuell die Zoomstufe verringern, um die Griffe sehen und verschieben zu können.

Ressourcen
core_skills_placing_multipage_docs.afpub core_skills_placing_multipage_docs.pdf

Mehrseitige Dokumente

Platzieren Sie ein mehrseitiges PDF- oder Affinity-Dokument in einem Dokument von Affinity Publisher, können Sie mit der Option **Layoutseite** in der Kontextleiste festlegen, welche Seite angezeigt wird. Mit der entsprechenden Option **ArtBoard** legen Sie das sichtbare ArtBoard einer platzierten Datei aus Affinity Designer fest.

Dokumente mit Ebenen

So lange Sie die Ebenen vor dem Platzieren nicht zusammenlegen, lassen sich PDFs, andere Affinity-Dokumente und PSDs mit Ebenen aus Photoshop weiter in Affinity Publisher bearbeiten.

Wählen Sie eine Datei aus und klicken Sie in der Kontextleiste auf **Dokument bearbeiten**, um ihre Inhalte in einem separaten Tab zu ändern.

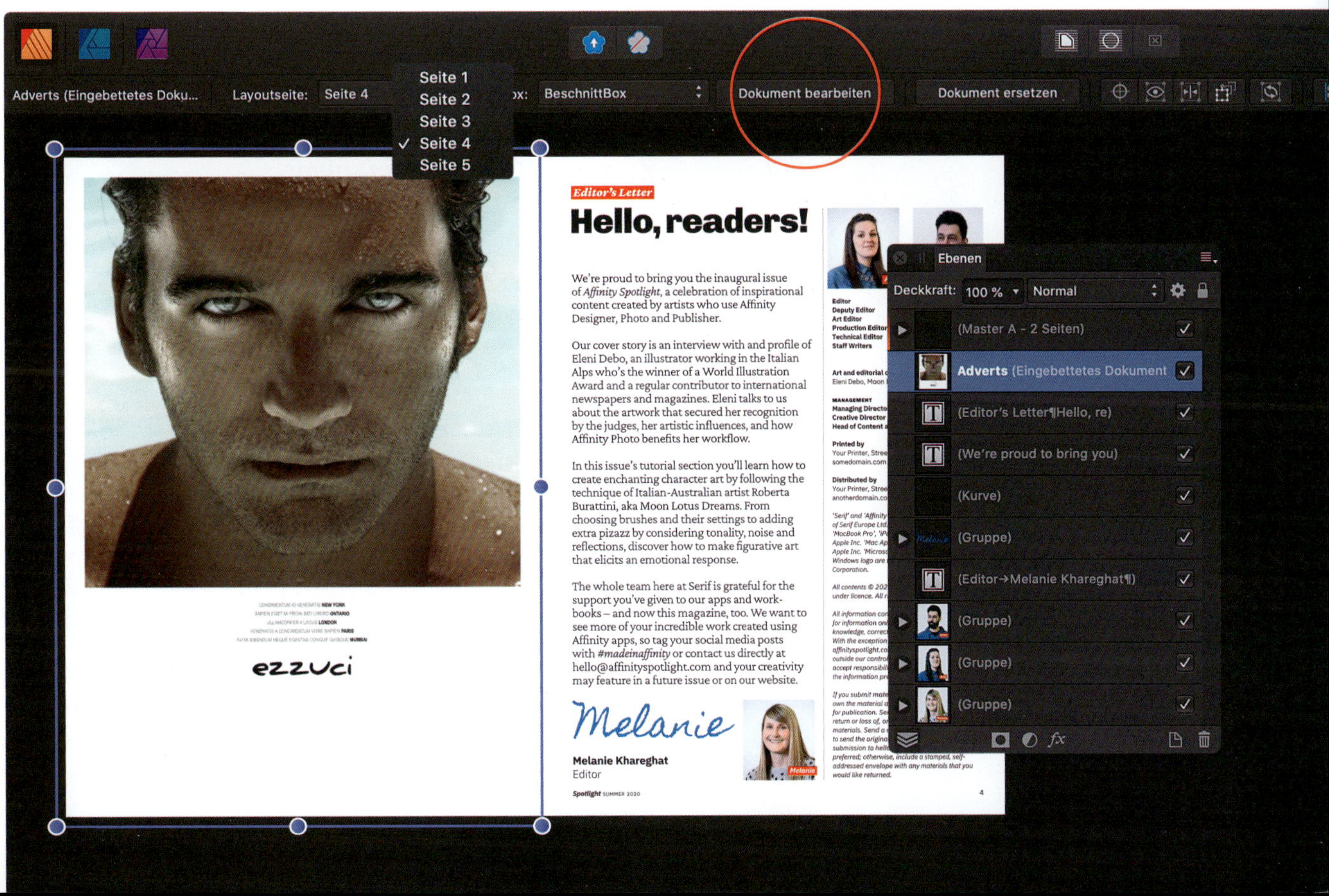

Verknüpfte Ressourcen lassen sich einfacher verwalten, wenn Sie die Dateien alle in einem Ordner direkt neben Ihrem Dokument speichern.

Statusüberprüfung für Ressourcen

Sie haben zwei Möglichkeiten für die Speicherung von Bildern und Dokumenten, die Sie in einem Dokument in Affinity Publisher verwenden: intern in dem Dokument oder extern in einen Filialordner.

Wenn Sie ein Dokument neu erstellen, legen Sie auch eine **Methode zur Bildplatzierung** fest. Diese Wahl können Sie später noch über **Datei > Dokumenteinstellungen** ändern.

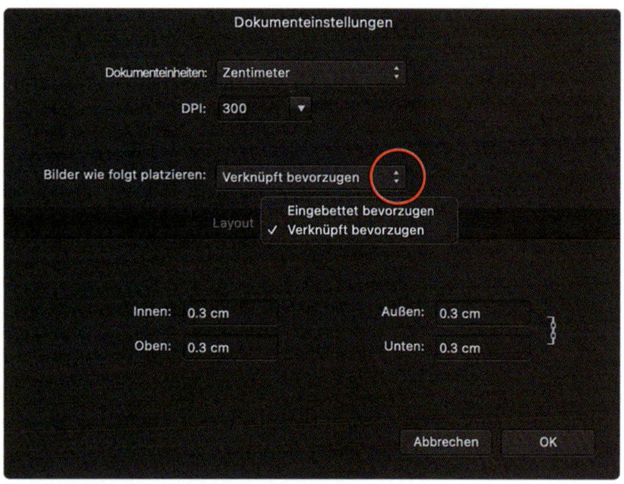

Vorteile

Nachteile

Bevorzugt eingebettet

Erstellt eine Kopie der Originaldatei in Ihrem Dokument. Alles wird in voller Qualität gespeichert und lässt sich einfach und schnell mit nur einer Datei weitergeben.

Mit jeder platzierten Ressource steigt die Dateigröße des Dokuments – auch, wenn Ressourcen mehrmals verwendet werden.

Erreicht Ihr Dokument eine bestimmte Dateigröße (in der App festgelegt und nicht von Ihnen einstellbar), empfiehlt Affinity Publisher Ihnen den Wechsel zur Methode **Bevorzugt verknüpft**.

Bevorzugt verknüpft

Erstellt eine Verknüpfung zu den Originaldateien auf Ihrem Computer, sodass Sie ein relativ kleines Dokument nur mit Vorschaubildern in niedriger Auflösung weitergeben können oder auch mit den externen Dateien für die volle Qualität.

Da die Daten aus den verknüpften Dateien nicht zu dem Dokument aus Affinity Publisher gehören, ist die Dateigröße des Dokuments geringer – auch, wenn Sie ein Bild mehrmals verwenden (z. B. als Seitenhintergrund).

Mitglieder eines Teams können so leichter separat und gleichzeitig an dem Projekt arbeiten. Ein Fotograf könnte zum Beispiel an den externen Bilddateien arbeiten, während sich ein Redakteur mit dem Text in Affinity Publisher beschäftigt.

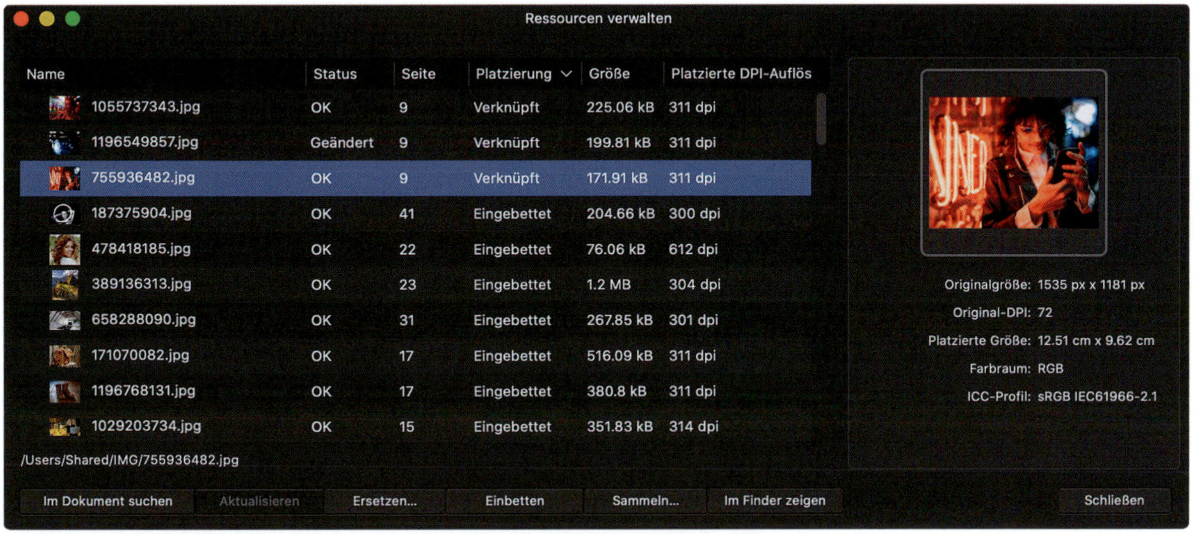

Mit der **Ressourcenverwaltung** können Sie den Status aller Elemente überprüfen, die mit Affinity Publisher in dem Dokument platziert wurden.

Wechseln zwischen verknüpft und eingebettet für Ressourcen

1 Klicken Sie auf **Dokument > Ressourcen verwalten**.

2 Markieren Sie ein Element in der Liste und führen Sie einen der folgenden Schritte aus:

- Ist das Element verknüpft, klicken Sie auf **Einbetten**. Änderungen an der Originaldatei haben dann keinen Einfluss mehr auf Ihr Dokument in Affinity Publisher.
- Ist das Element eingebettet, klicken Sie auf **Verknüpft**. Befindet sich die Quelldatei nicht an ihrer ursprünglichen Speicherposition, fragt Affinity Publisher, wo die aktuell eingebetteten Daten gespeichert werden sollen.

Aktualisieren verknüpfter Ressourcen auf die neueste Version

1 Klicken Sie auf **Dokument > Ressourcen verwalten**.

2 Wählen Sie ein Element aus, das in der Spalte **Status** als **Geändert** gekennzeichnet ist.

3 Klicken Sie auf **Aktualisieren**, um alle Instanzen dieser Ressource in ihrem Dokument auf den neuesten Stand zu bringen.

Um alle verknüpften Ressourcen auf einmal zu aktualisieren, klicken Sie auf die Überschrift der Spalte **Status**, damit die zu aktualisierenden Ressourcen nacheinander aufgelistet werden. Halten Sie die **Umschalttaste** (⇧), klicken Sie auf das Erste und das Letzte dieser Elemente, um alles dazwischen auszuwählen, und klicken Sie auf **Aktualisieren**.

Automatische Aktualisierung verknüpfter Ressourcen

Sie können Affinity Publisher so konfigurieren, dass die App verknüpfte Ressourcen automatisch aktualisiert, sobald sie geändert werden. Sie müssen hierbei nicht einen manuellen Arbeitsschritt übernehmen.

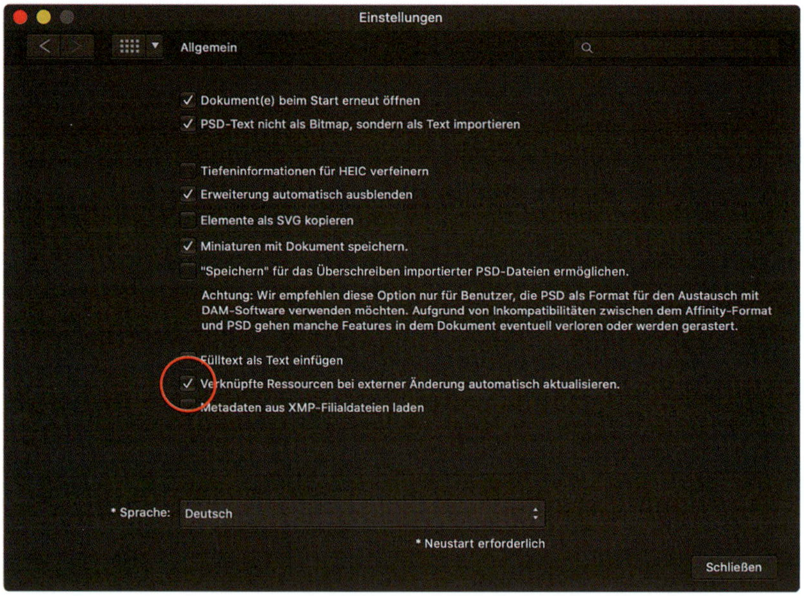

1 Klicken Sie auf **Affinity Publisher > Einstellungen** (Mac) oder **Bearbeiten > Einstellungen** (Win).

2 Klicken Sie auf das Symbol **Allgemein**.

3 Aktivieren Sie die Option **Verknüpfte Ressourcen bei externer Änderung automatisch aktualisieren**.

Die automatische Aktualisierung ist sehr praktisch, wenn Sie allein an einem Projekt arbeiten. Bei der Arbeit in einem Team sollten Sie diese Option vielleicht lieber deaktivieren und zuerst im Dialogfeld **Ressourcen verwalten** überprüfen, was sich geändert hat, bevor Sie neue Versionen akzeptieren.

Ressource
core_skills_importing_text.docx

Importieren von Text

Mit Affinity Publisher können Sie Text aus DOCX- (Microsoft Word), RTF- (Rich Text Format) und TXT-Dateien (einfacher Text) in Ihre Textrahmen importieren.

Platzierung in einem neuen Textrahmen

1 Klicken Sie auf **Datei > Platzieren**.

2 Wählen Sie eine kompatible Datei aus und klicken Sie auf **Öffnen**.

3 Erstellen Sie durch Ziehen einen neuen Textrahmen auf der Seite.

Ersetzen der Inhalte bestehender Textrahmen

1 Wählen Sie einen Textrahmen mit dem Werkzeug **Verschieben** aus.

2 Klicken Sie auf **Datei > Platzieren**.

3 Wählen Sie eine kompatible Datei aus und klicken Sie auf **Öffnen**.

> Im Gegensatz zu anderen Dokumenttypen ist platzierter Text nicht mehr mit der Originaldatei verbunden. Sämtliche Änderungen an der Originaldatei werden also auch nicht in Ihr Dokument in Affinity Publisher übernommen.

Einfügen an einem bestimmten Punkt

1 Legen Sie mit dem Werkzeug **Rahmentext** die Position der Einfügemarke fest oder wählen Sie Text in einem bestehenden Rahmen aus.

2 Klicken Sie auf **Datei > Platzieren**.

3 Wählen Sie eine kompatible Datei aus und klicken Sie auf **Öffnen**.

4 Ist im Rahmen **kein Text ausgewählt**, wird der Inhalt der Datei an der Einfügemarke platziert. Haben Sie **Text ausgewählt**, ersetzt der Inhalt der Datei diese Auswahl.

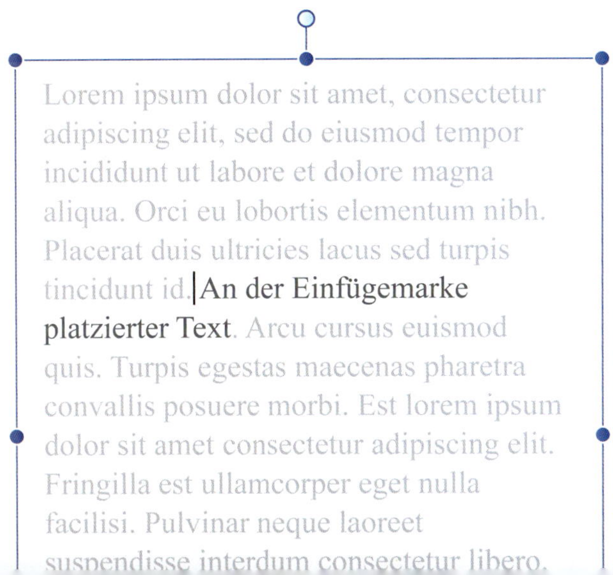

TEXTSTILE

Textstile bestimmen das Aussehen Ihrer Texte, welche Schriftart sie verwenden, in welcher Größe, mit welcher Ausrichtung und noch viele andere Aspekte. Jeder Textstil hat einen einzigartigen Namen, wie z. B. Überschrift 1, Überschrift 2 und Textkörper.

Indem Sie Ihre Texte mit Textstilen formatieren, können Sie leichter einen durchgängigen Look für Ihre Dokumente umsetzen – besonders wichtig bei Projekten zu einer bestimmten Markenidentität.

- **Zeichenstile** (a) werden auf einzelne Glyphen oder fortlaufenden Zeichenketten in Absätzen angewendet.
- **Absatzstile** (c) werden zur Formatierung ganzer Textpassagen verwendet – also für einen oder mehrere Absätze.

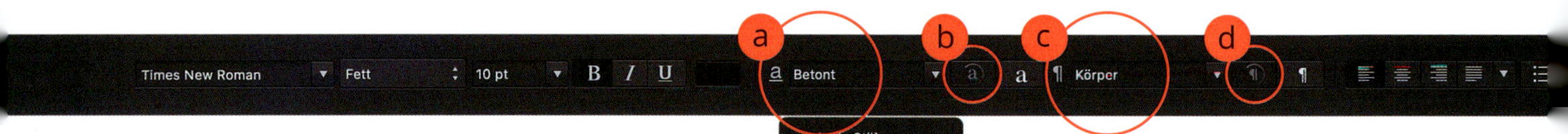

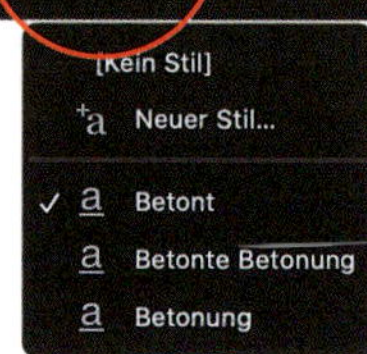

Anwenden von Textstilen

Über die Kontextleiste können Sie jeden Stiltyp direkt auf Ihre Texte anwenden. Wenn Sie den Cursor im Menü **Zeichenstil** oder **Absatzstil** nach unten bewegen, wird automatisch in Ihrem Dokument eine Schriftvorschau in Echtzeit angezeigt.

Wählen Sie einen Zeichenstil aus, wird er auf den gesamten ausgewählten Text oder das Wort angewendet, in dem Sie mit dem Werkzeug **Rahmentext** oder **Grafiktext** eine Einfügemarke platziert haben.

Wählen Sie einen Absatzstil aus, wird er auf alle Absätze in Ihrer Auswahl der den gesamten Absatz angewendet, in dem sich Ihre Einfügemarke befindet.

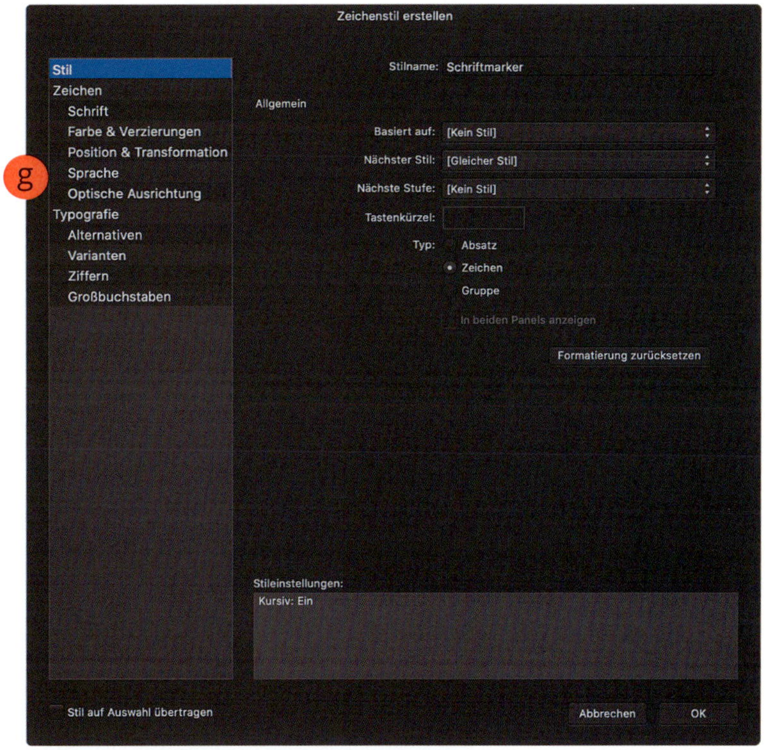

Die oberste Zeile (e) im Panel **Textstile** zeigt den Stil an, der an der Einfügemarke bzw. auf die aktuelle Auswahl angewendet ist. Erweitern Sie die Zeile, um eine Zusammenfassung aller lokalen Änderungen einzublenden.

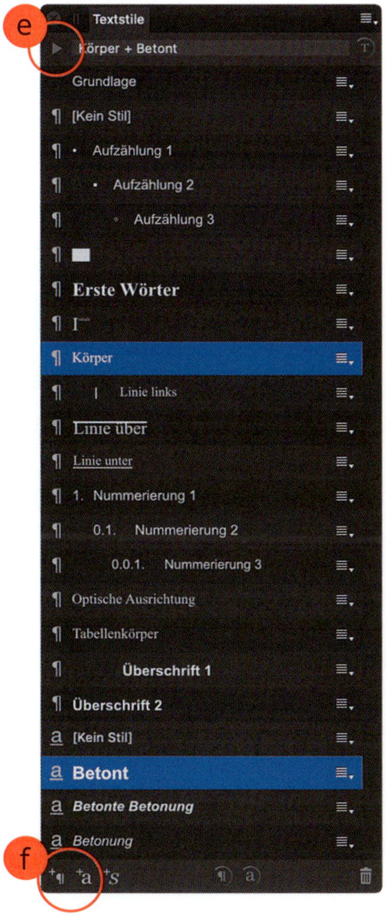

Erstellen, Bearbeiten und Ignorieren von Textstilen

Neue Stile erstellen Sie in der unteren linken Ecke des Panels **Textstile** (f).

Möchten Sie einen Stil im Panel bearbeiten, führen Sie einen Doppelklick auf seinen Eintrag aus. Wählen Sie links die Option **Stil** aus. Sie können nun den Stilnamen und seine Beziehung zu anderen Stilen ändern und über die restlichen Menüs (g) die Einstellungen für den Textstil anpassen.

Sie können ebenfalls lokale Änderungen direkt auf der Seite durchführen. Wählen Sie einfach den gewünschten Text aus und stellen Sie die Schriftoptionen in der Kontextleiste neu ein. Diese Änderungen lassen sich auch in den Stil integrieren, den Sie mit diesen neuen Einstellungen geändert haben, und somit auf alle Instanzen übertragen, an denen der Stil angewendet ist. Klicken Sie hierzu in der Kontextleiste einfach auf die Option **Zeichenstil aktualisieren** (b) oder **Absatzstil aktualisieren** (d).

Die Stilhierarchie

Textstile können Einstellungen aus anderen Textstilen übernehmen. Wenn Sie einen Stil bearbeiten, werden seine untergeordneten Stile automatisch aktualisiert.

Damit ein Stil das Aussehen eines anderen Stils übernimmt, legen Sie die Option **Basiert auf** im Dialogfeld **Textstil bearbeiten** entsprechend fest. Darüber hinaus können Sie auch festlegen, zu welchem Stil die App wechseln soll, wenn Sie bei der Arbeit die Eingabetaste ↵ drücken. Diese Einstellung ist jedoch nicht zwingend erforderlich.

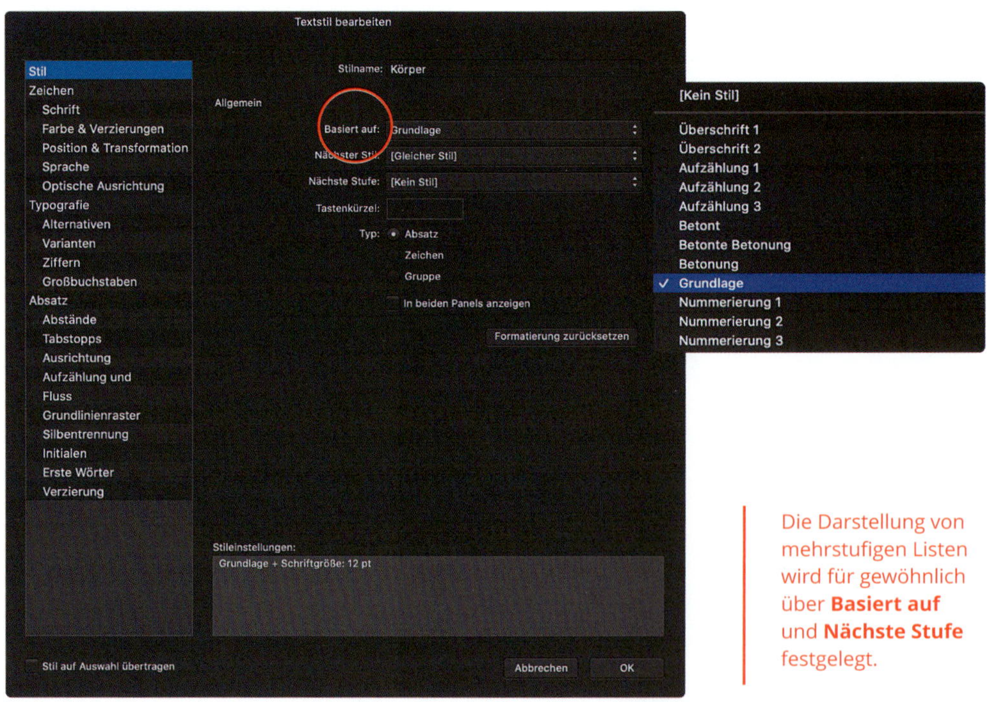

Die Darstellung von mehrstufigen Listen wird für gewöhnlich über **Basiert auf** und **Nächste Stufe** festgelegt.

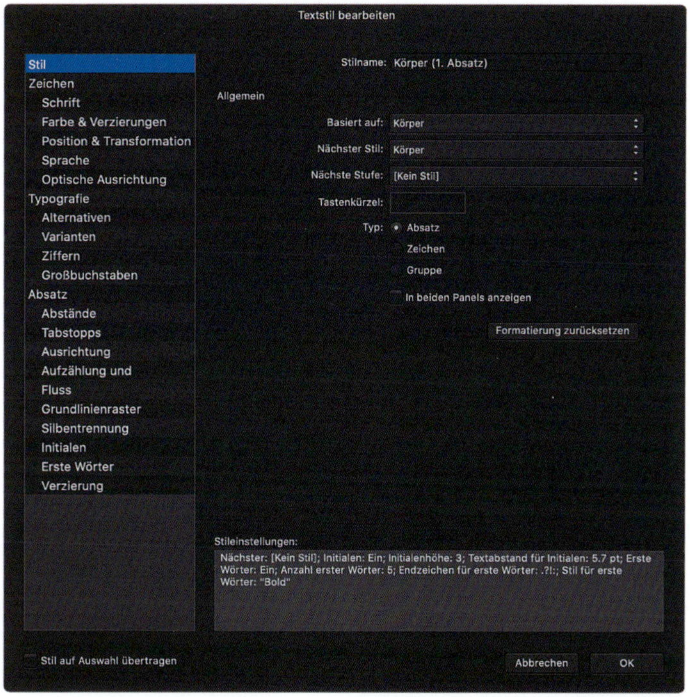

Ein Beispiel: In einem langen Artikel hätten wir gern eine Initiale im ersten Absatz und die ersten fünf Wörter oder einfach nur der erste Satz, sofern er kurz ist, soll fetter formatiert sein. Hierfür gehen Sie in einem Textrahmen mit mehreren Absätzen wie folgt vor:

1 Wählen Sie den ersten Absatz aus.

2 Klicken Sie im Panel **Textstile** auf die Option **Absatzstil erstellen**.

3 Legen Sie für **Stilname** die Bezeichnung *Körper (1. Absatz)* fest.

4 Stellen Sie für **Basiert auf** und **Nächster Stil** den Stil *Körper* ein. Hierdurch fehlen die folgenden Verzierungen dann im nächsten Absatz.

5 Wählen Sie links die Option **Initialen** aus. Stellen Sie die **Höhe in Zeilen** auf *3*, den **Abstand zum Text** auf *2 mm* und wählen Sie die Einstellung **Aktiviert** aus.

6 Wählen Sie links die Option **Erste Wörter** aus. Stellen Sie die **Max. Wortanzahl** auf *5*, die **Endzeichen** auf *.?!:* (Zeichen, die einen Satz beenden können), den **Stil** auf *Betont* und wählen Sie die Einstellung **Aktiviert** aus.

7 Klicken Sie auf **OK**.

Um die Beziehungen zwischen den Stilen in einem Dokument zu überprüfen, klicken Sie im Menü **Paneleinstellungen** des Panels **Textstile** auf **Hierarchische Ansicht**.

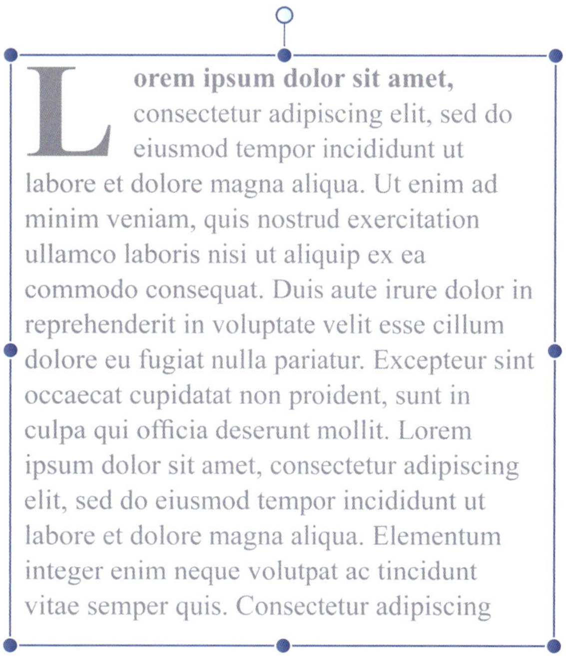

Gruppenstile

Affinity Publisher bietet auch noch einen dritten Stiltyp – die **Gruppenstile**. Diese fungieren als Grundlage für mehrere Stile.

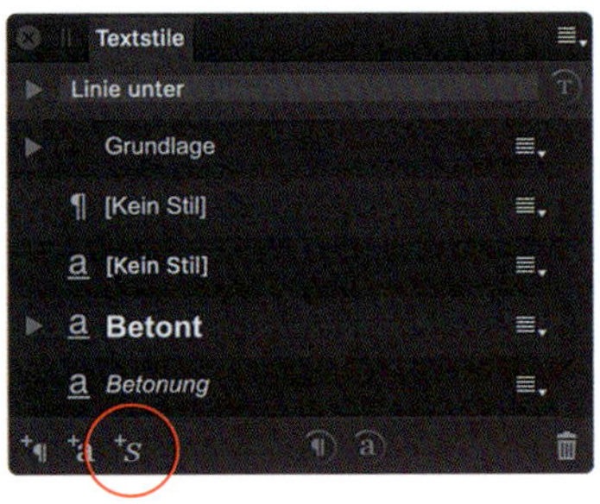

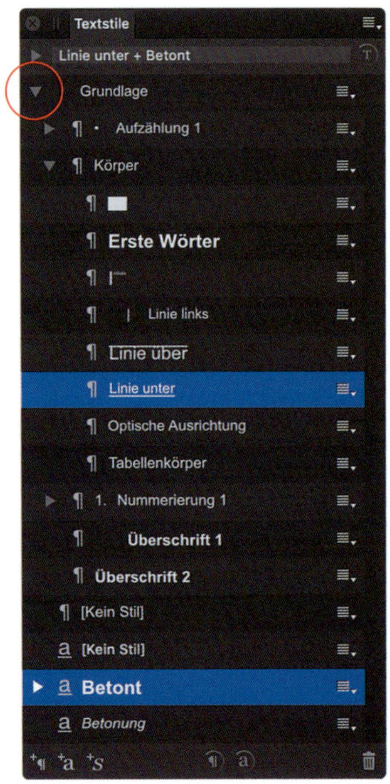

Untergeordnete Stile übernehmen die Einstellungen einer Gruppe, können diese jedoch auch gezielt ignorieren, um z. B. mit einer anderen Schriftfarbe oder -größe die Lesbarkeit auf bestimmten Hintergründen zu gewährleisten.

Gruppenstile werden nur im Panel **Textstile** aufgelistet und lassen sich nicht direkt auf Texte anwenden. Sind Ihre Menüs **Zeichenstil** und **Absatzstil** in der Kontextleiste sehr lang, könnten Sie die Menüs mithilfe von Gruppenstilen etwas kürzen. So werden die Stile „ausgeblendet", die Sie nie direkt anwenden, und nur die untergeordneten Stile sind aufgeführt.

> Gruppenstile, wie z. B. *Grundlage* erkennen Sie daran, dass ihr Eintrag im Panel **Textstile** kein Symbol aufweist.

Fülltexte als Designhilfen

Mit Platzhaltertexten können Sie Ihre Seitendesigns auch dann schon entwickeln, wenn der endgültige Text noch nicht fertig ist, oder Sie sich nicht von den Wörtern ablenken lassen möchten, während Sie sich auf den Look konzentrieren. Fülltext wird so lange wiederholt, bis er den ganzen Textrahmen ausfüllt – oder eine verknüpfte Sequenz von Textrahmen.

Einfügen von Fülltext

1 Erstellen Sie einen Textrahmen.

2 Klicken Sie auf **Text > Fülltext einfügen**.

Ersetzen von Fülltext

1 Aktivieren Sie das Werkzeug **Rahmentext**.

2 Führen Sie einen Doppelklick auf den Fülltext aus, um ihn komplett auszuwählen.

3 Setzen Sie den endgültigen Text ein – wahlweise durch Eintippen, Einfügen aus der Zwischenablage oder Platzieren von Dateiinhalten.

Standardmäßig lässt sich Fülltext nicht bearbeiten. Um dies zu ermöglichen, wählen Sie ihn aus, führen einen ctrl-Klick (Mac) oder Rechts-klick (Win) auf den Text aus und klicken in dem Kontextmenü auf **Feld erweitern**.

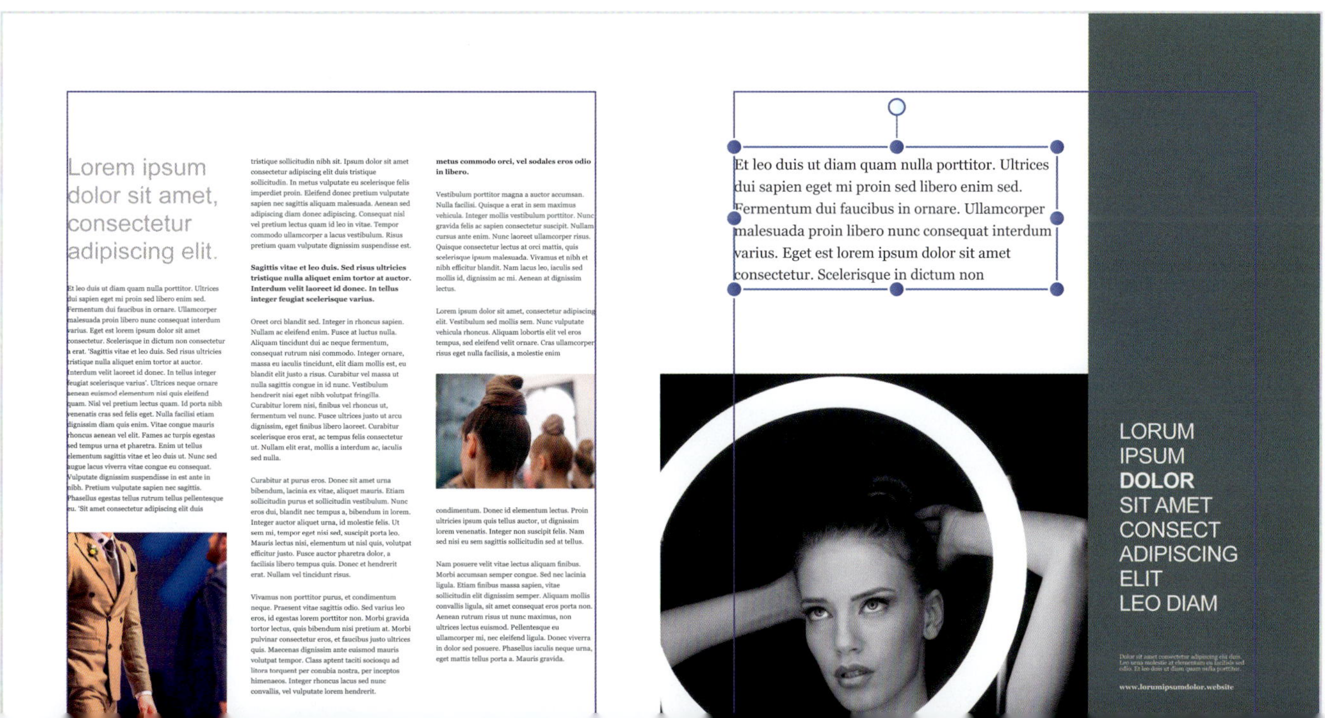

ARBEITEN MIT GLYPHEN UND SONDERZEICHEN

Glyphen sind die Zeichen, die in einer Schrift verfügbar sind: Buchstaben, Ziffern, Symbole und andere Sonderzeichen. Über **Ansicht > Studio > Glyphen-Browser** können Sie wesentlich mehr Zeichen verwenden als nur die auf Ihrer Tastatur vermerkten.

Häufig werden über den Glyphen-Browser Symbole in Texte eingefügt, wie zum Beispiel Häkchen, Kreuze und Pfeile aus speziellen Piktogramm-Schriften. Mit der Suchfunktion des Browsers können Sie auch Unicode-Zeichen nachschlagen und in Ihre Texte einsetzen.

Um die stilisierten Anführungszeichen für herausgestellte Zitate in dieser Ressource festzulegen, gehen Sie wie folgt vor:

1 Legen Sie im Menü **Paneleinstellungen** des Glyphen-Browsers die Option **Größte Größe** fest.

2 Standardmäßig zeigt der Browser die Glyphen der Schriftart an, die an der Einfügemarke verwendet wird. Klicken Sie auf das Schlosssymbol **Schrift und Eigenschaften schützen**, damit er nicht von ihrer ausgewählten Schrift zu einer anderen wechselt, wenn Sie Glyphen an unterschiedlichen Stellen einsetzen.

3 Wählen Sie die Schrift **Zapf Dingbats** (Mac) oder **Wingdings** (Win) aus.

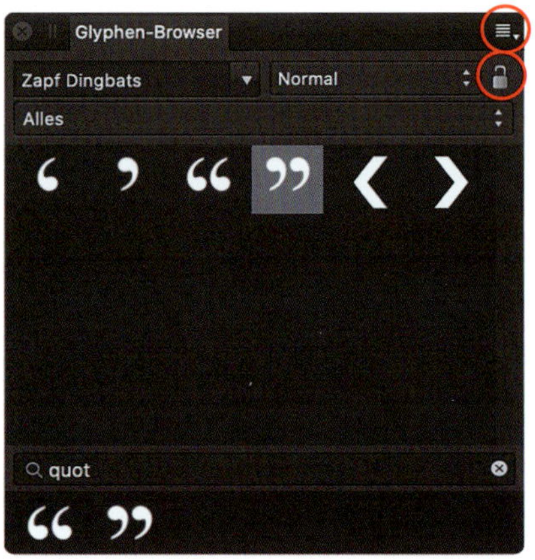

Eine Übersicht gängiger Unicode-Zeichen und ihrer Codes finden Sie unter https://affin.co/unicodewiki.

Ressource
core_skills_glyph_browser.afpub

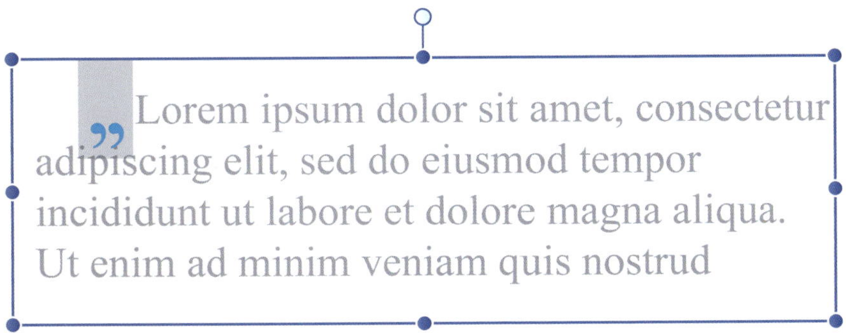

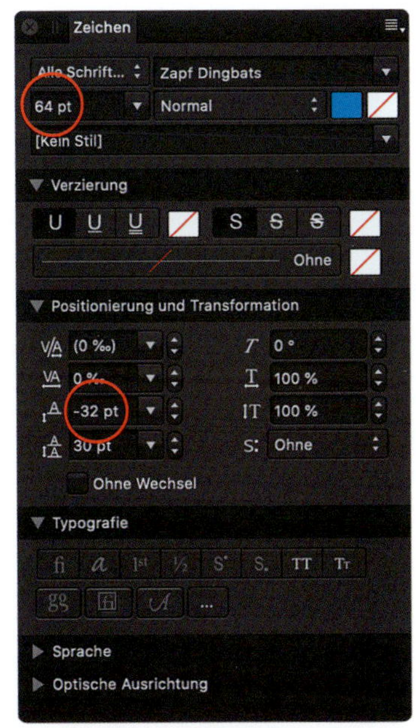

4 Suchen Sie die Glyphen der dicken Anführungszeichen.

5 Platzieren Sie die Einfügemarke am Anfang des herausgestellten Zitats.

6 Führen Sie im **Glyphen-Browser** einen Doppelklick auf das eröffnende Anführungszeichen aus.

7 Wählen Sie das Anführungszeichen in Ihrem Dokument aus.

8 Stellen Sie im Panel **Zeichen** die **Größe** und **Grundlinie** so ein, dass sich das Zitat gut auf der Seite macht.

9 (Optional) Wiederholen Sie Schritt 6 bis 8, um ein abschließendes Anführungszeichen einzufügen.

Zeichen, die in einer Schrift auf einer ganz bestimmten Position stehen, werden eventuell durch ein völlig anderes Zeichen ersetzt, wenn Sie eine andere Schriftart auswählen

KONTROLLIEREN IHRER ARBEIT PER VORSCHAU

Manchmal sind das Grundlinienraster und andere auf der Seite eingeblendete visuelle Designhilfen etwas im Weg, wenn Sie den Gesamtlook Ihres Dokuments beurteilen möchten. Mit der Option **Vorschaumodus ein/aus** der **Symbolleiste** können Sie nur den Inhalt Ihres Dokuments betrachten. Über **Ansicht > Oberfläche ein/aus** lassen sich zusätzlich noch die verschiedenen Symbolleisten und Panels von Affinity Publisher ausblenden.

Dokumente lassen sich auch im **Vorschaumodus** bearbeiten. Wenn Sie also ein Element auswählen, wird sein Begrenzungsrahmen mit allen Bearbeitungsmöglichkeiten eingeblendet. Um wieder zu der reinen Dokumentvorschau zu wechseln, drücken Sie die Esc-Taste.

Andere Ergänzungen, einschließlich auf den Seiten eingeblendeter Übersatztexte, werden ausgeblendet.

Über das Menü **Ansicht** können Sie auch einzelne Overlays gezielt ein- und ausblenden.

Rellinek (100.0%)
Class aptent tacití sociosqu ad litora
Vestibulum
ELLINEK™
LEATHER GOODS COMPANY
Rellinek leathersmiths have been crafting high-end goods from the finest top-grain and full-grain leather for the past hundred years, using the timeless material to create everything from seats, bags, shoes, clothes and supplies. Inspired by nature's rugged and unrelenting beauty, our full-grain leather goods make up some of the most durable and beautiful products in all of the world, offering you the absolute best money can buy.

KAPITEL 3

Grundlagen des Seitendesigns

Hier werfen wir einen Blick auf einige grundlegende Techniken, mit denen Sie in Affinity Publisher jede Menge ansprechende Layouts entwerfen können. Dabei geht es weniger um Werkzeuge, Panels und Funktionen, sondern viel mehr um bewährte Designkonzepte – im Gegensatz zu den vorangehenden Kapiteln zur App-Oberfläche und den Grundlagen wimmelt dieses Kapitel also nicht so von Begriffen aus der eigentlichen Software.

Mit allem, was Sie in den zwei vorangehenden Kapiteln gelernt haben, und den in diesem Kapitel vorgestellten Techniken sind Sie dann bestens für die Projekte der folgenden Kapitel gerüstet. Beachten Sie bitte, dass einige der Prinzipien und Techniken sich besser für ganz bestimmte Publikationen eignen und keine Patentlösungen für jede Art von Projekt sind!

STRUKTUR

Die Struktur jeder einzelnen Seite sollten Sie ebenso sorgfältig planen, wie die Struktur Ihrer gesamten Publikation.

Denken Sie an logische Zusammenhänge

Wenn Sie Einzelseiten oder Doppelseiten planen, denken Sie stets an die drei wichtigsten Bereiche für Informationen: Überschrift, Text und Bilder. Überlegen Sie sich dann ihre Größe und Position auf der Seite und relativ zueinander. Benötigen Sie ein sich wiederholendes Layout für mehrere Seiten, sollten Sie diese Struktur auf einer Master-Seite erstellen (Seite 88).

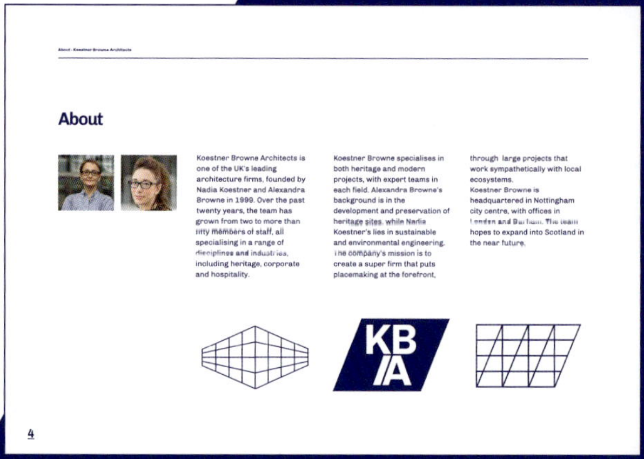

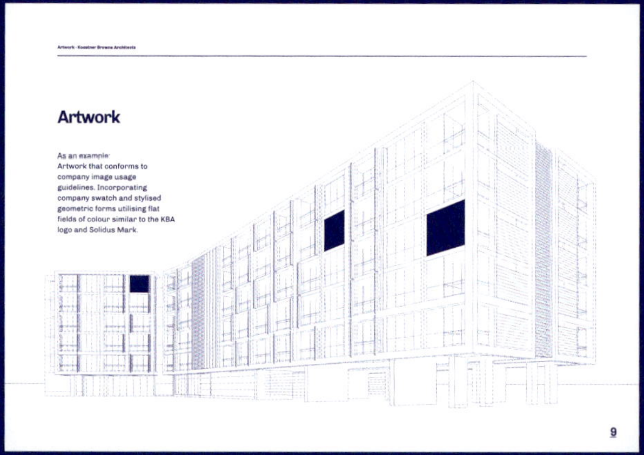

Unterteilen Sie Texte durch Überschriften

Setzen Sie Zwischen- oder untergeordnete Überschriften über die verschiedenen Abschnitte in Ihrem Text. Die gesamte Informationsmenge lässt sich so leichter strukturieren, Leser können gezielt bestimmte Teile vorziehen und alles bleibt übersichtlicher als bei einem großen Textblock.

Klare Strukturen, klare Sprache

Konzentrieren Sie sich auf die Kernpunkte und das, was Sie mit Ihrer Publikation erreichen möchten. Helfen Sekundärinformationen dem Leser weiter?
Durch ein überfrachtetes Layout verlieren Leser schnell ihren Überblick und dann auch ihr Interesse.

SPRACHE UND AUSSAGE

Denken Sie an Ihre Leser, wenn Sie das Design der Seiten planen. Ihre Publikation soll den Lesern eine bestimmte Aussage vermitteln. Gezielt ausgewählte Seiten oder Artikel sind häufig besser als eine riesige Informationsflut.

Bilder oder Text?

Die Aussage Ihrer Publikation können Sie auch bevorzugt auf Bilder stützen anstatt auf Texte. Ein Fashion Lookbook sollte sogar mehr Bilder als Text enthalten und die Produktpalette dem Interessenten mit aussagekräftigen Bildern nahebringen. Text spielt hierbei nur die zweite Geige und unterstützt die Bilder, zum Beispiel in Form von Bildunterschriften.

Farbe

Wählen Sie Farben aus, die Ihre mit der Publikation angestrebte Aussage unterstützen. Subtile Bildfarben suggerieren vornehme Zurückhaltung und doch Selbstbewusstsein, kräftige Farben schreien förmlich Jugend und Ausgelassenheit.

Minimalismus

Mehr ist manchmal weniger. Wenn Sie nur den für Ihre Aussage minimal notwendigen Inhalt präsentieren, kann das die Wirkung der Aussage sogar noch unterstreichen.

Shades of the Season Lookbook | Spring Awakening
Giorgia
Ribbon ring in Olive
Francesca
Cushioned leather bag in Olive
Isabella
Sheer collared blouse in Olive

AUSGEWOGENHEIT

Sorgen Sie bei dem Seiteninhalt für ein gutes Gleichgewicht, damit die Seite nicht einseitig überladen oder kopf- bzw. fußlastig wirkt. Horizontal und vertikal sollte sich alles möglichst die Waage halten.

Gespiegelte Texte

Probieren Sie bei Doppelseiten mit gegenüberliegenden Seiten ruhig einmal gespiegelte Texte auf der rechten und linken Seite aus. Hintergrundformen lassen sich ebenfalls spiegeln. Besonders praktisch ist dies auf Master-Seiten bei den Informationen für die Fußzeile (Seitenzahlen und Kapitelname).

Gleiche Spaltenbreiten

Durch identische Spaltenbreiten wirken Textrahmen ordentlich. Rahmen von unregelmäßiger Breite könnten Sie zum Beispiel auf einer Doppelseite spiegeln.

Textbalance in Spalten

Achten Sie auf die vertikale Textbalance in Textspalten, damit Zeilenenden in Textrahmen nicht so ausgefranst wirken.

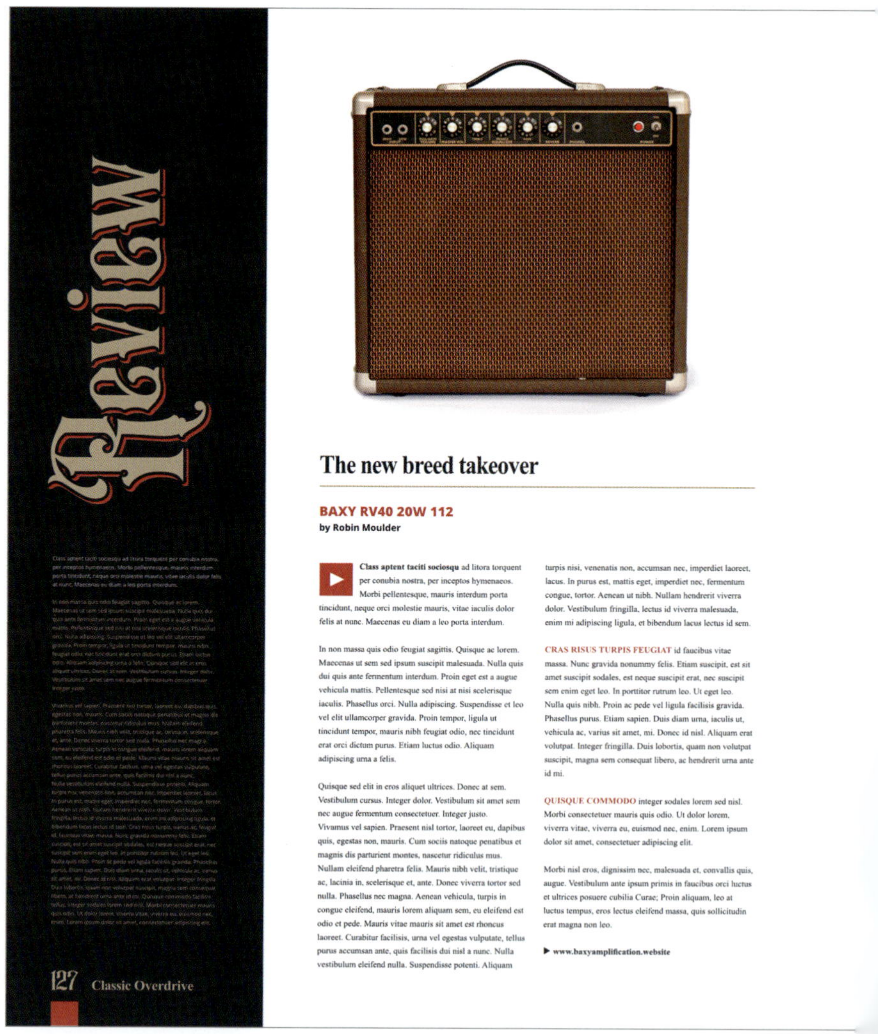

EINHEITLICHER LOOK

Grundsätzlich sollten Sie Schriften in einer Publikation durchgängig verwenden. Darüber hinaus können Sie auch Farben und Formen in Ihrer Publikation wiederholen, um Seiten visuell zu verbinden.

... the old guard still taking names

MASDEN TREMO-5 80W 210
by Jess Jackson

Nulla quis dui quis ante fermentum interdum. Proin eget est a augue vehicula mattis. Pellentesque sed nisi at nisi scelerisque iaculis. Phasellus orci. Nulla adipiscing. Suspendisse et leo vel elit ullamcorper gravida. Proin tempor, ligula ut tincidunt tempor, mauris nibh feugiat odio, nec tincidunt erat orci dictum purus. Etiam luctus odio. Aliquam adipiscing urna a felis. Quisque sed elit in eros aliquet ultrices. Donec at sem. Vestibulum cursus. Integer dolor. Vestibulum sit amet sem nec augue fermentum consectetuer. Integer justo.

Vivamus vel sapien. Praesent nisl tortor, laoreet eu, dapibus quis, egestas non, mauris. Cum sociis natoque penatibus et magnis dis parturient montes, nascetur ridiculus mus. Nullam eleifend pharetra felis. Mauris nibh velit, tristique ac, lacinia in, scelerisque et, ante.

DONEC VIVERRA TORTOR SED phasellus nec magna. Aenean vehicula, turpis in congue eleifend, mauris lorem aliquam sem, eu eleifend est odio et pede. Mauris vitae mauris sit amet est rhoncus laoreet. Curabitur facilisis, urna vel egestas vulputate, tellus purus accumsan ante, quis facilisis dui nisl a nunc.

NULLA VESTIBULUM NULLA suspendisse potenti. Aliquam turpis nisi, venenatis non, accumsan nec, imperdiet laoreet, lacus. In purus est, mattis eget, imperdiet nec, fermentum congue, tortor. Aenean ut nibh. Nullam hendrerit viverra dolor. Vestibulum fringilla, lectus id viverra malesuada, enim mi adipiscing ligula, et bibendum lacus lectus id sem. Cras risus turpis, varius ac, feugiat id, faucibus vitae, massa.
Nunc gravida nonummy felis. Etiam suscipit, est sit amet suscipit sodales, est neque suscipit erat, nec suscipit sem enim eget leo. In porttitor rutrum leo. Ut eget leo.

Nulla quis nibh. Proin ac pede vel ligula facilisis gravida. Phasellus purus. Etiam sapien. Duis diam urna, iaculis ut, vehicula ac, varius sit amet, mi. Donec id nisl. Aliquam erat volutpat. Integer fringilla. Duis lobortis, quam non volutpat suscipit, magna sem consequat libero, ac hendrerit urna ante id mi. Quisque commodo facilisis tellus. Integer sodales lorem sed nisl.

MORBI CONSECTETUER MAURIS quis odio. Ut dolor lorem, viverra vitae, viverra eu, euismod nec, enim. Lorem ipsum dolor sit amet, consectetuer adipiscing elit. Morbi nisl eros, dignissim nec, malesuada et, convallis quis, augue. Vestibulum ante ipsum primis in faucibus orci luctus et ultrices posuere cubilia Curae; Proin aliquam, leo at luctus tempus, eros lectus eleifend massa, quis sollicitudin erat magna non leo.

VESTIBULUM VEL METUS donec sagittis velit vel augue. Fusce in nisl vitae massa venenatis rhoncus. Praesent orci velit, lobortis eget, suscipit semper, congue eu, est. Quisque malesuada volutpat enim. Vestibulum leo sem, molestie a,

▶ www.masdenvalveamps.website

A-Z of valve testing
page 48

APRIL ISSUE 128

Zuweisen gespeicherter Farben

Gespeicherte (globale) Farben lassen sich mehrfach für Formen und Texte festlegen, damit ein durchgängiger Look entsteht.

Farben lassen sich hierbei als Attribut der jeweiligen Textstile festlegen. Für Text ohne Stil oder für Formen können Sie auch Farben aus anderen Objekten Ihrer Publikation extrahieren und dann anwenden – auch aus Bildern.

Einheitliche Größen

Verwenden Sie für Objekte, die einen gemeinsamen Zweck erfüllen, möglichst gleiche Abmessungen oder Seitenverhältnisse. Textrahmen und Formen wären ein Beispiel (als Seitenleisten und Fußzeilenrechtecke).

Wiederholungen

Bereits platzierte Formen (Quadrate für Initialen oder Fußzeilenrechtecke) lassen sich duplizieren und ausrichten und können so die Aufmerksamkeit des Lesers auf bestimmte Punkte richten.

WIRKUNG

Die Wirkung einer Publikation richtet sich danach, wie gut Sie die Aufmerksamkeit des Lesers auf die Seitenbereiche lenken können, die er zuerst betrachten soll. So können Sie auch die für Sie wichtigen Teile strategisch platzieren, damit Texte und Bilder die gewünschte Wirkung erzielen. Gleichzeitig fungieren sie für die Leser als Hingucker.

Weißraum, leere Flächen

Eine weiße Fläche über Ihren wichtigsten Textblöcken gibt dem Text mehr Atemluft. Überschriften scheinen in dieser weißen Leere zu schweben und erregen so mehr Aufmerksamkeit.

Breite Seitenränder

Angepinnte (verankerte) Bilder, Formen oder Textzitate können ruhig in den leeren Randraum hineinragen, da sie so ebenfalls mehr Aufmerksamkeit erregen.

Bildgröße passend zur Aussagekraft

Manchmal **kommt** es auf die Größe an. Je größer das Bild, desto größer ist seine Wirkung! Nutzen Sie ruhig die ganze Seite oder Doppelseite, um die Bildwirkung zu maximieren. Präsentieren Sie mehrere Bilder in einer Anordnung, könnten Sie zuerst Größe und Position der Hauptbilder festlegen und dann die unterstützenden Bilder in einem Raster um die Hauptattraktion anordnen. Insgesamt wirkt dieses Layout ansprechender und das Auge des Lesers wird direkt auf das größte Bild gelenkt.

Markante Punkte in Texten

Bilder sind nur ein Beispiel für Hingucker. Per Initiale am Anfang eines Rahmentexts zeigen Sie dem Leser, das hier etwas ganz Neues beginnt.

Aquisque vitae velit ac sapien placerat suscipit. Donec mollis justo sed justo pellentesque sollicitudin. Duis bibendum adipiscing nibh. Maecenas diam risus, molestie ut, porta et, malesuada eget, nisi. In fermentum leo turpis.

In eget sapien vitae massa rhoncus lacinia. Nullam at leo nec metus aliquam semper. Phasellus tincidunt, ante nec lacinia ultrices, quam mi dictum libero, vitae bibendum turpis elit ut lectus. Sed diam ante, lobortis sed, dignissim sit amet, condimentum in, sapien. Pellentesque nec lectus non risus auctor lobortis. Vestibulum sit amet dolor a ante suscipit pulvinar. Sed lacinia. Aliquam erat volutpat. In hac habitasse platea dictumst. Vivamus sit amet sem vitae tellus ultricies consequat. Integer tincidunt tellus eget justo. Class aptent taciti sociosqu ad litora torquent per conubia nostra, per inceptos hymenaeos.

Morbi pellentesque, mauris interdum porta tincidunt, neque orci molestie mauris, vitae iaculis dolor felis at nunc. Maecenas eu diam a leo porta interdum. In non massa quis odio feugiat sagittis. Quisque ac lorem. Maecenas ut sem sed ipsum suscipit malesuada. Nulla quis

NULLA VESTIBULUM ELEIFEND NULLA. SUSPENDISSE POTENTI. ALIQUAM TURPIS NISI, VENENATIS NON, ACCUMSAN NEC, IMPERDIET LAOREET, LACUS. IN PURUS EST, MATTIS EGET, IMPERDIET NEC, FERMENTUM CONGUE, TORTOR. AENEAN UT NIBH. NULLAM HENDRERIT VIVERRA DOLOR. VESTIBULUM FRINGILLA, LECTUS ID VIVERRA MALESUADA, ENIM MI ADIPISCING LIGULA, ET BIBENDUM LACUS LECTUS ID SEM. CRAS RISUS TURPIS, VARIUS AC, FEUGIAT ID, FAUCIBUS VITAE, MASSA.

127 | **Capital** / Green studios issue

Ignorieren Sie die Seitengrenzen

Seitengrenzen sollten Sie nicht wie Mauern einengen. Einige Bilder gewinnen noch an Aussagekraft, wenn sie über die Seitenkante hinausragen. Die fehlenden Teile erregen die Aufmerksamkeit des Lesers und wecken seine Neugier.

entum interdum. Proin eget
la mattis. Pellentesque sed nisi
iaculis. Phasellus orci. Nulla
disse et leo vel elit
la. Proin tempor, ligula ut
mauris nibh feugiat odio, nec
dictum purus. Etiam luctus
iscing urna a felis. Quisque
uet ultrices. Donec at sem.
. Integer dolor. Vestibulum sit
e fermentum consectetuer.

. Praesent nisl tortor, laoreet
gestas non, mauris. Cum
atibus et magnis dis
nascetur ridiculus mus.
aretra felis. Mauris nibh velit,
in, scelerisque et, ante.
r sed nulla. Phasellus nec
icula, turpis in congue
em aliquam sem, eu eleifend
uris vitae mauris sit amet est
rabitur facilisis, urna vel
ellus purus accumsan ante,
l a nunc.

eifend nulla. Suspendisse
rpis nisi, venenatis non,
rdiet laoreet, lacus.

Dynamic spaces

3 years to fund, design and build, Mary Carly-Smith takes us head first through the challenges

WORDS: DAVID REZNOR | PHOTOGRAPHY: SAMANTHA BIRD

Site and interior projects fully complete

page 48

Hollow Mews - Phase 3 - South facing

Kontrast

Verwenden Sie Kontraste, um die Aufmerksamkeit des Lesers auf bestimmte Bereiche Ihrer Publikation zu lenken. Sie könnten zum Beispiel Überschriften in Schwarz formatieren (für maximale Wirkung) und einen Grauton mit 50 % Schwarz für den Textkörper verwenden. Kehren Sie auch ruhig mal die Farben für Objekte um, die Sie betonen möchten (z. B. mit Weiß auf Schwarz).

BETONUNG

Manchmal sind kurze Textpassagen besonders wichtig und sollten daher betont werden. Hierfür stehen Ihnen verschiedene Techniken zur Verfügung, die über einfache Textformatierungen oder Textstile hinausgehen.

Anmerkungen und herausgestellte Zitate

Ziehen Sie kurze Passagen aus Ihrem Text und präsentieren Sie sie neben dem Haupttext. Zitate sind hierfür die gängige Wahl, aber auch andere Varianten sind sehr wirkungsvoll, um die Neugier des Lesers zu wecken.

Verzierungen

Weisen Sie den Leser mit Absatzverzierungen gezielt auf Überschriften und Anmerkungen hin. Horizontale und vertikale Linien sind eine einfache aber recht wirkungsvolle Methode für Text – genau wie HIntergrundfüllungen (siehe unten).

Hintergrundpanels

Präsentieren Sie wichtige Textinformationen vor gezeichneten geometrischen Formen, wie Quadraten oder Kreisen. Verwenden Sie eine Kontrastfarbe für den Text, um ihn hervorzuheben.

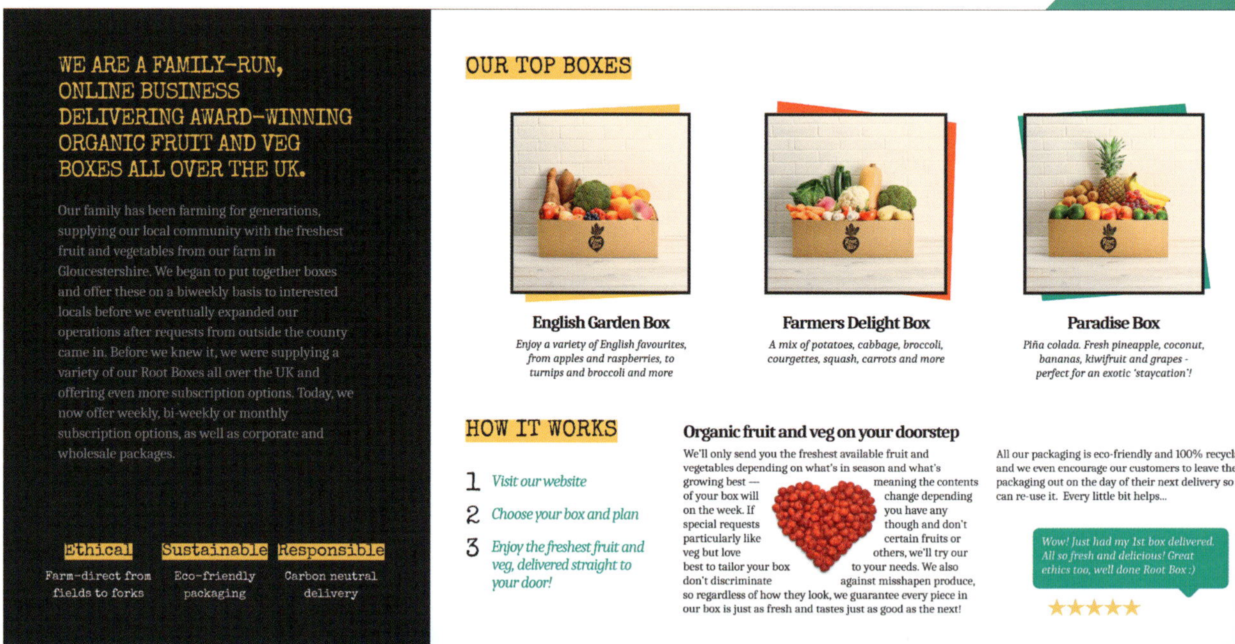

HERUNTERSPIELEN

Das Gegenstück zur Betonung ist das Herunterspielen sekundärer Details. Diese Technik sollten Sie jedoch nur gelegentlich einsetzen, damit der Text weiterhin gut lesbar bleibt.

Kopf- und Fußzeilen

Kleine Schriftgrößen sind ideal für Seitenzahlen, Kapitelnamen und andere Informationen der Fußzeile. Diese Informationen sollten nicht von Ihrem Haupttext ablenken.

Publikationsdatum und Ausgabenummern

Bei Magazinen und anderen Publikationen, die regelmäßig erscheinen, sollten Sie diese Informationen in kleiner Schriftgröße formatieren, damit sie nicht vom Titel ablenken oder seine Wirkung abschwächen.

Bilder

Soll ein Bild lediglich andere Informationen unterstützen, platzieren Sie es in einer kleinen Größe, die zu seiner Bedeutung passt. Sie können Bilder auch unscharf oder als Zuschnitte präsentieren, damit das Auge des Lesers automatisch nach Text sucht.

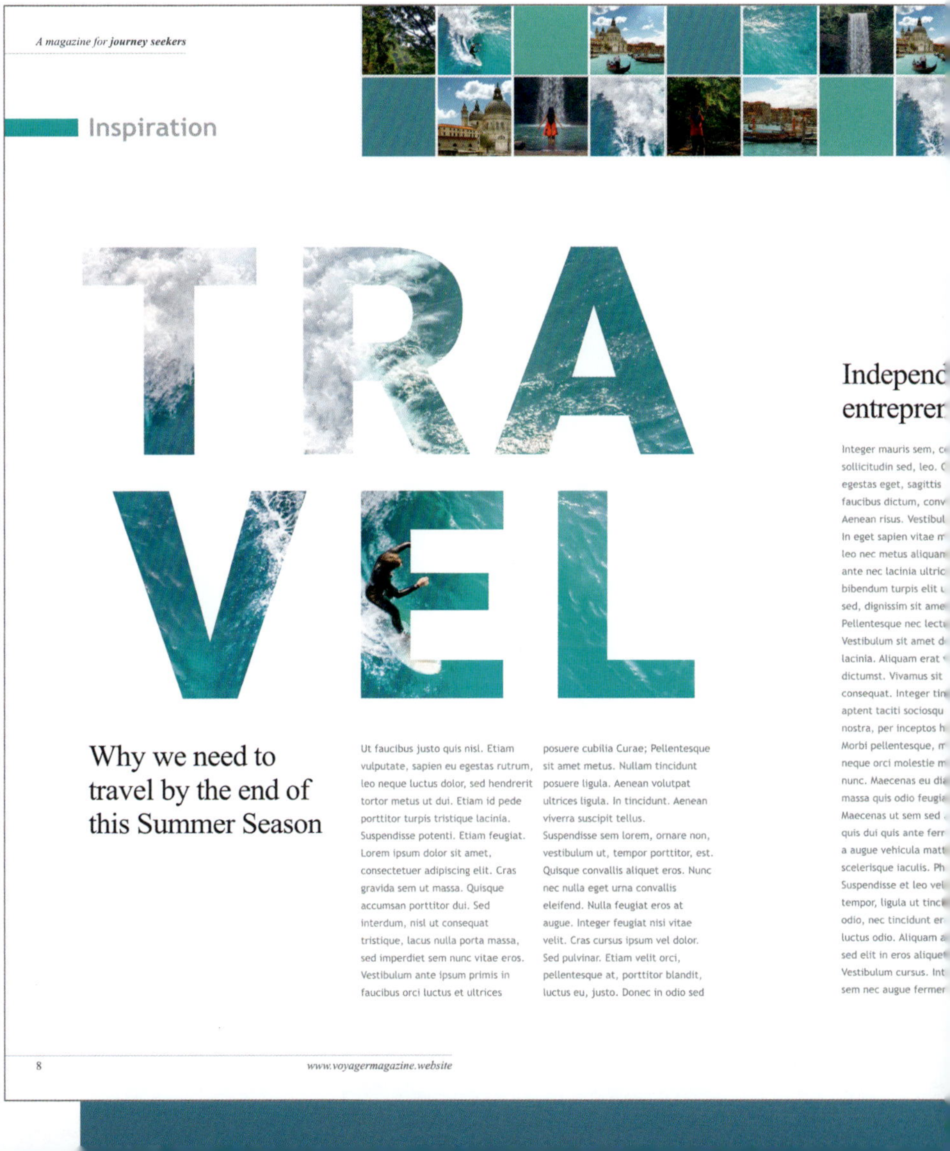

A magazine for ***journey seekers***

Inspiration

TRAVEL

Why we need to travel by the end of this Summer Season

Ut faucibus justo quis nisl. Etiam vulputate, sapien eu egestas rutrum, leo neque luctus dolor, sed hendrerit tortor metus ut dui. Etiam id pede porttitor turpis tristique lacinia. Suspendisse potenti. Etiam feugiat. Lorem ipsum dolor sit amet, consectetuer adipiscing elit. Cras gravida sem ut massa. Quisque accumsan porttitor dui. Sed interdum, nisl ut consequat tristique, lacus nulla porta massa, sed imperdiet sem nunc vitae eros. Vestibulum ante ipsum primis in faucibus orci luctus et ultrices posuere cubilia Curae; Pellentesque sit amet metus. Nullam tincidunt posuere ligula. Aenean volutpat ultrices ligula. In tincidunt. Aenean viverra suscipit tellus.

Suspendisse sem lorem, ornare non, vestibulum ut, tempor porttitor, est. Quisque convallis aliquet eros. Nunc nec nulla eget urna convallis eleifend. Nulla feugiat eros at augue. Integer feugiat nisi vitae velit. Cras cursus ipsum vel dolor. Sed pulvinar. Etiam velit orci, pellentesque at, porttitor blandit, luctus eu, justo. Donec in odio sed

Independ
entreprer

Integer mauris sem, c
sollicitudin sed, leo.
egestas eget, sagittis
faucibus dictum, conv
Aenean risus. Vestibul
In eget sapien vitae m
leo nec metus aliquan
ante nec lacinia ultric
bibendum turpis elit
sed, dignissim sit ame
Pellentesque nec lect
Vestibulum sit amet d
lacinia. Aliquam erat
dictumst. Vivamus sit
consequat. Integer tin
aptent taciti sociosqu
nostra, per inceptos h
Morbi pellentesque, m
neque orci molestie m
nunc. Maecenas eu di
massa quis odio feugi
Maecenas ut sem sed
quis dui quis ante fer
a augue vehicula matt
scelerisque iaculis. Ph
Suspendisse et leo vel
tempor, ligula ut tinc
odio, nec tincidunt er
luctus odio. Aliquam a
sed elit in eros alique
Vestibulum cursus. Int
sem nec augue fermer

8 *www.voyagermagazine.website*

AUSRICHTUNG

Eine klare Ausrichtung der Elemente sorgt für einen gefälligen Look Ihrer Publikation – alles wirkt aufgeräumt und nicht wie ein bunt zusammengewürfelter Haufen Objekte. Die einzelnen Seitenobjekte scheinen durch die gemeinsame Ausrichtung miteinander verbunden. Sie können Objekte sowohl an anderen Objekten als auch an Layouthilfen ausrichten, wie z. B. Hilfslinien.

Wäscheleinen

Hängen Sie die Seitenobjekte an eine Reihe von gezielt platzierten Wäscheleinen (d. h. horizontale oder vertikale Hilfslinien). Textrahmen, Bilderrahmen und andere Objekte lassen sich bequem an diesen Hilfen magnetisch ausrichten.

Bei Publikationen mit sich wiederholenden Seitenlayouts sollten Sie die Wäscheleinen auf Master-Seiten platzieren, damit beim Durchblättern der Seiten auch ein durchgängiger Look entsteht.

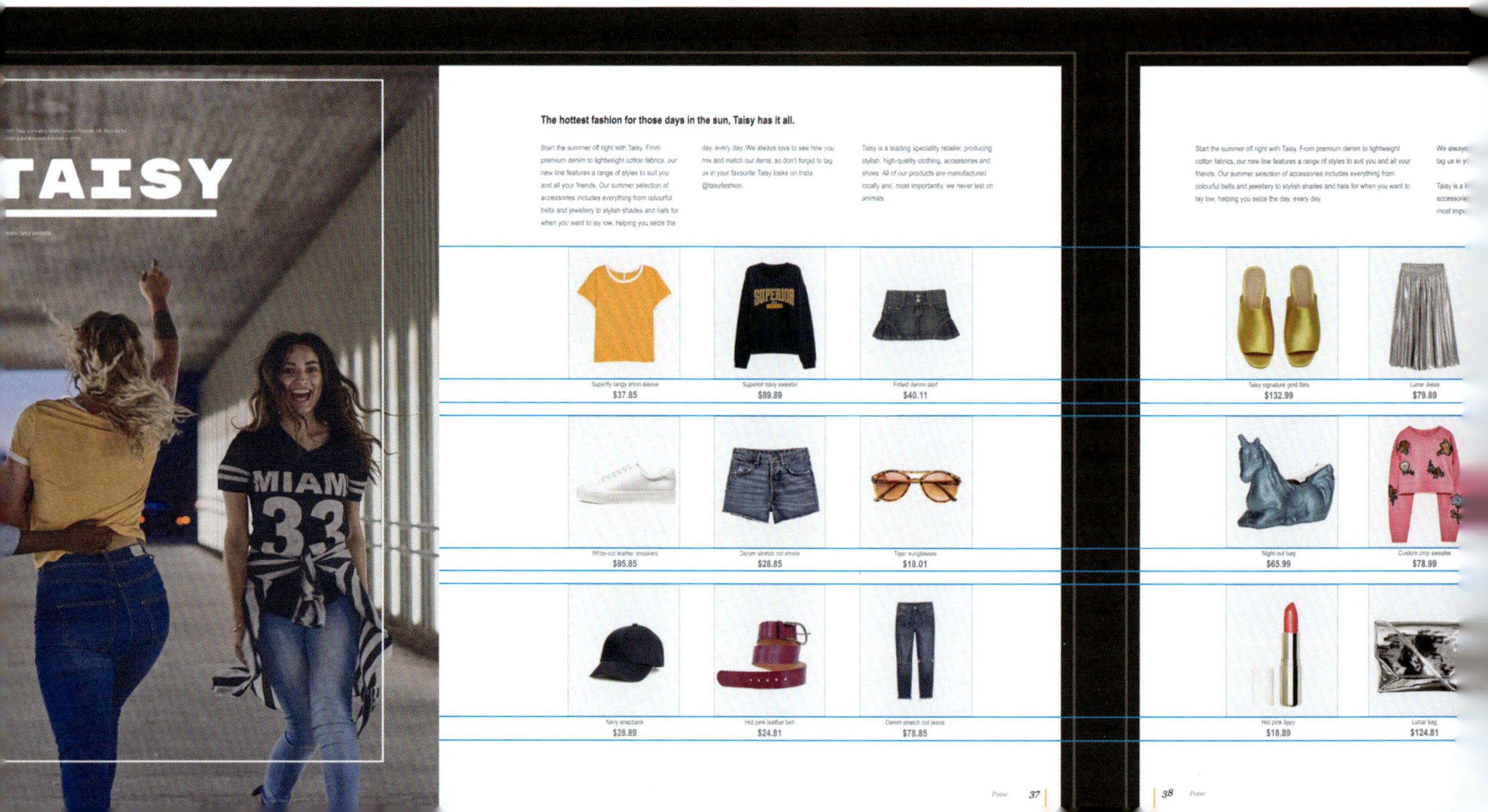

Seitenränder

Objekte lassen sich an Seitenrändern ausrichten, damit sie genau zu der Randposition passen. Der allerste Textrahmen wird für gewöhnlich per Klick von dem linken Seitenrand aus aufgezogen und dann an diesem magnetisch ausgerichtet.

Dynamische Hilfslinien

Standardmäßig richtet die magnetische Ausrichtung von Affinity Publisher die Kanten oder Mittelpunkte gezogener Objekte an den Kanten und Mittelpunkten anderer platzierter Objekte aus.

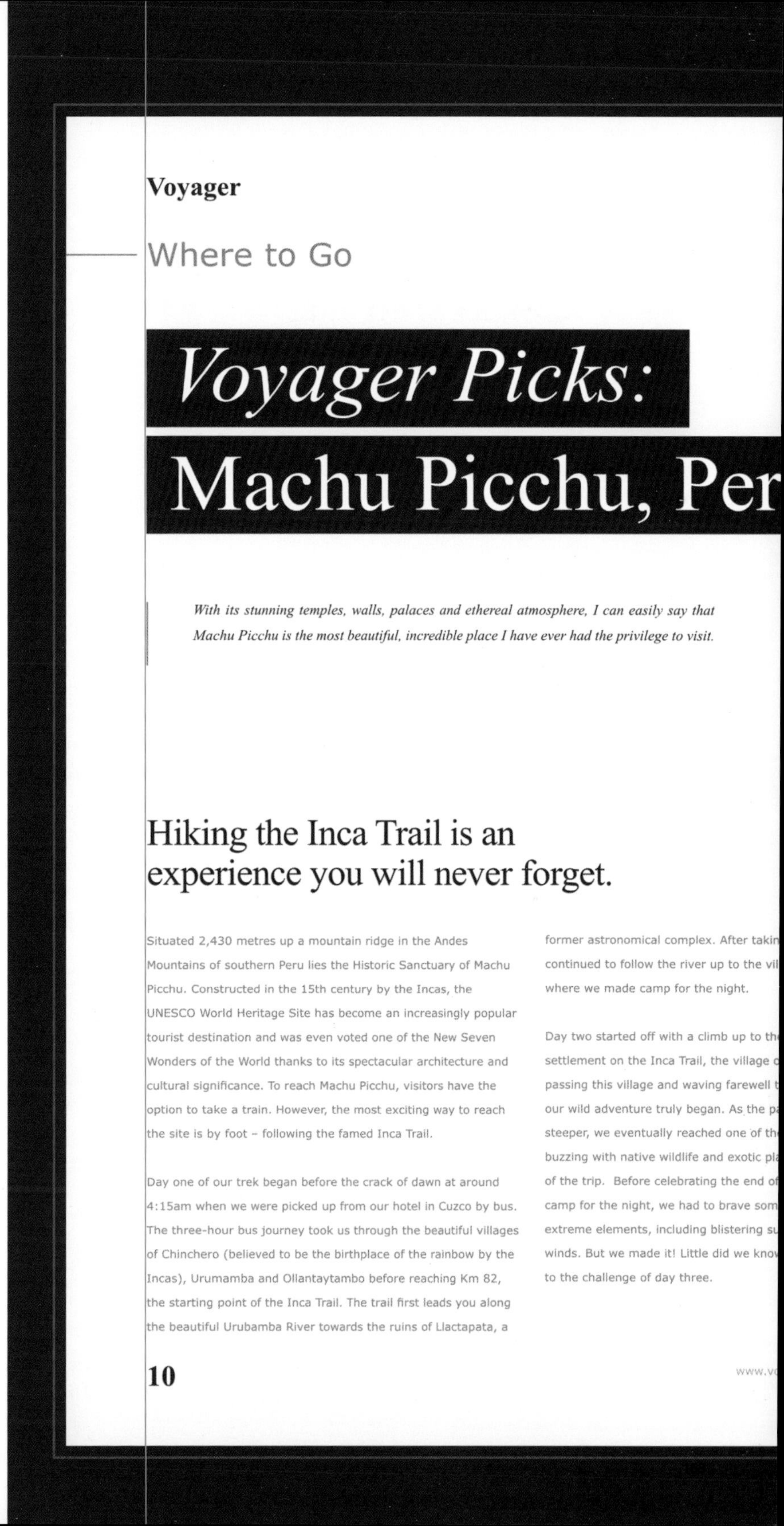

Voyager

Where to Go

Voyager Picks:

Machu Picchu, Per

With its stunning temples, walls, palaces and ethereal atmosphere, I can easily say that Machu Picchu is the most beautiful, incredible place I have ever had the privilege to visit.

Hiking the Inca Trail is an experience you will never forget.

Situated 2,430 metres up a mountain ridge in the Andes Mountains of southern Peru lies the Historic Sanctuary of Machu Picchu. Constructed in the 15th century by the Incas, the UNESCO World Heritage Site has become an increasingly popular tourist destination and was even voted one of the New Seven Wonders of the World thanks to its spectacular architecture and cultural significance. To reach Machu Picchu, visitors have the option to take a train. However, the most exciting way to reach the site is by foot – following the famed Inca Trail.

Day one of our trek began before the crack of dawn at around 4:15am when we were picked up from our hotel in Cuzco by bus. The three-hour bus journey took us through the beautiful villages of Chinchero (believed to be the birthplace of the rainbow by the Incas), Urumamba and Ollantaytambo before reaching Km 82, the starting point of the Inca Trail. The trail first leads you along the beautiful Urubamba River towards the ruins of Llactapata, a

former astronomical complex. After takin continued to follow the river up to the vil where we made camp for the night.

Day two started off with a climb up to th settlement on the Inca Trail, the village o passing this village and waving farewell t our wild adventure truly began. As the pa steeper, we eventually reached one of th buzzing with native wildlife and exotic pla of the trip. Before celebrating the end of camp for the night, we had to brave som extreme elements, including blistering su winds. But we made it! Little did we know to the challenge of day three.

10

www.vo

TYPOGRAFIE

Typografie ist vielleicht der wichtigste Bestandteil Ihrer Inhalte und vielleicht auch der Punkt, um den sich die wenigsten Leute genügend Gedanken machen, wenn sie eine Publikation zusammenstellen. Die Typografie sagt uns mit verschiedenen Schriften, was Bilder nicht können. Jede Schrift hat eigene Vorzüge und Eigenschaften, mit denen sich die Emotionen des Lesers gezielt ansprechen und steuern lassen.

Was sollten Sie bedenken?

Die Aussage

Bevor Sie sich für eine Schrift entscheiden, lesen Sie die Worte, die Ihnen Ihr Kunde für die Publikation anvertraut hat. Viele Designer beeinflussen den Text mit ihrem Stil. Es sollte aber genau umgekehrt sein.

- Welche Zielgruppe wird angesprochen? Sollten Sie das Geschlecht berücksichtigen? (Frauenzeitschriften verwenden für gewöhnlich leichtere bzw. schmalere Typografie, während Zeitschriften für Männer oft mit **kräftiger Typografie** auffahren). Denken Sie auch an die Hobbys der potenziellen Leser.

- Welche Altersgruppen umfasst die Leserschaft? Ist es ein Kinderbuch oder sind die Leser vorwiegend älter? Je mehr Sie diese Punkte bei der Schriftauswahl beachten, desto ansprechender wirkt der Text später auf die Leser.

- Wo befindet sich der Leser? Bei der Übersetzung und Anpassung der Texte an andere Sprachen sind manche Schriften vielleicht ungeeignet (fehlende Zeichen).

Die Lesbarkeit

Die Lesbarkeit – d. h., wie einfach sich Ihr Dokument lesen lässt – wird durch verschiedene Elemente beeinflusst, wie zum Beispiel:

- Abstände und Zeilenhöhe
- Zeilenbreite
- Zeichenabstände
- Kontrast
- Hierarchische Struktur

Welche Schriftgröße sollten Sie mindestens verwenden, damit die Leser Ihre Texte gut erkennen? Speisenkarten müssen für alle Altersgruppen gut lesbar und zugänglich sein. Separate Karten für Kinder mit großer Schrift und verspielten Texten sind daher keine Seltenheit. Standardmäßig sollten Beschreibungen in Speisenkarten nicht unter 10 pt oder 12 pt liegen. Alle anderen Texte sollten größer sein.

Das Medium

Bedenken Sie, wie Ihre Arbeit betrachtet wird:

- Hochglanzmagazine: Umgebungslicht kann Spiegelungen erzeugen und so die Lesbarkeit Ihrer Inhalte einschränken.

- Für Mobilgeräte: Telefone und Tablets sind Lichtquellen. Das abgestrahlte Licht kann Lichthöfe an Ihrer Typografie erzeugen.

Angemessener Kontext

Die Typografie sollte auch zu dem historischen und kulturellen Kontext passen. Mit der richtigen Typografie an der richtigen Stelle schaffen Sie eine emotionale Bindung zwischen dem Leser und der Aussage Ihrer Publikation. Ignorieren Sie diese Punkte jedoch, kann es im schlimmsten Fall die Leser befremden und die Aussage Ihrer Texte wird ignoriert.

Ein Beispiel: Bevor ich diese Speisenkarte entwarf, habe ich mir lange Gedanken um die Aussage, Lesbarkeit und das Medium dieses Restaurants gemacht, das im Stil der 1960er gehalten ist. Ich wollte die Gäste in eine bestimmte Zeit entführen. Also mussten sich Einrichtung, Marke und die Gerichte alle um diese Periode drehen. Durch Recherche erfuhr ich, dass *Futura sans serif* und *Americana serif* in den 1960ern sehr beliebt waren, und wie Sie sehen, spiegeln die zwei die elegante und doch verspielte Restaurantatmosphäre dieser Zeit sehr gut wider.

Food Menu Series **192**

Cleveland

RE-ESTABLISHED 2019

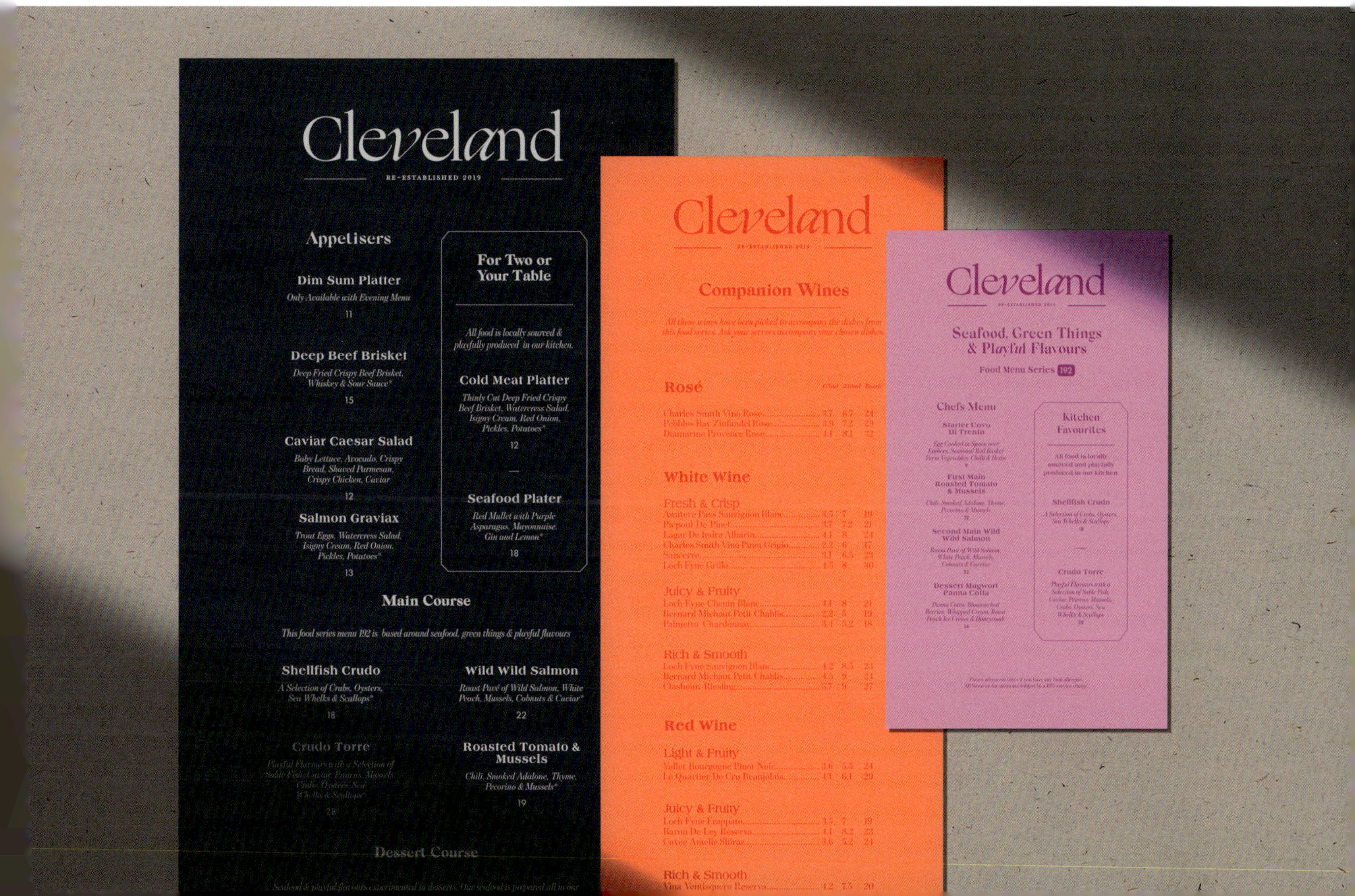

Eine Serifenschrift (Serif)

Eine serifenlose Schrift (Sans Serif)

Schriftschnitte

Wer die Wahl hat ...

Serif, Sans Serif oder beides?

Bei der Wahl der passenden Schrift ist eine der wichtigsten Entscheidungen, ob Sie eine Schrift mit Serifen oder eine serifenlosen Schrift verwenden. Oder beide.

- **Serif**: Serifen sind Verzierungen, die bei einigen Schriften an den Enden der Striche angebracht sind, aus denen die einzelnen Zeichen bestehen. Diese Schriftarten werden oft für formelle Dokumente oder klein geschriebene Texte verwendet, da sich die gedruckten Texte besser lesen lassen als mit serifenloser Schrift.

- **Sans Serif**: Serifenlose (sans bedeutet ohne) Schriften haben keine Serifen und werden oft für ihren modernen und klaren Look eingesetzt und daher auch für Dokumente bevorzugt, die an Bildschirmen gelesen werden.

- **Beides**: Wenn Sie zu beiden Varianten tendieren, gehen Sie noch einmal alle zuvor unter „***Was sollten Sie bedenken?***“ erläuterten Punkte durch und denken Sie an die Aussage Ihrer Publikation.

Schriftschnitt und -stärke

- **Fett**: Fette Formatierung ist die beste Methode, um ein Wort oder einen Ausdruck hervorzuheben. Häufig wird diese Formatierung für Produktnamen oder am Anfang einer hierarchischen Struktur verwendet – z. B. für die Überschrift.

- *Kursiv/Schiefwinklig*: Beide Varianten eignen sich gut zur Betonung von Text. Kursivzeichen werden meistens in Designs mit Serifenschriften verwendet und schiefwinklige Zeichen in serifenlosen Texten.

- Normal: Dies ist die Standarddarstellung der Schrift und eine gute Wahl für den Textkörper.

- Schmal: Diese Variante ist schmaler als Normal und wird manchmal für Beschreibungen oder Bildunterschriften verwendet.

- Weitere: Es gibt noch viele Schriftstärken und -schnitte, wie z. B. Black, Compressed, Condensed, Demi und Extended. Experimentieren Sie ruhig ein wenig, aber vergessen Sie niemals: ***Was sollten Sie bedenken?*** Spricht die Variante die Leser an? Wo passt sie in die hierarchische Struktur?

Wie viele Schriftarten?

Erliegen Sie nicht der Versuchung, Ihre Leser mit einer Fülle von Schriften zu überfahren. Entscheiden Sie sich für zwei oder drei Schriften. Welche Schrift passt am besten zu den Überschriften, welche zu untergeordneten Überschriften und welche zu dem Textkörper? Experimentieren Sie ruhig ein wenig mit den verschiedenen Stärkevarianten der Schriftfamilien. Und damit Sie in Zukunft Zeit sparen: Finden Sie einen Textstil, der Ihnen gefällt, fügen Sie ihn in Ihr Panel **Textstile** ein.

Schriftgröße und Hierarchie

Hierarchische Strukturen erleichtern Ihnen die Arbeit, Ihren Lesern den Überblick und sie verbessern die Lesbarkeit. Wählen Sie Schriftarten und Schriftgrößen, die in einen angenehmen Kontrast zueinander stehen oder verwenden Sie einfach nur eine Schriftart und variieren Sie die Stärke. Halten Sie sich aber immer an diese Regel: Schriftgrößen nehmen auf der Seite von oben nach unten ab. Nehmen wir die Rezeptseite links als Beispiel. Ihre Hierarchie umfasst drei Stufen.

- Stufe 1: Die erste Stufe ist die Wichtigste und sollte daher so ausfallen, dass sie die den Leser direkt „anspringt". Daher sollten Sie diese Stufe dem wichtigsten typografischen Element Ihres Designs zuweisen – für gewöhnlich also den Überschriften.

- Stufe 2: Mit dieser Stufe lenken Sie den Leser in bestimmte Richtungen. Dieser Formatierung wäre zum Beispiel ideal für Zitate oder die Zusammenfassung eines Artikels. Die Faustregel: Niemals größer oder stärker als Elemente der Stufe 1.

- Stufe 3: Der Großteil des Designs wird mit dieser Stufe formatiert. Hier platzieren wir den Textkörper. Wichtig: Wählen Sie eine gut lesbare Schrift, die nicht größer ist als die für Stufe 2.

There's a New Wave Of Furniture

A growing number of e-commerce companies are offering personal choices at affordable prices.

This article is part of our latest special report on Interior Trends, which is about getting personal with customisation of new furniture.

Customisation has always been part of home furnishings. Urged on by their clients, interior designers seek out luxurious fabrics and collaborate with workshops to design special pieces. And even items like Crate & Barrel sofas come with size, finish and upholstery options. But in almost all situations, the more personalised the piece, the more you will have to pay, and the waiting time for made to order is months.

It doesn't have to be that way. A new wave of commerce furniture companies, including Inside Weather, The Inside, Interior Define and Benchmade Modern, are promoting speedy customisation for all.

To buy a sofa in Inside Weather's online store, shoppers choose among a dozen arm styles, including fat upholstered perches and grooved timber slabs; upholstery options like woven linen and polyester fabrics and vegan leathers; and details like stitching.

If a credenza is wanted, shoppers can pick the finish for the top and sides, one of more than a hundred ornamental door patterns, and their favourite pulls legs.

The table starts at £630, and small credenzas begin at £360 — a substantial savings over traditional custom furniture, which can run into five figures.

These are shipped (from California) typically within a couple of weeks and in some cases just a few days. "In apparel, customisation has moved downstream and become more and more accessible," said Ben Parsa, the chief executive of Inside Weather, which began in 2018. He wants to do the same for household products. "Being able to visualise tens, and soon hundreds, of millions of combinations of furniture from the comfort of your home is something that we think has tremendous mass appeal."

Behind the scenes, the companies hold essentially no inventory and rely on computer-controlled machines to do much of the work. At Inside Weather, a sofa is merely raw lumber until a customer places an order. When this is done, a CNC machine cuts the necessary wood components at the company's facility in Rancho Cordova, Calif. When someone orders a credenza, a flatbed digital printer applies patterns to panels. "The people who are shopping online have spent years on social media saving gorgeous interiors, and they have a sense of what they're looking for," said Britt Bunn, a co-founder of The Inside. "We're excited to be able to make those visions come true."

Platzierung

Ausrichtung

Für die Ausrichtung Ihrer Texte stehen Ihnen sehr unterschiedliche Optionen zur Verfügung. Experimentieren Sie ruhig mit allen, bis Sie das für die jeweilige Publikation perfekte Ergebnis gefunden haben. Seien Sie aber vorsichtig mit Blocksatzausrichtungen, da hierbei oft unerwünschte Abstände entstehen. Variieren Sie in diesen Fällen die Textrahmenbreite, die Schriftgröße oder den Zeichenabstand der Texte. Sie können sowohl die Einstellungen für den Blocksatz manuell vornehmen als auch die automatische Silbentrennung für den Absatzstil aktivieren.

Abgetrennte erste und letzte Zeilen (Waisen-/Hurenkinder)

Diese für viele etwas befremdlich klingenden und auf jeden Fall unschön aussehenden Einzelgänger sollten Sie auf jeden Fall vermeiden.

- Hurenkind: Zeilen (oder einzelne Wörter), die am Ende eines Absatzes oder einer Seite allein stehen.
- Waisenkind: Zeilen (oder einzelne Wörter) die allein am Anfang der nächsten Seite oder Spalte stehen.

Korrigieren Sie in beiden Fällen einfach die Textrahmenhöhe, die Blocksatzeinstellungen, die Unterschneidung und die Zeichenabstände.

> Das Beispiel links zeigt ein Waisenkind und ein Hurenkind in der zweiten Spalte.

Die Zeilenlänge

Sind die Textzeilen zu lang, kann das Auge eine gleichmäßige Lesegeschwindigkeit nur schwer aufrechthalten. Sind die Zeilen jedoch zu schmal, wird das Auge durch das ständige Hin und Her schnell müde. Eine Zeilenlänge von 9 bis 12 Wörtern ist ideal für eine gute Lesbarkeit.

Das Grundlinienraster

Das Grundlinienraster ist eine der Säulen und zugleich Maßeinheit für die Abstände und Ausrichtung Ihrer Texte. Seitenelemente und Schrift lassen sich so präzise platzieren – ganz ohne Raten und Kopfschmerzen. Für gewöhnlich stimmt die Schriftgröße des Textkörpers mit der Zeilenhöhe des Grundlinienrasters überein. Sie können auch andere Seitenobjekte an das Raster hängen, um sie perfekt auszurichten.

Transformationen

Unterschneidung

Dies ist der Abstand zwischen einzelnen Zeichen. Grundsätzlich gilt: Je weiter die Buchstaben voneinander entfernt sind, desto schwerer sind sie zu lesen. Affinity Publisher wendet automatische Unterschneidungsregeln für Text an (AV und WA sind z. B. Unterschneidungspaare), die aus der Schriftart abgeleitet werden. Sie können die Abstände aber noch mit manuellen Unterschneidungswerten anpassen.

Zeichenabstand (Laufweite)

Diese Begriffe werden oft mit der Unterschneidung verwechselt, beziehen sich jedoch auf die gleichmäßigen Abstände zwischen ganzen Gruppen von Zeichen – nicht zwischen einzelnen Zeichen. Der Zeichenabstand ist praktisch, wenn Sie z. B. Silbentrennstriche oder von ihrem Absatz getrennte Anfangs- und Endwörter oder -zeilen (auch als Waisen- und Hurenkinder bekannt) entfernen möchten.

Zeilenabstand (Durchschuss)

Dieser Wert bestimmt den Abstand zwischen Zeilen und wird von Grundlinie zu Grundlinie gemessen. Experimentieren Sie zum Beispiel mit der Zeilenhöhe von Titeln, lassen sich so sehr interessante Ergebnisse erzielen.

> Durch das Umwandeln von Text in Kurven können Sie Schriften sehr flexibel anpassen und das Schriftbild genau auf Ihre Wünsche abstimmen.

Interpunktion und Glyphen

Silbentrennstrich, Halbgeviertstrich, Geviertstrich

- Silbentrennstrich (-): Dieser Trennstrich verbindet zwei Dinge, die eng zusammengehören. Sie können eine automatische Silbentrennung über die Absatzstile festlegen oder die Trennstriche auch manuell ganz nach Ihren Anforderungen setzen.
- Halbgeviertstrich (–): Der in Deutschland übliche Gedankenstrich entspricht der halben Höhe eines Großbuchstabens und verbindet neben Satzteilen für gewöhnlich ähnliche Elemente, wie z. B. . 2010 – 2011 oder 15,10 Uhr – 17.00 Uhr.
- Geviertstrich (—): Dieser in Großbritannien, den USA und anderen Ländern außerhalb von Deutschland verwendete Gedankenstrich entspricht der Höhe eines Großbuchstabens. Dort wird er als schwächere Alternative zu einem Semikolon bzw. stärkere Alternative zu einem Komma eingesetzt, um Satzteile zu verbinden (wie der kürzere Halbgeviertstrich bei uns).

Halbgeviertstrich

Geviertstrich

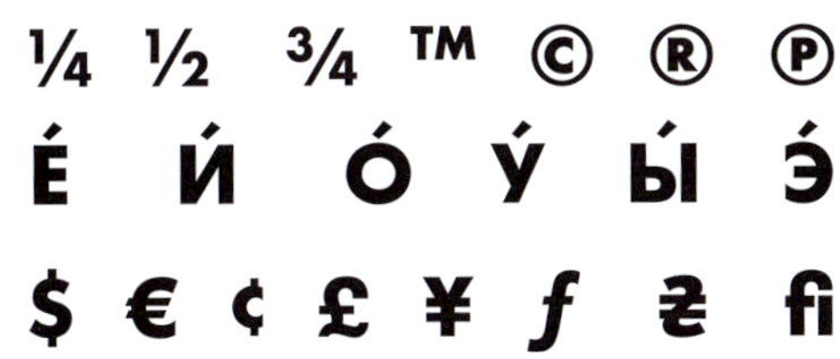

Glyphen

Anführungszeichen

Über die richtige Verwendung von Anführungszeichen wird oft, viel und gern gestritten. Als Faustregel gilt: Verwenden Sie typografische Anführungszeichen, wenn Sie eine Aussage oder einen anderen Text zitieren. Gerade Anführungszeichen sollten Zoll-Maßangaben (Schrauben, Displaygrößen usw.) vorbehalten bleiben oder nur dort verwendet werden, wo keine typografischen Zeichen angezeigt werden können.

- **Typografische Anführungszeichen**
  „Being able to visualise tens millions of combinations of furniture from the comfort of your home has tremendous mass appeal."
- **Gerade Anführungszeichen**
  Für DTP empfehlen wir Monitore ab 27".

Glyphen

Viele Schriften enthalten Zeichenalternativen und besondere Zeichen, wie z. B. Brüche. Mit dem Glyphen-Browser von Affinity Publisher können Sie die Glyphen einer Schrift bequem per Vorschau sichten und müssen diese Zeichen nicht selbst erstellen. Nicht alle Glyphen und Zeichenalternativen sind jedoch auch in jeder Schrift enthalten.

Hochstellung und Tiefstellung

- Hochgestellt: Buchstaben, Ziffern oder Symbole, die oberhalb der Grundlinie platziert sind.
- Tiefgestellt: Buchstaben, Ziffern oder Symbole, die unterhalb der Grundlinie platziert sind.

KAPITEL 4

Professionelle Projekte

In diesem ersten Projektkapitel dreht sich alles um klassische DTP-Designs, wie zum Beispiel Broschüren und Zeitschriften/Magazine. Darüber hinaus werfen wir auch einen Blick auf Lookbooks, die in der Modewelt besonders beliebt sind. Die Designgrundlagen und -techniken für Lookbooks lassen sich aber auch gut für Fotobücher und Fotoalben anwenden.

Zum Abschluss zeigen wir Ihnen dann noch ein einfaches aber effektives Format für Ihren Lebenslauf, das nicht mehr als eine einzige Seite umfasst.

1

Die „Root Box"-Broschüre

Eine Druckerei-fertige Broschüre für ein kleines Unternehmen

In diesem ersten Projekt entwerfen wir eine Broschüre für ein Unternehmen namens Root Box, das sich auf die Lieferung von Obst und Gemüse direkt zu Ihnen nach Hause spezialisiert.

Farmers Delight Box
fruit and veg on your doorstep
Root Box
SO FRESH. SO TASTY.
Let's talk!
Root Box

BEVOR SIE LOSLEGEN

Ressourcen

Alle Ressourcen, auf die in diesem Kapitel verwiesen wird, finden Sie unter: https://affin.co/RBBrochure

Kenntnisse in Affinity Publisher

Damit Sie diesem Projekt optimal folgen können, sollten Sie:

- Mit der Programmoberfläche von Affinity Publisher vertraut sein. Mehr über die einzelnen Bedienelemente erfahren Sie in dem Kapitel „Tour durch die App-Oberfläche" ab Seite 14.

- Die Grundlagen beherrschen. Die folgende Tabelle zeigt Ihnen, mit welchen Aspekten von Affinity Publisher Sie außerdem vertraut sein sollten, um dieses Projekt anzugehen:

Designhilfen	Seite 96
Arbeiten mit Text	Seite 112
Bilderrahmen	Seite 124
Textstile	Seite 140

EINFÜHRUNG

Gedruckte Broschüren sind ideal, um ein Markenbewusstsein für Ihre Firma zu schaffen und so all den potenziellen Kunden Ihre Vorteile, Produkte und Dienstleistungen näher zu bringen. In unserer vorwiegend digitalen Welt ist das Gefühl, eine „echte" Broschüre in den Händen zu halten, auf jeden Fall etwas, mit dem Sie Ihre Marke aus der Masse der Konkurrenten abheben.

Wir alle haben bestimmt schon einmal wunderschön gedruckte Broschüren auf Messen oder Werbe-Events in die Hand genommen und waren ganz begeistert von der Papier- und Druckqualität sowie ihrer eleganten Aufmachung mit all den verschiedenen Spezialeffekten.
Dass man mit diesen kleinen Kunstwerken im wahrsten Sinne des Wortes etwas in der Hand hat, unterstreicht oft ihre Wirkung – rein digitale Medien sind nicht greifbar.

Gedruckte Broschüren sind außerdem ideal, Ihre Marke einer völlig neuen Zielgruppe vorzustellen und sie zwischen den anderen etablierten Marken im Kopf des Verbrauchers zu verankern.

Das Projekt

In diesem Projekt dreht sich alles um das fiktive Unternehmen Root Box, das biologisch angebautes Obst und Gemüse direkt bis an die Haustür ihrer Kunden liefert.

Die Firma benötigt eine Broschüre, um ihr digitales Marketing zu ergänzen, den Bekanntheitsgrad der Marke zu erhöhen und die Verkaufszahlen weiter anzukurbeln.

EINRICHTEN DES DOKUMENTS

In diesem Projekt verwenden wir für unser Design ein doppelt klappbares Layout für eine Dreifachfaltung mit einer selbst definierten quadratischen Seitengröße. Nach dem Öffnen sind alle drei Seiten gleichzeitig sichtbar, sodass Ihnen für die Präsentation der Inhalte eine große Fläche zur Verfügung steht.

Auf den ersten Blick soll ein Stapel dieser Broschüren an einen Stapel von 7"-Singles erinnern, die auf einem Tisch liegen – Vinylschallplatten werden immer beliebter und der Look weckt bei vielen Erinnerungen an „die gute alte Zeit".

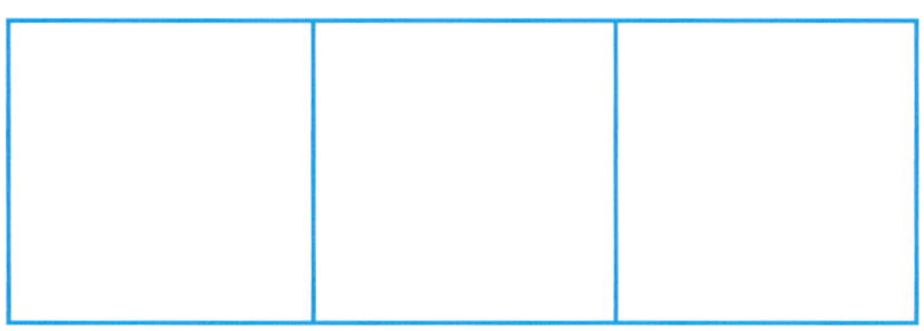

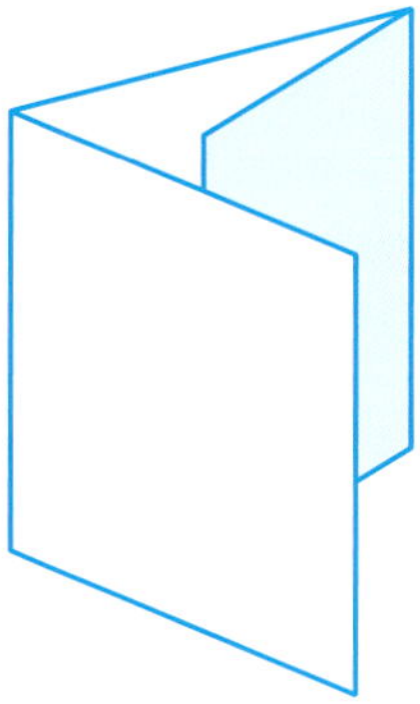

Um diese Idee der kleinen Vinylschallplatten umzusetzen, haben wir uns für eine Dokumentgröße von 21" x 7" entschieden (so große wie drei 7"-Singles), die von beiden Seiten bedruckt wird. Nach dem Falten entsteht dann das dreiseitige Klapplayout.

Genau wie bei anderen Druckerei-fertigen Projekten in diesem Workbook müssen wir auch für dieses Projekt im ersten Schritt einen CMYK-Farbraum mit Anschnitt für das Dokument festlegen.

Die Druckerei Ihres Vertrauens

Sprechen Sie mit Ihrer Druckerei schon möglichst früh über die Broschüre, damit Sie einen Überblick erhalten, welche Seitenformate, Größen, Faltoptionen und Papiersorten Ihnen zur Verfügung stehen und zu Ihrem Projekt passen.

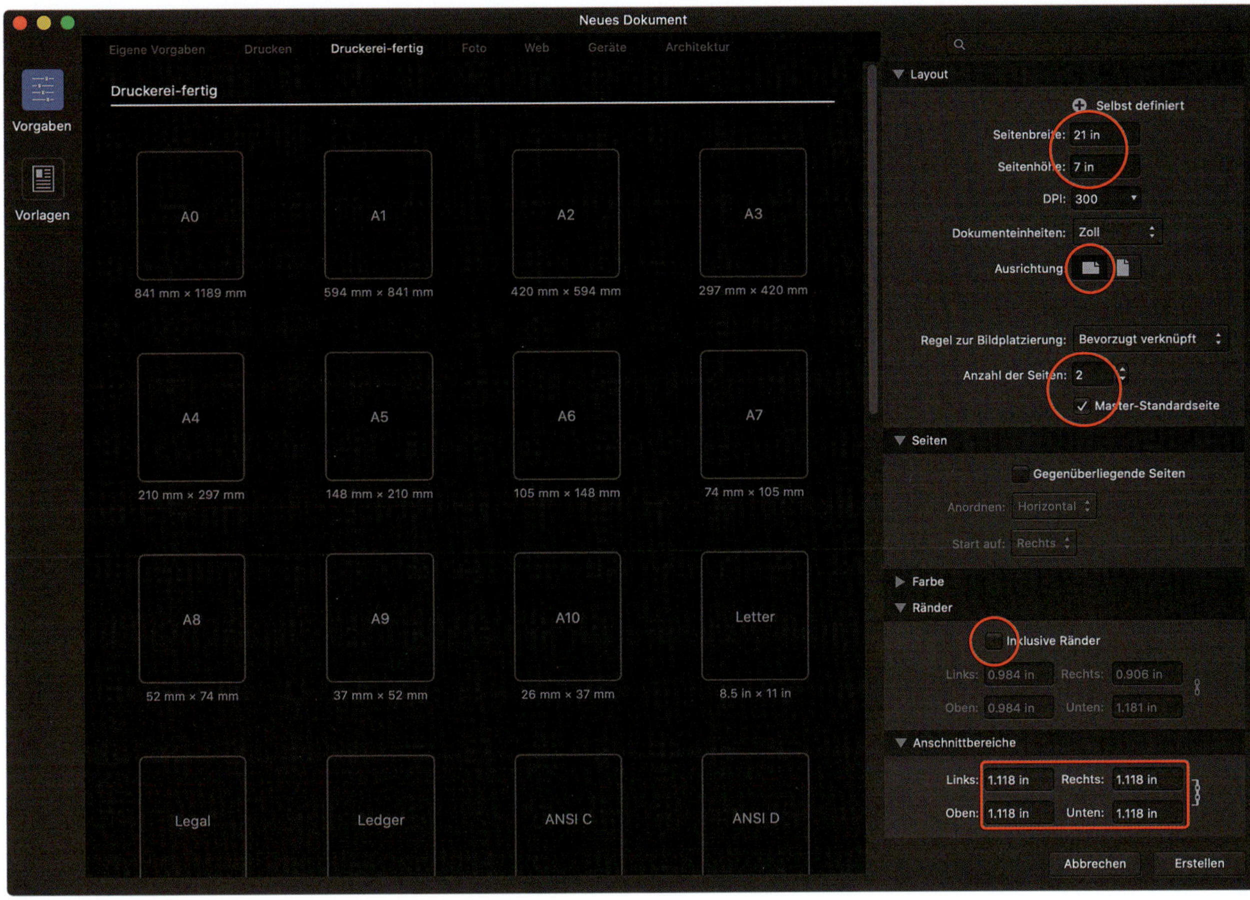

1 Klicken Sie auf **Datei > Neu**.

2 Klicken Sie in dem Dialogfeld auf **Vorgaben** und dann auf **Druckerei-fertig**.

3 Legen Sie im rechten Feld für die Einstellungen unter **Layout** die **Dokumenteinheiten** als *Zoll* fest und die **Seitenbreite** und **Seitenhöhe** als *21 in* bzw. *7 in*.

4 Unsere doppelt geklappte Broschüre wird sehr breit. Sie müssen daher die **Ausrichtung** auf *Querformat* einstellen.

5 Für die **Anzahl der Seiten** stellen Sie *2* ein (für die Außen- und Innenseiten der Broschüre). Da sie alle dieselbe **Master-Standardseite** verwenden, lassen Sie diese Option ausgewählt.

6 Deaktivieren Sie die Option **Gegenüberliegende Seiten** – für unser Projekt benötigen wir kein doppelseitiges Layout mit linker und rechter Hälfte.

7 Deaktivieren Sie die Option **Inklusive Ränder** und übernehmen Sie die Standardeinstellungen für die **Anschnittbereiche**.

8 Klicken Sie auf **Erstellen**.

Durch die Anschnittbereiche entsteht zusätzlicher Raum um die Seitenkanten herum, in den Sie dann Ihre Hintergründe und Bilder ausdehnen können. Hierdurch entstehen später bei dem Zuschnitt der Druckausgabe in der Druckerei keine weißen Lücken.

Ressource

Rootbox_brochure_01.afpub

HILFSLINIEN

Mit zwei Hilfslinien können wir bequem festlegen, wo die Broschüre später in der Druckerei gefaltet wird. Indem Sie diese Hilfslinien auf der Master-Seite platzieren, können Sie dieselben Layouthilfen für die Außen- und die Innenseiten nutzen.

Platzieren von Hilfslinien

1 Klicken Sie auf **Dokument > Master-Seiten einblenden**, um zu der Master-Seite zu wechseln.

2 Klicken Sie auf **Ansicht > Hilfslinien konfigurieren** und legen Sie zwei **Vertikale Hilfslinien** fest, um die Falzpunkte zu markieren.

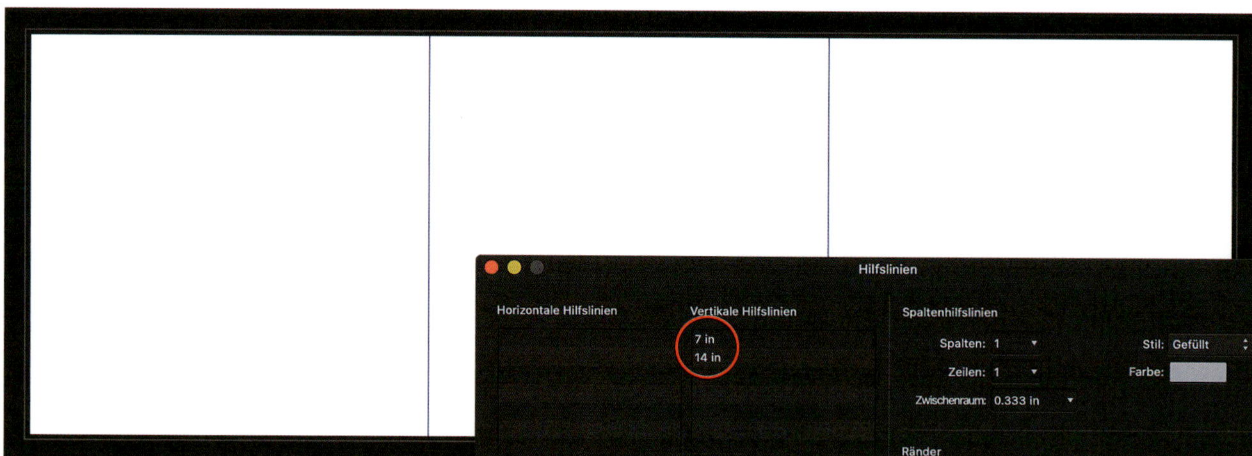

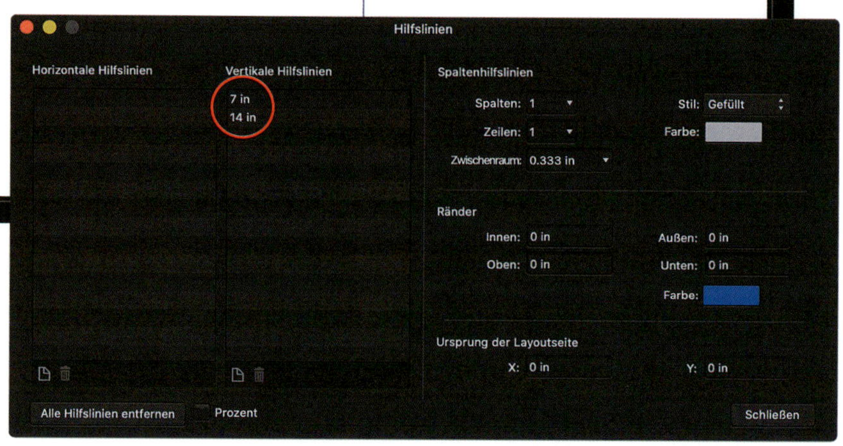

Logisch unterteilen Sie das Layout unserer Broschüre so in drei separate Panels pro Seite.

PLANEN DER INHALTE FÜR DIE BROSCHÜRE

Bevor Sie die Inhalte einfügen, sollten Sie sich näher mit der doppelt gefalteten Broschüre selbst beschäftigen. Wie klappt man die Broschüre auf? Was gehört auf welches Panel? Platziere ich meine Inhalte auf Seite 1 oder Seite 2? Ist Seite 1 die Außenseite?

Basteln und Begreifen mit Modell und Skizze

Experimentieren Sie ruhig mit einem Papiermodell in derselben Größe wie Ihr geplantes Projekt. Überlegen Sie sich die Reihfolge, in der die gefalteten Panels geöffnet werden sollen, falten Sie das Modell auf ihrem Tisch auf dieselbe Wiese und probieren Sie es aus. Machen Sie sich nun Gedanken um die Inhalte für jedes Panel und skizzieren Sie die Elemente direkt auf dem Modell.

Bei doppelt gefalteten Layouts kann durch die Faltung eine übliche Seitennummerierung für etwas Verwirrung sorgen. Wir verwenden daher die Bezeichnungen Innen- und Außenseite.

Wir haben uns für die folgende Reihenfolge entschieden.

INNEN

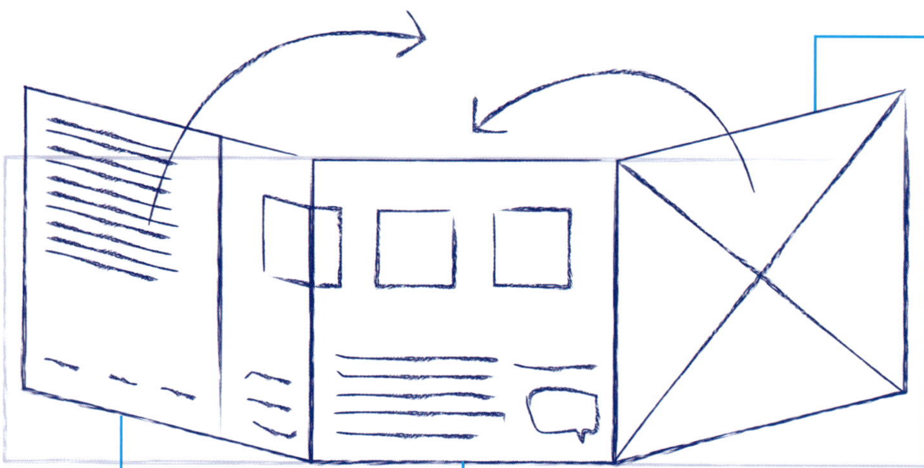

AUSSEN

Planen Sie das überaus wichtige Cover für Vorder- und Rückseite sehr sorgfältig, da diese beiden Seiten fast ständig sichtbar sind. Details zu dem Unternehmen und den Produkten gehören auf die inneren Panels.

ROOT BOX: DIE MARKE

Das Logodesign ist eines der wichtigsten Elemente in sämtlichem Werbematerial für die Marke und spielt daher auch eine zentrale Rolle in der Broschüre. Bei Auftragsarbeiten für Werbematerial wird das eigentliche Logo meist schon im Vorfeld entworfen – entweder von der Firma selbst oder von einem externen Grafikdesigner.

Bei diesem Projekt haben wir uns auf die Erfahrung und das Talent von Matt Searston verlassen, der für uns einige Logovarianten entworfen hat. Das zweite Beispiel erschien uns perfekt für diese Marke.

Matt Searston | Designer

Die Vorgaben für das Logo zu Root Box war: Ein modernes Design mit einem verspielten und naturverbundenen Look.

„Wie Sie aus meinen Skizzen sehen, hatte ich mich für die rote Beete als Ausgangspunkt entschieden. Als Wurzelgemüse passt sie perfekt zum Thema, ihre Form eignet sich gut für Logos und die Blätter sorgen für einen zusätzlichen Hingucker. Dann habe ich meine endgültige Variante digital in Affinity Designer nachgestellt, damit sich das fertige Logo in Zukunft noch für alle möglichen Druckprojekte verwenden lässt."

DAS DESIGN DER INNENSEITE (SEITE 2)

Ressourcen

Rootbox_brochure_02.afpub
Root Box.afpalette
Root Box Brochure.docx

Die Innenseite soll die Produkte verkaufen. Hier kommt es also auf klare und kurz zusammengefasste Details zu der Firma und den Produkten an sowie auf ein oder mehrere Fotos zu dem „besten Produkt".

Bevor wir uns dem Seitendesign zuwenden, müssen Sie noch die entsprechenden Schriften und Paletten installieren.

Installieren von Schriften

In diesem Design verwenden wir zwei Schriftfamilien – **Special Elite** für die Überschriften und **Caladea** für den Textkörper.

1 Öffnen Sie die Webseite https://fonts.google.com (oder suchen Sie online nach Google Fonts) und laden Sie die Schriftfamilien **Special Elite** und **Caladea** herunter.

2 Öffnen Sie die heruntergeladenen Schriftordner und lesen Sie die Datei License.txt oder OFL.txt.

3 Für *Mac*: Führen Sie einen Rechtsklick auf die Schriftdateien aus, klicken Sie auf **Öffnen** und dann auf **Installieren**.
ODER
Für *Windows*: Führen Sie einen Rechtsklick auf die Schriftdateien aus und klicken Sie auf **Installieren**.

Importieren von Paletten

1 Öffnen Sie im Panel **Farbfelder** das Menü **Paneleinstellungen** und klicken Sie auf **Palette importieren > Als Dokumentpalette**.

2 Wählen Sie die heruntergeladene Datei Root Box.afpalette aus und klicken Sie auf **Öffnen**.

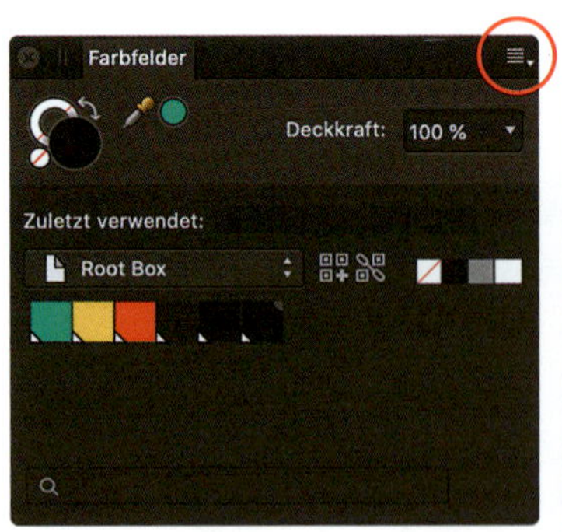

Die Palette enthält globale Farben, die sich auch über dieses Einblendmenü erstellen lassen.

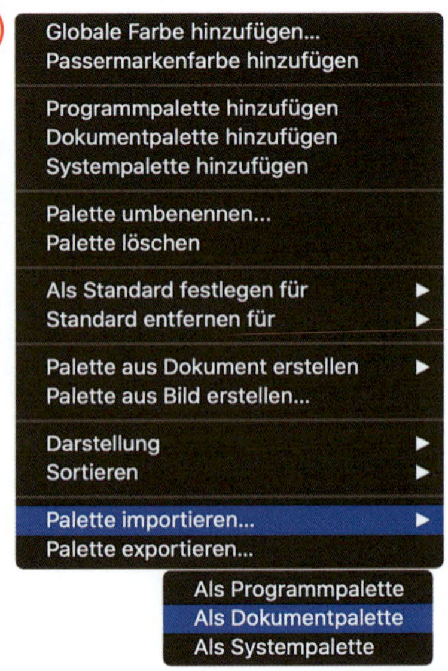

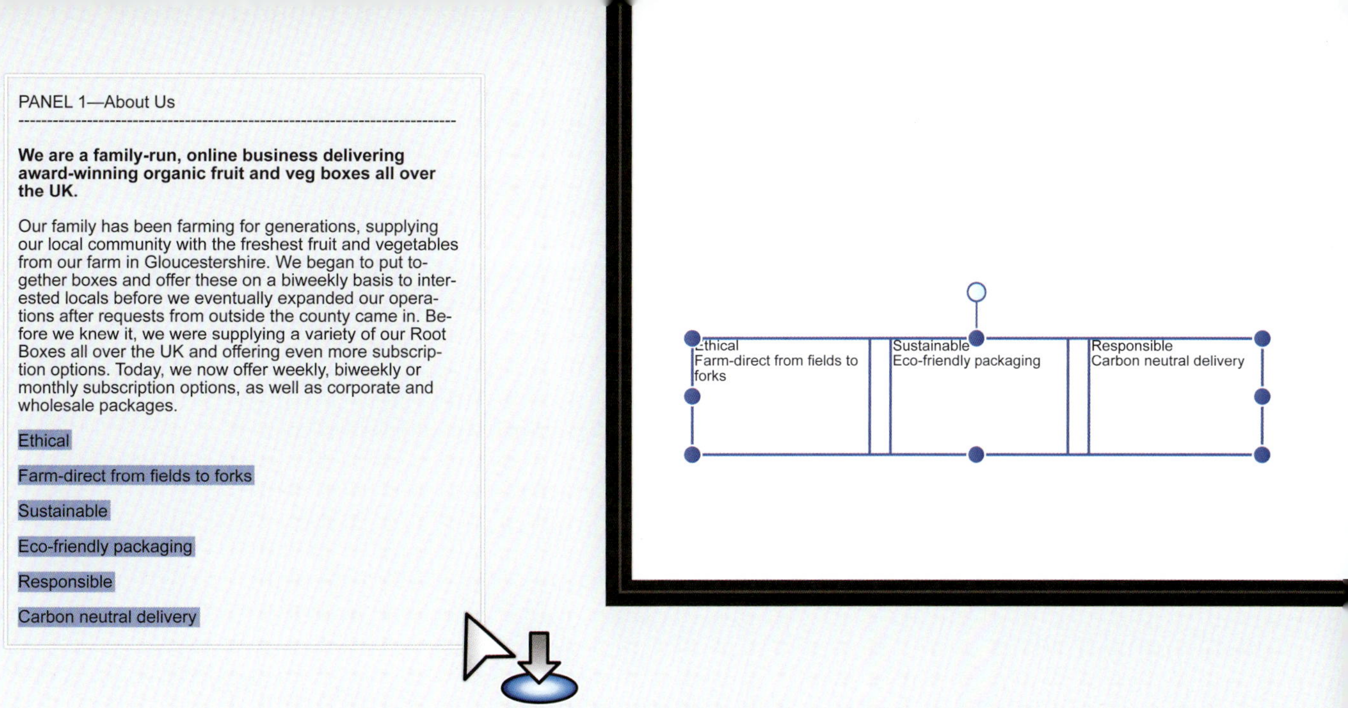

Platzieren von Text auf der Montagefläche von Publisher

1 Schalten Sie im Menü **Ansicht > Ansichtsmodus** die Option **An Leinwand begrenzen** aus.

2 Klicken Sie auf **Datei > Platzieren**.

3 Wählen Sie die heruntergeladene Datei Root Box Brochure.docx file aus und klicken Sie auf **Öffnen**.

4 Ziehen Sie den Cursor neben Seite 2 über die Montagefläche.

5 Über **Affinity Publisher > Einstellungen** (Mac) oder **Bearbeiten > Einstellungen** (Windows) können Sie unter **Oberfläche** die für die **Graustufe des Hintergrunds** einen helleren Ton einstellen, damit sich Ihr Text leichter lesen lässt.

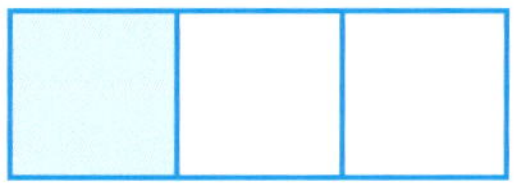

Panel 1 – About Us

Hier platzieren wir den Text zu der Firma, ihrer Philosophie und den Zielen, die sie sich gesetzt hat.

Platzieren von Text in Textrahmen

- Aktivieren Sie das Werkzeug **Rahmentext** (T) und ziehen Sie einen Textrahmen in der Mitte des Panels auf. Wählen Sie den Abschnitt „About Us" in dem Text auf der Montagefläche aus und ziehen Sie ihn in den Rahmen.

- Erstellen Sie einen weiteren Textrahmen und legen Sie in der Kontextleiste die Anzahl der **Spalten** auf *3* fest. Ziehen Sie die Texte „Ethical", „Sustainable" und „Responsible" in die einzelnen Spalten des Textrahmens und legen Sie über **Text > Einfügen > Wechsel** Spaltenwechsel fest.

Ressourcen

rootbox-ribeiro-englishgarden.jpg
rootbox-ribeiro-farmersdelight.jpg
rootbox-ribeiro-paradise.jpg
rootbox-ribeiro-holdingbox.jpg
Root Box Logo.afdesign

Panel 2 – Our top boxes

Genau wie bei Panel 1 platzieren wir auch hier etwas Text, stellen aber auch die drei Produkte mithilfe von Bilderrahmen vor.

Bei diesem Panel dehnen wir den geplanten Inhalt über die erste Falz bis in das Panel 1 aus. So erhalten wir mehr Platz, um die Produkte vorzustellen.

Platzieren der Texte

Erstellen Sie einen Textrahmen für die Überschrift *Our top boxes* (a) und drei Textrahmen für Bildunterschriften (b). Setzen Sie nun die Texte ein. Stellen Sie sicher, dass der Textrahmen der Überschrift sich magnetisch auf einer Höhe mit dem Textrahmen von Panel 1 ausrichtet.

> *Designs können sich ruhig über die Falzkanten hinaus erstrecken.*

Platzieren der Bilderrahmen

1 Aktivieren Sie das Werkzeug **Rechteckiger Bilderrahmen** (F), halten Sie die **Umschalttaste** (⇧), ziehen Sie einen quadratischen Bilderrahmen auf (c) und duplizieren Sie ihn zwei Mal.

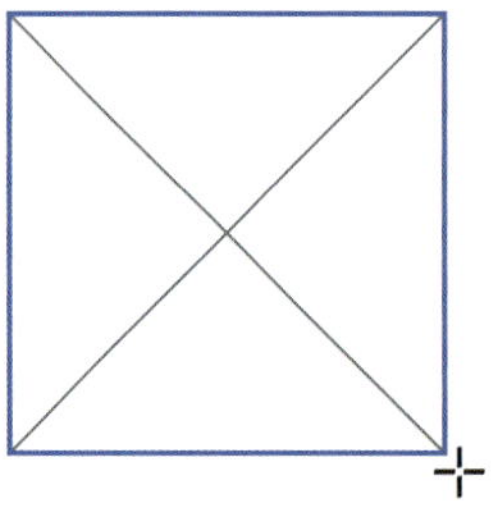

2 Richten Sie mit den Optionen unter **Ausrichtung** in der **Symbolleiste** die Rahmen aus und verteilen Sie sie gleichmäßig.

3 Legen Sie über das Panel **Kontur** für die Rahmen eine Konturbreite von *2 pt* und über das Panel **Farbfelder** die globale Farbe *Background* fest.

4 Setzen Sie mit **Datei > Platzieren** die ersten drei Bilddateien (siehe Ressourcen-Box) in die nacheinander ausgewählten Bilderrahmen ein.

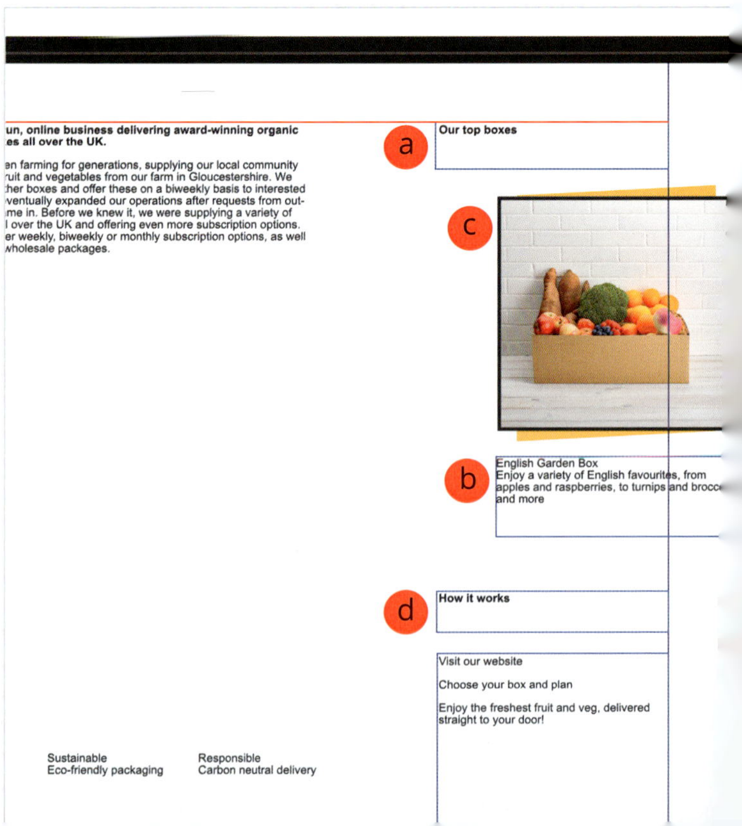

Als weiteren Hingucker haben wir bunte Quadrate im Hintergrund eingesetzt und dann vertikal geneigt. Ziehen Sie hierzu den Kantengriff der Form nach oben.

Panel 2 – How it works

Dieses Panel enthält den Textkörper der Broschüre mit allen Informationen zu Bestellungen und Auslieferung.

Platzieren des Textkörpers

Erstellen Sie einen Textrahmen für die Überschrift *How it works* (d) und drei weitere Textrahmen. Fügen Sie dann die Texte zur Bestellung und dem Kommentar ein.

Fernando Martins Ribeiro
Produktfotograf

„Bei diesen Bildern dreht sich alles um die wunderschön Vielfalt von frischem Obst und Gemüse. Alles soll ganz natürlich aussehen.

Bei den oberen Boxbildern war es besonders wichtig, das Obst und Gemüse sich farblich von ihrem Hintergrund abheben. So lässt sich auch bei sehr kleinen Bildern noch alles gut erkennen.

Bei dem Herz aus Himbeeren habe ich die Form von Hand auf Papier gezeichnet und dann die Beeren einzeln platziert – zuerst entlang der Umrisslinie und dann als Füllung für die gesamte Form.

Für das Foto der von Hand gehaltenen Box habe ich eine Box in den passenden Abmessungen aus Karton gebaut. Da ein Karton mit Obst recht schwer ist und dieses Gewicht die Hände des Models sichtbar anstrengt, habe ich den Karton erst mit zerknülltem Papier gefüllt. Das Obst ist im Grunde nur eine Deckschicht."

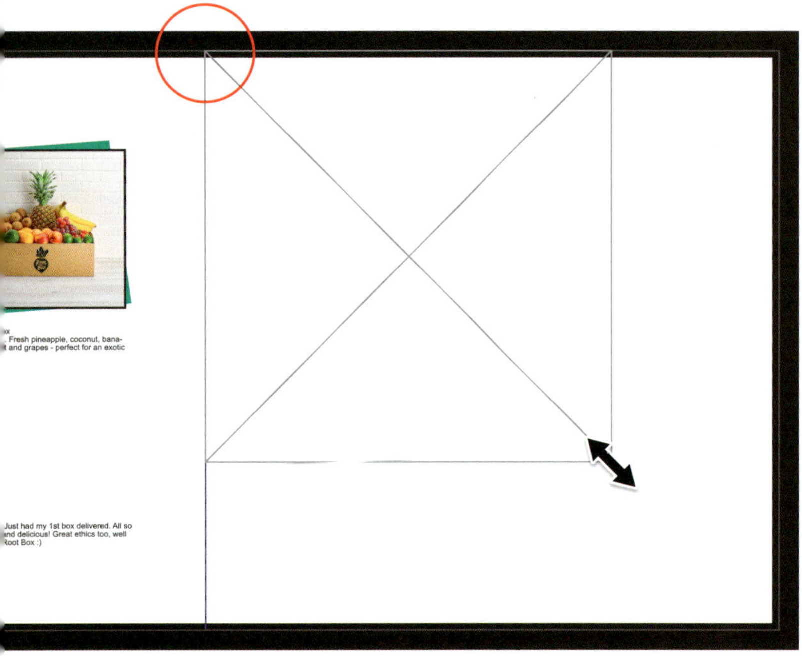

Panel 3

Detailliertes Produktfoto

1 Ziehen Sie einen Bilderrahmen auf, der sich vom Kreuzungspunkt der rechten Hilfslinie und oberen linken Anschnittecke zur unteren rechten Anschnittecke erstreckt und sich an diesen Punkten magnetisch ausrichtet.

2 Platzieren Sie das Bild rootbox-ribeiro-holdingbox.jpg in dem Bilderrahmen und stellen Sie mit dem Schieber die passende Zoomstufe ein.

3 Heben Sie die Auswahl des Rahmens auf und platzieren Sie das Logo Root Box Logo.afdesign außerhalb des Rahmens. Ziehen Sie es dann an die richtige Position auf dem Rahmen.

4 Verringern Sie die Logohöhe passend zur Box und zentrieren Sie das Logo. Reduzieren Sie die **Deckkraft** der Ebene auf *80 %*, damit sich das Logo gut in das Bild einfügt.

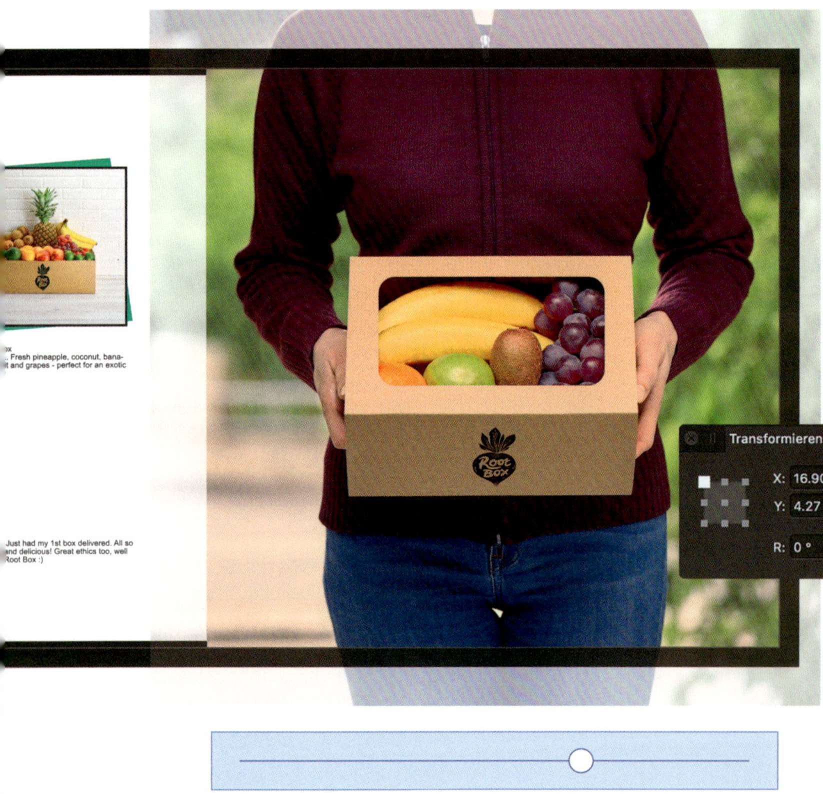

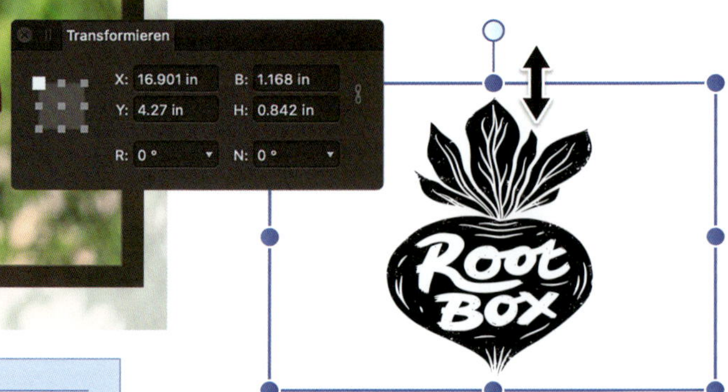

Duplikate des Logos habe ich auch auf den drei Bildern im Panel 2 platziert.

Ressource
Rootbox_brochure_03.afpub

Formatierung und Stil für Ihre Texte

Momentan ist der Text noch vollkommen „stillos“. Als Nächstes legen wir daher die Formatierung fest und erstellen unterwegs auch die passenden Absatztextstile. So sorgen wir für einen durchgängigen Look und können ihn jederzeit bequem anpassen.

Formatieren von Text und Speichern von Stilen

Arbeiten Sie sich durch die Texte auf der Seite. Beginnen Sie mit dem Textkörper; die größte Überschrift kommt als Letztes. Der wichtige Punkt hierbei ist, dass Sie eine Hierarchie von Absatzsteilen erstellen, die auf einem übergeordneten Gruppenstil namens „Grundlage“ basiert. Alle auf Grundlage basierenden Stile übernehmen automatisch alle Formateinstellungen des übergeordneten Stils. Sie müssen so nur noch gezielt einzelne Optionen anpassen (z. B. die Schriftgröße), damit sich die Stile von ihrem übergeordneten Stil unterscheiden. Die Abbildung zeigt, wie ich die Textstile formatiert habe.

Stellen Sie sich diese Schrifthierarchie wie einen Stammbaum vor. Caladea und Special Elite sind jeweils die Urahnen für Textkörper und Überschriften und alle anderen Familienmitglieder erben einen Teil ihrer Gene.

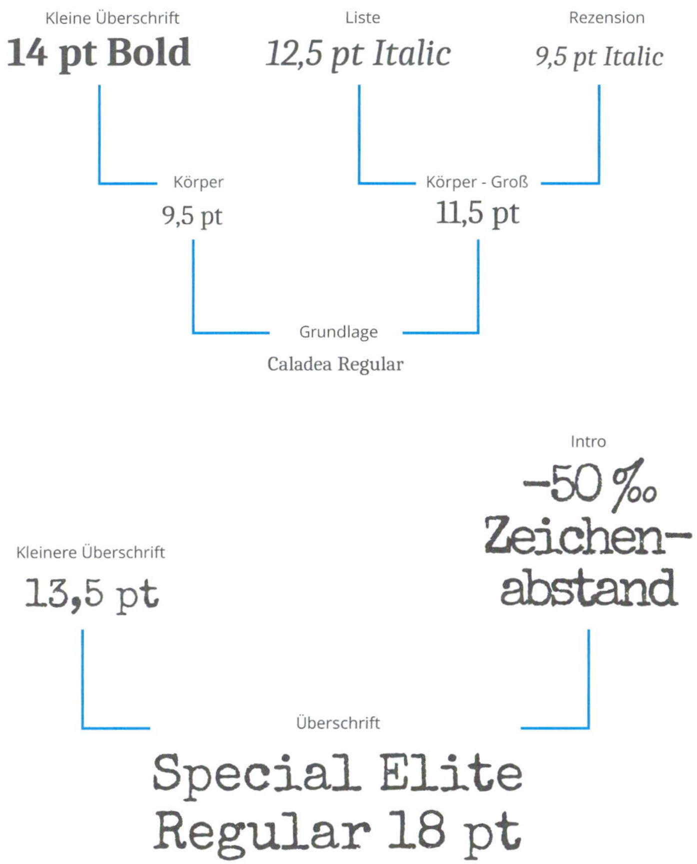

Ändern des Gruppenstils

- Stellen Sie im Panel **Textstile** den Textstil **Grundlage** auf die Schrift *Caladea Regular* um.

Der Stil für den Textkörper

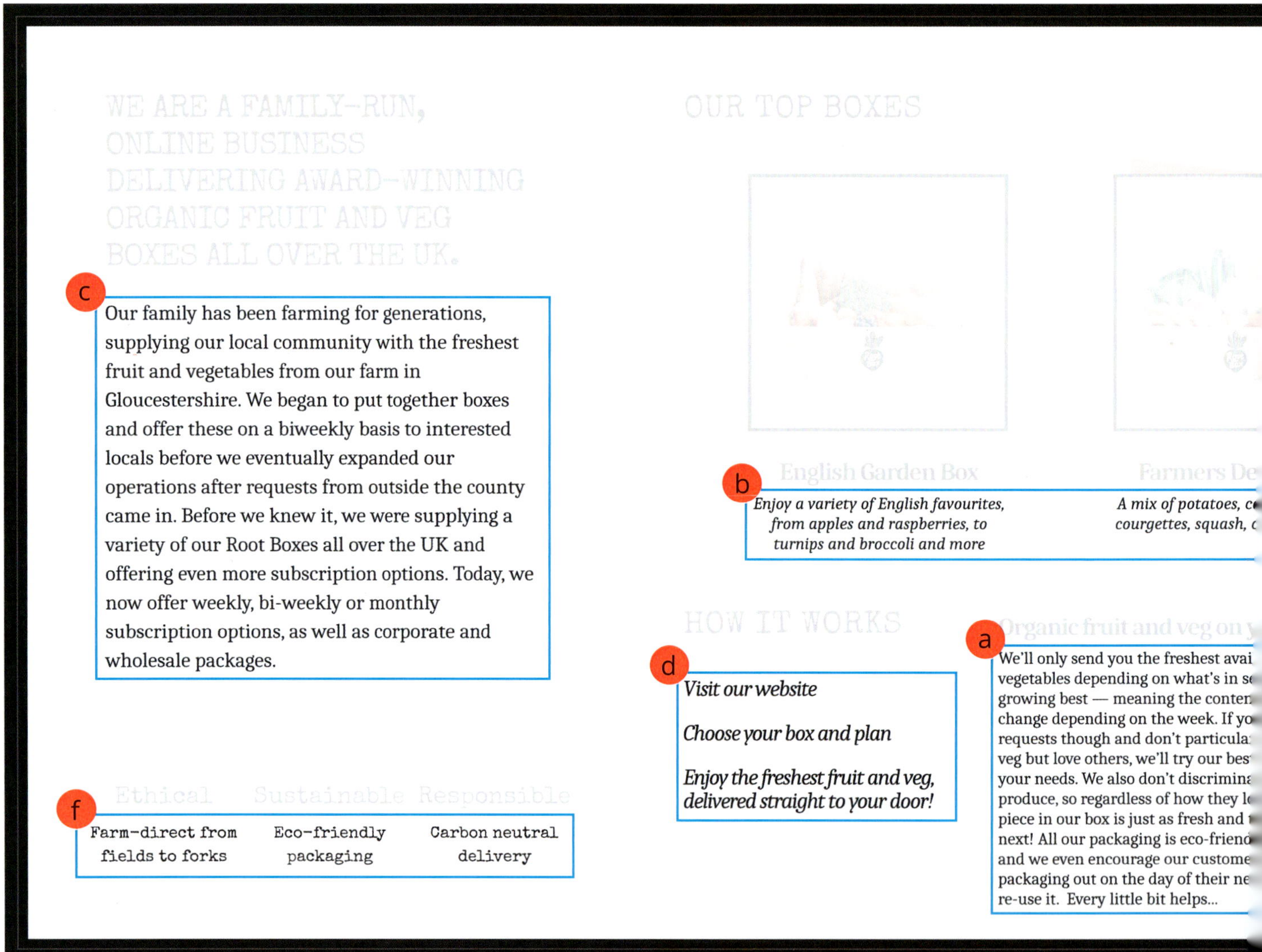

Textstile können etwas kompliziert werden. Wenn Sie bereits den Abschnitt über Textstile (Seite 140) im Kapitel zu den Grundlagen durchgearbeitet haben und dieses Projekt etwas beschleunigen möchten, können Sie auch einfach all die Textstile des Projekts aus der Datei „Rootbox_brochure_03.afpub" importieren. Klicken Sie hierzu im Menü **Paneleinstellungen** des Panels **Textstile** auf **Stile importieren**.

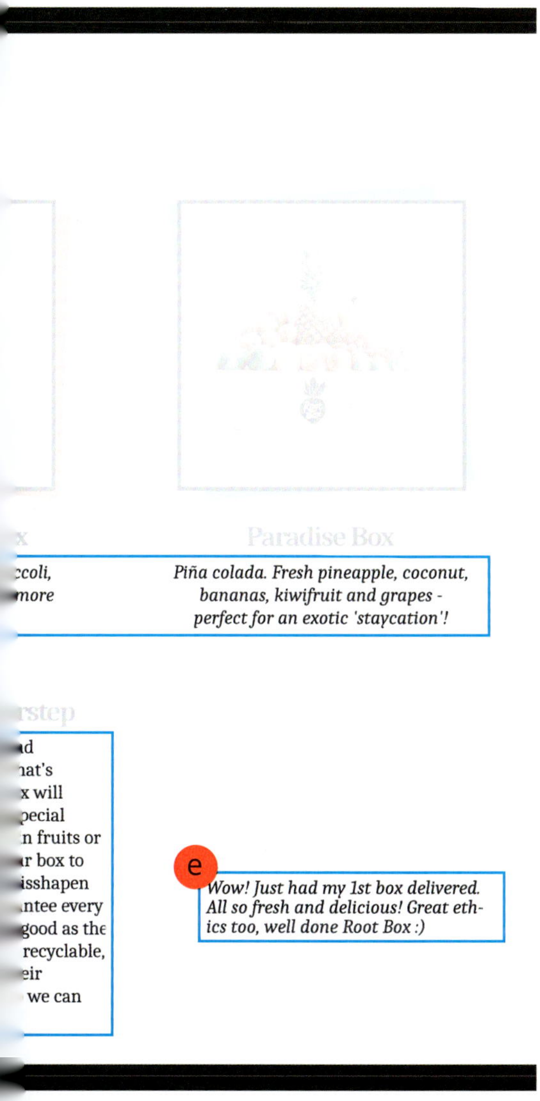

Ausgewählter Satz / Absatz	Schritte im Panel „Textstile"
We'll only send you the freshest ... (a)	Textstil *Körper* (*Body*) angewendet mit Größe *9,5 pt*. *Körper* basiert standardmäßig auf dem Stil *Grundlage* (*Base*). Im Textstil habe ich die **Abstandskorrektur** leicht erhöht (**Zeichen > Position und Transformation**).
Enjoy a variety of English ... *A mix of potatoes, cabbage ...* *Pina colada. Fresh pineapple ...* (b)	Textstil *Körper* angewendet und dann über die Kontextleiste als *Kursiv* and *Zentriert* formatiert.
Our family has been ... (c)	Neuen Stil namens *Körper - Groß*, basierend auf *Grundlage* erstellt und in Größe *11,5 pt* formatiert. **Schriftfamilie** mit *[Keine Änderung]* übernommen.
Visit our website (d)	Neuen Stil names *Liste* basierend auf *Körper - Groß* erstellt und in Größe *12,5 pt* und Schnitt *Kursiv* formatiert. **Schriftfamilie** mit *[Keine Änderung]* übernommen. **Zeichenabstand** um *-50 ‰* reduziert.
Wow! Just had my 1st box delivered. (e)	Neuen Stil namens *Rezension* basierend auf *Körper - Groß* erstellt und in Größe *9,5 pt* und Schnitt *Kursiv* formatiert. **Schriftfamilie** mit *[Keine Änderung]* übernommen.
Farm-direct ... Eco-friendly ... Carbon neutral ... (f)	Neuen Stil namens *Körper - Alternative* basierend auf *[Kein Stil]* mit *Special Elite Regular* in Größe *9 pt* erstellt und über die Kontextleiste **Zentriert**.

Überschriften

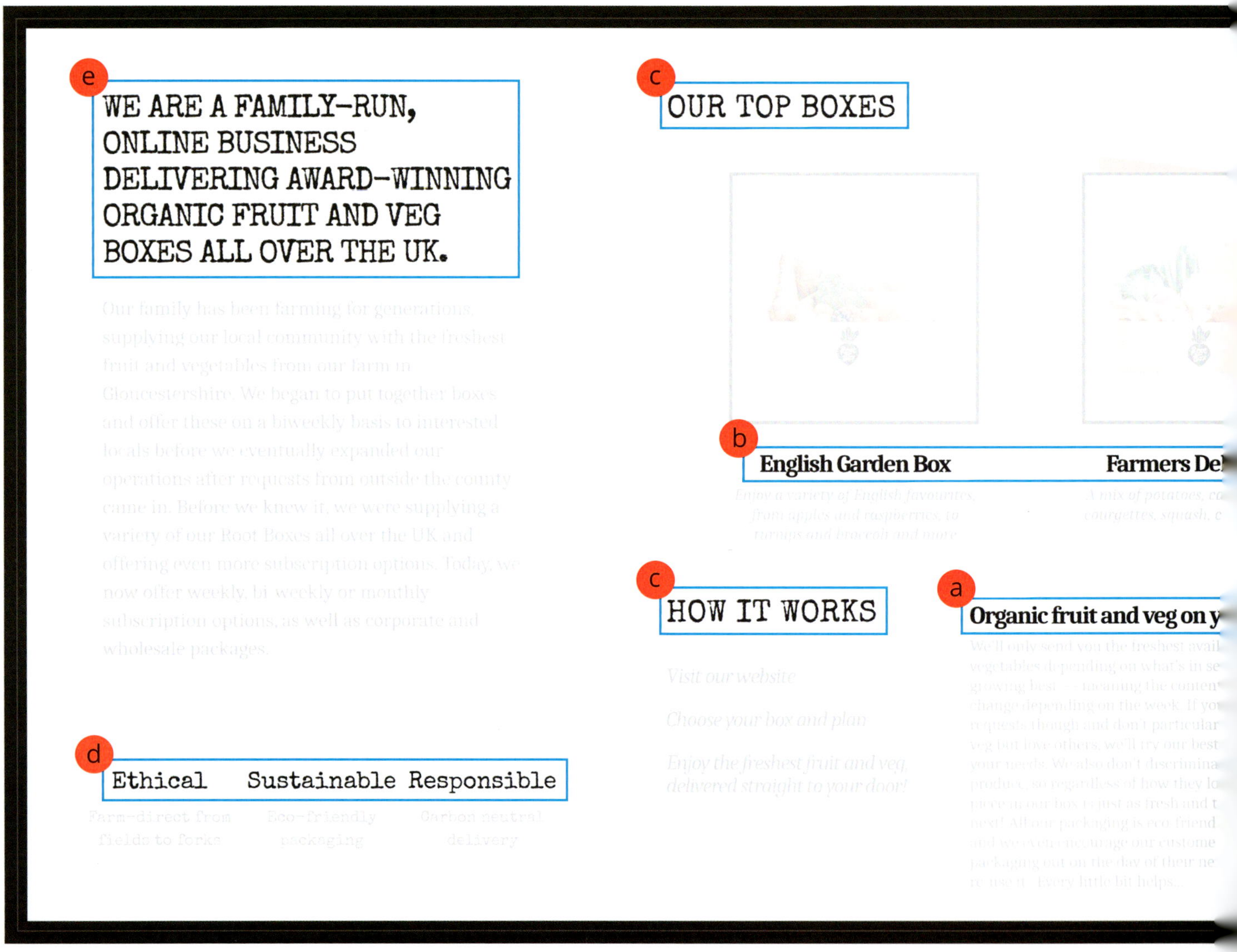

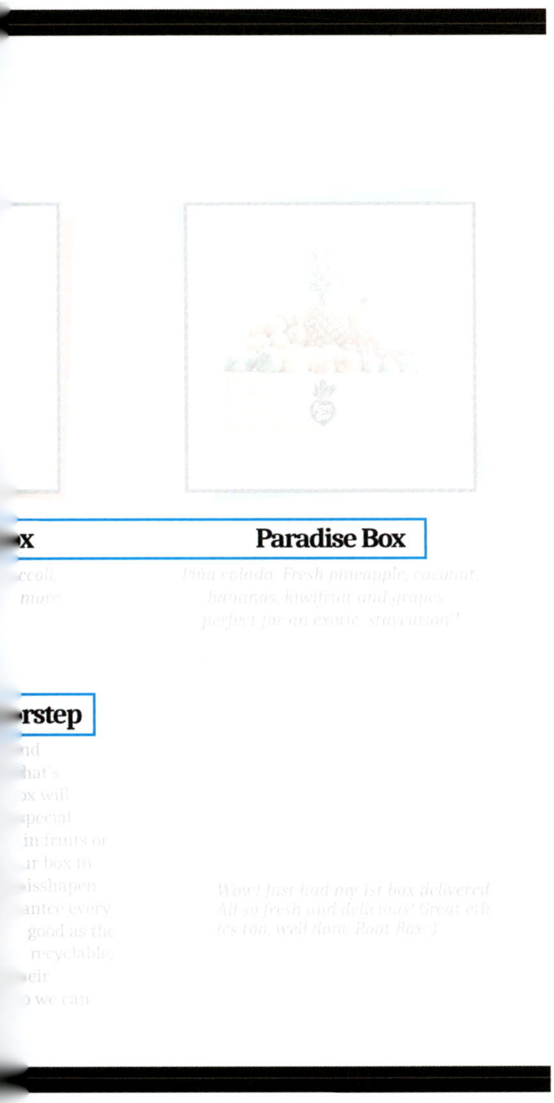

Ausgewählter Satz / Absatz	Schritte im Panel „Textstile"
Organic fruit and veg ... (a)	Neuen Stil namens *Kleine Überschrift* basierend auf *Körper* erstellt und in Größe *14 pt* mit Schnitt *Fett* formatiert. **Schriftfamilie** mit *[Keine Änderung]* übernommen. **Zeichenabstand** um *-50 ‰* reduziert.
English Garden Box Farmers Delight Box Paradise Box (b)	Stil *Kleine Überschrift* angewendet und die Texte über die Kontextleiste **Zentriert**.
OUR TOP BOXES HOW IT WORKS (c)	Neuen Stil namens *Überschrift* basierend auf *[Kein Stil]* mit *Special Elite Regular* in Größe *18 pt* erstellt und mit **Nur Großbuchstaben** formatiert.
Ethical Sustainable Responsible (d)	Neuen Stil namens *Kleinere Überschrift* basierend auf *Überschrift* in der Größe *13,5 pt* erstellt und die **Schriftfamilie** mit *[Keine Änderung]* übernommen. Texte über die Kontextleiste **Zentriert**.
WE ARE A FAMILY-RUN BUSINESS (e)	Neuen Stil namens *INTRO* basierend auf *Überschrift* erstellt. **Zeichenabstand** auf *-50 ‰* reduziert und **Automatische Silbentrennung** deaktiviert.

Entfernen Sie nicht verwendete Textstile über die **Paneleinstellungen** im Panel **Textstile**.

Verzierungen für Überschriften

Verzierungen (Absatzlinien) sind perfekt, um Überschriften zu unterstreichen und zusätzlich hervorzuheben. Da Verzierungen zu den Eigenschaften von Absatztextstilen gehören, können Sie mit einer Änderung an dem übergeordneten Überschriftenstil direkt alle untergeordneten Überschriften beeinflussen.

1 Führen Sie im Panel **Textstile** einen Doppelklick auf den Stil *Überschrift* aus.

2 Aktivieren Sie unter **Absatz > Verzierung** die Option **Aktiviert**, klicken Sie auf das Symbol der gewünschten Verzierungslinie (siehe Abbildung) und dann auf das Farbmuster **Füllung**. Legen Sie nun die globale Farbe *Gelb* im Tab **Farbfelder** fest.

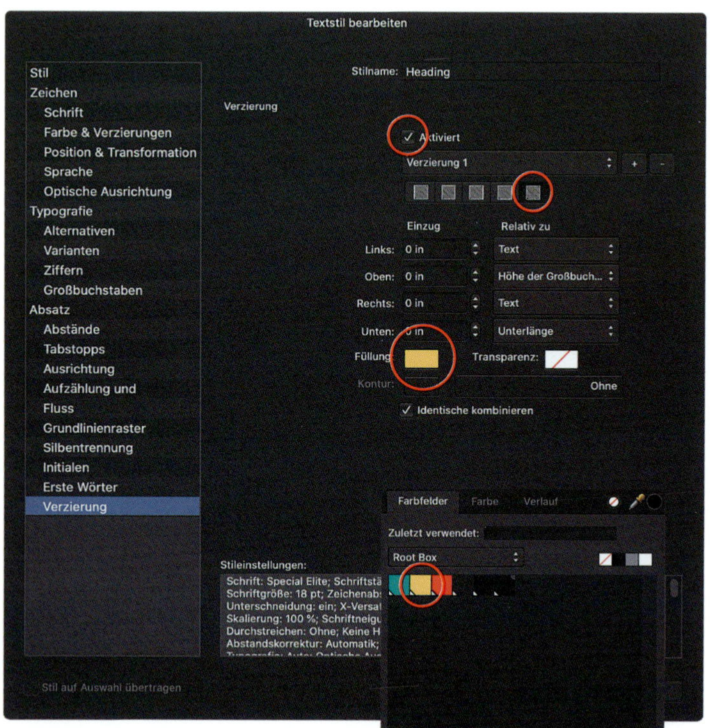

Das folgende Beispiel ist nur ein einfacher Textmarker-Effekt. Mit Verzierungen lassen sich auch noch andere Betonungen für Überschriften festlegen (siehe nächste Seite).

OUR TOP BOXES

OUR TOP BOXES

HOW IT WORKS

Ethical

Sustainable

Responsible

Textmarker über die ganze Rahmen- oder Spaltenbreite.

Textmarker inklusive Grundlinienstrich.

Textmarker mit Transparenzverlauf.

Textmarker über die ganze Rahmen- oder Spaltenbreite und über die Höhe der Großbuchstaben und die Unterlängen ausgedehnt.

Textmarker mit linkem vertikalen Strich.

Ohne Textmarker mit Strich unten.

Nummerierte Listen

Die Liste braucht noch eine Nummerierung, die anders formatiert ist als der Text.

1 Erstellen Sie im Panel **Textstile** einen neuen Zeichenstil namens *Listennummer* mit der Schrift *Special Elite* in Größe *20 pt*.

2 Führen Sie einen Doppelklick auf den Absatzstil *Liste* aus.

3 Legen Sie unter **Absatz > Aufzählung und Nummerierung** die abgebildeten Einstellungen fest. Wichtig: Stellen Sie für **Text** über das Einblendmenü die Option **Aktuelle Stufe** (\#) und zwei Leerzeichen ein.

4 Stellen Sie unter Abstände den **Linken Einzug** auf *0,3 in*, ein und setzen Sie den **Einzug für 1. Zeile** auf *0* zurück.

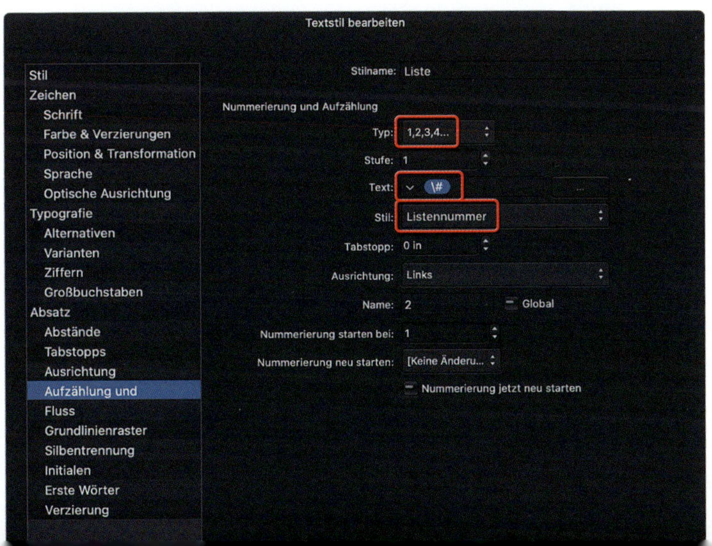

Letzte Schritte

Hier eine kurze Zusammenfassung für den Feinschliff der Innenseite.

- Platzieren Sie rootbox-ribeiro-berries.png über dem ersten Textkörper und legen Sie über die Option **Einstellungen für Textumbruch einblenden** der **Symbolleiste** die Variante **Eng** fest. So lenken Sie das Auge des Lesers auf den Haupttext.

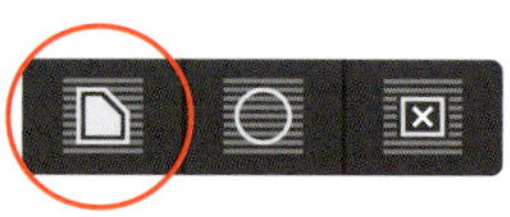

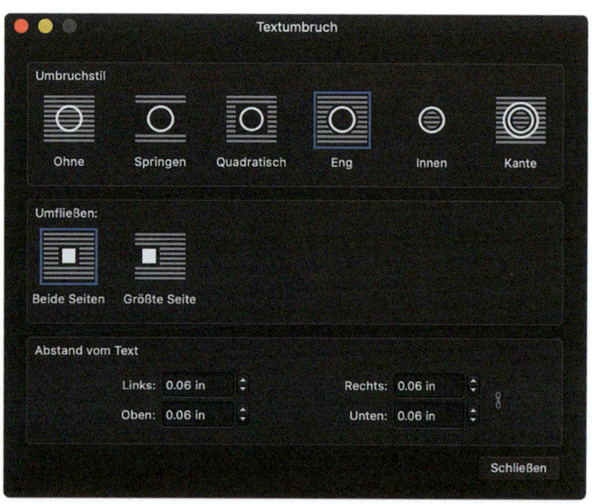

- Um die Wirkung von Panel 1 noch weiter zu unterstreichen, haben wir mit der globalen Farbe *Background* noch ein weiteres Panel hinter den Text gelegt. Damit der Text gut lesbar ist, haben wir die Überschrift mit der gelben *Globalen Farbe 2* formatiert, den Hauptabsatz in Grau (*CMYK 0,0,0,40*) und die Mottotexte „Farm-direct“, „Eco-friendly“ und „Carbon neutral“ in Weiß.

Ressourcen
Rootbox_brochure_04.afpub rootbox-ribeiro-berries.png

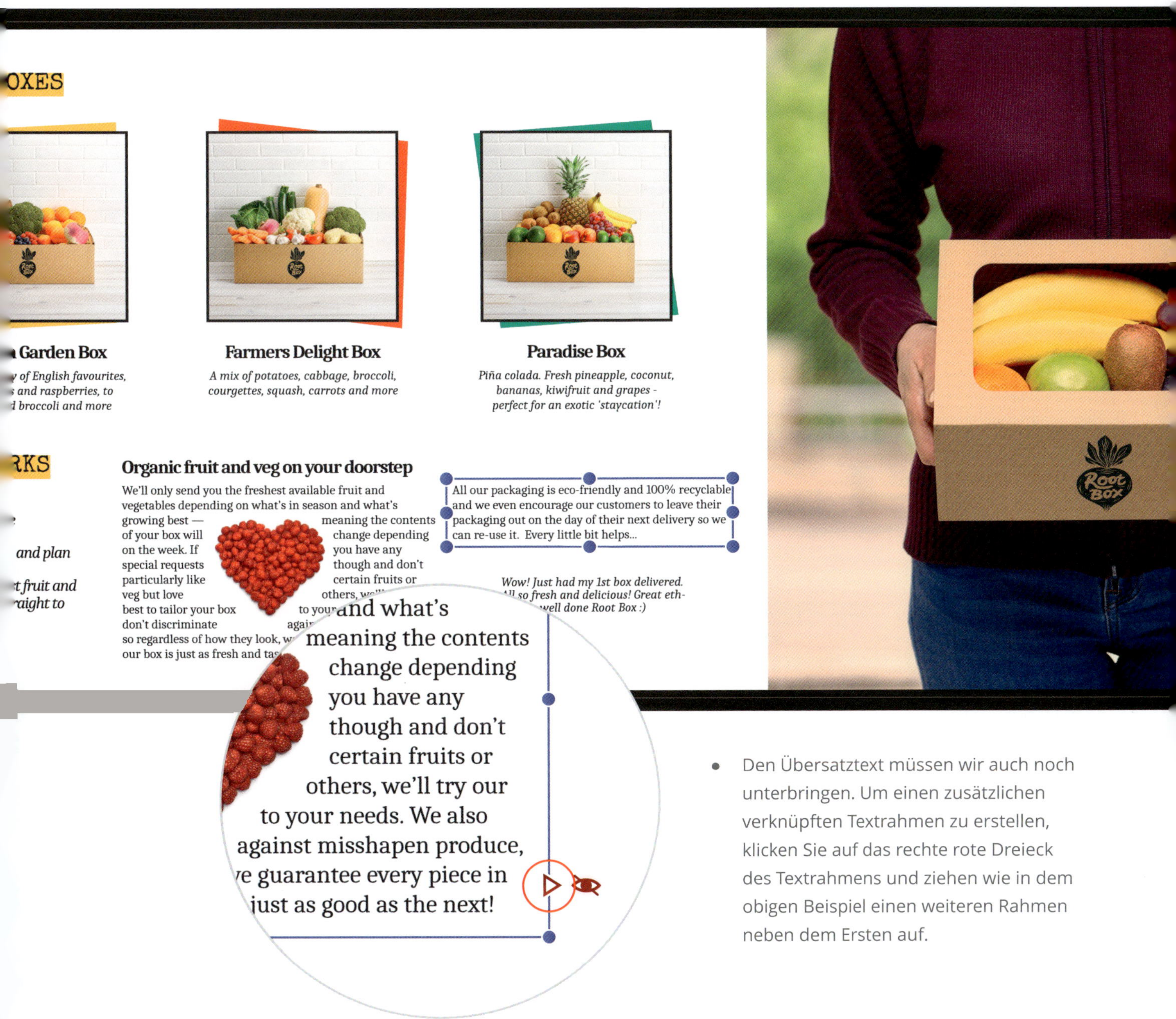

- Den Übersatztext müssen wir auch noch unterbringen. Um einen zusätzlichen verknüpften Textrahmen zu erstellen, klicken Sie auf das rechte rote Dreieck des Textrahmens und ziehen wie in dem obigen Beispiel einen weiteren Rahmen neben dem Ersten auf.

DAS DESIGN DER AUSSENSEITE (SEITE 1)

Die Außenseite umfasst das Cover, die Klappe und die Rückseite der Broschüre. Ich habe mich für einen minimalistischen Look entschieden, der potenzielle Kunden neugierig macht, damit sie die Broschüre in die Hand nehmen und einen Blick hinein werfen.

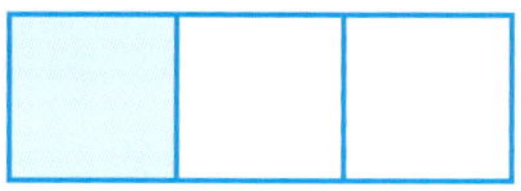

Die Klappe

Die Klappe besteht aus einem Lifestyle-Foto, das dem Leser direkt einen Bezug zu den Produkten vermittelt. Da der Leser zuerst dieses Panel beim Öffnen der Broschüre sieht, kann er sich leichter vorstellen, wie sich die Produkte in seiner Küche machen.

Platzieren des Lifestyle-Fotos

1 Erstellen Sie mit dem Werkzeug **Rechteckiger Bilderrahmen** einen Bilderahmen, der sich über die gesamte Klappe bis zu den Anschnittkanten erstreckt.

2 Klicken Sie auf **Datei > Platzieren** und setzen Sie das Bild rootbox-ribeiro-kitchen.jpg in den Rahmen ein.

3 Heben Sie die Auswahl des Bilderrahmens auf.

Wie Sie solche platzierten Bilder noch unterstreichen, zeige ich Ihnen später (Seite 206).

Ressourcen

Rootbox_brochure_05.afpub
rootbox-ribeiro-kitchen.jpg
170577635.jpg
rootbox-ribeiro-overhead.png
Root Box Logo.afdesign
Root Box LogoType.afdesign

Die Rückseite

Auf der Rückseite platzieren wir die Kontaktinfos und ein kleines Telefon-Symbol vor einem gemusterten Hintergrund, den wir auch für das Cover verwenden.

Platzieren von Mustern im Hintergrund

1 Erstellen Sie einen weiteren Bilderrahmen so, dass er sich von der linken oberen Anschnittecke der Rückseite bis zur rechten unteren Ecke des Covers erstreckt.

2 Setzen Sie das Bild 170577635.jpg in den Rahmen ein.

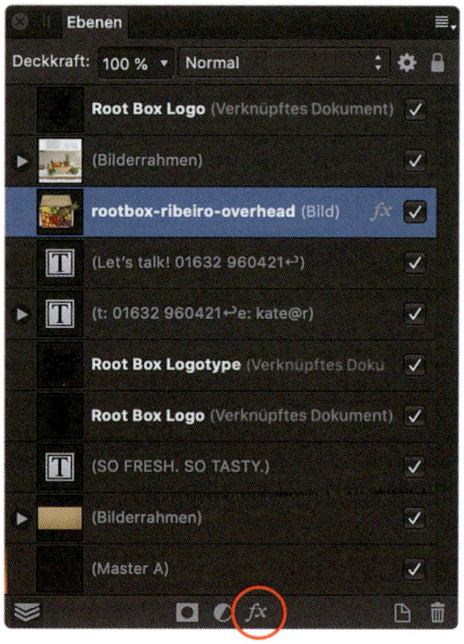

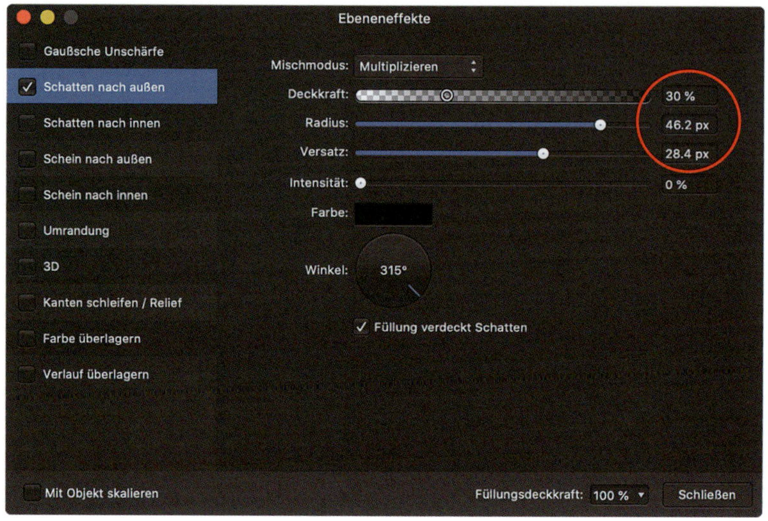

Platzieren der geöffneten Box

1 Platzieren Sie das Bild rootbox-ribeiro-overhead.png außerhalb der Seite, damit es nicht das zuvor gerahmte Bild ersetzt.

2 Ziehen Sie es das Bild nun wieder so auf die Seite, dass es sich magnetisch an der oberen Anschnittkante ausrichtet und passen Sie seine Größe so an, dass es sich über die halbe Panelhöhe erstreckt (a).

3 Um das Bild von der Seite „abzuheben", fügen Sie über das Panel **Ebenen** den Ebeneffekt **Schatten nach außen** hinzu. Stellen Sie **Deckkraft**, **Radius** und **Versatz** passend zu dem Bild ein.

Dieses Bild liegt als transparente PNG-Datei vor. Hierzu haben wird Bild mit einer separaten App für die Fotobearbeitung (in unserem Fall Affinity Photo) exportiert. Später (Seite 208) zeige ich Ihnen, wie Sie solche Ausschnitte direkt mit der Photo Persona von Affinity Publisher erstellen (dies ist nur möglich, wenn auf Ihrem Computer auch Affinity Photo installiert ist).

Die Kontaktinfos

Auf der Rückseite finden sich auch die visuell etwas zurückhaltenden Kontaktdetails mit nur einer Telefonnummer. Dass Kunden telefonisch direkt mit einem Mitglied der „Root Box"-Familie sprechen können, stärkt die Markenbindung und unterstreicht das Motto der Marke. Natürlich dürfen auch die Infos zu sozialen Medien nicht fehlen.

1 Erstellen Sie mit dem Werkzeug **Rahmentext** einen einspaltigen und einen zweispaltigen Textrahmen. Mit dem zweispaltigen Textrahmen sorgen Sie schnell und einfach für gleiche Abstände (b).

2 Ziehen Sie den Text „Let's Talk" und die Infos zu den sozialen Medien von der Montagefläche in die entsprechenden Textrahmen.

3 Formatieren Sie die Rahmentexte mit den Textstilen *Körper - Alternative* und *Körper*.
Für den Absatz „Let's Talk!" habe ich noch Weiß als Kontrastfarbe festgelegt und bei der Telefonnummer die im Stil festgelegte Schriftgröße auf *14,5 pt*, erhöht. Zum Abschluss habe ich dann den Zeilenabstand noch etwas verkleinert.

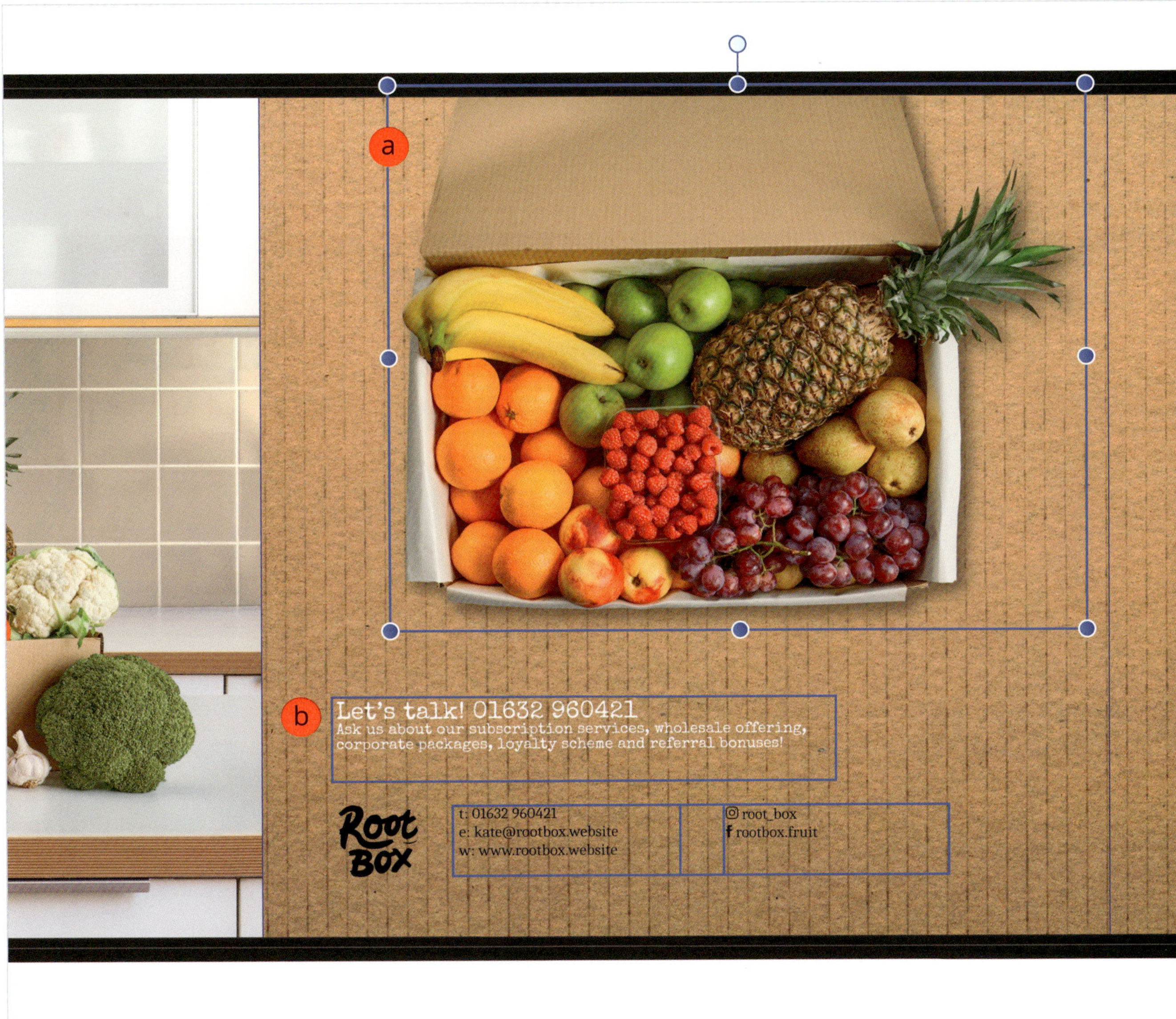

Ich habe noch ein Farbfeld in reinem Schwarz (*CMYK 0,0,0,100*) erstellt und für das **Überdrucken** festgelegt. Diese Farbe ist für alle Texte zu den sozialen Medien.

Dies ist nur ein Hinweis, dass wir an das Überdrucken gedacht haben. Alle Druckerei-fertigen PDF-Profile, die Sie für den Export auswählen können, sind automatisch so konfiguriert, dass sie Schwarz überdrucken. Sie müssen dieses Farbfeld also nicht extra erstellen.

Platzieren unterstützender Grafiken

- Platzieren Sie das Logo Root Box Logotype.afdesign neben den Kontaktinfos. So unterstreichen Sie die Marke.
- Die Icons für die jeweiligen sozialen Medien finden Sie auf instagram.com und facebook.com. Setzen Sie die Icons einfach per Kopieren und Einfügen als integrierte Bilder in Ihren Text ein.

Root
Box
a
b
SO FRESH. SO TASTY.

Das Cover

Als Blickfang besticht das Cover mit schlichten Design aus Logo und ansprechendem Motto. Das Logo ist Visitenkarte und Aushängeschild für die Firma und fördert die Markenbindung.

Platzieren des Logos

- Klicken Sie auf **Datei > Platzieren** und setzen Sie das Logo Root Box Logo.afdesign mittig auf das Panel (a).

Das Motto

Der letzte Text in unserem Design ist das wichtige Motto, mit dem wir das Logo der Firma untermalen. Hier kommt es wirklich auf die Größe an, da der Text auch aus größerer Entfernung gut lesbar sein muss.

1 Ziehen Sie einen Textrahmen auf, der sich über das gesamte Cover erstreckt (b).

2 Geben Sie *„SO FRESH. SO TASTY" ein*.

3 Erstellen Sie einen neuen Textstil namens *Motto* basierend auf dem Textstil *Überschrift*. Legen Sie als Größe *29 pt* und als Ausrichtung *Zentriert* fest und wenden Sie ihn auf den Text an.

4 Deaktivieren Sie die Option **Aktiviert** für **Verzierung**, um die gelbe Verzierung des übergeordneten Stils zu übernehmen.

Klein aber fein: Kopieren Sie das Logo einmal und setzen Sie es auf die Box in dem Lifestyle-Foto der Klappe. Noch realistischer wirkt es, wenn Sie das Logo mit dem rechten Kantengriff nach oben neigen, damit es perspektivisch zu der Box passt.

VERBINDEN ALLER DESIGNELEMENTE

Wir schaffen nun eine visuelle Verbindung zwischen einigen Designelementen, indem wir dieselbe Farbe auf ausgewählte Objekte beider Seiten übertragen – und zwar zuerst mit einer überlagerten Bildfarbe und dann über die Textformatierung. Mit der Anpassung „Weißabgleich" lassen sich Bildfarben recht gut auf das restliche Design abstimmen.

Die Außenseite (Seite 1)

Überlagern von Farben

Das gemusterte Hintergrundbild wirkt gleich noch viel besser, wenn wir es mit einer satten globalen Farbe versehen. Wir haben uns für ein Blaugrün entschieden. Das Gelb der Überschriftverzierungen lässt sich auch gut für das Logo der Root Box verwenden.

1 Wählen Sie den Bilderrahmen für das Hintergrundmuster aus.

2 Klicken Sie im Panel **Ebenen** auf die Option **Ebeneneffekte**.

3 Aktivieren Sie den Effekt **Farbe überlagern** und klicken Sie auf das Musterfeld **Farbe**. Legen Sie in dem nun sichtbaren Einblendmenü die Option **Farbfelder** und in dem jetzt sichtbaren Einblendmenü die Option **Dokument** fest.

Ressource
Rootbox_brochure_final.afpub

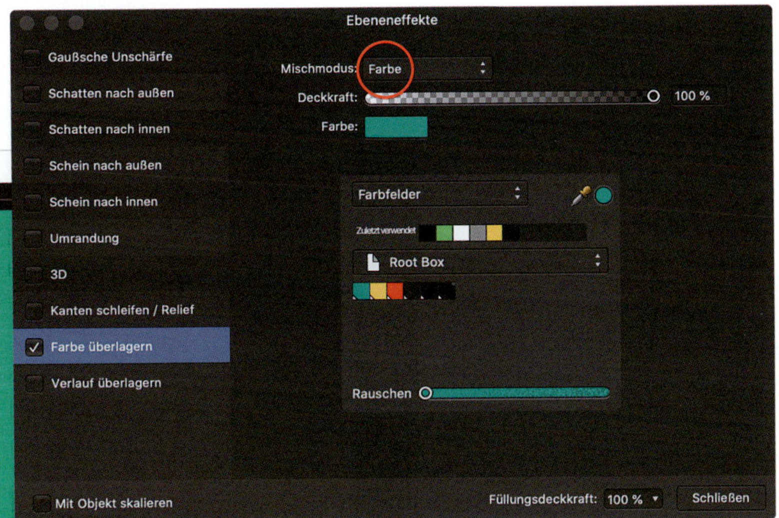

4 Wählen Sie das blaugrüne Farbfeld aus und stellen Sie den **Mischmodus** auf *Farbe*, damit die Bildhelligkeit erhalten bleibt.

5 Wiederholen Sie diese Schritte für die Ebene *Root Box Logotype*. Verwenden Sie diesmal jedoch das gelbe Farbfeld und den Mischmodus *Normal*.

Als Textfarbe für die Telefonnummer können Sie ebenfalls die gelbe globale Farbe verwenden – allerdings nicht als überlagerte Farbe.

Anpassen von Bildern per Weißabgleich

Das Lifestyle-Foto auf der Klappe könnte einen neuen Weißabgleich vertragen. So lässt sich das Bild „aufwärmen" und es passt zu dem Deckel der benachbarten Box für Obst und Gemüse.

1 Wählen Sie im Panel **Ebenen** den Bilderrahmen des Lifestyle-Fotos aus.

2 Klicken Sie unten im Panel auf die Option **Anpassungen** und dann in der Liste auf **Weißabgleich**.

3 Stellen Sie den **Weißabgleich** auf *5 %*.

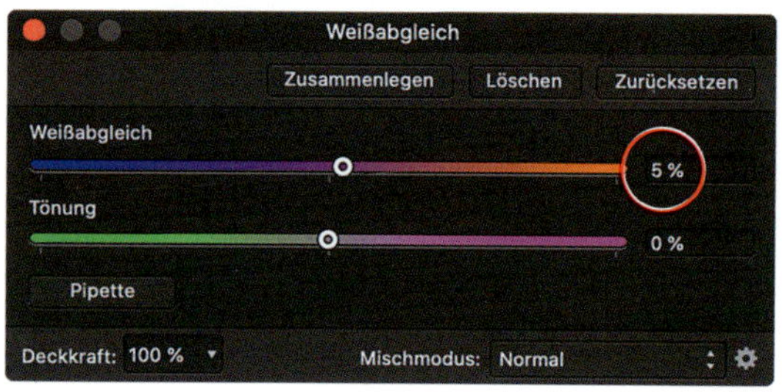

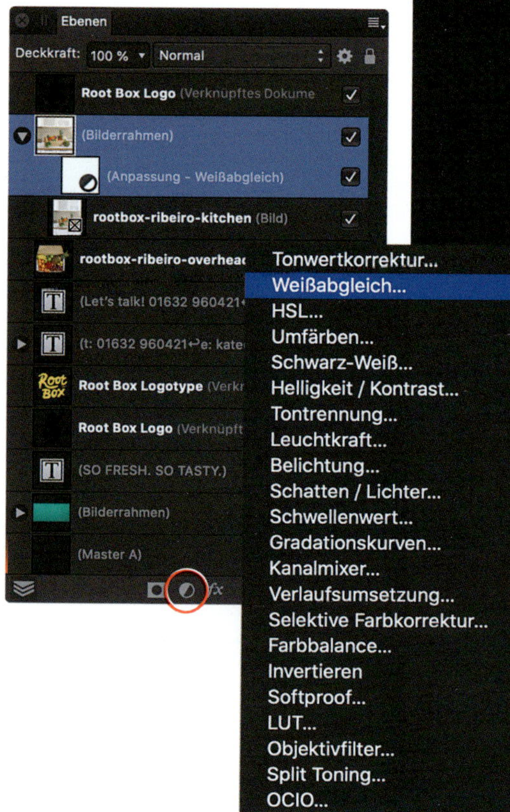

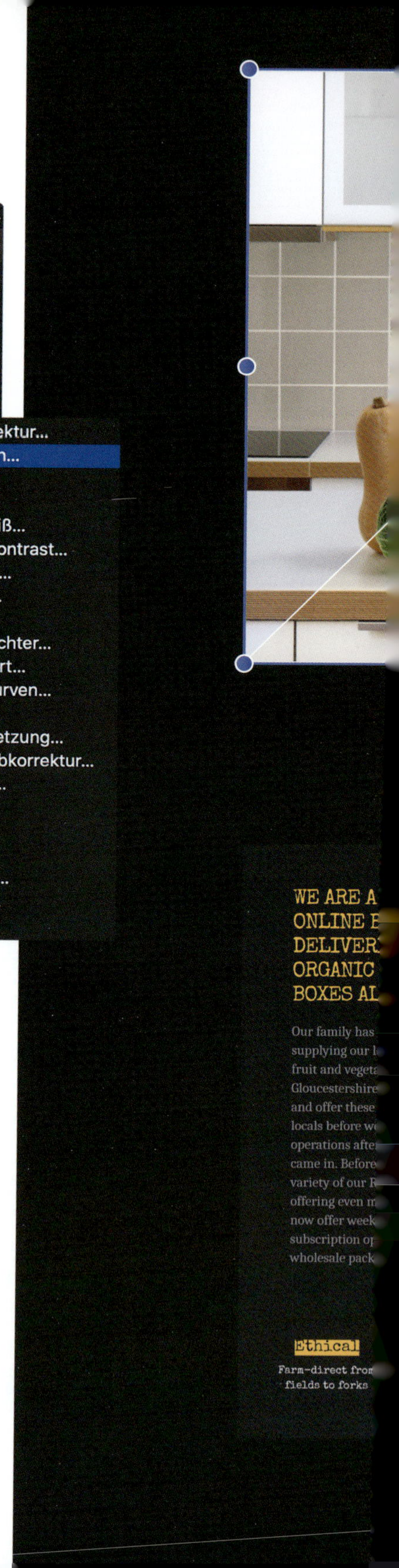

Die Innenseite (Seite 2)

Das Hauptprojekt ist fast fertig. Nachdem ich Blaugrün für den Hintergrund des Covers verwendet habe, wollte ich diese Farbe auch noch auf der Innenseite (Seite 2) aufgreifen – als Textfarbe für die Liste und als Hintergrund für die Rezension.

1 Stellen Sie im Panel **Textstile** für den Absatzstil *Liste* Blaugrün als Farbe der **Textfüllung** ein.

2 Setzen Sie den Zeichenstil *Listennummer* wieder auf absolutes Schwarz *100K* zurück.

- Färben Sie den Rezensionstext weiß und platzieren Sie mit dem Werkzeug **Rechteckige Sprechblase** eine Sprechblase mit blaugrüner Füllung hinter dem Text. Platzieren Sie abschließend mit dem Formwerkzeug **Stern** noch ein paar gelbe Sterne.

Let's talk! 01632 960421
Ask us about our subscription services, wholesale offering, corporate packages, loyalty scheme and referral bonuses!
Root Box
t: 01632 960421
e: kate@rootbox.website
w: www.rootbox.website
root_box
rootbox.fruit

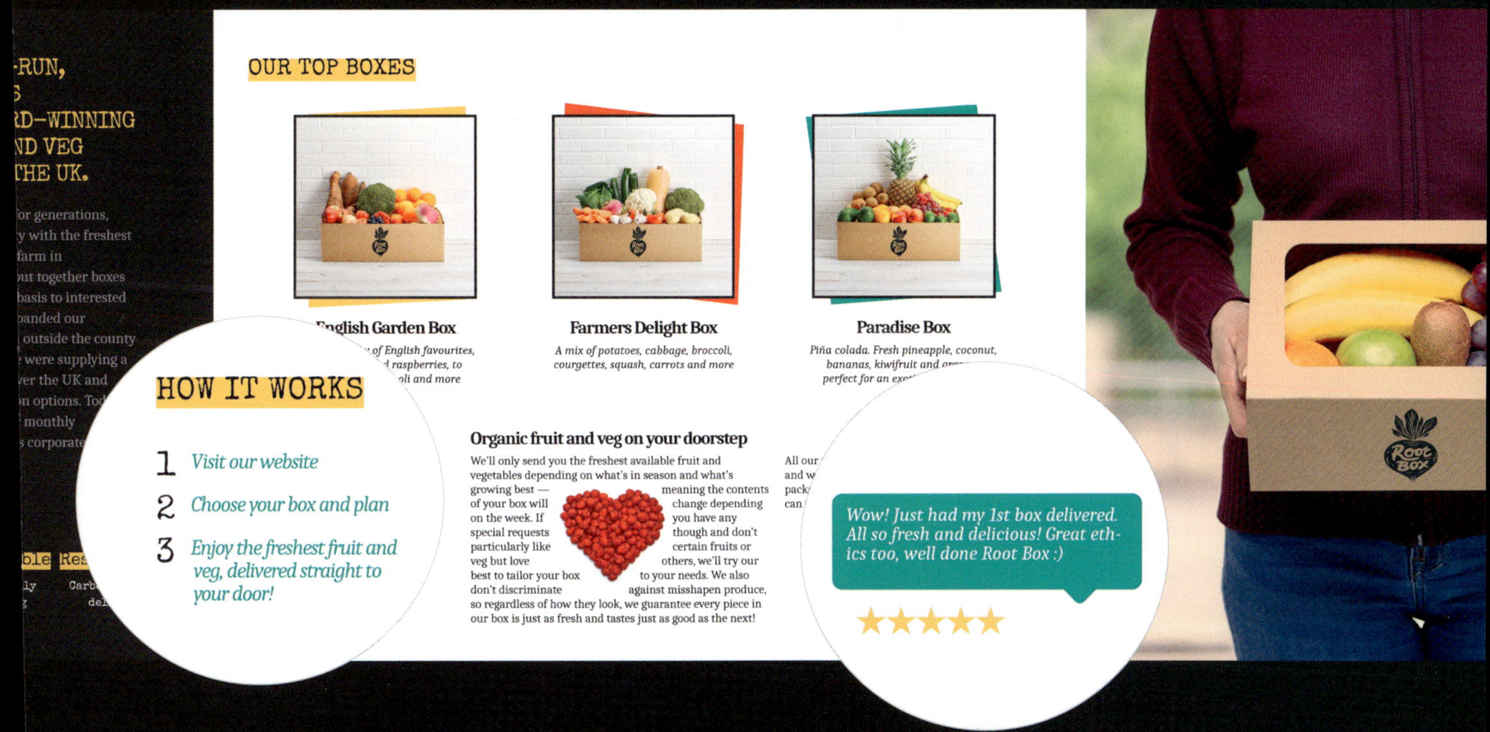
OUR TOP BOXES
Farmers Delight Box
A mix of potatoes, cabbage, broccoli, courgettes, squash, carrots and more
Paradise Box
HOW IT WORKS
1 Visit our website
2 Choose your box and plan
3 Enjoy the freshest fruit and veg, delivered straight to your door!
Organic fruit and veg on your doorstep
We'll only send you the freshest available fruit and vegetables depending on what's in season and what's growing best — meaning the contents of your box will change depending on the week. If you have any special requests though and don't particularly like certain fruits or veg but love others, we'll try our best to tailor your box to your needs. We also don't discriminate against misshapen produce, so regardless of how they look, we guarantee every piece in our box is just as fresh and tastes just as good as the next!
Wow! Just had my 1st box delivered. All so fresh and delicious! Great ethics too, well done Root Box :)

SCHNELLES ARBEITEN MIT BILDERN ÜBER STUDIOLINK

Haben Sie auch eine Version von Affinity Designer und Affinity Photo erworben und auf Ihrem Computer installiert, können Sie dann **StudioLink** direkt die verschiedenen Funktionen dieser Apps nutzen, ohne Affinity Publisher zu verlassen. Im Fall von Affinity Photo stehen Ihnen zum Beispiel die Live-Filter sowie professionellen Auswahl- und Retuschierwerkzeuge zur Verfügung. Endlich ist Schluss mit externer Fotobearbeitung und dem ständigen Importieren neuer Bildversionen.

Nachdem das Hauptprojekt jetzt fertig ist, wechseln wir zu einer anderen Ressourcendatei und werfen einen genauen Blick auf die Möglichkeiten der Bildoptimierung mit den Features von Affinity Photo, wie zum Beispiel:

- Ausschneiden von Motiven
- Entfernen unerwünschter Inhalte

Ausschneiden von Motiven

Für einen vorangehenden Arbeitsschritt in diesem Projekt (Seite 200) haben wir ein transparentes PNG-Bild platziert, das zuvor in einer externen App ausgeschnitten wurde. Diese Box lässt sich aber auch mithilfe von Pixelauswahl, Auswahlverfeinerung und einer Maske ausschneiden.

> Manchmal liegt keine bereits ausgeschnittene Bildversion im PNG-Format vor Mit StudioLink umgehen Sie das Problem ganz einfach, indem Sie das Motiv in der App ausschneiden und das Originalbild unverändert lassen.

1 Klicken Sie in der **Personaleiste** auf das Symbol der **Photo Persona**.

2 Wählen Sie die Obstbox aus.

3 Aktivieren Sie den **Auswahlpinsel** (W) und malen Sie die Box aus, bis sie komplett von einem blinkenden Laufrahmen umgeben ist.

> Ändern Sie bei dieser Arbeit ruhig öfter die Zoomstufe und passen Sie die Pinselgröße mit den Tasten [und] an.

Ressource
Rootbox_brochure_StudioLink.afpub

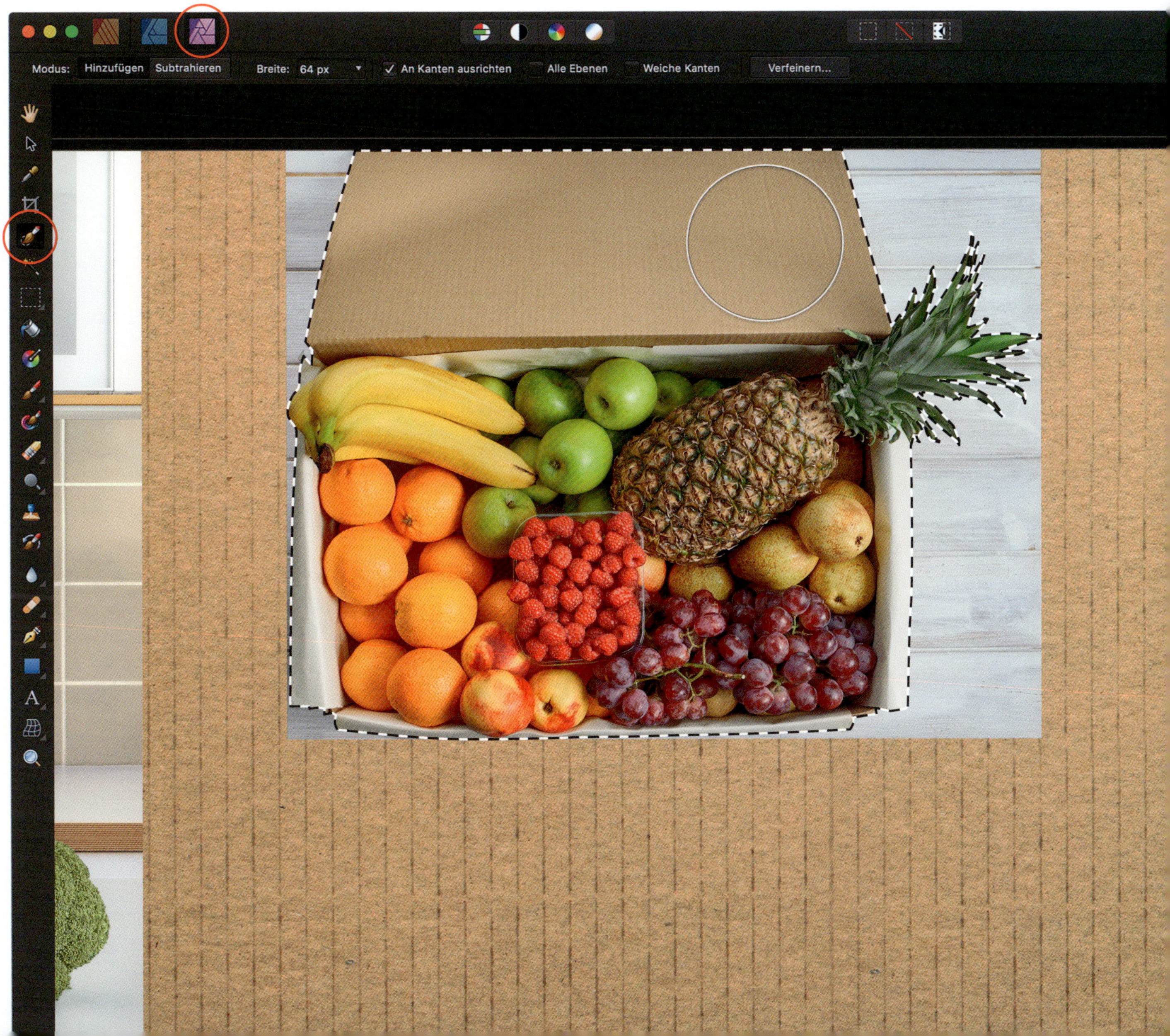

4 Klicken Sie in der Kontextleiste auf **Verfeinern** und reduzieren Sie die **Randbreite** auf *1 %*, damit die Auswahl präziser wird.

5 Stellen Sie für **Ausgabe** die Option *Neue Ebene mit Maske* ein und klicken Sie auf **Anwenden**.

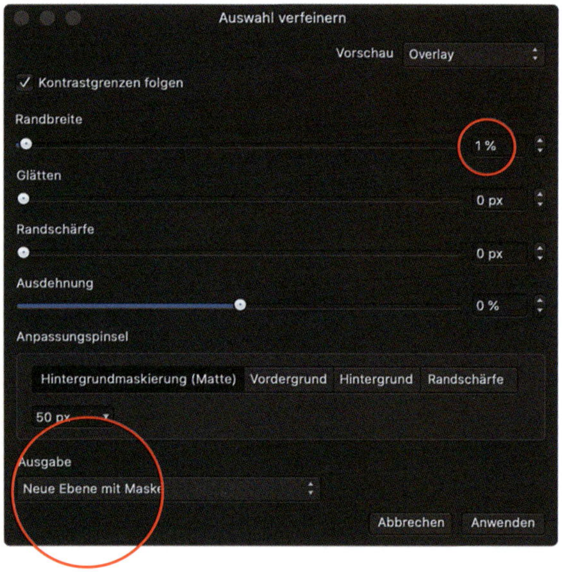

6 Sie können zusätzlich noch den Effekt **Schatten nach außen** wie im Hauptprojekt festlegen.

Entfernen unerwünschter Inhalte

Das Lifestyle-Foto für die Klappe könnte dringend eine Retusche vertragen. Der Blumenkohl hat ein paar unschöne Stellen und die rechte Knoblauchknolle können wir mit dem Werkzeug **Restaurieren** einfach durch Inpainting verschwinden lassen.

1 Erstellen Sie im Panel **Ebenen** eine neue Pixelebene über dem Bild.

2 Klicken Sie auf das weiße Dreieck des Werkzeugs **Reparaturpinsel** und wählen Sie in dem Einblendmenü das Werkzeug **Restaurieren** (J) aus.

3 Legen Sie in der Kontextleiste die Option **Aktuelle Ebene & darunter** fest. Hierdurch werden die Elemente zerstörungsfrei entfernt.

4 Übermalen Sie die Bildmakel mit einem Pinsel, der etwas größer ist als die Makel selbst.

Wechseln Sie nach der Fotobearbeitung unbedingt wieder zurück zur Publisher Persona.

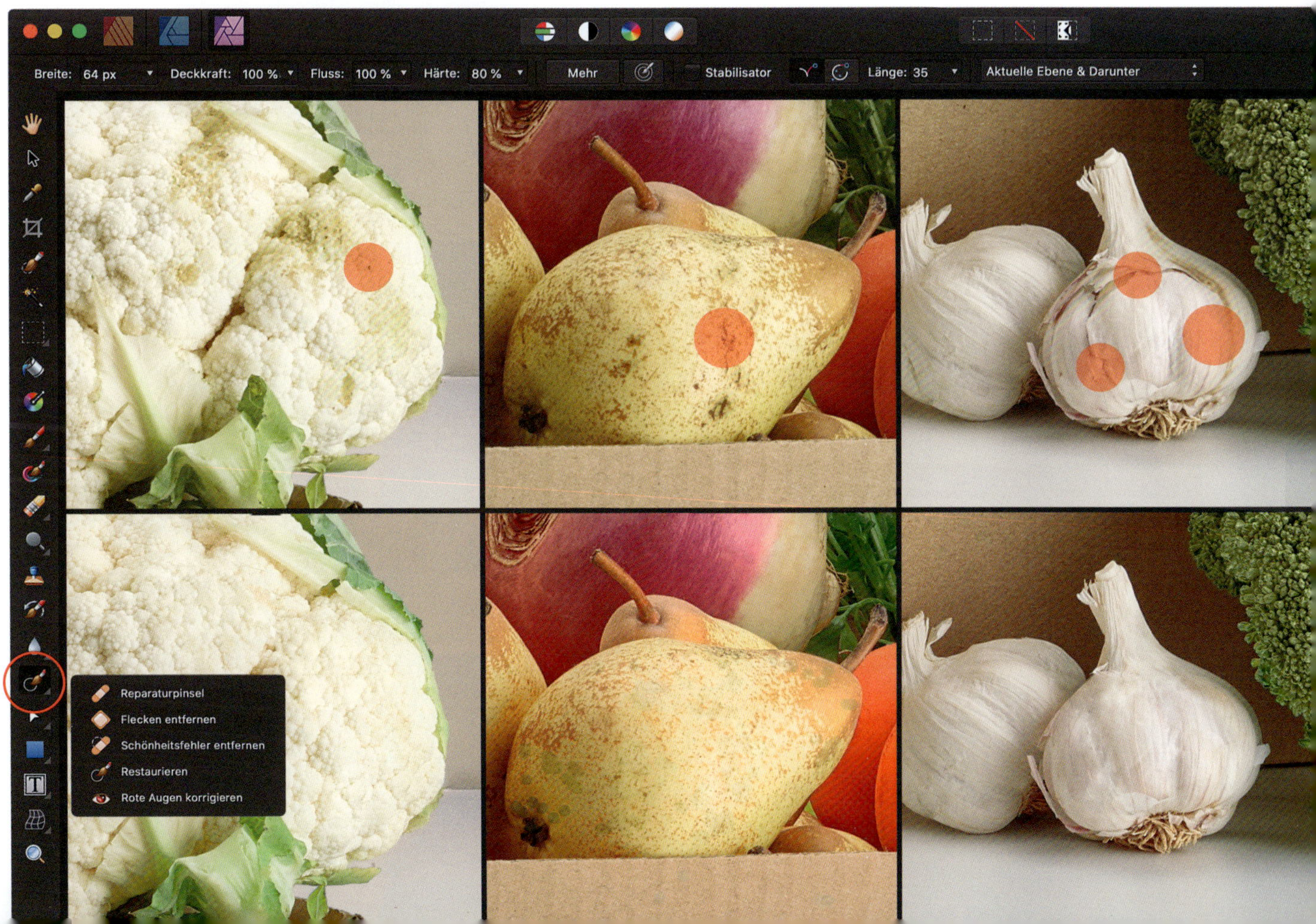

DER EXPORT ALS PDF

Die Broschüre müssen wir noch als CMYK-PDF mit hoher Auflösung exportieren, damit sie von einer Druckerei professionell vervielfältigt werden kann.

Zuerst überprüfen wir dafür das Projekt mit der Checkliste und exportieren dann die Seiten, um uns zu vergewissern, dass auch die Druckermarken und Anschnittbereiche korrekt für die Ausgabe eingestellt sind.

Die Checkliste

Affinity Publisher überprüft im Hintergrund die Checkliste in Echtzeit und gibt automatisch Warnungen und Fehlermeldungen aus, sobald ein entsprechendes Problem auftritt.

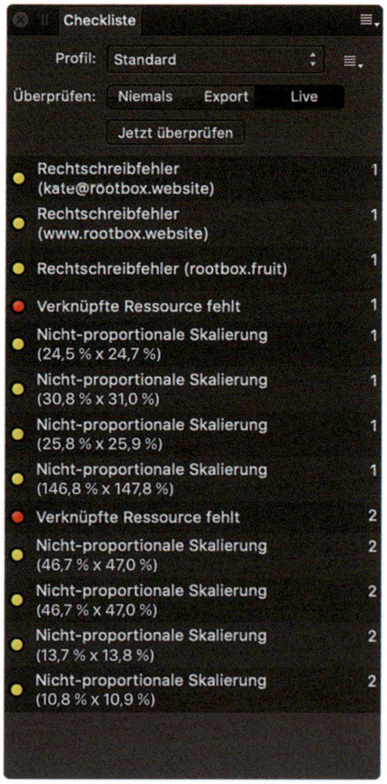

Korrigieren von Problemen in der Checkliste

1 Sehen Sie auf das Glockensymbol in der **Statusleiste**. Ist die Glocke rot oder gelb, klicken Sie darauf, um das Panel **Checkliste** einzublenden. Rot weist auf einen schweren Fehler hin, Gelb steht für kleinere Probleme und Grün bedeutet alles in Ordnung.

2 Führen Sie einen Doppelklick auf einen Eintrag aus, um zu der Problemstelle zu springen und die Ursache der Meldung zu beheben.

Exportieren der Datei

1 Klicken Sie auf **Datei > Exportieren**.

2 Wählen Sie das Symbol *PDF* aus und dann als **Vorgabe** die Variante *PDF/X-4*.

3 Stellen Sie für **Bereich** die Option *Alle Seiten* ein.

4 Um Anschnitt- und Druckermarken einzufügen, klicken Sie auf **Mehr** und aktivieren die Optionen **Inklusive Anschnittbereiche** und **Inklusive Druckermarken**.

5 Klicken Sie auf **Exportieren**.

6 Speichern Sie die Datei als Root Box Broschüre.pdf.

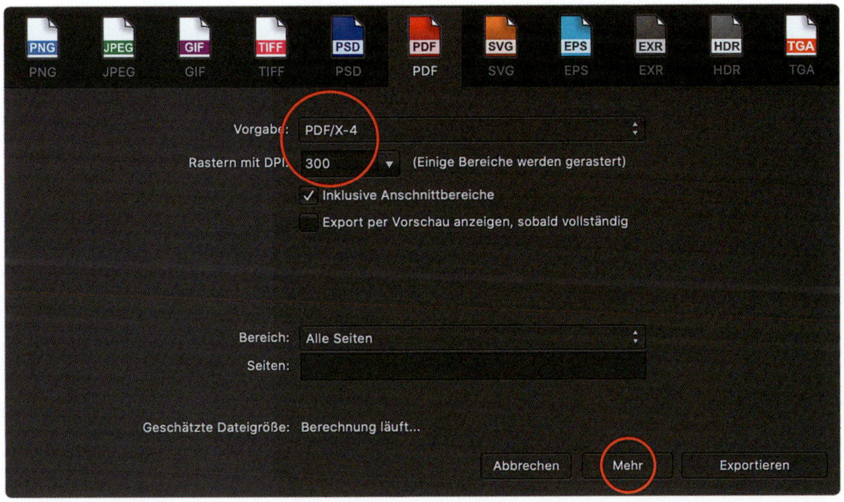

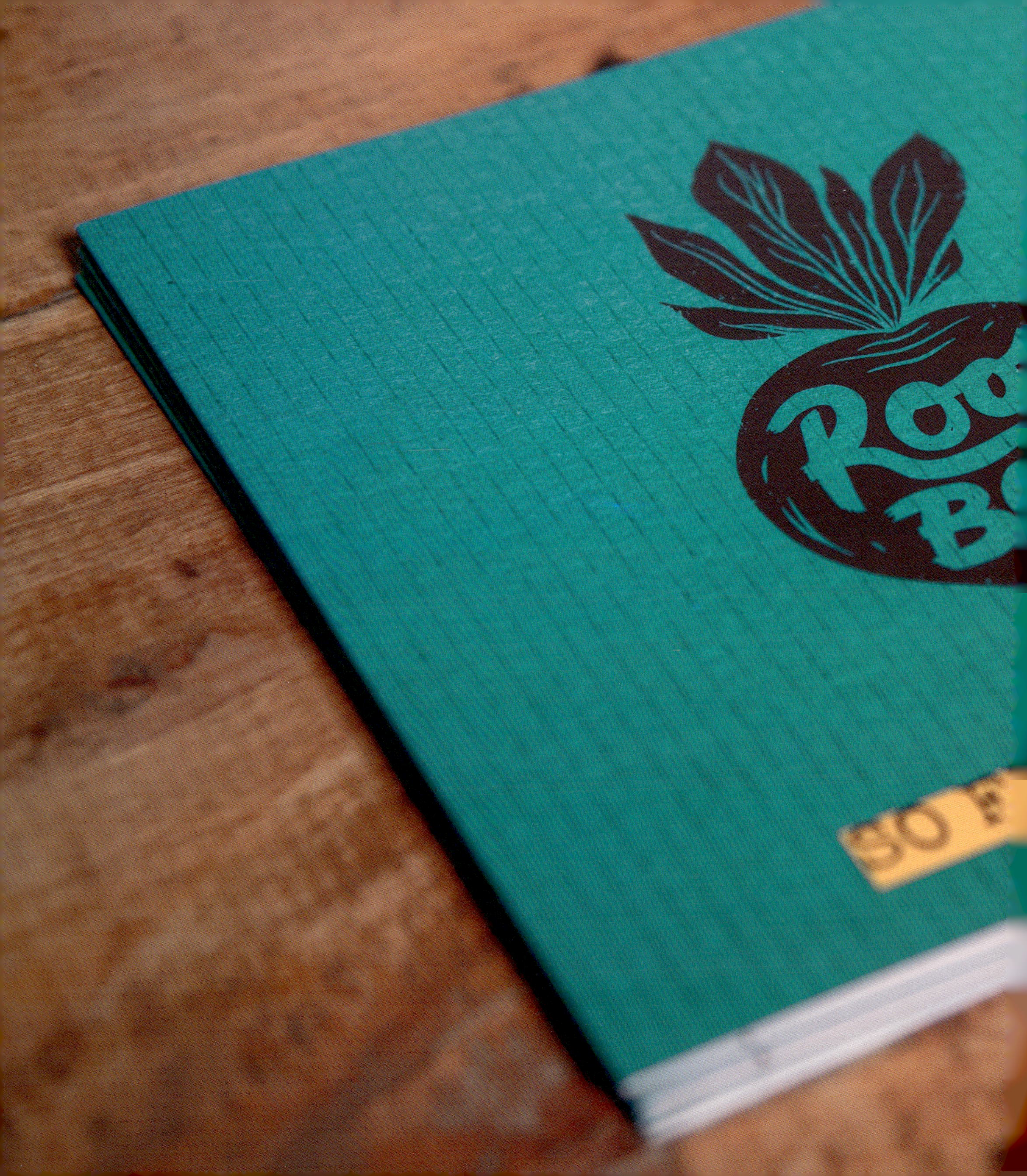

ESH. SO TASTY.
Let's talk! 01832
Ask us about our subscr
corporate packages,
Root Box

2

Spotlight Magazine

Redaktionelles Design und Entwerfen von Vorlagen mit *Adam Banks*

Eine regelmäßig erscheinende Publikation zu entwerfen, ist eine komplexe Herausforderung. In diesem Projekt zeigt Ihnen ein erfahrener Designer für Zeitschriften und zweimaliger Redakteur von *MacUser* welche Schritte Sie bei redaktionellen Projekten beachten müssen.

Das Magazin in diesem Projekt basiert auf unserer Website Affinity Spotlight, ist jedoch nur ein Beispiel und keine Publikation, die wir in Zukunft auf den Markt bringen.

Editor's Letter

Hello, readers!

We're proud to bring you the inaugural issue of *Affinity Spotlight*, a celebration of inspirational content created by artists who use Affinity Designer, Photo and Publisher.

Our cover story is an interview with and profile of Eleni Debo, an illustrator working in the Italian Alps who's the winner of a World Illustration Award and a regular contributor to international newspapers and magazines. Eleni talks to us about the artwork that secured her recognition by the judges, her artistic influences, and how Affinity Photo benefits her workflow.

In this issue's tutorial section you'll learn how to create enchanting character art by following the technique of Italian-Australian artist Roberta Burattini, aka Moon Lotus Dreams. From choosing brushes and their settings to adding extra pizazz by considering tonality, noise and reflections, discover how to make figurative art that elicits an emotional response.

The whole team here at Serif is grateful for the support you've given to our apps and workbooks – and now this magazine, too. We want to see more of your incredible work created using Affinity apps, so tag your social media posts with *#madeinaffinity* or contact us directly at hello@affinityspotlight.com and your creativity may feature in a future issue or on our website.

Melanie

Melanie

Melanie Khareghat
Editor

Spotlight SUMMER 2020

BEVOR SIE LOSLEGEN

Ressourcen

Alle Ressourcen, auf die in diesem Kapitel verwiesen wird, finden Sie unter: https://affin.co/SpotlightMag

Kenntnisse in Affinity Publisher

Damit Sie diesem Projekt optimal folgen können, sollten Sie:

- Mit der Programmoberfläche von Affinity Publisher vertraut sein. Mehr über die einzelnen Bedienelemente erfahren Sie in dem Kapitel „Tour durch die App-Oberfläche" ab Seite 14.
- Die Grundlagen beherrschen. Die folgende Tabelle zeigt Ihnen, mit welchen Aspekten von Affinity Publisher Sie außerdem vertraut sein sollten, um dieses Projekt anzugehen:

Seiten und Master-Seiten	Seite 82
Designhilfen	Seite 96
Arbeiten mit Text	Seite 112
Bilderrahmen	Seite 124
Einsetzen von Inhalten	Seite 130
Textstile	Seite 140

Download und Installation von Schriften

1 Öffnen Sie die Website https://fonts.google.com (oder suchen Sie online nach Google Fonts) und laden Sie die Schriftfamilien the **Chivo**, **Crimson Pro**[1], **IBM Plex Sans** und **IBM Plex Sans Condensed** herunter.

2 Öffnen Sie die heruntergeladenen Schriftordner und lesen Sie die Datei OFL.txt.

3 Für *Mac*: Führen Sie einen Rechtsklick auf die Dateien aus, klicken Sie auf **Öffnen** und dann auf **Installieren**.
ODER
Für *Windows*: Führen Sie einen Rechtsklick auf die Dateien aus und klicken Sie auf **Installieren**.

[1]Wählen Sie bei der Installation dieser Schrift die Version in dem Ordner **Static** aus und nicht die variable Schriftversion.

WAS GENAU IST MAGAZINDESIGN?

Die Produktion von Magazinen und Zeitschriften unterscheidet sich von dem Designprozess für Dokumente, die nur ein Mal in dieser bestimmten Form verwendet werden. Anstatt jedes Mal die Seitenlayouts von Grund auf neu zu entwerfen, verwenden Sie bei Magazinen jede Menge Master-Seiten und Vorlagen. So können Sie und Ihr Team effizient an den Ausgaben arbeiten, und gleichzeitig ist für einen durchgängigen Look der Ausgaben gesorgt.

Wenn Sie sie sich dabei an einige Designgrundlagen halten, finden sich die Leser später wesentlich leichter zurecht.

Vorlagen anstatt Einzellayouts

Als Erstes richten wir uns ein paar Vorlagen in Form von Master-Seiten ein und wenden uns dann den Publikationsseiten mit ihren verschiedenen Inhalten zu. Auch in der Praxis kommt kein neues Magazin ohne diese Schritte aus.

Lassen Sie sich von bestehenden Magazinen inspirieren und stellen Sie ein paar grobe Layoutentwürfe zusammen, damit Sie sich mit Ihren Kollegen und Kunden auf den Look des neuen Magazins einigen können. Nach diesen Rohfassungen legen Sie die Hilfslinien, Master-Seiten und Textstile fest. Mit diesem Grundgerüst können Sie dann Autoren und Fotografen beauftragen, die für Sie die Artikel schreiben und die dazu passenden Bilder liefern. Auch bei dem Layout der endgültigen Seitenversion sollten Ihre Entscheidungen zu dem Design weiterhin in die Master-Seiten und Textstile einfließen.

> Nachdem Ausgabe 1 fertig ist, speichern Sie eine Kopie des Dokument, bereinigen die Layouts, die Sie wahrscheinlich noch einmal verwenden möchten (und erstellen zusätzliche Master-Seiten, wo immer es nötig ist), und schon haben Sie ein Grundgerüst für die nächsten Ausgaben.

Magazinfachsprache

Magazindesigners verwenden oft eine ganz eigene Sprache, wenn sie über Seiten und Layouts diskutieren. Hier finden Sie einige gängige Begriffe, die Ihnen durch dieses Projekt und hoffentlich auch in Zukunft helfen.

Slug

Manche Designer, unter anderem ich selbst, verwenden diesen Begriff für die visuelle Präsentation kleiner Textstücke als separater Block.

Seitenüberschrift

Mit Seitenüberschriften finden sich die Leser schneller im Magazin zurecht. Diese Überschriften sollten zu dem allgemeinen Look passen und trotz ihrer Positionierung nicht die anderen Elemente auf der Seite überschatten.

Headline / Schlagzeile

Der grö0te Text eines Artikels und für gewöhnlich weit oben auf der Seite platziert, damit eine ganz natürliche Verbindung zum Anreißertext entsteht.

Anreißertext

Eine Einführung, die wie eine Brücke die Schlagzeile und den Textkörper des Artikels verbindet. Die Schriftgröße des Anreißertexts ist kleiner als die der Schlagzeile und größer als die des Textkörpers.

Verfasserzeile

Wo der Autor des Artikels (und manchmal auch der Illustrator) genannt wird, variiert je nach Artikeltyp und Magazin – manchmal in einem Spaltenzwischenraum, am Ende des Anreißertextes oder auch am Ende des Artikels.

Folio / Folium / Fußzeile

Dieses wichtige Element sollte mindestens die Seitenzahl umfassen. Hier können Sie auch den Namen der Publikation, die Ausgabe, das Erscheinungsdatum oder eine Webadresse unterbringen.

LOREM IPSUM

Donec semper consequat velit eget ligula mattis faucibus

LOREM IPSUM DOLOR sit amet, consectetur adipiscing elit. Morbi sed neque metus. Donec condimentum, nunc et luctus mollis, dui ante blandit dolor, quis pellentesque ex sem sapien. Praesent luctus odio sem

LOREM IPSUM DOLOR SIT AMET, CONSECTETUR ADIPISCING ELIT

Lorem ipsum dolor sit amet, consectetur adipiscing elit. Morbi sed neque metus. Donec condimentum, nunc et luctus mollis, dui ante blandit dolor, quis pellentesque ex sem ut sapien. Ac pharetra urna vulputate vitae. Aenean in vulputate diam. Maecenas vulputate arcu vitae feugiat porttitor. Vestibulum eleifend aliquet sem eu. Suspendisse porta turpis nec fermentum scelerisque. Integer varius vitae diam ut maximus. Quisque interdum tellus ut turpis porta interdum. Aenean posuere, tellus vel venenatis venenatis, arcu urna molestie tellus, vel suscipit magna turpis eget enim. Maecenas sollicitudin orci sapien, sed sollicitudin risus pharetra vel. Donec semper, sem vel

▼Morbi sed neque metus. Donec condimentum, nunc et luctus mollis, dui ante blandit dolor, quis pellentesque ex sem ut sapien.

scelerisque auctor, risus urna vestibulum turpis, vel viverra orci ante sed enim. Sed ex lorem, lacinia id dapibus at, lacinia eget quam. Cras lacinia egestas tortor, accumsan ornare nibh ornare ut. Etiam ac imperdiet leo. Suspendisse rutrum erat purus, id tempus lorem dapibus et.

Praesent luctus

Class aptent taciti sociosqu ad litora torquent per conubia nostra, per inceptos himenaeos. Aenean ante est, pellentesque nec malesuada et, porttitor ac lorem. Vestibulum interdum sodales erat, a lacinia metus laoreet a. Cras sit amet lacinia mi. Cras non quam sit amet massa molestie pulvinar non non arcu. Cras eu augue a mauris porta rutrum a eget urna. In imperdiet sem justo, eget rutrum lectus luctus ut. Morbi rutrum malesuada tortor, in blandit diam posuere at. Maecenas euismod pulvinar sapien non accumsan. Integer eu tellus eu nulla blandit ullamcorper. In vel placerat sem. In pharetra, sem ut pretium placerat, diam risus mattis nulla, in egestas ex sem eget elit. Vivamus suscipit ut ex vel rhoncus. Integer at fringilla purus, id sodales mauris. Nunc sed porttitor augue.

Pellentesque consequat velit eget ligula mattis faucibus. Ut non mauris convallis, tempus nisi ac, varius magna. Suspendisse bibendum pellentesque hendrerit. Phasellus ultrices et urna nec blandit. Lorem ipsum dolor sit amet, consectetur adipiscing elit. Sed quis diam ut tortor convallis accumsan eget vel elit. In sed convallis nibh.

30 SUMMER 2020 Spotligh

Maecenas sollicitudin

Donec semper, sem vel scelerisque auctor, risus urna vestibulum turpis, vel viverra orci ante sed enim. Sed ex lorem, lacinia id dapibus at, lacinia eget quam. Cras lacinia egestas tortor, accumsan ornare nibh ornare ut. Etiam ac imperdiet leo. Suspendisse rutrum erat purus, id tempus lorem dapibus et erat puru.

Class aptent taciti sociosqu ad litora torquent per conubia nostra, per inceptos himenaeos. Aenean ante est, pellentesque nec malesuada et, porttitor ac lorem. Vestibulum interdum sodales erat, a lacinia metus laoreet a. Cras sit amet lacinia mi. Cras non quam sit amet massa molestie pulvinar non non arcu. Cras eu augue a mauris porta rutrum a eget urna. In imperdiet sem justo, eget rutrum lectus luctus ut. Morbi rutrum malesuada tortor, in blandit diam.

Maecenas eusimod

Pulvinar sapien non accumsan. Eu nulla blandit ullamcorper. In vel placerat sem. In pharetra, sem ut pretium placerat, diam risus mattis nulla, in egestas ex sem eget elit. Vivamus suscipit ut ex vel rhoncus. Integer at fringilla purus, id sodales mauris. Nunc sed porttitor augue, non.

Pellentesque consequat velit eget ligula mattis faucibus. Ut non mauris convallis, tempus nisi ac, varius magna. Suspendisse bibendum pellentesque hendrerit. Phasellus ultrices et urna nec blandit. Lorem ipsum dolor sit amet, consectetur adipiscing elit. Sed quis diam ut tortor convallis accumsan eget vel elit. In sed convallis nibh. Nullam a elit magna. Phasellus eget nisi eu odio tempus pretium. Nullam ullamcorper augue in pellentesque sagittis. Cras vitae orci sed neque gravida fermentum. Ut ultrices nisl nisi, vitae euismod elit accumsan sed.

Proin varius turpis at condimentum mattis. Mauris sollicitudin arcu ex, sit amet egestas lectus porttitor in. Nam id condimentum tellus. Donec ac ipsum sapien. Donec efficitur, eros sit amet accumsan dignissim, dui est gravida urna, a blandit tellus mauris sed eros. Duis rutrum dictum nunc, et blandit ante blandit ac. Aenean in nibh libero. Maecenas ornare mi vitae posuere egestas. Aliquam placerat laoreet tortor id finibus. Aenean at sapien cursus augue eleifend dictum non nec est. Sed ultrices gravida purus eu pharetra. Integer elementum massa purus, vel efficitur enim iaculis vel. Nullam et arcu purus. Praesent vehicula non lacus sit amet pulvinar. Curabitur congue turpis nec nibh tincidunt, id egestas velit feugiat. Donec tincidunt volutpat magna ac rutrum. Nullam quis eros quis augue ultricies dignissim. Vestibulum est justo, fermentum id facilisis sed, feugiat ac lacus. Praesent fringilla lorem magna, pellentesque bibendum ante dictum sed. Donec at eros sodales, rutrum felis quis, tincidunt urna. Morbi sed neque metus. Donec condimentum, nunc et luctus mollis, dui ante blandit dolor, quis pellentesque ex sem.

Nullam a elit magna. Phasellus eget nisi eu odio tempus pretium. Nullam ullamcorper augue in pellentesque sagittis. Cras vitae orci sed neque gravida fermentum. Ut ultrices nisl nisi, vitae euismod elit accumsan sed.

Proin varius turpis

Mauris sollicitudin arcu ex, sit amet egestas lectus porttitor in. Nam id condimentum tellus. Donec ac ipsum sapien. Donec efficitur, eros sit amet accumsan dignissim, dui est gravida urna, a blandit tellus mauris sed eros. Donec tincidunt volutpat magna ac rutrum. Duis rutrum dictum nunc, et blandit ante blandit ac. Aenean in nibh libero. Maecenas ornare mi vitae posuere egestas. Aliquam placerat laoreet tortor id finibus. Aenean at sapien cursus augue eleifend dictum non nec est. Sed ultrices gravida purus eu pharetra. Integer elementum massa purus, vel efficitur enim iaculis vel. Donec tincidunt volutpat magna ac rutrum. Nullam quis eros quis augue ultricies dignissim. Vestibulum est justo, fermentum id facilisis sed, feugiat ac lacus. Donec tincidunt volutpat magna ac rutrum. Praesent fringilla lorem magna, pellentesque bibendum ante dictum sed. Donec at eros sodales, rutrum felis quis, tincidunt urna. Lorem ipsum dolor sit amet, consectetur adipiscing elit. Morbi sed neque metus. Donec condimentum, nunc et luctu. Cras eu augue a mauris porta rutrum a eget urna. Sed ultrices gravida purus eu pharetra. Integer elementum massa purus.

▲Lorem ipsum dolor sit amet, consectetur adipiscing elit.

Pellentesque consequat velit eget ligula mattis faucibus. Proin varius turpis at condimentum

Spotlight SUMMER 2020 31

Zwischenüberschrift

Eine Überschrift innerhalb des Artikels, die kurz den Inhalt der folgenden Absätze zusammenfasst. Diese Überschriften werden oft mit einer anderen Schriftart oder etwas größer formatiert als der Artikeltext.

Spalte / Kolumne

Der Artikeltext wird für gewöhnlich in zwei oder drei Spalten pro Seite aufgeteilt, damit die Zeilen nicht zu lang werden und sich bequem lesen lassen.

Bastard Column

Mit diesen Spalten werden Layouts aufgelockert. Oft enthalten sie Überschriften und zusätzliche Informationen. Für gewöhnlich sind diese Spalten schmaler als die Artikelspalten und werden in einem anderen visuellen Stil präsentiert.

Unterschrift / Bildunterschrift

Eine Erklärung zu einem Bild auf der Seite. Überlegen Sie stets genau, ob der Leser sofort erkennt, auf was sich diese Unterschrift bezieht. Manchmal sind Pfeile als „Wegweiser" recht praktisch.

Boxout

Ein abgetrennter Teil für die Erläuterung von zusätzlichen Informationen oder Punkten, die nur entfernt etwas mit dem Artikel zu tun haben. Größere Boxouts enthalten oft eigene Überschriften und manchmal sogar Anreißertexte.

EINRICHTEN DES DOKUMENTS

Magazine werden mit gegenüberliegenden Seiten (doppelseitige Layoutseiten) entworfen und für gewöhnlich als farbige CMYK-Dokumente professionell gedruckt.

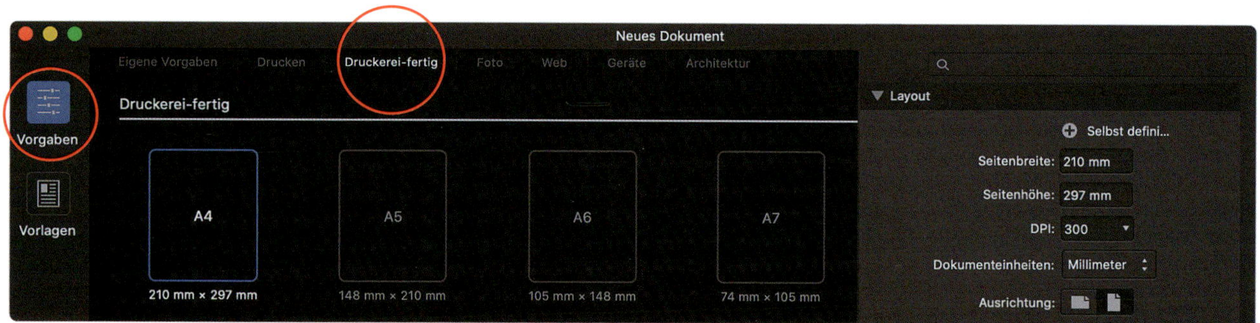

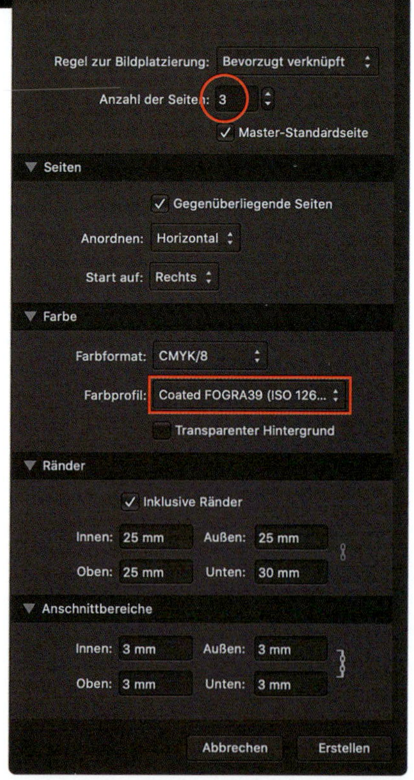

1 Klicken Sie auf **Datei > Neu**, dann auf **Vorgaben** und **Druckerei-fertig** und wählen Sie die Miniatur *A4* aus.

2 Übernehmen Sie die meisten Standardeinstellungen. Belassen Sie **DPI** auf *300*, da dies die Standardauflösung für Bilder in gedruckten Publikationen ist.

3 Stellen Sie die **Anzahl der Seiten** auf *3*. Seite 1 wird eine rechte Seite mit dem Cover des Magazins. Die restlichen Seiten erstellen wir später.

4 Stellen Sie das **Farbprofil** passend zu der Druckmaschine ein. Ihre Druckerei kann Ihnen hierbei helfen. *Coated FOGRA39* wird für gewöhnlich in Großbritannien und Europa verwendet und *US Web Coated (SWOP) v2* in den USA. Diese Einstellung können Sie auch später noch ändern.

5 Lassen Sie die **Anschnittbereiche** auf *3 mm* (alle Werte). Diese Größe passt fast für alle Druckmaschinen.

6 Klicken Sie auf **Erstellen**.

Designs nach Raster

Alle Magazinlayouts basieren auf dem von Designern gern viel zitierten „Raster". Damit ist jedoch nicht nur die Rasterfunktion von Affinity Publisher gemeint. Ein Magazinraster könnte aus einer Kombination von Spalten- und Linealhilfslinien sowie Text- und Bilderrahmen bestehen.

Indem Sie diese Elemente auf Master-Seiten einrichten, können Sie das Raster als Grundstein für jede neue Seite verwenden.

Übliche Seitenränder

Manche Magazine verwenden schmale Ränder (nur etwas mehr als einen Zentimeter), um den verfügbaren Raum (den „Rahmen") zu maximieren. Für gebundene Magazine mit vielen Seiten sollten Sie den inneren Rand etwas breiter festlegen, damit Texte oder Bilder nicht teilweise in dem durch die Bindung zusammengedrückten Teil verschwinden. So habe ich es bei diesem Projekt auch gemacht.

Artikeltext liegt immer zwischen den Seitenrändern. Durch einen etwas größeren unteren Seitenrand können Sie noch bequem eine Fußzeile unterbringen. Breite obere Ränder geben der gesamten Seite etwas mehr Luft und bieten genug Platz für die Seitenüberschrift oder einen Slug, damit der Leser auf einen Blick sieht, um welchen Artikel es auf dieser Seite geht.

Ressource
Groundwork-Ordner

EINRICHTEN VON SPALTENHILFSLINIEN

Mit dem Dialogfeld **Hilfslinien** können Sie die Spaltenaufteilung der Seiten bequem sichtbar schalten. Kein Magazindesign kommt ohne Spalten aus.

1 Führen Sie im Panel **Seiten** einen Doppelklick auf die Miniatur *Master A* aus, um die Master-Seite zu bearbeiten.

2 Klicken Sie auf **Ansicht > Hilfslinien konfigurieren**. Stellen Sie die **Ränder** wie in der Abbildung ein.

3 Stellen Sie unter **Spaltenhilfslinien** die Anzahl der **Spalten** auf *5*.

4 Stellen Sie den **Zwischenraum** auf eine Breite von *5 mm*.

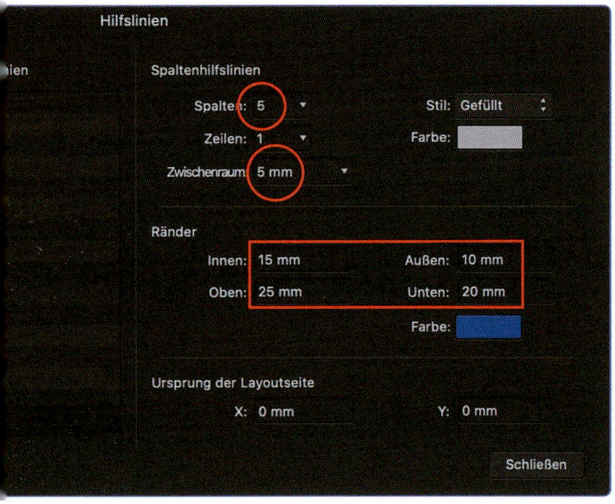

4 bis 5 mm sind ein guter Startbereich für die Zwischenräume Ihres Dokuments. Wenn Sie jedoch später das Grundlinienraster und die Textstile definieren, sollten Sie diesen Wert noch einmal überprüfen und eventuell passend zu den Abständen Ihres Grundlinienrasters ändern. Ich empfehle Ihnen, den Grundlinienabstand als Richtlinie im gesamten Magazindesign zu verwenden.

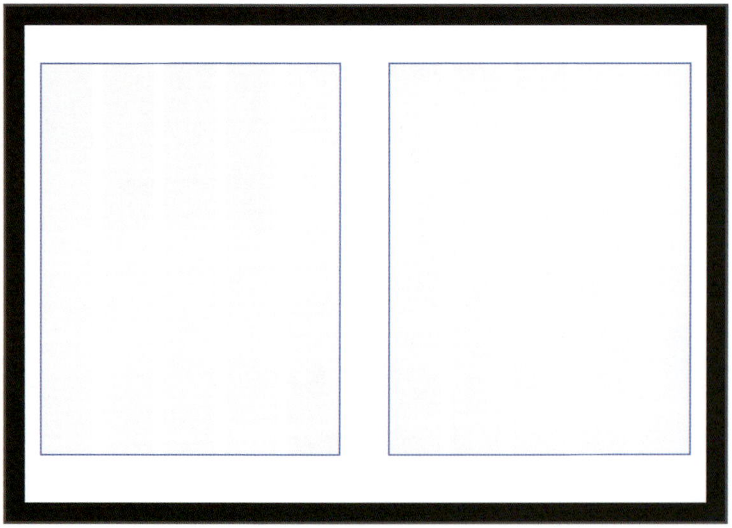

Ein Raster mit drei Spalten ist zwar praktisch, wirkt mitunter jedoch etwas langweilig. Häufig wird eine höhere und ungerade Anzahl von Spalten für ungleichmäßige Textrahmen verwenden. Aber dazu kommen wir später.

In diesem Projekt habe ich für einige Seiten ein Raster mit fünf Spalten verwendet und auf anderen Seiten nur drei Spalten.

Experimentieren Sie mit dem Textkörper

Spalten geben den horizontalen Rhythmus für Ihr Design vor. Die vertikalen Abstände sollten sich an einem Grundlinienraster ausrichten, das dem Zeilenabstand Ihres Textkörpers entspricht.

Experimentieren Sie also zuerst etwas, um den „richtigen" Stil für Ihren Textkörper zu finden.

1. Erstellen Sie auf Master A mit dem Werkzeug **Rahmentext** (T) zwei Textrahmen für jeweils eine Textspalte, die sich über zwei Spaltenhilfslinien erstreckt (siehe Abbildung).
2. Verbinden Sie den linken Textrahmen über sein Symbol **Textfluss** mit dem rechten.
3. Klicken Sie auf **Text > Fülltext einfügen** und wählen Sie den Text aus.
4. Über die Kontextleiste habe ich die Schrift *Crimson Pro* und ihre Variante *Light* festgelegt. Die **Schriftgröße** habe ich auf *10,5 pt* und den **Zeilenabstand im Absatz** auf *4 mm* (diesen Wert rechnet die App in Punkt um) eingestellt. Für gewöhnlich verwende ich für den Anfang Schriftgrößen von *8* bis *10 pt* und Zeilenabstände von *10* bis *12 pt*. Dann wird experimentiert.

Ihr Dokument sollte nun aussehen wie Document_setup_with_column_guides.afpub.

Wenn Sie die Schriftart ändern, sehen die Texte oft größer oder kleiner aus als mit der alten Schrift, der Zeilenabstand bleibt aber unverändert erhalten. Passen Sie den Zeilenabstand immer so an, dass eindeutig Platz zwischen den Zeilen ist – wenn auch nur wenig.

Der Zeilenabstand (Durchschuss)

Orientieren Sie sich bei dem Zeilenabstand ruhig an bereits gedruckten Magazinen. Messen Sie den Abstand zwischen der Unterkante der Zeichen (der Grundlinie) in einer Zeile bis zur Unterkante der Zeichen acht Zeilen darunter und teilen Sie diesen Wert durch Acht.

Geben Sie den Wert für den Zeilenabstand mit der verwendeten Maßeinheit ein, z. B. *4 mm*, und Affinity Publisher rechnet ihn genau in Punkt um.

Die Schriften

Magazine verwenden oft eine serifenlose Schrift und eine Serifenschrift, die sich in Stil und Proportionen gut ergänzen.

Es gibt keine in Stein gemeißelten Regeln, aber häufig sehen Sie folgende Aufteilung:

- Eine Serifenschrift für den Textkörper, eine serifenlose Schrift in fetter Formatierung für herausgestellte Texte, wie Zwischenüberschriften
- Eine serifenlose Schrift in fett für eigenständige kurze Texte, wie Bildunterschriften
- Eine serifenlose Schrift in normaler Stärke für ergänzenden Text, wie Boxouts und Anleitungen

Verlassen Sie sich bei Überschriften, Anreißertext und anderen Elementen einfach auf Ihr künstlerisches Auge.

Sollen Texte in Serifen- und serifenloser Schrift ungefähr gleich groß sein (z. B. Artikeltext und Boxout), legen Sie ihre Schriftgröße nach Ihrem Augenmaß fest – stellen Sie nicht einfach nur dieselben Punktwerte ein. Verwenden Sie Schriftfamilien, die mindestens eine kursive und fette Variante umfassen: Idealerweise sollten es ruhig noch mehr Schriftstärken sein.

Ressource

Baseline_Grid-Ordner

EINRICHTEN DES GRUNDLINIENRASTERS

Wenn Sie mit dem Stil für Artikeltext zufrieden sind, legen Sie seinen Zeilenabstand für das Grundlinienraster fest, das für das gesamte Dokument gelten soll. So stellen Sie sicher, dass die Texte vertikal in allen Spalten auf allen Seiten richtig ausgerichtet sind und ihr Layout schön ordentlich wirkt. Arbeiten Sie mit einem Hintergrundraster (Seite 228) führen Sie diesen Schritt erst aus, nachdem das Hintergrundraster eingerichtet ist.

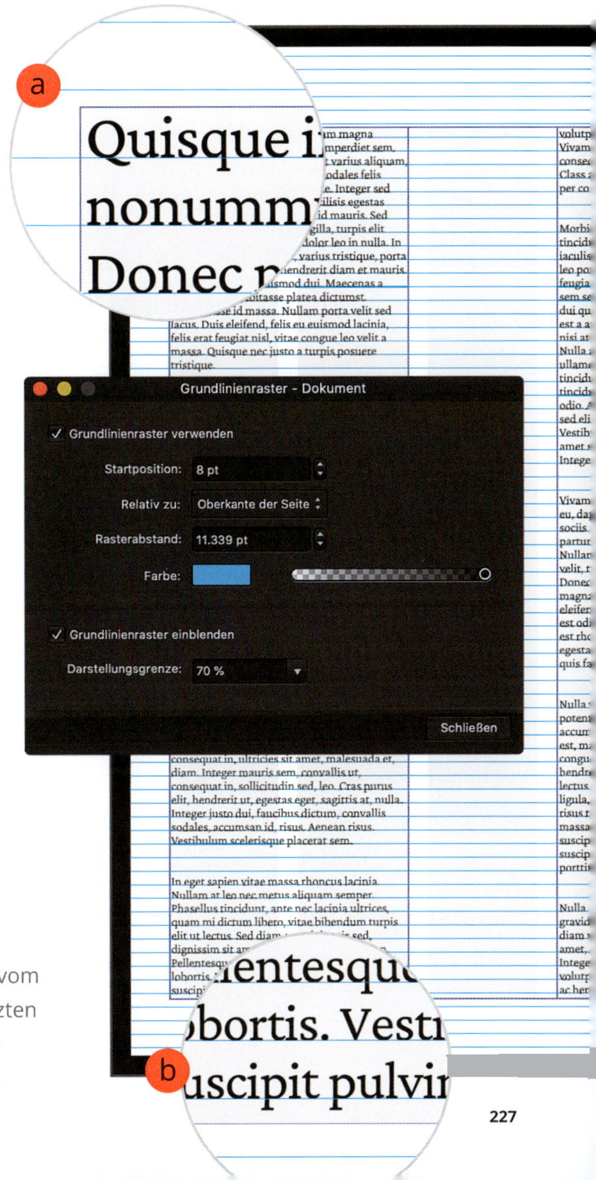

1. Klicken Sie auf **Ansicht > Grundlinien konfigurieren** und aktivieren Sie die Optionen **Grundlinienraster verwenden** und **Grundlinienraster einblenden**.

2. Stellen Sie den **Rasterabstand** auf Ihren Zeilenabstand ein. Meine Eingabe von *4 mm* hat die App in *11,339 pt* umgerechnet.

3. Klicken Sie auf **Datei > Layoutseite** einrichten und passen Sie die Werte für den oberen und unteren Seitenrand so an, dass sie sich am Grundlinienraster ausrichten. Mit dem unteren Seitenrand fangen Sie auch etwaige Diskrepanzen zwischen Raster- und Seitengröße auf. Mein unterer Seitenrand hat z. B. anstatt eines genauen Vielfachen des Rasterabstands eine Höhe von *17 mm*.

4. Ändern Sie die Größe der Textrahmen so, dass sie wie zuvor jeweils zwei Spaltenhilfslinien abdecken.

Passen Sie zum Schluss die **Startposition** des Grundlinienrasters so an, dass der Text gleichmäßig zwischen den Rändern platziert ist. Arbeiten Sie mit einem Hintergrundraster (Seite 228), führen Sie diesen Schritt erst aus, nachdem Sie das Raster definiert und die Werte für den oberen und unteren Seitenrand angepasst haben. Diese zwei Punkte wollen Sie erreichen:

- Der Text füllt die Spalten, ohne dass oben oder unten eine leere Zeile entsteht (a).
- Die Oberkante der Zeichen in der ersten Zeile (a) sind optisch so weit vom oberen Seitenrand entfernt, wie die Unterkante der Zeichen in der letzten Zeile vom unteren Seitenrand (b). So stellen Sie auch sicher, dass jede Textzeile ordentlich zwischen zwei Zeilen des Hintergrundrasters sitzt.

Traditionell wird der Zeilenabstand in Punkt gemessen. Bei dem Design der Seiten möchte ich jedoch sicherstellen, dass sich die Texte perfekt mit anderen Seitenelementen in diesem Projekt ausrichten, und diese Elemente sind in Millimetern bemessen.

Also stelle ich meinen Zeilenabstand auf ein in Millimeter gemessenes Maß ohne Dezimalstellen ein. Sie müssen sich aber nicht mit Kopfrechnen herumschlagen – geben Sie einfach *4 mm* ein und die App rechnet den Wert in Punkt um.

Ich empfehle Ihnen, in den **Einstellungen** der App (unter **Oberfläche**) die Anzahl der angezeigten Dezimalstellen für **Punkte** auf *3* zu stellen, damit Sie sehr präzise Werte sehen. Geben Sie aber alle Werte in Millimeter ein, damit sich die Rundungsfehler nicht häufen und Ihr gesamtes Layout ruinieren. Lassen Sie einfach die App alle Werte genau umrechnen (die umgerechneten Werte werden mit einer höheren Genauigkeit gespeichert und verwendet als angezeigt).

Den Abstandswert Ihres Grundlinienrasters können Sie auch als Grundlage für andere Abstände verwenden, wie z. B. als Zwischenraum für Spalten. Diesen Wert passen wir als Nächstes an. Für gewöhnlich sollten Sie das Grundlinienraster ausblenden. Der Text wird nach wie vor daran ausgerichtet, aber so können Sie die Dokumentinhalte und andere Designhilfen besser sehen.

Ich verwende für meine Magazinraster gern „echte" Hintergrundraster als Vorlage, wie z. B. bei quadriertem Papier. Für dieses Projekt habe ich ein Raster mit 4 mm festgelegt. So lassen sich neue Objekte noch einfacher auf den Seiten platzieren und ausrichten. Durch das simple magnetische Ausrichten an Rasterquadraten ersparen Sie sich die Berechnung von genauen Objektabmessungen oder Abständen.

Arbeiten mit Hintergrundrastern

Einrichten des Rasters auf Master-Seiten:

1 Klicken Sie auf **Ansicht > Raster und Achsen konfigurieren**, dann auf **Einfach** und aktivieren Sie die Optionen **Raster einblenden** und **Griffe zur Achsenbearbeitung einblenden**.

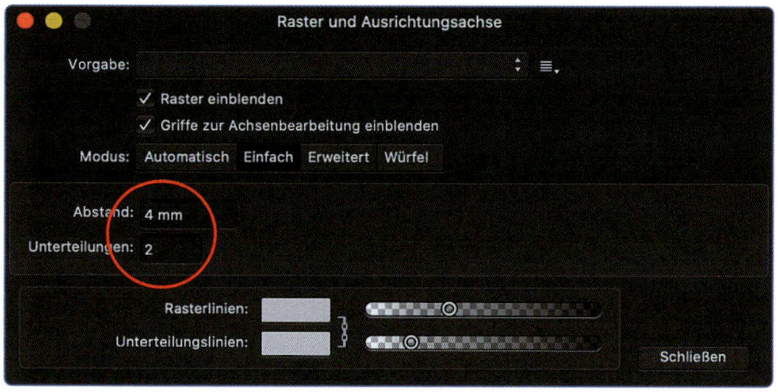

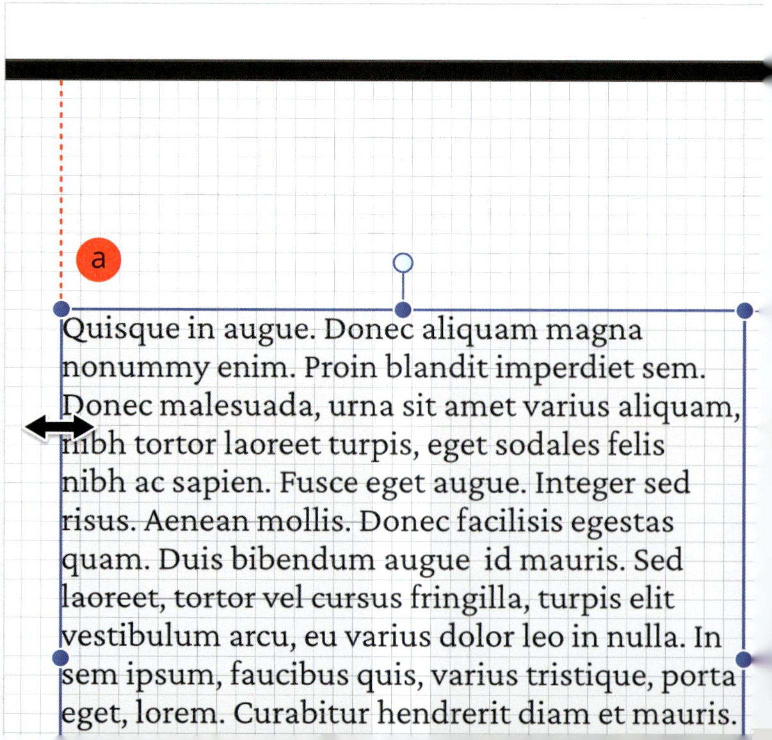

2 Ziehen Sie den Ursprungsmarker aus der linken oberen Ecke oben in die Mitte der Layoutseite (c).

3 Stellen Sie den **Abstand** auf den Wert Ihres Grundlinienrasters ein (*4 mm*). Damit Sie flexibel arbeiten können, stellen Sie noch die **Unterteilungen** auf *2*.

4 Klicken Sie auf **Ansicht > Magnetische Ausrichtung konfigurieren** und aktivieren Sie die Option **Am Raster ausrichten**.

Passen Sie die Randlinien und Spaltenhilfslinien der Master-Seite so an, dass sie genau auf Rasterlinien/Unterteilungen des Hintergrundrasters liegen (siehe Abbildung) und passen Sie den Textrahmen auf die neuen Ränder an (a). Blenden Sie hierbei das Grundlinienraster aus, um sich die Arbeit zu erleichtern.

Sollten Ihre Spaltenhilfslinien jetzt nicht mehr richtig passen, ändern Sie den Wert für den inneren oder äußeren Rand. Meine Randwerte betragen jetzt *14 mm* und *12 mm*.

Werfen Sie jetzt noch einen Blick auf den Zwischenraum der Spalten, damit die Hilfslinien auch genau zu dem Raster passen. Ich habe meine auf *6 mm* eingestellt – das 1,5-fache des Abstands für mein Grundlinienraster (b) und genau passend zu meinen Rasterunterteilungen.

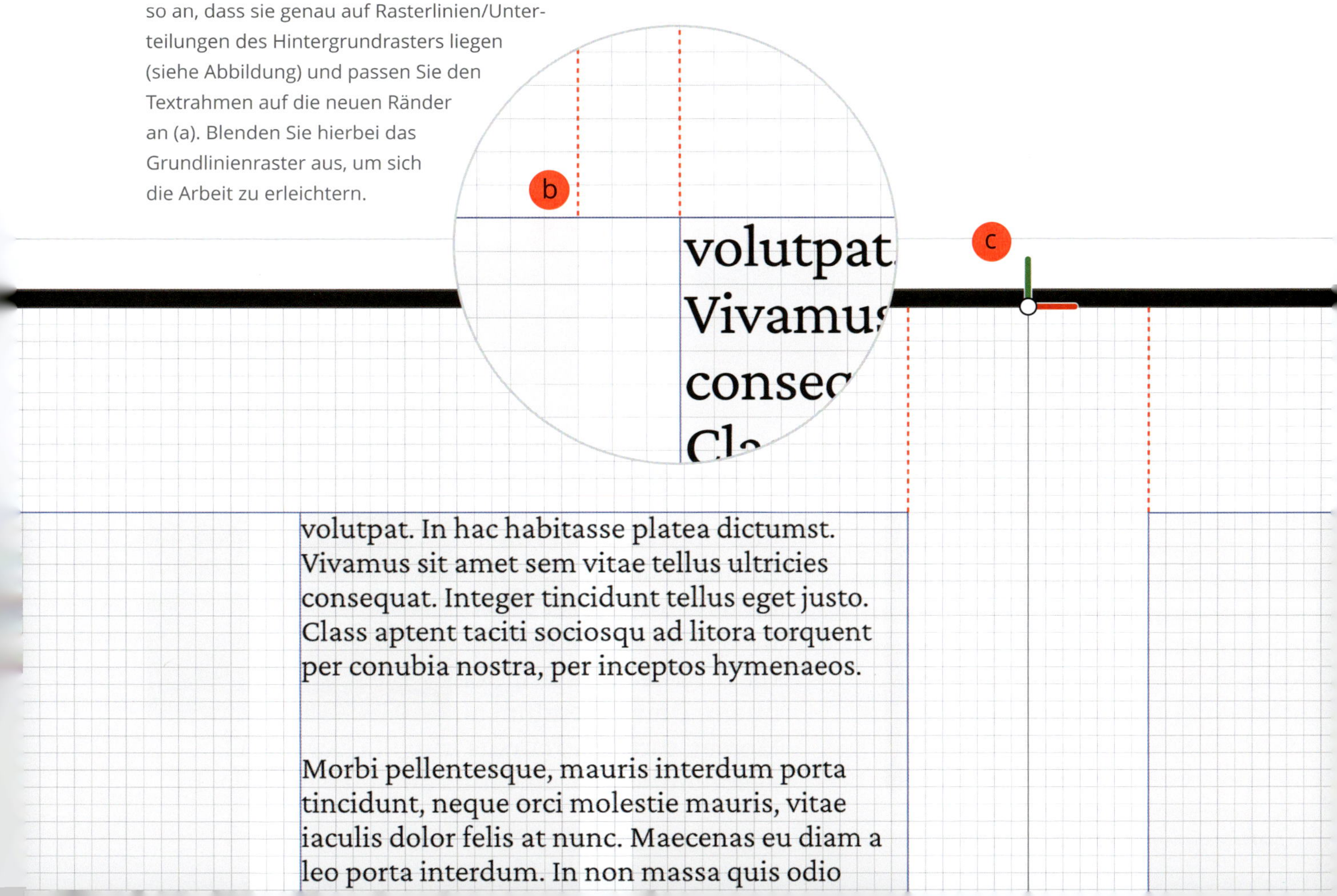

TEXTSTILE FÜR DEN TEXTKÖRPER

Bei den Layoutarbeiten für die Magazintexte verwendet man Textstile, um unformatierten Text so schnell wie möglich als Artikeltext, Überschrift, Unterschrift usw. zu formatieren.

Fangen Sie am besten mit zwei Absatzstilen für den Textkörper an.

1 Führen Sie mit dem Werkzeug **Rahmentext** einen ctrl-Klick (Mac) oder Rechtsklick (Win) auf den Fülltext aus und klicken Sie auf **Feld erweitern**.

2 Wählen Sie ein beliebiges Wort in dem Text aus und klicken Sie im Panel **Textstile** auf die Option **Absatzstil erstellen**. Das nächste Dialogfeld listet alle aktuellen Formatierungen für das Wort auf.

3 Als **Stilname** habe ich *-SP- Body* verwendet.

4 Legen Sie ein **Tastenkürzel** fest, das Sie sich gut merken können – zum Beispiel mehrere Modifier-Tasten plus 1 für Artikeltext (Körper) , plus 2 für Artikeltext mit Einzug in der ersten Zeile usw.

5 Klicken Sie auf **OK**. Wählen Sie jetzt nur den ersten Absatz aus und weisen Sie ihm den Stil für den Artikeltext zu.

6 Stellen Sie im Panel **Absatz** den **Einzug der ersten Zeile** auf das Zwei- oder Dreifache des Abstands des Grundlinienrasters.

7 Erstellen Sie einen neuen Absatzstil. Für **Basiert auf** verwenden wir den zuvor erstellten Stil. Dieser Stil enthält jedoch zusätzlich den Einzug. Ich habe ihn daher *-SP- Body Indent* genannt.

Falls Ihr Kopf schon voll mit Tastenkürzeln für andere Funktionen und Werkzeuge ist, definieren Sie auf jeden Fall ein Tastenkürzel für das Panel **Textstile**, damit Sie es jederzeit schnell zur Hand haben. Dieses Kürzel legen Sie in den **Einstellungen** der App unter **Tastenkürzel** fest (Kategorie *Ansicht*).

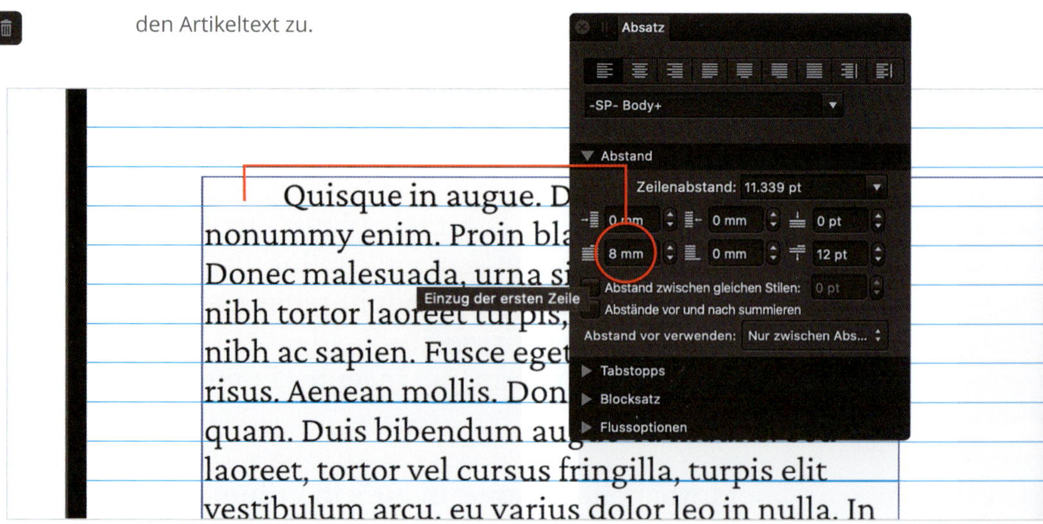

Ich verwende eine Kurzform des Magazinnamens in meinen Textstilen, um jegliche Verwechslungen mit importierten Stilen oder den Standardstilen auszuschließen. Wenn Sie als erstes Zeichen im Namen ein Satzzeichen verwenden, stehen die Namen auch immer ganz oben in der Liste.

Grundlagenstile

Die standardmäßig in Affinity Publisher verwendeten Absatzstile übernehmen ihre Formatierung aus einem Gruppenabsatzstil namens *Grundlage*. Wenn Sie nach demselben Muster vorgehen, übernehmen auch all Ihre selbst definierten Stile die Formatierung, die Sie für *Grundlage* festlegen.

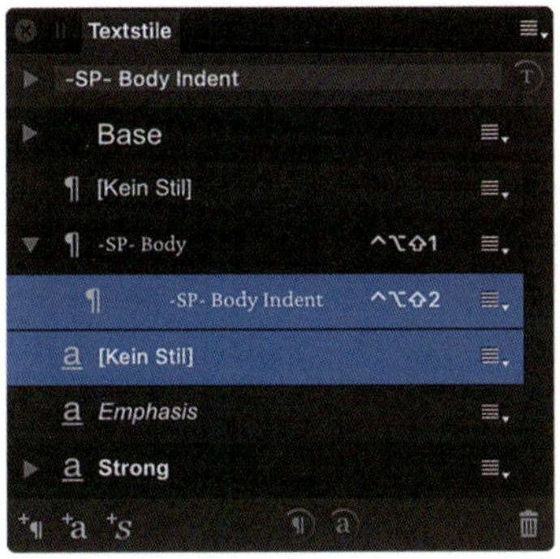

Für Magazinvorlagen empfehle ich Ihnen, keinen der Standardstile zu verwenden mit Ausnahme von *Grundlage*, sofern Sie diesen entsprechend anpassen.

Vielleicht möchten Sie ja die Standardstile aus dem Panel **Textstile** löschen, damit das Panel schön übersichtlich bleibt. ACHTUNG: Verwenden Sie nicht die Option **Nicht verwendete Stile löschen** im Menü **Paneleinstellungen**. Hierdurch werden auch Stile entfernt, die Sie selbst festgelegt aber noch keinem Text zugewiesen haben.

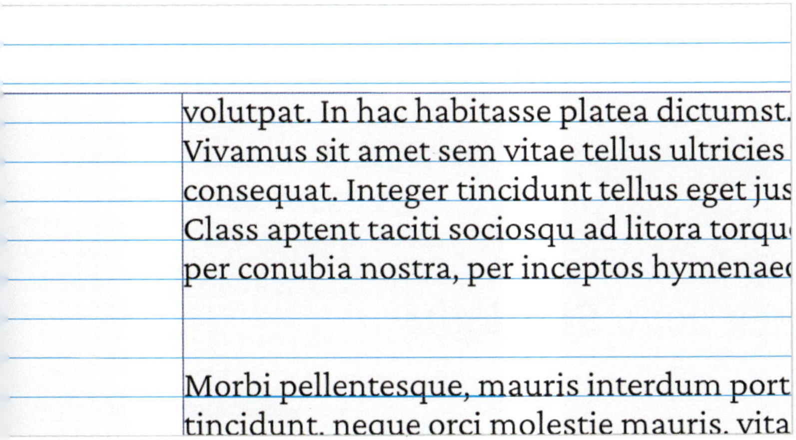

Ressource

Master_Page-Ordner

ABSCHLUSS DER MASTER-SEITE

Ihre Master-Seiten enthalten Seitenränder, Spaltenhilfslinien, ein Grundlinienraster und einen Dummy-Textrahmen.

Eine Fußzeile, auch Folio oder Folium genannt, enthält für gewöhnlich den Namen des Magazins, das Ausgabedatum und die Seitenzahl. Diese Informationen werden auf fast jeder Seite angezeigt, also können wir sie ebenso gut auf Master A platzieren.

1 Den großen Textrahmen benötigen wir nicht mehr. Löschen Sie ihn.

2 Zeichnen Sie unten auf der linken Seite einen Textrahmen über die gesamte Breite zwischen dem linken und rechten Seitenrand. Die Oberkante des Textrahmens sollte mindestens einen Grundlinienabstand von der unteren Seitenrandlinie entfernt sein.

3 Stellen Sie für den Rahmen eine Spalte ein und legen Sie seine Größe so fest, dass er den Raum zwischen zwei Grundlinien ausfüllt (siehe Abbildung).

4 Legen Sie für den Anfang eine Schriftgröße fest, die dem Artikeltext ähnelt und klicken Sie in der Kontextleiste auf **Linksbündig**.

5 Platzieren Sie die Texteinfügemarke in dem Rahmen und klicken Sie auf **Text > Einfügen > Felder > Seitenzahl**.

6 Um etwas Text rechtsbündig auszurichten, drücken Sie die **Umschalttaste** + **Eingabetaste**. Es wird nun ein **Tabstopp für den rechten Einzug** festgelegt. Geben Sie das Datum der Ausgabe und den Magazinnamen ein.

7 Legen Sie die gewünschte Formatierung für die Seitenzahl und die anderen Details fest. Diese Formatierung wird nur hier verwendet. Sie müssen dafür also nicht extra Textstile erstellen.

8 Wiederholen Sie diese Schritte für die rechte Seite und kehren Sie die Reihenfolge der Elemente von links nach rechts um.

Als Sie das Dokument erstellt haben, wurde die Master-Standardseite (Master A) auf die neuen Publikationsseiten angewendet. Darum enthalten jetzt alle Publikationsseiten Ihre neue Fußzeile.

PLATZIEREN EXTERNER INHALTE

Textimport aus Word

Ich rate Ihnen davon ab, den Text in Word bereits mit Stilen zu formatieren. Aber wenn Sie diese Methode bevorzugen, sollten Sie zunächst das Layout für einen Beispielartikel in Affinity Publisher entwerfen und für alle Elemente benannte Textstile festlegen.

Übertragen Sie den gesamten Text per Kopieren und Einfügen in ein leeres Word-Dokument. Die Stile werden hierbei ebenfalls importiert. Löschen Sie den Text und speichern Sie das Dokument als Vorlage für Autoren und andere Mitglieder des Produktionsteams. Sie können dann ihren Text in Word mit den importierten Stilen formatieren, bevor er in Ihrem Magazin platziert wird.

Ich schreibe Artikel in Microsoft Word oder anderen Texteditoren lieber mit dem Standardstil („Normal") aber ansonsten ohne Formatierung. In Affinity Publisher importiere ich den Text dann mit **Datei > Platzieren** und weise ihm meine Textstile zu.

Wortzahl und Einpassen der Artikeltexte

Magazine vergeben Auftragsarbeiten an Autoren für gewöhnlich nach Wortzahl und Honorar. Dieser Punkt ist sowohl für das Budget als auch für die Designarbeit ganz entscheidend.

Die Wortzahl hängt auch immer von der Größe des Artikeltexts und dem Textanteil des gesamten Artikels ab (Gleichgewicht aus Text und Bildern). Bereiten Sie einige Beispielartikel in der „richtigen" Länge vor. Platzieren Sie die Texte dann in Ihrem Design und kontrollieren Sie den Look. Eventuell müssen Sie jetzt noch Seiten hinzufügen oder einige Wörter löschen. Kopieren Sie den Text nach Microsoft Word um die Wortzahl zu berechnen und die Anzahl der dafür notwendigen Seiten festzulegen.

Ändern Sie nicht die Schriftgröße oder die Abstände, damit der Text passt. Ein „erlaubter" Trick ist ein Dreifachklick auf eine Textzeile und dann ihren Zeichenabstand um 10 % zu reduzieren. Aber dann ist Schluss!

Wie viele Dokumente?

Umfasst die Produktion ein ganzes Team, ist es vielleicht effektiver, die Artikel oder Sektionen auf einzelne Publisher-Dokumente zu verteilen. Ändern Sie in einem dieser Dokumente die Textstile, lassen sie sich in den anderen schnell über **Text > Textstile > Textstile importieren** auf den neuesten Stand bringen.

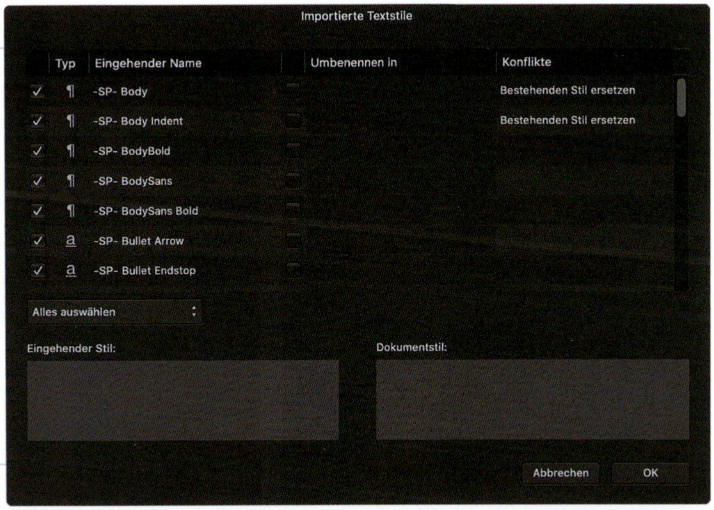

Ressource

Feature_Article-Ordner

DAS LAYOUT FÜR EINEN ARTIKEL

Kommen wir nun zu dem Layout für unseren ersten Artikel – ein Interview mit mehreren Textstilen für den Artikeltext. Arbeiten Sie einfach mit demselben Dokument weiter wie bisher.

1 Klicken Sie auf **Ansicht > Magnetische Ausrichtung konfigurieren** und aktivieren Sie die Optionen **Ausrichtung aktivieren**, **Am Raster ausrichten**, **An Hilfslinien ausrichten** und **An Seitenrändern ausrichten** und deaktivieren Sie die Option **Am Grundlinienraster ausrichten**.

2 Aktivieren Sie alle **Einblenden**-Optionen oben im Menü **Ansicht**.

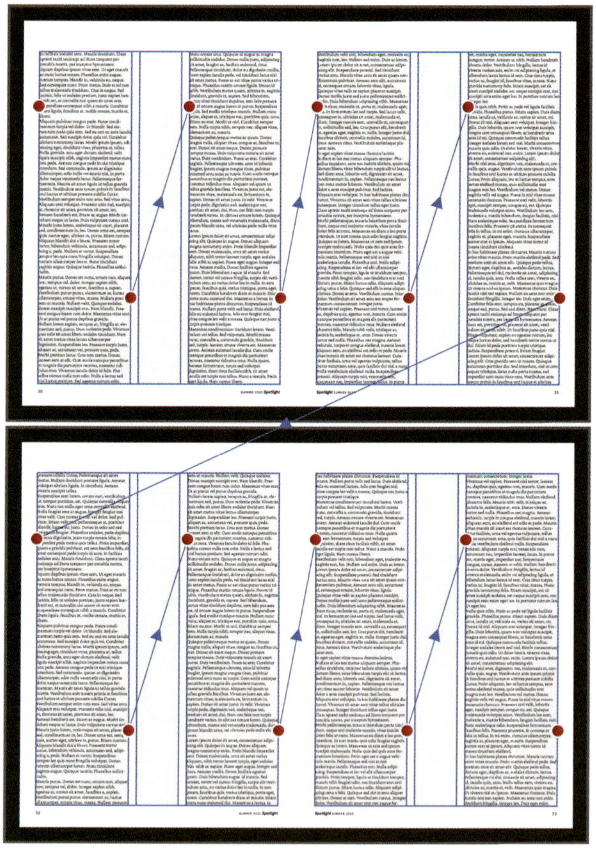

Einrichten der Seiten

1 Führen Sie im Panel **Seiten** einen Doppelklick auf *Seiten 2, 3* aus, um sie zu bearbeiten. Master A ist den Seiten bereits zugewiesen.

2 Erstellen Sie auf der linken Seite zwei Textrahmen über je zwei Spaltenhilfslinien (siehe Abbildung) und einen in der Mitte.

3 Wiederholen Sie dieses Layout auf der rechten Seite.

4 Setzen Sie Fülltext in den linken Rahmen.

5 Verknüpfen Sie die breiten Rahmen von links nach rechts, in dem Sie auf das blaue Dreieck „Textfluss" klicken und dann auf den Textrahmen, in dem der Fluss fortgesetzt werden soll.

6 Duplizieren Sie die Layoutseite so oft wie es für den Layoutplan Ihres Magazins erforderlich ist. In unserem Fall reichen zwei Layoutseiten.

7 Verknüpfen Sie den breiten Textrahmen ganz rechts auf der ersten Layoutseite mit dem Textrahmen ganz links auf der nächsten Layoutseite.

Einfügen von Artikeltext und Zuweisen der Textstile

Für den Rest des Projekts benötigen wir noch weitere Textstile als nur die zwei, die wir vorhin erstellt haben.

Wenn Sie ein Magazindesign von Grund auf neu entwerfen, müssen Sie immer etwas mit Stilen experimentieren, bis Sie den passenden Look gefunden haben. Für dieses Projekt nehmen Sie über **Text > Textstile > Textstile importieren** einfach die notwendigen Stile aus magazine_text_styles.afpub.

1 Wählen Sie mit dem Werkzeug **Rahmentext** den gesamten Fülltext aus.

2 Ersetzen Sie über **Datei > Platzieren** die Auswahl durch magazine_profile_body.rtf.

3 Legen Sie für den ganzen Text Ihren Stil mit Einzug fest (*-SP- Body Indent*).

4 Legen Sie für den ersten Absatz Ihren normalen Textkörperstil (*-SP- Body*) fest.

5 Die restlichen Absätze formatieren Sie so:

- *-SP- BodyBold* für die Fragen des Interviewers (a)
- *-SP- Body* für den ersten Absatz nach jeder Frage (b)
- Entfernen Sie überflüssigen Abstand zwischen Absätzen.

Per Vierfachklick können Sie ganze Absätze auswählen – auch nicht zusammenhängende.

Ihr Redakteur lektoriert die Texte und sorgt dafür, dass sie in die dafür vorgesehenen Stellen passen. Wenn sich der Autor an die vereinbarte Wortzahl gehalten hat, sollte das aber kein Problem sein.

Ihr Redakteur trifft auch die Entscheidungen rund um die Lesbarkeit, wie z. B. zu Absatzwechseln, Positionen von Überschriften, Waisen- und Hurenkindern (Seite 169) usw., und achtet darauf, dass Zeichen nach Ihren Stilrichtlinien formatiert sind, wie z. B. die Namen von Bildern und Zeichnungen in kursiver Schrift.

definitely opened doors for me professionally, will go a long way towards reaching my goal.

What inspired you to submit this particular illustration?

It's always such a pleasure for me to illustrate for *De Morgen*, as they give me a lot of freedom to work with a subject. So I felt confident to approach this assignment somewhat more experimentally. Despite the deadline, I ended up really having fun working on this illustration, and the end result was exactly as I had wanted it to be. I felt like this illustration represented my abilities, both visually and conceptually, especially given the delicate nature of the subject, and it remains to this day one of my favourite editorial pieces.

Weitere Seitenelemente

Platzieren Sie **Spaltentrennlinien** links und rechts von dem schmalen Textrahmen mitten auf jeder Seite (a), um die visuelle Struktur der Seiten zu betonen.

1 Verkleinern Sie die Breite des schmalen Textrahmens um 2 mm auf jeder Seite, um Platz für die Trennlinien zu schaffen.

2 Klicken Sie mit dem **Zeichenstift** (P) auf den Punkt, an dem die Trennlinie beginnen soll.

3 Klicken Sie mit gedrückter **Umschalttaste** (⇧) auf den gewünschten Endpunkt der Linie.

4 Stellen Sie für die Linie in der Palette *Grautöne* die Standardfarbe *Schwarz* und eine Breite von *0,24 pt* ein.

5 Duplizieren Sie die Rasterlinie und schieben Sie das Duplikat symmetrisch auf die rechte Seite der Spalte.

6 Wiederholen Sie diese Schritte auf jeder Artikelseite.

Einfügen von Überschriften und andere großer Texte

Als Nächstes legen wir für die erste Seite des Artikels einen einladenden Einstieg fest (b).

1 Erstellen Sie für die Überschrift mit dem Werkzeug **Rahmentext** einen Textrahmen über zwei oder mehr Spaltenhilfslinien.

2 Wählen Sie den Rahmen aus und klicken Sie in der **Symbolleiste** auf die Option **Einstellungen für Textrumbruch einblenden** und legen Sie den Umbruchstil **Quadratisch** fest.

3 Tippen Sie *Inspiration* in den Rahmen ein, drücken Sie die **Eingabetaste** ↵ und tippen Sie dann *Drawing the news: an artist's story* ein.

4 Legen Sie für die erste Zeile den Stil *-SP- Slug Sans Caps* fest und *-SP- Head x4 Italic* für den Rest.

Wenn Sie eigene Absatzstile für Überschriften erstellen, legen Sie für ihren Zeilenabstand immer ein Vielfaches des Abstands Ihres Grundlinienrasters fest (daher das x4 in dem Namen).

classic case of weaknesses becoming strengths.

When starting a new illustration, do you normally have access to the full article your work will accompany?
It depends. For the daily news, I often just get the six-sentence pitch of the journalist describing the article. So in the same time I'll be illustrating this embryonic article, the journalist will be actually writing it. For weekend publications, or opinion pieces, it does happen that I get the full article or a proof of some sort. In some cases, however, I just get the phone number of the journalist and the message to go find out whatever it is I need to know, which often results in a way-too-lengthy, non-billable, but nonetheless pleasant chat.

How do you go about creating your illustrations? Do you prefer to sketch ideas on paper first or work straight on computer?
Generally I start off jotting down my ideas in scraggly looking thumbnail-sized sketches on paper, which honestly would suffice for me to work on. However, given that my thumbnails are usually bordering on illegibility, I tend to sketch the ideas out a bit bigger and neater in order to present them to the client. After getting the approval of the client, I'll start working directly on top of my sketch.

Technology has definitely influenced my process these past few years. When I started, my sketches and finals were mainly analogue. But the fast-paced newspaper work really forced me to develop quicker ways of working, which lead me to working a lot more digitally.

Since I bought the Apple iPad Pro, it has been a lot easier to work completely digitally, from sketch to finish – which can be very handy, since I'm travelling a lot and I can just take all of my work with me. But ideally my process will be a mix of an analogue painted base, which I combine with digital painting, generally going back and forth between the two media during the process until I'm satisfied.

We were delighted to hear that you use Affinity as part of your workflow. How did you discover the apps and what inspired you to start using them?
After having spent countless evenings as a young kid entertaining myself with drawing in MS Paint, discovering a program like Photoshop as a teenager effectively propelled my love for digital painting, even if this was not the primary function of the software. When, years later, my boyfriend introduced me to the launch of this promising new software suite called Affinity – similar to Adobe, but seemingly better and definitely more democratically priced – I quickly fell in love all over again.

Given my familiarity with Photoshop, I was most attracted to switch to Affinity Photo, and although illustration might not be its main focus (as opposed to, say, Designer), I discovered that the software was perfect for my workflow of mixing scanned analogue painting with digital painting. I have been working with the Affinity software for a few years now, and I'm definitely not regretting my decision!

What do you like most about Affinity apps?
Live previews of blending modes and brushes have been a game changer. It has without a doubt greatly improved the speed of my workflow. Other than that, there's Affinity Photo for iPad, which has definitely appealed to my cocooning habits: drawing while sitting on the couch wrapped in a comfy blanket, count me in!

What are your greatest influences and inspirations?
I suppose it's a bit of a mix. There's the amazing black-and-white ink drawings of Tove Jansson, or the expressiveness of the Italian Futurists. Then there's the effective simpleness of the works of Dick Bruna or the downright disarming charm of the drawings of Josef Lada. And of course there are many of my contemporaries like Leonie Bos or Charlotte Dumortier.

My first big inspiration, however, was my mother, who used to show me these amazing drawings she had once done of birds and gnomes. She didn't end up working in the creative field, but definitely had a hand in me ending up in it.

What does a typical working day look like?
I wake up to the sound of my (early-rising) boyfriend preparing breakfast: oatmeal porridge. I'll start working around 8:30, unless I have an early deadline, in which case I'll rise at an ungodly hour and eat breakfast after having finished. I tend to be more productive and focused in the mornings, so this is when any conceptual work or sketching is done. Communication with clients and the actual painting of the finals is reserved for after lunch.

Usually I'll start with a new brief at 9am, go through the research and jot down some ideas in thumbnail sketches. At around half past ten I'll be craving a coffee, and there will usually be a small debate between me and my boyfriend (who also works from home) on who will be the one to make it. We will sit together with our coffee and discuss our projects for the day. Usually this is where I pitch those thumbnail ideas to him to get a feel of which would work best with the client. After having chosen one or more ideas, I'll work those out in a neater sketch and present them to the client.

When lunchtime comes around, and it's a particularly pleasant day, we'll pack a picnic and either hike to the top of the little mountain our village is situated on, or descend from said mountain to the little lake below to have a swim and cool down during the hottest hours of the day. If I'm lucky, by the time I get back behind my computer the client will have reviewed my sketches and I can proceed with finishing the illustration. I usually keep painting until it's finished –

Spotlight SUMMER 2020 31

Verstärken der linksbündigen Ausrichtung

Eventuell müssen Sie den Textrahmen der Überschrift schrittweise nach links über die Seitenrandlinie verschieben, damit der große Text horizontal korrekt mit dem Artikeltext ausgerichtet ist (b). Richten Sie dabei hervorstehende Elemente des linken Zeichens visuell an entsprechenden Strichen im Artikeltext aus. Serifen können dabei ruhig überhängen. Bei Zeichen, die mit einer Kurve beginnen (z. B. ein C), oder schwächeren Zeichen (z. B. T oder J) verlassen Sie sich bei der Ausrichtung einfach auf Ihr Augenmaß.

Anreißertext und herausgestellte Zitate

1. Erstellen Sie unter der Überschrift noch einen Textrahmen mit dem Umbruchstil **Quadratisch** für den Anreißertext (c).
2. Setzen Sie über **Datei > Platzieren** den Text magazine_profile_standfirst.rtf in den Rahmen.
3. Legen Sie den Absatzstil *-SP- Standfirst Sans* fest. Dieser formatiert die ersten Wörter mit dem Zeichenstil *-SP- SmallCapsRegular*.
4. Aktivieren Sie im Panel **Textrahmen** die Option **Grundlinienraster verwenden**, um das Raster für das gesamte Dokument in diesem Rahmen außer Kraft zu setzen.
5. Legen Sie als **Rasterabstand** *6 mm* fest.
6. **Startposition**: Wie der Text vertikal in Rahmen passt, hängt von den Schriftabmessungen ab. Experimentieren Sie einfach mit verschiedenen Werten, bis alles richtig sitzt. Ich habe *4,5 mm* verwendet

Erstellen Sie einen Stil für den Anreißertext mit größerer Schrift als bei dem Artikeltext, müssen Sie eventuell seinen Zeilenabstand auf einen Mittelwert einstellen –größer als den Abstand Ihres Grundlinienrasters aber kleiner als der doppelte Abstand. Ich habe *6 mm* verwendet (1,5x).

Erstellen Sie mit diesen Schritten auf Seite 3 des Artikels einen Textrahmen für den Inhalt der Resourcendatei magazine_profile_pullquote.rtf. Formatieren Sie den Text mit *-SP- Pullquote SerifItalic* mit Startposition des Grundlinienrasters bei *6 mm* und einem Abstand von *8 mm*. Passen Sie die Höhe der Spaltentrennlinien an, die Ihre drei Textrahmen schneiden, sodass sie kurz vorher aufhören. Den Abstand zwischen Rahmen und Endpunkt der Linie gibt Ihr Hintergrundraster vor.

Ihre Seiten sollten nun so aussehen wie der Inhalt von magazine_profile_structure.afpub ohne die großen leeren Bilderrahmen.

Einsetzen Ihrer Bilder

Für die jetzt folgenden Schritte müssen Sie unbedingt das Hintergrundraster einblenden und seine magnetische Ausrichtungsoption aktivieren.

1. Zeichnen Sie auf der ersten Seite des Artikels mit dem Werkzeug **Rechteckiger Bilderrahmen** (F) einen Rahmen über der rechten Spaltentrennlinie bis zur rechten oberen Anschnittecke der rechten Seite, der ungefähr halb so hoch ist wie die Seite.

2. Legen Sie den Umbruchstil **Quadratisch** fest und als **Abstand vom Text** den Abstand Ihres Grundlinienrasters.

3. Platzieren Sie die Datei magazine_profile_EleniDebo_Raimondas.jpg in dem Rahmen und legen Sie die Bildgröße und -position nach Ihrem Geschmack fest.

4. Wiederholen Sie dies für weitere Bilderrahmen wie in magazine_profile_completed.afpub.

INSPIRATION

Drawing the news: an artist's story

ELENI DEBO IS a Belgian illustrator who freelances from the breathtaking Italian Alps. Her work regularly features in international newspapers, books and magazines and she has an incredible talent for distilling complex stories and subject matter into a single thought-provoking image.

Fresh from winning a prestigious World Illustration Award, Eleni talks to us about her *Spotlight* submission piece (created in Affinity Photo), how she got into editorial illustration and why she loves to combine and mix analogue and digital painting in her work.

Firstly, congratulations on winning the professional editorial category in the World Illustration Awards 2019! Could you tell us a bit about your entry and what the award means to you?
Thanks! I submitted 'When to stop', a three page editorial illustration I made for Belgian newspaper *De Morgen* in the wake of the #metoo movement and the viral short story 'Cat Person' by Kirsten Roupenian. The article dealt with the dilemma of how even consensual sex can turn bad, and the taboos involved.

Based on the story of Roupenian, my illustration reads as the story of a sexual experience slowly turning bad. I tried to represent this in the gradual removal of colour and the evolution of soft and flowy to sharp and aggressive shapes. The passage of time and the feeling of movement is suggested by showing fragmented scenes both flowing into and disrupting each other.

Winning the award with this work was a wonderful surprise to me. For the past year I have been setting my sights on new horizons, hoping to attract overseas clients. By participating in the contest, I had hoped to at least catch the eye of a few people involved. Actually winning my category has, aside from a pleasant confidence boost, definitely opened doors for me professionally, and will go a long way towards reaching my goal.

What inspired you to submit this particular illustration?
It's always such a pleasure for me to illustrate for *De Morgen*, as they give me a lot of freedom to work with a subject. So I felt confident to approach this assignment somewhat more experimentally. Despite the deadline, I ended up really having fun working on this illustration, and the end result was exactly as I had wanted it to be. I felt like this illustration represented my abilities, both visually and conceptually, especially given the delicate nature of the subject, and it remains to this day one of my favourite editorial pieces.

Your work regularly appears in international newspapers and magazines. How did you first get into editorial illustration?
When I finished my studies at the academy, I knew I wanted to get involved with editorial illustration and had in particular set my sights on De *Morgen*, as they had a very decently designed newspaper and weren't afraid of experimenting with their visuals. I decided that, while having a part time job in an awesome little letterpress studio, I would spend that first year out of school working on a strong portfolio.

I bought a random newspaper, chose a variety of articles (going from psychological and human interest to economics and politics) and got to work illustrating them. Once I was confident my portfolio was strong enough, I sent them to different potential clients, including the art director of *De Morgen*, making sure to include an honest handwritten note explaining why I wanted to work for them.

De Morgen was actually the first client to contact me upon receiving my portfolio. Our first collaboration was a successful one, and I ended up working for them almost weekly. This kind of exposure turned out to be huge, and very soon other clients started trickling in. Before I knew it, I had enough work on my hands to start working full-time as an illustrator, and things have been trucking along rather pleasantly ever since.

How would you describe your style?
I would say that, for me, the important part of my illustration is the concept, and the style of the illustration is often chosen as a function of how to best represent that idea. That being said, I suppose there are some common factors, stylewise. My work often shows a mix of analogue and digital painting, which does give it a signature noisy/painterly feel. I developed a range of brushes based on my favourite analogue painting techniques to further blend the line between the analogue and the digital.

In terms of content, shadow and light play a big role in my illustrations and are often a determining factor for the mood of the image. Other than that, I've noted people often saying that I have a rather particular use of colour. To be honest, I always felt like I am having a hard time choosing a palette (which is something I could keep going back and forth on for hours, given the opportunity), but perhaps that might just be the exact reason why people find it so particular. Perhaps a classic case of weaknesses becoming strengths.

When starting a new illustration, do you normally have access to the full article your work will accompany?
It depends. For the daily news, I often just get the six-sentence pitch of the journalist describing the article. So in the same time I'll be illustrating this embryonic article, the journalist will be actually writing it. For weekend publications, or opinion pieces, it does happen that I get the full article or a proof of some sort. In some cases, however, I just get the phone number of the journalist and the message to go find out whatever it is I need to

30 SUMMER 2020 **Spotlight**

Spotlight SUMMER 2020 31

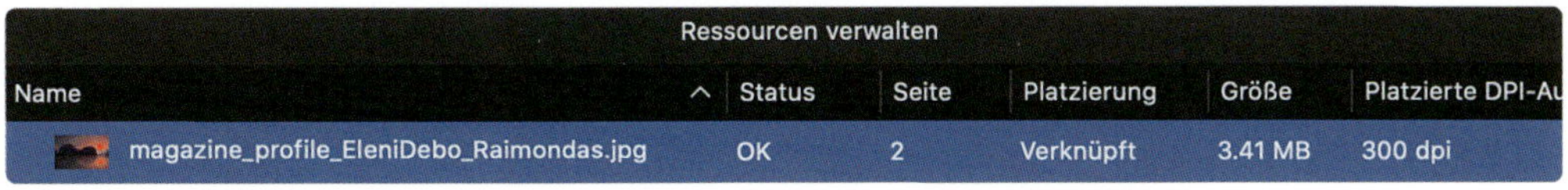

5 Stellen Sie für den Bilderrahmen von magazine_profile_EleniDebo_PublicServants.jpg den Textumbruch auf **Eng**.

6 Klicken Sie in der **Symbolleiste** auf **Eins nach hinten**, um die Ebene dieses Bilderrahmens hinter dem Textrahmen zu platzieren. Das JPG-Bild hat keine transparenten Bereiche und würde sonst Text verdecken.

7 Bearbeiten Sie die Umbruchkontur (Seite 128) – sie muss jedoch nicht identisch mit meiner sein.

8 Passen Sie die Höhe der Spaltentrennlinien an.

Die durch die Umbruchkontur mit **Eng** entstandene Lücke sollte wieder zu dem Abstand Ihres Grundlinienrasters passen, damit alle Lücken gleich aussehen.

and eat breakfast after having finished. I tend to be more productive and focused in the mornings, so this is when any conceptual work or sketching is done. Communication with clients and the actual painting of the finals is reserved for after lunch.

Usually I'll start with a new brief at 9am, go through the research and jot down some ideas in thumbnail sketches. At around half past ten I'll be craving a coffee, and there will usually be a small debate between me and my boyfriend (who also works from home) on who will be the one to make it. We will sit together with our coffee and discuss our projects for the day. Usually this is where I pitch those thumbnail ideas to him to get a feel of which would work best with the client. After having chosen one or more ideas, I'll work those out in a neater sketch and present them to the client.

When lunchtime comes around, and it's [illegible]ticularly pleasant day, we'll pack a picnic and either hike to the top of the little mountain our village is situated on, or descend from said mountain to the little lake below to have a swim and cool down during the hottest hours of the day. If I'm lucky, by the time I get back behind my computer the client will have reviewed my sketches and I can proceed with finishing the illustration.

I usually keep painting until it's finished – I hate getting interrupted during the process – or if it's a particularly labour-intensive illustration, until I get too hungry. If all goes well, I stop working between 18:00 and 19:00.

After dinner, I spend some time relaxing or meeting up with friends before going to bed and waking up to the sound of my boyfriend making oatmeal porridge. Rinse and repeat.

You've worked for an impressive variety of clients around the wor[illegible] What have been some of y[illegible]avourite projects so far?

My work on the book *Shoplifter* by German art and design book publisher Gestalten is definitely way up there on the list. I also very much enjoy working regularly for the beautifully designed Belgian cycling magazine *Bahamontes*, or the American, equally aesthetic but more spiritually

▲Illustration for the Dutch newspaper *De Volkskrant*

Working for the *New Yorker* or the *New York Times* is of course up there on my list, as illustrating for those iconic covers is probably any editorial illustrator's dream. That being said, I'd love illustrating for any publication that tries to push boundaries with the use of its visuals.

In a more modest aspiration, I've been

Die Bildauflösung

Wählen Sie ein Bild auf einer Seite aus, werden in der Kontextleiste seine Pixelabmessungen und die effektive Auflösung angezeigt. Uns interessiert nur die DPI-Angabe (dots per inch = Punkte pro Zoll).

Liegt der Wert unter 300 dpi. ist die Bildauflösung zu gering und Sie sollten für eine professionelle Druckqualität das Bild kleiner auf der Seite platzieren. Bei einigen Bildern, wie z. B. Bildschirmfotos von einem Computer, sind niedrige DPI-Werte normal, aber die Systeme zur Druckvorstufe melden bei Bildern mit weniger als 300 dpi häufig Fehler. Sie müssen dann Ihre Druckerei anweisen, diese Fehler zu ignorieren.

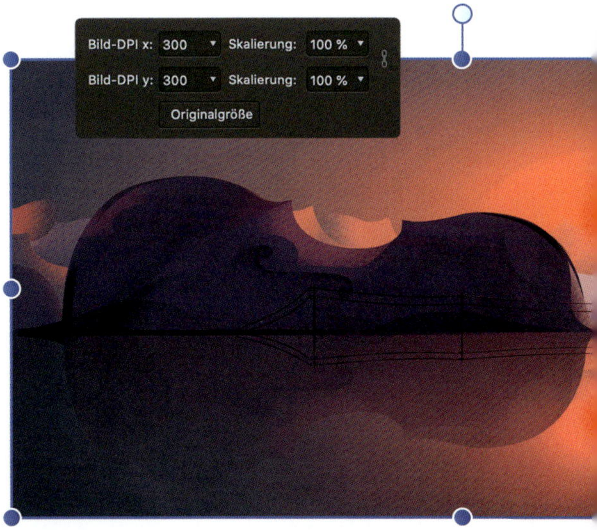

Die in diesem Projekt zur Verfügung gestellten Bilder liegen aus lizenzrechtlichen Gründen in einer reduzierten Auflösung vor.

Der Feinschliff

Credits / Mitwirkende

1 Kopieren Sie die Credit-Zeile (a) aus magazine_profile_ captions_credits.rtf und fügen Sie sie in einen neuen Textrahmen von *4 mm* Höhe ein.

2 Formatieren Sie den Text mit dem Stil *-SP-Credit*.

3 Stellen Sie Rahmenoptionen so ein, dass der Rahmen das Grundlinienraster des Dokuments und Umbrucheinstellungen für Text ignoriert.

4 Wählen Sie die Wörter *Illustrations* und *Interview* aus und formatieren Sie sie mit dem Schriftschnitt *Fett*.

5 Drehen Sie den Textrahmen 90° nach links damit er ausgerichtet am Hintergrundraster an der linken Seite der ersten Illustration „hochläuft".

Mit den Befehlen unter **Ansicht > Drehen** können Sie vertikale Texte bequem bearbeiten.

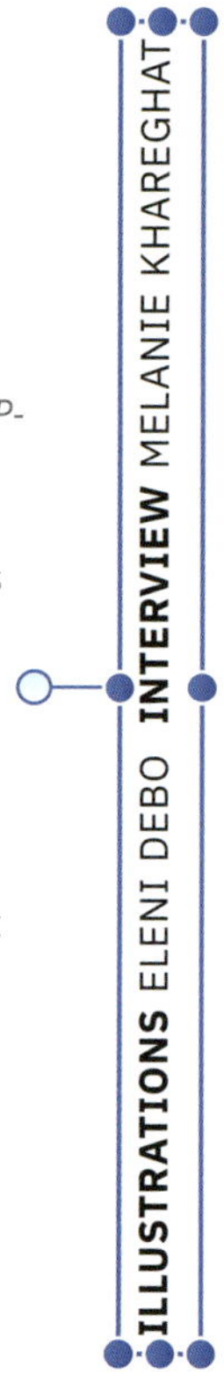

Die Bildunterschriften

Setzen Sie die Textrahmen für die Bildunterschriften (b) jeweils in die mittleren Spalten auf jeder Seite ein. Stellen Sie diese Rahmen wie zuvor erläutert 4 mm schmaler ein als den Abstand der Spaltenhilfslinien, um den Zwischenraum auf jeder Rahmenseite 2 mm zu vergrößern. Stellen Sie die passenden Abmessungen für den ersten Rahmen ein, kopieren Sie ihn und verteilen Sie dann die Duplikate auf den restlichen Seiten.

1 Kopieren Sie die einzelnen Unterschriften aus der zuvor verwendeten Textdatei und setzen Sie sie in die entsprechenden Textrahmen ein.

2 Formatieren Sie die Texte mit den Stilen *-SP- CaptionArrowUp* oder *-SP- CaptionArrowDown*.

In meinen Textstilen für Bildunterschriften habe ich mit **Aufzählung und Nummerierung** einen Pfeil als erstes Zeichen festgelegt. Überprüfen Sie mit dem **Glyphen-Browser**, ob Ihre Schriftart Pfeile enthält. Falls nicht, kopieren Sie die Pfeile aus einer anderen Schriftart, die Sie kommerziell für Ihre Projekte nutzen dürfen. Lesen Sie also immer die Lizenzbedingungen zu Ihren Schriften. Ich habe die Schriftart *Arial* verwendet.

know, which often results in a way-too-length
non-billable, but nonetheless pleasant chat.

How do you go about creating your illustr tions? Do you prefer to sketch ideas on pa first or work straight on computer?
Generally I start off jotting down my ideas in scraggly looking thumbnail-sized sketches on paper, which honestly would suffice for me to work on. However, given that my thumbnails usually bordering on illegibility, I tend to sketc the ideas out a bit bigger and neater in order t present them to the client. After getting the approval of the client, I'll start working directl top of my sketch.

Technology has definitely influenced my process these past few years. When I started, sketches and finals were mainly analogue. Bu fast-paced newspaper work really forced me t develop quicker ways of working, which lead to working a lot more digitally.

Since I bought the Apple iPad Pro, it has been a lot easier to work completely digitally, from sketch to finish – which can be very han since I'm travelling a lot and I can just take all my work with me. But ideally my process wil mix of an analogue painted base, which I com with digital painting, generally going back an forth between the two media during the proc until I'm satisfied.

32

INSPIRATION

Drawing the news: an artist's story

ELENI DEBO IS a Belgian illustrator who freelances from the breathtaking Italian Alps. Her work regularly features in international newspapers, books and magazines and she has an incredible talent for distilling complex stories and subject matter into a single thought-provoking image.

Fresh from winning a prestigious World Illustration Award, Eleni talks to us about her *Spotlight* submission piece (created in Affinity Photo), how she got into editorial illustration and why she loves to combine and mix analogue and digital painting in her work.

Firstly, congratulations on winning the professional editorial category in the World Illustration Awards 2019! Could you tell us a bit about your entry and what the award means to you?
Thanks! I submitted 'When to stop', a three page editorial illustration I made for Belgian newspaper *De Morgen* in the wake of the #metoo movement and the viral short story 'Cat Person' by

ILLUSTRATIONS ELENI DEBO INTERVIEW MELANIE KHAREGHAT

a

gradual removal of colour and the evolution of soft and flowy to sharp and aggressive shapes. The passage of time and the feeling of movement is suggested by showing fragmented scenes both flowing into and disrupting each other.

Winning the award with this work was a wonderful surprise to me. For the past year I have been setting my sights on new horizons, hoping

When I finished my studies at the academy, I knew I wanted to get involved with editorial illustration and had in particular set my sights on De *Morgen*, as they had a very decently designed newspaper and weren't afraid of experimenting with their visuals. I decided that, while having a part time job in an awesome little letterpress studio, I would spend that first year out of school

b

▲Illustration for the Belgian cycling magazine *Bahamontes*

best represent that idea. That being said, I suppose there are some common factors, stylewise. My work often shows a mix of analogue and digital painting, which does give it a signature noisy/painterly feel. I developed a range of brushes based on my favourite analogue painting techniques to further blend the line between the analogue and the digital.

▲Illustration for the Belgian cycling magazine *Bahamontes*

For daily news, I often just get *ie six-sentence pitch describing* *ie article. The journalist will be* *riting it as I'm illustrating it"*

We were delighted to hear that you use Affinity as part of your workflow. How did you discover the apps and what inspired you to start using them?
After having spent countless evenings as a young kid entertaining myself with drawing in MS Paint, discovering a program like Photoshop as a teen-ager effectively propelled my love for digital painting, even if this was not the primary function of the software. When, years later, my boyfriend introduced me to the launch of this promising new software suite called Affinity – similar to Adobe, but seemingly better and definitely more democratically priced – I quickly fell in love all over again.

Given my familiarity with Photoshop, I was most attracted to switch to Affinity Photo, and although illustration might not be its main focus (as opposed to, say, Designer), I discovered that the software was perfect for my workflow of mixing scanned analogue painting with digital painting. I have been working with the Affinity software for a few years now, and I'm definitely not regretting my decision!

What do you like most about Affinity apps?
Live previews of blending modes and brushes have been a game changer. It has without a doubt greatly improved the speed of my workflow. Other than that, there's Affinity Photo for iPad, which has definitely appealed to my cocooning habits: drawing while sitting on the couch wrapped in a comfy blanket, count me in!

What are your greatest influences and inspirations?
I suppose it's a bit of a mix. There's the amazing black-and-white ink drawings of Tove Jansson, or the expressiveness of the Italian Futurists. Then there's the effective simpleness of the works of Dick Bruna or the downright disarming charm of the drawings of Josef Lada. And of course there are many of my contemporaries like Leonie Bos or Charlotte Dumortier.

My first big inspiration, however, was my mother, who used to show me these amazing drawings she had once done of birds and gnomes. She didn't end up working in the creative field, but definitely had a hand in me ending up in it.

What does a typical working day look like?
I wake up to the sound of my (early-rising) boy-friend preparing breakfast: oatmeal porridge. I'll start working around 8:30, unless I have an early deadline, in which case I'll rise at an ungodly hour and eat breakfast after having finished. I tend to be more productive and focused in the mornings, so this is when any conceptual work or sketching is done. Communication with clients and the actual painting of the finals is reserved for after lunch.

Usually I'll start with a new brief at 9am, go through the research and jot down some ideas in thumbnail sketches. At around half past ten I'll be craving a coffee, and there will usually be a small debate between me and my boyfriend (who also works from home) on who will be the one to make it. We will sit together with our coffee and discuss our projects for the day. Usually this is where I pitch those thumbnail ideas to him to get a feel of which would work best with the client. After having chosen one or more ideas, I'll work those out in a neater sketch and present them to the client.

When lunchtime comes around, and it's a particularly pleasant day, we'll pack a picnic and either hike to the top of the little mountain our village is situated on, or descend from said mountain to the little lake below to have a swim and cool down during the hottest hours of the day. If I'm lucky, by the time I get back behind my computer the client will have reviewed my sketches and I can proceed with finishing the illustration.
I usually keep painting until it's finished – I hate getting interrupted during the process – or if it's a parti- ularly labour-intensive illust- until I get too hungry. If a- stop working betwee-

After dinner relaxing or mee- going to bed my boyfrie- Rinse and

the *New York Times* , as illustrating for any editorial illus- I'd love illus- tries to push isuals. on, I've been mmission to do to make bigge e an opportun ith an actual envi o if anyone has an ve me a call!

SUMMER 2020 *Spotlight*

33

…ake bigger-
…n opportunity to
…n an actual envir-
if anyone has an
me a call!

33

C

Endmarken

Viele Magazine markieren das Ende von Artikeln mit Endmarken (c). Ich habe ein Aufzählungszeichen (**Text > Einfügen > Symbole > Aufzählungszeichen**) verwendet und dann mit einem eigenen Zeichenstil (*-SP- Bullet Endstop*) formatiert, der eine ganz bestimmte Farbe und Schrägstellung verwendet.

Aufzählungszeichen sind in vielen Schriften recht klein. Eventuell müssen Sie für diesen Zeichenstil die Schriftgröße erhöhen und über das Panel **Zeichen** die **Grundlinie** verschieben, damit das Zeichen wieder korrekt mit Texten in Kleinschreibung ausgerichtet ist.

Und wann ist Schluss?

Irgendwann ist das Layout für einen professionellen Magazinartikel fertig, aber wie beurteilen Sie, ob es wirklich fertig ist?

- Folgen Sie im **Vorschaumodus** dem Textfluss mit Ihren Augen. Nach jeder Spalte blickt der Leser nach oben und nach rechts und dann wandert sein Blick die nächste Spalte hinab. Lassen sich die nächste Spalte und der Anschluss für den Text gut finden?
- Überprüfen Sie das Gleichgewicht und die Hierarchie der Seitenelemente nach Kontrast und diagonaler Platzierung. Unsere erste Layoutseite enthält zum Beispiel unten links ein kleines Bild und oben rechts ein großes Bild.
- Vermeiden Sie Anordnungen von ähnlichen Elementen nebeneinander – Bild neben Bild, Überschrift neben Überschrift usw. – sofern es dafür keinen besonderen Grund gibt.
- Überprüfen Sie, ob Elemente, die das Layout der Seite aufbrechen, wie z. B. Zwischenüberschriften und herausgestellte Zitate wirklich diesen Zweck erfüllen. Oder wirkt die Seite so nur unnötig kompliziert oder gar überfrachtet? „Beißen" sich diese Elemente vielleicht sogar mit anderen Elementen? Am Ende können Sie Ihr Layout auch duplizieren und dann noch einmal komplett auseinanderreißen – vielleicht fällt Ihnen ja noch eine bessere Lösung ein.

DAS LAYOUT FÜR EINEN TUTORIAL-ARTIKEL

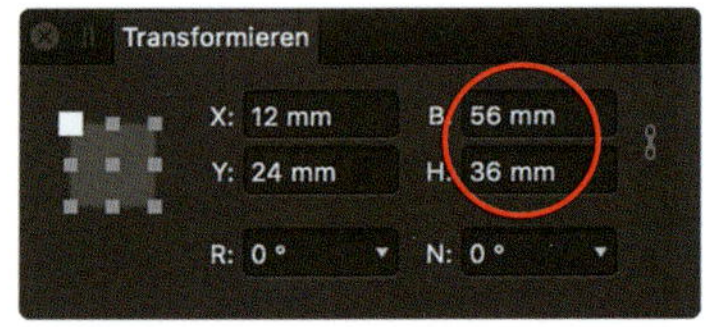

In einzelne Schritte unterteilte Tutorials finden sich in vielen Zeitschriften und Magazinen. Als Erstes richten wir das Raster für unsere Tutorials ein.

1 Fügen Sie in Ihrem Dokument eine neue Master-Seite mit den Standardeinstellungen hinzu.

2 Weisen Sie ihr durch Ziehen *Master A* zu. Die Ränder und Spaltenhilfslinien von Master A beseitigen wir als Nächstes.

3 Stellen Sie über **Hilfslinien konfigurieren** die Anzahl der **Spalten** und **Zeilen** auf *3* (ein Raster für neun Schritte pro Seite) und den **Zwischenraum** auf *8 mm*.

4 Stellen Sie den unteren Seitenrand auf *29 mm*, damit genug Platz für Textrahmen mit zusätzlichen Angaben und ein herausgestelltes Zitat bleibt.

5 Erstellen Sie im oberen linken „Spaltenblock" einen Bilderrahmen von *36 mm* Höhe und darunter im Abstand von *4 mm* einen Textrahmen.

6 Setzen Sie Fülltext in den Rahmen, erweitern Sie ihn und weisen Sie ihm den Absatzstil *-SP- Step Sans* zu. Entfernen Sie unerwünschte Zeilenwechsel.

7 Deaktivieren Sie im Panel **Textrahmen** die **Grundlinienraster verwenden** und **Grundlinienraster ignorieren**, damit sich der Textrahmen an das Grundlinienraster für das gesamte Dokument hält.

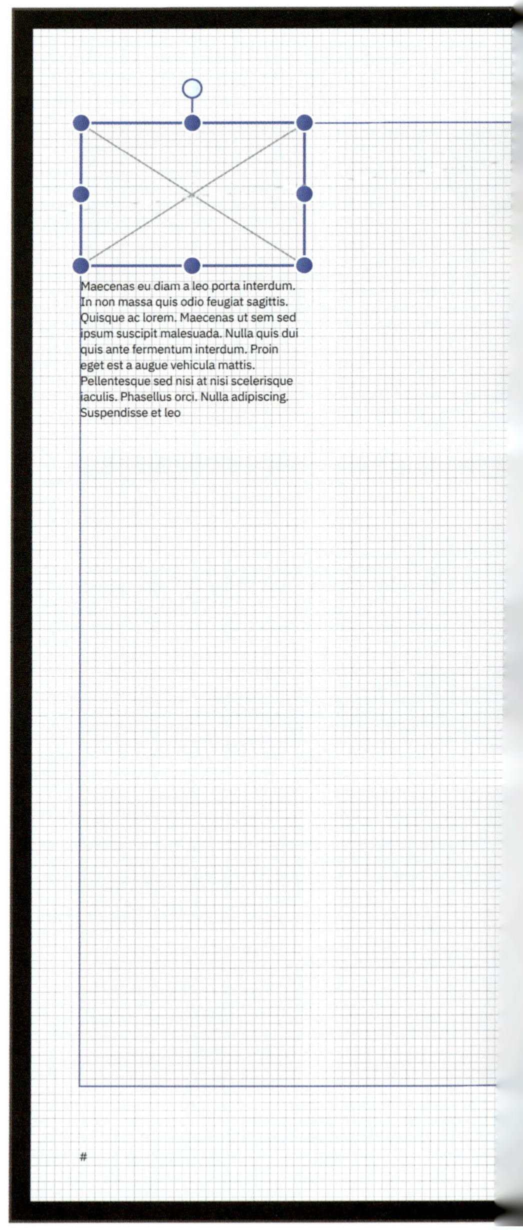

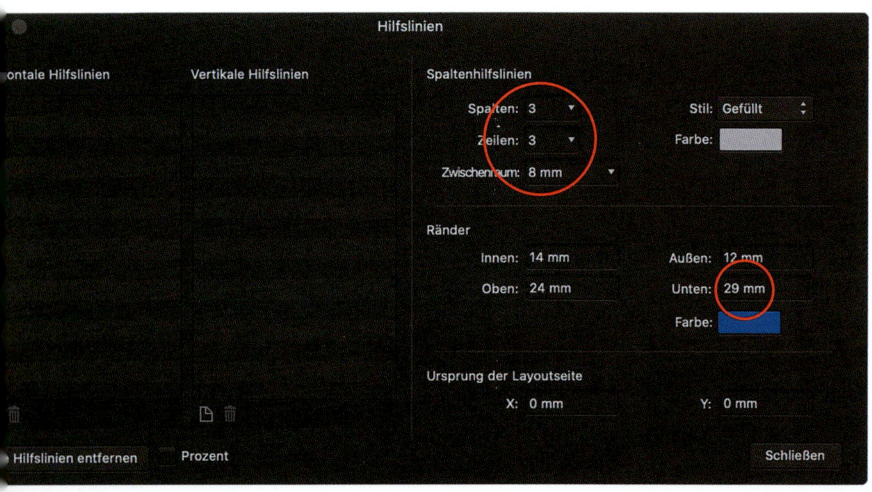

Ressource
Tutorial_Article-Ordner

Nummerieren der Schritte

1. Tippen Sie *1* am Anfang des Fülltexts ein und wählen Sie die Ziffer aus.
2. Formatieren Sie die Ziffer mit der Schrift *Chivo Black* mit Größe *8,75 pt* und der Farbe *-SP- Blue* aus magazine_palette.afpalette. (Importieren Sie die Palette über das Panel **Farbfelder**.)
3. Erstellen Sie aus dieser Ziffer einen Zeichenstil namens *-SP- Step Number* (oder eben der passenden Bezeichnung für Ihr Magazin).
4. Bearbeiten Sie den Absatzstil *-SP- Step Sans*.
5. Stellen Sie unter **Initialen** die Optionen wie in der Abbildung ein.
6. Klicken Sie auf **Aktiviert** und dann auf **OK**.

1 Maecenas eu diam a leo porta interdum. In non massa quis odio feugiat sagittis. Quisque ac lorem. Maecenas ut sem sed ipsum suscipit malesuada. Nulla quis dui quis ante fermentum interdum. Proin eget est a augue vehicula mattis. Pellentesque sed nisi at nisi scelerisque iaculis. Phasellus orci. Nulla adipiscing. Suspendisse et leo

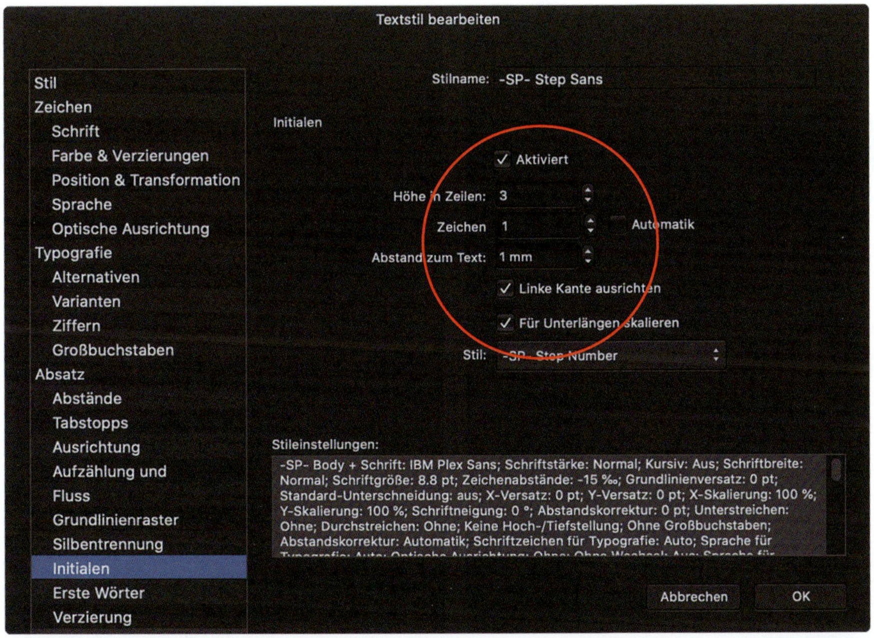

Benötigen Sie für Ihre Schritte zweistellige Zahlen, erhöhen Sie im Panel **Absatz** unter **Initialen** einfach den Wert **Zeichen**.

Letzte Layoutarbeiten

1 Wählen Sie den Bilderrahmen und den Textrahmen aus.

2 Kopieren Sie beide in den nächsten „Block" aus Hilfslinien.

3 Wiederholen Sie dies, bis die Seite neun Schritte umfasst.

Setzen Sie die restlichen Elemente ein und erledigen Sie den Feinschliff. Für den Profilartikel habe ich zum Beispiel die ersten zwei Schritte gelöscht, um Platz für eine Überschrift und einen Anreißertext zu schaffen und dann die Schritte auf der rechten Seite variiert. Der größere Schritt sorgt für einen guten Hingucker auf dieser Layoutseite.
Ich habe manuell noch ein paar horizontale Linien gezeichnet, die den Spaltentrennlinien des Profilartikels ähneln.

Weisen Sie diese Master-Seite zwei neuen Layoutseiten zu. Die aus den Master-Seiten übernommenen Text- und Bilderrahmen sind nur Platzhalter. Füllen Sie diese als kleine Fingerübung mit den zur Verfügung gestellten Bild- und Textressourcen. Ich habe den Zeichenabstand der Schritte auf *-15 ‰* gesetzt, damit der Text schön ordentlich passt (Seite 170).

Ihre Seiten sollten nun so aussehen wie in der Datei magazine_tutorial_completed.afpub.
Formatieren Sie den Text mit Stilen – orientieren Sie sich dabei einfach an den Layoutseiten der .afpub-Datei.

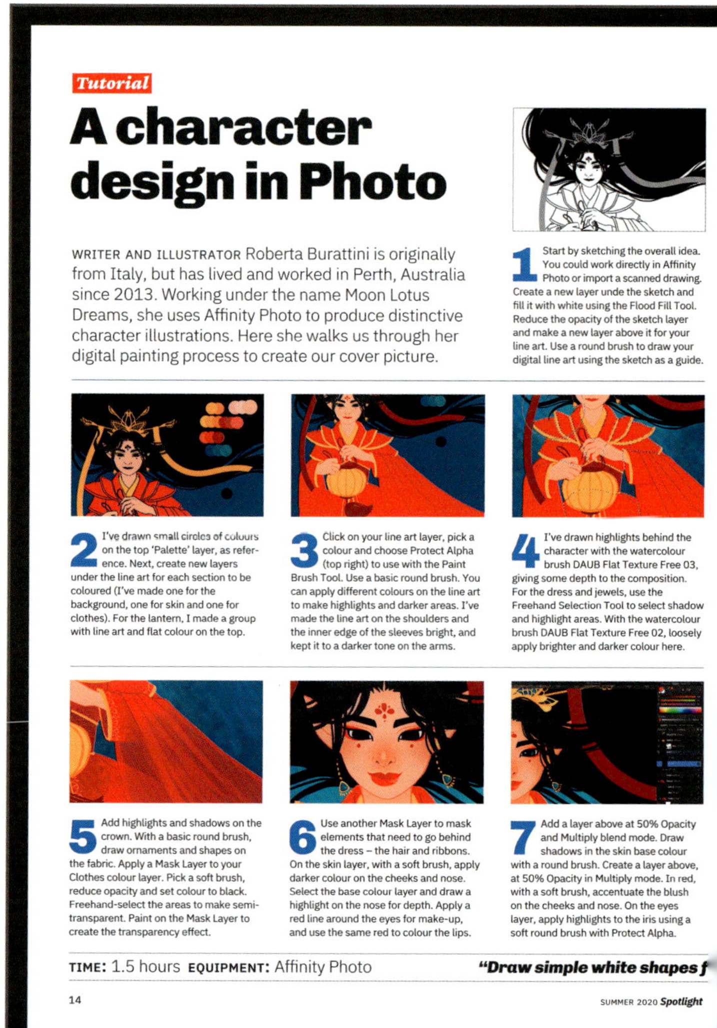
Tutorial

A character design in Photo

WRITER AND ILLUSTRATOR Roberta Burattini is originally from Italy, but has lived and worked in Perth, Australia since 2013. Working under the name Moon Lotus Dreams, she uses Affinity Photo to produce distinctive character illustrations. Here she walks us through her digital painting process to create our cover picture.

1 Start by sketching the overall idea. You could work directly in Affinity Photo or import a scanned drawing. Create a new layer unde the sketch and fill it with white using the Flood Fill Tool. Reduce the opacity of the sketch layer and make a new layer above it for your line art. Use a round brush to draw your digital line art using the sketch as a guide.

2 I've drawn small circles of colours on the top 'Palette' layer, as reference. Next, create new layers under the line art for each section to be coloured (I've made one for the background, one for skin and one for clothes). For the lantern, I made a group with line art and flat colour on the top.

3 Click on your line art layer, pick a colour and choose Protect Alpha (top right) to use with the Paint Brush Tool. Use a basic round brush. You can apply different colours on the line art to make highlights and darker areas. I've made the line art on the shoulders and the inner edge of the sleeves bright, and kept it to a darker tone on the arms.

4 I've drawn highlights behind the character with the watercolour brush DAUB Flat Texture Free 03, giving some depth to the composition. For the dress and jewels, use the Freehand Selection Tool to select shadow and highlight areas. With the watercolour brush DAUB Flat Texture Free 02, loosely apply brighter and darker colour here.

5 Add highlights and shadows on the crown. With a basic round brush, draw ornaments and shapes on the fabric. Apply a Mask Layer to your Clothes colour layer. Pick a soft brush, reduce opacity and set colour to black. Freehand-select the areas to make semi-transparent. Paint on the Mask Layer to create the transparency effect.

6 Use another Mask Layer to mask elements that need to go behind the dress – the hair and ribbons. On the skin layer, with a soft brush, apply darker colour on the cheeks and nose. Select the base colour layer and draw a highlight on the nose for depth. Apply a red line around the eyes for make-up, and use the same red to colour the lips.

7 Add a layer above at 50% Opacity and Multiply blend mode. Draw shadows in the skin base colour with a round brush. Create a layer above, at 50% Opacity in Multiply mode. In red, with a soft brush, accentuate the blush on the cheeks and nose. On the eyes layer, apply highlights to the iris using a soft round brush with Protect Alpha.

TIME: 1.5 hours EQUIPMENT: Affinity Photo "Draw simple white shapes f

14 SUMMER 2020 Spotlight

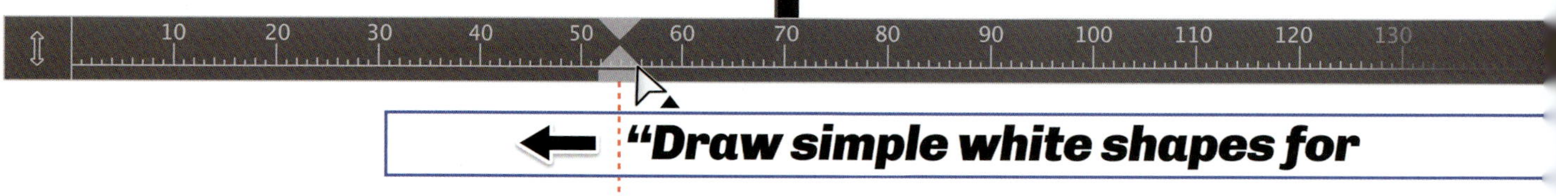

Bei dünnen geklammerten Dokumenten müssen Sie keine Rücksicht nehmen, ob ein herausgestelltes Zitat sich in den Rückenteil erstreckt. Aber bei dicken Magazinen mit echter Klebebindung sollten Sie aufpassen. Teilen Sie dann diesen Text, um den Bereich zu umgehen.

Die richtige Position ist oft ein Ratespiel. Ich habe einen **Tabstopp für den rechten Einzug** (**Text > Einfügen > Leerzeichen und Tabstopps**) gesetzt und dann die linke Einzugsmarke des Lineals gezogen, um den linken Textteil zu verschieben.

Halten Sie die Option-Taste ⌥ (Mac) oder Alt-Taste (Win), um die magnetische Ausrichtung an den Markierungen des Textlineals zu umgehen.

8 For the shading, add a new layer at 75% Opacity with Multiply blend mode. Pick a light grey colour and trace the shadow with a round brush. It's now time to draw the fish (Koi) coming out from the lantern. Create a new layer inside the Lantern Layers Group. Draw simple white shapes to get an idea of which position and size work best. Then start giving form to the fish using selections.

9 Use references from books or online to get the fish right. Here you can see one of the reference images I used. To apply a skin texture or pattern, you could create your own, buy stock textures or find one that's free for commercial use. Import the texture as an image and place it on a layer above the fish, at 15% Opacity using Overlay mode.

10 Adjust the layer for the fish's orientation. Repeat for each fish, arranging them around the figure, then merge their texture layers into one. To mask the texture around the fish bodies, quick-select the fish layer (Cmd-click or Ctrl-click on the layer) and apply a mask to the skin texture layer. Add some detail to the lantern now, too.

11 Finally, add magical lighting with brushes and layer blend modes. Make a layer group for this. Add a layer inside it, pick a light blue and paint (I used the Franketoon – Concept Master cloud brush) over areas you want to highlight. Use the Glow, Hard Light or Vivid Light blend mode and 20 to 50% Opacity. Repeat for more highlights.

12 Add bokeh light circles with a round brush in a light pink. Use Layer Effects such as Outer Glow for an extra sparkle. Apply a gradient from black to deep blue to light the hair layer. Finally, add grain: create a layer filled with white and apply Filters > Noise > Add Noise with 75% Opacity and the blend mode set to Colour Burn.

e fish, then use reference images from books or online to get their details right"

Spotlight SUMMER 2020 15

Anstatt Textrahmen zu verknüpfen und dann den gesamten Text hineinfließen zu lassen, können Sie auch einzelne Schritte kopieren und dann mit **Bearbeiten > Ohne Format einfügen** platzieren, damit der an der Einfügemarke in Affinity Publisher festgelegte Stil erhalten bleibt.

Recycling für Assets

Nachdem Sie ein Designelement fertig haben, das öfter auf Seiten wiederholt wird, wie z. B. einen Tutorialschritt, gruppieren Sie seine Objekte, wählen die Gruppe aus und klicken im Panel **Assets** in dem Menü der gewünschten Kategorie auf **Aus Auswahl hinzufügen**.

Sie können das Element nun jederzeit einfach aus dem Panel **Assets** auf die entsprechenden Seiten ziehen.

Möchten Sie Assets in Ihrem Magazindokument speichern, klicken Sie im Menü **Paneleinstellungen** auf **Im aktuellen Dokument einbetten**.

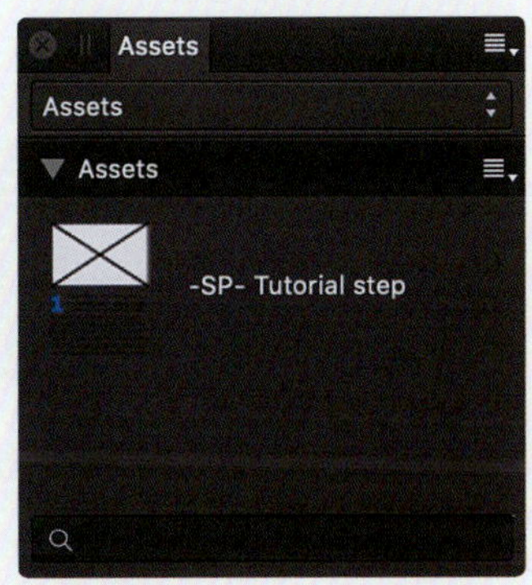

DAS LAYOUT FÜR EINE REZENSION

Ressource
Review_Article-Ordner

Viele Magazine enthalten auch Produktrezensionen. Für diesen Artikel habe ich meine Master-Seite mit fünf Spalten (Master A) für zwei neue Publikationsseiten festgelegt und dann Elemente aus meinen anderen Layouts kopiert, eingefügt und angepasst.

Hängen Sie über **Dokument > Seiten aus Datei hinzufügen** alle Seiten aus magazine_review_start.afpub an Ihr Dokument an. Diese Seiten enthalten bereits einige Ihnen vertraute Texte und Bildelemente. Beachten Sie auch die neuen Elemente.

- Der Artikeltext ist durch Zwischenüberschriften unterbrochen. Diese Überschriften verwenden eine serifenlose Schrift und sind etwas größer und fetter formatiert als der Artikeltext. Mit dem Stil *-SP- Crosshead* habe ich alle diese Formatierungen zusammengefasst.
- Für die Verfasserzeile habe ich mit dem Zeichenstil *-SP- Signoff* eine kursive und fette Formatierung festgelegt. Der Text selbst ist rechtsbündig ausgerichtet. Hierfür habe ich direkt davor einen **Tabstopp für den rechten Einzug** platziert.

Die wichtigste Neuerung und gleichzeitig der Hingucker sind die Textrahmen mit einer Hintergrundfarbe und ein Einzug in der mittleren Spalte für zusätzliche Einzelinformationen, wie z. B. Produktdetails, Vor- und Nachteile und eine Bewertung. Infotexte dieser Art werden für gewöhnlich „hängend" in der erforderlichen Länge platziert und füllen ihre Spalte nicht komplett aus.

1 In der mittleren Spalte auf der linken Seite befindet sich bereits ein Textrahmen. Ich habe ihn *4 mm* breiter eingestellt als die Spaltenhilfslinien, da wir hier keine Spaltentrennlinien benötigen.

2 Wählen Sie den Rahmen aus. Der Rahmen selbst hat keine Füllfarbe. Wir verwenden stattdessen eine Absatzverzierung, um eine farbige Füllung hinter dem Text zu platzieren. So passt die Hintergrundhöhe automatisch zu der benötigten Anzahl an Zeilen. Sie müssen also nicht jedes Mal die Rahmenhöhe anpassen, wenn Sie diesen Effekt verwenden.

3 Legen Sie den Absatzstil *-SP- TintBox Sans* für den Rahmen fest.

4 Öffnen Sie die Datei magazine_review_left_box.rtf. Übertragen Sie ihren Inhalt in den Rahmen. Der blaue Hintergrund erweitert sich automatisch passend zum Text.

5 Legen Sie für die erste Zeile den Absatzstil *-SP- TintBox Head Blue* fest, formatieren Sie die Zwischenüberschriften *Fett* und ändern Sie lokale Formatierungen, wo und wie es Ihnen gefällt.

6 Aktivieren Sie im Panel **Textrahmen** die Option **Textumbrüche ignorieren**. Stellen Sie alle **Versatzabstände** auf *4 mm* (den Abstand in unserem Grundlinienraster).

Key info

Price
From £799
Tested: £1,399 with Intel Core i5, 16GB memory, 256GB SSD

Display
12.3-inch 10-point touchscreen with 2736x1824 pixels

Connectivity
Wi-Fi 6, Bluetooth 5.0, 1x USB-A, 1x USB-C, 3.5mm headphone jack, microSDXC reader, Surface Connect port, Surface Type Cover port

Die blaue „Füllung" kommt aus *-SP- TintBox Sans*. Bearbeiten Sie den Stil und füllen Sie unter **Absatz > Verzierung** den Rahmenhintergrund mit Blau. Diese Einstellung legt ein farbiges Band hinter jede Textzeile, sodass ein Block entsteht. Die Versatzabstände des Textrahmens habe ich von jedem Wert für **Einzug** subtrahiert, um auch den Versatzbereich zu färben.

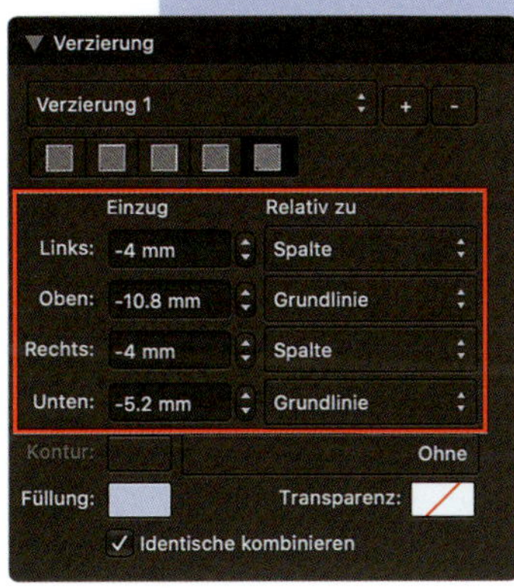

Eventuell müssen Sie die Füllung vertikal an dem Seitenraster oder anderen horizontalen Hilfslinien ausrichten. Passen Sie hierzu die Werte für **Oben** und **Unten** an. Addieren Sie jeweils zu dem einen Wert, was Sie von dem anderen abziehen. Verwenden Sie eine größere Schrift für die erste Zeile, springt sie vielleicht auf die nächste Grundlinie und nimmt so die Füllung mit. In diesem Fall subtrahieren Sie den Abstand Ihres Grundlinienrasters von dem Wert **Oben**, um die erste Zeile zu füllen.

Damit der schwarze Text auf dem farbigen Hintergrund lesbar bleibt, sollten Sie den CMYK-Gesamtwert des Hintergrunds unter 50 % halten. Alternativ verwenden Sie weißen Text auf einer dunkleren Schattierung.

Erstellen einer Sternbewertung

Der entsprechende Textrahmen auf der rechten Seite der Rezension enthält einige andere Textstile: *-SP- TintBox Head Red*, *-SP- TintBox Reviews Pro* und *-SP- TintBox Reviews Con*.
Führen Sie die Schritte für den Text aus magazine_review_right_box.rtf aus.

Hier benötigen wir mit der Sternwertung auch ein neues Element, das wir als Nächstes erstellen.

1 Schalten Sie die Ebene namens *Star* sichtbar. Diese Form habe ich mit dem Formwerkzeug **Stern** gezeichnet und dann über **Ebene > In Kurven umwandeln** verfeinert.

2 Halten Sie die Option-Taste ⌥ + **Umschalttaste** ⇧ (Mac) oder die Alt-Taste + **Umschalttaste** (Win) und ziehen Sie den Stern nach rechts, um eine ausgerichtete Kopie zu erstellen.

3 Drücken Sie cmd ⌘ + J (Mac) oder Strg + J (Win). Erstellen Sie so eine Reihe von fünf Sternen.

4 Gruppieren Sie die Sterne und skalieren Sie die Gruppe so, dass Sie in den Textrahmen der Mittelspalte passt.

5 Schneiden Sie die Gruppe aus, platzieren Sie die Einfügemarke in einer leeren Zeile im Textrahmen und fügen Sie die Sterne ein. Diese integrierte Grafik verschiebt sich passend, wenn Sie Text hinzufügen oder löschen – ganz automatisch.

Ändern Sie die Füllfarbe der einzelnen Sterne für die jeweils gewünschte Bewertung „x von 5 Sternen".

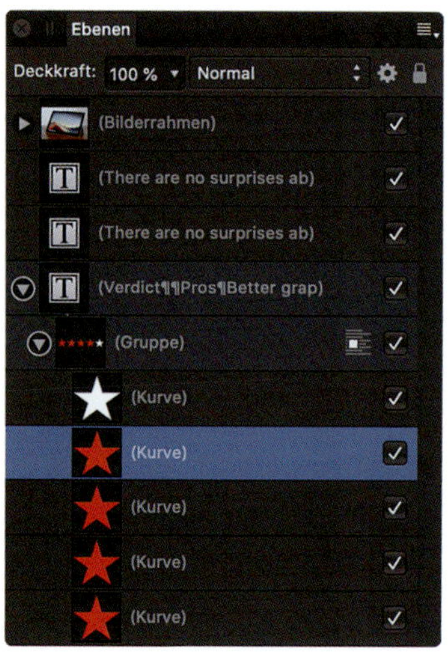

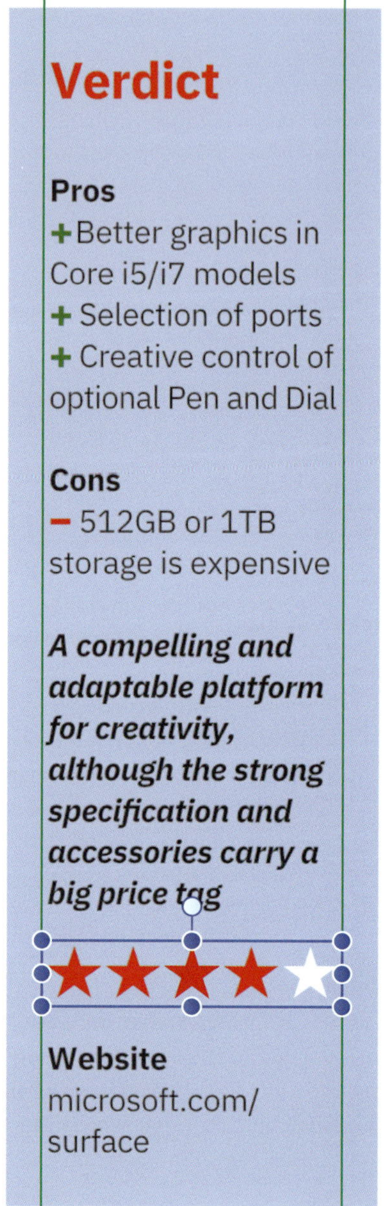

Verzieren der Seitenüberschrift

Im Vergleich zu vorangehenden Artikeln ist die Seitenüberschrift *Review* etwas „stillos“. Wir benötigen noch einen roten Balken, der sich über die gesamte Textlänge erstreckt und auch noch Luft um alle Zeichen lässt.

1 Wählen Sie das Wort aus und stellen Sie seine **Schriftfarbe** auf *Weiß* (*CMYK 0,0,0,0*).

2 Stellen Sie im Panel **Absatz** unter **Verzierung** die Variante **Füllung** ein und legen Sie dann für das Farbmuster **Füllung** die rote Farbe fest, die Sie zuvor importiert haben (Seite 248).

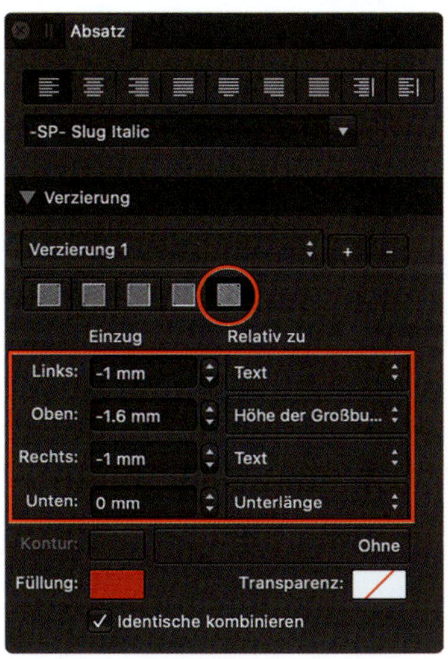

3 Stellen Sie für die Einzüge **Links** und **Rechts** die Option **Relativ zu** auf *Text*.

4 Stellen Sie den Einzug **Oben** auf *Höhe der Großbuchstaben* oder *Oberlänge*.

5 Stellen Sie den Einzug **Unten** auf *Unterlänge* oder *Grundlinie*.

6 Passen Sie die Einzugswerte so an, dass noch etwas Platz um den Text ist und der rote Balken nicht zu eng sitzt.

Vergleichen Sie hierzu meine Einzugswerte in den Absatzstilen *-SP Slug Italic-* und *-SP- Slug Sans Caps*. Bei kursiven Schlagzeilen verwende ich die nicht-kursive Formatierung (und umgekehrt), damit ein guter Kontrast entsteht.

Hätte ich diese Stile nicht mitgeliefert, könnten Sie sie ganz einfach aus Ihren mit Stilen formatierten Texten erstellen.

Mischen von Farben

- Wenn Sie Farben für Seitenüberschriften oder einen Hintergrund festlegen, sollten Sie keine CMYK-Werte in der Nähe von 0 % oder 100 %, da sich nie genau sagen lässt, wie diese gedruckt werden.
- Überschreiten Sie für alle vier CMYK-Druckfarben insgesamt nicht 300 %.
- Für Volltonfarben sollten Sie immer 100 % für mindestens eine Druckfarbe festlegen. Die meisten Texte und feinen Trennlinien sollten Sie immer als reines Schwarz (nur 100 % K) festlegen. Bei dem Export von CMYK-PDFs legt Affinity Publisher automatisch das Überdrucken für Schwarz fest.
- Verwendet Ihre Druckerei für Sie nach Absprache auch eine Schmuckfarbe für Farben oder Effekte, die sich mit CMYK-Farben nicht darstellen lassen, wählen Sie die Farbe aus einer PANTONE®-Palette aus und aktivieren die Option **Schmuckfarbe**, wenn Sie sie als globale Farbe hinzufügen (siehe „Arbeiten mit Schmuckfarben“ auf Seite 259.)
- Wenn Sie eine Farbe für Designelemente verwenden, klicken Sie im Menü **Paneleinstellungen** des Panels **Farbfelder** auf **Globale Farbe hinzufügen**, um sie in Ihrem Dokument zu speichern. Arbeiten Sie immer mit globalen Farben. So können Sie die Farben später für das gesamte Magazin schnell und einfach ändern.

Ressource

Welcome_Page-Ordner

LAYOUT FÜR EIN WILLKOMMEN

Viele Magazine enthalten eine „Willkommen"-Seite, mit einem Brief des Redakteurs, einer Zusammenfassung des Magazininhalts oder einem Kommentar.

Hier finden Sie für gewöhnlich auch das Impressum mit einer Liste aller Mitarbeiter oder dem Namen und der Adresse der Druckerei (rechtlich in Großbritannien vorgeschrieben) sowie andere rechtliche Hinweise.

Basierend auf meinem Raster aus fünf Spalten habe ich die Seite in zwei ungleiche Teile aufgeteilt. Der Text für das Willkommen steht in der größeren Hälfte und ist größer formatiert als oder normale Artikeltext. Das für das gesamte Dokument geltende Grundlinienraster muss hier also außer Kraft gesetzt werden, damit zwischen den Zeilen keine großen Lücken entstehen.

Setzen Sie über **Dokument > Seiten aus Datei hinzufügen** alle Seiten aus der Datei magazine_welcome_start.afpub nach Seite 1 Ihres Dokuments ein.

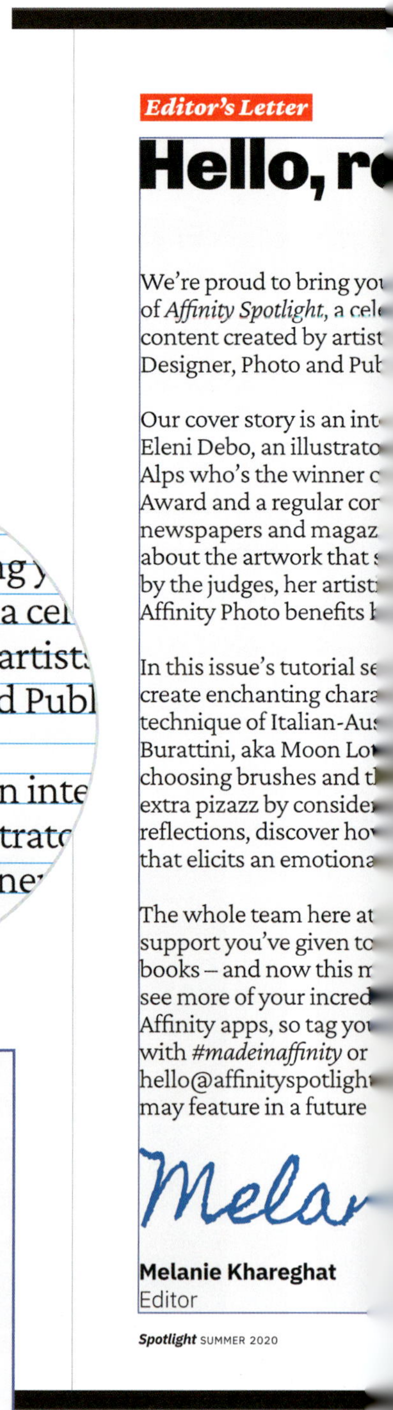

Die Liste der Mitwirkenden

1 Platzieren Sie mit dem Werkzeug **Rahmentext** eine Einfügemarke in dem rechten leeren Textrahmen und wählen Sie den Absatzstil *-SP- Staff List* aus.

2 Geben Sie den ersten Jobtitel ein, drücken Sie die **Tab-Taste** und geben Sie dann den Namen der Person ein gefolgt von der **Umschalttaste** ↵.

3 Wiederholen Sie Schritt zwei für den ersten Block an Mitwirkenden.

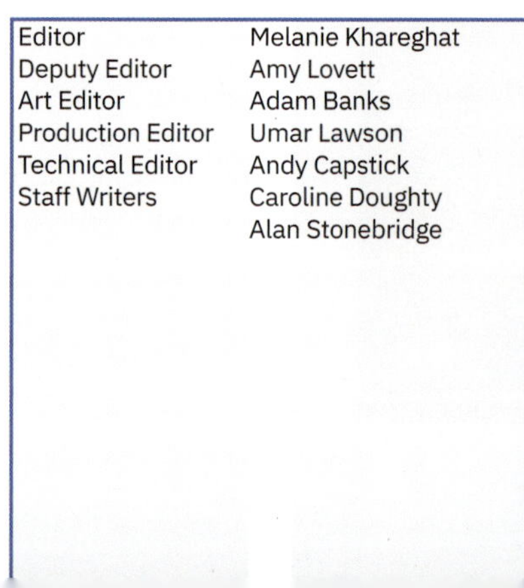

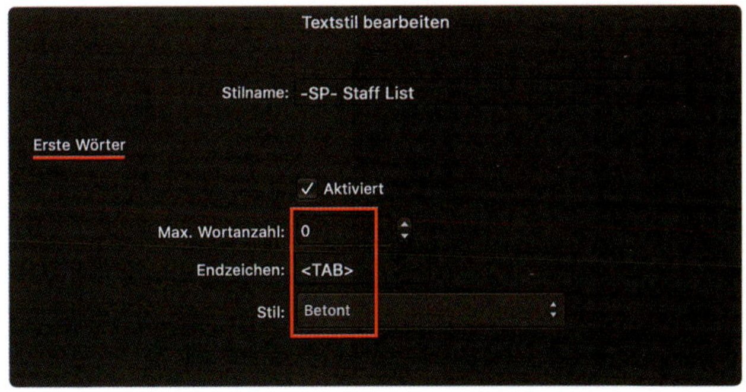

4 Kopieren Sie eins der Tabstoppzeichen zwischen Jobtitel und Name (mit **Text > Sonderzeichen einblenden** geht das kinderleicht.)

5 Bearbeiten Sie den Stil *-SP- Staff List*. Ersetzen Sie unter **Erste Wörter**, durch Einfügen die standardmäßig verwendeten **Endzeichen** durch das Tabstoppzeichen.

6 Stellen Sie die **Max. Wortanzahl** auf *0*.

7 Stellen Sie den **Stil** auf *Betont*, damit die Jobtitel fett formatiert werden und die Namen nicht. Möchten Sie den Text noch weiter formatieren, erstellen Sie dafür zunächst einen separaten Zeichenstil und legen ihn für die Wörter fest.

8 Aktivieren Sie die Option **Aktiviert** und klicken Sie auf **OK**.

9 Klicken Sie auf **Ansicht > Textlineal einblenden**. Klicken Sie auf das Lineal, um einen Tabstopp zu setzen. Alle Namen richten sich nun an diesem Tabstopp aus. Ziehen Sie die Markierung, bis alles gut aussieht.

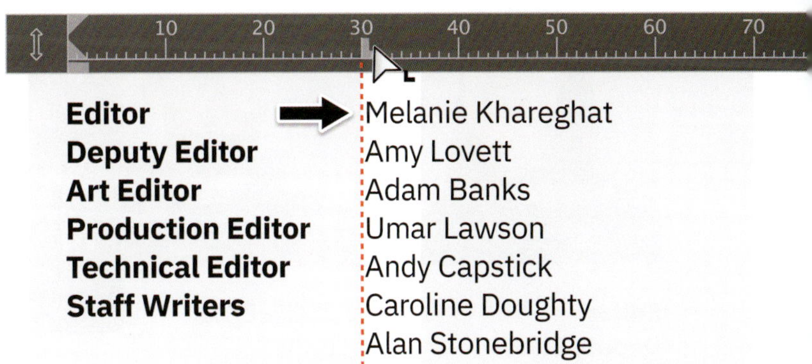

Einfügen von Porträtfotos

Für eine ganz persönliche Note fügen wir jetzt noch Porträts der wichtigsten Mitarbeiter ein.

1 Erstellen Sie über der Liste der Mitwirkenden zwei Bilderahmen mit *32 mm* x *36 mm*.

2 Wählen Sie den linken Rahmen aus, klicken Sie auf **Datei > Platzieren** und öffnen Sie die das Bild magazine_staff_pics_amy.jpg. Legen Sie die Größe und Position ungefähr so fest wie bei dem Beispiel unter dem Brief.

3 Durch Effekte können Sie Bildern, die unter verschiedenen Bedingungen entstanden sind, einen durchgängigen Look verleihen. Wählen Sie den gerade gefüllten Bilderrahmen aus und duplizieren Sie ihn mit cmd ⌘ + J (Mac) oder Strg + J (Win).

4 Führen Sie einen Doppelklick auf die Kopie aus und drücken Sie die Rücktaste, um das Bild zu entfernen. Färben Sie die ausgewählte Kopie nun über das Panel **Farbfelder** mit *-SP- Blue* aus Ihrer Dokumentpalette.

5 Klicken Sie in der **Symbolleiste** auf die Option **Eins nach hinten**.

6 Stellen Sie im Panel **Ebenen** den Mischmodus für den Bilderrahmen mit Bild auf *Lineares Licht*.

7 Diese Fotos haben einen fast weißen Hintergrund. Also habe ich auf das Zahnradsymbol **Mischbereiche** der Ebene geklickt und unter **Bereiche der Quellebene** den rechten Marker (**Ausgabe**) auf *80 %* gesetzt, damit die Füllfarbe des anderen Rahmens durchscheint.

8 Um die Details und Hauttöne wiederherzustellen, duplizieren Sie den Rahmen mit Bild erneut und stellen den Mischmodus der neuen Kopie auf *Abdunkeln*.

Wiederholen Sie diese Schritte für den anderen Bilderrahmen und magazine_staff_pics_umar.jpg. Nicht vergessen: Mit den Befehlen **Bearbeiten > Kopieren** und **Bearbeiten > Stil übertragen** können Sie Effekte eines Objekts auf anderen Objekten replizieren.

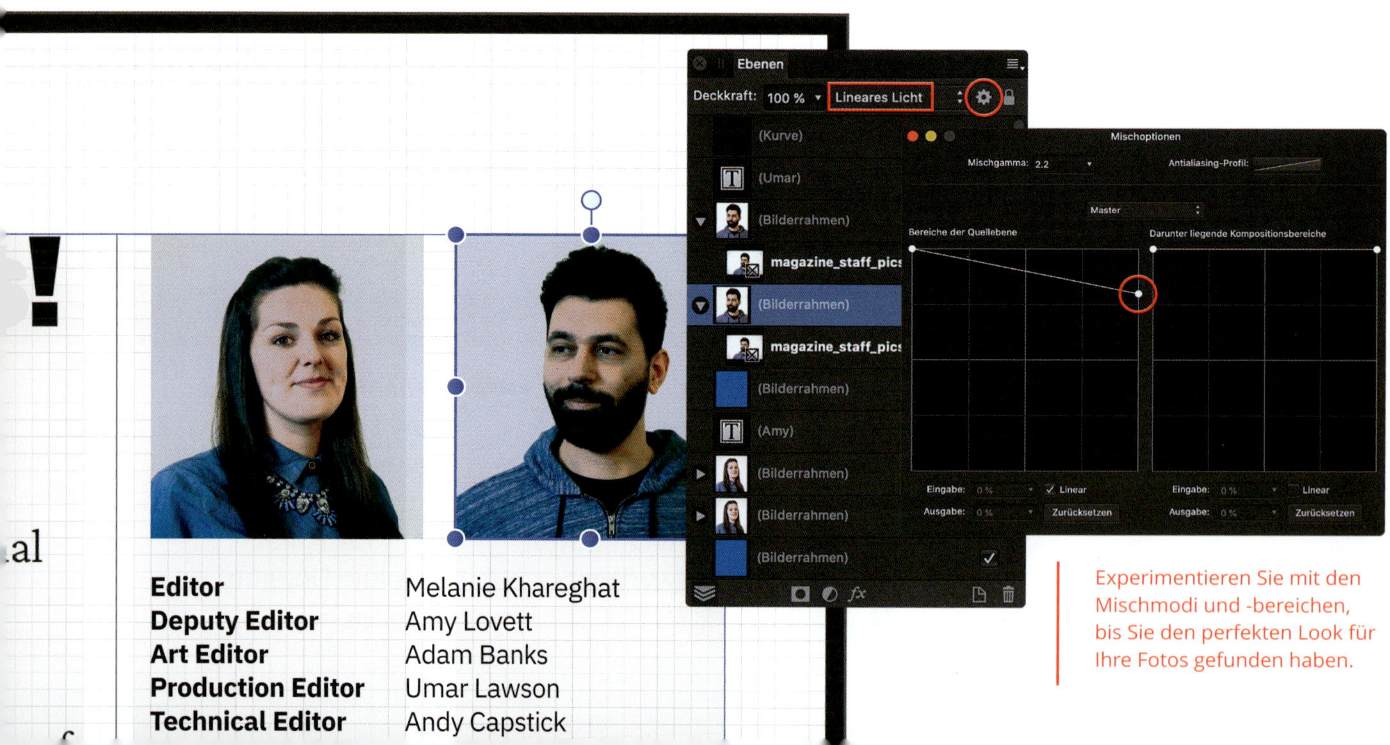

Experimentieren Sie mit den Mischmodi und -bereichen, bis Sie den perfekten Look für Ihre Fotos gefunden haben.

Die Namensschilder habe ich mit Absatzverzierungen eingerückt – genau wie bei den Sektionsüberschriften (Seite 249). Allerdings habe ich hier das Panel **Absatz** verwendet und keinen Textstil.

DAS LAYOUT FÜR EIN INHALTS-VERZEICHNIS

Ressource
Contents_Page-Ordner

Mit der Funktion **Inhaltsverzeichnis** von Affinity Publisher werden Sie bei der Arbeit an Magazinen wohl nicht ganz so viel Zeit sparen. Häufig ist es einfacher, Sektionsüberschriften, Seitenzahlen sowie Artikel und Beschreibungen von Hand einzutippen – für gewöhnlich kurz vor der Drucklegung, da Sie dann die Artikel nicht mehr im Layout verschieben.

Damit alles schnell geht, legen Sie einige Absatzstile fest, die nur auf dieser Seite verwendet werden – auch, wenn diese Stile visuell identisch mit Stilen sind, die Sie auf anderen Seiten einsetzen. Wir verwenden hier die Funktion **Nächster Stil**, um zwischen den Stilen für den Artikeltitel und die Beschreibung zu wechseln.

Fügen Sie alle Seiten aus magazine_contents_start.afpub nach Seite 3 Ihres Dokuments ein. In dem Textrahmen ganz links auf den neuen Seiten habe ich bereits einen Sektionsnamen und den Titel sowie die Beschreibung für den ersten Artikel dieser Sektion eingegeben.

INSIDE

Contents

▲Learn more about this cycling illustration and other work by Eleni Debo on p. XX.

Regulars
Editor's Letter 3
Lorem ipsum dolor sit amet, adipiscum veletor

Back page 62
Ipsum dolor sit amet, lorem adipiscum veletor

News & Updates
Update your power tools 8
Biggest-ever Affinity updates bring extensive and powerful new features to desktop and tablet

New Affinity beta versions released 9
Take part in testing new features and contribute to the development of Affinity software

Learning
Artboards demystified 12
Make your workflow more effective with this in-depth explanation of a key Affinity Designer feature

A character design in Photo 14
Illustrator Moon Lotus Dreams walks us through her digital painting process in Affinity Designer

Remove haze from photos 16
Disappointed by haze dampening your scene? Affinity Photo's Haze Removal filter will fix things.

Understanding clipping in Affinity apps 20
Explore this fundamental design technique

Spotlight
Summer 2020

Inspiration
Juan Manuel Tastzian 24
A software engineer and car enthusiast's creative journey into vector illustration with Affinity Designer

Nick Liefhebber 28
Discover the inspirations of this Dutch designer's dynamic, colour-rich illustrated worlds

Eleni Debo 30
The widely published illustrator tells us about her career, methods and work-life balance

12 tips for pitching a project to photo editors 34
Esteemed photographers and editors give their insights on how to successfully pitch a project

Reviews
Surface Pro 7 38
Is Microsoft's new tablet your perfect mobile creative partner?

Behind the Scenes
Sami Hobbs 40
Exploring body-positive fashion photography with a New York-based freelance photographer

Brett Stebbins 42
Why Affinity Designer was his tool of choice for redesigning the 176 tiles of board game Suburbia

Chris Patmore 45
The story behind martial arts magazine Wing Chun Illustrated's switch to Publisher from its 50th issue

2 SUMMER 2020 Spotlight

1 Erstellen Sie aus jedem Element einen Absatzstil mit dem entsprechenden Namen aus der Tabelle.

2 Nachdem die Grundlagenstile fertig sind, bearbeiten Sie die Stile nacheinander und legen ihre Option **Nächster Stil** wie in der Tabelle fest.

Element	Name des Absatzstils	Nächster Stil
Sektionsname	-SP- Contents Section Head	-SP- Contents Bold
Artikeltitel	-SP- Contents Bold	-SP- Contents Body
Artikelbeschreibung	-SP- Contents Body	-SP- Contents Bold

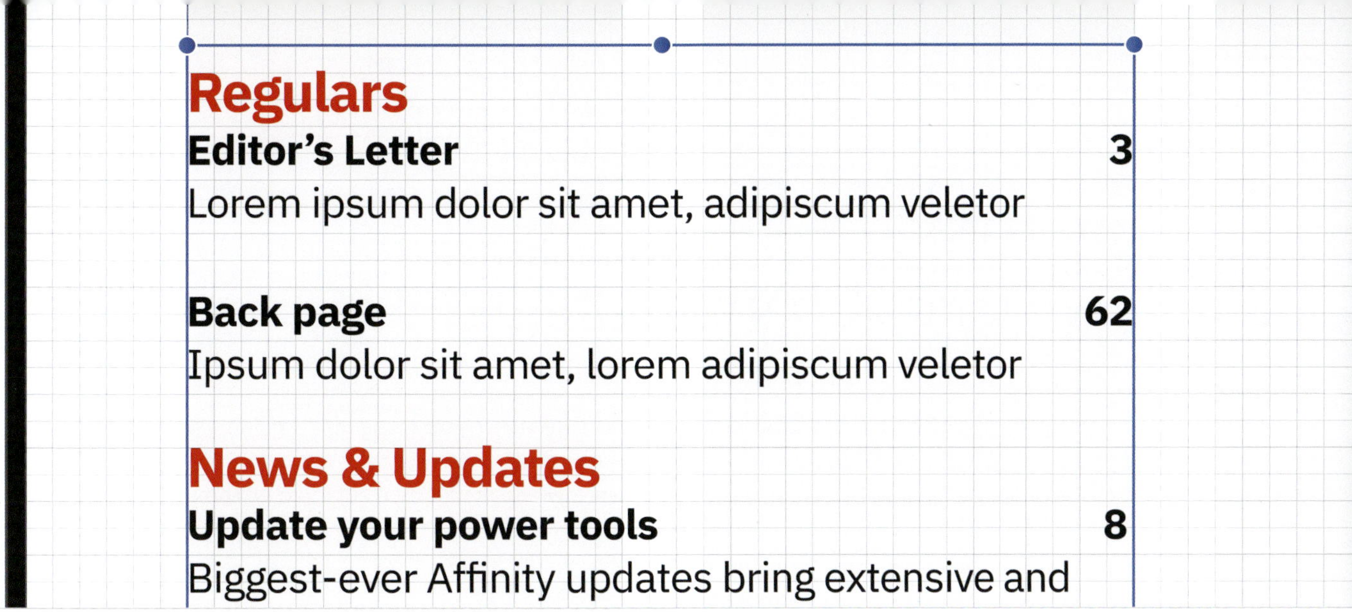

3 Klicken Sie mit dem Werkzeug **Rahmentext** hinter der Artikelbeschreibung und drücken Sie die **Eingabetaste** ↵.

4 Geben Sie einen Artikeltitel ein.

5 Klicken Sie auf **Text > Einfügen > Leerzeichen und Tabstopps > Tabstopp für rechten Einzug**.

6 Geben Sie die Seitenzahl für die Startseite des Artikels ein und drücken Sie die **Eingabetaste** ↵.

7 Geben Sie eine Beschreibung ein. Drücken Sie die **Umschalttaste** + **Eingabetaste** (⇧ + ↵) und dann die **Umschalttaste** (↵), um eine leere Zeile zu erstellen.

8 Sollte Ihre Sektion mehr Artikel enthalten, wiederholen Sie die Schritte 4 bis 7.

9 Wenn der Sektionsinhalt fertig ist, drücken Sie erneut die **Eingabetaste** und wählen in der Kontextleiste den Absatzstil *-SP- Contents Section Head* aus.

10 Geben Sie den Namen der nächsten Sektion ein und drücken Sie die **Eingabetaste**.

11 Wiederholen Sie die Schritte ab Schritt 4, bis Ihre Seite mit Inhaltsverzeichnis aussieht wie in magazine_contents_completed.afpub.

Die Einstellung **Nächster Stil** hat keinen Einfluss auf platzierte oder eingefügte Texte.

Sektionen

Wenn Sie in einem Dokument Layouts für mehrere Artikel entwerfen oder in einem Artikel noch Platz für eine Werbeseite lassen müssen, können Sie mit dem **Sektionsassistenten** Seitenzahlen einfach überspringen.

Indem Sie Namen für Sektionen festlegen, lassen sich diese Namen später mit **Einfügen > Felder > Sektionsname** auf den Seiten platzieren – ideal für Seitenüberschriften auf Master-Seiten.

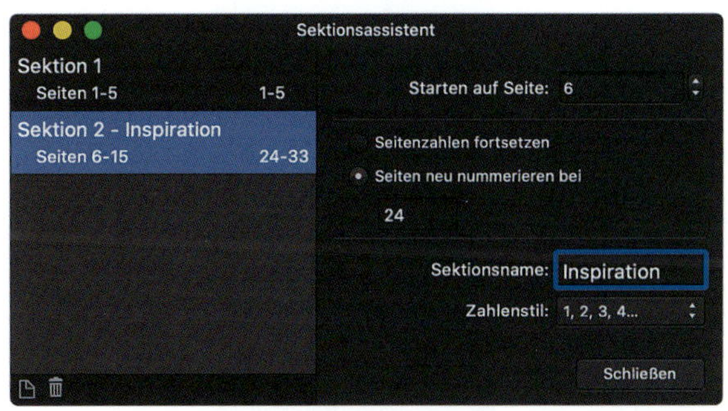

PLATZIEREN EINER PDF-WERBUNG

Ressource
PDF_Advert-Ordner

Vielleicht möchten Sie in Ihrem Magazin auch Werbung platzieren. Die Hersteller verschiedener Produkte schalten gern Werbung in Magazinen, die gut zu ihren Produkten passen. Sie könnten zum Beispiel ganze Seiten oder Doppelseiten für einzelne Produkte reservieren oder auch nur halbe und Viertelseiten sowie Spaltenflächen auf Ihren Wilkommen-Seiten.

Werbeanzeigen werden für gewöhnlich als PDF-Dateien zur Verfügung gestellt. Üblicherweise geben Sie PDFs für eine ganzseitige Anzeige direkt an Ihre Druckerei weiter. Werbung, die weniger als eine Seite belegt, lässt sich bequem neben den anderen Inhalten in Ihrem Publisher-Dokument platzieren.

1 Wählen Sie auf Seite 3 alle Objekte für die Liste der Mitwirkenden aus und löschen Sie die Elemente sowie auch die von Hand gezeichnete Spaltentrennlinie.

2 Klicken Sie auf **Datei > Platzieren** und wählen Sie die Datei Outdoor_Heritage_Advert.pdf aus.

3 Klicken Sie auf die rechte obere Anschnittecke und ziehen Sie nach links und unten bis zur unteren Anschnittkante.

4 Die Werbung ist spiegelverkehrt. Klicken Sie daher auf **Ebene > Transformieren > Horizontal spiegeln**.

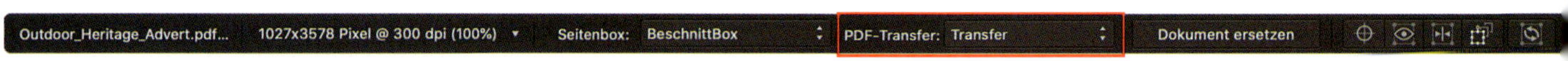

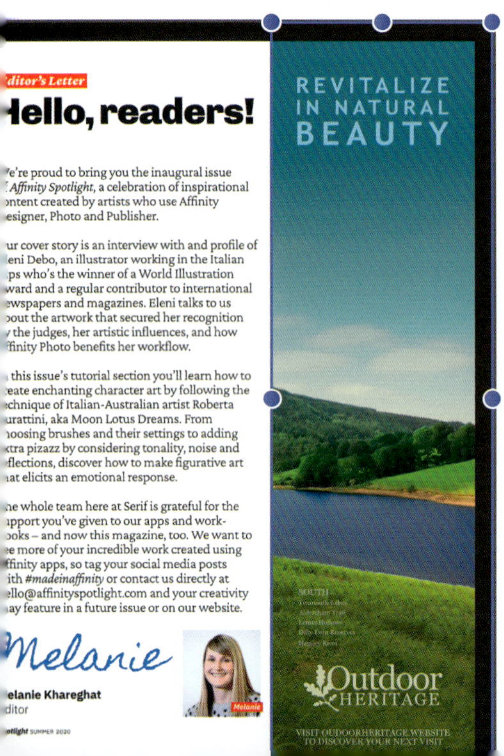

Affinity Publisher verwendet standardmäßig die Methode *Transfer* für platzierte PDFs, bei der das Aussehen des PDFs bis zum Export der Publikation so gut wie möglich übernommen wird. Damit diese Methode funktioniert, müssen der Farbraum und die PDF-Version der PDF-Datei dem Farbraum und der PDF-Version entsprechen, die Sie für Ihr Dokument in Affinity Publisher verwenden. Geben Sie diese Einstellungen also unbedingt an Unternehmen weiter, deren Werbung Sie auf Ihren Seiten platzieren möchten. Sollten diese Einstellungen nicht überein-stimmen, verwendet Affinity Publisher die Option *Interpretieren*, bei der sich das Aussehen der Werbung eventuell ändert, z. B. durch das Ersetzen von Schriften.

Überprüfen Sie stets, welche Option für platzierte PDFs verwendet wird. Wählen Sie hierzu das PDF-Element aus und kontrollieren Sie in der Kontextleiste die Option **PDF-Transfer**. Mit den Einstellungen für **PDF-Transfer** des ausgewählten Profils im Panel **Checkliste** können Sie automatisch eine Warnung einblenden lassen, wenn in Ihrem Dokument die Einstellungen eines PDFs von denen Ihres Dokuments abweichen.

Ich habe diese Änderung später widerrufen und die Liste der Mitwirkenden wieder auf der Willkommen-Seite platziert.

Ressource
Cover-Ordner

DAS LAYOUT FÜR IHR COVER

Das Entwerfen von Covern ist eine ganz eigene Designdisziplin, aber ein guter Grundstein sind ein Bild, das sich über alle Anschnittbereiche erstreckt und darauf platziert der Titel Ihres Magazins sowie Covertexte – z. B. Artikeltitel, die den Leser zum Kauf „überreden" sollen. Ersetzen Sie über **Dokument > Seiten aus Datei hinzufügen** Seite 1 Ihres Dokuments durch das fertige Cover magazine_cover_completed.afpub.

Unser Magazintitel leitet sich aus einem bereits bestehenden Markendesign ab. Wenn Sie Ihren Titel von Grund auf neu entwerfen, erstellen Sie ihn mit dem Werkzeug **Grafiktext** und legen dann Größe und Aussehen der Zeichen ganz nach Ihren Vorstellungen fest. Über **Ebene > In Kurven umwandeln** können Sie sogar einzelne Zeichen verformen.

Bei Covertexten sollten Sie auf Nummer Sicher gehen, und als Stil **Kein Stil** verwenden, um den Look von Grund auf neu zu definieren. Sie werden Größe, Position und Farben eh so festlegen, dass sie zu dem Coverbild passen. Covertexte sollten zwar mit ungefähr denselben Schriften formatiert sein wie der restliche Text im Magazin, aber darum müssen Sie noch lange nicht dieselben Textstile verwenden.

Falls Sie Ihr Magazin über den Einzelhandel vertreiben, lassen Sie sich von Ihrem Mediengroßhändler zu Größe und Position der Strichcodes beraten. Diese Information darf ebenso wenig fehlen wie das Ausgabedatum und der Preis.

VORBEREITEN DES DRUCKS

Das Panel **Checkliste** in Affinity Publisher kann Sie vor kleinen Fehlern warnen, die sich in die Druckerei-fertige Dokumentversion einschleichen und dann bei dem eigentlichen Druck eventuell zu Problemen führen. Die meisten hier gemeldeten Probleme sind wahrscheinlich Rechtschreibfehler, die Ihr Redakteur schnell beheben kann. Häufig treten aber auch folgende Fehlermeldungen (rot) und Warnhinweise (gelb) auf:

Textüberlauf in Rahmen

Bevor Sie jetzt Wörter entfernen, damit alles passt, überprüfen Sie zunächst, ob am Ende nicht ein unnötiger Absatzwechsel vorliegt oder Textrahmen versehentlich verkleinert wurden.

Unproportionale Skalierung

Falls Sie ein Bild nicht mit voller Absicht verzerrt haben, wählen Sie es aus, klicken in der Kontextleiste auf seine Abmessungen, deaktivieren die Sperre (das Schloss) für **Skalierung** und legen die passende Größe fest. Stellen Sie sicher, dass Ihr Bild nach wie vor die gewünschte Fläche ausfüllt.

Anschnittproblem

Ein Objekt überlappt die Seitenkante um weniger als die Einstellung für den Anschnittbereich in dem Dialogfeld **Neues Dokument**. Verschieben oder skalieren Sie es so, dass es bis an die Anschnittkante reicht oder ganz auf der Seite liegt.

DPI von platzierten Bildern zu niedrig

Verringern Sie die Bildgröße auf der Seite oder besorgen Sie sich eine Datei mit höherer Auflösung. Eine zu hohe Auflösung ist für gewöhnlich kein Problem, aber die Schärfe könnte darunter leiden und einige Druckerpressen melden dann einen Fehler.

Verknüpfte Ressource fehlt

Überprüfen Sie mit **Dokument > Ressourcen verwalten**, ob alle platzierten Bilder verfügbar sind. Fehlende Bilder werden in Ihrem PDF mit geringer Qualität angezeigt.

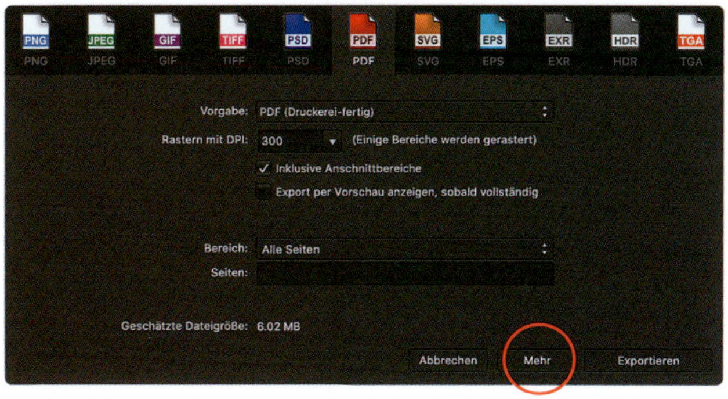

Export als PDF

Gewerbliche Druckereien benötigen die zu druckenden Seiten im PDF-Format.

1 Klicken Sie auf **Datei > Exportieren** und kümmern Sie sich um alle Warnungen der Checkliste.

2 Wählen Sie als Format **PDF** und als **Vorgabe** die Variante *PDF (Druckerei-fertig)*.

3 Stellen Sie für die Druckerei den **Bereich** auf *Alle Seiten* – NICHT auf *Alle Layoutseiten*. Die Druckerei verteilt die Seiten bei der Drucklegung so, dass gegen-überliegenden Seiten nicht zusammen gedruckt werden.

4 Klicken Sie auf **Mehr**. Eventuell benötigt Ihre Druckerei Dateien nach einem bestimmten PDF-X-Standard (**Kompatibilität**).

Übernehmen Sie alle anderen Optionen, falls Ihre Druckerei keine bestimmten Einstellungen benötigt. Aktivieren Sie jedoch die Option **Inklusive Druckermarken**, da viele Druckereien diese benötigen. Fragen Sie einfach bei Ihrer Druckerei nach.

5 Fragen Sie Ihre Druckerei, ob sie die gesamte Publikation als eine Datei verarbeiten möchte oder lieber in mehreren kleineren Sektionen. Stellen Sie dann die Option **Seiten** entsprechend ein und wiederholen Sie den Export für alle Seiten (zur Not für jede einzelne Seite); Affinity Publisher übernimmt stets dieselben Einstellungen.

6 Klicken Sie auf **Exportieren**.

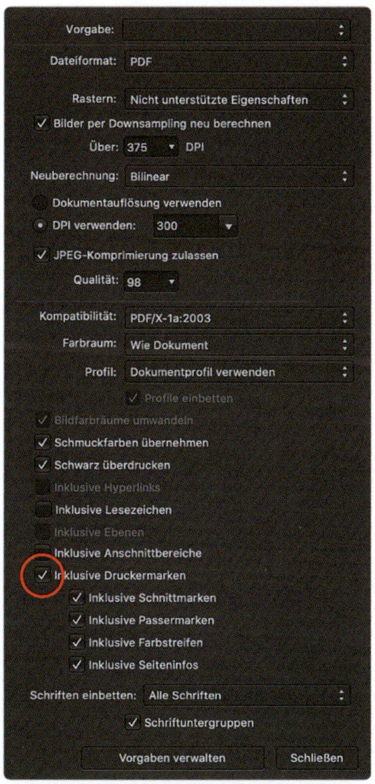

Erweiterte PDF-Farboptionen

Sprechen Sie mit Ihrer Druckerei auf jeden Fall darüber, welches PDF-Profil und andere Einstellungen für Ihren Druckauftrag erforderlich sind.
Diese Entscheidungen bestimmten Ihre PDF-Einstellungen für den Export.
Unter **Mehr** würde ich wie folgt vorgehen.

- Aktivieren Sie **Bildfarbräume umwandeln**, damit platzierte Ressourcen in den Farbraum dieses Dokuments umgewandelt werden. Hierdurch müssen Sie Fotos nicht mit einer anderen App in CMYK-Farben umwandeln – ein Schritt, den ich vermeide.

- Fotos enthalten für gewöhnlich ein Farbprofil aus ihrer Quelle, wie z. B. einer Digitalkamera. Bearbeiten Sie die Fotos vor der Platzierung in Affinity Publisher, übernehmen Sie dieses Profil entweder bei der Speicherung oder speichern die Datei in einem Arbeitsprofil wie Adobe RGB, dessen Farbraum größer ist als bei sRGB.

- Aktivieren Sie **Schmuckfarben übernehmen** nur dann, wenn Sie auch Schmuckfarben in Ihrem Dokument benutzt und ihre Verwendung in der Druckausgabe abgeklärt haben.

UND WIE GEHT ES WEITER?

Die Seitenlayouts und Raster, die Sie bis jetzt erstellt haben, sollten mindestens für die erste Ausgabe eines neuen Magazins ausreichen und bieten genügend Formate für normale Seiten und ausreichend Elemente, die sich durch neue Kombinationen zu weiteren Layouts verbinden lassen.

In Silicon Valley gibt es ein Sprichwort, dass eine Firma zu gründen ungefähr so ist, wie ein Flugzeug zu bauen, während man es fliegt. Designarbeit für ein Magazin ist da sehr ähnlich. Wenn Sie echte Inhalte in Ihre Layouts einsetzen, fallen Ihnen plötzlich Fehler bei der anfänglichen Textformatierung und ein paar Unzulänglichkeiten Ihres Rasters auf. Keine Panik, alles lässt sich korrigieren! Die bereits fertig entworfenen Seiten zu ändern, ist vielleicht mit etwas Aufwand verbunden und erfordert ständig neue Korrekturläufe, aber mit den Master-Seiten und Textstilen sorgen Sie stets für einen durchgängigen Look.

Recycling für Layouts

Werfen Sie nach der Veröffentlichung der ersten Ausgabe einen Blick auf alle Layouts. Welche möchten Sie auch in Zukunft für Artikel verwenden? Entfernen Sie Bilder und fügen Sie Fülltexte ein. Nicht alles muss immer als Master-Seite vorliegen. Sie können über **Dokument > Seiten aus Datei hinzufügen** auch ganz „normale" Publikationsseiten für weitere Ausgaben verwenden.

Vorlagendateien

Gängige Seiten, wie z. B. Willkommen, Inhaltsverzeichnis und Tutoriallayouts können Sie auch als Vorlagen speichern (**Datei > Als Vorlage exportieren**) oder in einer Vorlage zusammenfassen, wenn Sie allein an einem Dokument arbeiten (Seite 219).

Klicken Sie auf **Datei > Neu**, dann auf **Vorlagen** und dann auf **Ordner hinzufügen**. Wählen Sie nun den Ordner aus, in dem Sie die Vorlagen gespeichert haben, damit sie im Dialogfeld **Neues Dokument** verfügbar sind.

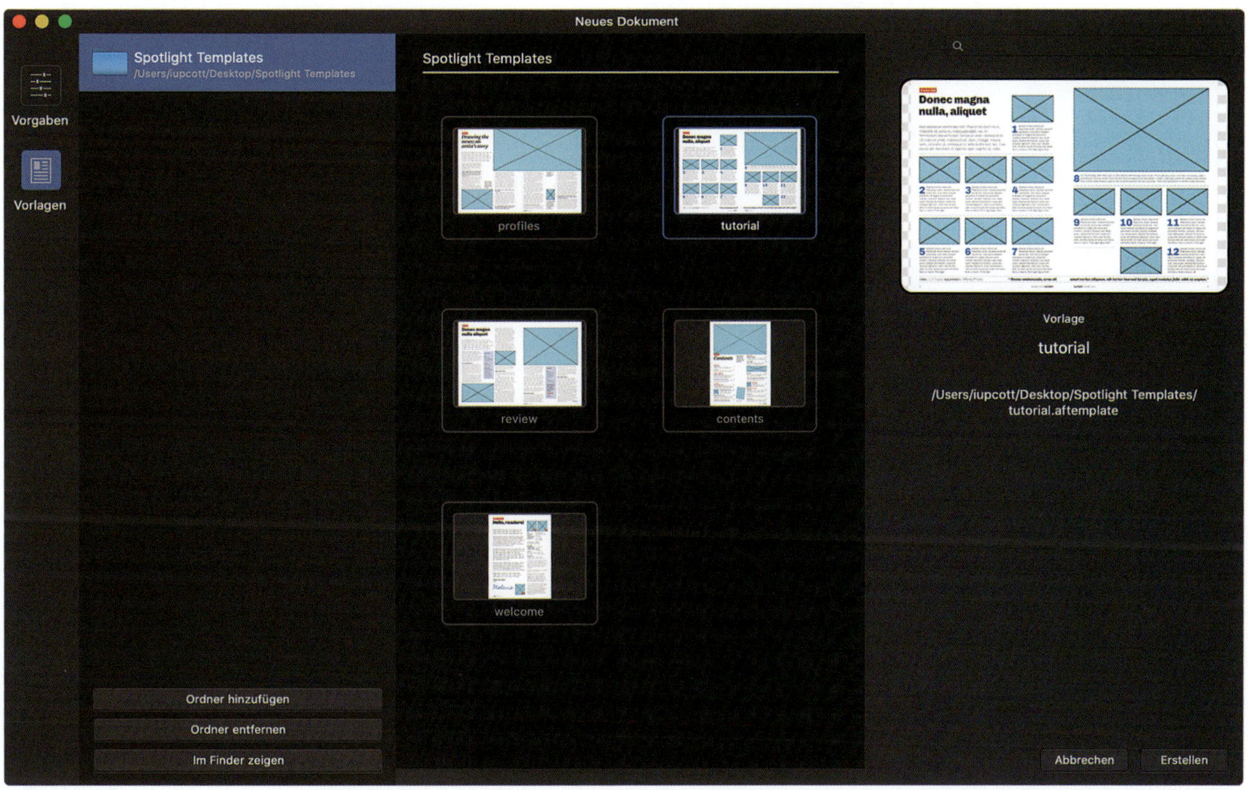

SPOTLIGHT
Your creative quarterly • Summer 2020
COVER ART BY MOON LOTUS DREAMS
Look and feel
CHARACTER DESIGN
STEP BY STEP
Eleni Debo
Behind the scenes with the award-winning illustrator
Microsoft Surface Pro
The best tablet yet for art?
ON TEST
Photo apps
iPad cases
Laptop bags
Mac Pro
Living with the quickest Apple ever
Issue 1 £5.99

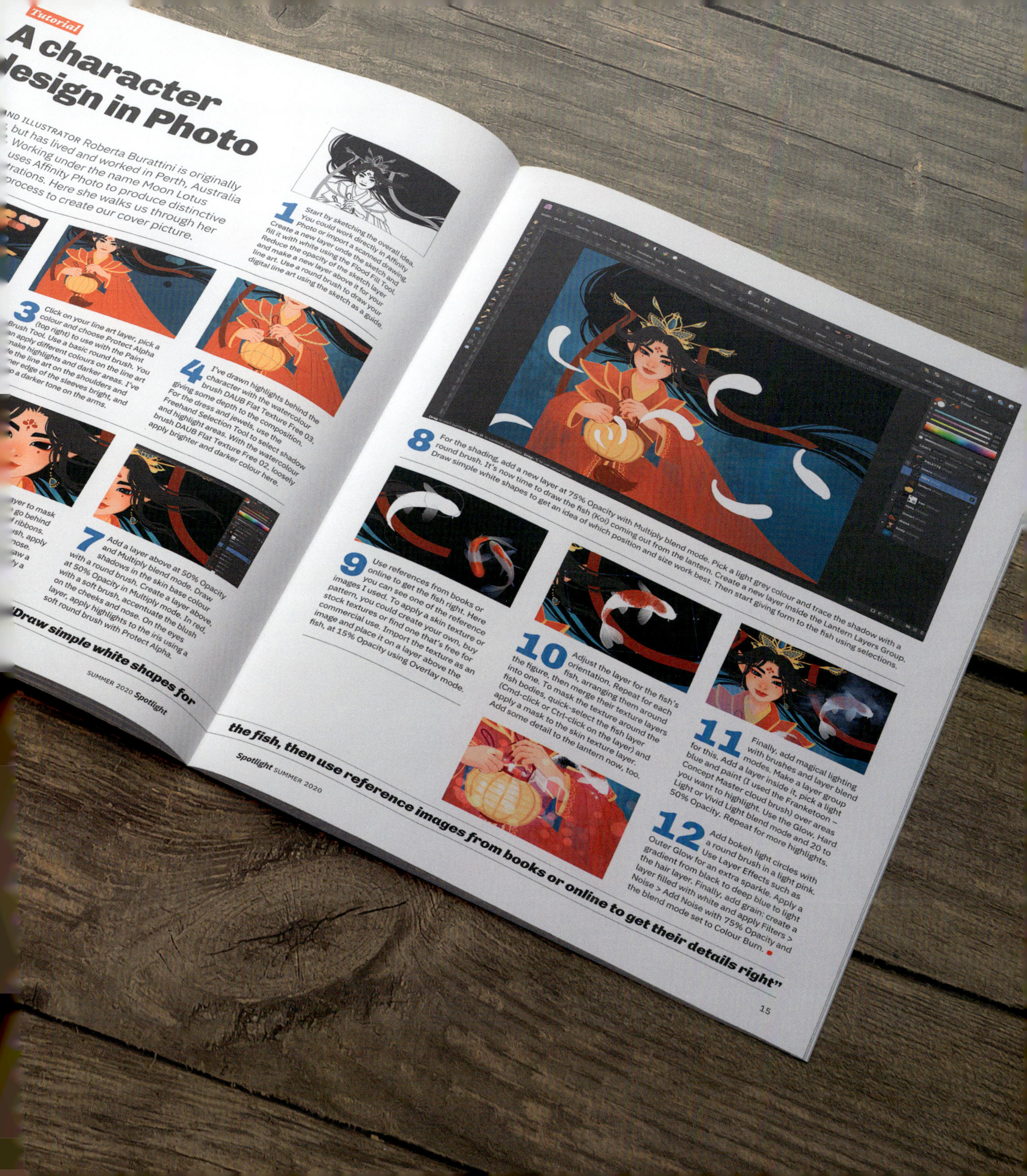
Tutorial

A character [d]esign in Photo

...ND ILLUSTRATOR Roberta Burattini is originally ... but has lived and worked in Perth, Australia ... Working under the name Moon Lotus ... uses Affinity Photo to produce distinctive ...rations. Here she walks us through her process to create our cover picture.

1 Start by sketching the overall idea. You could work directly in Affinity Photo or import a scanned drawing. Create a new layer under the sketch and fill it with white using the Flood Fill Tool. Reduce the opacity of the sketch layer and make a new layer above it for your line art. Use a round brush to draw your digital line art using the sketch as a guide.

3 Click on your line art layer, pick a colour and choose Protect Alpha (top right) to use with the Paint Brush Tool. Use a basic round brush. You ...n apply different colours on the line art ...make highlights and darker areas. I've ...e the line art on the shoulders and ...ner edge of the sleeves bright, and ...o a darker tone on the arms.

4 I've drawn highlights behind the character with the watercolour brush DAUB Flat Texture Free 03, giving some depth to the composition. For the dress and jewels, use the Freehand Selection Tool to select shadow and highlight areas. With the watercolour brush DAUB Flat Texture Free 02, loosely apply brighter and darker colour here.

...ayer to mask ...go behind ...d ribbons. ...ush, apply ...nose. ...aw a ...y a

7 Add a layer above at 50% Opacity and Multiply blend mode. Draw shadows in the skin base colour with a round brush. Create a layer above, at 50% Opacity in Multiply mode. In red, with a soft brush, accentuate the blush on the cheeks and nose. On the eyes layer, apply highlights to the iris using a soft round brush with Protect Alpha.

8 For the shading, add a new layer at 75% Opacity with Multiply blend mode. Pick a light grey colour and trace the shadow with a round brush. It's now time to draw the fish (Koi) coming out from the lantern. Create a new layer inside the Lantern Layers Group. Draw simple white shapes to get an idea of which position and size work best. Then start giving form to the fish using selections.

9 Use references from books or online to get the fish right. Here you can see one of the reference images I used. To apply a skin texture or pattern, you could create your own, buy stock textures or find one that's free for commercial use. Import the texture as an image and place it on a layer above the fish, at 15% Opacity using Overlay mode.

10 Adjust the layer for the fish's orientation. Repeat for each fish, arranging them around the figure, then merge their texture layers into one. To mask the texture around the fish bodies, quick-select the fish layer (Cmd-click or Ctrl-click on the layer) and apply a mask to the skin texture layer. Add some detail to the lantern now, too.

11 Finally, add magical lighting with brushes and layer blend modes. Make a layer group for this. Add a layer inside it, pick a light blue and paint (I used the Frankentoon – Concept Master cloud brush) over areas you want to highlight. Use the Glow, Hard Light or Vivid Light blend mode and 20 to 50% Opacity. Repeat for more highlights.

12 Add bokeh light circles with a round brush in a light pink. Use Layer Effects such as Outer Glow for an extra sparkle. Apply a gradient from black to deep blue to light the hair layer. Finally, add grain: create a layer filled with white and apply Filters > Noise > Add Noise with 75% Opacity and the blend mode set to Colour Burn.

“Draw simple white shapes for the fish, then use reference images from books or online to get their details right”

SUMMER 2020 Spotlight

Spotlight SUMMER 2020

15

3

Fashionista Lookbooks

Publizieren digitaler und professionell gedruckter Fashion Lookbooks

In diesem Projekt zeigen wir Ihnen einige vorwiegend auf Bilder gestützte Designs für Lookbooks und demonstrieren die Vorteile präziser Layouts mit Bilderrahmen und Bildunterschriften.

KOMODO
Sales
Komodo Milan
Galleria Castellamine se
Via Isarco Viale
Corso Cerchio
20578 Milano
MI, Italy
@komodo_looks
@komodo_milan
aurélie.
Discover Elodie Bisset's summer collection
JON VAN
THE JON VAN SPRING SUMMER
PREVIEW IS HERE
MENSWEAR MEETS MODERN CHIC IN
JV'S LATEST WOMENSWEAR
COLLECTION.

BEVOR SIE LOSLEGEN

Ressourcen

Alle Ressourcen, auf die in diesem Kapitel verwiesen wird, finden Sie unter: https://affin.co/Fashionista

Kenntnisse in Affinity Publisher

Damit Sie diesem Projekt optimal folgen können, sollten Sie:

- Mit der Programmoberfläche von Affinity Publisher vertraut sein. Mehr über die einzelnen Bedienelemente erfahren Sie in dem Kapitel „Tour durch die App-Oberfläche" ab Seite 14.
- Die Grundlagen beherrschen. Die folgende Tabelle zeigt Ihnen, mit welchen Aspekten von Affinity Publisher Sie außerdem vertraut sein sollten, um dieses Projekt anzugehen:

Designhilfen	Seite 96
Arbeiten mit Text	Seite 112
Bilderrahmen	Seite 124
Einfügen von Inhalten	Seite 130

EINFÜHRUNG

Lookbooks sind im Grunde eine Sammlung von Fashion-Fotos, mit der Designer ihre jüngste Kollektion vorstellen. Sie sind außerdem der perfekte Publikationstyp, um ähnliches Bildmaterial zu präsentieren. Mit den hier vorgestellten Techniken können Sie also auch Ihre eigenen Fotobücher, Fotoalben oder eine Portfolio-Mappe erstellen.

In diesem Projekt kombinieren wir Bilderrahmen zu einem Layout und präsentieren Bild- und Textinhalte auf möglichst ansprechende und kreative Weise. Hier sagt ein Bild wirklich mehr als Tausend Worte, und der Minimalismus ist König!

Die Kollektionen von drei hochgeschätzten und unglaublich kreativen Designern/Modehäusern werden in separaten Lookbook-Projekten und Vorlagendateien vorgestellt. Wir werfen hierbei einen Blick auf die Kollektionen von: **Aurélie**, **Jon Van** und **Komodo**.

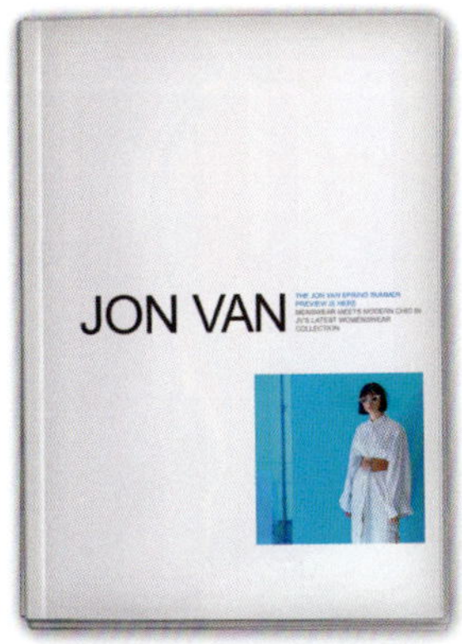

Vorlagen

Die Ressourcen für dieses Projekt sind Vorlagen zu Affinity Publisher, die Sie mit selbst ausgewählten Bildern füllen können. Die Vorlagen sind in Grautönen entworfen und randvoll mit Platzhalterrahmen für Bilder – direkt so in der perfekten Größe und Position angeordnet wie in diesem Workbook gezeigt.

> Vorlagen können Sie selbst erstellen, indem Sie Ihre Publikation einfach über **Datei > Als Vorlage exportieren** in das entsprechende Vorlagenformat exportieren.

EINRICHTEN DES DOKUMENTS

Als Erstes richten wir ein CMYK-Dokument mit gegenüberliegendem Seitenlayout und insgesamt 8 Seiten ein. Dann vergrößern wir die Innenränder und spiegeln die Seitenränder.

Da wir später digitale und druckfertige Kopien der Publikation verwenden möchten, bleiben wir im CMYK-Farbraum, damit bei beiden PDF-Ausgaben ähnliche Farben entstehen.

1 Klicken Sie auf **Datei > Neu**.

2 Wählen Sie **Vorgaben** aus und dann oben im Dialogfeld die Kategorie **Druckerei-fertig**.

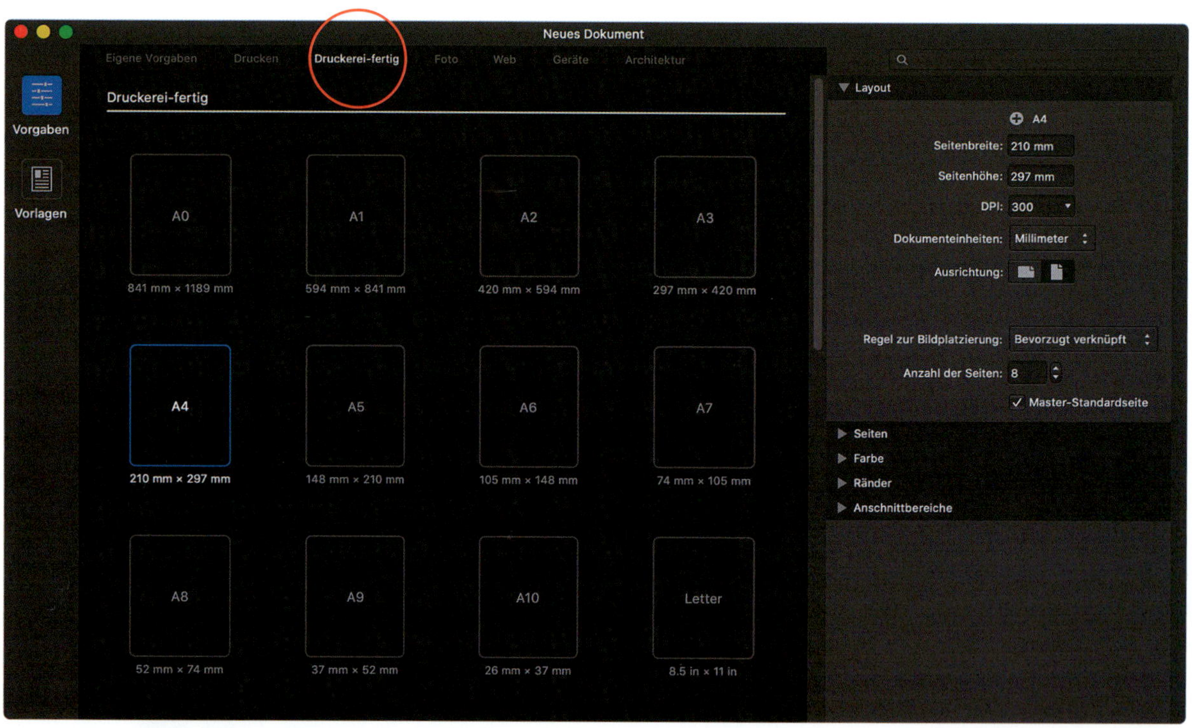

3 Wählen Sie die Miniatur *A4* aus, um einen CMYK-Farbraum festzulegen.

4 Aktivieren Sie im rechten Feld für Einstellungen unter **Seiten** die Option **Gegenüberliegende Seiten**.

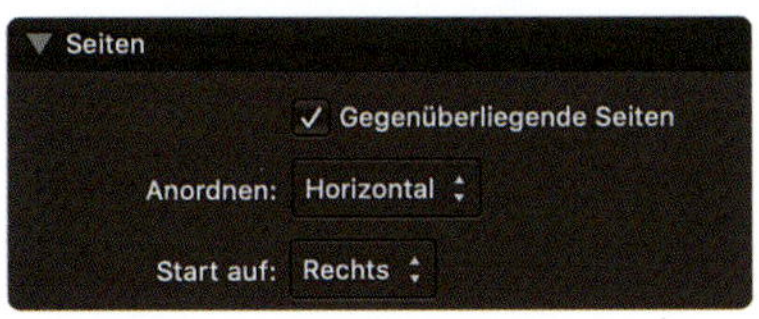

Spiegeln der Seitenränder

- Legen Sie im Feld für die Einstellungen unter **Ränder** den Wert für **Innen** auf *20 mm* fest und alle anderen Randwerte auf *10 mm*.

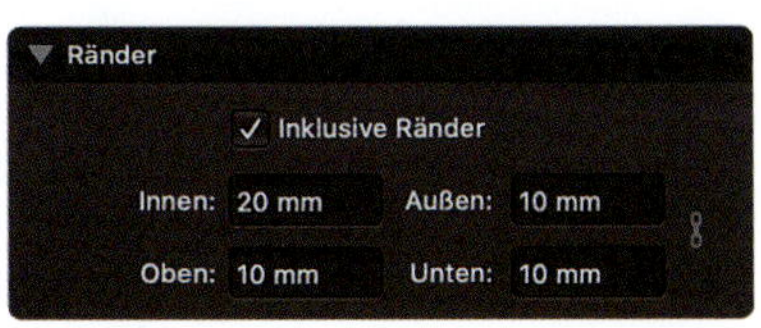

Bei Layoutseiten mit gegenüberliegenden Seiten erzeugen Sie durch einen größeren Innenrand ein Gleichgewicht zwischen den Seiten und verhindern, dass Bilder oder Text in dem vom Einband zusammengedrückten Teil verschwinden.

MAGNETISCHE AUSRICHTUNG

Die magnetische Ausrichtung ist für alle Projekte sehr wichtig. Mit dieser Funktion können Sie Ihre Bilderrahmen und Textunterschriften perfekt an Seitenrändern, Seiten- und Randmittelpunkten oder an anderen Objekten ausrichten. Wir verwenden diesen Ansatz anstelle eines festen Layoutrasters und Hilfslinien, um uns die Ausrichtungsarbeit etwas zu vereinfachen. In diesen Projekten ist das Layout ja nicht sonderlich kompliziert.

Aktivieren der Ausrichtung

- Stellen Sie sicher, dass in der **Symbolleiste** die Option **Magnetische Ausrichtung** aktiviert ist (Standardeinstellung).

Wie funktioniert die Seiten- und Randausrichtung?

Standardmäßig können Sie Objekte magnetisch an Seitenkanten, Anschnittbereichen und Seitenrändern ausrichten. Weniger offensichtlich ist die Möglichkeit, Objekte an Mittelpunkten von Seiten magnetisch auszurichten.

- Aktivieren Sie das Werkzeug **Rechteckiger Bilderrahmen** (F) und platzieren Sie den Plus-Cursor ungefähr auf halber Strecke des rechten Seitenrands. Die vertikale grüne Hilfslinie richtet sich nun magnetisch am rechten Rand aus und die rote horizontale Hilfslinie am vertikalen Seitenmittelpunkt.

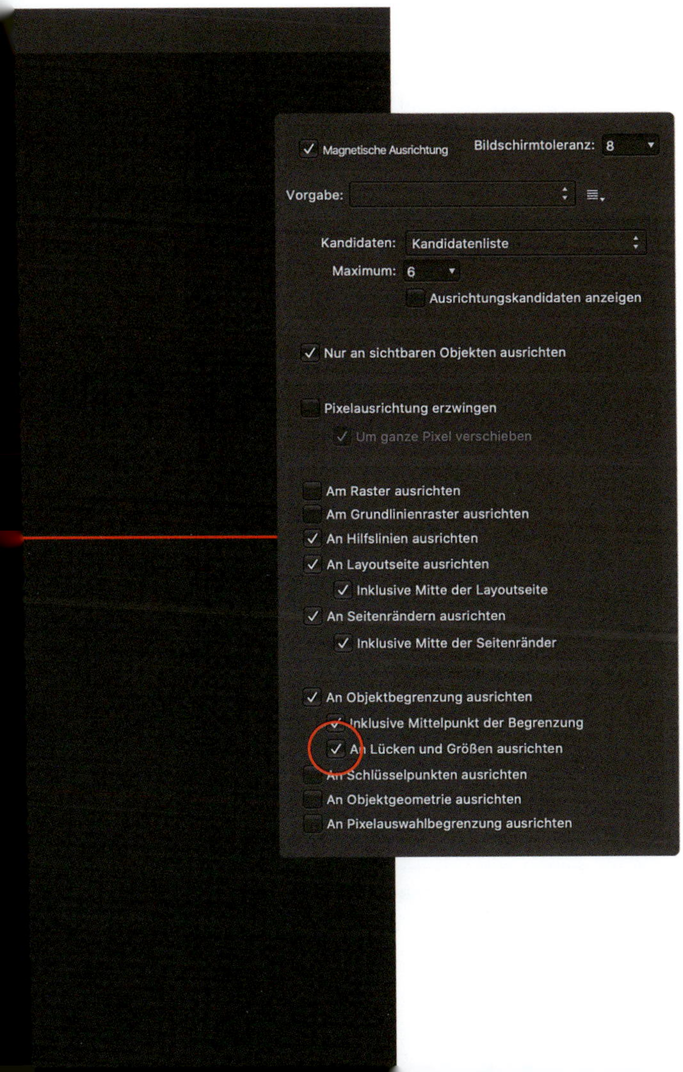

Mit identischen Randwerten erhalten Sie bei der magnetischen Ausrichtung am Seiten- und Randmittelpunkt dasselbe Ergebnis. Aber bei versetzten Rändern (z. B. gespiegelten Rändern) erhalten Sie zwei Ausrichtungspunkte – den Seitenmittelpunkt und einen versetzten Seitenrandmittelpunkt (berechnet aus dem Abstand zwischen den Seitenrändern, nicht zwischen den Seitenkanten).

Aktivieren Sie die magnetische Ausrichtung, werden standardmäßig einige Ausrichtungsvorgaben aktiv. Klicken Sie auf den Pfeil des Symbols **Magnetische Ausrichtung**, um sie einzublenden.

In unserem Beispiel entsteht die sichtbare Ausrichtung durch die aktivierten Punkte **An Layoutseiten ausrichten** und **An Seitenrändern ausrichten** sowie ihren Unterpunkten **Inklusive Mitte der Layoutseite** und **Inklusive Mitte der Seitenränder**.

Wenn wir später die Bilder- und Textrahmen platzieren, beschäftigen wir uns noch genauer mit der magnetischen Ausrichtung. Vorbereitend können Sie auch noch **An Lücken und Größen ausrichten** aktivieren.

Ressource
Jonvan - Lookbook.aftemplate

ARBEITEN MIT BILDERRAHMEN

Wir verwenden Bilderrahmen, anstatt die Bilder direkt auf den Seiten einzufügen. Aus zwei Gründen:

- Form und Abmessungen der Rahmen sind entscheidend für das Seitendesign und viel wichtiger als die entsprechenden Eigenschaften der Bilder.
- Bilder lassen sich in Bilderrahmen flexibel skalieren und verschieben, sodass Sie genau festlegen können, welche Bildbereiche sichtbar sind. Die Bildkomposition lässt sich so nebenbei auch noch optimieren.

Einfügen von Bilderrahmen

Rechteckige und präzise quadratische Bilderrahmen lassen sich bequem auf allen Seiten platzieren.

1 Aktivieren Sie das Werkzeug **Rechteckiger Bilderrahmen**.

2 Ziehen Sie von einem Rand oder einer Anschnittkante zum Mittelpunkt der Seite, des Seitenrands oder zum gegenüberliegenden Seitenrand.

In dem Beispiel ziehe ich einen quadratischen Bilderrahmen auf, indem ich vom rechten Seitenmittelpunkt abwärts und nach links ziehe und den Rahmen dann magnetisch an der grünen Hilfslinie für den Randmittelpunkt ausrichte.

> Mit den Standardeinstellungen für die magnetische Ausrichtung sind Seitenränder, Seitenrandmittelpunkte oder andere Bilderrahmen immer magnetisch.

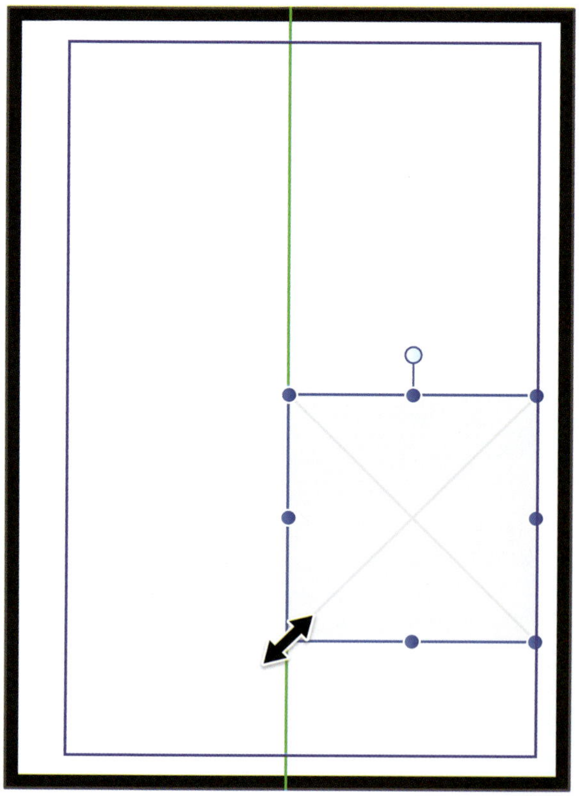

Sie können Bilderrahmen schon magnetisch ausrichten, während Sie die Rahmen mit der Maus aufziehen oder sie auch erst später ausrichten, wenn Sie die Rahmen an die gewünschte Position ziehen. Wenn Sie bei der Erstellung des Rahmens den Rahmen um den Mittelpunkt skalieren möchten, an dem Sie mit der magnetischen Ausrichtung begonnen haben (a), halten Sie beim Ziehen entweder die ctrl-Taste (Mac) oder die rechte Maustaste (Win); zusätzlich wird der Rahmen hierbei auch auf ein Quadrat eingeschränkt.

Die rote Hilfslinie zeigt Ihnen den oberen/unteren Mittelpunkt der Seite an.

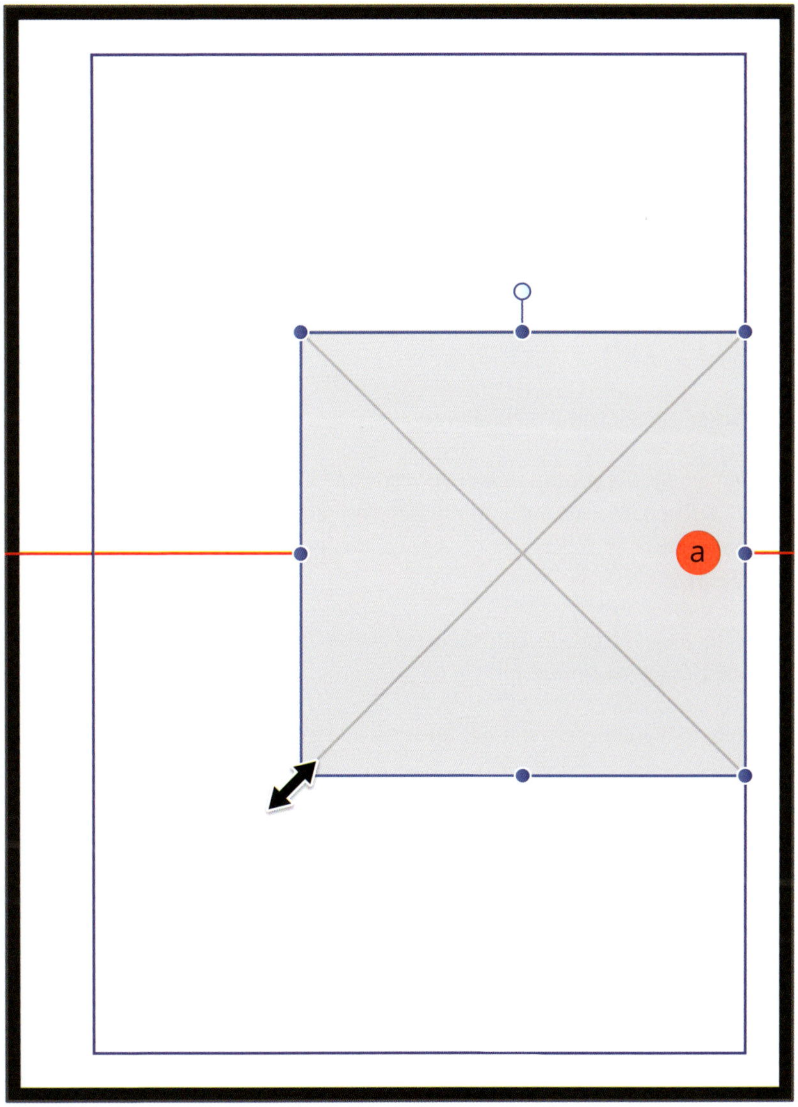

Einfügen von Bildern in Bilderrahmen

Bilderrahmen füllen Sie ganz einfach, indem Sie Bilder in den Rahmen platzieren.

1 Klicken Sie auf **Datei > Platzieren**.

2 Wählen Sie die gewünschten Bilder aus und klicken Sie auf **Öffnen**. Es wird nun automatisch das Panel **Bilder platzieren** mit all den zuvor ausgewählten Bildern geöffnet.

3 Wählen Sie die gewünschte Miniatur in dem Panel aus und klicken Sie einmal auf den Bilderrahmen.

4 Füllen Sie auf diese Weise alle anderen Bilderrahmen.

Sobald Sie ein Bild platziert haben, wird es automatisch aus dem Panel entfernt. Sind alle Bilder platziert, verschwindet das Panel komplett.

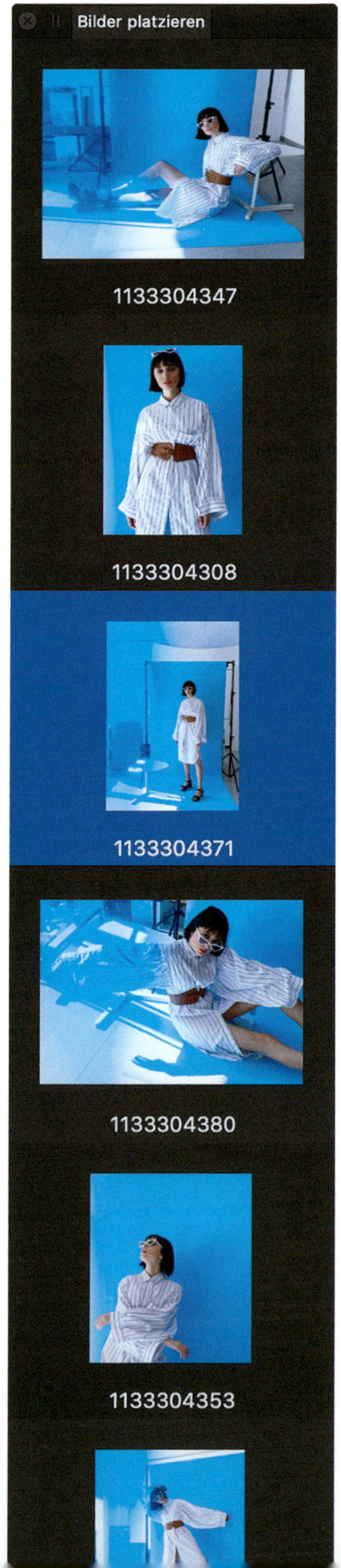

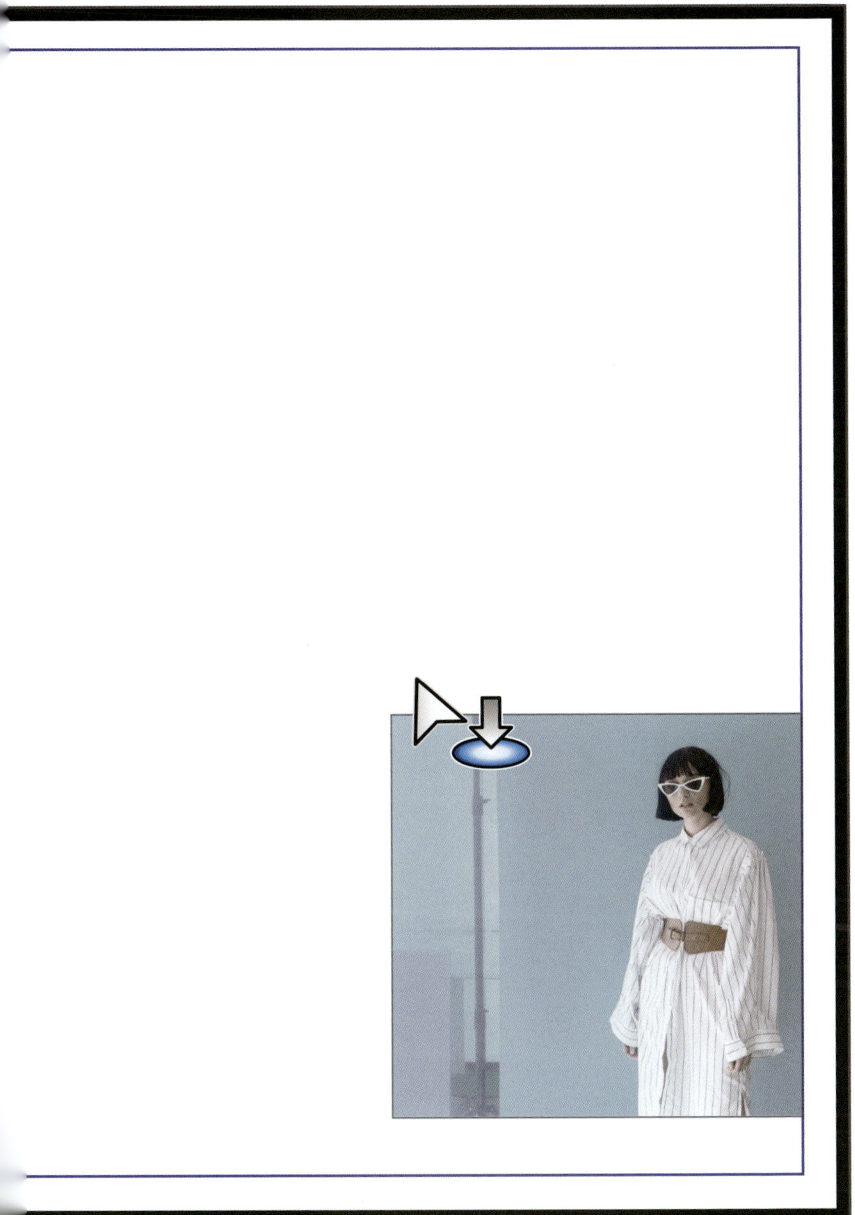

Mit dem Panel **Stock** können Sie Lizenzgebühr-freie Bilder von Unsplash, Pexels und Pixabay einfügen – ganz bequem durch Anklicken und Ziehen auf den gewünschten Bildrahmen.

Skalieren und Verschieben gerahmter Bilder

Standardmäßig werden neu gerahmte Bilder mit der Methode **Maximal passend skalieren** eingesetzt. Die Bilder füllen hierbei den Rahmen komplett aus und an den Bildrändern können eventuell Bereiche verdeckt bleiben. Die Bilder werden außerdem zentriert und vergrößert (oder verkleinert), damit sie zu der Rahmengröße passen. Oft ist dies unerwünscht, da diese Methode keinerlei Rücksicht auf das Motiv oder die Bildkomposition nimmt.

Werfen wir mal einen Blick auf die Möglichkeiten, mit denen Sie durch manuelle Skalierung das Motiv und die Bildaussage betonen und auch die Bildkomposition verändern können.

Skalierung

Maximal passend skalieren
(Standard)
Das Bild wurde so in den Rahmen eingepasst, dass oben und unten Bildbereiche von dem Rahmen verdeckt sind. Das Model wirkt durch den ablenkenden Studiohintergrund auch etwas verloren im Rahmen.

Skalieren mit Schiebern
Wie Sie in der Abbildung sehen, verschwindet durch die Vergrößerung der größte Teil des Studiohintergrunds, sodass Model und Outfit stärker betont werden. Da das Model bereits etwas aus der Mitte versetzt steht, wird durch die erhöhte Skalierung dieser Versatz gut in den Rahmen übernommen. Der Rest des Hintergrunds sorgt nun für ein Gegengewicht. Ich musste das Bild nicht noch zusätzlich verschieben.

Ändern der Bildposition im Rahmen

Sie können Bilder in ihren Rahmen flexibel verschieben, ohne dabei den Rahmen selbst zu bewegen. Dies ist besonders praktisch, wenn Sie die Bildkomposition verändern möchten.

Maximal passend skalieren (Standard)
Bei dieser anderen Aufnahme desselben Models geht das Gesicht des Models mit der Standardmethode leider teilweise im Rahmen verloren.

Verschieben mit Positionspfeilen
Durch Ziehen nach links mit dem Multipfeil lässt sich das Bild schnell an die perfekte Position im Rahmen bewegen – das Model steht im Rampenlicht und das Studio verschwindet. Ein Skalieren ist in diesem Fall nicht nötig.

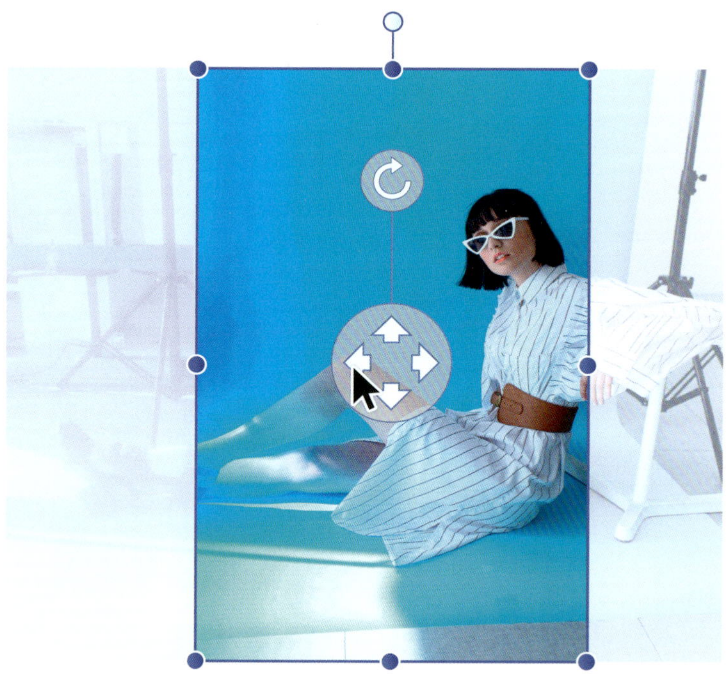

Durch Drücken der **Umschalttaste** (⇧) beschränken Sie die Positionsänderung auf die Horizontale, Vertikale oder Diagonale. Mit gedrückter alt-Taste während des Ziehens können Sie die magnetische Ausrichtung umgehen.

Unabhängiges Skalieren und Verschieben von Bildern

Bildskalierung und -position können Sie sehr genau festlegen, indem Sie das Bild getrennt von seinem Rahmen auswählen und manipulieren.

Maximal passend skalieren (Standard)
In diesem Beispiel befindet sich das Bild in einem unregelmäßig geformten Rahmen und durch den leeren Raum links neben dem Model wirkt die Aufnahme unausgeglichen.

Möchten Sie das Bild in einer ungerahmten Vorschau sehen, um sich die Verschiebung zu erleichtern, klicken Sie bei gedrückter alt-Taste auf die Miniatur der Bildebene. Mit der Esc-Taste brechen Sie die Vorschau ab.

Um Bilder komplett zu sehen, die sich über die Seitenkante hinaus erstrecken, deaktivieren Sie die Leinwandbegrenzung (mit der \-Taste).

Skalieren und Verschieben
Führen Sie einen Doppelklick auf den Rahmen aus, um das Bild auszuwählen, und vergrößern Sie es mit dem Werkzeug **Verschieben**, indem Sie seinen rechten oberen Eckgriff ziehen. Verschieben Sie es hierbei auch leicht nach rechts. Das Model steht nun viel günstiger.

Um die Bildgröße von der Mitte aus zu ändern, halten Sie die cmd-Taste ⌘ (Mac) oder die Strg-Taste (Win), während Sie einen Eckgriff ziehen.

Gerahmte Bilder sind einfach nur untergeordnete Objekte, die in einem Bilderrahmen begrenzt werden. Im Panel **Ebenen** finden Sie das Bild eingerückt unter dem erweiterten Eintrag für den Bilderrahmen.

Ressource
Aurelie - Lookbook.aftemplate

TEXT

Eine wichtige Eigenschaft der Texte in diesen Lookbook-Projekten ist, dass sie keinen Stil verwenden – die Texte wurden also weder mit einem Absatzstil noch mit einem Zeichenstil formatiert. Dies widerspricht vielleicht auf den ersten Blick den Grundlagen des Seitendesigns (Seite 151), aber die wenigen Texte in diesen kleinen Projekten bekommen Sie ebenso leicht mit lokaler Formatierung in den Griff.

Für das Aurelie-Projekt wurde durchgängig die Schriftart „Georgia" verwendet – je nach Aufgabe in **fett** oder *kursiv*.

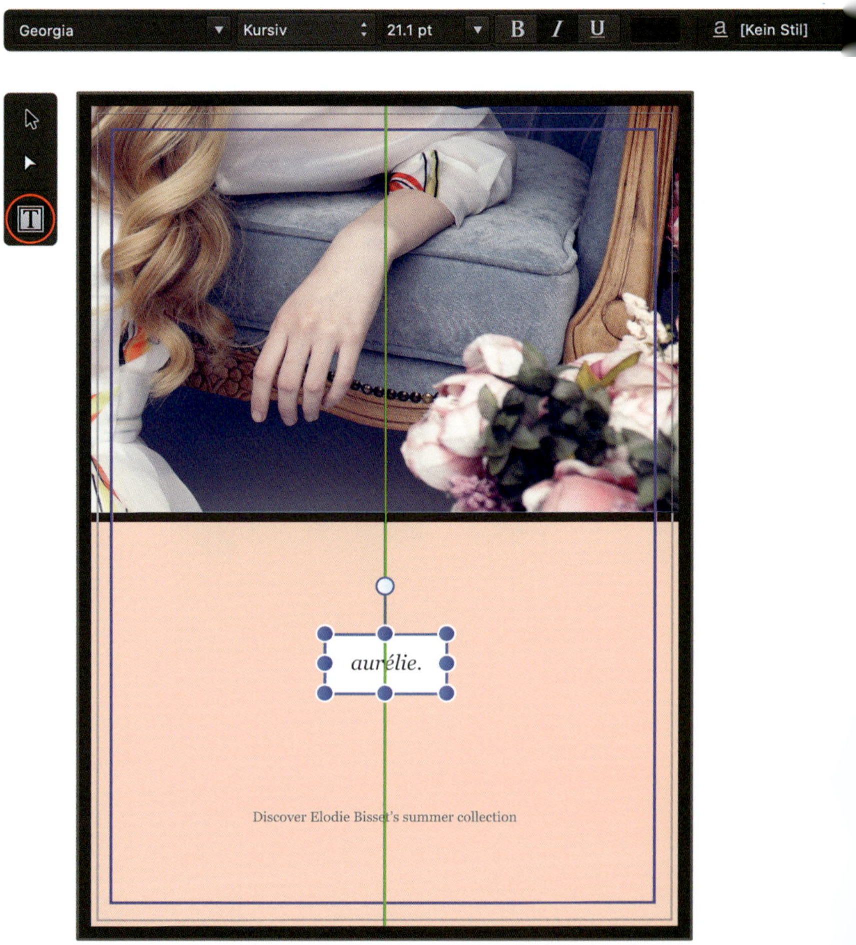

Titel und Überschriften

Die Schriftgröße ist bei diesen Elementen absichtlich etwas zurückgenommen. Der Titel wird durch den Kontrast des helleren Rechtecks als Hintergrund hervorgehoben.

Erstellen von Titel und Überschriften

- Aktivieren Sie das Werkzeug **Grafiktext**, passen Sie die Optionen der Kontextleiste an, ziehen Sie mit dem Cursor, um die Schriftgröße festzulegen und tippen Sie den Text ein.

Magnetische Textausrichtung

Damit alles ordentlich wirkt, richten Sie den Grafiktext magnetisch am Seitenmittelpunkt aus, um ihn zu zentrieren. Falls notwendig können Sie die Texte auf anderen Seiten auch an den linken Kanten von Textrahmen auf anderen Seiten ausrichten.

Der Textkörper

Die Modekollektion wird nur spärlich mit Text erläutert, der in Rahmen mit einer oder zwei Spalten platziert ist.

Erstellen des Textkörpers

1 Aktivieren Sie das Werkzeug **Rahmentext** und legen Sie in der Kontextleiste Ihre bevorzugten Einstellungen fest.

2 Ziehen Sie auf der Seite, um den Rahmen zu erstellen und tippen Sie den Text ein.

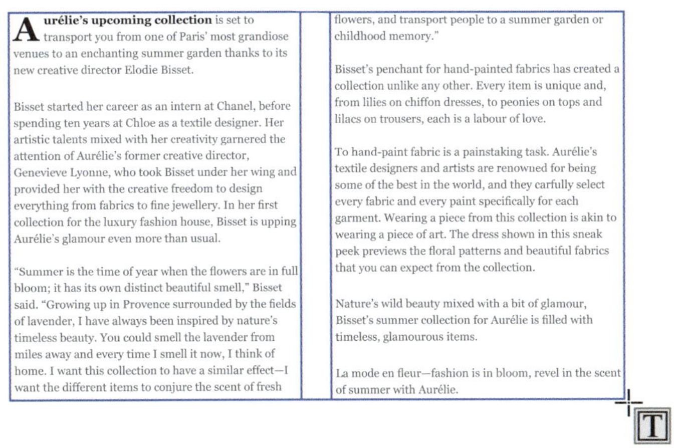

Texte dienen in diesen Vorlagen auch als Bildunterschriften (Seite 286).

SICH WIEDERHOLENDE PANELS UND LINIEN

Werfen wir mal einen Blick auf einige sehr interessante Eigenschaften des Aurelie-Projekts:

- Sich wiederholende Panels: Diese Elemente bringen Farbe und visuell markante Punkte in die ansonsten weißen Seiten und erregen so die Aufmerksamkeit des Lesers.
- Globale Farben: Sie können alle Panelfarben mit nur einem Mausklick gegen eine andere Farbe austauschen, von der Sie irgendwo eine Farbprobe genommen haben.
- Entnehmen von Farbproben: Hierdurch lassen sich Panels gut auf Bilder abstimmen.
- Sich wiederholende Linien: Mit diesen Elementen erzeugt Sie einen klaren roten Faden, der sich durch die gesamte Publikation zieht und die Seiten verbindet.

Einfügen von Panels und Linien

- Für *Panels*: Ziehen Sie mit dem Formwerkzeug **Rechteck** von der unteren linken Anschnittecke bis zum Mittelpunkt der Seite oder Doppelseite. Legen Sie als Platzhalterfarbe für die Panelfüllung einen Grauton fest.
- Für *Linien*: Klicken Sie mit dem **Zeichenstift** auf den Seitenrandmittelpunkt an beiden Enden der Doppelseite und legen Sie die Linienbreite fest.

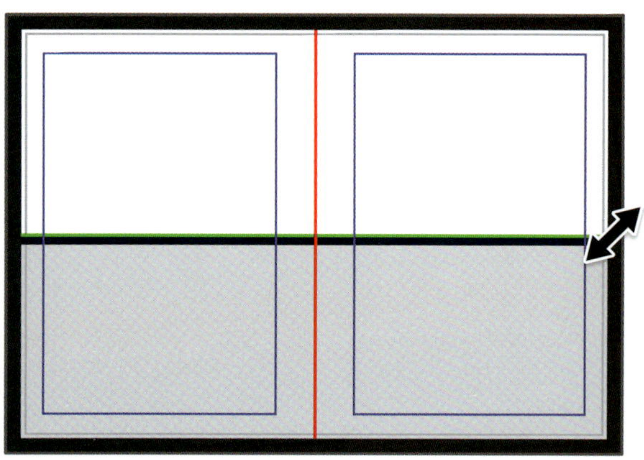

Globale Farben und Farbproben

Globale Farben sind verknüpfte Farben. Das heißt: Diese Farben lassen sich später bequem gegen andere Farben austauschen. Sie ersetzen nur eine Instanz der Farbe und alle anderen Instanzen der alten Farbe werden auf die neue Farbe aktualisiert.

In dem Aurelie-Projekt enthalten die farbigen Panels und Linien globale Farben und lassen sich bequem durch Farbproben aktualisieren.

Erstellen und Zuweisen globaler Farben

1 Öffnen Sie im Panel **Farbfelder** die **Paneleinstellungen** und klicken Sie auf **Globale Farbe hinzufügen**.

2 Legen Sie einen Namen und eine Farbe in dem Dialogfeld fest (z. B. Globale Farbe 1 und Blau) und klicken Sie auf **Hinzufügen**.
Das entsprechende Farbfeld wird nun in eine neue Dokumentpalette eingetragen.

3 Wiederholen Sie diese Schritte für eine zweite globale Farbe (Globale Farbe 2 und 100K Schwarz).

4 Wählen Sie die Panels aus und legen Sie die erste Farbe als Füllungsfarbe fest.

5 Wählen Sie die geraden Linien und ungefüllten Rechtecke aus und legen Sie die zweite Farbe als Konturfarbe fest.

Aktualisieren von Panelfarben mit Farbproben

1 Klicken Sie im Panel **Farbfelder** mit der rechten Maustaste auf das erste Farbfeld (Globale Farbe 1) und wählen Sie die Option **Füllung bearbeiten** aus.

2 Ziehen Sie die Farbpipette über eine Farbe in einem Bild und lassen Sie die Maustaste los.

3 Klicken Sie auf das runde Farbfeld für die ausgewählte Farbe, um alle Farbinstanzen gleichzeitig zu aktualisieren.

Experimentieren Sie mit Proben von Farben, die häufig in Modelaufnahmen vorkommen, wie z. B. Hauttöne. So sorgen Sie für harmonische Farben im ganzen Dokument.

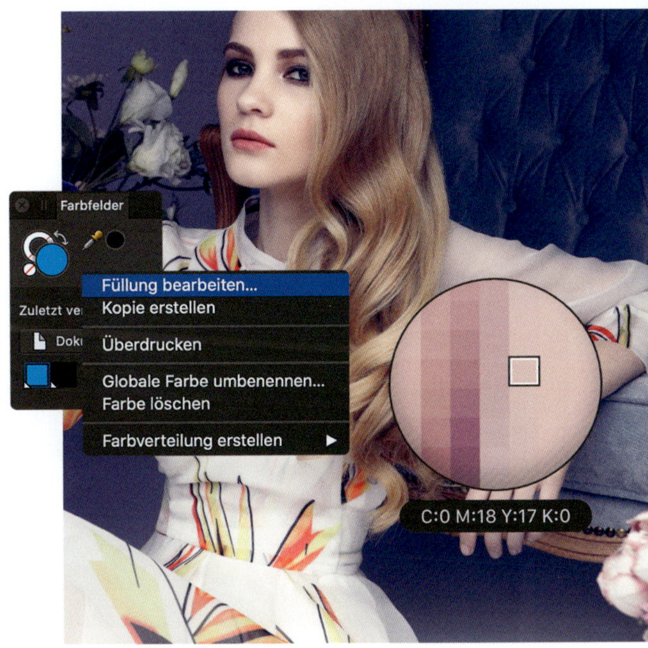

Ressource
Komodo - Lookbook.aftemplate

HYPERLINKS

Da die Lookbooks auch digital angeboten werden, können Sie Kontaktinformationen durch Hyperlinks ergänzen, damit der Leser direkten Kontakt zu den Designer aufnehmen kann.

Für unser Beispiel verwenden wir eine E-Mail-Adresse. Sie können aber auch per Hyperlink auf eine Website (URL) oder einen anderen Teil des Dokuments (Seite oder Anker) verweisen.

Hyperlinks lassen sich erst anklicken, nachdem Sie Ihr Projekt als digitale PDF-Datei exportiert haben.

Einfügen von Hyperlinks

1. Wählen Sie den Text aus, den Sie mit dem Hyperlink versehen möchten.
2. Klicken Sie im Menü **Text > Interaktiv** auf **Hyperlink einfügen**.
3. Wählen Sie in dem Einblendmenü **Hyperlinktyp** die Option *E-Mail* aus.
4. Geben Sie eine E-Mail-Adresse in das Feld **E-Mail** ein.

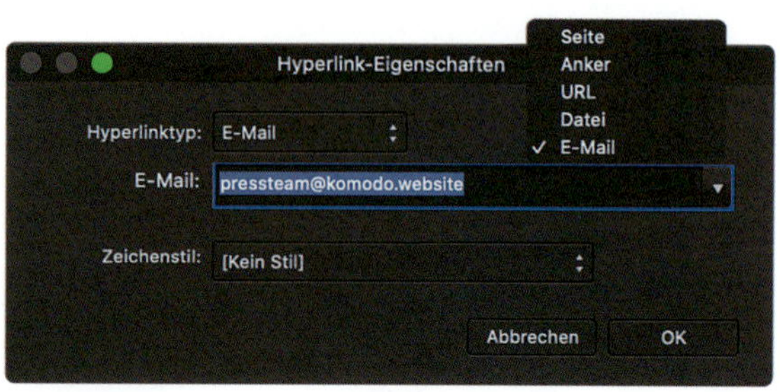

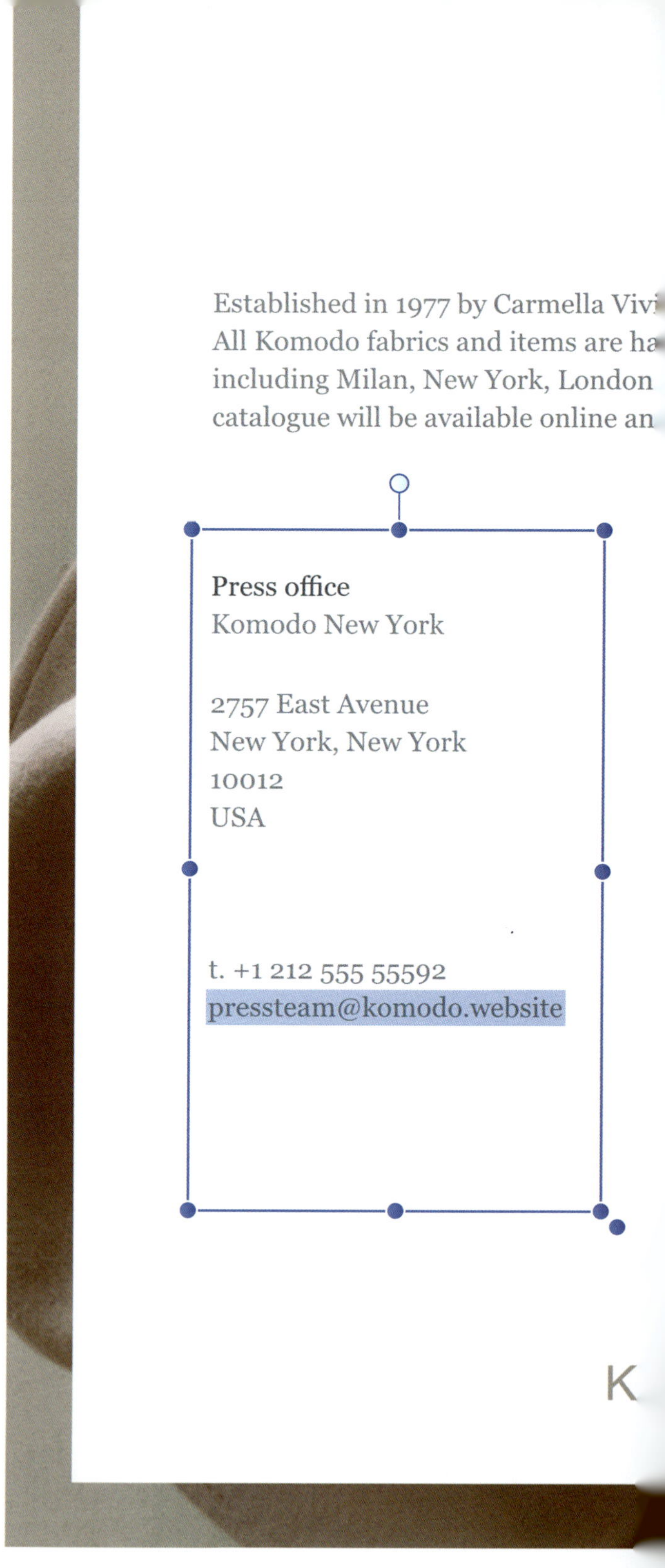

Verwalten von Hyperlinks

Nachdem Sie die gewünschten Hyperlinks eingefügt haben, können Sie alle diese Hyperlinks über das Panel **Hyperlinks** bequem verwalten.

- Klicken Sie im Menü **Ansicht** auf **Studio > Hyperlinks**.

Per Doppelklick auf einen hier aufgelisteten Hyperlink lassen sich seine Hyperlink-Eigenschaften bearbeiten. Sie können von hier auch direkt zum Quelltext des Hyperlinks auf der entsprechenden Seite springen.

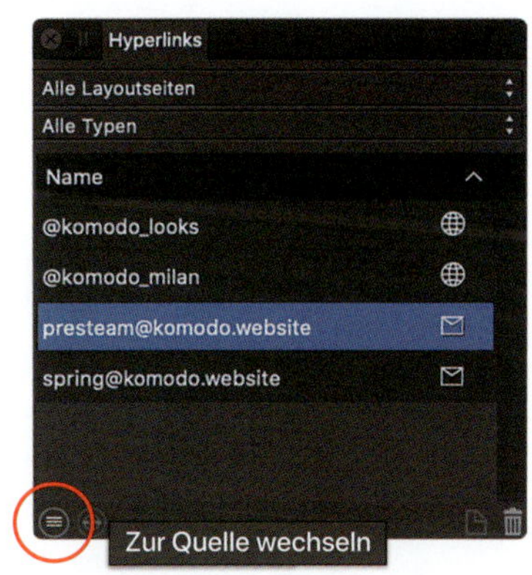

Ressourcen

Jonvan - Lookbook.aftemplate
Aurelie - Lookbook.aftemplate
Komodo - Lookbook.aftemplate

BILDUNTERSCHRIFTEN

In den meisten Lookbooks werden Bilder noch durch eine Textunterschrift ergänzt. Bei Fashion Lookbooks könnten Sie hier zum Beispiel den Namen und Designer des Outfits, die Kollektion, Copyright-Vermerke oder eine Beschreibung angeben.

Technisch gesehen, sind diese Bildunterschriften einfache Textrahmen, deren Texte ohne Textstil mit lokaler Formatierung formatiert ist. Das Interessante an den Bildunterschriften sind ihre flexiblen Möglichkeiten für die magnetische Ausrichtung und Textausrichtung.

Erstellen von Bildunterschriften

1 Ziehen Sie mit dem Werkzeug **Rahmentext** einen Textrahmen auf und geben Sie den Text ein.

2 Formatieren Sie die Bildunterschrift mit der Kontextleiste.

Ausrichten von Bildunterschriften

Richten Sie Text vertikal unten am Textrahmen aus. Zusätzlicher Text füllt dann bei ausreichender Rahmenhöhe den Textrahmen aus.

Verwenden Sie Maßhilfslinien für die Platzierung der Bildunterschriften in gleichmäßigen Abständen – sowohl horizontal als auch vertikal. Hier haben wir dafür **An Lücken und Größen ausrichten** (Seite 271) aktiviert.

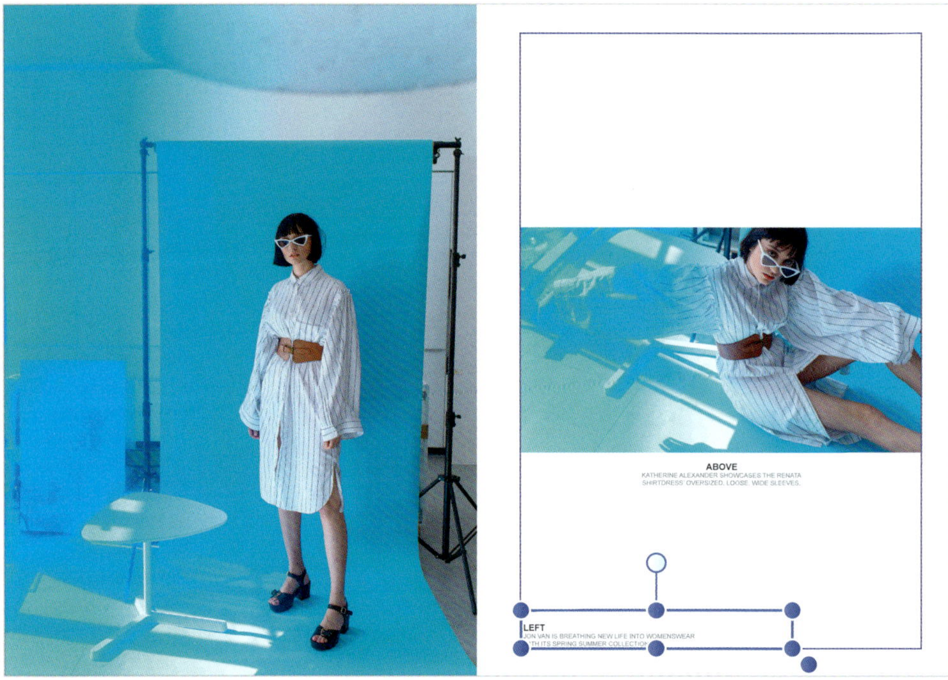

Richten Sie Text vertikal am unteren Seitenrand aus. Zusätzlicher Text geht dann bei ausreichender Rahmenhöhe niemals verloren.

Rechtsbündige Ausrichtung an einem bestehenden Textrahmen. Per Doppelklick auf den unteren Mittengriff entfernen Sie überflüssigen vertikalen Leerraum. Platzieren Sie dann mit Maßhilfslinien den Textrahmen in einem gleichmäßigen vertikalen Abstand zu dem Bilderrahmen.

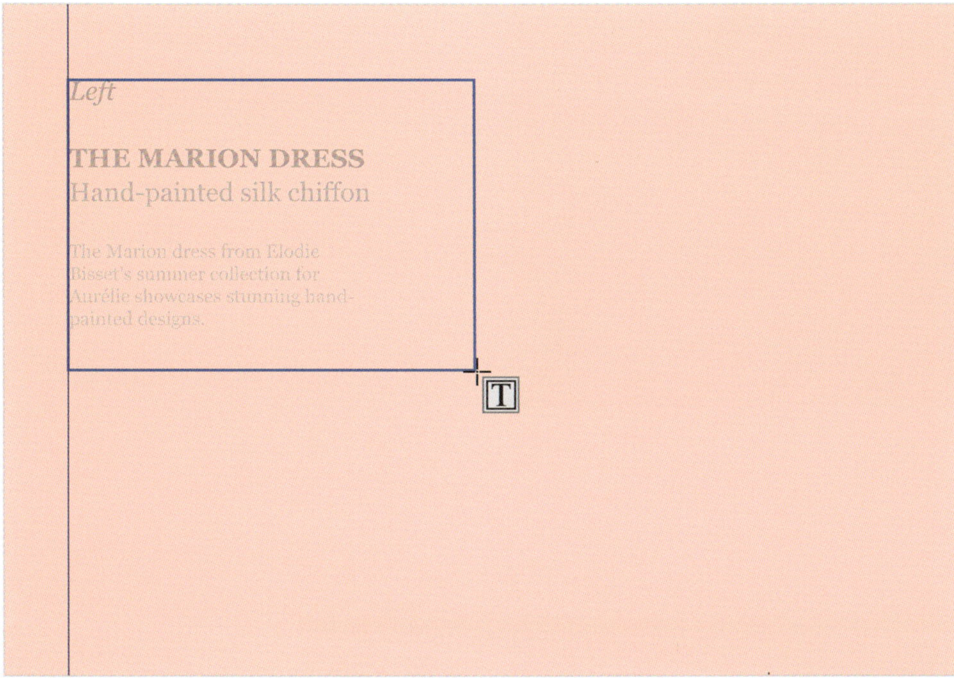

Verwenden Sie bestehende Seitenränder als Startpunkte, um die Textrahmen für neue Bildunterschriften aufzuziehen.

Legen Sie über die Versatzabstände durchgängige Abstände innerhalb der Rahmen zwischen Bilderrahmen und Bildunterschrift fest. Aktivieren Sie hierzu das Panel **Textrahmen** (über **Ansicht > Studio**).

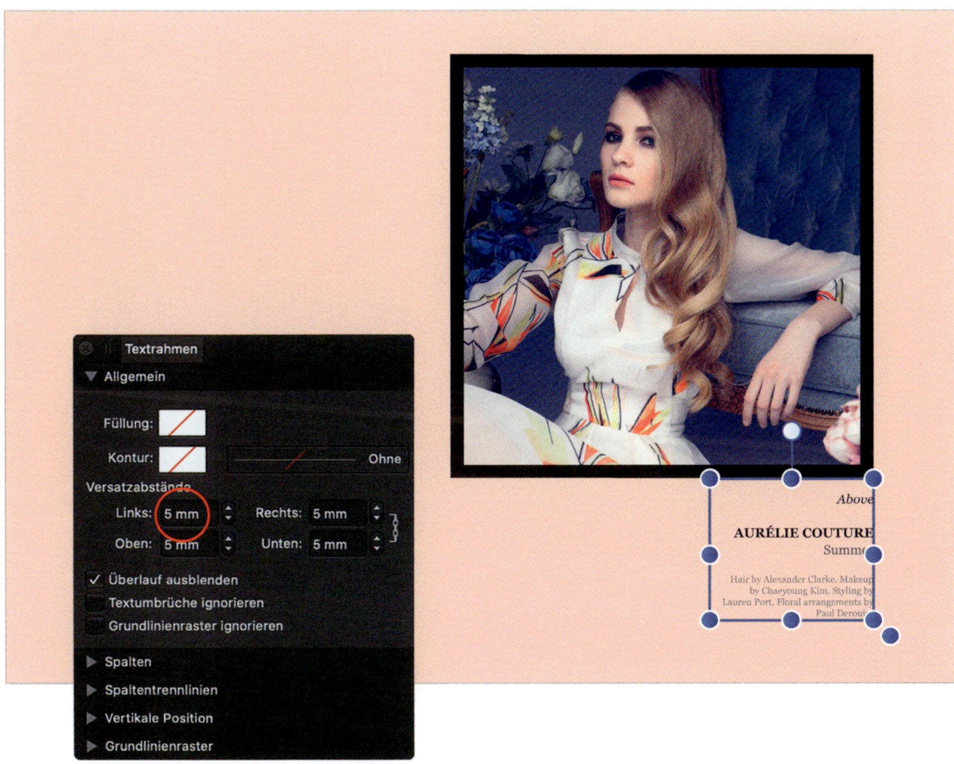

Stellen Sie für die Textrahmen der Bildunterschriften immer dieselbe Höhe ein und richten Sie sie dann magnetisch an der unteren Seitenkante aus.

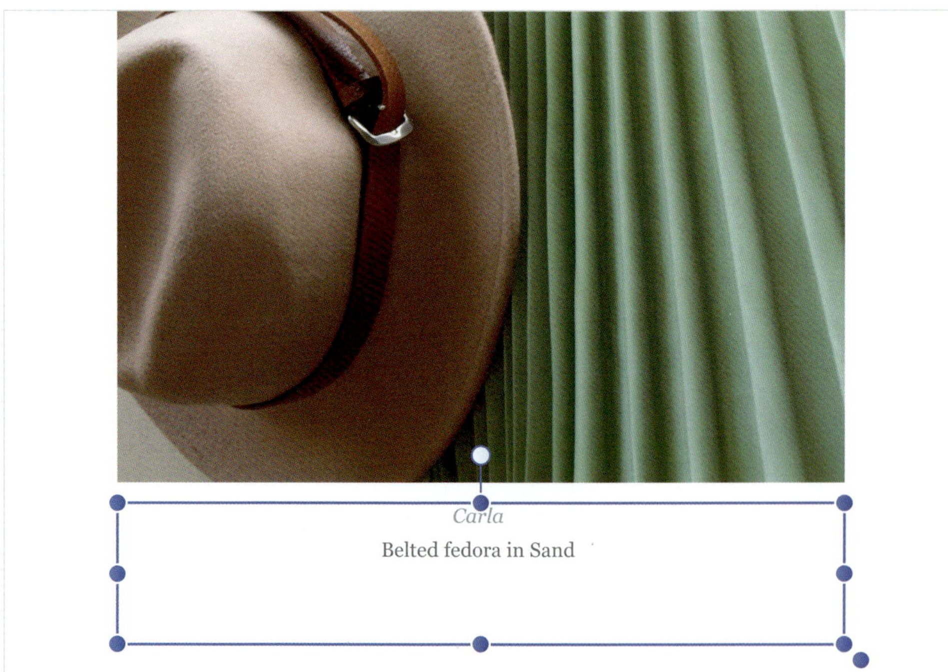

Passen Sie die Breite der Textrahmen für die Bildunterschriften an die Breite der Bilderrahmen an und richten Sie den Text der Bildunterschrift horizontal mittig aus.

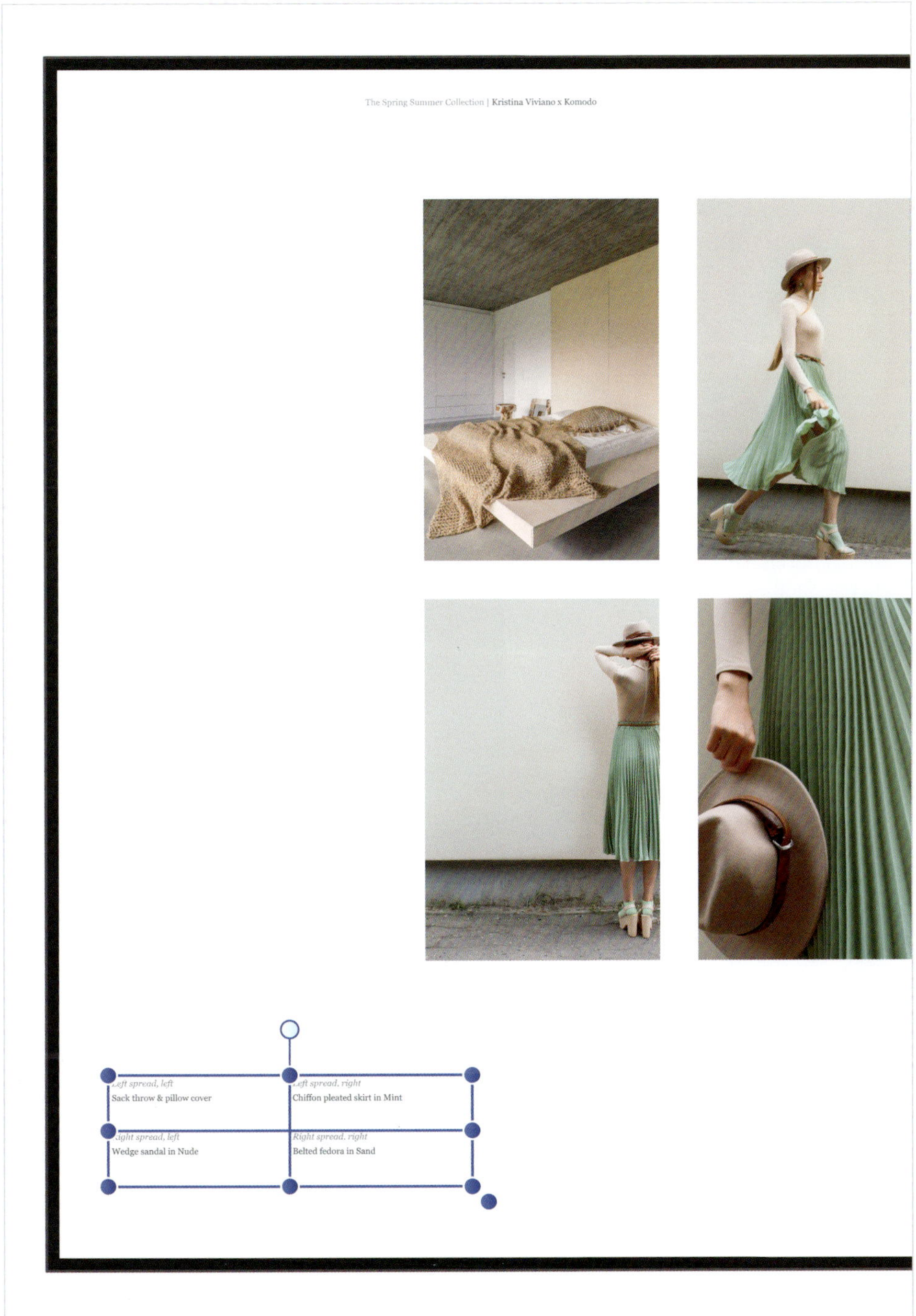

Ordnen Sie die Textrahmen für Bildunterschriften in Blöcken an, um eine ähnliche räumliche Aufteilung wie bei den Bildern zu erzielen.

Ressource
Picture Frame Captions.afassets

> *Beschränkungen bestimmen, wie untergeordnete Rahmen in ihrem übergeordneten Objekt (z. B. einer Gruppe) skaliert, neu positioniert oder verankert werden.*

Bildunterschriften mit cleveren Ankern

Sie können Bildunterschriften verankern, damit sie nicht falsch verschoben werden, wenn Sie den zugehörigen Bilderrahmen vergrößern oder verkleinern. Diese Verankerung läuft über **Beschränkungen**.

Sie können Bildunterschriften neben einem Bilderrahmen platzieren oder auch als Overlay auf dem Rahmen (bzw. Bild). Die obige Ressource enthält beide Beispiele. Importieren Sie die Rahmenunterschriften und experimentieren Sie ruhig etwas mit den verschiedenen Möglichkeiten.

Banner oben & unten sind Assets der Kategorie „Pop" aus den Picture Frame Captions.

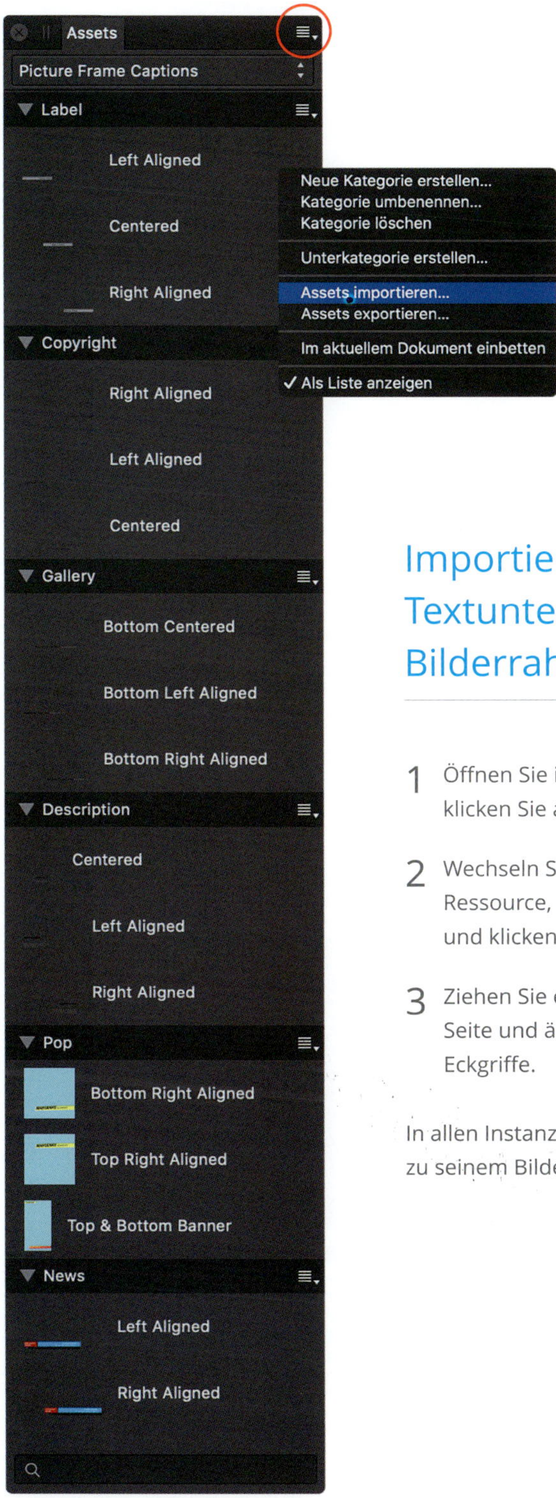

Importieren von Textunterschriften für Bilderrahmen

1 Öffnen Sie im Panel **Assets** die **Paneleinstellungen** und klicken Sie auf **Assets importieren**.

2 Wechseln Sie zu dem Ordner mit der heruntergeladenen Ressource, wählen Sie die Asset-Datei aus (*.afassets) und klicken Sie auf **Öffnen**.

3 Ziehen Sie ein beliebiges Bilderrahmen-Asset auf Ihre Seite und ändern Sie seine Größe über einen der Eckgriffe.

In allen Instanzen behält der Text immer die relative Position zu seinem Bilderrahmen bei.

Erstellen einer Gruppe

Die Verankerung von Bildunterschriften funktioniert nur, wenn der Bilderrahmen und der Unterschrifttext in einer Gruppe zusammengefasst sind. Die Gruppe fungiert als Container, sodass sich Rahmen und Textkanten in unterschiedlichen Richtungen an dem Gruppencontainer ausrichten lassen.

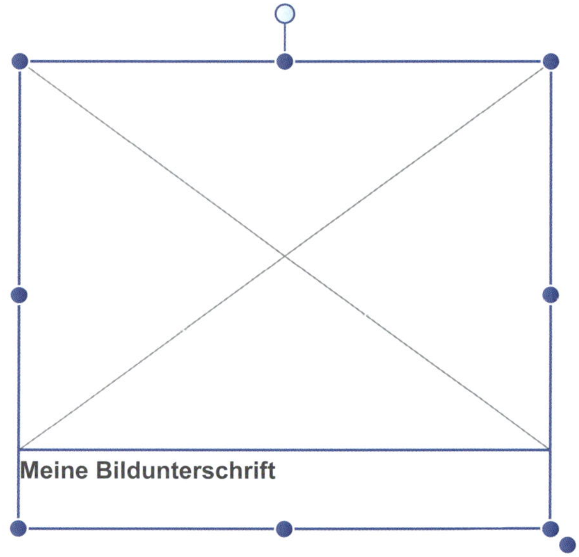

1 Ziehen Sie mit dem Werkzeug **Rechteckiger Bilderrahmen** einen neuen Bilderrahmen auf.

2 Ziehen Sie mit dem Werkzeug **Rahmentext** einen neuen Textrahmen auf, geben Sie etwas Text ein und legen Sie Position und Größe des Rahmens so fest, dass er sich magnetisch an der Unterkante des Bilderrahmens ausrichtet.

3 Formatieren Sie den Unterschrifttext mit der Kontextleiste.

4 Wählen Sie den Bilderrahmen und den Textrahmen der Unterschrift aus und klicken Sie auf **Ebene > Gruppieren**.

Festlegen von Beschränkungen

Nachdem sich jetzt Unterschrifttext und Bilderrahmen in einer Gruppe befinden, können Sie über das Panel **Beschränkungen** die Beschränkungen für die einzelnen Elemente festlegen.

1 Wählen Sie den Unterschrifttext in der Gruppe per Doppelklick aus.

2 Klicken Sie auf **Ansicht > Studio > Beschränkungen**.

3 Klicken Sie im Panel **Beschränkungen** auf die gestrichelte Linie zwischen dem inneren und dem äußeren Quadrat, um den Text links, rechts und unten in der Gruppe zu verankern. Die Linien werden nun als Volllinien angezeigt. Das innere Quadrat steht für den Unterschrifttext und das äußere Quadrat für seine Containergruppe.

4 Klicken Sie auf die Pfeile im inneren Quadrat, um eine vertikale Skalierung des Unterschrifttextrahmens und eine horizontale Verankerung zu verhindern.

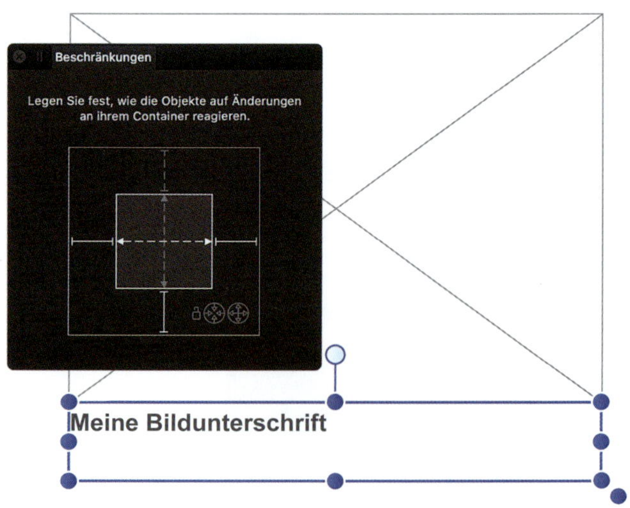

Legen Sie für den ausgewählten Bilderrahmen die Einstellungen im Panel wie in der Abbildung fest. Hierdurch ist eine Skalierung und Verankerung des Bilderrahmens in seinem Container möglich.

Nachdem Sie Beschränkungen festgelegt haben, wird der Name der Gruppe automatisch in **Beschränkungsgruppe** geändert. So erkennen Sie stets, dass Beschränkungen für diese Elemente gelten. Wenn Sie den Unterschrifttext immer in Textrahmen platzieren, wird er auch nie skaliert.

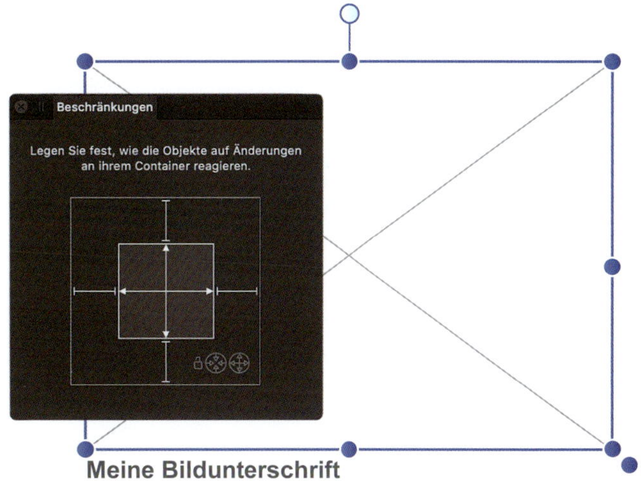

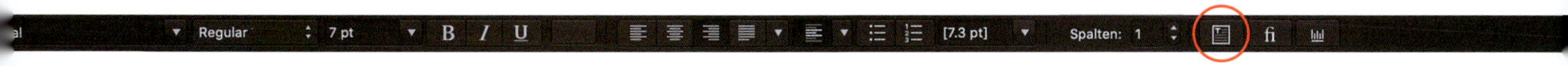

Festlegen von Hintergrundfarben für Bildunterschriften, Versatzabständen und vertikaler Ausrichtung

1 Wählen Sie den Textrahmen der Bildunterschrift aus und klicken Sie in der Kontextleiste auf die Option **Textrahmen**.

2 Klicken Sie im nun eingeblendeten Panel **Textrahmen** auf das Farbmuster **Füllung** und legen Sie eine Hintergrundfarbe für den gesamten Textrahmen der Bildunterschrift fest.

- Legen Sie Werte für die **Versatzabstände** fest, um etwas Platz zwischen den Textrahmenkanten und dem Unterschrifttext zu schaffen.
- Legen Sie unter **Vertikale Position** eine Ausrichtungsoption fest, wie z. B. *Zentriert*.

Wenn Sie nun versuchen, die Größe der gesamten Gruppe zu ändern, sehen Sie, dass die Bildunterschrift immer ihre korrekte Größe und Position relativ zu dem Bilderrahmen beibehält.

Ressource
Smart pages - Lookbook.afpub

SMARTE MASTER-SEITEN

Bei Publikationen, die auf Master-Seiten basieren, können Sie mit der Smart-Funktion alle bearbeiteten Master-Inhalte übernehmen, wenn Sie die Master-Seite gegen eine andere Master-Seite austauschen.

Für den praktischen Arbeitsablauf bedeutet das: Sie verlieren niemals einen bereits gefüllten Bilderrahmen oder einen selbst verfassten Text – diese Elemente bleiben einfach auf der Seite und warten auf weitere Bearbeitung oder ein neues Layout.

Dieser Ansatz ist für sich allein schon clever. Der Smart-Aspekt greift jedoch erst, wenn Sie verschiedene Variationen einer Master-Seite mit unterschiedlichen Rahmenlayouts benutzen. Durch simples Austauschen der Master-Seiten können Sie völlig unterschiedliche Layouts schnell, einfach und absolut anschaulich präsentieren. Die Position der Rahmen wird automatisch an die Einstellungen der neuen Master-Seite angeglichen.

In diesem Projekt ist eine Layoutseite (Doppelseite 4 – 5) des Komodo Lookbooks ideal zur Demonstration der Smart-Funktion für Master-Seiten.

Wie funktioniert das?

1 Erstellen Sie eine Master-Seite mit Platzhalter-Textrahmen und Bilderrahmen und legen Sie im Panel **Ebenen** eindeutige Namen für diese Elemente fest.

2 Weisen Sie der Publikationsseite die Master-Seite zu und platzieren Sie Inhalte in den Rahmen.

3 Duplizieren Sie im Panel **Seiten** die Master-Seite mehrmals und erstellen Sie dann für jede Master-Seite ein anderes Master-Seitenlayout.

4 Ziehen Sie die Miniatur jeder Master-Seite einzeln und nacheinander auf die Publikationsseite.

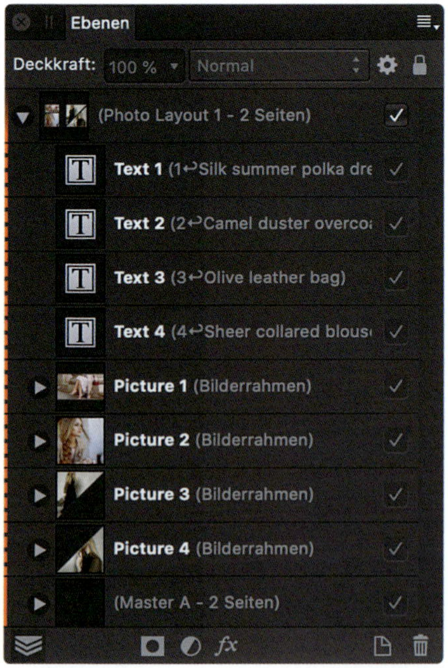

Identische Objektnamen in Master-Seiten für Fotolayouts

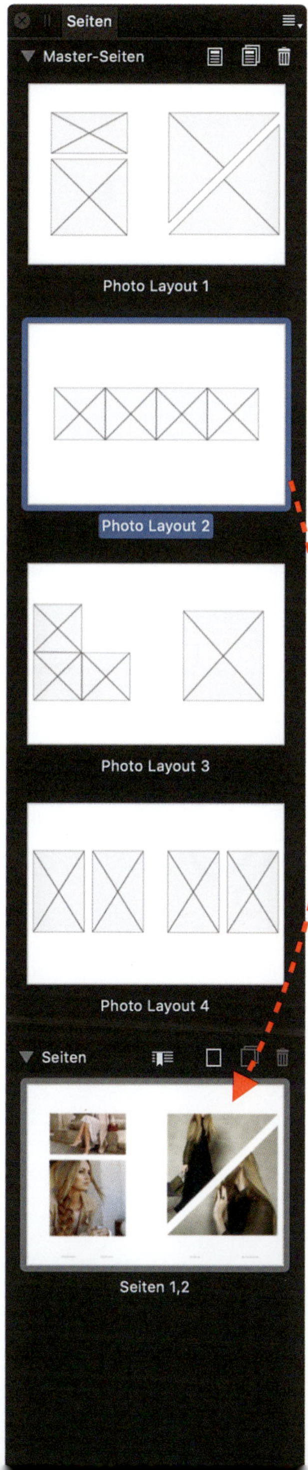
Seiten
Master-Seiten
Photo Layout 1
Photo Layout 2
Photo Layout 3
Photo Layout 4
Seiten
Seiten 1,2

RIGHT
LEFT
ABOVE
JON VAN
THE JON VAN SPRING SUMMER PREVIEW IS HERE
MENSWEAR MEETS MODERN CHIC IN JV'S LATEST WOMENSWEAR COLLECTION.

Awaken your wardrobe with
and daring to light and chic, the collection
woman. Get the look this January.
Established in 1977 by Carmella Viviano, Komodo creates high-end fashion for women.
All Komodo fabrics and items are handmade in Italy, with retail stores all over the globe
Milan, New York, London, Paris, Hong Kong and Los Angeles. All looks in this
will be available online and in-store.
York
Above
AURÉLIE COUTURE
Summer
ie.
Bisset's summer collection

4

Talent auf einen Blick – Lebensläufe

Entwerfen von Lebensläufen mit Rosa Maglione

Die angesehene US-Designerin Rosa Maglione demonstriert in diesem Projekt, wie Sie mit Hilfslinien, Textstilen, ansprechenden Schriften, Akzentfarben und der cleveren Positionierung von Textrahmen einen Lebenslauf entwerfen, der Personalchefs direkt ins Auge springt und ihr Interesse auch hält.

Beachten Sie bitte, dass sich die Richtlinien für einen „guten Lebenslauf" ständig ändern und von Land zu Land variieren. Dieses Beispiel wurde für den US-amerikanischen Arbeitsmarkt konzipiert und ist für Ihre geografische Region vielleicht nicht so gut geeignet. Informieren Sie sich stets auf den einschlägigen Websites und bei Personalberatern oder Job-Agenturen, welche Formatierung gerade für Lebensläufe besonders hoch geschätzt oder erfolgreich ist.

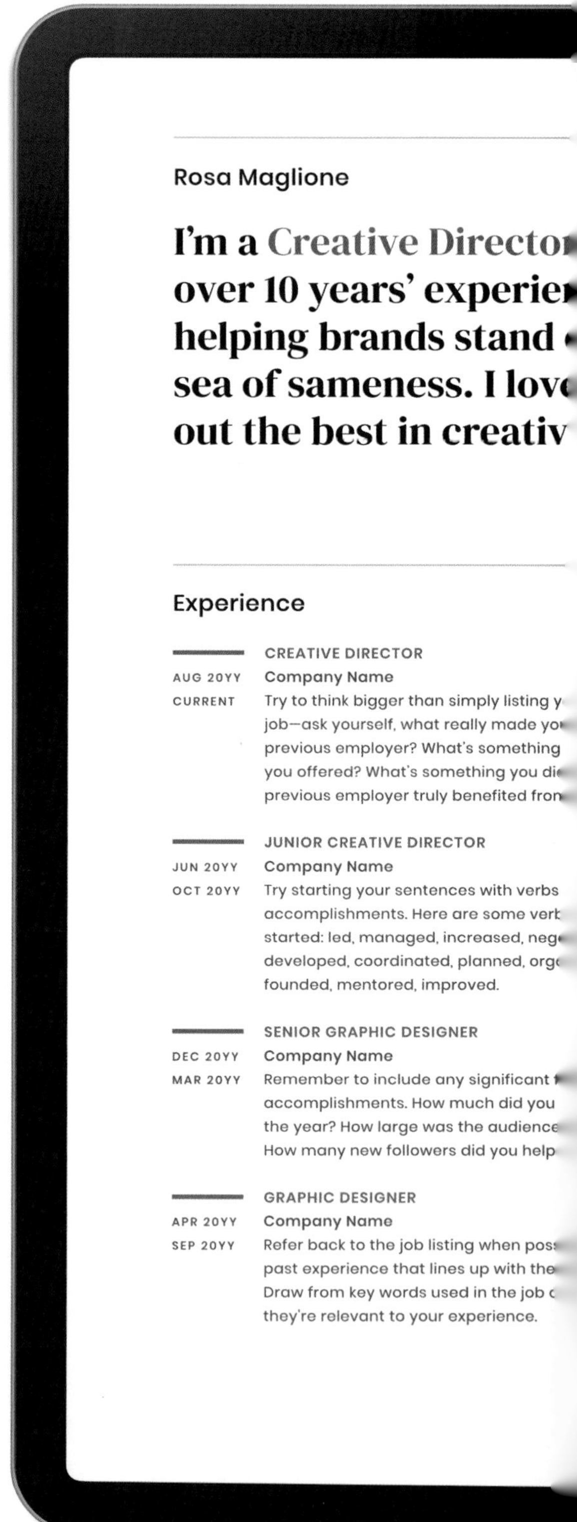

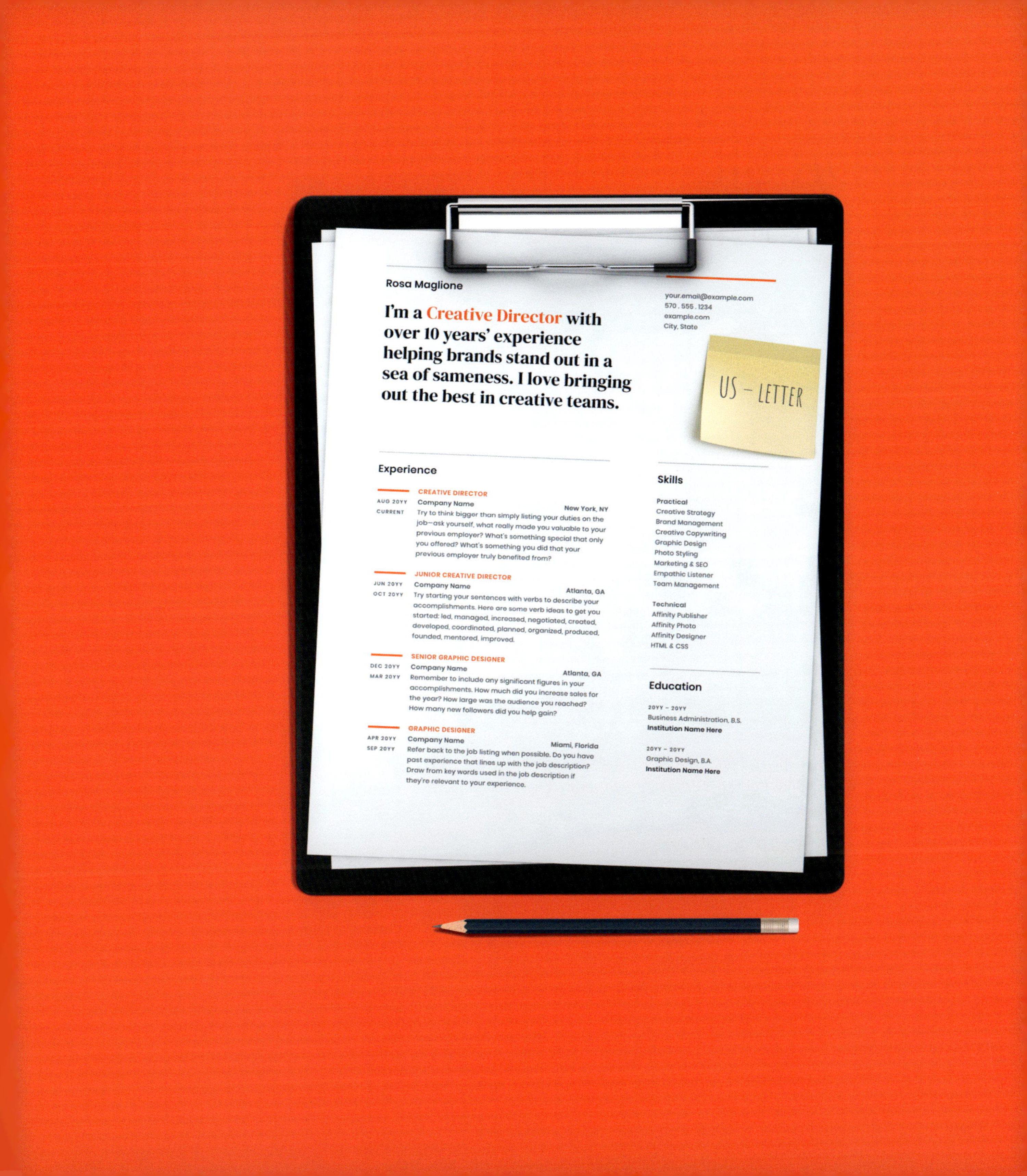

Rosa Maglione

I'm a Creative Director with over 10 years' experience helping brands stand out in a sea of sameness. I love bringing out the best in creative teams.

your.email@example.com
570 . 555 . 1234
example.com
City, State

Experience

CREATIVE DIRECTOR
AUG 20YY
CURRENT
Company Name New York, NY
Try to think bigger than simply listing your duties on the job—ask yourself, what really made you valuable to your previous employer? What's something special that only you offered? What's something you did that your previous employer truly benefited from?

JUNIOR CREATIVE DIRECTOR
JUN 20YY
OCT 20YY
Company Name Atlanta, GA
Try starting your sentences with verbs to describe your accomplishments. Here are some verb ideas to get you started: led, managed, increased, negotiated, created, developed, coordinated, planned, organized, produced, founded, mentored, improved.

SENIOR GRAPHIC DESIGNER
DEC 20YY
MAR 20YY
Company Name Atlanta, GA
Remember to include any significant figures in your accomplishments. How much did you increase sales for the year? How large was the audience you reached? How many new followers did you help gain?

GRAPHIC DESIGNER
APR 20YY
SEP 20YY
Company Name Miami, Florida
Refer back to the job listing when possible. Do you have past experience that lines up with the job description? Draw from key words used in the job description if they're relevant to your experience.

Skills

Practical
Creative Strategy
Brand Management
Creative Copywriting
Graphic Design
Photo Styling
Marketing & SEO
Empathic Listener
Team Management

Technical
Affinity Publisher
Affinity Photo
Affinity Designer
HTML & CSS

Education

20YY – 20YY
Business Administration, B.S.
Institution Name Here

20YY – 20YY
Graphic Design, B.A.
Institution Name Here

BEVOR SIE LOSLEGEN

Ressourcen

Alle Ressourcen, auf die in diesem Kapitel verwiesen wird, finden Sie unter: https://affin.co/SkillsOnShow

Die Ressourcen enthalten den fertigen Lebenslauf im US-amerikanischen Letter-Format sowie im Standardformat A4. Die Zwischenstadien der Projektdatei liegen nur für das Letter-Format vor.

Kenntnisse in Affinity Publisher

Damit Sie diesem Projekt optimal folgen können, sollten Sie:

- Mit der Programmoberfläche von Affinity Publisher vertraut sein. Mehr über die einzelnen Bedienelemente erfahren Sie in dem Kapitel „Tour durch die App-Oberfläche" ab Seite 14.
- Die Grundlagen beherrschen. Die folgende Tabelle zeigt Ihnen, mit welchen Aspekten von Affinity Publisher Sie außerdem vertraut sein sollten, um dieses Projekt anzugehen:

Arbeiten mit Text	Seite 112
Textstile	Seite 140

> *In einem Lebenslauf sind Sie die „Marke“ und der Arbeitgeber ist der „Kunde“.*

EINFÜHRUNGG

Wenn ich das Design für einen neuen Lebenslauf entwerfe, gehe ich genauso vor wie bei einem Markenprojekt für Unternehmen.

Der Lebenslauf sollte Sie als Person widerspiegeln und auf die Art von Arbeitgeber abgestimmt sein, die Sie ansprechen wollen. Der richtige Lebenslauf kann Ihnen helfen, Unternehmen zu finden, die „auf Ihrer Wellenlänge liegen". Ihr Arbeitgeber bekommt jemanden, der genau in sein Unternehmen passt, und Sie bekommen einen Job, den Sie lieben. Win-Win.

WIE GEHEN SIE DAS DESIGN AN?

Versetzen Sie sich einen Moment in die Position eines Personalchefs oder Personalberaters. Sie haben bereits den ganzen Morgen lang jede Menge Lebensläufe gelesen und die meisten dieser Lebensläufe sahen mehr oder weniger gleich aus.

Ihr Lebenslauf sollten einem Personalchef direkt ins Auge springen und seine Aufmerksamkeit wecken, damit er ihn auf jeden Fall bis zum Ende liest.

Textstile und eine typografische Hierarchie spielen bei dem Design unseres Lebenslaufes eine zentrale Rolle, damit das Dokument leserlich ist, sich gut lesen lässt (das ist noch lange nicht dasselbe) und die wichtigen Punkte auch durch ein kurzes Überfliegen schnell zu erfassen sind. Der Personalchef wird es Ihnen danken.

Ressourcen

Skills_on_show_1.afpub
rosa_text.rtf

EINRICHTEN DES DOKUMENTS

Wenn Sie das Dokument für Ihr Design einrichten, denken Sie auf jeden Fall auch an die spätere Ausgabe und Verwendung. Soll der Lebenslauf gedruckt werden? Wollen Sie ihn per E-Mail verschicken oder auf eine Website hochladen?

Das Layout für unseren Lebenslauf wird flexibel genug, dass Sie ihn sowohl über einen Desktop-Drucker als auch digitale Kopien für das Web ausgeben können. Dann legen wir mal los.

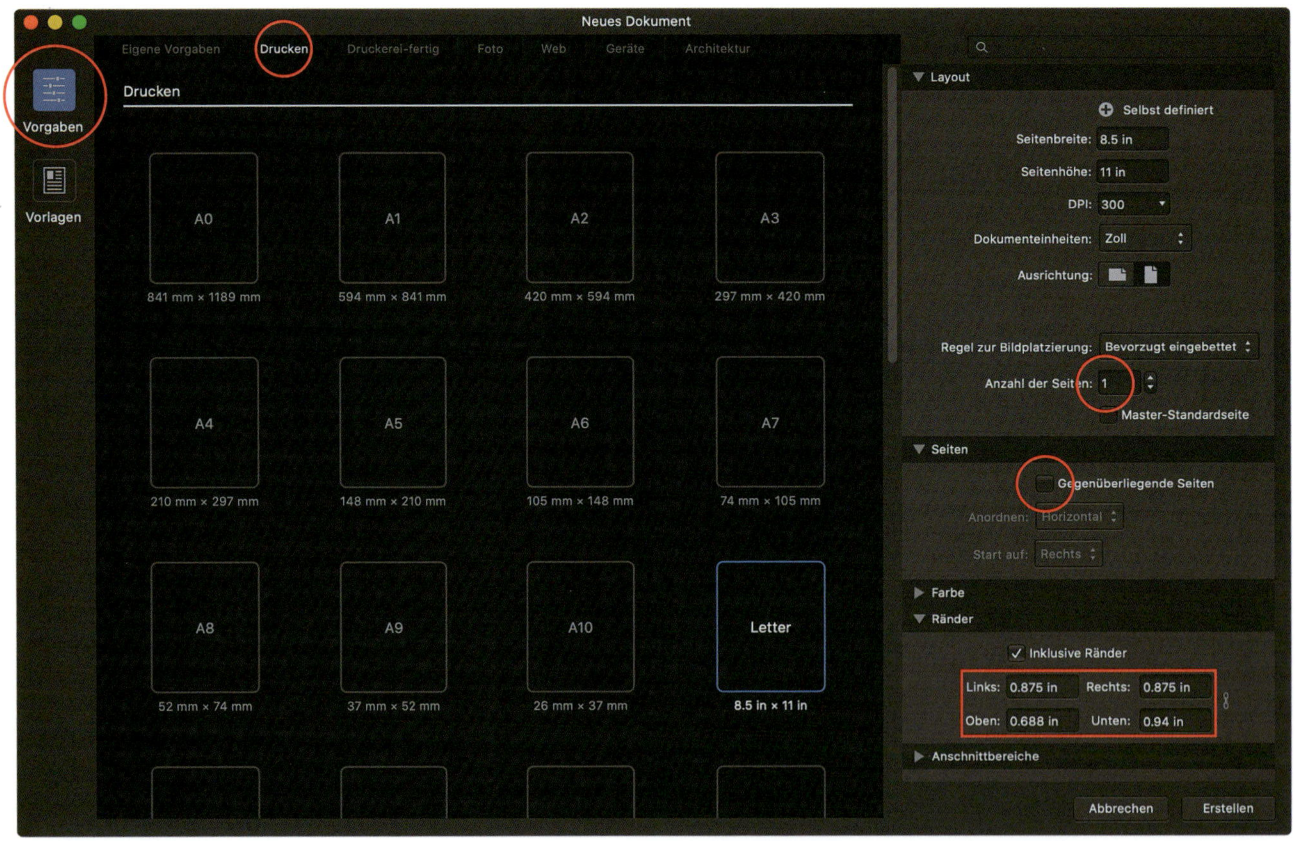

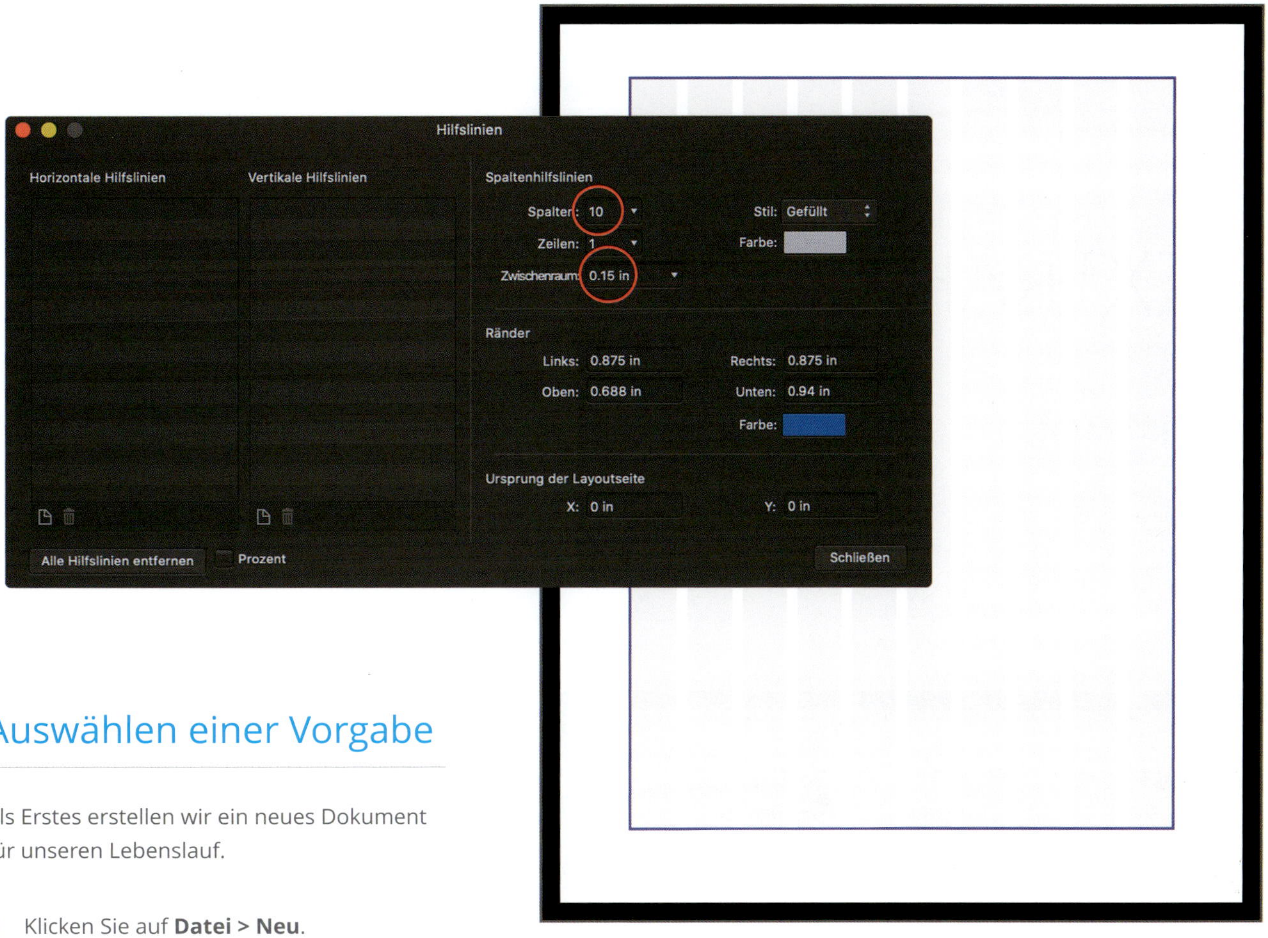

Auswählen einer Vorgabe

Als Erstes erstellen wir ein neues Dokument für unseren Lebenslauf.

1 Klicken Sie auf **Datei > Neu**.

2 Klicken Sie in dem Dialogfeld auf **Vorgaben**, dann auf **Drucken** und dann auf die Miniatur *Letter*. Hierdurch legen Sie einen RGB-Farbraum fest, der sich gut für die Desktop-Druckausgabe sowie die digitale Übermittlung im Web eignet.

3 Deaktivieren Sie in den Abschnitten **Layout** und **Seiten** die Optionen **Master-Standardseite** und **Gegenüberliegende Seiten**, da wir nur eine Einzelseite ohne Master-Seite für unser Layout benötigen.

4 Stellen Sie die **Ränder** wie in der Abbildung ein.

Spaltenhilfslinien

Spaltenhilfslinien sind ideal, um den Text in Ihrem Lebenslauf möglichst aufgeräumt zu präsentieren. Die Textrahmen richten sich horizontal und magnetisch an den vertikalen Spaltenhilfslinen aus.

Hinzufügen von Spaltenhilfslinien

1 Klicken Sie auf **Ansicht > Hilfslinien konfigurieren**.

2 Stellen Sie unter **Spaltenhilfslinien** die **Spalten** auf *10* und den **Zwischenraum** auf *0,15 in* ein.

TEXTRAHMEN

Allgemeines

Wenn Sie Ihre Textrahmen erstellen, sollten Sie zunächst alles möglichst einfach halten und einfachen unformatierten Text verwenden. Für den Anfang richten wir die Textrahmen grob an den Spaltenhilfslinien aus. Die Platzierung verfeinern wir später, sobald wir alle Textstile definiert haben.

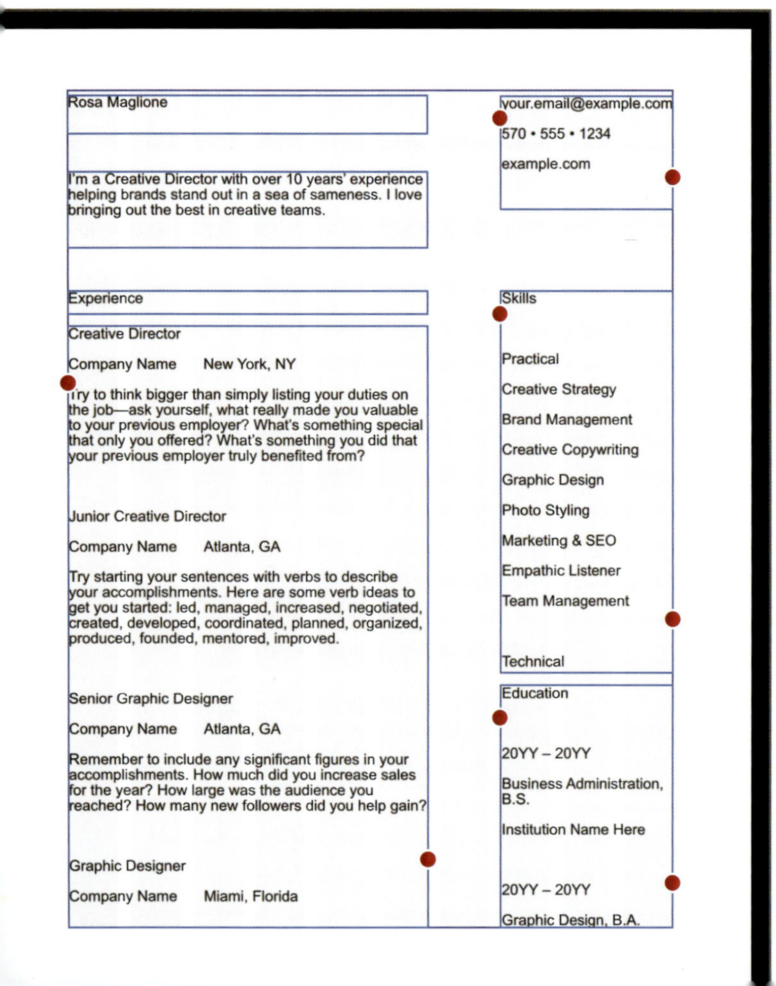

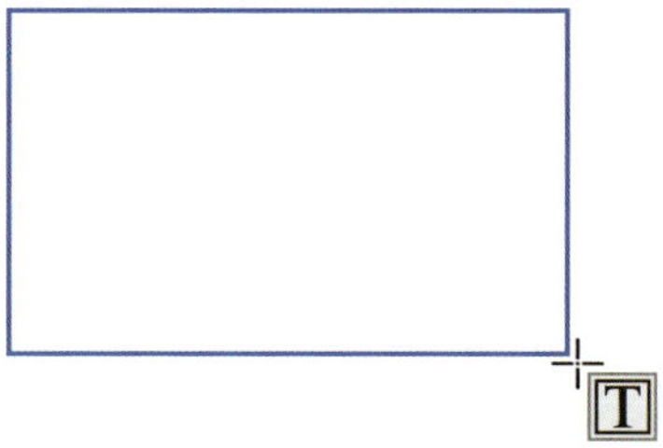

Erstellen der Textrahmen

1. Aktivieren Sie das Werkzeug **Rahmentext** und platzieren Sie die Textrahmen so, dass sie sich magnetisch an den Spaltenhilfslinien ausrichten.
2. Tippen Sie Text in die Textrahmen ein. Sie können auch über die Zwischenablage bereits fertigen Text kopieren und einfügen – zum Beispiel aus unserer Ressource rosa_text.rtf.

Keine Sorge wegen der roten Punkte für den Übersatztext. Um die Textformatierung kümmern wir uns als Nächstes.

> Kopieren Sie Text aus einem anderen Dokument nach Publisher, sollten Sie den Befehl **Bearbeiten > Ohne Format einfügen** verwenden; hierdurch übernehmen Sie keine unnötigen Formatierungen.

Ressource
Skills_on_show_02.afpub

TEXTKÖRPER MIT STIL

Das Einrichten von Textstilen lohnt sich auch für kleine Projekte, da Sie dann später Formatänderungen an allen Texten auf einmal durchführen können, denen Sie diesen Stil zugewiesen haben.

Die Schrift für den Textkörper

Bei der Wahl der Schrift für den Textkörper sollten Sie stets zwei Punkte bedenken: Lässt die Schrift sich gut lesen und passt die Schrift gut zu Ihrem Lebenslauf. Als Faustregel sollten Sie serifenlose Schriften (Sans Serif) für Dokumente verwenden, die am Bildschirm gelesen werden, und Serifenschriften (Serif) für gedruckte Dokumente. Die meisten Lebensläufe werden heute wohl am Bildschirm gelesen. Wir entscheiden uns daher für Poppins – eine flexible serifenlose Schrift, die sowohl ansprechend als auch professionell wirkt.

Download und Installation von Schriften

1 Öffnen Sie die Website https://fonts.google.com (oder suchen Sie online nach *Google Fonts*) und laden Sie die Schriftfamilie **Poppins** herunter.

2 Öffnen Sie das heruntergeladene Zip-Archiv und lesen Sie die Datei OFL.txt.

3 Für *Mac*: Führen Sie einen Doppelklick auf die heruntergeladenen Schriftdateien aus und klicken Sie auf **Installieren**.
ODER
Für *Windows*: Führen Sie einen Rechtsklick auf die heruntergeladenen Schriftdateien aus und klicken Sie Auf **Installieren**.

Poppins-Regular.ttf
Poppins

DMSerifDisplay-Regular.ttf
DM Serif Display

Laden Sie von Google fonts gleich noch die Schriftfamilie DM Serif Display herunter und installieren Sie die Schriften – wir brauchen sie später noch für dieses Projekt.

Ich habe mich bei dem Text für einen Grauton (Schwarz 70 %) anstelle von Schwarz entschieden, da ich so den Kontrast variieren und später ganz leicht dunklere Überschriften festlegen kann.

Formatieren des Textkörpers

Für den Textkörper legen wir die Formatierung zunächst manuell fest und speichern sie dann als Textstil.

1 Wählen Sie mit dem Menübefehl **Auswählen > Alles markieren** alle Textrahmen aus.

2 Formatieren Sie mit dem Panel **Zeichen** den Text wie in der Abbildung. Indem wir den **Zeichenabstand** um *30 ‰* erhöhen, verteilen wir die Zeichen gleichmäßiger.

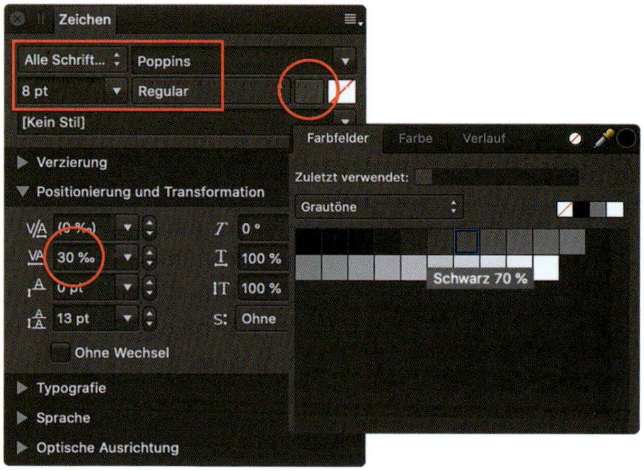

Speichern als Grundlagenstil

Ich speichere die Formatierung des Textkörpers gern als Textstil **Grundlage**, da die Formatierung so später automatisch von allen Textstilen übernommen wird, die sich auf diesen Textstil beziehen.

1 Wählen Sie Ihren Text aus und öffnen Sie das Panel **Textstile**.

2 Klicken Sie auf das Optionsmenü für den Absatzgruppenstil *Grundlage* („*Base*" in der Ressource).

3 Klicken Sie auf **"Grundlage" aktualisieren**.

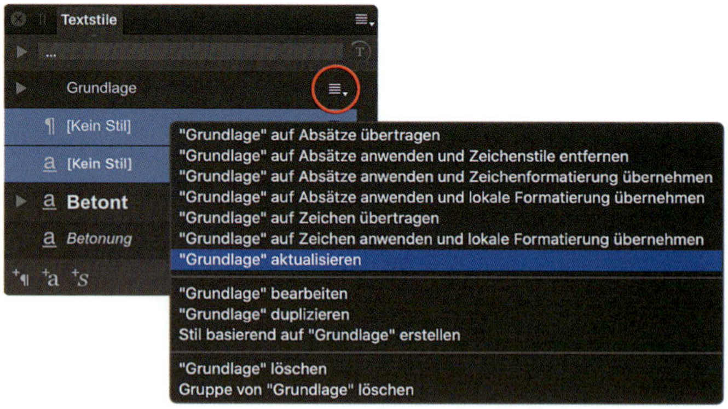

Einsetzen des Textstils „Körper"

Als Nächstes passen wir den Textstil *Körper* an und weisen ihn unserem Text zu. Wie vorhin erläutert, übernimmt der Stil *Körper* standardmäßig die Einstellungen aus dem Stil *Grundlage*. Für unser Design ignorieren wir jedoch die Schriftgröße und den Zeilenabstand und legen für diese Optionen im Textstil *Körper* andere Einstellungen fest.

1. Wenden Sie über das Panel **Textstile** den Textstil *Körper* auf alle ausgewählten Textrahmen an.

2. Führen Sie einen Doppelklick auf den Stileintrag *Körper* aus und gehen Sie wie folgt vor:

   - Stellen Sie unter **Zeichen > Schrift** die **Schriftgröße** auf *8 pt* ein.
   - Stellen Sie unter **Absatz > Abstände** den **Zeilenabstand** auf *Genau 13 pt* ein und aktivieren Sie die Option **Abstand zwischen gleichen Stilen**.

Durch den zusätzlichen Zeilenabstand lässt sich die Schrift einfacher erkennen und der ganze Text flüssiger lesen.

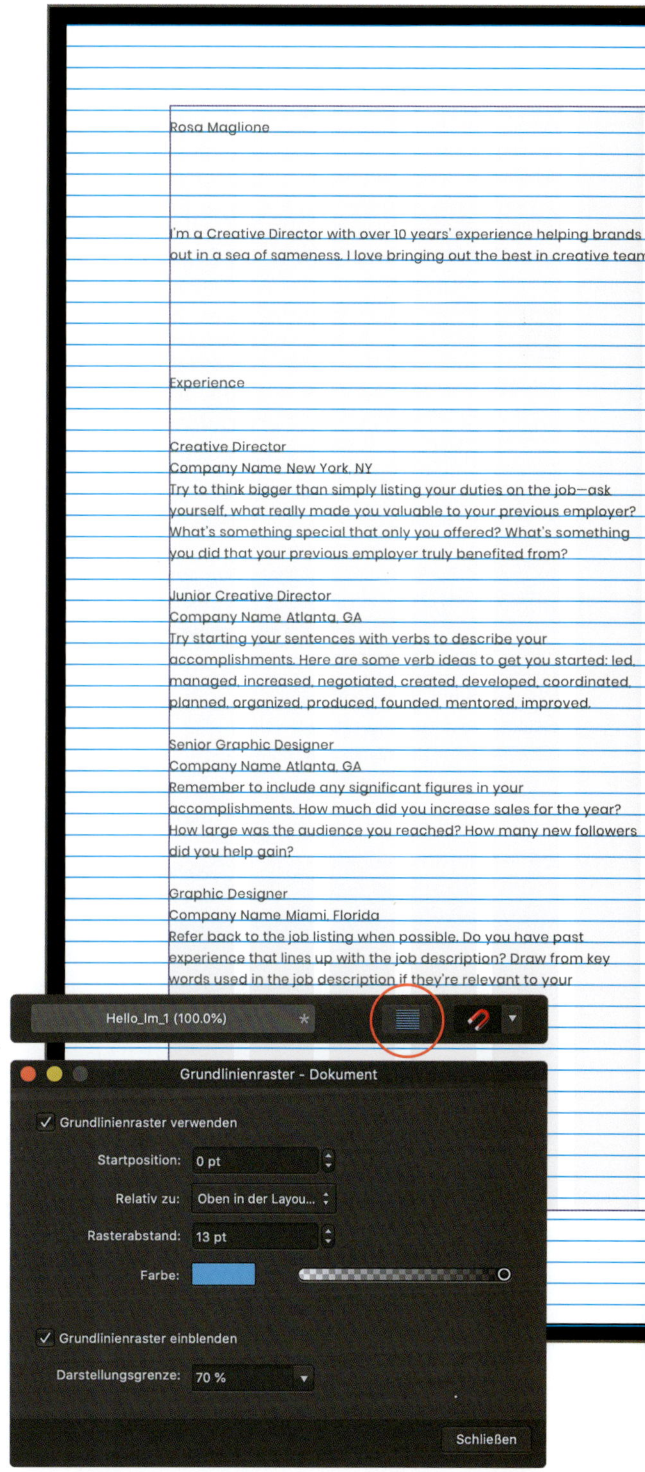

Das Grundlinienraster

Nachdem der Stil für den Textkörper nun steht, können wir das Grundlinienraster passend zu unserem festgelegten Zeilenabstand einstellen.

1. Klicken Sie in der **Symbolleiste** auf die Option **Assistent für Grundlinienraster einblenden**.

2. Aktivieren Sie die Option **Grundlinienraster verwenden** und stellen Sie den **Rasterabstand** auf *13 pt*, und für **Relativ zu** die Option *Oben in der Layoutseite* ein.

> Aktivieren Sie die Option **Grundlinienraster einblenden**, um die Ausrichtung der Grundlinien zu überprüfen.

ÜBERSCHRIFTEN MIT STIL

Allein mit dem Panel **Textstile** legen wir nun die Absatzstile für die Überschriften fest, damit sie sich gut vom Textkörper abheben.

Per Doppelklick auf einen Stileintrag können Sie den entsprechenden Stil ändern. Um einen neuen Stil zu definieren, klicken Sie auf das Symbol **Neuer Absatzstil**. Wenn wir den Stil auf die Rahmentexte anwenden, müssen wir auch die Größe und Position der Textrahmen anpassen, damit der größere Text genug Platz hat – vor allem die Tagline.

Kategorien

Dieser Text sollte klar und kurz formuliert sein, damit er sich gut überfliegen lässt. Durch eine dunklere Farbe und höhere Schriftgröße als bei dem Textkörper können wir diese Informationen noch zusätzlich betonen.

Änderungen an Überschrift 2

- **Zeichen > Schrift:**
  Schriftstärke *Mittel*
  Schriftgröße *12,5 pt*
- **Zeichen > Farbe & Verzierungen:**
  Textfüllung *Schwarz*
- **Zeichen > Position & Transformation:**
  Zeichenabstand *25 ‰*

Berufserfahrung

Diese Informationen müssen mit halbfetter Formatierung sofort das Auge des Lesers auf sich ziehen. Darum habe ich mich für einen breiten Zeichenabstand und eine Formatierung mit ausschließlich Großbuchstaben entschieden.

Neu definierte Überschrift 3

- **Zeichen > Schrift:**
  Schriftstärke *Halbfett*
  Schriftgröße [*Keine Änderung*]
- **Zeichen > Position & Transformation:**
  Zeichenabstand *60 ‰*
- **Typografie > Großbuchstaben:**
  Nur Großbuchstaben aktiviert
- **Absatz > Abstände:**
  Abstand nach *0 pt*

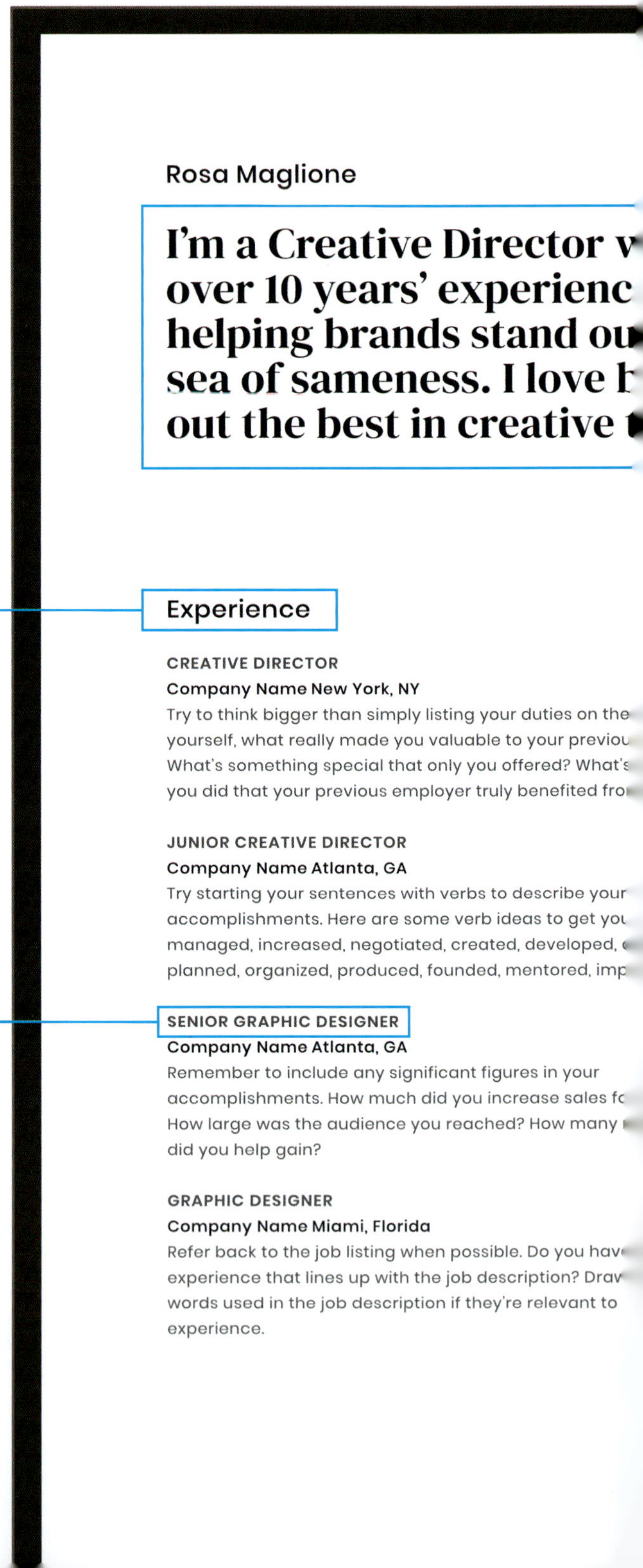

Rosa Maglione

I'm a Creative Director v
over 10 years' experienc
helping brands stand ou
sea of sameness. I love h
out the best in creative t

Experience

CREATIVE DIRECTOR
Company Name New York, NY
Try to think bigger than simply listing your duties on the
yourself, what really made you valuable to your previou
What's something special that only you offered? What's
you did that your previous employer truly benefited fro

JUNIOR CREATIVE DIRECTOR
Company Name Atlanta, GA
Try starting your sentences with verbs to describe your
accomplishments. Here are some verb ideas to get you
managed, increased, negotiated, created, developed,
planned, organized, produced, founded, mentored, imp

SENIOR GRAPHIC DESIGNER
Company Name Atlanta, GA
Remember to include any significant figures in your
accomplishments. How much did you increase sales fo
How large was the audience you reached? How many
did you help gain?

GRAPHIC DESIGNER
Company Name Miami, Florida
Refer back to the job listing when possible. Do you have
experience that lines up with the job description? Draw
words used in the job description if they're relevant to
experience.

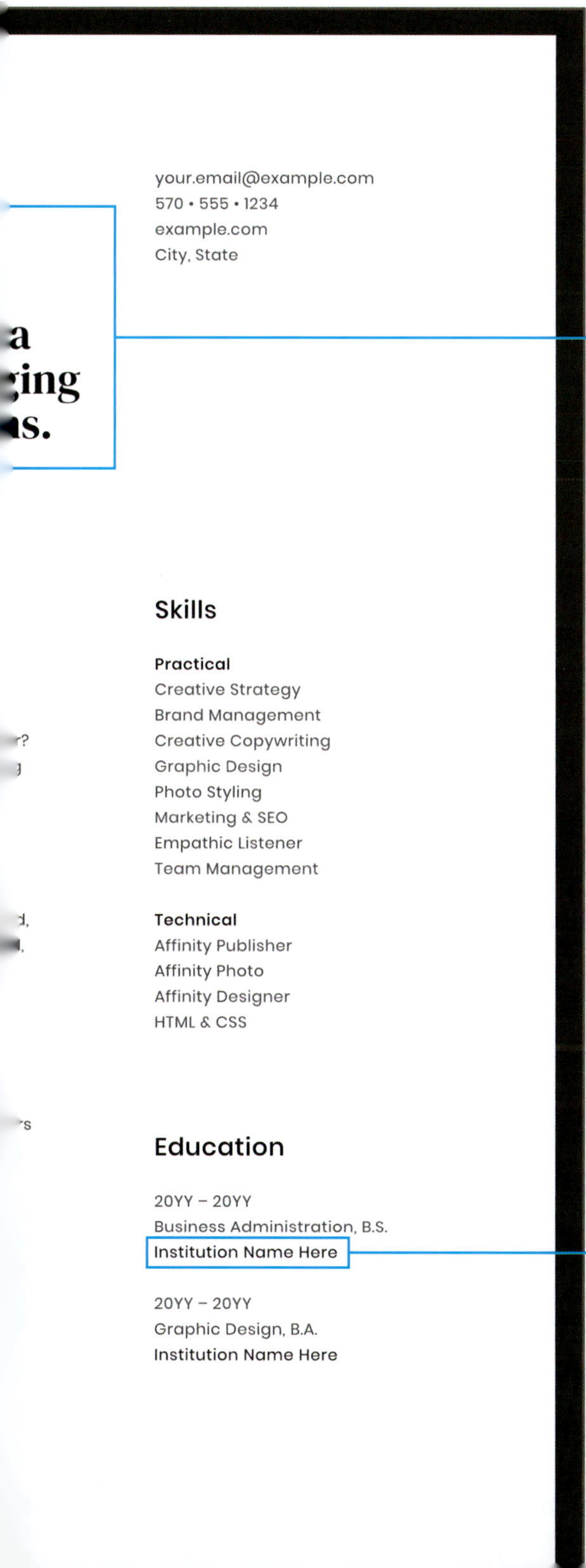

Ressource

Skills_on_show_03.afpub

Die Tagline für Ihren Lebenslauf

Nach meiner Erfahrung findet der mittlere obere Teil des Lebenslaufs die meiste Beachtung. Also sollte dieser Text auch visuell ansprechend und die Hauptattraktion der Seite sein – ein echter „Hingucker". Durch eine klare hierarchische Struktur lässt sich die Seite auch leichter überfliegen. Nachdem der Leser optisch an der Tagline hängen bleibt, können Sie ihm hier direkt etwas zu Ihrer Person und Persönlichkeit vermitteln.

Ich habe mich für einen Zeilenabstand von 26 pt entschieden, weil er ein Vielfaches von 13 pt ist – dem Zeilenabstand unseres Grundlinienrasters. So richtet sich die Tagline perfekt mit unseren Grundlinienraster aus. Eine fette Serifenschrift für die Tagline erzeugt einen guten Kontrast zu dem restlichen Text und zieht das Auge des Personalchefs automatisch an. Um den Zeilenabstand separat zu bearbeiten, habe ich das Grundlinienraster für den Stil deaktiviert.

Änderungen an Überschrift 1

- **Zeichen > Schrift:**
  Schriftfamilie *DM Serif Display*
  Schriftgröße *22 pt*
- **Zeichen > Farbe & Verzierung:**
  Textfüllung *Schwarz*
- **Zeichen > Position & Transformation:**
  Zeichenabstand *5 ‰*
- **Absatz > Abstände:**
  Ausrichtung *Linksbündig*
  Zeilenabstand *Genau 26 pt*
- **Absatz > Grundlinienraster:**
  Am Grundlinienraster ausrichten deaktiviert

Firmennamen und -standorte, Unterkategorien für Kenntnisse und andere Namen

Klicken Sie auf die Option **Absatzstil erstellen**, nennen Sie ihn **Überschrift 4** und stellen Sie für **Basiert auf** den Stil *Körper* ein. Durch eine schwarze Textfüllung und mittlere Schriftstärke verleihen wir diesen Text mehr Bedeutung als dem Textkörper.

Die Einstellungen für Überschrift 4

- **Zeichen > Schrift:**
  Schriftstärke *Mittel*
  Schriftgröße [Keine Änderung]
- **Zeichen > Farbe & Verzierung:**
  Textfüllung *Schwarz*
- **Zeichen > Position & Transformation:**
  Zeichenabstand *40 ‰*
- **Absatz > Abstände:**
  Abstand nach *0 pt*

Der Stil für Ihre Datumsangaben

Nach dem Feinschliff für die Positionen der Textrahmen fehlt noch ein wichtiges Element in dem Design – die Datumsangaben unter *Berufserfahrung* (*Experience* in der Ressource).

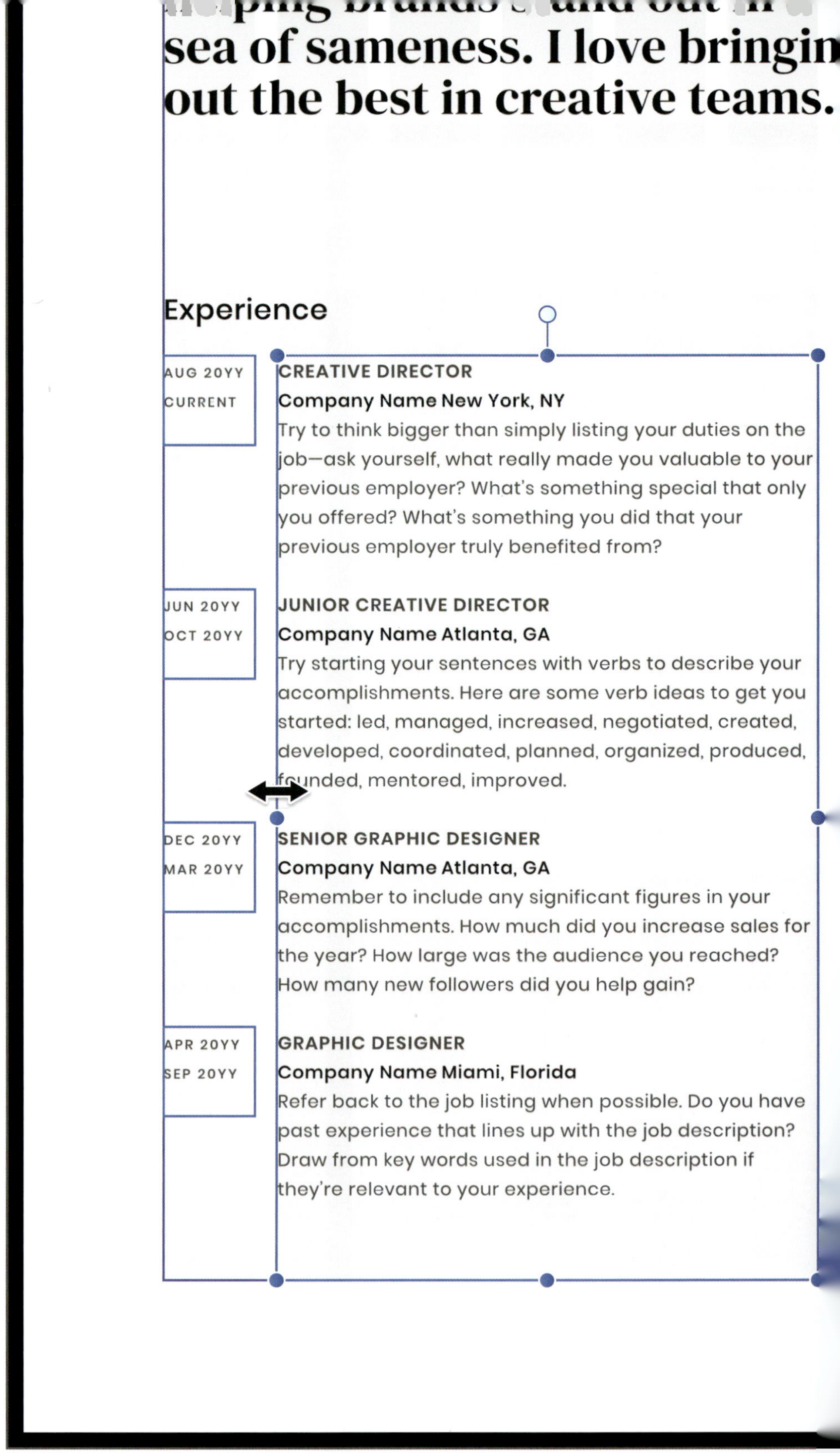
sea of sameness. I love bringin
out the best in creative teams.

Experience

AUG 20YY
CURRENT

CREATIVE DIRECTOR
Company Name New York, NY
Try to think bigger than simply listing your duties on the job—ask yourself, what really made you valuable to your previous employer? What's something special that only you offered? What's something you did that your previous employer truly benefited from?

JUN 20YY
OCT 20YY

JUNIOR CREATIVE DIRECTOR
Company Name Atlanta, GA
Try starting your sentences with verbs to describe your accomplishments. Here are some verb ideas to get you started: led, managed, increased, negotiated, created, developed, coordinated, planned, organized, produced, founded, mentored, improved.

DEC 20YY
MAR 20YY

SENIOR GRAPHIC DESIGNER
Company Name Atlanta, GA
Remember to include any significant figures in your accomplishments. How much did you increase sales for the year? How large was the audience you reached? How many new followers did you help gain?

APR 20YY
SEP 20YY

GRAPHIC DESIGNER
Company Name Miami, Florida
Refer back to the job listing when possible. Do you have past experience that lines up with the job description? Draw from key words used in the job description if they're relevant to your experience.

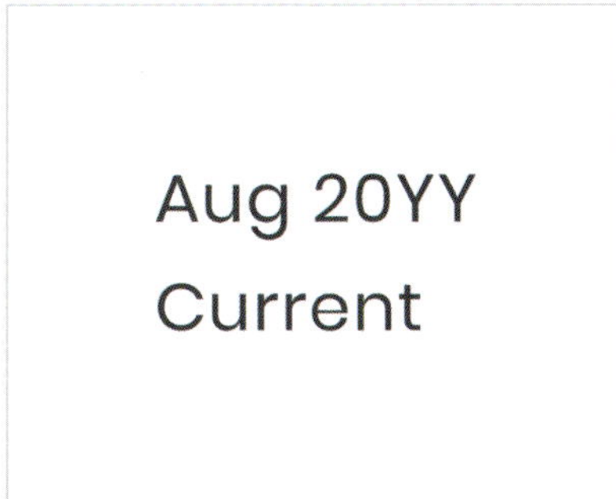

Vorher

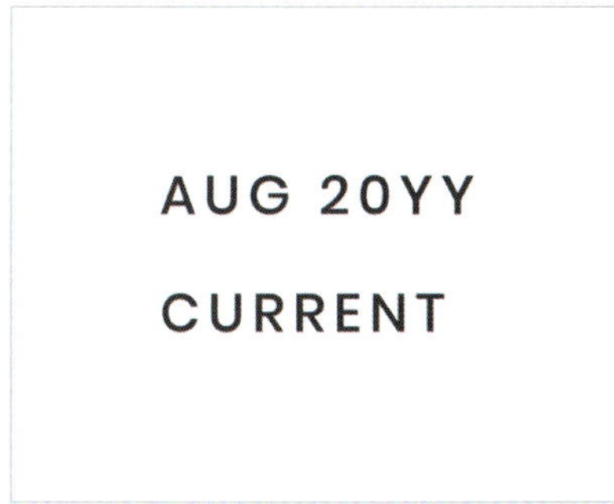

Nachher

Platz schaffen für neue Textrahmen

1 Ziehen Sie die linke Kante des Textrahmens *Experience* um eine Spalte nach innen, um ihn zu verkleinern. So erhalten wir Platz für unsere Datumsangaben.

2 Erstellen Sie neue Textrahmen links neben jedem einzelnen Job.

3 Fügen Sie den Text wie in der Abbildung ein.

Achten Sie darauf, dass Ihre Textrahmen immer einen Zwischenraum voneinander entfernt sind, damit das Layout nicht zu „vollgestopft" wirkt.

Ich habe zwar auf diese Funktion verzichtet, aber über die Option **Frei beweglich mit Text** der **Symbolleiste** können Sie die Datumsangaben an den Jobtiteln anpinnen. Sollte sich der Textfluss nach einer Bearbeitung ändern, verschieben sich die Datumswerte automatisch passend zu den Jobtiteln.

Der Stil für die Datumsangaben

1 Wählen Sie einen Textrahmen mit Datum aus.

2 Klicken Sie auf die Option **Absatzstil erstellen** und legen Sie diese Einstellungen fest:

- **Stil:**
  Stilname Datum
  Basiert auf *Körper*
- **Zeichen > Schrift:**
  Schriftstärke *Mittel*
  Schriftgröße *6 pt*
- **Zeichen > Farbe & Verzierungen:**
  Textfüllung *70 % Schwarz*
- **Zeichen > Position & Transformation:**
  Zeichenabstand *140 ‰*
- **Typografie > Großbuchstaben:**
  Nur Großbuchstaben ausgewählt

3 Wenden Sie diesen Textstil auf die restlichen Textrahmen mit Datumsangaben an und die Datumswerte unter *Schulbildung* (*Education* in der Ressource). Auch in diesem Abschnitt habe ich etwas mit Schriftgröße, Großschreibung und Zeichenabstand experimentiert.

AKZENTFARBEN UND VERZIERUNGEN

Akzentfarben

Als Nächstes erstellen wir eine Akzentfarbe als globale Farbe, damit wir sie jederzeit für alle entsprechend gefärbten Texte im Dokument ändern können. Mit dieser Farbe betonen wir einige Elemente im Lebenslauf.

Erstellen einer globalen Farbe

1 Öffnen Sie das Panel **Farbfelder**.

2 Klicken Sie im Menü **Paneleinstellungen** auf **Globale Farbe hinzufügen**.

3 Nennen Sie die neue Farbe *Akzentfarbe* und passen Sie ihre Farbeinstellungen an.

4 Klicken Sie auf **Hinzufügen**, um die globale Farbe in einer neuen Dokumentpalette zu erstellen.

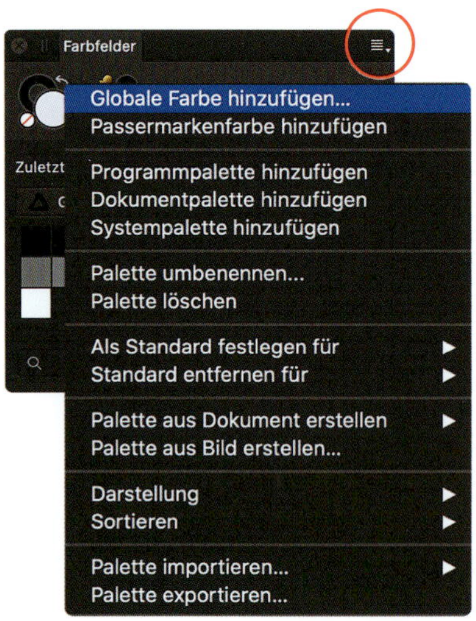

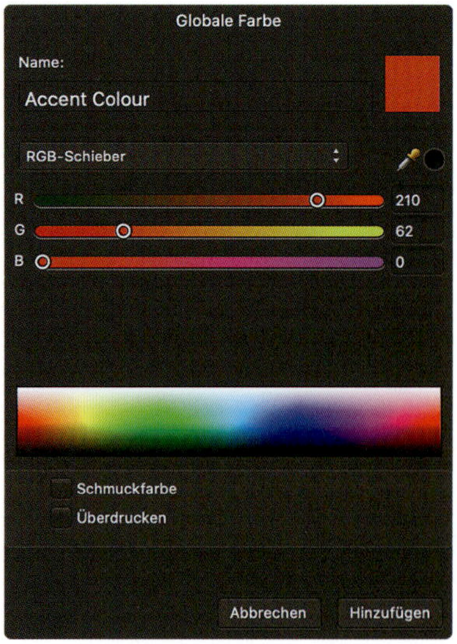

Globale Farben erkennen Sie an dem weißen Dreieck in der linken unteren Ecke ihrer Farbfelder.

Ressource
Skills_on_show_04.afpub

Anwenden der globalen Farbe

Dann wollen wir mal sehen, ob die Farbe auch wirkt.

1 Wählen Sie mit gedrückter cmd-Taste ⌘ (Mac) oder Strg-Taste (Win) alle Jobtitel aus.

2 Wählen Sie im Panel **Farbfelder** das Farbfeld *Akzentfarbe* aus.

Durch die Betonung der Jobtitel kann der Personalchef Ihre bisherige Erfahrung bequem überfliegen.

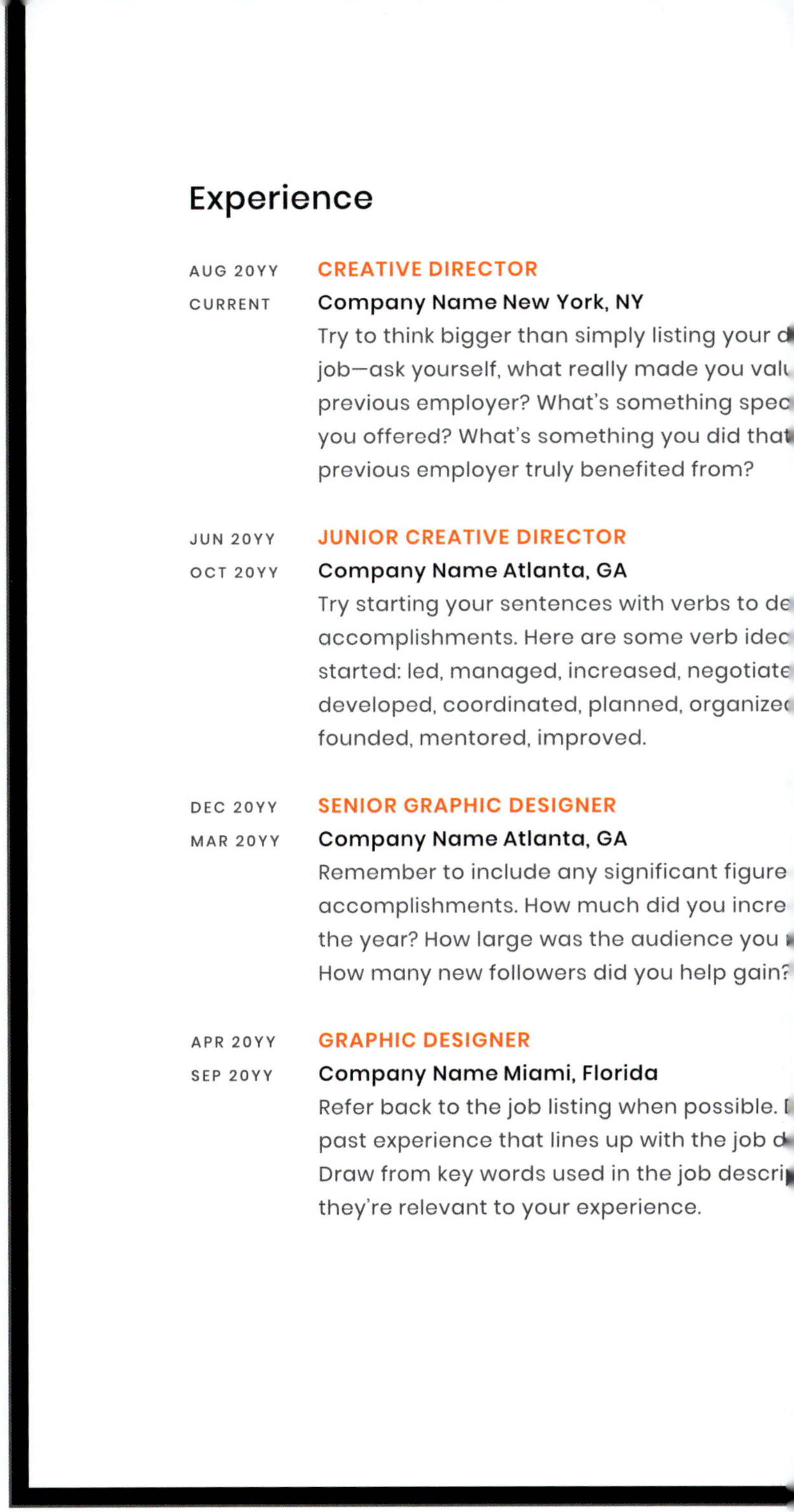
Experience

AUG 20YY
CURRENT
CREATIVE DIRECTOR
Company Name New York, NY
Try to think bigger than simply listing your d
job—ask yourself, what really made you valu
previous employer? What's something spec
you offered? What's something you did that
previous employer truly benefited from?

JUN 20YY
OCT 20YY
JUNIOR CREATIVE DIRECTOR
Company Name Atlanta, GA
Try starting your sentences with verbs to de
accomplishments. Here are some verb idea
started: led, managed, increased, negotiate
developed, coordinated, planned, organized
founded, mentored, improved.

DEC 20YY
MAR 20YY
SENIOR GRAPHIC DESIGNER
Company Name Atlanta, GA
Remember to include any significant figure
accomplishments. How much did you incre
the year? How large was the audience you
How many new followers did you help gain?

APR 20YY
SEP 20YY
GRAPHIC DESIGNER
Company Name Miami, Florida
Refer back to the job listing when possible. I
past experience that lines up with the job d
Draw from key words used in the job descri
they're relevant to your experience.

Verzierungen für Überschriften

Als Nächstes platzieren wir eine horizontale Trennlinie (rule) als Verzierung über den Überschriften, damit jede einzelne Sektion visuell auf der Seite verankert ist.

Festlegen von Verzierungen für Textstile

Wir legen jetzt einige Verzierungen fest und passen die Einzüge an, um sie etwas besser zu verteilen. Da die Verzierung den Text der Überschrift untermalen und nicht überschatten soll, passen wir die Farbe etwas an und verleihen ihr eine vornehme Blässe.

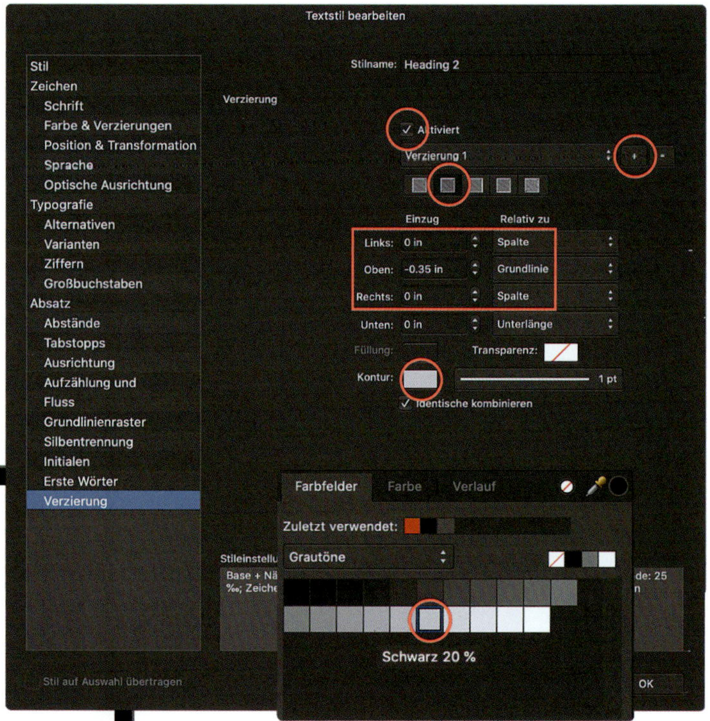

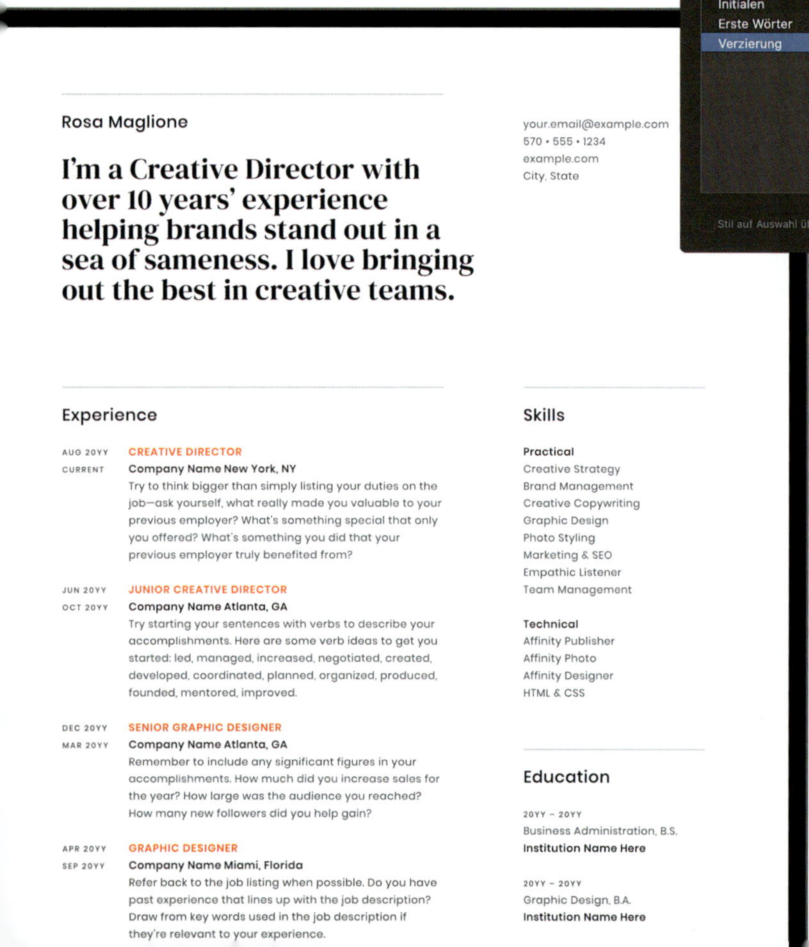

- Führen Sie im Panel **Textstile** einen Doppelklick auf den Stileintrag *Überschrift 2* (*Heading 2* in der Ressource) aus und legen Sie folgende Einstellungen fest:
  - **Absatz > Verzierungen:**
    Aktivieren Sie die Option **Aktiviert**
    Klicken Sie auf das Kantensymbol **Oben**

    Einzüge **Links** und **Rechts** mit **Relativ zu** *Spalte*
    Einzug **Oben** *-0,35* mit **Relativ zu** *Grundlinie*

    Farbe der **Kontur** *Schwarz 20 %*
    (über den Tab **Farbfelder**)

Entfernen einzelner Verzierungen

Jetzt entfernen wir den unerwünschten Strich über dem Namen der Person.

1 Markieren Sie den Text *Rosa Maglione*.

2 Erweitern Sie im Panel **Absatz** den Abschnitt **Verzierungen**.

3 Klicken Sie auf das Kantensymbol **Oben**, um es zu deaktivieren.

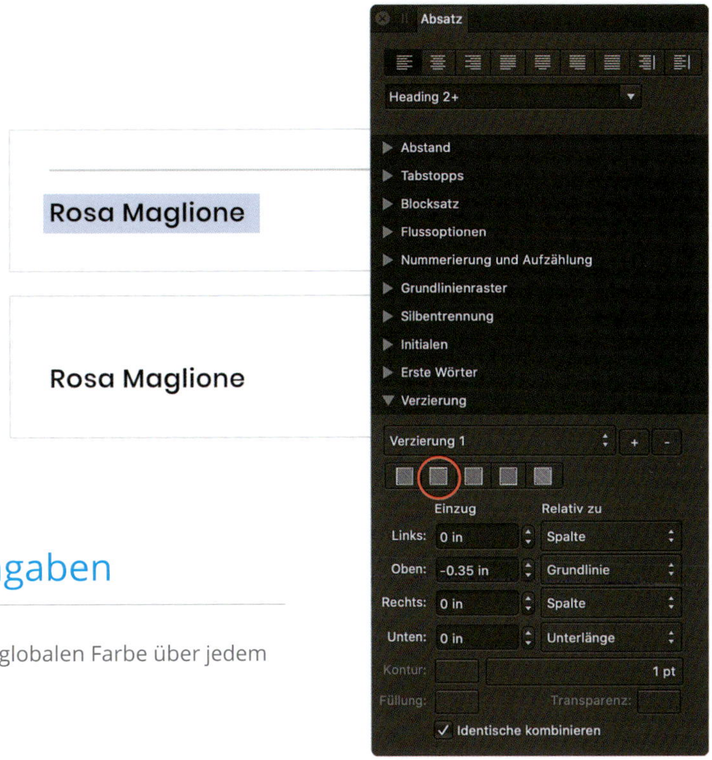

Verzierungen für die Datumsangaben

Als Nächstes platzieren wir eine Verzierung in unserer globalen Farbe über jedem Datum, um diese Angaben zu betonen.

1 Klicken Sie auf die Option **Absatzstil erstellen**, nennen Sie den Stil *Datum (Linie über)* (*Dates (Line above)* in der Ressource) und passen Sie die Einstellungen an:

- **Stil:**
  Basiert auf *Datum*
  Nächster Stil *Datum*

- **Absatz > Abstände:**
  Abstand nach *0 pt*

- **Absatz > Verzierungen:**
  Aktivieren Sie die Option **Aktiviert**.
  Aktivieren Sie das Kantensymbol **Oben**.
  Einzüge **Links** und **Rechts** mit **Relativ zu** als *Spalte*.
  Einzug **Oben** *-0,16* mit **Relativ zu** als *Höhe der Großbuchstaben*
  Klicken Sie auf das Farbfeld **Kontur**, legen Sie im Tab **Farbfelder** das Farbfeld *Akzentfarbe* fest und erhöhen Sie die Strichbreite auf *2,5 pt*.

2 Wählen Sie die erste Zeile jeder Datumsangabe aus und weisen Sie ihr den Stil *Datum (Linie über)* zu.

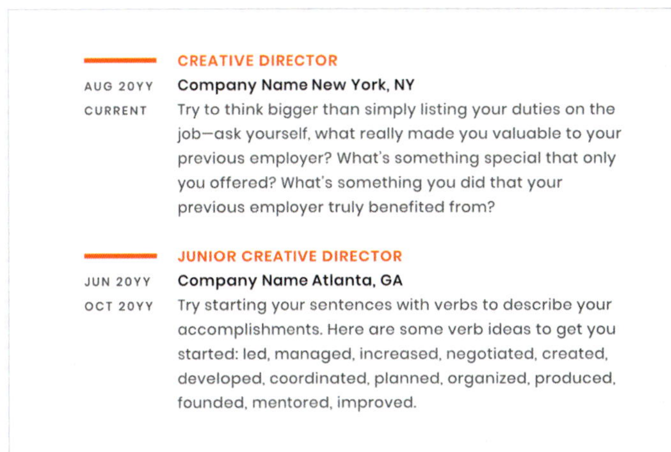

Halten Sie die Taste während der Positionsänderung gedrückt, wird die Bewegung horizontal eingeschränkt.

Um die Verzierungen mit den Jobtiteln auszurichten, wählen Sie mit gedrückter **Umschalttaste** (⇧) alle Textrahmen für Datumsangaben aus und ziehen sie nach unten.

Ressource
Skills_on_show_final.afpub

DER FEINSCHLIFF

Versetzen von Text mit Tabstopps für den rechten Einzug

Als Nächstes trennen wir die Ortsangaben zu den Jobs von dem Firmennamen, indem wir sie an der rechten Kante des Textrahmens ausrichten. Anstatt komplizierte Werte für Tabstopps festzulegen, verwende ich einfach einen rechten Einzug.

Einfügen des Tabstopps für den rechten Einzug

1 Platzieren Sie die Einfügemarke vor der Ortsangabe (*New York, Atlanta, Miami*).

2 Klicken Sie auf **Text** > **Einfügen** > **Leerzeichen und Tabstopps** > **Tabstopp für rechten Einzug**.

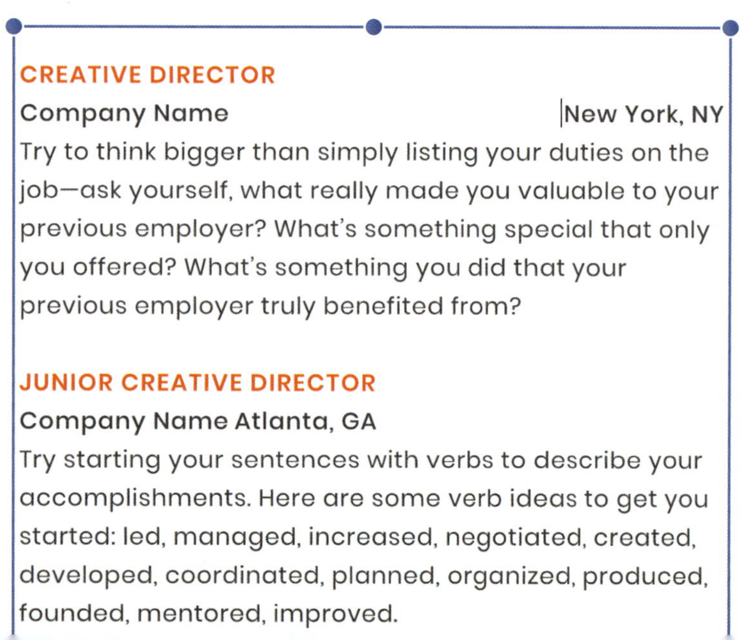

Hinzufügen eines Zeichenstils

Nun betonen wir noch ein paar Wörter in der Tagline mit unserer Akzentfarbe (siehe (a) in der Abbildung).

1 Wählen Sie in der Tagline den Text *Creative Director* aus.

2 Wählen Sie im Panel **Farbfelder** das Farbfeld der globalen Farbe *Akzentfarbe* aus.

3 Klicken Sie im Einblendmenü **Zeichenstil** der Kontextleiste auf **Neuer Stil**, um einen neuen Zeichenstil namens *Akzentfarbe* zu erstellen. Diesen Stil können wir jederzeit bequem erneut einsetzen.

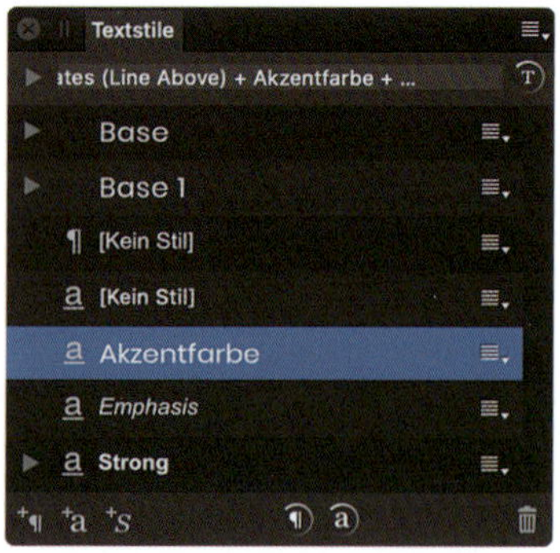

Details für den Dokumenttitel

Um den Titel noch etwas zu betonen, erstellen wir mit dem **Zeichenstift** Linien über die gesamte Breite oben im Lebenslauf (b) und verwenden hierfür denselben Linienstil wie für die Kategorien und Datumsangaben.

Einstellen des Zeichenstifts

1 Stellen Sie sicher, dass kein Textrahmen ausgewählt ist.

2 Aktivieren Sie den **Zeichenstift** (P).

3 Stellen Sie in der Kontextleiste die **Füllung** auf *Ohne* und die **Kontur** auf *20 % Schwarz*.

4 Klicken Sie auf die Breitenoption namens *Ohne*, stellen Sie die Breite auf *1 pt* und das **Ende** der Linie auf *Stumpfes Ende*.

Hinzufügen einer geraden Linie

1 Klicken Sie mit dem Zeichenstift auf die linke und rechte Ecke der oberen Seitenrandlinie. Halten Sie hierbei die **Umschalttaste** (⇧) gedrückt, um die Linie horizontal zu beschränken.

2 Drücken Sie die Esc-Taste und zeichnen Sie eine weitere Linie ober den Kontaktinfos. Stellen Sie die Farbe der **Kontur** auf die *Akzentfarbe* und die Breite auf *2,5 pt* ein.

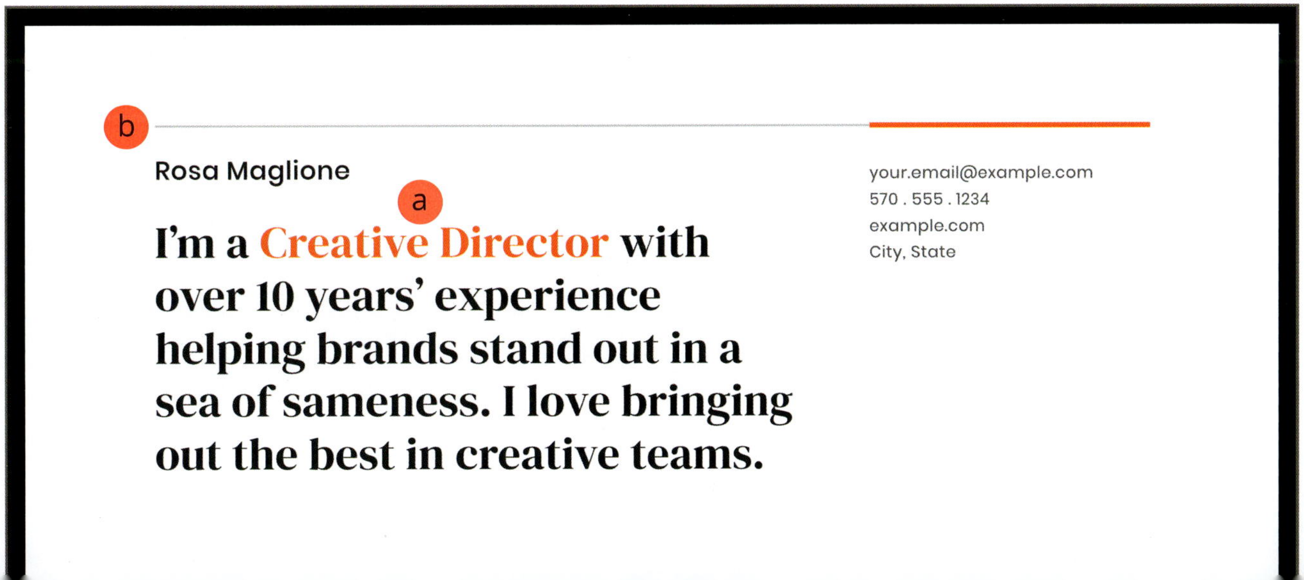

DRUCKAUSGABE & EXPORT

Drucken zu Hause

Einrichten einer Datei für den Druck

1 Klicken Sie auf **Datei > Drucken**.

2 Wählen Sie Ihren Desktop-Drucker in der Liste aus.

3 Klicken Sie auf **Details einblenden** (nur Mac). Wählen Sie die Papiergröße aus, die Ihrem Dokument entspricht – z. B. *US Letter*.

4 Stellen Sie die **Skalierung** auf *100 %*.

Ein Testdruck ist enorm wichtig. So können Sie den Text aus der Sicht des Personalchefs betrachten und beurteilen, ob das Layout wirklich sinnvoll ist. Ich passe fast immer meine Designs noch einmal an, nachdem ich sie als Testdruck auf echtem Papier gesehen habe. So stellen Sie außerdem sicher, dass Ihr zukünftiger Arbeitgeber das Dokument problemlos drucken kann.

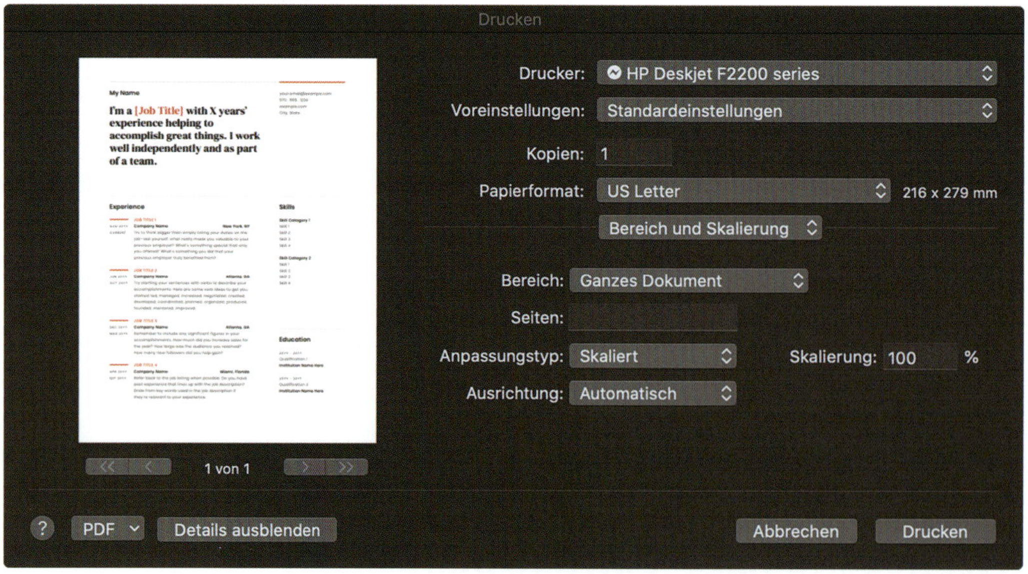

Export als PDF

Viele Unternehmen bevorzugen anstelle einer Druckversion digitale Kopien von Lebensläufen. Für diese Firmen erstellen wir jetzt ein PDF aus Ihrer Datei, das genau auf die Bildschirmdarstellung zugeschnitten ist.

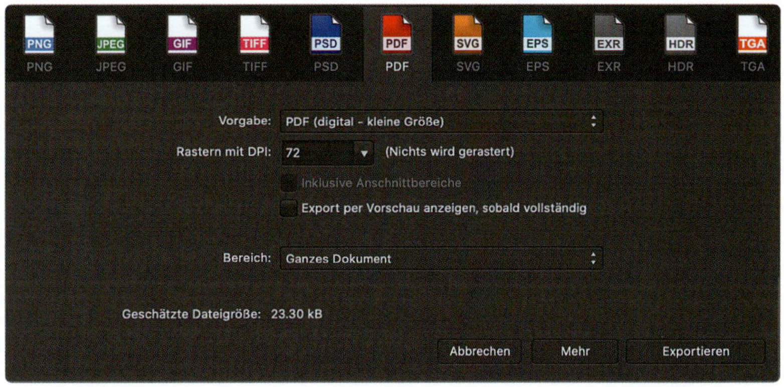

Export als PDF-Datei

1 Klicken Sie auf **Datei > Export**.

2 Wählen Sie das Format **PDF** aus.

3 Wählen Sie als **Vorgabe** die Variante *PDF (digital – kleine Größe)* aus. So erstellen Sie eine PDF-Datei in RGB mit 72 DPI und geringer Dateigröße – ideal für die Darstellung auf Bildschirmen.

Export als Vorlage

Sie können Ihren Lebenslauf auch als Vorlage speichern und dann später weitere Varianten daraus erstellen.

1 Klicken Sie auf **Datei > Als Vorlage exportieren**.

2 Geben Sie einen Dateinamen für die Vorlage (*.aftemplate) ein und klicken Sie auf **Speichern**.

Vorlagen können Sie einfach im Dialogfeld **Neues Dokument** einblenden, indem Sie dort den Ordner angeben, in dem die Vorlagen gespeichert sind.

In den Ressourcen finden Sie auch Vorlagen (GB- und US-Versionen), mit denen Sie Ihren eigenen Lebenslauf entwerfen können.

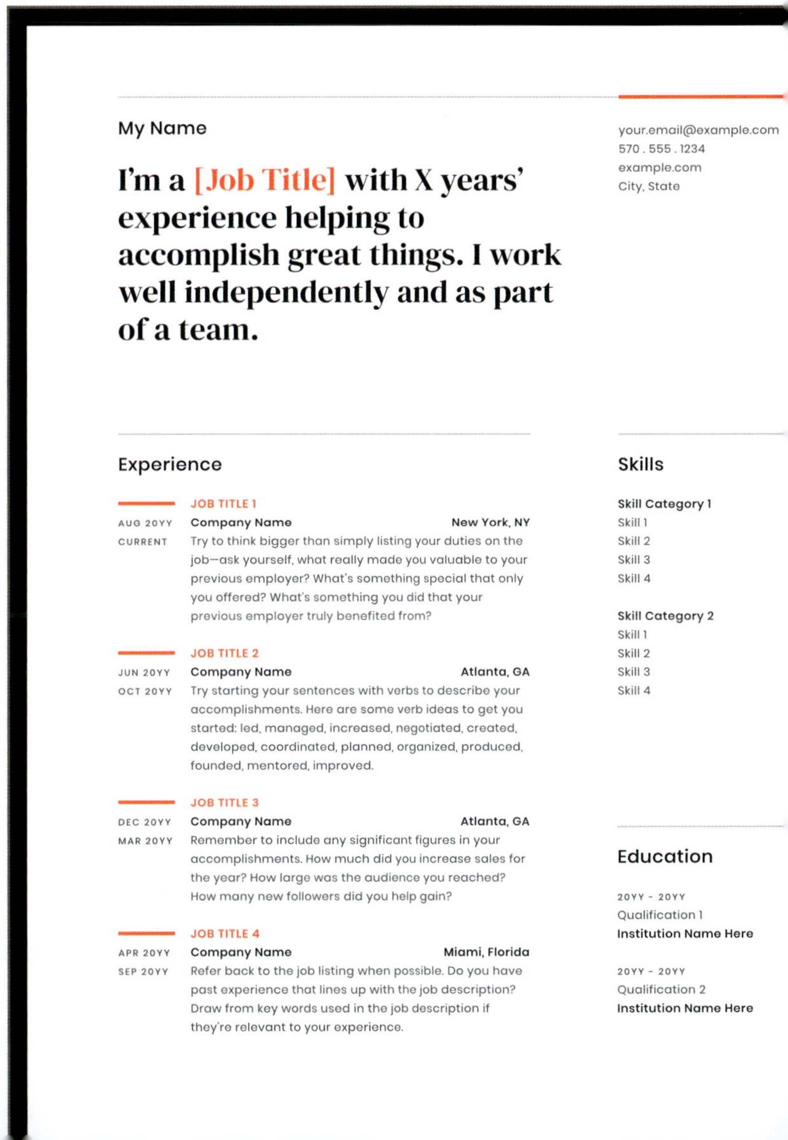

Rosa Maglione

your.email@example
570 . 555 . 1234
example.com
City, State

I'm a Creative Director with over 10 years' experience helping brands stand out in a sea of sameness. I love bringing out the best in creative teams.

Experience

CREATIVE DIRECTOR
AUG 20YY – CURRENT
Company Name — New York, NY
Try to think bigger than simply listing your duties on the job—ask yourself, what really made you valuable to your previous employer? What's something special that only you offered? What's something you did that your previous employer truly benefited from?

JUNIOR CREATIVE DIRECTOR
JUN 20YY – OCT 20YY
Company Name — Atlanta, GA
Try starting your sentences with verbs to describe your accomplishments. Here are some verb ideas to get you started: led, managed, increased, negotiated, created, developed, coordinated, planned, organized, produced, founded, mentored, improved.

SENIOR GRAPHIC DESIGNER
DEC 20YY – MAR 20YY
Company Name — Atlanta, GA
Remember to include any significant figures in your accomplishments. How much did you increase sales for the year? How large was the audience you reached? How many new followers did you help gain?

GRAPHIC DESIGNER
APR 20YY – SEP 20YY
Company Name — Miami, Florida
Refer back to the job listing when possible. Do you have past experience that lines up with the job description? Draw from key words used in the job description if they're relevant to your experience.

Skills

Practical
Creative Strategy
Brand Management
Creative Copywriting
Graphic Design
Photo Styling
Marketing & SEO
Empathic Listener
Team Management

Technical
Affinity Publisher
Affinity Photo
Affinity Designer
HTML & CSS

Education

20YY – 20YY
Business Administration, B.S.
Institution Name Here

20YY – 20YY
Graphic Design, B.A.
Institution Name Here

your.email@example.com
570 .555 .1234
example.com
City, State
Rosa Maglione
I'm a Creative Director with over 10 years' experience helping brands stand out in a sea of sameness. I love bringing out the best in creative teams.
Experience
CREATIVE DIRECTOR
Company Name
New York, NY
AUG 20YY
CURRENT
Try to think bigger than simply listing your duties on the job—ask yourself, what really made you valuable to your previous employer? What's something special that only you offered? What's something you did that your previous employer truly benefited from?
JUNIOR CREATIVE DIRECTOR
Company Name
Atlanta, GA
JUN 20YY
OCT 20YY
Try starting your sentences with verbs to describe your accomplishments. Here are some verb ideas to get you started: led, managed, increased, negotiated, created, developed, coordinated, planned, organized, produced, founded, mentored, improved.
SENIOR GRAPHIC DESIGNER
Company Name
Atlanta, GA
DEC 20YY
MAR 20YY
Remember to include any significant figures in your accomplishments. How much did you increase sales for the year? How large was the audience you reached? How many new followers did you help gain?
GRAPHIC DESIGNER
Company Name
Miami, Florida
APR 20YY
SEP 20YY
Refer back to the job listing when possible. Do you have past experience that lines up with the job description? Draw from key words used in the job description if they're relevant to your experience.
Skills
Practical
Creative Strategy
Brand Management
Creative Copywriting
Graphic Design
Photo Styling
Marketing & SEO
Empathic Listener
Team Management
Technical
Affinity Publisher
Affinity Photo
Affinity Designer
HTML & CSS
Education
20YY – 20YY
Business Administration, B.S.
Institution Name Here
20YY – 20YY
Graphic Design, B.A.
Institution Name Here

KAPITEL 5

Kreative Projekte

In diesem Kapitel demonstrieren wir einige klassische DTP-Techniken für Layout und Design von Büchern und Buchcovern, wie zum Beispiel automatischer Textfluss und das Anlegen von Inhaltsverzeichnis und Index. Großformatige Designs für nur eine einzige Seite, wie zum Beispiel bei Postern, erfordern hingegen einen völlig anderen Ansatz und bilden den Abschluss dieses Kapitels.

Wie der Kapiteltitel schon nahelegt, geht es hier hauptsächlich um kreatives Seitendesign und wie sich seine Grundlagen sowohl auf mehrere Seiten als auch nur auf eine Seite anwenden lassen.

1

Alice's Adventures in Wonderland als neues Buch

Ein neuer Look für einen Klassiker unter den Kinderbüchern

In diesem Projekt zeigen wir Ihnen, wie Sie ein Buch nach den Standards der professionellen Drucklegung zusammenstellen – vom Import der eigentlichen Geschichte bis zum Export des Druckerei-fertigen PDF-Dokuments. Hierzu verwenden wir den Text aus dem Originalklassiker ***Alice's Adventures in Wonderland*** von Lewis Carroll zusammen mit den wundervollen Illustrationen von Steve Simpson (nur für den persönlichen Gebrauch).

Im nachfolgenden Projekt dieses Workbooks zeigen wir Ihnen dann, wie Sie das passende Cover für das neue Buch über die Abenteuer von Alice entwerfen.

A CAUCUS RACE
III
AND A
ONG
AiL
CHAPTER III.
A Caucus-Race and a Long Tale
They were indeed a queer-looking party that assembled on the
bank — the birds with draggled feathers, the animals with their
fur clinging close to them, and all dripping wet, cross, and uncom-
fortable.
The first question of course was, how to get dry again: they had
consultation about this, and after a few minutes it seemed qu
natural to Alice to find herself talking familiarly with them,
she had known them all her life. Indeed, she had quite a long
gument with the Lory, who at last turned sulky, and would
say, 'I am older than you, and must know better'; and this Al
would not allow without knowing how old it was, and,
Lory positively refused to tell its age, there was no
A Cau

BEVOR SIE LOSLEGEN

Ressourcen

Alle Ressourcen, auf die in diesem Kapitel verwiesen wird, finden Sie unter: https://affin.co/AAIWBook

Kenntnisse in Affinity Publisher

Damit Sie diesem Projekt optimal folgen können, sollten Sie :

- Mit der Programmoberfläche von Affinity Publisher vertraut sein. Mehr über die einzelnen Bedienelemente erfahren Sie in dem Kapitel „Tour durch die App-Oberfläche" ab Seite 14.
- Die Grundlagen beherrschen. Die folgende Tabelle zeigt Ihnen, mit welchen Aspekten von Affinity Publisher Sie außerdem vertraut sein sollten, um dieses Projekt anzugehen:

Seiten und Master-Seiten	Seite 82
Arbeiten mit Text	Seite 112
Bilderrahmen	Seite 124
Textstile	Seite 140

EINFÜHRUNG

Selbst ein ganzes Buch zusammenzustellen, erscheint Ihnen vielleicht etwas schwierig, aber wenn Sie Schritt für Schritt vorgehen und sich ein wenig mit Affinity Publisher auskennen, lassen sich auch Bücher relativ einfach erstellen – so wie bei diesem neuen Gewand für einen alten Klassiker.

EINRICHTEN DES DOKUMENTS

Richten wir als Erstes das Dokument für Ihr neues Buch ein.

1 Klicken Sie auf **Datei > Neu**.

2 Klicken Sie in dem Dialogfeld auf **Vorgaben**, dann auf **Druckerei-fertig** und dann auf die Miniatur *A4*, um einen CMYK-Farbraum für die professionelle Drucklegung einzustellen.

3 Legen Sie im rechten Feld für die Einstellungen unter **Layout** eine **Seitenbreite** von *127 mm* und eine **Seitenhöhe** von *200 mm* fest. Stellen Sie die **Regel zur Bildplatzierung** auf *Bevorzugt eingebettet*, um die Illustrationen in dem Dokument zu speichern.

4 Stellen Sie unter **Seiten** sicher, dass die Option **Gegenüberliegende Seiten** aktiviert ist, damit das Buch ein doppelseitiges Format mit linker und rechter Seite verwendet.

5 Legen Sie für die **Ränder** und die **Anschnittbereiche** die abgebildeten Einstellungen fest.

6 Klicken Sie auf **Erstellen**.

Ressource

Alices Adventures in Wonderland.docx

IMPORTIEREN DER GESCHICHTE

Einrichten des ersten Textrahmens

- Aktivieren Sie das Werkzeug the **Rahmentext** (T) und ziehen Sie den Rahmen von der oberen linken Randecke zur unteren rechten Randecke auf und lassen Sie die Maustaste los. Durch die Standardeinstellungen der magnetischen Ausrichtung rastet der Textrahmen an den Seitenrändern ein.

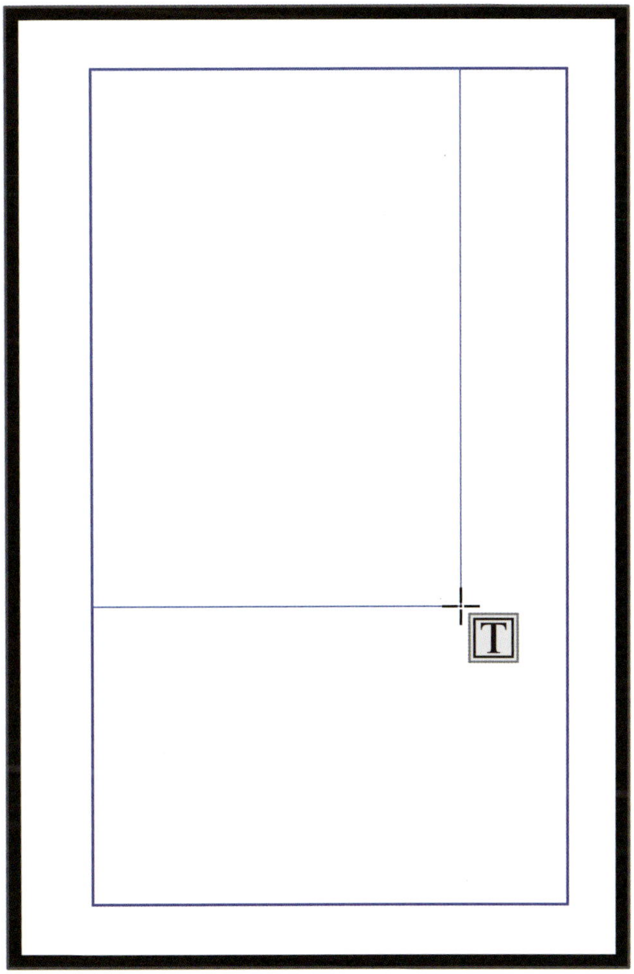

Importieren der Geschichte

1 Wählen Sie den Textrahmen aus.

2 Klicken Sie auf **Datei > Platzieren**.

3 Öffnen Sie den Ordner mit der heruntergeladenen Word-Datei (*.docx), wählen Sie die Datei aus und klicken Sie auf **Öffnen**.

Der importierte Text wird nun in den Textrahmen eingesetzt. Es ist jedoch nur ein kleiner Teil der gesamten Geschichte sichtbar. Der Rest befindet sich im Überlaufbereich des Rahmens und ist daher ausgeblendet. Diesen Text nennt man auch Übersatztext.

AUSWÄHLEN DER SCHRIFTEN

Jetzt ist genau der richtige Zeitpunkt, um sich ein paar Gedanken über die Schriften zu machen, die Sie verwenden möchten. Wir verwenden Stile für Überschriften und Textkörper, die auf Serifenschriften und serifenlosen Schriften basieren und erhalten so eine kontrastreiche Kombination aus unterschiedlichen Schriftarten und Schriftfamilien.

- **Überschrift 1**
  Hier haben wir uns für ***Muli*** als eine moderne minimalistische und serifenlose (**Sans Serif**) entschieden.

- **Überschrift 2** und **Textkörper**
  Hier haben wir uns für die gut lesbare Serifenschrift ***Crimson Pro*** (**Serif**) entschieden – sie bietet einen modernen Look und trotzdem einige Garamond-ähnliche Qualitäten. Außerdem eignet sie sich auch für Überschriften.

Download und Installation der Schriften

1 Öffnen Sie die Website https:/fonts.google.com/ (oder suchen Sie online nach Google Fonts) und laden Sie die Schriftfamilien **Muli** und **Crimson Pro** herunter.

2 Öffnen Sie die heruntergeladenen Schriftordner und lesen Sie die Datei OFL.txt.

3 Öffnen Sie die Static-Unterordner und wählen Sie alle Dateien aus.

4 Für *Mac*: Führen Sie einen Doppelklick auf die heruntergeladenen Schriftdateien aus und klicken Sie auf **Installieren**.
ODER
Für *Windows*: Führen Sie einen Rechtsklick auf die heruntergeladenen Schriftdateien aus und klicken Sie auf **Installieren**.

Ressource
alices_adventures_in_wonderland_01.afpub

TEXTSTILE

Als Sie das Word-Dokument platziert haben, wurden einige Textstile für Zeichen und Absätze importiert. Bei aktivem Werkzeug **Rahmentext** können Sie diese Textstile in den Einblendmenüs **Zeichenstil** und **Absatzsstil** der Kontextleiste sehen.

In diesem Projekt übernehmen wir diese importierten Textstile, passen sie jedoch auf unsere neu heruntergeladenen Schriften an und ändern ein paar der Stiloptionen.

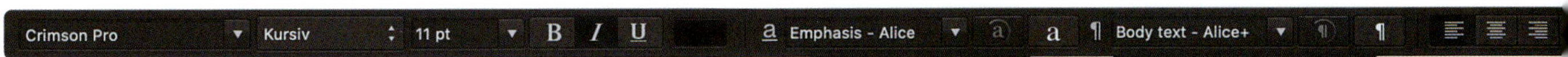

> Hauptsächlich geht es bei diesem Schritt darum, die Textstile komplett einsatzbereit zu machen, bevor wir den Rest der Geschichte ausrollen.

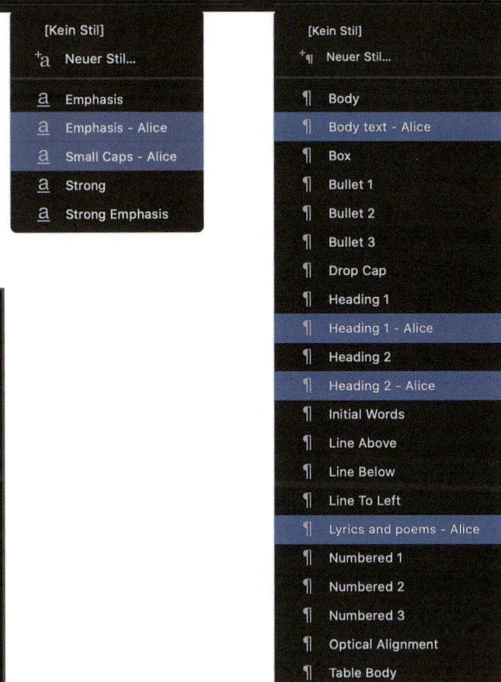

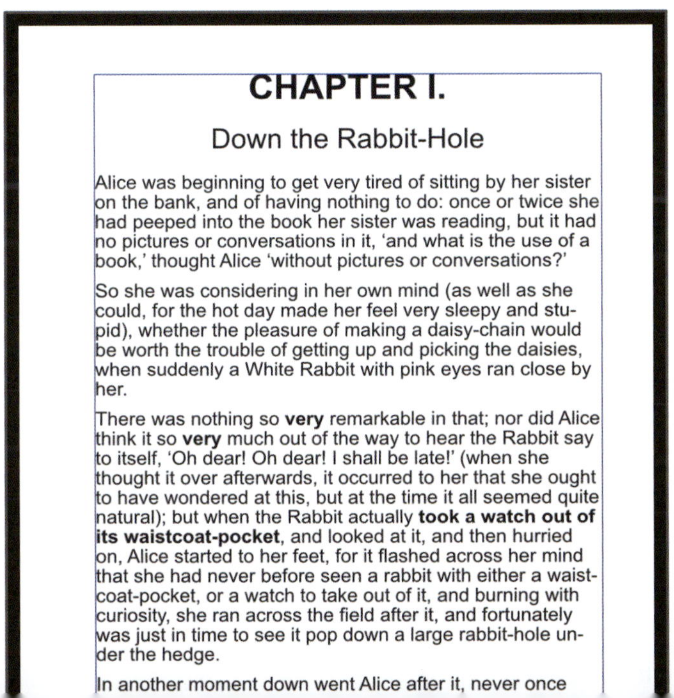

CHAPTER I.

Down the Rabbit-Hole

Alice was beginning to get very tired of sitting by her sister on the bank, and of having nothing to do: once or twice she had peeped into the book her sister was reading, but it had no pictures or conversations in it, 'and what is the use of a book,' thought Alice 'without pictures or conversations?'

So she was considering in her own mind (as well as she could, for the hot day made her feel very sleepy and stupid), whether the pleasure of making a daisy-chain would be worth the trouble of getting up and picking the daisies, when suddenly a White Rabbit with pink eyes ran close by her.

There was nothing so **very** remarkable in that; nor did Alice think it so **very** much out of the way to hear the Rabbit say to itself, 'Oh dear! Oh dear! I shall be late!' (when she thought it over afterwards, it occurred to her that she ought to have wondered at this, but at the time it all seemed quite natural); but when the Rabbit actually **took a watch out of its waistcoat-pocket**, and looked at it, and then hurried on, Alice started to her feet, for it flashed across her mind that she had never before seen a rabbit with either a waistcoat-pocket, or a watch to take out of it, and burning with curiosity, she ran across the field after it, and fortunately was just in time to see it pop down a large rabbit-hole under the hedge.

In another moment down went Alice after it, never once

Bearbeiten der Absatzstile

1 Aktivieren Sie das Werkzeug **Rahmentext** und wählen Sie die Kapitelüberschrift **CHAPTER I.** aus.

2 Legen Sie im Einblendmenü **Schriftfamilie** der Kontextleiste die neu installierte Schrift *Muli* fest, dann den **Schriftstil** *Black* und eine **Schriftgröße** von *9 pt*.

3 Klicken Sie auf die Option **Absatzstil aktualisieren**, um den Textstil *Heading 1 – Alice* auf die Einstellungen der Kapitelüberschrift zu ändern.

4 Legen Sie so für *Heading 2 – Alice* und *Body text – Alice* die **Schriftfamilie** *Crimson Pro*, den **Schriftstil** *Regular* und die **Schriftgröße** *20 pt* bzw. *11 pt* fest. Aktualisieren Sie beide Stile wie in Schritt 3.

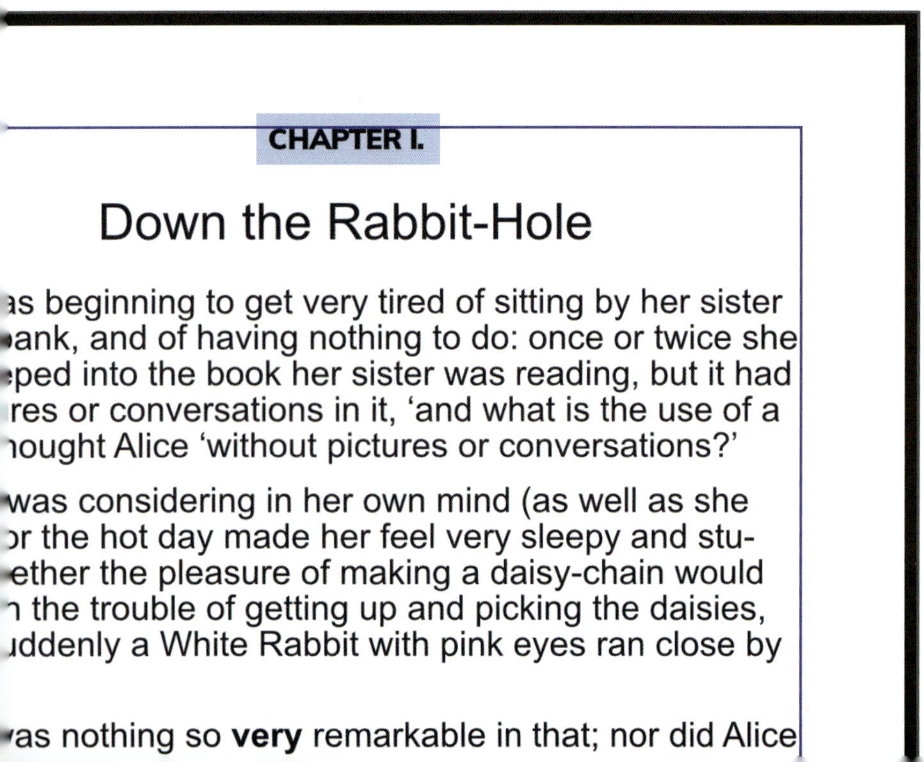

Mit dem Tab **Zuletzt verwendet** im Einblendmenü **Schriftfamilie** können Sie jederzeit schnell und einfach wieder auf zuvor verwendete Schriften zugreifen.

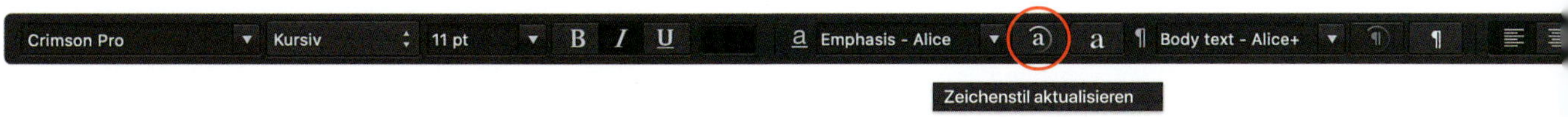

Bearbeiten der Zeichenstile

Für *Emphasis – Alice* und *Small Caps – Alice*:

1 Wählen Sie im dritten Absatz die erste Instanz des Wortes ***very*** aus.

2 Wählen Sie in der Kontextleiste die neu installierte Schrift ***Crimson Pro*** aus und ändern Sie den **Schriftstil** von *Bold* zu *Italic*. Aus fett wird so kursiv.

3 Klicken Sie auf die Option **Zeichenstil aktualisieren**, um den Textstil *Emphasis – Alice* anzupassen.

4 Wiederholen Sie diese Schritte für den Text ***ORANGE MARMALADE*** im sechsten Absatz – wieder mit der Schrift ***Crimson Pro***. So passen Sie den Stil *Small Caps - Alice* an. Aktualisieren Sie den Stil wie in Schritt 3.

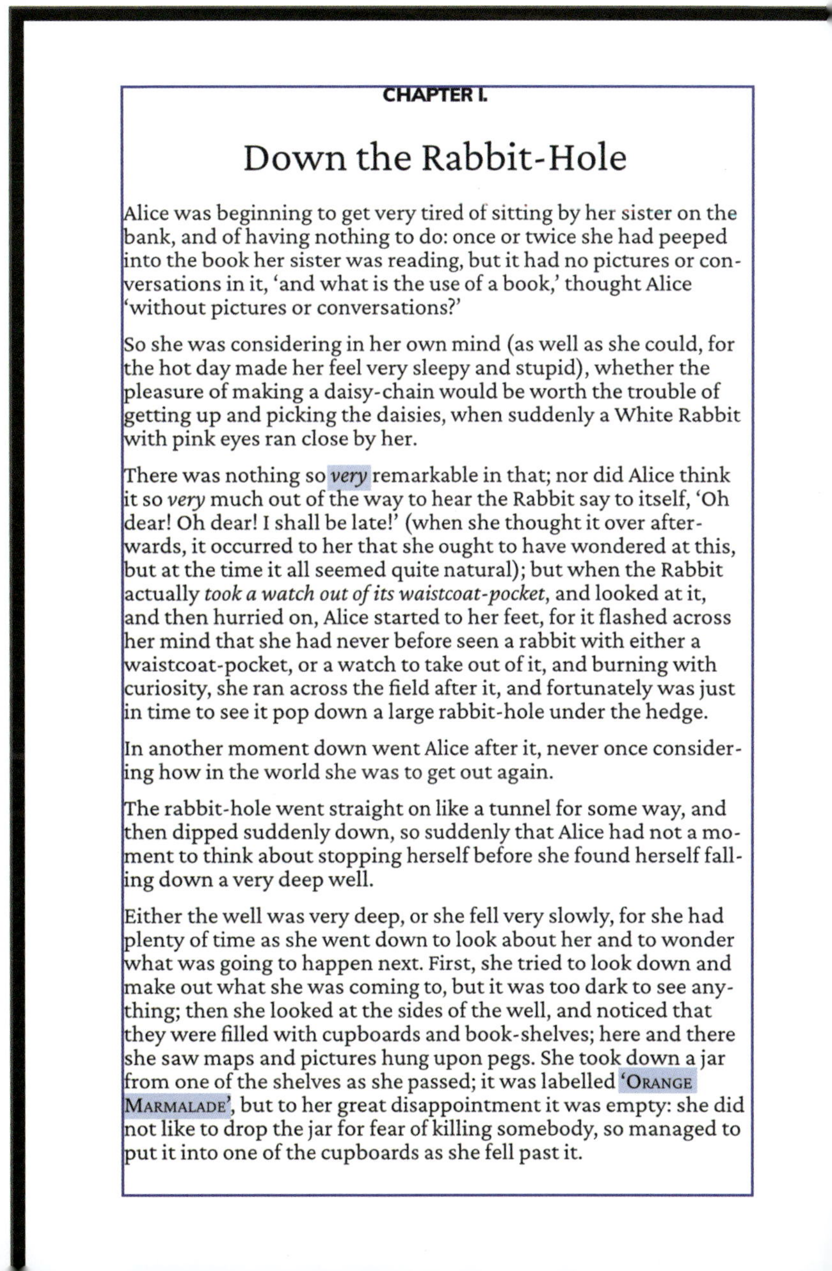

CHAPTER I.

Down the Rabbit-Hole

Alice was beginning to get very tired of sitting by her sister on the bank, and of having nothing to do: once or twice she had peeped into the book her sister was reading, but it had no pictures or conversations in it, 'and what is the use of a book,' thought Alice 'without pictures or conversations?'

So she was considering in her own mind (as well as she could, for the hot day made her feel very sleepy and stupid), whether the pleasure of making a daisy-chain would be worth the trouble of getting up and picking the daisies, when suddenly a White Rabbit with pink eyes ran close by her.

There was nothing so *very* remarkable in that; nor did Alice think it so *very* much out of the way to hear the Rabbit say to itself, 'Oh dear! Oh dear! I shall be late!' (when she thought it over afterwards, it occurred to her that she ought to have wondered at this, but at the time it all seemed quite natural); but when the Rabbit actually *took a watch out of its waistcoat-pocket*, and looked at it, and then hurried on, Alice started to her feet, for it flashed across her mind that she had never before seen a rabbit with either a waistcoat-pocket, or a watch to take out of it, and burning with curiosity, she ran across the field after it, and fortunately was just in time to see it pop down a large rabbit-hole under the hedge.

In another moment down went Alice after it, never once considering how in the world she was to get out again.

The rabbit-hole went straight on like a tunnel for some way, and then dipped suddenly down, so suddenly that Alice had not a moment to think about stopping herself before she found herself falling down a very deep well.

Either the well was very deep, or she fell very slowly, for she had plenty of time as she went down to look about her and to wonder what was going to happen next. First, she tried to look down and make out what she was coming to, but it was too dark to see anything; then she looked at the sides of the well, and noticed that they were filled with cupboards and book-shelves; here and there she saw maps and pictures hung upon pegs. She took down a jar from one of the shelves as she passed; it was labelled 'ORANGE MARMALADE', but to her great disappointment it was empty: she did not like to drop the jar for fear of killing somebody, so managed to put it into one of the cupboards as she fell past it.

Abstände und Seitenwechsel für Überschriften

Für dieses Projekt soll die Hauptüberschrift (*Heading 1 - Alice*) immer ungefähr auf zwei Drittel der Höhe der rechten Seite einer Doppelseite stehen. Da diese Regelung für das gesamte Dokument gilt, können wir den Textstil entsprechend anpassen.

Festlegen von Abständen und Seitenwechsel für Überschriften

1 Fühlen Sie im Panel **Textstile** einen Doppelklick auf den Eintrag *Heading 1 - Alice aus*.

2 Passen Sie in dem Dialogfeld **Textstil bearbeiten** die Einstellungen für Zeichenabstand, Absatzabstand und den Absatzfluss an.

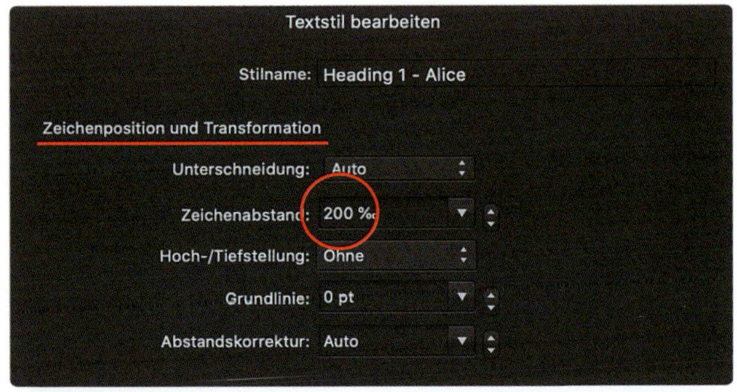

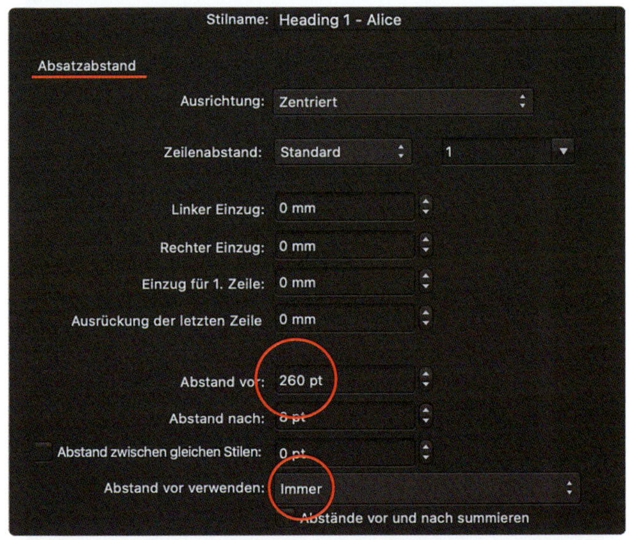

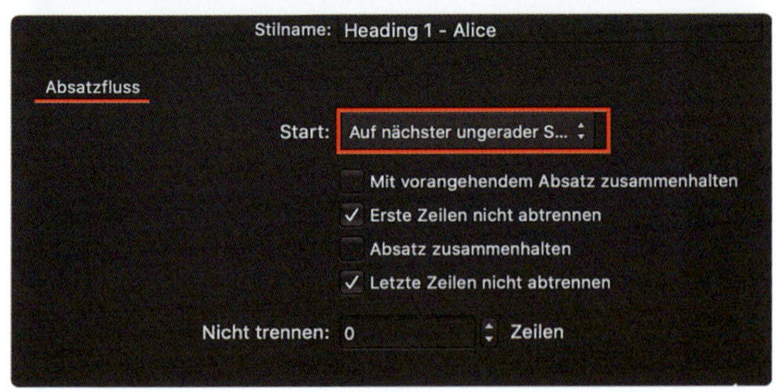

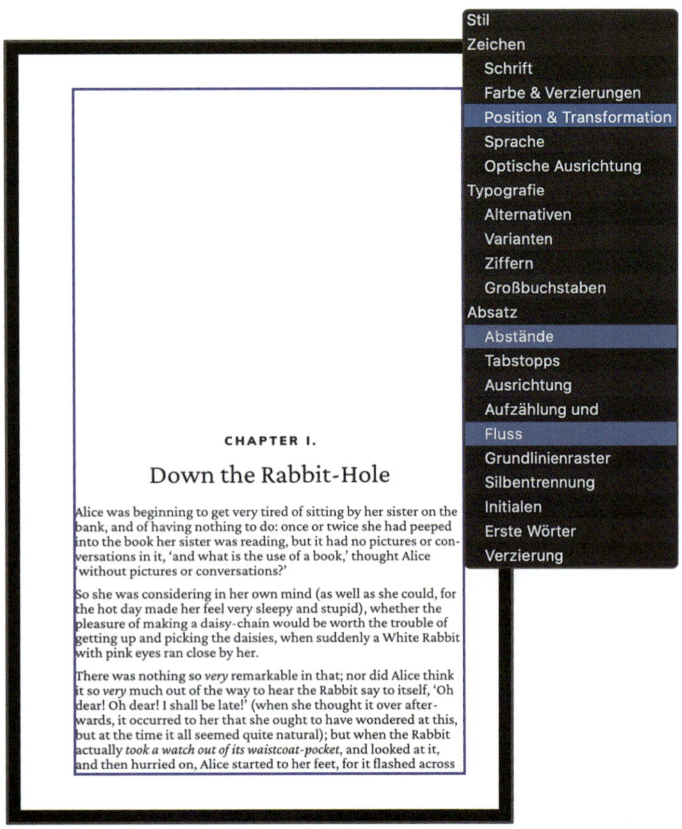

Für *Heading 2 - Alice* stellen Sie nun unter **Absatz > Abstände** den **Abstand vor** auf *0 pt* und den **Abstand nach** auf *14 pt* ein.

DAS GRUNDLINIEN-RASTER

Mit einem Grundlinienraster können Sie die Grundlinien des Textkörpers vertikal an anderen Textkörpergrundlinien in Spalten oder auf Layoutseiten ausrichten.

In diesem Projekt legen wir das Raster direkt für unseren ersten Textrahmen fest. Alle nachfolgend verknüpften Textrahmen übernehmen dann dieselben Rastereinstellungen, sodass die Textgrundlinien sich automatisch auf allen doppelseitigen Layoutseiten ausrichten.

Festlegen eines Grundlinienrasters für Textrahmen

1 Wählen Sie den Textrahmen aus.

2 Klicken Sie in der Kontextleiste auf die Option **Textrahmen**, um das Panel **Textrahmen** einzublenden.

3 Aktivieren Sie in dem Abschnitt **Grundlinienraster** die Option **Grundlinienraster verwenden** und stellen Sie den **Rasterabstand** auf *14 pt* ein.

4 (Optional) Schalten Sie das Raster über **Ansicht > Grundlinienraster einblenden** sichtbar. Das Raster wird als horizontale blaue Linien mit identischem Abstand angezeigt.

Beachten Sie, wie sich die Textgrundlinien neu positionieren, wenn Sie das Grundlinienraster anwenden.

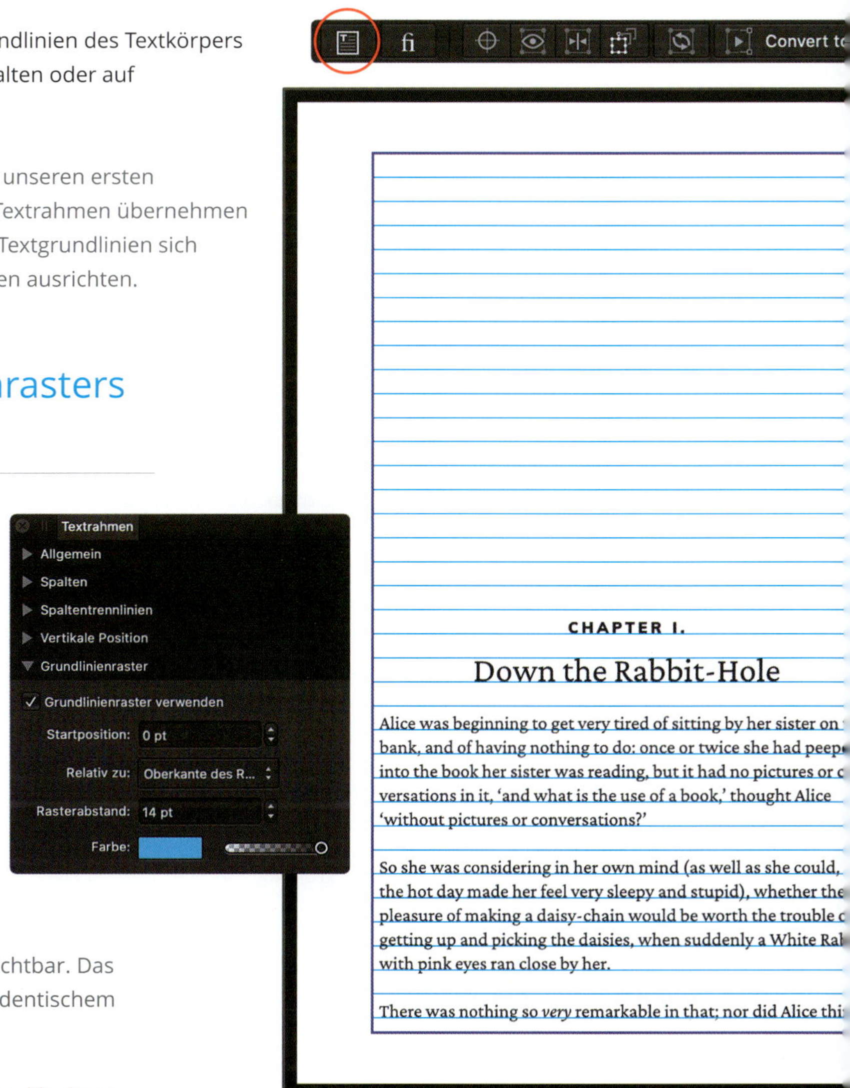

AUTOMATISCHER TEXTFLUSS

Ressource
alices_adventures_in_wonderland_02.afpub

Nachdem wir jetzt die Textstile für das Buch angepasst haben, können wir mit der Autoflow-Funktion enorm viel Zeit sparen, wenn wir den Rest der Geschichte ausrollen. Diese Funktion erstellt automatisch neue Seiten mit Textrahmen, bis der gesamte Text der Geschichte untergebracht ist.

Automatischer Textfluss in neue Seiten

- Halten Sie die **Umschalttaste** (⇧) und klicken Sie auf das rote Dreieck, das den Textübersatz anzeigt.

Die Geschichte bleibt innerhalb der Sequenz von Textrahmen verbunden. Alle diese Rahmen haben auf ihren Seiten dieselbe Größe und Position.

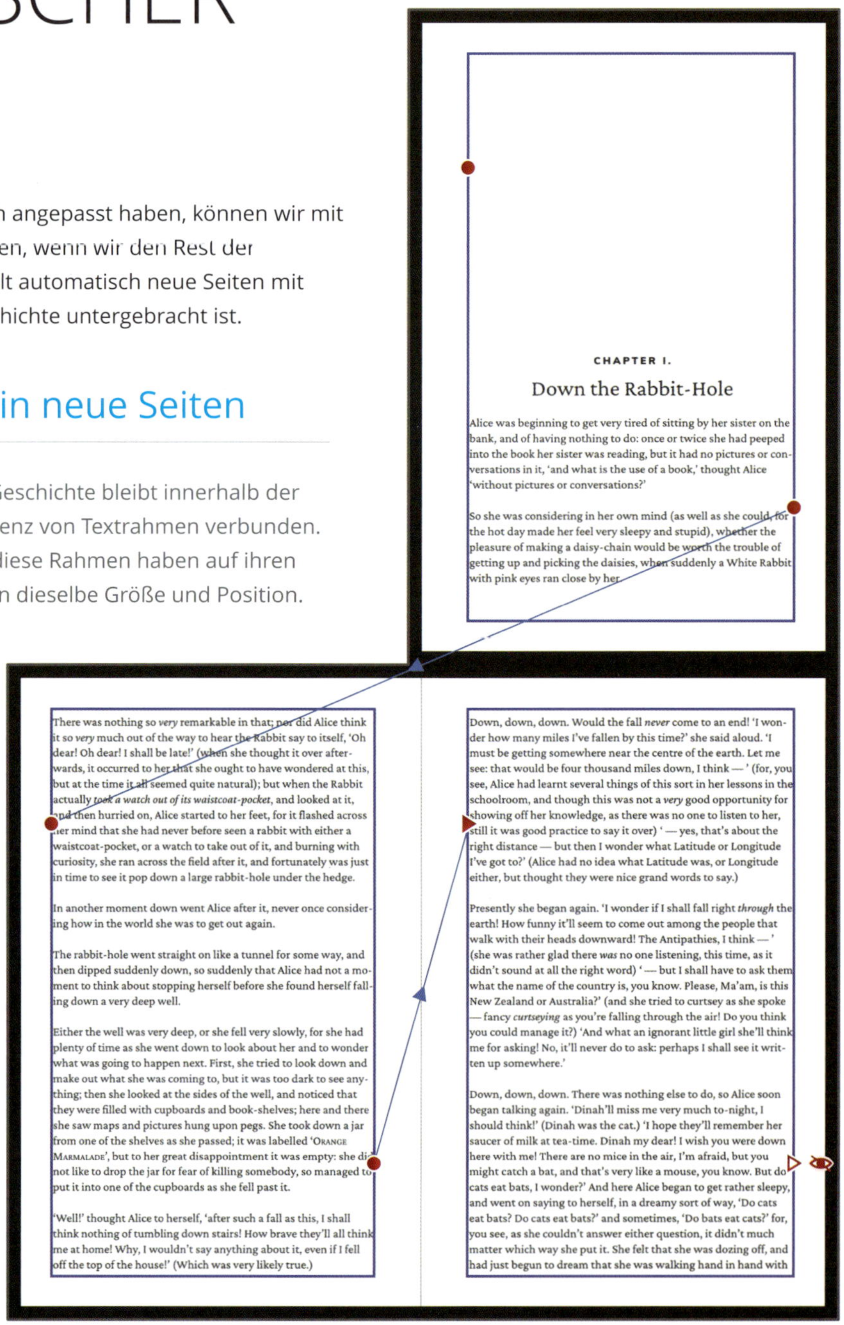

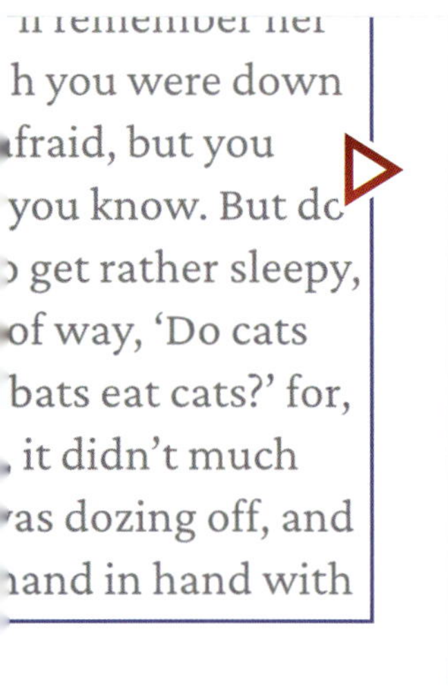

Das Grundlinienraster richtet die Texte vertikal in den Textrahmen aller Layoutseiten aus.

Weitere Änderungen an den Textstilen

Nachdem wir jetzt den gesamten Text auf den Seiten untergebracht haben, müssen wir die Texte von Liedern und Gedichten suchen und mit der neuen Schrift ***Crimson Pro*** aktualisieren. Zusätzlich passen wir noch die automatische Silbentrennung an, die für den Stil des Textkörpers eingestellt ist.

Suchen verwendeter Absatzstile

1 Blenden Sie das Panel **Suchen und Ersetzen** ein (über **Ansicht > Studio**).

2 Klicken Sie unter **Suchen** auf das Zahnradsymbol **Formatierung** und wählen Sie in dem Einblendmenü unter **Absatzstil** den Eintrag *Lyrics and poems – Alice* aus.

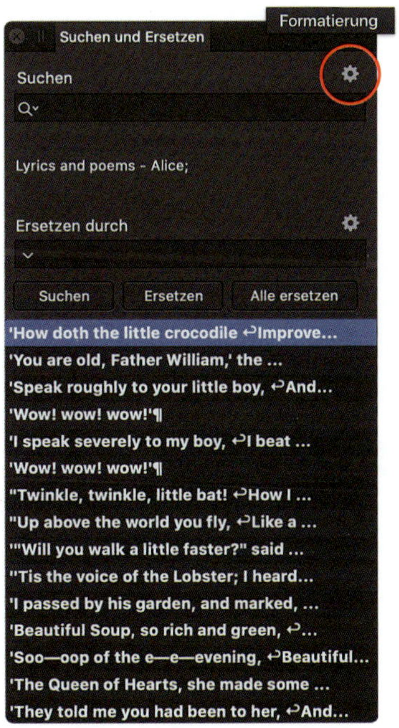

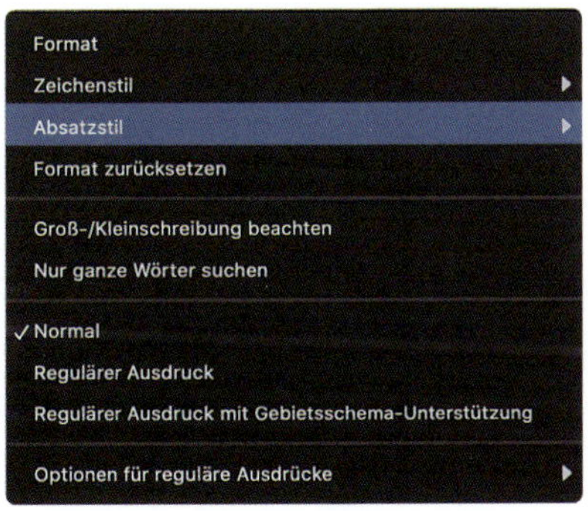

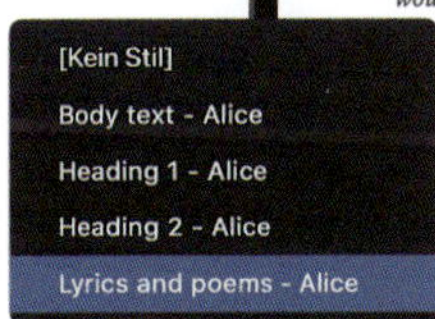

3 Klicken Sie auf **Suchen**.

4 Legen Sie in der Kontextleiste die Schrift *Crimson Pro* fest und aktualisieren Sie dann den Absatzstil *Lyrics and poems – Alice*. Nähere Informationen hierzu finden Sie unter „Bearbeiten der Absatzstile" auf Seite 334.

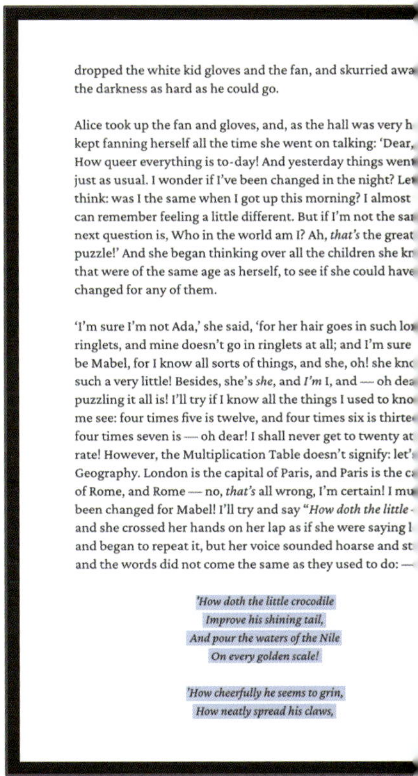

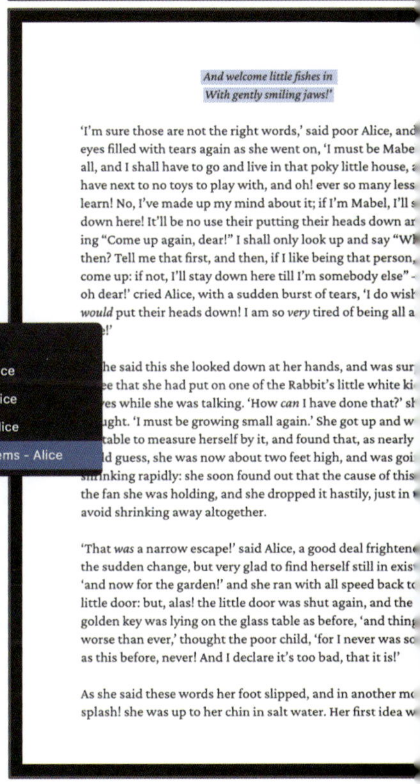

SEITENZAHLEN

Als Sie das Dokument eingerichtet haben (Seite 330), wurde standardmäßig eine Master-Seite erstellt. Wenn Sie Felder für Seitenzahlen in die Fußzeile dieser Master-Seite einfügen, werden die korrekten Seitenzahlen automatisch auf all Ihren Dokumentseiten platziert.

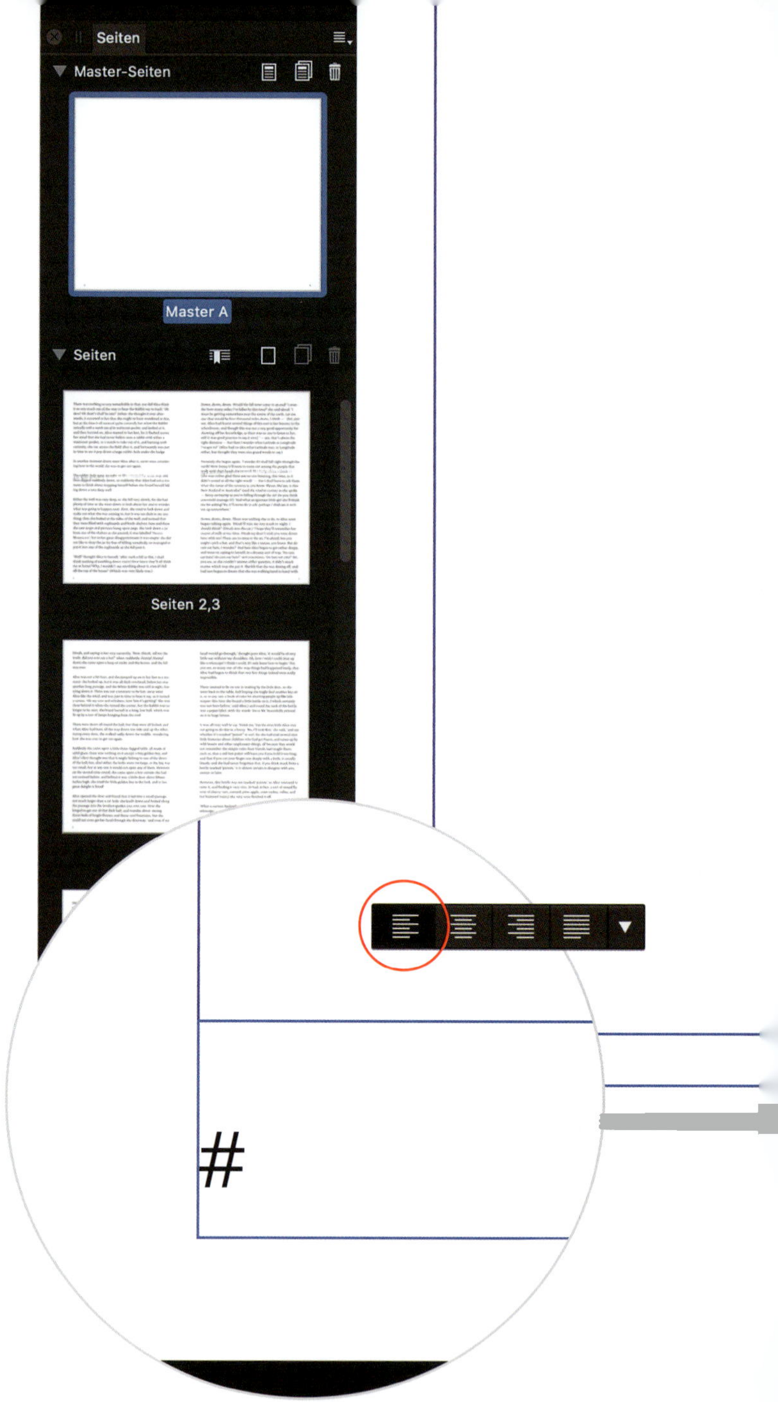

Einfügen von Seitenzahlen in Master-Seiten

1 Klicken Sie im Panel **Seiten** auf den Feldnamen **Master-Seiten**, um das Feld einzublenden und führen Sie dann einen Doppelklick auf die Miniatur *Master A* aus.

2 Zeichnen Sie mit dem Werkzeug **Rahmentext** einen Textrahmen auf der linken Seite der Doppelseite. Beginnen Sie in der unteren linken Seitenrandecke und hören Sie *7 mm* unterhalb der rechten unteren Seitenrandecke auf.

3 Klicken Sie in den Rahmen, um über **Text > Einfügen > Felder > Seitenzahl** ein Feld für Seitenzahlen einzufügen (das Feld wird als #-Symbol angezeigt).

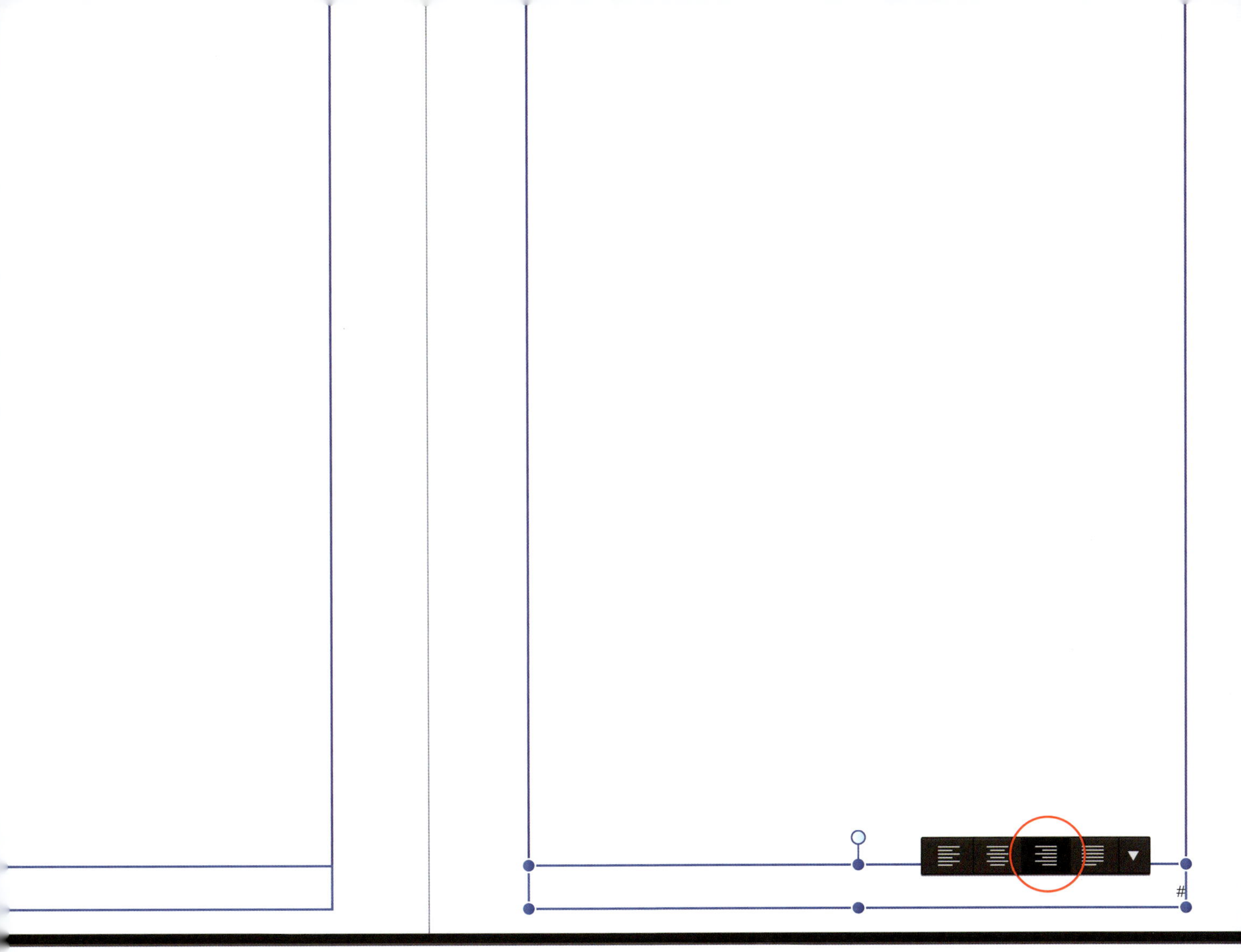

4 Führen Sie einen Doppelklick auf das Feld ohne Stileinstellung aus und legen Sie als Schrift ***Crimson Pro*** mit einer Größe von *7 pt* fest.

5 Spiegeln Sie eine Kopie des Textrahmens auf die rechte Seite, indem Sie den Rahmen auswählen und mit gedrückter cmd-Taste ⌘ (Mac) oder Strg-Taste (Win) ziehen.

6 Formatieren Sie in dem kopierten Textrahmen das Feld für die Seitenzahlen über die Kontextleiste als **Rechtsbündig**.

Ihre Seiten werden nun automatisch nummeriert.

BILDER

Ressourcen

alices_adventures_in_wonderland_03.afpub
alice_chapter_I-drinkme.png

In diesem Projekt ergänzen wir die Geschichte um einige wunderschöne Illustrationen. Diese platzieren wir hauptsächlich am Anfang der Kapitel. Hierfür benötigen wir die nachfolgend erläuterten Schritte:

- Platzieren der Bilder.
- Umfließen der Bilder mit Text.
- Anpinnen von Bildern, damit sie bei dem Text bleiben, auf den sie sich beziehen.

Umfließender Text

Text kann grundsätzlich die Umrisslinien aller Vektorobjekte umfließen. Bei nicht-transparenten Bildern (JPGs, GIFs, 24-Bit-PNGs und anderen Formaten) umfließt der Text nur die rechteckige Umrissform der Bilder.

Bei transparenten PNGs, die Sie durch den Export von Teilbereichen eines Designs ohne seinen Hintergrund erstellen, umfließt der Text den Umriss des Bildinhalts und nicht die rechteckige Bildumrisslinie.

Festlegen von Textumflüssen

1 Wechseln Sie zu Seite 5 Ihres Projekts und klicken Sie auf **Datei > Platzieren**.

2 Wählen Sie die Bilddatei alice_chapter_I-drinkme.png aus und klicken Sie auf **Öffnen**.

3 Ziehen Sie so auf dem Textrahmen, dass der Text überlappt wird.

4 Klicken Sie in der **Symbolleiste** auf die Option **Einstellungen für Textrumbruch einblenden** (a).

5 Stellen Sie den **Umbruchstil** auf *Eng*, das **Umfließen** auf *Größte Seite* und die Werte für **Abstand vom Text** so ein, dass etwas mehr Platz um das Bild entsteht.

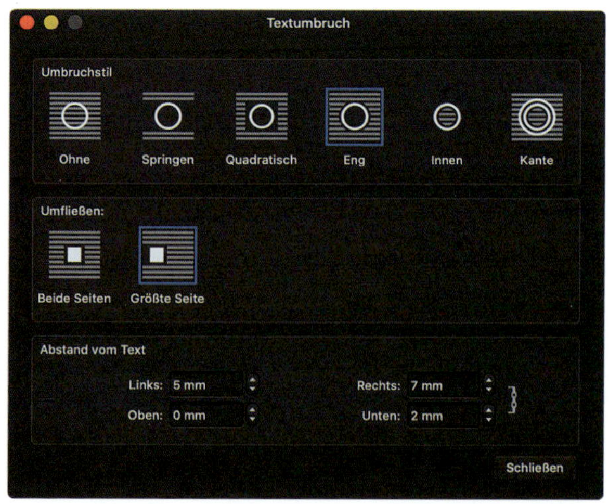

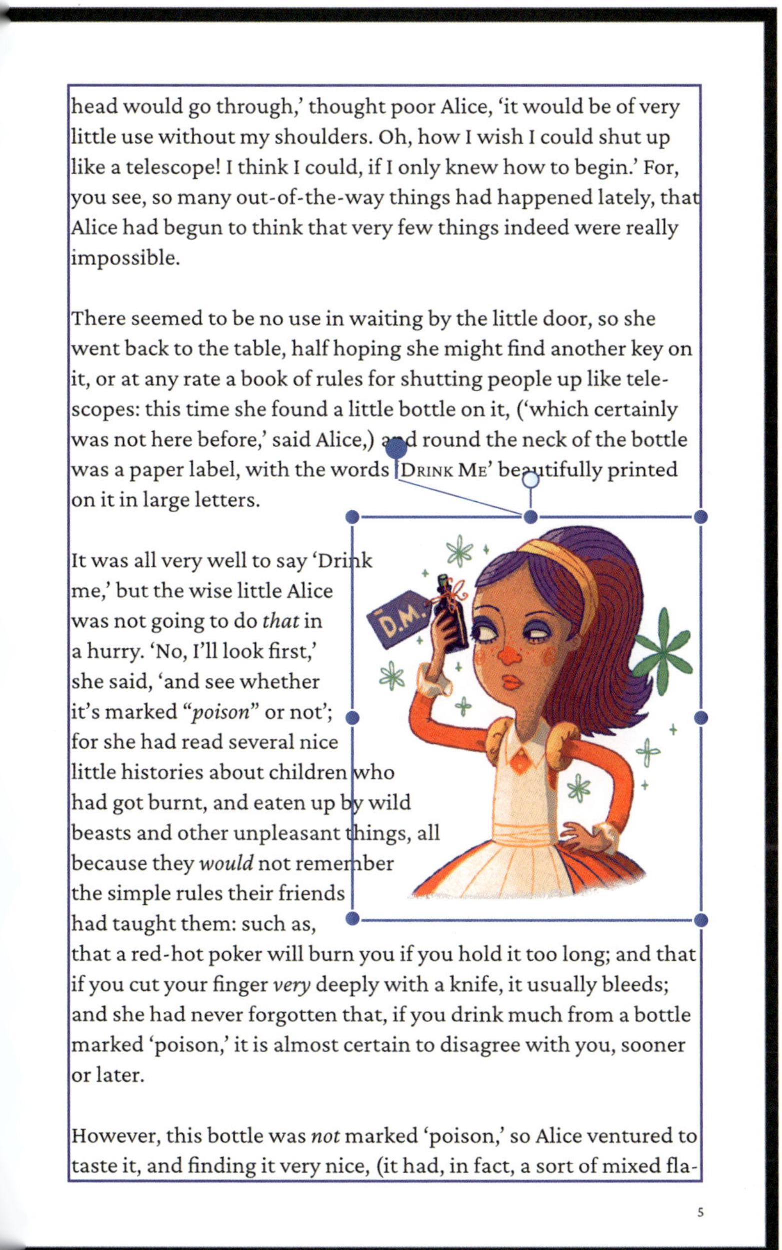

head would go through,' thought poor Alice, 'it would be of very little use without my shoulders. Oh, how I wish I could shut up like a telescope! I think I could, if I only knew how to begin.' For, you see, so many out-of-the-way things had happened lately, that Alice had begun to think that very few things indeed were really impossible.

There seemed to be no use in waiting by the little door, so she went back to the table, half hoping she might find another key on it, or at any rate a book of rules for shutting people up like telescopes: this time she found a little bottle on it, ('which certainly was not here before,' said Alice,) and round the neck of the bottle was a paper label, with the words 'DRINK ME' beautifully printed on it in large letters.

It was all very well to say 'Drink me,' but the wise little Alice was not going to do *that* in a hurry. 'No, I'll look first,' she said, 'and see whether it's marked "*poison*" or not'; for she had read several nice little histories about children who had got burnt, and eaten up by wild beasts and other unpleasant things, all because they *would* not remember the simple rules their friends had taught them: such as, that a red-hot poker will burn you if you hold it too long; and that if you cut your finger *very* deeply with a knife, it usually bleeds; and she had never forgotten that, if you drink much from a bottle marked 'poison,' it is almost certain to disagree with you, sooner or later.

However, this bottle was *not* marked 'poison,' so Alice ventured to taste it, and finding it very nice, (it had, in fact, a sort of mixed fla-

5

Anpinnen von Bildern

Illustrationen zu einem Text oder anderes unterstützendes Bildmaterial sollten möglichst nahe bei dem zugehörigen Text stehen. Indem Sie Bilder an dem Text anpinnen (verankern), verschiebt sich das Bild relativ zu dem Text, wenn sich der Textfluss ändert, sodass es niemals seine korrekte Position verliert.

Bildern können Sie auf zwei Arten in Affinity Publisher anpinnen – frei beweglich und integriert.

Frei beweglich angepinnte Bilder

1. Wählen Sie das drinkme-Bild aus.
2. Klicken Sie in der Symbolleiste auf die Option **Frei beweglich mit Text** (b).
3. Verschieben Sie die blaue Heftzwecke vor den Text, auf den sich das Bild bezieht – in unserem Fall also DRINK ME.

Fügen sie nun einige zusätzliche Absätze vor der Heftzwecke ein – das Bild verschiebt sich relativ zu dem neuen Textfluss. Widerrufen Sie anschließend alle Teständerungen, bevor Sie fortfahren!

Möchten Sie beim Anpinnen die horizontale und vertikale Bildausrichtung sehr genau festlegen, blenden Sie das Panel **Anpinnen** über **Ansicht > Studio** ein.

Ressourcen

alice_chapter_IX-gryphon.png,
alice_chapter_XII-packofcards.png

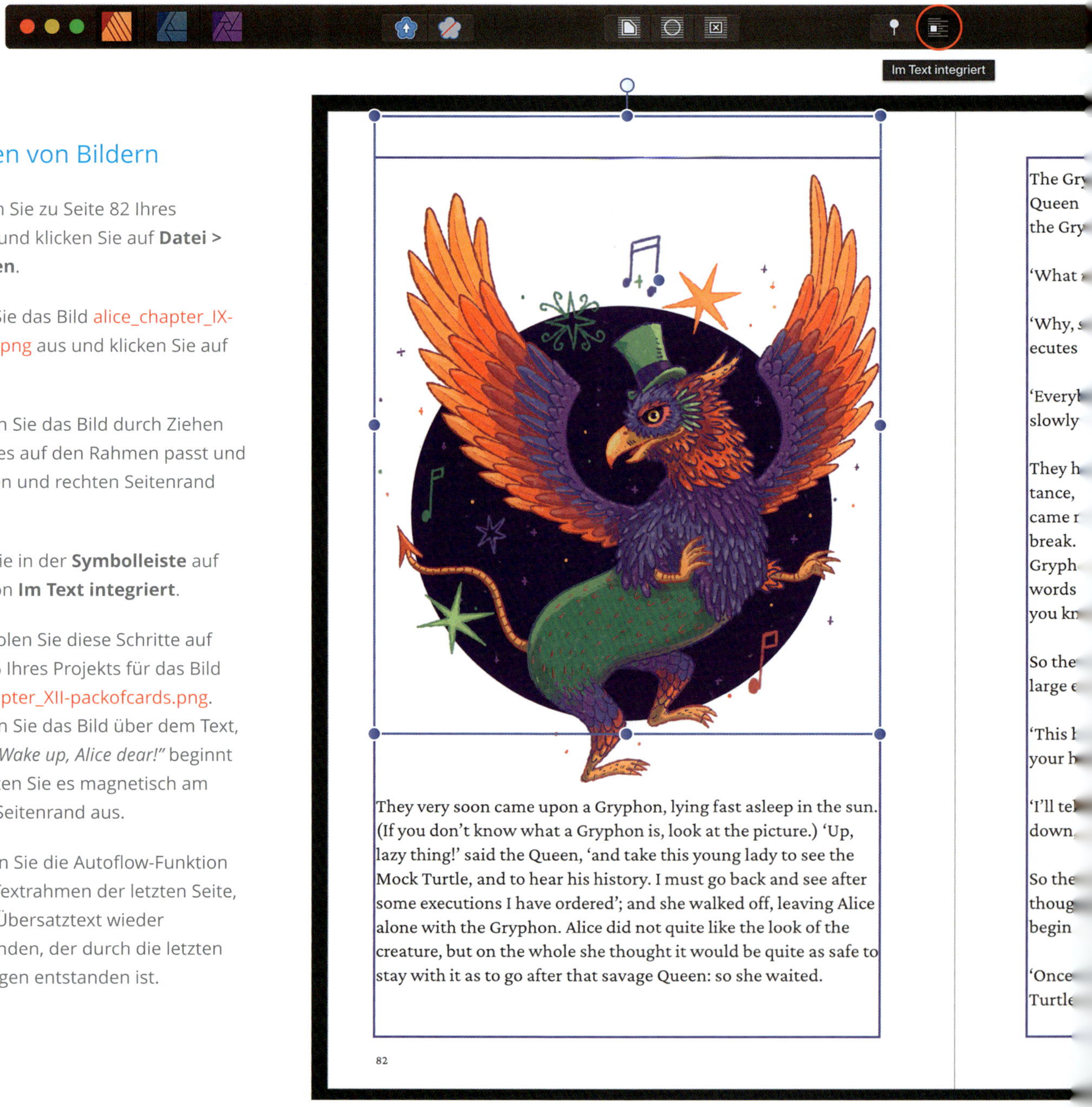

Integrieren von Bildern

1 Wechseln Sie zu Seite 82 Ihres Projekts und klicken Sie auf **Datei > Platzieren**.

2 Wählen Sie das Bild alice_chapter_IX-gryphon.png aus und klicken Sie auf **Öffnen**.

3 Platzieren Sie das Bild durch Ziehen so, dass es auf den Rahmen passt und den linken und rechten Seitenrand berührt.

4 Klicken Sie in der **Symbolleiste** auf die Option **Im Text integriert**.

5 Wiederholen Sie diese Schritte auf Seite 116 Ihres Projekts für das Bild alice_chapter_XII-packofcards.png. Platzieren Sie das Bild über dem Text, der mit *„Wake up, Alice dear!"* beginnt und richten Sie es magnetisch am rechten Seitenrand aus.

6 Aktivieren Sie die Autoflow-Funktion für den Textrahmen der letzten Seite, um den Übersatztext wieder einzublenden, der durch die letzten Änderungen entstanden ist.

Ressource
alice_chapter_I.png to alice_chapter_XI.png

Einfügen von Kapitelbildern

Fügen Sie nun Kapitelbilder auf den in der Tabelle vorgeschlagenen Seiten hinzu.

1 Klicken Sie auf der entsprechenden Seite auf **Datei > Platzieren**.

2 Wählen Sie das gewünschte Bild aus und klicken Sie auf **Öffnen**.

3 Ziehen Sie den Cursor über die Seite, um das Bild zu platzieren. Orientieren Sie sich bei den Bildern einfach an unseren Anmerkungen zur Platzierung.

Projektseitenzahl	Bildname
1	alice_chapter_I.png[1] *(Down the Rabbit Hole)*
8 - 9	alice_chapter_II.png[2] *(The Pool of Tears)*
16	alice_chapter_III.png[3] *(A Caucus-Race and a Long Tale)*
25	alice_chapter_IV.png[1] *(The Rabbit Sends in a Little Bill)*
34	alice_chapter_V.png[3] *(Advice from a caterpillar)*
45	alice_chapter_VI.png[3] *(Pig and Pepper)*
55	alice_chapter_VII.png[1] *(A Mad Tea Party)*
66	alice_chapter_VIII.png[3] *(The Queen's Croquet-Ground)*
77	alice_chapter_IX.png[1] *(Have You Seen the Mock Turtle?)*
88	alice_chapter_X.png[4] *(Lobster Quadrille)*
98	alice_chapter_XI.png[3] *(Who Stole the Tarts?)*
108	alice_chapter_XII.png[4] *(Alice's Evidence)*

[1] Platziert auf der rechten Seite der Doppelseiten zwischen linkem und rechtem Seitenrand; Bild unten an vertikaler Seitenmitte ausgerichtet.

[2] Transparentes PNG, platziert über die gesamte Doppelseite bis zur Anschnittkante

[3] Platziert auf der linken Seite der Doppelseite zwischen linkem und rechtem Seitenrand und vertikal zentriert.

[4] Platziert auf der linken Seite der Doppelseite und magnetisch zwischen den Seitenrändern ausgerichtet.

Ressource
alices_adventures_in_wonderland_04.afpub

DAS INHALTS-VERZEICHNISS

Ein Inhaltsverzeichnis einzufügen, ist relativ einfach. Indem wir den Absatzstil *Heading 1* (für die Kapitelnummer) ignorieren und stattdessen nur den Absatzstil *Heading 2 - Alice* (die wichtigen Kapitelnamen) als Grundlage für das Inhaltsverzeichnis verwenden, haben wir genau die Art von Übersicht, die wir brauchen.

Wie bei allen Publikationen mit Inhaltsverzeichnis müssen wir jedoch erst noch einige Vorbereitungen treffen, bevor wir das Inhaltsverzeichnis platzieren. Außerdem müssen wir das Inhaltsverzeichnis erzeugen und passend formatieren.

Einfügen einer Seite für das Inhaltsverzeichnis

1. Führen Sie im Panel **Seiten** einen ctrl-Klick (Mac) oder Rechtsklick (Win) auf die Miniatur *Seite 1* aus und klicken Sie auf **Seiten hinzufügen**.
2. Stellen Sie die **Anzahl der Seiten** auf *4* und **Einfügen** auf *Vor* ein.
3. Klicken Sie auf **OK**.
4. Führen Sie einen Doppelklick auf die Miniatur *Seiten 2, 3* aus und zeichnen Sie einen Textrahmen auf Seite 3, der sich magnetisch an allen Seitenrändern ausrichtet.

> Die zusätzlichen Seiten fügen wir hinzu, weil wir noch eine innere Titelseite benötigen (Seite 355) und damit die korrekte Anordnung der Layoutseiten nicht gestört wird.

Erzeugen der Einträge für das Inhaltsverzeichnis

1. Platzieren Sie mit dem Werkzeug **Rahmentext** eine Einfügemarke in dem neu erstellten Textrahmen.
2. Klicken Sie im Menü **Text** auf **Inhaltsverzeichnis > Inhaltsverzeichnis einfügen**.

Im Augenblick enthält der Ramen Einträge von allen Überschrift-Absatzstilen. Sie können dies jedoch auf den Stil *Heading 2 – Alice* begrenzen.

- Entfernen Sie per Mausklick in dem nun eingeblendeten Panel **Inhaltsverzeichnis** die Häkchen für alle Stile mit Ausnahme von *Heading 2 – Alice*.

Erzeugen der Einträge für das Inhaltsverzeichnis

1 Führen Sie im Panel Textstile einen Doppelklick auf den Stil *TOC 1: Heading 2 – Alice* aus.

2 Legen Sie die Einstellungen wie in der Abbildung fest.

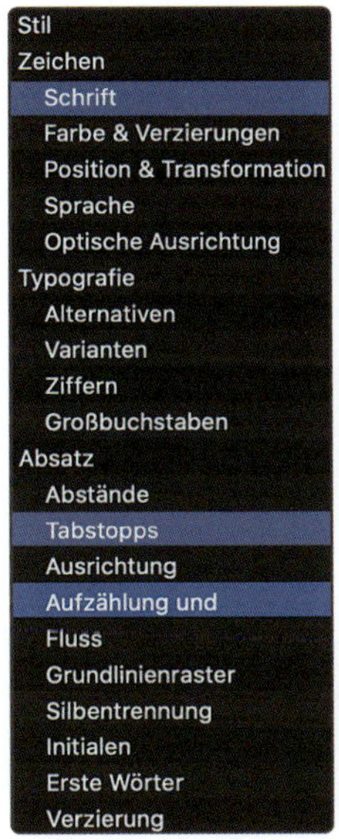

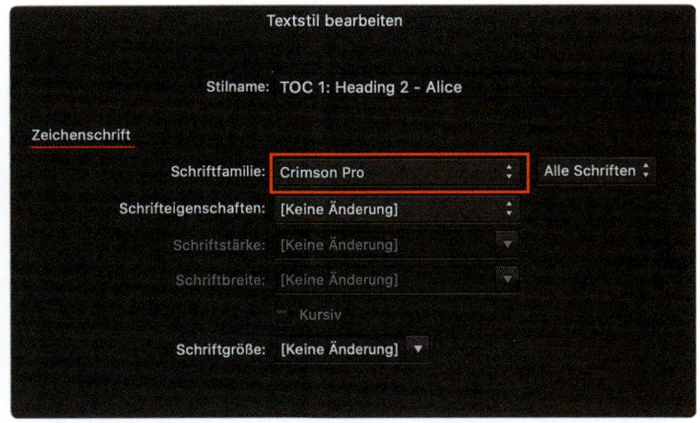

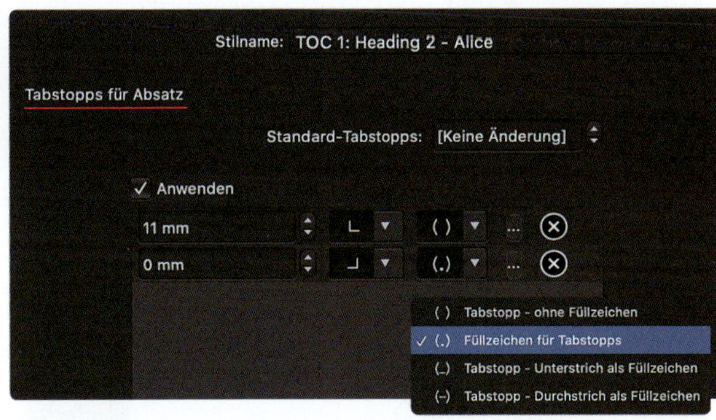

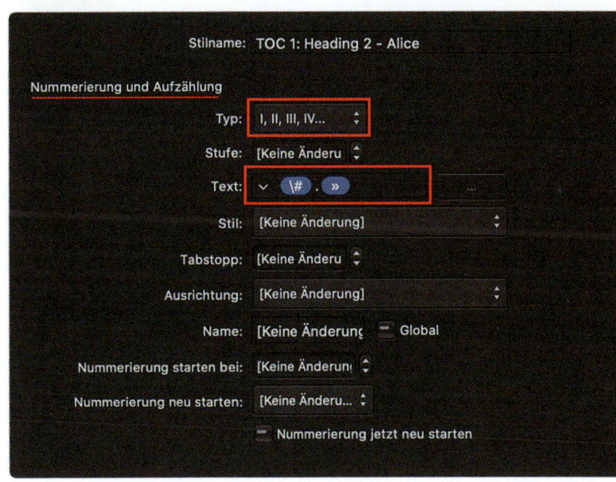

Der Stil für das Inhaltsverzeichnis (TOC = Table of Contents) verwendet römische Ziffern für den Stil *Heading 1 - Alice* in jedem Kapitel. Mit Tabstopps und Füllzeichen lassen sich die Kapitelnamen visuell gut von den Kapitelnummern und Seitenzahlen abgrenzen.

Als Letztes kürzen wir jetzt noch den Textrahmen, um Platz für den zusätzlichen Textrahmen des Contents-Titels zu schaffen (***Crimson Pro Regular*** mit *20 pt*).

CONTENTS

Ressource

alices_adventures_in_wonderland_05.afpub

SEKTIONEN

Die bereits platzierten Seitenzahlen (Seite 340) können Sie in der Fußleiste jeder Seite noch durch den Kapitelnamen ergänzen. Hierzu erstellen Sie Sektionen für die Kapitel und platzieren dann ein Feld für den Sektionsnamen auf Ihrer Master-Seite.

Festlegen von Sektionen

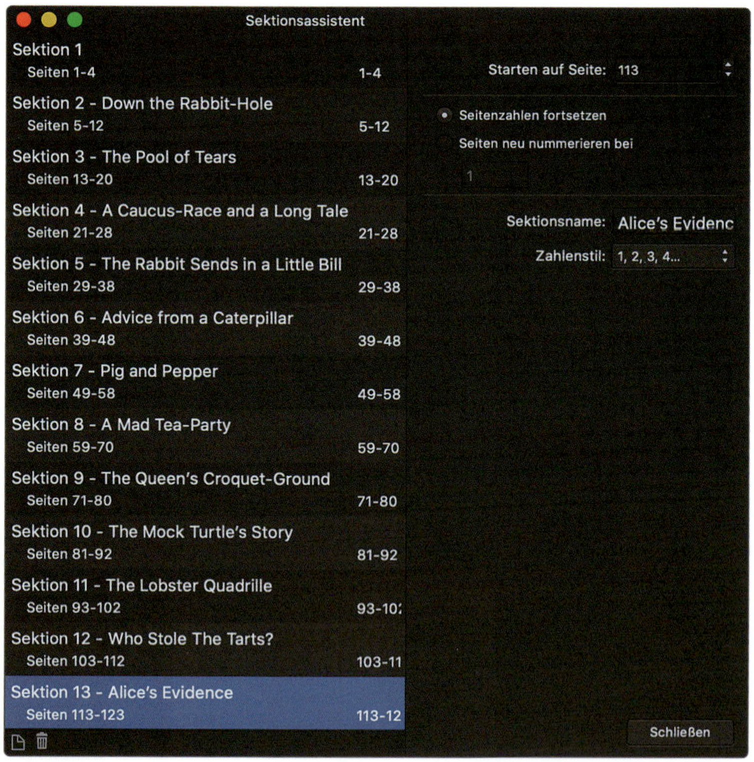

1 Führen Sie im Panel **Seiten** einen ctrl-Klick (Mac) oder Rechtsklick (Win) auf die Miniatur jeder Kapitelstartseite aus und klicken Sie auf **Neue Sektion beginnen**. Fangen Sie mit der Miniatur *Seite 4,5* an – achten Sie aber darauf, dass Sie den ctrl- bzw. Rechtsklick nur auf die rechte Seite 5 ausführen.

2 Legen Sie im **Sektionsassistent** einen **Sektionsnamen** für die neue Sektion fest. Für unser Projekt geben Sie hier den Kapitelnamen ein.

3 Wiederholen Sie diese Schritte für jede erste Seite eines Kapitels und tragen Sie jeweils den Kapitelnamen als Sektionsnamen ein.

Per Doppelklick auf die Seitenzahlen der Panelminiaturen springen Sie direkt zu der entsprechenden Layoutseite. Hier können Sie dann den Kapitelnamen von der Seite per Kopieren und Einfügen in das Feld **Sektionsname** übertragen.

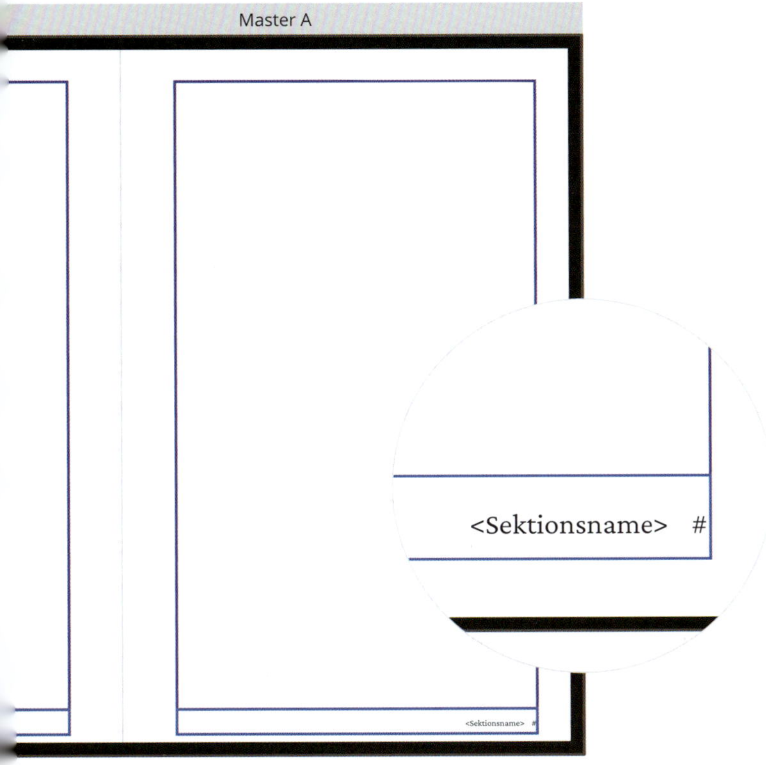

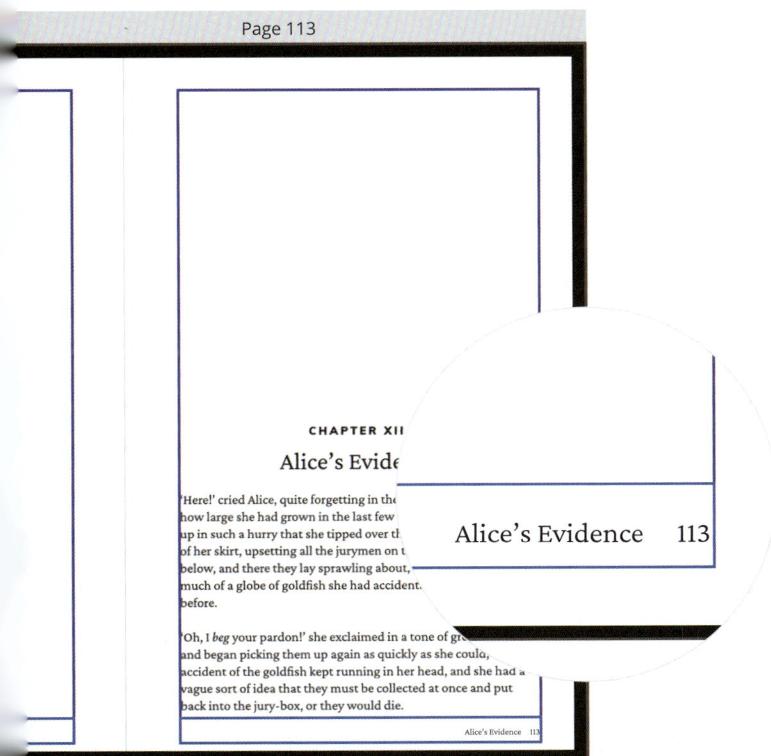

Einfügen der Kapitelnamen

1 Führen Sie im Feld **Master-Seiten** des Panels **Seiten** einen Doppelklick auf die Miniatur *Master A* aus.

2 Klicken Sie in der rechten Fußzeile vor das Feld für die Seitenzahlen und dann auf den Menüpunkt **Text > Einfügen > Felder > Sektionsname**. Legen Sie für das neue Feld die Schrift *Crimson Pro* in Größe *7 pt* fest.

3 Platzieren Sie mit **Text > Einfügen > Leerzeichen und Tabstopps > Geviert** einen Geviert-Leeraum zwischen den Feldern.

Ressourcen

alices_adventures_in_wonderland_06.afpub
shapetext_alice.afdesign
booktitle_alice.svg

DER FEINSCHLIFF

Das Projekt ist fast geschafft, aber es fehlen noch einige wichtige Schritte und der letzte Feinschliff – inklusive einiger ungewöhnlicher aber wirklich lustiger Schriftformatierungen.

Formtext

Der Text auf einer Seite sollte so aussehen, als würde er sich in einem langen Katzenschwanz befinden. Dies passt gut zu der Geschichte und lässt sich ganz schnell bewerkstelligen, indem wir Rahmentext einfach in eine zuvor gezeichnete Form einsetzen.

Zeichnen der Form

1 Fügen Sie über **Text > Einfügen > Wechsel** auf Projektseite 25 zwei Zeilenwechsel vor dem Absatz ein, der mit „Fury said to a mouse, that he met...“ beginnt.

2 Wechseln Sie zu Projektseite 26, aktivieren Sie den **Zeichenstift** und in der Kontextleiste seinen **Smart-Modus** (siehe unten). Klicken Sie dann mehrmals auf die Seite, um den Umriss der Form festzulegen. Klicken Sie zum Schluss auf jeden Fall erneut auf den ersten Knoten, um die Form zu schließen. Mit der cmd-Taste ⌘ (Mac) oder Strg-Taste (Win) können Sie die Form noch während des Zeichnens verändern.

3 Wechseln Sie zu Projektseite 27, aktivieren Sie das Werkzeug **Rahmentext** und führen Sie einen Dreifachklick auf den Absatz aus, der mit „Fury said to a mouse, ...“ beginnt und klicken Sie auf **Bearbeiten > Ausschneiden**.

4 Wählen Sie im Panel **Ebenen** die Form aus, aktivieren Sie das Werkzeug **Rahmentext** und platzieren Sie den Cursor auf der Form, bis der Formtextcursor eingeblendet wird. Klicken Sie nun einmal, um eine Einfügemarke zu platzieren.

5 Setzen Sie mit **Bearbeiten > Einfügen** den kopierten Text ein und formatieren Sie ihn über die Kontextleiste als **Zentriert**.

Stellen Sie im Panel **Textrahmen** sicher, dass der geformte Textrahmen kein Grundlinienraster verwendet.

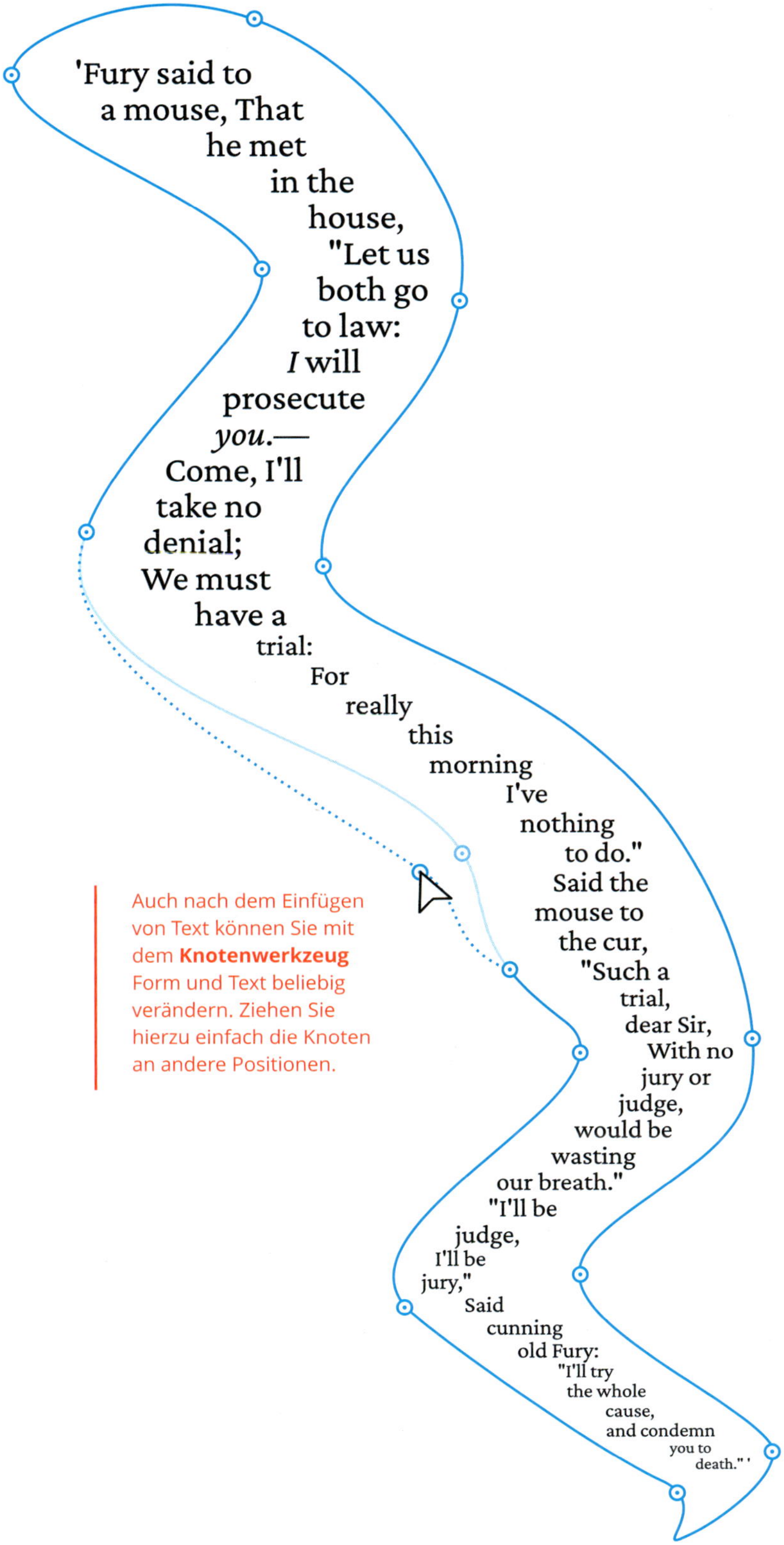

Auch nach dem Einfügen von Text können Sie mit dem **Knotenwerkzeug** Form und Text beliebig verändern. Ziehen Sie hierzu einfach die Knoten an andere Positionen.

Keine Sorge, wenn es mit dem Zeichnen der Form nicht klappt. In Ihren Ressourcen finden Sie auch die Datei shapetext_alice.afdesign, die Sie einfach auf der Seite platzieren können, anstatt die Textform selbst zu zeichnen.

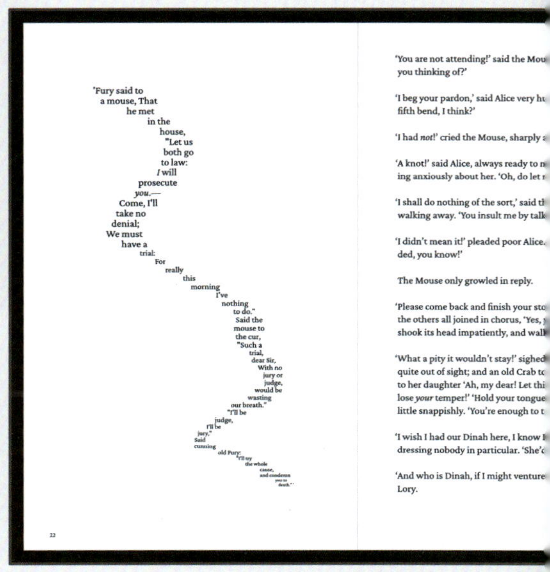

Ausgerückte Satzzeichen / optische Ausrichtung

Satzabschlusszeichen, Gedankenstriche oder Wörter in Großschreibung, die am Zeilenanfang stehen, können einen ausgefransten Look erzeugen, wenn das Auge des Lesers vertikal die linke Kante Ihres Textrahmens entlangfährt. Dieses Problem lässt sich durch die optische Ausrichtung (auch optischer Randausgleich) beheben.

Festlegen der optischen Ausrichtung

Führen Sie im Panel **Textstile** einen Doppelklick auf den Eintrag *Body text - Alice* aus.

1 Legen Sie unter **Zeichen > Optische Ausrichtung** für **Typ** die Option *Manuell* fest.

Da Satzzeichen automatisch in der Standardliste für die manuelle optische Ausrichtung enthalten sind, werden Satzeichen direkt außerhalb des Rahmens angezeigt, wie z. B. am Anfang des Absatzes „As wet as ever,".

Sollten die Großbuchstaben ATWY am Anfang einer Zeile nach der optischen Ausrichtung leicht ausgerückt sein, ändern Sie den Eintrag für ATWY. Reduzieren Sie die Einstellung **Links** auf *0 %* (von *20 %*).

Vor der optischen Ausrichtung

The Mouse did not notice this
question, but hurriedly went on,
— found it advisable to go with
Edgar Atheling to meet William
and offer him the crown.

'As wet as ever,' said Alice in a
melancholy tone: 'it doesn't
seem to dry me at all.'

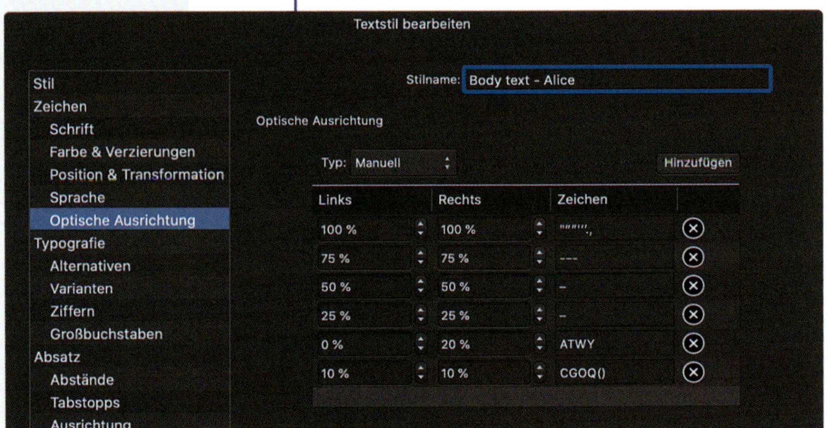

Nach der optischen Ausrichtung

The Mouse did not notice this
question, but hurriedly went on,
— found it advisable to go with
Edgar Atheling to meet William
and offer him the crown.

'As wet as ever,' said Alice in a
melancholy tone: 'it doesn't
seem to dry me at all.'

Deaktivieren der Seitennummerierung

Vor dem Export müssen wir jetzt noch einige letzte Änderungen vornehmen. Die Seitenzahl auf der Startseite des Buches und den Startseiten der Verso-Kapitel muss verschwinden. Hierzu bearbeiten wir einfach die Master-Seite.

Für Startseiten:

1. Halten Sie im Panel **Seiten** die cmd-Taste ⌘ (Mac) oder Strg-Taste (Win) und wählen Sie die Miniaturen *Seite 1* und *Seite 2,3* aus.
2. Führen Sie einen ctrl-Klick (Mac) oder Rechtsklick (Win) auf eine der ausgewählten Miniaturen aus und klicken Sie auf **Master-Seiten entfernen**.

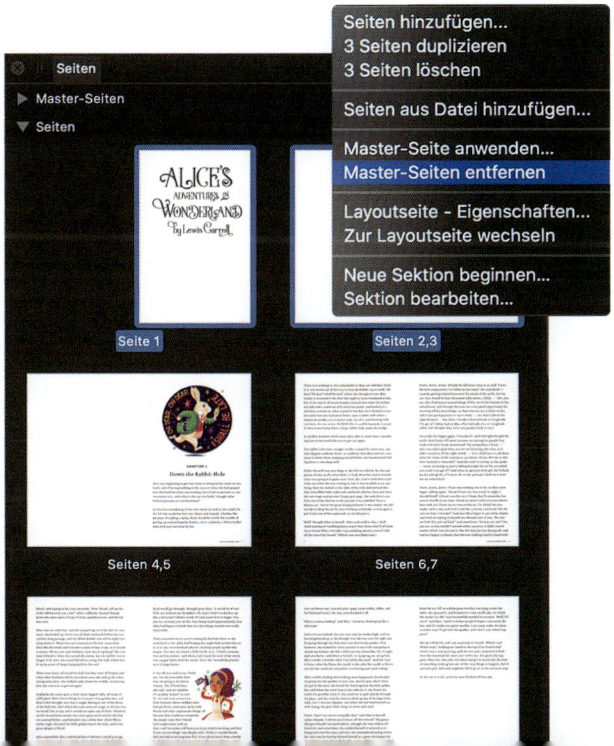

Für den Anfang der Verso-Kapitel:

1. Führen Sie im Feld **Master-Seiten** des Panels **Seiten** einen Rechtsklick auf die Miniatur *Master A* aus und klicken Sie auf **Duplizieren**.
2. Führen Sie einen Doppelklick auf die neu erstellte Miniatur *Master B* aus und löschen Sie das Feld für die Seitenzahlen (als # angezeigt) auf der Verso-Seite. Die Verso-Seite ist die linke Seite der Doppelseite.
3. Halten Sie im Feld **Seiten** die cmd-Taste ⌘ (Mac) oder Strg-Taste (Win) und klicken Sie auf Bezeichnungen der Seitenzahlen (z. B. Seite *4,5*, dann *12,13*, usw.) für jede Startlayoutseite eines Kapitels.
4. Führen Sie einen ctrl-Klick (Mac) oder Rechtsklick (Win) auf eine der ausgewählten Miniaturen aus und klicken Sie auf **Master-Seite anwenden**.
5. Stellen Sie in dem Dialogfeld für **Master-Seiten anwenden** die Option *Master B* ein und klicken Sie für **Inhalt** auf **Löschen** (so werden frühere Master-Inhalte entfernt).
6. Klicken Sie auf **OK**.

Stellen Sie sicher, dass **Bestehende ersetzen** aktiviert ist, damit nicht mehrere Master-Seiten auf die Seiten angewendet werden.

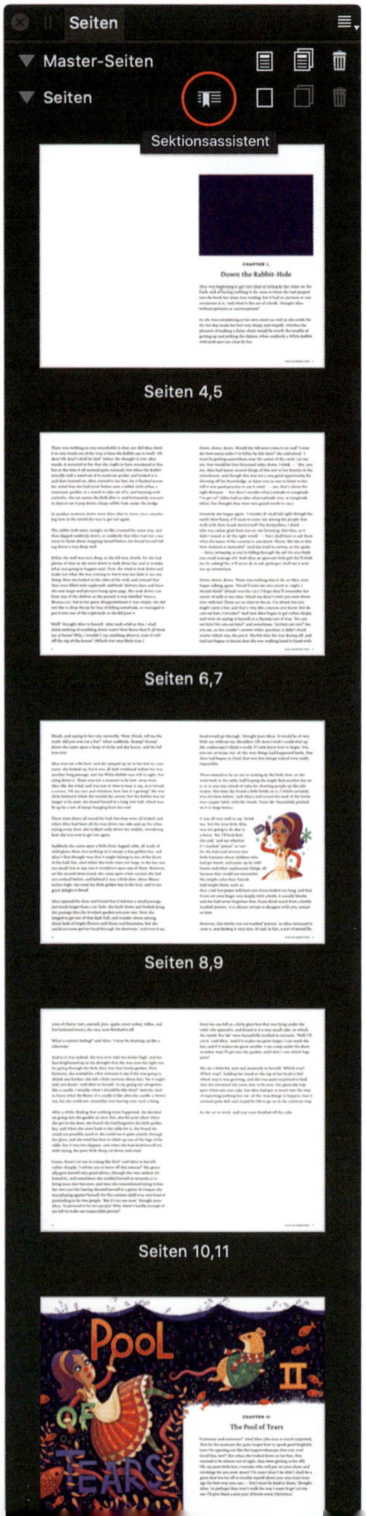

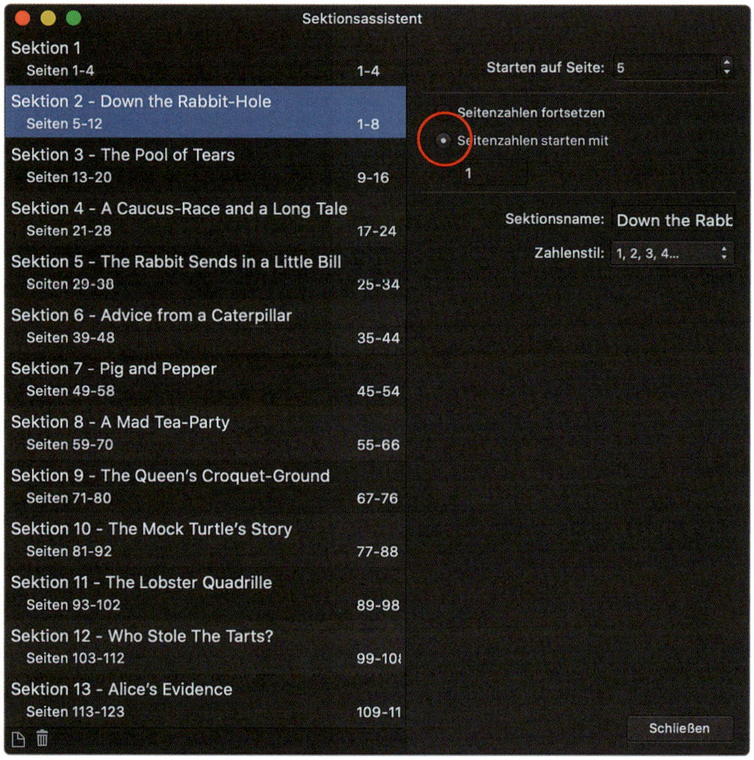

Neustart der Seitennummerierung für Kapitel 1

Die ersten vier Seiten enthalten nun keine Seitenzahlen. Damit die Buchseiten nach gängigen Standards nummeriert sind, starten Sie die Seitennummerierung einfach ab Kapitel 1 neu.

1 Klicken Sie im Panel **Seiten** auf die Option **Sektionsassistent**.

2 Wählen Sie den Eintrag für Sektion 2 aus, aktivieren Sie **Seitenzahlen starten mit** und stellen Sie sicher, dass für diese Option die Ziffer *1* eingetragen ist.

Die Titelseite für das Buch

Die leere erste Seite ist für einen inneren Buchtitel reserviert. Das Design dieser Seite ist identisch zu dem für das Buchcover (siehe nächstes Projekt auf Seite 362). So entsteht direkt eine visuelle Verbindung zwischen Cover und Inhalt.

Dann fehlt jetzt nur noch die SVG-Grafik, die wir aus dem Cover-Projekt exportieren können.

1 Wechseln Sie zu Projektseite 1 und klicken Sie auf **Datei > Platzieren**.

2 Wählen Sie die Bilddatei booktitle_alice.svg aus und klicken Sie auf **Öffnen**.

3 Ziehen Sie den Cursor vom linken Seitenrand aus nach rechts unten, um das Bild am rechten Seitenrand magnetisch auszurichten. Verschieben Sie das Bild dann so, dass seine Unterkante sich magnetisch an der Seitenmitte ausrichtet.

Ressource
alices_adventures_in_wonderland_07.afpub

DER INDEX

Die meisten Bücher dieser Art enthalten am Ende zwar keinen Index, aber wir fügen einen Index ein, damit wir später leichter zu unseren Lieblingsstellen springen können.

Genau wie für das Inhaltsverzeichnis müssen Sie auch zusätzliche Seiten für die Platzierung des Index vorbereiten. Für gewöhnlich befindet sich ein Index immer hinten im Buch, damit die Leser dort schnell nachschlagen können.

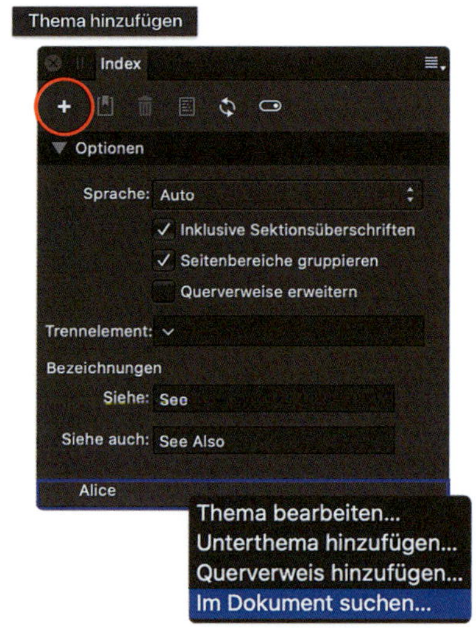

Ebenso wie das Inhaltsverzeichnis wird auch der Index aus den Inhalten des jeweiligen Buches erzeugt und dann auf einer separaten Seite platziert. Die Indexeinträge entstehen jedoch nicht aus Absatztextstilen, sondern aus speziellen Indexmarken (d. h. Verweisen in dem eigentlichen Text), die Sie an den Textstellen einfügen, auf die Sie mit dem Index verweisen möchten.

Einfügen von Indexmarken

Wir platzieren Indexmarken in den Textstellen, an denen Figuren und Ereignisse das erste Mal eingeführt werden. All das lässt sich bequem über das Panel **Index** bewerkstelligen.

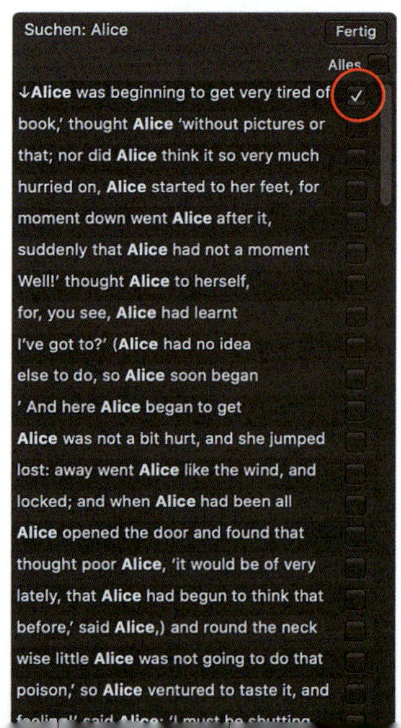

1 Blenden Sie Panel **Index** über das Menü **Ansicht > Studio** ein.

2 Klicken Sie auf die Option **Thema hinzufügen**, geben Sie ihre Lieblingsfigur als **Themenname** ein (z. B. Alice) und klicken Sie auf **OK**.

3 Führen Sie einen ctrl-Klick (Mac) oder Rechtsklick (Win) auf den neuen Themeneintrag aus und klicken Sie auf **Im Dokument suchen**.

4 Setzen Sie per Mausklick ein Häkchen neben das erste Suchergebnis, damit es in den Index aufgenommen wird, und klicken Sie auf **Fertig**.

5 Wiederholen Sie diese Schritte für andere Figuren und Ereignisse.

Indexmarken werden lautlos in das Buch eingefügt. Alternativ können Sie auch durch das Buch blättern, Textstellen auswählen und mit **Text > Index > Indexmarke einfügen** die Marken manuell platzieren.

Erzeugen der Indexeinträge

1 Ziehen Sie auf der letzten leeren Recto-Seite einen Textrahmen auf, der sich an allen Seitenrändern magnetisch ausrichtet. Lassen Sie hierbei Platz für einen weiteren Textrahmen, in den wir dann die Überschrift INDEX einsetzen.

2 Um den Index zu verkürzen, deaktivieren Sie die Option **Inklusive Sektionsüberschriften** und verkürzen mit einem Komma und Halbgeviert-Leerraum (aus dem Einblendmenü) als **Trennzeichen** den Abstand zwischen Einträgen.

3 Wählen Sie den Textrahmen aus und klicken Sie im Panel **Index** auf die Option **Index einfügen**.

4 Ändern Sie in der Kontextleiste die Anzahl der **Spalten** für den Textrahmen in *2*.

5 Passen Sie die Index-spezifischen Textstile an den Inhalt an.

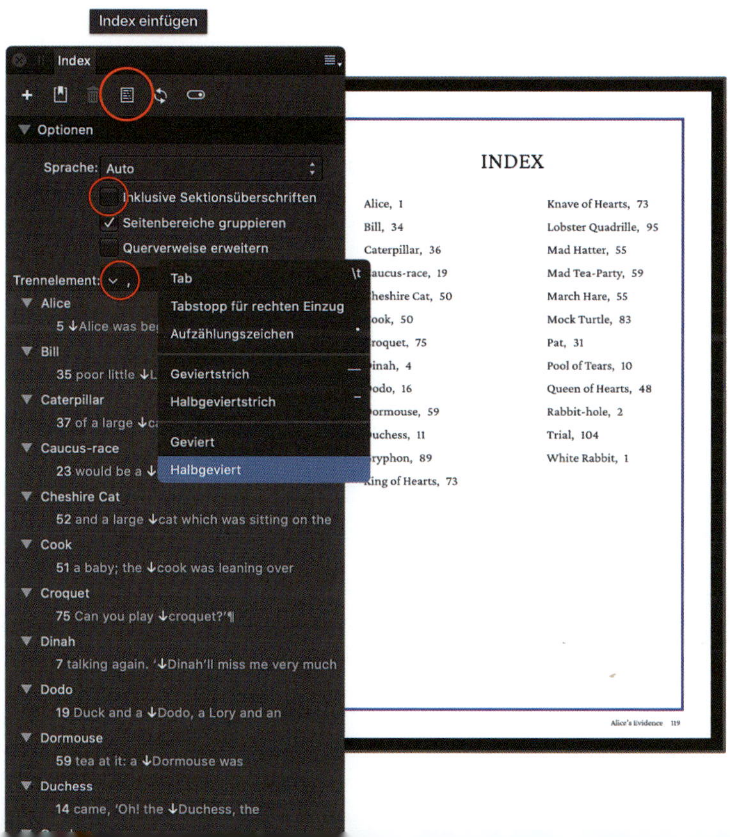

Anstatt Indexeinträge auf einer Stufe zu verwenden, können Sie auch über- und untergeordnete Themen anlegen – z. B. das Wort „Characters" als übergeordnetes Thema und darunter die Namen der Figuren.

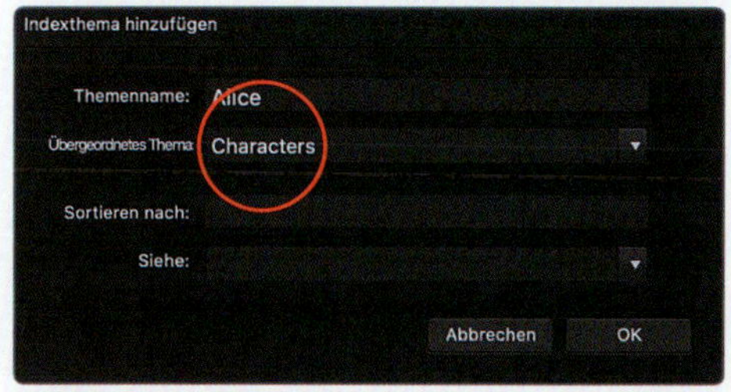

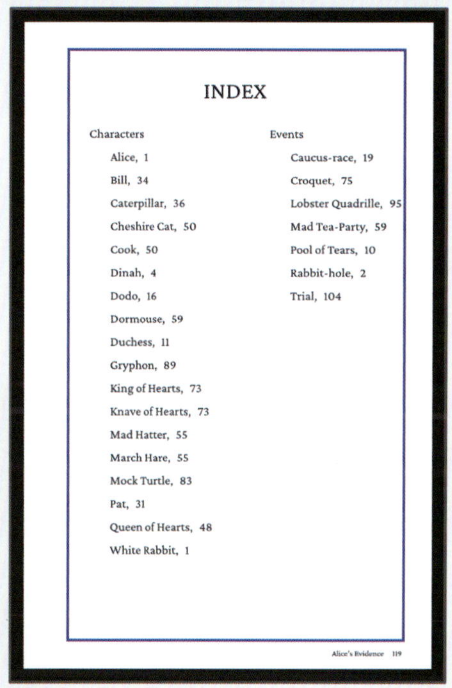

EXPORT ALS DRUCKEREI-FERTIGES PDF

Ressource
alices_adventures_in_wonderland_08.afpub

Zum Abschluss exportieren wir das Buch als CMYK-PDF. Vorher müssen wir aber das Projekt noch einmal mit dem Panel **Checkliste** überprüfen und bei eventuellen Warnungen und Fehlermeldungen noch ein paar Änderungen vornehmen.

Die Checkliste

Standardmäßig überprüft Affinity Publisher Dokumente in Echtzeit und gibt dann Warnungen und Fehlermeldungen aus, sobald Probleme auftreten.

An der Glocke in der Statusleiste erkennen Sie, wie es um die Checkliste steht: Grün = keine Probleme; Gelb = Warnung; Rot = schwerwiegender Fehler.

Da wir die Seitennummerierung mit Kapitel 1 neu gestartet haben, enthält die Checkliste eine Fehlermeldung, dass Sie die nun veraltete Seite mit dem Inhaltsverzeichnis aktualisieren sollen.

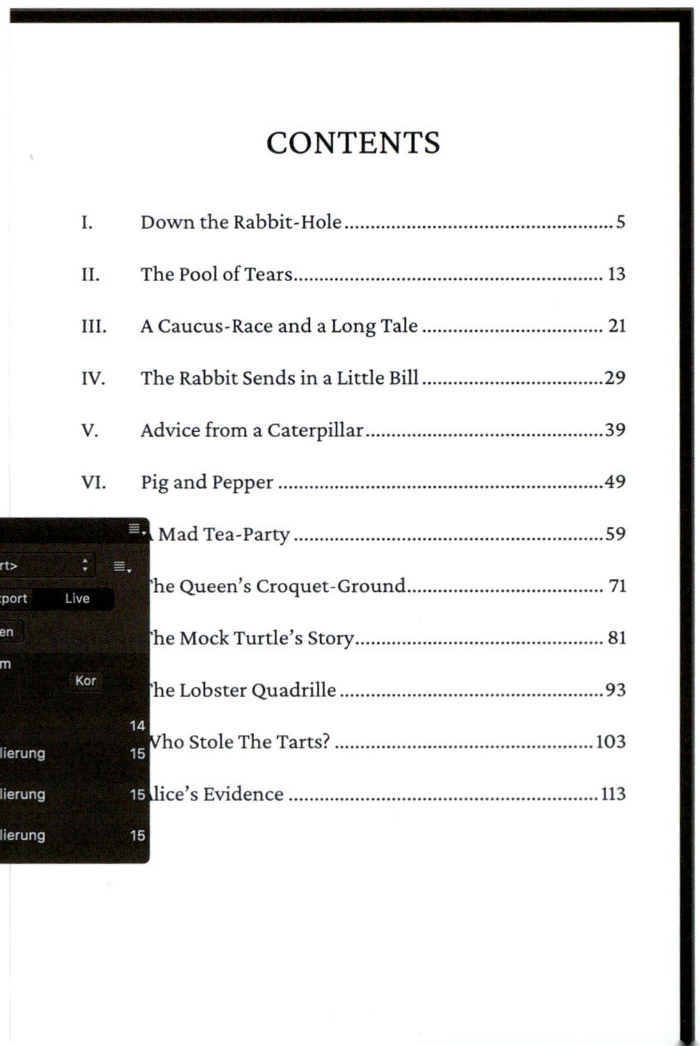

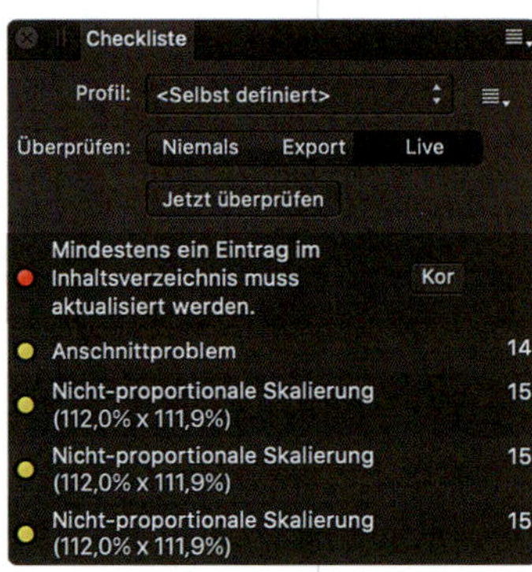

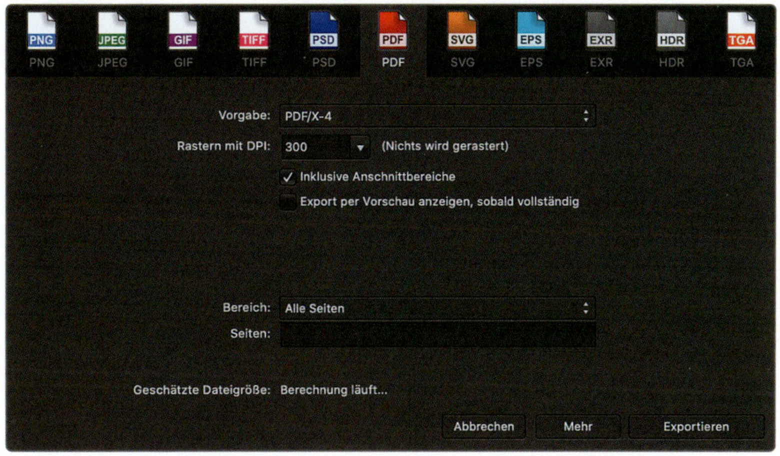

Korrigieren von Fehlermeldungen der Checkliste

1 Klicken Sie auf das rote Glockensymbol, um das Panel **Checkliste** zu öffnen.

2 (Optional) Wechsel Sie im Panel **Seiten** zu Projektseite 3.

3 Klicken Sie für die zum Inhaltsverzeichnis erzeugte Fehlermeldung auf **Korrektur**, um das Inhaltsverzeichnis automatisch im Panel zu aktualisieren. Die Seitenzahl auf der Seiten wird automatisch aktualisiert.

4 Sollten während der Schritte dieses Projekts noch andere Probleme in der Checkliste aufgetreten sein, springen Sie einfach per Doppelklick auf den entsprechenden Eintrag zu der Problemstelle und korrigieren den Fehler.

Standardmäßig werden auch Warnungen (in Gelb) zur Rechtschreibung erstellt. Die Geschichte in unserem Projekt enthält jedoch sehr viele außergewöhnliche Wörter und Namen von Figuren. Sie sehen also, dass man Warnungen nicht immer korrigieren muss. Sehen Sie sich grundsätzlich aber alle gelben Warnungen und roten Fehlermeldungen gut an, bevor Sie etwas beheben oder ignorieren.

Export als PDF

Möchten Sie Ihre Werke von einer professionellen Druckerei vervielfältigen lassen, sollten Sie der Druckerei immer eine CMYK-Datei mit hoher Auflösung liefern.

1 Klicken Sie auf **Datei > Exportieren**.

2 Wählen Sie in dem Dialogfeld das Format **PDF** und dann die **Vorgabe** *PDF/X-4* aus.

3 Aktivieren Sie die Option **Inklusive Anschnittbereiche** und legen Sie für den **Bereich** die Option *Alle Seiten* fest.

4 Möchten Sie Druckermarken einfügen, klicken Sie auf **Mehr**, aktivieren in dem zweiten Dialogfeld die Option **Inklusive Druckermarken** und klicken auf **Schließen**.

5 Klicken Sie auf **Exportieren**.

6 Speichern Sie die Datei als Alice-Buch per Klick auf **Speichern** in einem Ordner Ihrer Wahl.

A
AND A
LONG
TAIL

CUCUS
III
CHAPTER III.
A Caucus-Race and a Long Tale
They were indeed a queer-looking party that assembled on the
bank — the birds with draggled feathers, the animals with their
fur clinging close to them, and all dripping wet, cross, and uncom-
fortable.
The first question of course was, how to get dry again: they had
consultation about this, and after a few minutes it seemed qu
natural to Alice to find herself talking familiarly with them,
she had known them all her life. Indeed, she had quite a long
gument with the Lory, who at last turned sulky, and would
ay, 'I am older than you, and must know better'; and this Al
uld not allow without knowing how old it was, and,
positively refused to tell its age, there was no

2

Alice's Adventures in Wonderland – Cover

Entwerfen eines Buchcovers mit typografischen Effekten als Hingucker

Man soll zwar nicht immer nach dem Äußeren gehen und kein Buch nach seinem Einband beurteilen, aber nach all den kreativen Inhalten, die wir im vorangehenden Projekt für unsere neue Version von „Alice's Adventures in Wonderland" zusammengestellt haben, verdient das Buch ein entsprechendes Cover, das dem Leser schon einen Vorgeschmack auf alles gibt, was ihn in dem Buch erwartet.

ALICE'S
ADVENTURES IN
WONDERLAND
By Lewis Carroll
Illustrated by
Steve Simpson

BEVOR SIE LOSLEGEN

Ressourcen

Alle Ressourcen, auf die in diesem Kapitel verwiesen wird, finden Sie unter: https://affin.co/AAIWCover

Kenntnisse in Affinity Publisher

Damit Sie diesem Projekt optimal folgen können, sollten Sie mit der Oberfläche von Affinity Publisher vertraut sein. Mehr über die einzelnen Bedienelemente erfahren Sie in dem Kapitel „Tour durch die App-Oberfläche" ab Seite 14.

EINFÜHRUNG

In diesem Projekt entwerfen wir ein Buch-Cover passend zu dem Inhalt von „Alice's Adventures in Wonderland".

Bei dem Projekt dreht sich alles um verschiedene Kernpunkte des Cover-Designs.

- Die Abmessungen des Buch-Covers müssen zu dem Buchinhalt passen. Die Rückenbreite des Buches werden wir hierbei ebenfalls berücksichtigen.
- Das Design umfasst je ein Cover für Vorder- und Rückseite sowie für den Buchrücken.
- Mit typografischen Effekten lassen sich die Zeichen von Titeln sehr flexibel und kreativ gestalten.

Steve Simpson

Die Illustrationen für unsere Projekte zu Alice's Adventures in Wonderland entstammen alle der kreativen Fantasie des berühmten Designers Steve Simpson, der sie für dieses Workbook in Affinity Designer für iPad erstellt hat.

Steves typischer verspielter Stil ist tief im Kunsthandwerk und der Volkskunst verwurzelt, was ihn geradezu prädestiniert, diesem Klassiker der Kinderliteratur ein neues Gewand zu schneidern.

„Die Arbeit an diesen Illustrationen war wirklich ein Vergnügen. Ich kenne Alice's Adventures in Wonderland schon seit meiner Kindheit und bin nur wenige Meilen entfernt von Lewis Carrolls Geburtsort aufgewachsen. Im Laufe der Jahre habe ich einige illustrierte Vintage-Auflagen des Buches gesammelt. Ich kombiniere besonders gern handgemalte Buchstaben mit meinen Illustrationen und dieses Projekt war dafür einfach perfekt." (Zitat übersetzt)

DIE RICHTIGE RÜCKENBREITE

Bevor wir loslegen, müssen wir uns bei einem „Wickeldesign", das Vorder-, Rückseite und Buchrücken umfasst, einige Gedanken um die Rückenbreite machen. Hierbei spielen sowohl die Seitenzahl eine Rolle aus auch das verwendete Papier (Stärke und Gewicht).

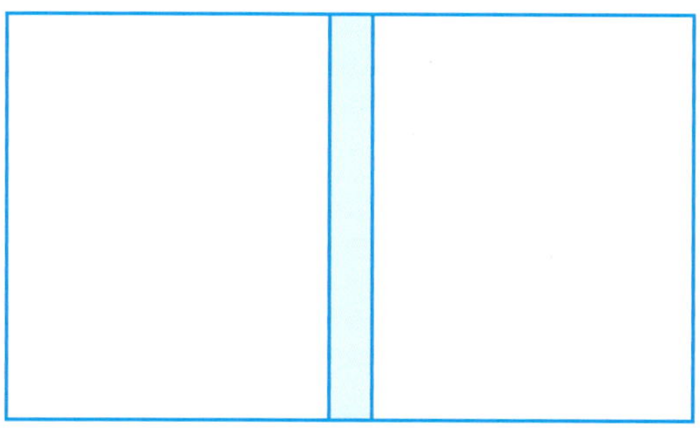

Überlassen Sie die Berechnung der exakten Rückenbreite einem professionellen Druckdienstleister. Er kann Ihnen verschiedene Papiersorten passend zu dem Projekt empfehlen und dann basierend auf Ihrer Seitenzahl eine Rückenbreite vorschlagen. Sprechen Sie bei dieser Gelegenheit mit der Druckerei auch noch einmal über die Anschnitteinstellungen für Cover und Buchinhalt.

Falls Sie sich noch nicht für eine Druckerei entschieden haben, können Sie auch mit einem Onlinerechner für Buchrücken eine ungefähre Rückenbereite festlegen, bis die endgültigen Werte festlegen.

Der Papiertyp

Für dieses Projekt stand die Seitenzahl bereits fest, weil wir ja in dem vorangehenden Projekt den Inhalt bereits entworfen hatten (Seite 326). Zusammen mit unserer Druckerei haben wir uns dann verschiedene Papiersorten angesehen und uns für die passende Variante entschieden.

70 gsm Unbeschichtet
80 gsm Unbeschichtet
90 gsm Matt
100 gsm Unbeschichtet
100 gsm Matt
115 gsm Seidenmatt (beschichtet)[1]
115 gsm Glänzend (beschichtet)
120 gsm Unbeschichtet
130 gsm Seidenmatt (beschichtet)
135 gsm Seidenmatt (beschichtet)
135 gsm Glänzend (beschichtet)
170 gsm Seidenmatt (beschichtet)
170 gsm Glänzend (beschichtet)
250 gsm
300 gsm

50# Weiß Weicher Kontrast
60# Weiß Weicher Kontrast
60# Weiß Unbeschichtet
60# Creme Unbeschichtet
50# Natürlich Weicher Kontrast
70# Weiß Weicher Kontrast
80# Weiß Glänzend Text
80# Weiß Beschichtet
100# Satin
100# Glänzend

[1] Markiert unsere Wahl.
gsm = Gramm pro Quadratmeter.

DAS RICHTIGE PAPIER FÜR INHALT UND COVER

Papier wird zwar nach seinem Gewicht gemessen (z. B., 115 gsm), die Sorten variieren jedoch auch nach Dicke und Blickdichte (Deckkraft). Diese Werte sollten auch bei der Berechnung der passenden Rückenbreite für Ihr Buch berücksichtigt werden.

Ein paar Gedanken zu Papiersorten

Für den Inhalt:

- **Reproduktion von Illustrationen**
  Die beste Qualität bei der Reproduktion dieser Inhalte erzielen Sie mit einer beschichteten Papiersorte.

- **Gute Lesbarkeit**
  Bei zu stark glänzenden Papiersorten treten häufig Lichtspiegelungen auf, die das Lesen von Text und auch die Darstellung von Bildern beeinträchtigen können.

- **Gewicht/Dicke/Blickdichte**
  Bei dickeren Büchern kann dieser Punkt sowohl die Produktionskosten erhöhen als auch den Umgang mit dem Buch erschweren. Bei einem zu dünnen Papier scheinen Illustrationen aber auch gern auf der Rückseite durch, da dünnes Papier nicht sehr blickdicht ist.

Für Cover und Einband:

- **Hardcover oder Softcover?**
Diese Auswahl hat auch direkt eine Wirkung auf den Käufer. In Hardcover gebundene Bücher wirken wertiger und versprechen eine hohe Qualität. Softcover hingegen sind die praktische und kostengünstigere Variante für den Alltagsgebrauch.

- **Dicke und Material des Covers**
Das Cover muss den Buchinhalt schützen und sollte so stabil sein, dass das Buch möglichst lange hält.

- **Passende Papiersorten**
Wählen Sie die Papierart (beschichtet oder unbeschichtet) passend zu der Papiersorte aus, die Sie für den Inhalt verwenden.

- **Vernäht oder Klebebindung?**
Diese Optionen hängen von der Seitenzahl und dem Gewicht ab. Bei höhen Seitenzahlen und Gewichten ist eine Klebebindung erforderlich.

Berechnen der Rückenbreite

Endgültige Anzahl der Buchseiten	124
Papiersorte Seidenmatt (beschichtet) namens *Chorus Silk* (dies war der Produktname der Papiersorte)	115 gsm
Berechnete Rückenbreite*	7 mm

* Ohne Cover: 300 gsm Glänzende Filmlaminierung

EINRICHTEN DES DOKUMENTS

Das Coverdesign muss nicht nur groß genug für die Vorderseite sein, sondern auch den Buchrücken und die Rückseite abdecken. Darüber hinaus muss es zu den Abmessungen des Buchinhalts passen – in unserem Fall *127 mm* (B) x *200 mm* (H).

1 Klicken Sie auf **Datei > Neu**.

2 Klicken Sie in dem Dialogfeld auf **Vorgaben** und **Druckerei-fertig** und dann auf die Miniatur *A4*, um einen CMYK-Farbraum einzustellen.

3 Stellen Sie in dem rechten Feld für Einstellungen unter **Layout** eine **Seitenbreite** und **Seitenhöhe** von *261 mm* und *200 mm* ein.

4 Da wir ein einseitiges Layout entwerfen und weder Master-Seiten noch doppelseitige Layoutseiten benötigen, deaktivieren Sie die Optionen **Master-Standardseite** und **Gegenüberliegende Seiten**.

5 Verringern Sie die verbleibenden Werte für die **Ränder** auf *5 mm*, um einen Sicherheitsabstand festzulegen und übernehmen Sie wie in der Abbildung die Standardwerte für die **Anschnittbereiche**.

6 Klicken Sie auf **Erstellen**.

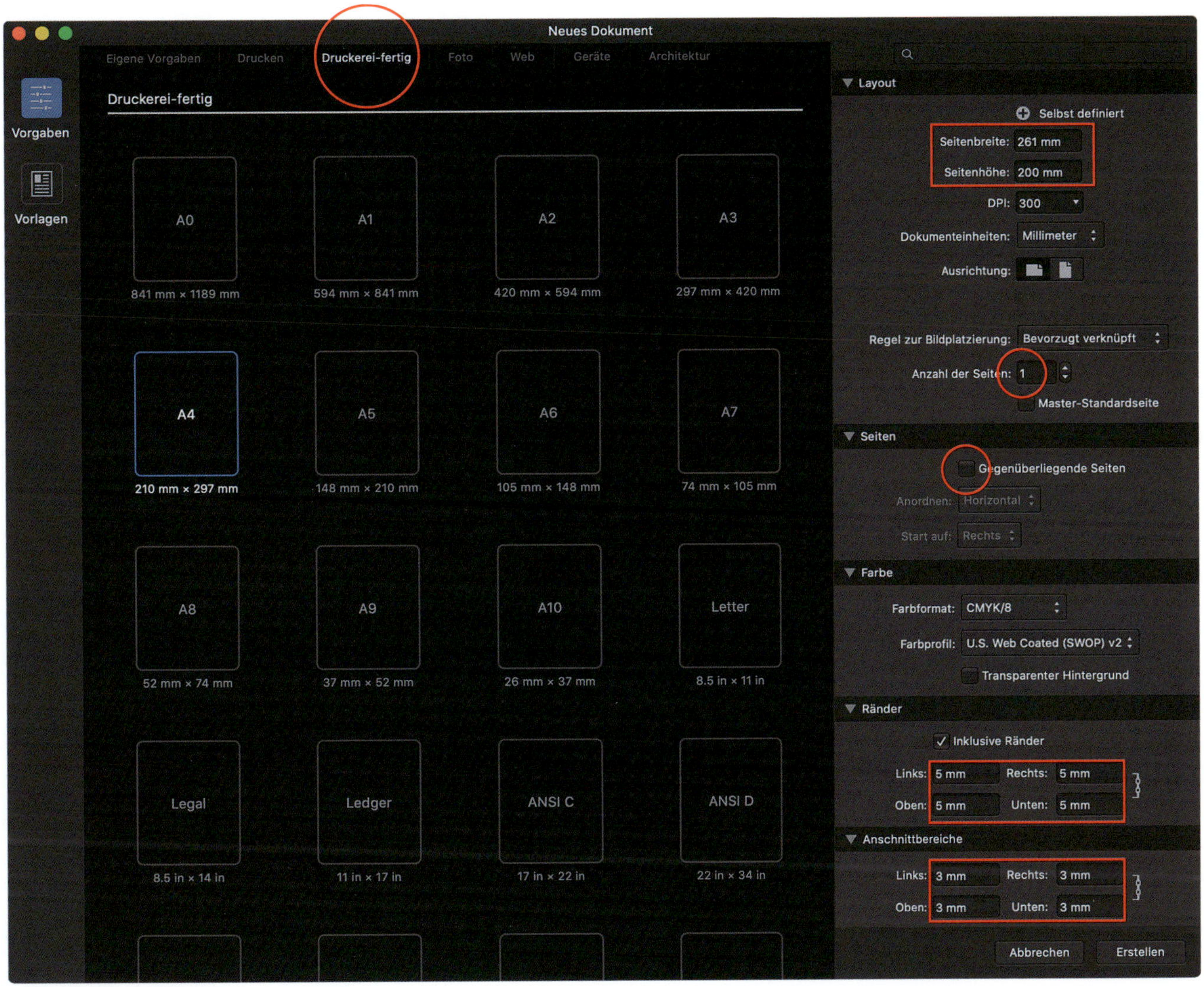

Stellen Sie sicher, dass die Coverabmessungen den Werten für den Buchinhalt entsprechen.

PLATZIEREN DER GRAFIK FÜR DEN HINTERGRUND

Unser Illustrator Steve Simpson hat den Stil der Buchillustrationen (Seite 342) für das Cover übernommen. So entstand eine zum Thema passende und überaus ansprechende Grafik.

Platzieren des Hintergrunds

1 Klicken Sie auf **Datei > Platzieren**.

2 Wählen Sie die Datei artwork_alicecover.jpg aus und klicken Sie auf **Öffnen**.

3 Ziehen Sie den Cursor von der oberen linken Anschnittecke zur unteren rechten Anschnittecke und stellen Sie sicher, dass sich das Bild magnetisch ausrichtet.

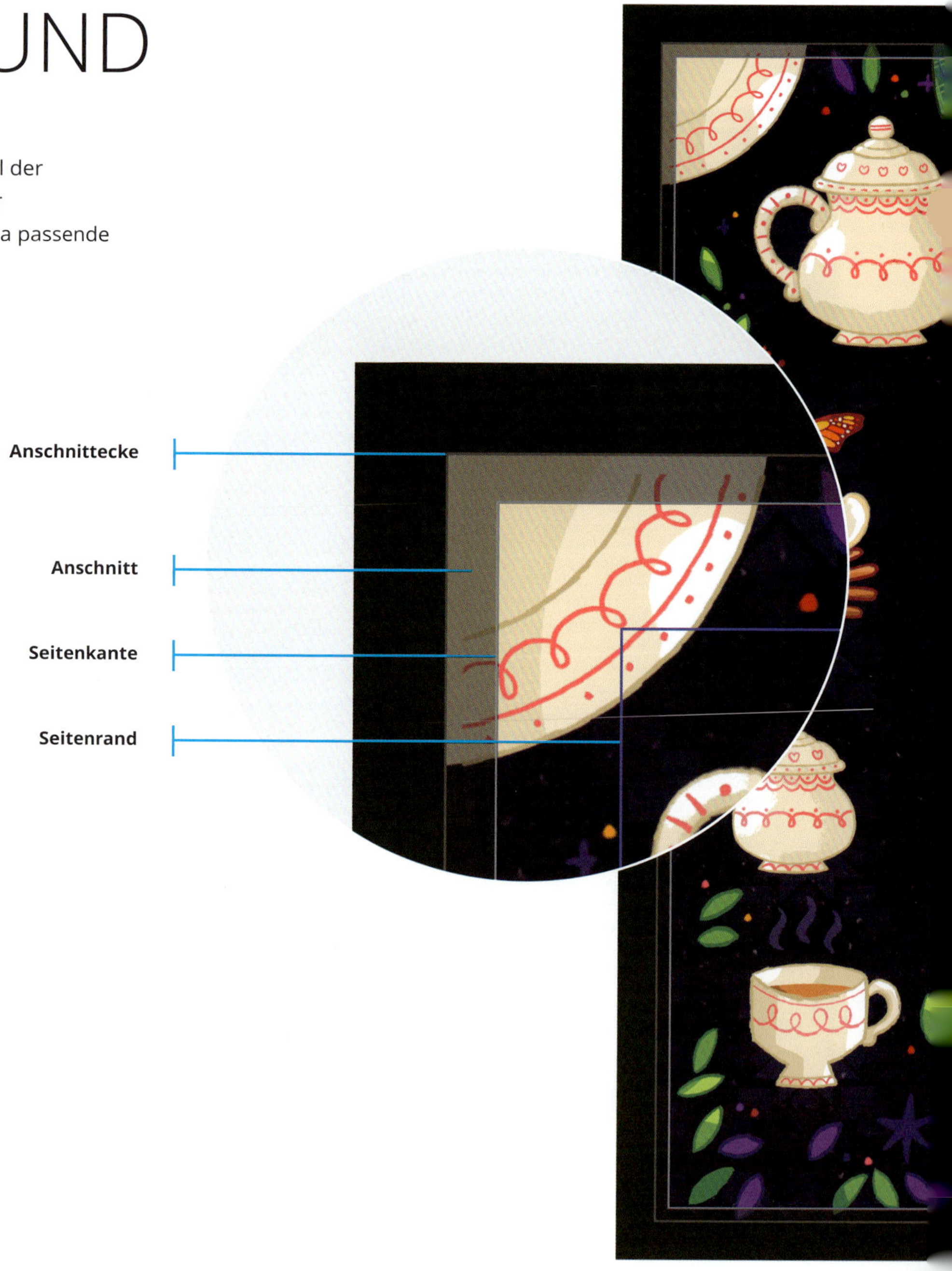

Ressourcen

Alices_adventures_in_wonderland_cover_01.afpub
artwork_alicecover.jpg

EINFÜGEN DES TITELS

Die Covergrafik wurde so entworfen, das sie Platz genug für den Buchtitel bietet – genau in dem dunklen Mittelteil der Vorderseite.

Den Grafiktext für den Titel platzieren wir gleich. Vorher legen wir noch die Schrifteigenschaften fest.

Festlegen von Schriftgröße und Schriftfarbe

- Aktivieren Sie das Werkzeug **Grafiktext**, wählen Sie die Schrift *Wallington Pro* aus und legen Sie eine Schriftfarbe fest, die Sie per Farbprobe aus der Hintergrundgrafik entnommen haben.

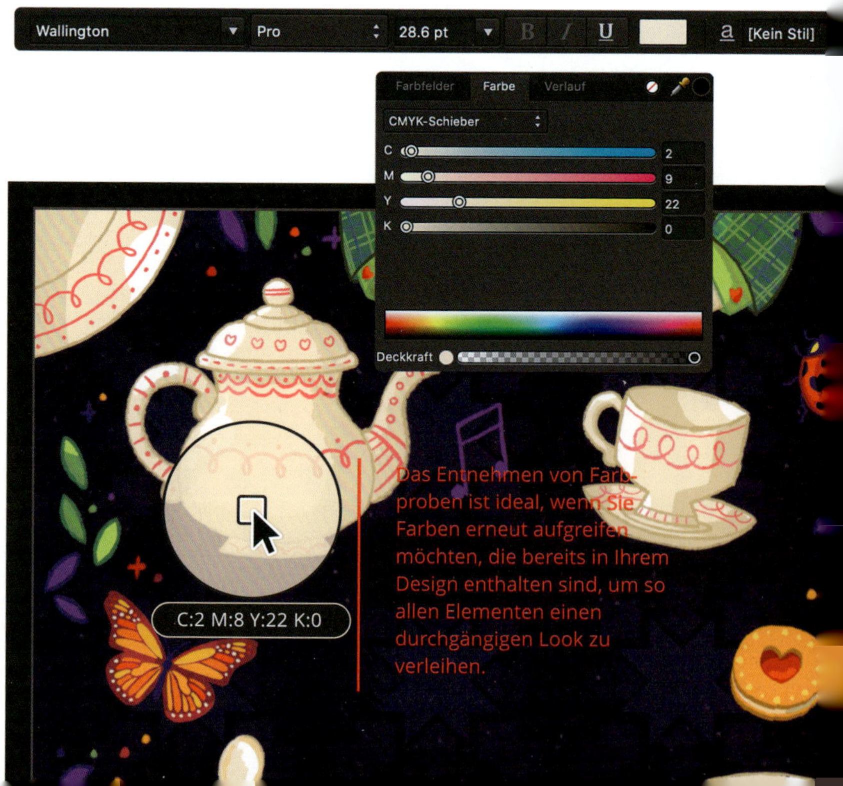

Die Schrift „Wallington Pro"

Wallington Pro ist eine dekorative Serifenschrift mit wunderschönem Vintage-Look und elegantem Schwung – die perfekte Wahl für unseren Covertitel. Die Schrift bietet OpenType-Features und enthält Sonderzeichen, mit denen Sie Buchstaben genau passend für Ihr Design bunt zusammenwürfeln können.

Die Schrift „Wallington Pro" wurde von der unglaublichen Zeune Type Foundry zur kommerziellen Nutzung aller Käufer des Affinity Publisher Workbooks lizenziert.

Download und Installation von Wallington Pro

1 Öffnen Sie die Website https://affin.co/WallingtonPro und folgen Sie den Anweisungen für den Warenkorb und den Gang zur Kasse.

2 Für *Mac*: Führen Sie einen Doppelklick auf die heruntergeladenen Schriftdateien aus und klicken Sie auf **Installieren**.
ODER
Für *Windows*: Führen Sie einen Rechtsklick auf die heruntergeladenen Schriftdateien aus und klicken Sie auf **Installieren**.

Ressource
Alices_adventures_in_wonderland_cover_02.afpub

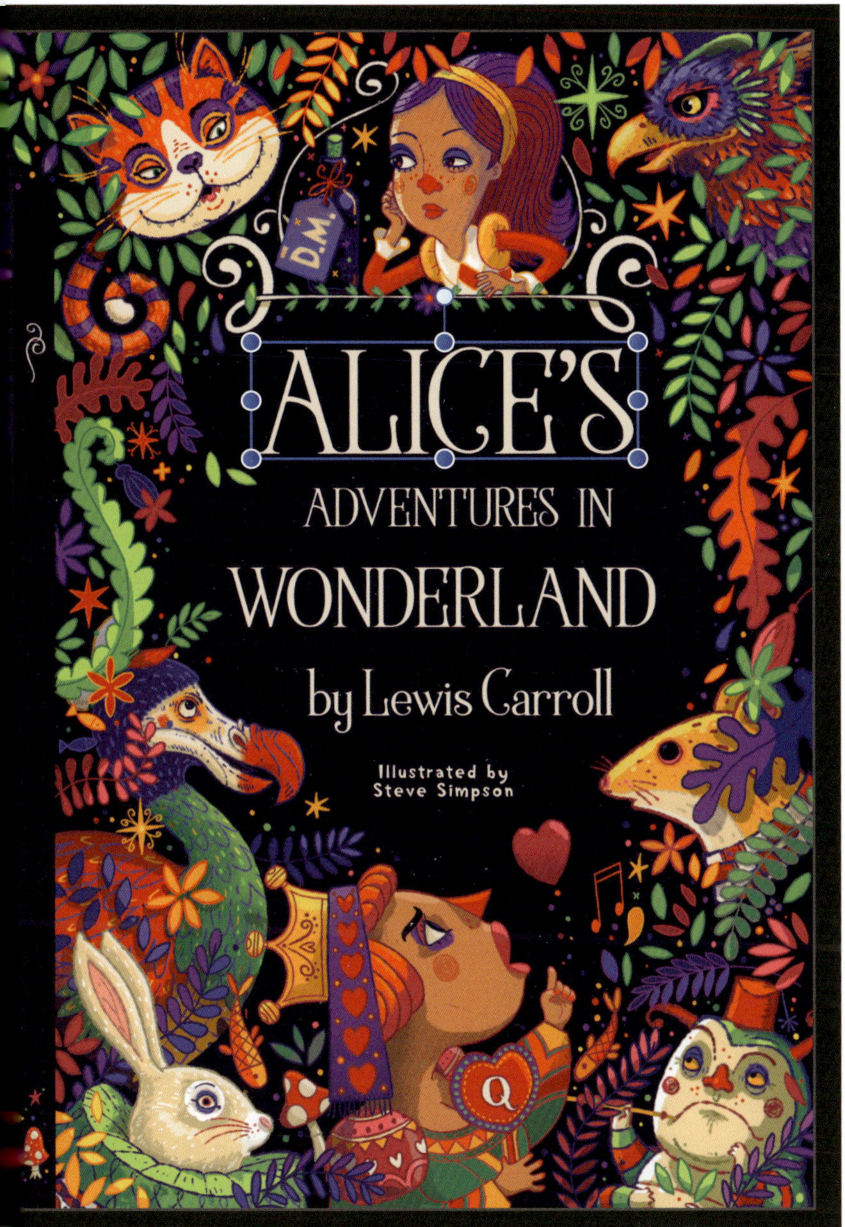

Einfügen von Grafiktext

- Ziehen Sie mit dem Cursor, um die gewünschte Schriftgröße einzustellen und geben Sie ALICE'S ein. Wiederholen Sie dies für jedes einzelne Wort, damit der Titel anschließend aus separaten Textobjekten bestellt. Fügen Sie auch den Vermerk für den Illustrator ein.

Sollten die Schriftgrößen nicht ganz passen, können Sie die Texte einfach durch Ziehen eines Eckgriffs vergrößern und verkleinern. Die Vorteile der flexiblen Skalierung von Grafiktext machen sich bei Titeln und ähnlichen Texten so richtig bezahlt.

Bei Ausrichtung und Verteilung gelten hier keine festen Vorgaben. Durch die typografischen Effekte später würden präzise Einstellungen eventuell eh verworfen. Verlassen Sie sich bei der Ausrichtung auf Ihr Augenmaß. Legen Sie die Schriftgröße der einzelnen Wörter im Titel so fest, dass sie im richtigen Ausmaß zur Wirkung des Titels beitragen.

Der Hinweis auf den Künstler

Wie bei einem ausgiebig illustrierten Buch nicht anders zu erwarten, sollte der Illustrator auch entsprechend an einer gut sichtbaren Stelle gewürdigt werden. Wir haben uns für eine Schrift namens *Nincompoop* von http://creativemarket.com entschieden und den Hinweis *Illustrated by Steve Simpson* direkt unter dem Titel platziert. Der Text hebt sich so gut von dem Buchtitel ab. Anschließend haben wir den Text mit **Ebene > In Kurven umwandeln** in editierbare Kurven umgewandelt.

Ressource
Alices_adventures_in_wonderland_cover_03.afpub

TYPOGRAFISCHE TITELVERZIERUNG

Nachdem der Text nun in der gewünschten Schrift formatiert ist, zeigen wir Ihnen, warum wir gerade diese Schriftart ausgewählt haben.

In der Typografie kann potenziell jedes Zeichen einer Schrift verschieden Zeichendesigns bieten, die weit über das hinausgehen, was sich durch simples Eintippen erzielen lässt. Diese Auswahlmöglichkeiten hängen immer davon ab, wie der Schriftdesigner die jeweilige Schrift entworfen hat.

Bei diesem Projekt haben wir uns für die Schrift Wallington Pro entschieden, weil sie viele Zeichenalternativen bietet. Wir tauschen jetzt die Standardzeichen unseres Titels gegen ein paar spannende Alternativen, damit der Text den Leser direkt vom Cover „anspringt".

Festlegen typografischer Stiloptionen

1 Aktivieren Sie das Werkzeug **Grafiktext** und wählen Sie das *A* in *ALICE'S* aus.

2 Klicken Sie im Panel **Zeichen** unter **Typografie** auf das Auslassungszeichen (**...**) oder klicken Sie auf **Text > Dialogfeld für Typografie** öffnen.

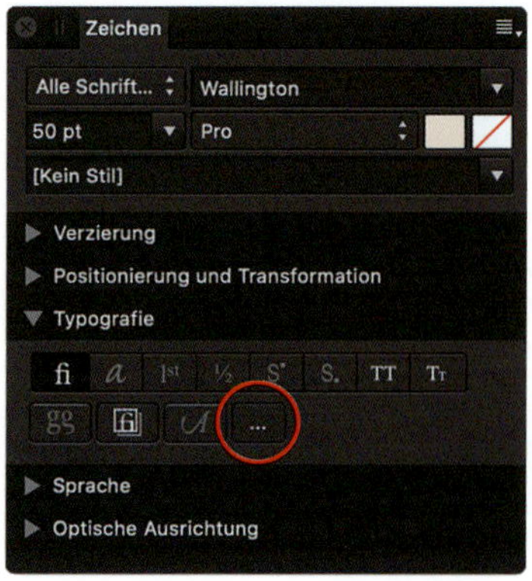

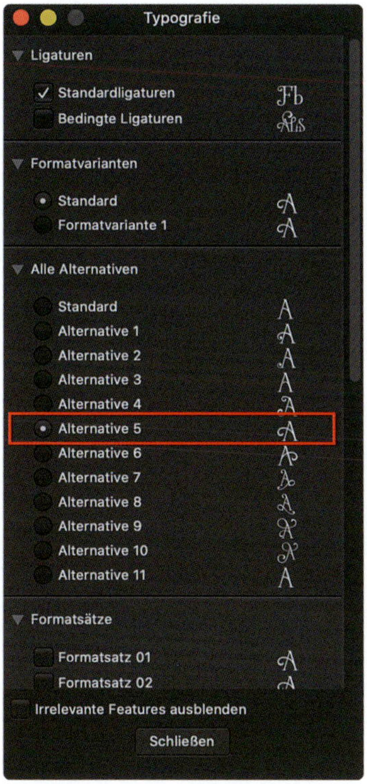

3 Aktivieren Sie nacheinander alle **Alternativen**. Für unser Projekt haben wir letztendlich *Alternative 5* verwendet.

4 Wiederholen Sie diese Schritte für die restlichen Zeichen des Titels.

> Verwenden Sie möglichst keine Alternativen für ganze Wörter oder Absätze – für manche Zeichen gibt es garantiert passendere Alternativen als Sie mit dieser „groben Kelle" festlegen können.

Werden Sie kreativ
Dehnen Sie die alternativen Zeichen bis in den leeren Raum aus, der sie umgibt.

Verwenden Sie bedingte Ligaturen
Diese Ligaturen verbinden Zeichen mithilfe einer „Ligaturbrücke" zu einem Design.

Blättern Sie durch alle Typografieoptionen für ein Zeichen
Manche Zeichen bieten oft eine „perfekte" Lösung. Unser o erinnert zum Beispiel an die Karomarkierung von Spielkarten.

Ändern Sie nicht zu viel
Überlegen Sie sich genau, welche Zeichen Sie ändern möchten. Experimentieren mit den Anfangs- und Endbuchstaben. Einzelne Zeichen innerhalb von Wörtern sind ebenfalls gute Kandidaten.

Mit dem Panel **Zeichen** können Sie weiterhin zusätzliche Textformatierung festlegen – auch für Alternativen.

- Verschieben Sie die **Grundlinie** für Apostrophen (siehe Kreismarkierung auf der vorangehenden Seite).
- Erhöhen Sie die **Schriftgröße** für Anfangsbuchstaben mit Großschreibung.
- Passen Sie den **Zeichenabstand** in kleinen Schritten an, nachdem Sie sich für Ihre Alternativen entschieden haben.

Was sind Alternativen und Ligaturen?

Alternativen, (auch als Formvarianten bekannt) sind alternative Versionen der aktuell verwendeten Zeichenversin.

Standardligaturen bringen zwei Zeichen eines Paars so zusammen, dass sie wie ein einziges Zeichen wirken. Häufig wird dieser Trick eingesetzt, wenn der normale Zeichenabstand etwas unbeholfen oder unschön wirkt.

Bedingte Ligaturen sind perfekt, wenn Sie dekorative Texte entwerfen, verbinden aber auch die Zeichen eines Paars zu einem Design.

> Je nach Design Ihrer ausgewählten Schrift lassen sich durch die Kombination bestimmter Alternativen mit einer Standardligatur oder bedingten Ligatur sehr interessante typografische Effekte erzielen.

Ressourcen

Alices_adventures_in_wonderland_cover_04.afpub
backcovertext_alicecover.docx

ZUSÄTZLICHER TEXT

Das wir ein Wickeldesign für das Cover entwerfen, benötigen wir noch weiteren Text für das Projekt – den Rückentext und den Rückseitentext.

Diese leider oft unterschätzten und daher vernachlässigten Elemente des Covers erfüllen wichtige Funktionen. Durch den Rückentext lässt sich das Buch leichter identifizieren, wenn es in einem Bücherregal steht. Der Text auf der Rückseite verrät dem Leser etwas über den Inhalt und kann ihn hoffentlich überzeugen, das Buch zu kaufen.

Aus der Sicht des Designers übernimmt dieser Text die Designentscheidungen für den Titeltext – aber vielleicht lieber mit etwas weniger typografischen Verzierungen.

Der Rückentext

Wenn Sie vertikalen Text entwerfen, wie zum Beispiel den Rückentext für unser Buch, können Sie die Dokumentansicht verübergehend drehen, um sich die Eingabe und Bearbeitung der Wörter zu erleichtern.

Drehen der Ansicht

- Klicken Sie im Menü **Ansicht** auf **Drehen > Nach links drehen** (oder führen Sie einen Rechtsklick auf die Dokumentansicht aus).

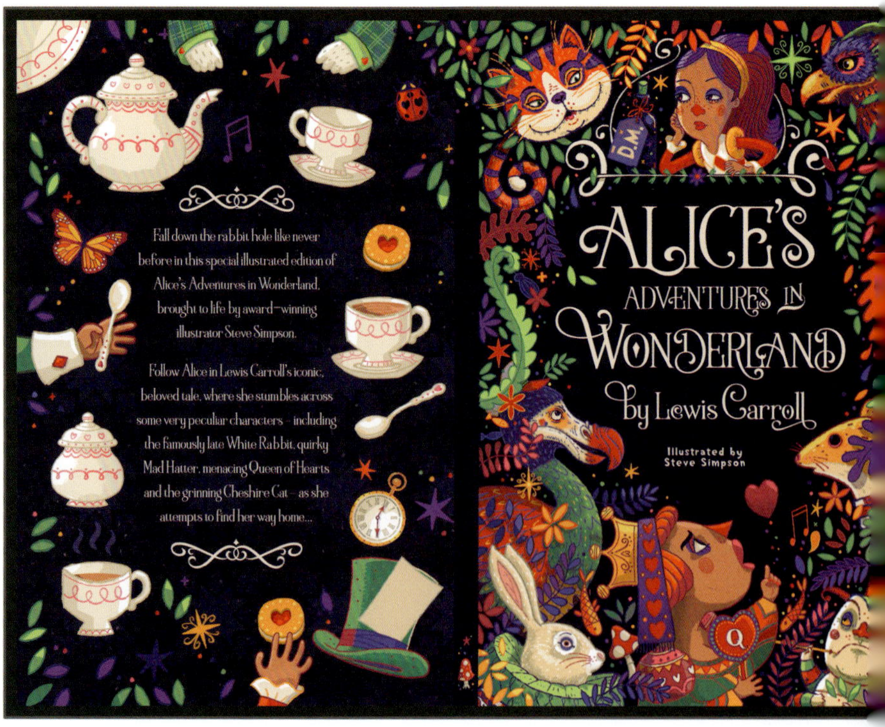

Einfügen von Rückentext

1 Nach dem Drehen der Ansicht geben Sie mit dem Werkzeug **Grafiktext** den Titel und den Autor ein und formatieren ihn mit der Schrift *Wallington Pro*.

2 Drehen Sie bei der Texteingabe den Text mit der Option **Im Uhrzeigersinn drehen** der **Symbolleiste**. Zentrieren Sie den Text vertikal und reduzieren Sie die Schriftgröße für den Autor.

3 Verwenden Sie eine bedingte Ligatur für das Wort *IN*.

Wenn Sie fertig sind, klicken Sie auf **Ansicht > Drehen > Rotation zurücksetzen**.

Der Rückseitentext

Die längste Textpassage des Covers steht auf der Rückseite. Hier sollte der Leser eine ansprechende Zusammenfassung des Buches finden, die ihn direkt zum Kauf überzeugt. Aus der Sicht des Designers handelt es sich nur um zwei Absätze in einem Textrahmen. Aber auch hier können wir einige interessante Ausnahmen für Ligaturen und Zeilenabstand festlegen.

Einfügen von Rückentext

1 Stellen Sie sicher, das nichts ausgewählt ist und klicken Sie auf **Datei > Platzieren**.

2 Wählen Sie die Datei backcovertext_alicecover.docx aus und klicken Sie auf **Öffnen**.

3 Ziehen Sie mit dem Cursor in dem verfügbaren freien Platz auf der Rückseite, um den Textrahmen zu erstellen.

4 Der Text übernimmt die Schrift aus der docx-Datei (dieselbe Schrift wie für den Rückentext). Legen Sie dieselbe Farbe wie für den zuletzt verwendeten Text fest, klicken Sie in der Kontextleiste auf **Zentriert** und verringern Sie die **Schriftgröße** auf *10 pt*.

Korrekturen für den Zeilenabstand

Sollte Text vertikal ein wenig gequetscht wirken – aufgrund seiner Standardeinstellung für den Zeilenabstand im Absatz – können Sie eine Korrektur auf Zeichenebene für beide ausgewählte Absatze festlegen.

Stellen Sie im Panel **Zeichen** unter **Positionierung und Transformation** die **Abstandskorrektur** auf *20 pt*.

Damit keine unerwünschten Silbentrennstriche auftauchen, können Sie die Silbentrennung einfach deaktivieren. Stellen Sie hierzu im Panel **Zeichen** unter **Sprache** die **Silbentrennung** auf *Ohne* ein.

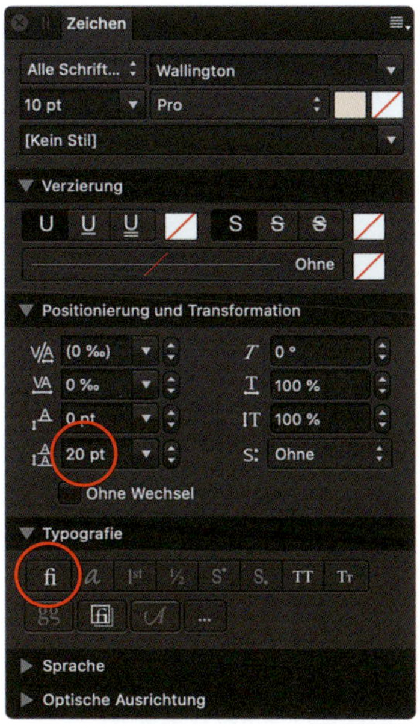

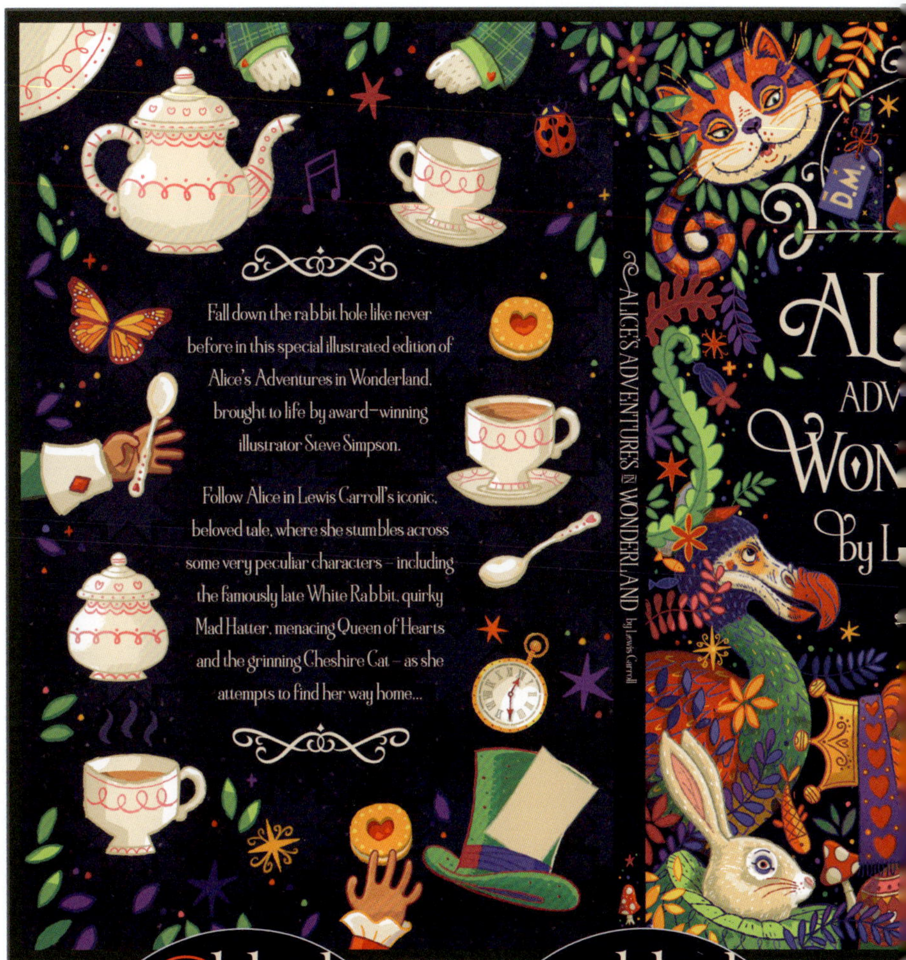

Ausschalten von Ligaturen

Generell sollten Sie keine Textverzierungen für den Textkörper festlegen, damit er sich leichter lesen lässt. Zu diesem Zweck lassen sich Ligaturen einfach ausschalten, die standardmäßig für Zeichen verwendet werden.

1 Wählen Sie beide Absätze aus.

2 Deaktivieren Sie im Panel **Zeichen** unter **Typografie** die Option **Standardligaturen**.

Wir haben hier keine weiteren Typografieoptionen verwendet – weder Alternativen noch Formatsätze.

DER FEINSCHLIFF

Nachdem alle typografischen Hürden gemeistert sind, müssen wir nur noch ein paar letzte Handgriffe erledigen.

ISBN und Strichcode

Sie sollten vielleicht eine International Standard Book Number (ISBN) für Ihr Buch festlegen. Dieser 13-stellige Code ist eine eindeutige Kennzeichnung für Ihr Buch und erleichtert das Auflisten in Angeboten, den Bestellvorgang, die Lagerhaltung und die Auslieferung gedruckter Kopien (besonders über Amazon). Diese Nummer wird Ihnen von der Nielson Book Agency (nielsenbook.co.uk) zugewiesen und auch dort registriert.

Erstellen von Strichcodes

Nachdem Sie Ihre ISBN registriert und erhalten haben, können Sie mit einer Vielzahl von Websites den ISBN-Strichcode aus der ISBN-Ziffernfolge erstellen.

ISBN 9781909581050

9 781909 581050

Die hier dargestellte ISBN und ihr Strichcode für dieses Projekt sind nur Attrappen.

Ressourcen
Alices_adventures_in_wonderland_cover_final.afpub barcode_alicecover.svg

Einfügen von Strichcodes

Bei vielen Buchcovern wird der ISBN-Strichcode für gewöhnlich auf der Rückseite platziert.

Für dieses Projekt haben wir unseren ISBN-Strichcode in eine Grafik umgewandelt und unser Illustrator hat sie dann in den Hut des verrückten Hutmachers integriert.

1 Klicken Sie auf **Datei > Platzieren**.

2 Wählen Sie die Datei barcode_alicecover.svg aus und klicken Sie auf **Öffnen**.

3 Platzieren Sie den Cursor auf dem Hut und ziehen sie.

4 Ziehen Sie den oberen Rotationsgriff der Grafik nach links, um die Grafik zu drehen.

5 Falls nötig passen Sie die Größe über die Eckgriffe an und zum Schluss noch die Position durch simples Ziehen.

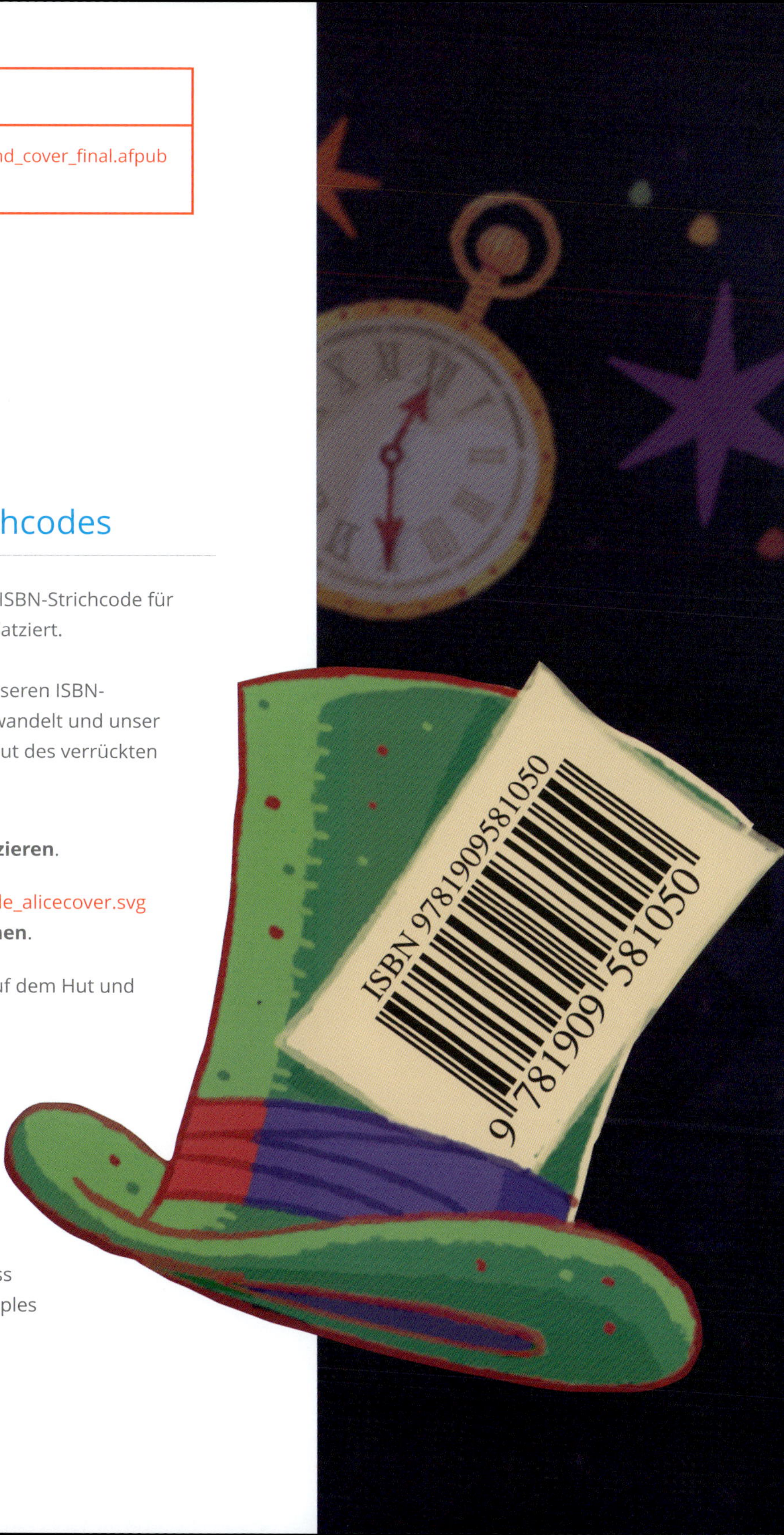

DER EXPORT

Nachdem das Design nun fertig ist, können Sie es mit den Schritten und Einstellungen exportieren, die wir bereits auf Seite 358 für das Buch erläutert haben.

ALICE'S
ADVENTURES IN
WONDERLAND
by Lewis Carroll
Illustrated by
Steve Simpson

3

Bijou Film Festival Poster

Großformatige Poster, professioneller Druck, preisgekrönte Kurzfilme

Designs mit nur einer einzigen Seite, wie zum Beispiel Poster, stellen uns oft vor ganz besondere Herausforderungen. In diesem Projekt zeigen wir Ihnen, wie Sie mit einem guten Hingucker auch bei großformatigen Designs für die gewünschte Wirkung sorgen.

JOV | iFederations | East Institute of Films
22ND
BIJOU
Bijou Short Film Festival
/ animation
/ documentary
/ live action
october 3-9
Short Film Council
RUNNING TIME
venue
Gotham South Campus
Godmanchester, UK
talks
From 13:00
Esther Feldman
Donald J Cornwell
Dan Platts
Tammy Rogers
Amanda Allan
screenings
From 19:00
(Amy L Dior)
Tucked In
(Edward Zenidr)
The Mark
(William Sean Twaid)
Count to Ten
(Esther Feldman)
Just Walk On In
(Ben Gunn)
Clapping Hands
(Amanda Allan)
Reaccuring
(Donald J Cornwell)
Polaroids
Charles Upcott)
Love Under Will
(Amy Schumacher)
Wolves
(Terence Larkin)
Sound From The Sun
(Amida Khan)
Everyday
(Savid Mohammed)
Ready For Nothing

BEVOR SIE LOSLEGEN

Ressourcen

Alle Ressourcen, auf die in diesem Kapitel verwiesen wird, finden Sie unter: https://affin.co/BijouPoster

Kenntnisse in Affinity Publisher

Damit Sie diesem Projekt optimal folgen können, sollten Sie:

- Mit der Programmoberfläche von Affinity Publisher vertraut sein. Mehr über die einzelnen Bedienelemente erfahren Sie in dem Kapitel „Tour durch die App-Oberfläche" ab Seite 14.
- Die Grundlagen beherrschen. Die folgende Tabelle zeigt Ihnen, mit welchen Aspekten von Affinity Publisher Sie außerdem vertraut sein sollten, um dieses Projekt anzugehen:

Arbeiten mit Text	Seite 112
Bilderrahmen	Seite 124
Einsetzen von Inhalten	Seite 130

EINFÜHRUNG

Bei dem Design für ein Poster, wissen wir oft nicht so recht, wo wir anfangen sollen. Versetzen Sie sich hierzu einfach in die Position der Zielgruppe, die Sie ansprechen wollen. Was suchen diese Leute? Was soll Ihr Poster erreichen? Ein gutes Verständnis für die Wünsche der Zielgruppe ist entscheidend, wenn Sie ein Poster so entwerfen wollen, dass es auch seinen angestrebten Zweck erreicht.

In diesem Projekt gehen wir davon aus, dass dieses Poster im Kundenauftrag angefertigt wird und der Kunde entsprechende Anweisungen und Informationen zur Verfügung stellt. So verstehen wir auch die Zielgruppe besser, was sich direkt auf unser Design auswirkt.

RICHTLINIEN DES KUNDEN

Am Ende des ersten Meetings mit Ihrem Kunden sollten Sie sich auf die Richtlinien für das Projekt geeinigt haben. Diese Richtlinien müssen unmissverständlich ausdrücken, was genau von Ihnen verlangt wird. So beugen Sie Missverständnissen vor und sparen eine Menge Zeit.

Nachdem die Richtlinien geklärt sind und Sie eine Vorstellung haben, was Ihr Kunden wünscht, können Sie mit der Planung des Designs beginnen.

Sechs entscheidende Fragen für Ihren Kunden

1 Was möchten Sie mit dem Projekt erreichen? In welchem Kontext steht das Projekt?

2 Wie genau sieht der Lieferumfang des Projekts aus?

3 Gibt es bestimmte Punkte, die ich in dem Design unbedingt beachten oder vermeiden sollte?

4 Welche bereits existierenden Designs gefallen Ihnen oder gefallen Ihnen überhaupt nicht?

5 Wer ist mein Hauptansprechpartner für das Projekt und wer trifft bei dem Projekt die Entscheidungen?

6 Welchen Zeitrahmen und welches Budget haben Sie sich für das Projekt vorgestellt?

DIE ERSTEN SCHRITTE

In diesem Projekt arbeiten wir für das fiktive Bijou Film Festival, das in einem örtlichen Freizeitgelände stattfindet.

Name:	Bijou Film Festival
Kundendetails:	Örtliches Organisationskomitee für Festivals in Misterham, GB. Das Festival findet jährlich statt und findet auch auf nationaler Ebene in Kunst- und Kultur kreisen immer mehr Beachtung.
Ihre Vorgabe:	Ein Design für ein Poster in hoher Qualität, das gerade an belebten Orten auch Beachtung findet. Der Hingucker, der den Blick des Betrachters einfängt, soll von Datum und Uhrzeit einzelner Vorführungen und Sponsorenlogos-untermalt werden.

Bei Auftragsarbeiten sollten Sie stets **die Anforderungen und Wünsche des Kunden im Hinterkopf behalten**, aber trotzdem flexibel und für alle Möglichkeiten offen an das Design herangehen.

Überlegen Sie sich, wie Sie **Ihre Informationen präsentieren**. Es mag vielleicht verlockend erscheinen, möglichst viele Informationen in dem Poster unterzubringen, aber bei Text und dem gesamten Design gilt oft: Einfach ist einfach besser.

Skizzieren Sie Ideen für Ihr Poster auf Papier, um auch in Ihrem Kopf alles zu ordnen, was Sie dem Kunden zeigen möchten. So werden sie nicht von den Möglichkeiten Ihres Computers eingeengt.

Machen Sie es nicht zu kompliziert und **lassen Sie zu, dass sich Ihre Ideen entwickeln** – auch, während Sie arbeiten. Benötigen Sie Inspiration? Online finden Sie eine Menge Posterdesigns mit hervorragenden Beispielen für den Einsatz von Aufteilung, Farben, Bildplatzierung und Stilrichtungen. Sie können auch einfach ein paar bestehende Poster durchblättern und mit einigen Postervorlagen experimentieren, bevor Sie sich an Ihr Design machen.

Letztendlich soll **das Poster sowohl informativ als auch gefällig** sein, genau auf die richtige Weise die Aufmerksamkeit des Betrachters erregen und dabei den Kernpunkt des Posters betonen.

EINRICHTEN DES DOKUMENTS

Auswählen der Postergröße

Poster gibt es in allen Formen und Größen. Die richtige Größe hängt immer davon ab, wo es hängen soll und welche Seitengröße als Standard in der entsprechenden geografischen Region gilt.

Bei diesem Festival hat die Druckerei des Kunden ihm verschiedene Formate angeboten. Nach Durchsicht der Optionen entschied sich der Kunde für das gängigere A-Format mit A2 als erster Wahl für die Postergröße.

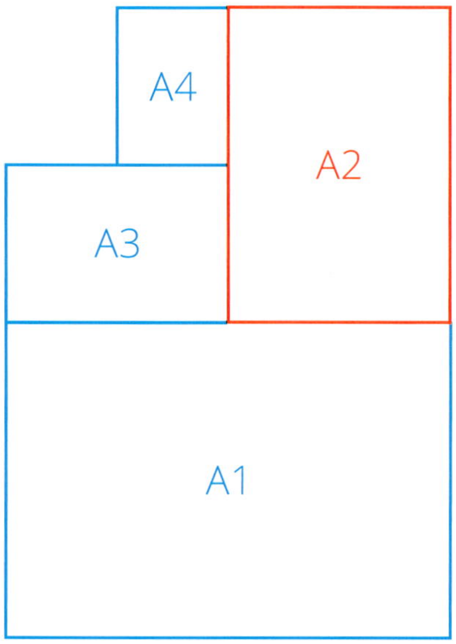

UK Billboard	Abmessungen
1 Sheet Poster (Double Crown)	20" x 30"
2 Sheet Poster (Quad)	30" x 40"
4 Sheet Poster (Bus Stop)	40" x 60"

A-Format	Abmessungen
A0	841 mm x 1,189 mm
A1	594 mm x 841 mm
A2	420 mm x 594 mm
A3	297 mm x 420 mm
A4	210 mm x 297 mm

US	Abmessungen
3 Sheet	41" x 81"
1 Sheet	27" x 40"
Großes Poster	24" x 36"
Mittleres Poster	18" x 24"
Kleines Poster (Ledger ANSI B)	11" x 17"

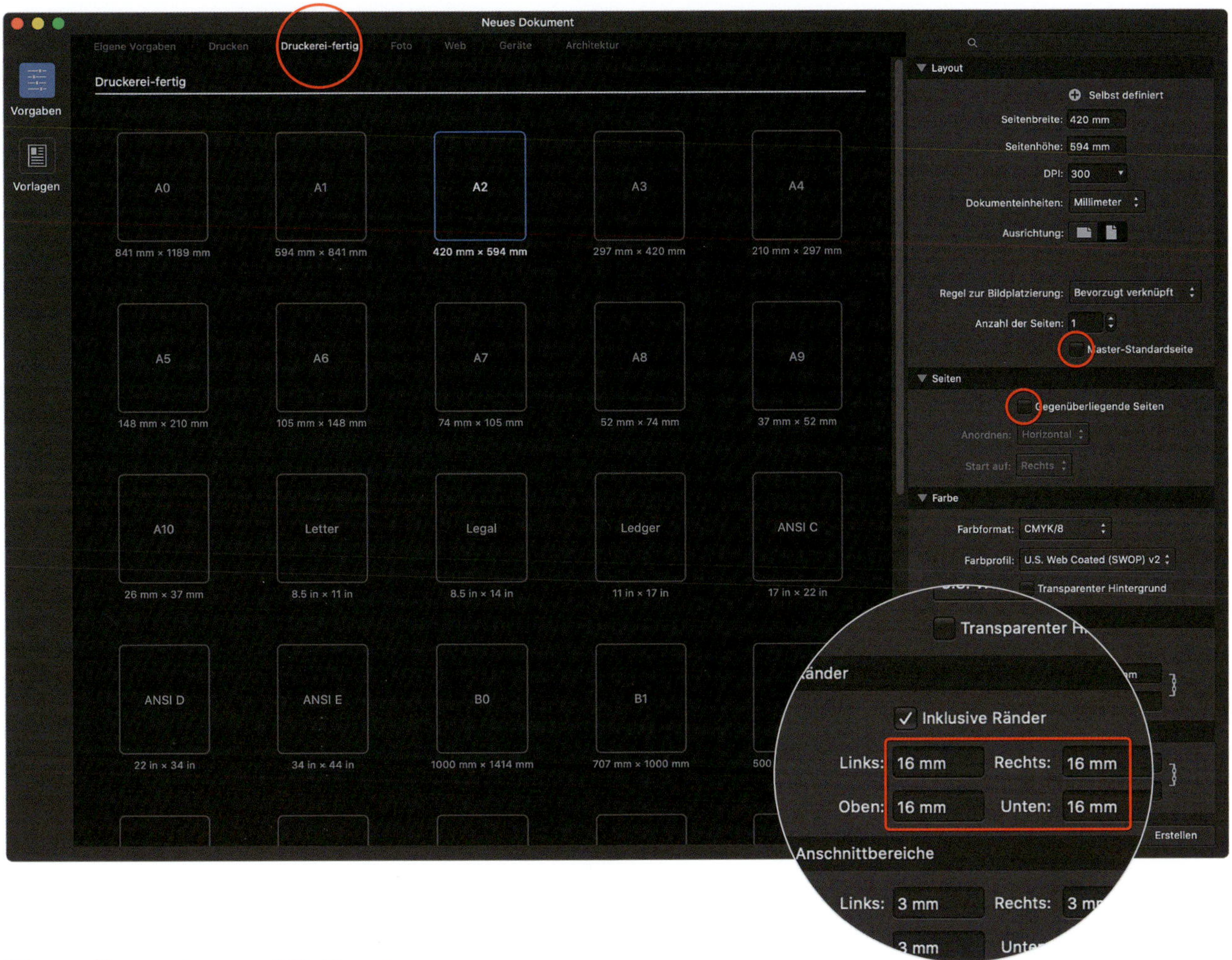

Erstellen eines A2-Posters

Als Erstes richten wir ein CMYK-Dokument für unser Poster ein.

Da der Kunde ein für den professionellen Druck bereites Posterdesign in Auftrag gegeben hat, verwenden wir den CMYK-Farbraum, damit sich unser Werk am Ende auch für den professionellen Litho-Druck eignet.

1. Klicken Sie auf **Datei > Neu**.
2. Klicken Sie auf **Vorgaben** und dann oben im Dialogfeld auf die Kategorie **Druckerei-fertig**.
3. Wählen Sie die Miniatur *A2* aus, um die Dokumentgröße festzulegen.
4. Legen Sie im rechten Feld für Einstellungen die Werte aus der obigen Abbildung fest.
5. Klicken Sie auf **Erstellen**.

Wählen Sie eine Vorgabe der Kategorie **Druckerei-fertig** aus, werden automatisch die Seitenabmessungen, ein CMYK-Farbraum und ein Anschnittbereich von 3 mm eingestellt. Die obigen Einstellungen werden als *Selbst definiert* angezeigt, da wir die Originalwerte wie abgebildet überschrieben haben.

HILFSLINIEN UND MAGNETISCHE AUSRICHTUNG

Ressource
Bijou_poster_01.afpub

Mit zusätzlich platzierten Linealhilfslinien und der magnetischen Ausrichtung lassen sich alle Inhalte für das Poster präzise auf der Seite positionieren.

Aktivieren der Hilfslinien

Für dieses Poster legen wir eine Linealhilfslinie links auf der Seite fest, um unsere Seiteninhalte auszurichten.

- Schalten Sie die Lineale aktiv (**Ansicht > Lineale einblenden**) und ziehen von dem linken Lineal eine vertikale Hilfslinie auf *30 mm*.

> Mit der Option **Ansicht > Hilfslinien konfigurieren** können Sie die Linien millimetergenau festlegen.

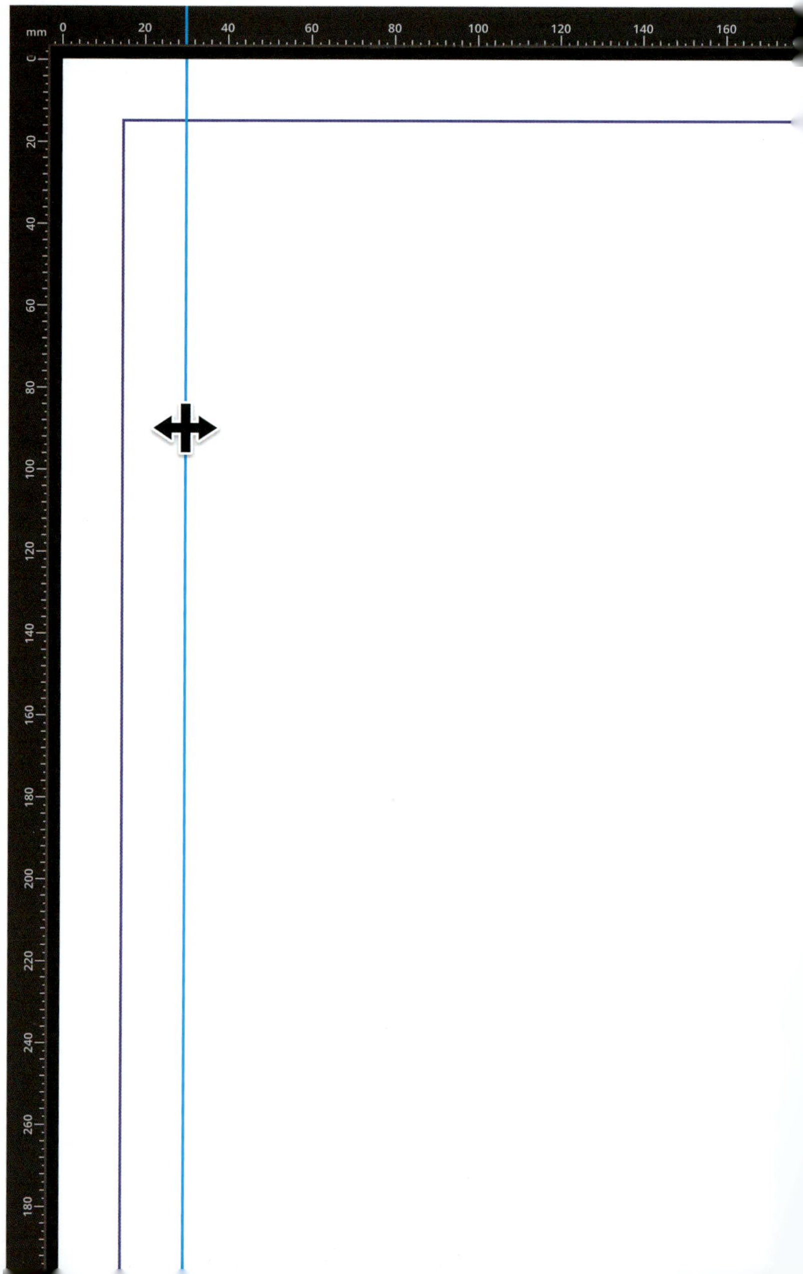

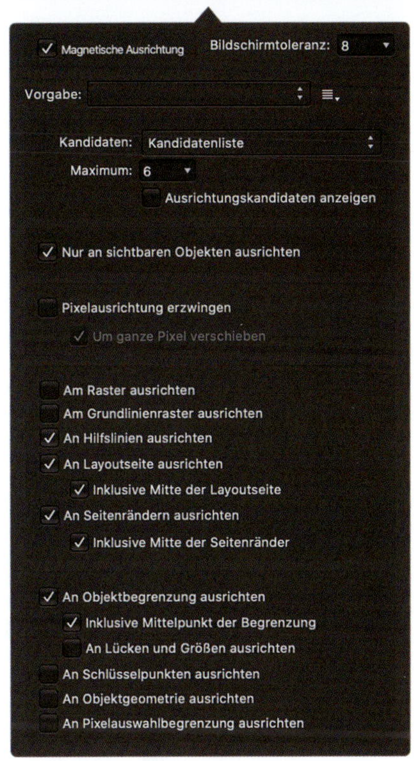

Die magnetische Ausrichtung

- Stellen Sie in der **Symbolleiste** sicher, dass die **Magnetische Ausrichtung** aktiviert ist (Standardeinstellung).

Mit dieser Funktion können Sie Textrahmen und Grafiktexte an der Hilfslinie ausrichten sowie auch an Seitenrändern oder den Kanten von Textrahmen. Die magnetische Ausrichtung greift sowohl horizontal als auch vertikal.

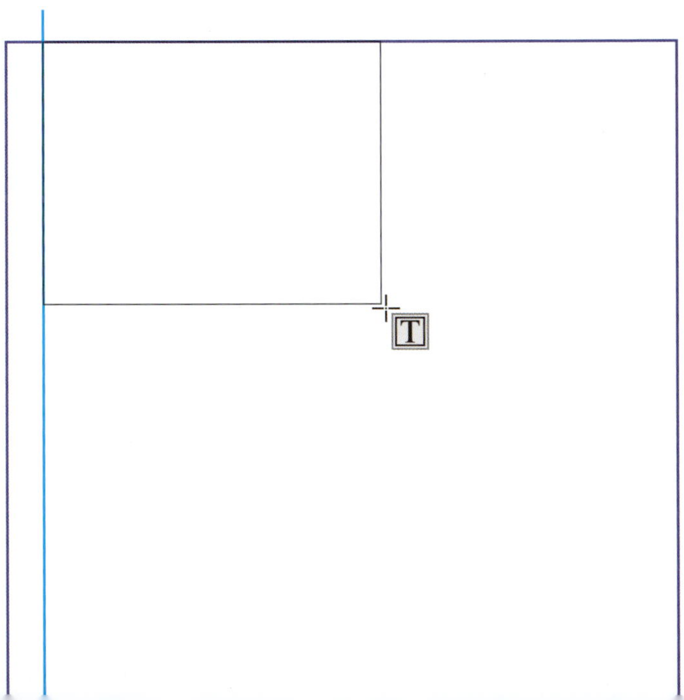

Ressourcen

Bijou_poster_02.afpub
Bijou_model.jpg

DAS BILD FÜR DEN HINTERGRUND

Hintergrundbilder sind wie Kulissen beim Film oder im Theater – sie bestimmen den allgemeinen Ton. Für die gewünschte Druckgröße benötigen Sie ein Bild in hoher Qualität.

Für dieses Poster haben wir ein gerahmtes Bild verwendet, anstatt das Bild direkt auf der Seite zu platzieren. Hierdurch lässt sich das gerahmte Bild einfach in dem Bilderrahmen skalieren und verschieben, um die Bildkomposition anzupassen.

Einsetzen des Bilderrahmens

1 Aktivieren Sie das Werkzeug **Bilderrahmen** (F).

2 Ziehen Sie von der oberen linken Anschnittecke zur unteren rechten Anschnittecke und lassen Sie die Maustaste los. Der Bilderrahmen erstreckt sich nun bis über die Seitenkanten hinaus.

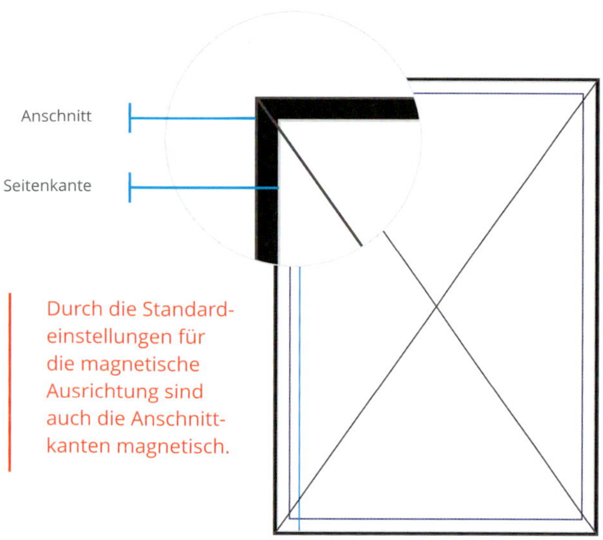

Durch die Standardeinstellungen für die magnetische Ausrichtung sind auch die Anschnittkanten magnetisch.

Einsetzen eines Fotos in den Bilderrahmen

1 Wählen Sie den Bilderrahmen aus und klicken Sie auf **Datei > Platzieren**.

2 Wählen Sie die Datei bijou_model.jpg* aus und klicken Sie auf **Öffnen**.

*In den Ressourcen finden Sie ein anderes Lizenzgebühr freies Bild als das hier verwendete Foto. Der Bildaufbau der Ressource liefert jedoch die gleichen Ergebnisse.

Da das verknüpfte Bild im Querformat vorliegt und maximal passend skaliert ist, werden einige Bildbereiche rechts und links von dem Rahmen verdeckt. Diese lassen sich aber wieder einblenden, um die Bildkomposition zu verbessern.

Anpassen der Bildkomposition

1 Führen Sie einen Doppelklick auf den Bilderrahmen aus, um das gerahmte Bild auszuwählen.

2 Ziehen Sie mit gedrückter **Umschalttaste** (⇧) das Bild nach links (die Taste schränkt das Bild horizontal ein).

Auswählen der Farben

Ihre Farbpalette legt die Stimmung für das gesamte Design fest. Frech und auffällig ist nicht immer gut – helle und kontrastreiche Farben eignen sich vielleicht gut für ein anstehendes Rockkonzert, aber ein Poster für geführte Wanderungen in Naturschutzgebieten wäre mit gedeckten Erdtönen wesentlich ansprechender. Behalten Sie bei der Auswahl der Farben für Ihr Poster immer das Motiv und das zentrale Thema im Hinterkopf und experimentieren Sie ruhig mit verschiedenen Ideen.

Bei diesem Poster legen wir eine dicke Umrandung für den Bilderrahmen fest und eine dazu passende farbige „Lasur" für das Bild. Der Postertext übernimmt dann später die Umrandungsfarbe.

Als Erstes erstellen wir unsere Farben als globale Farben. Für Designelemente festgelegte globale Farben lassen sich später im ganzen Design mit nur einem Schritt ändern (Seite 418).

Erstellen globaler CMYK-Farben

1. Klicken Sie im Panel **Farbfelder** auf das Menüsymbol **Paneleinstellungen** und in dem Menü auf **Globale Farbe hinzufügen**.
2. Ändern Sie in dem Einblendpanel die Standardeinstellung *HSL-Farbrad* in **CMYK-Schieber**.
3. Legen Sie eine CMYK-Farbe mit den Werten *30,0,0,0* fest und klicken Sie auf **Hinzufügen**.
4. Erstellen Sie auf diese Weise noch eine dunklere Farbe (*CMYK 48,0,0,64*).

Hinzufügen einer farbigen Rahmenumrandung

1. Wählen Sie den Bilderrahmen aus.
2. Stellen Sie im Panel **Kontur** eine **Breite** von *54 pt* ein und aktivieren Sie die Option **Umrisslinien innen ausrichten**. Aktivieren Sie nun die Option **Mit Objekt skalieren** für die später noch folgende Größenänderung.
3. Klicken Sie im Panel **Farbfelder** auf den Farbselektor für die Kontur und wählen Sie in der *Dokumentpalette* das Farbfeld der dunklen globalen Farbe aus.

Ich habe die Farbwerte passend zu den Bildfarben festgelegt. Alternativ können Sie mit der **Farbpipette** aber auch direkt Farben aus dem Bild extrahieren.

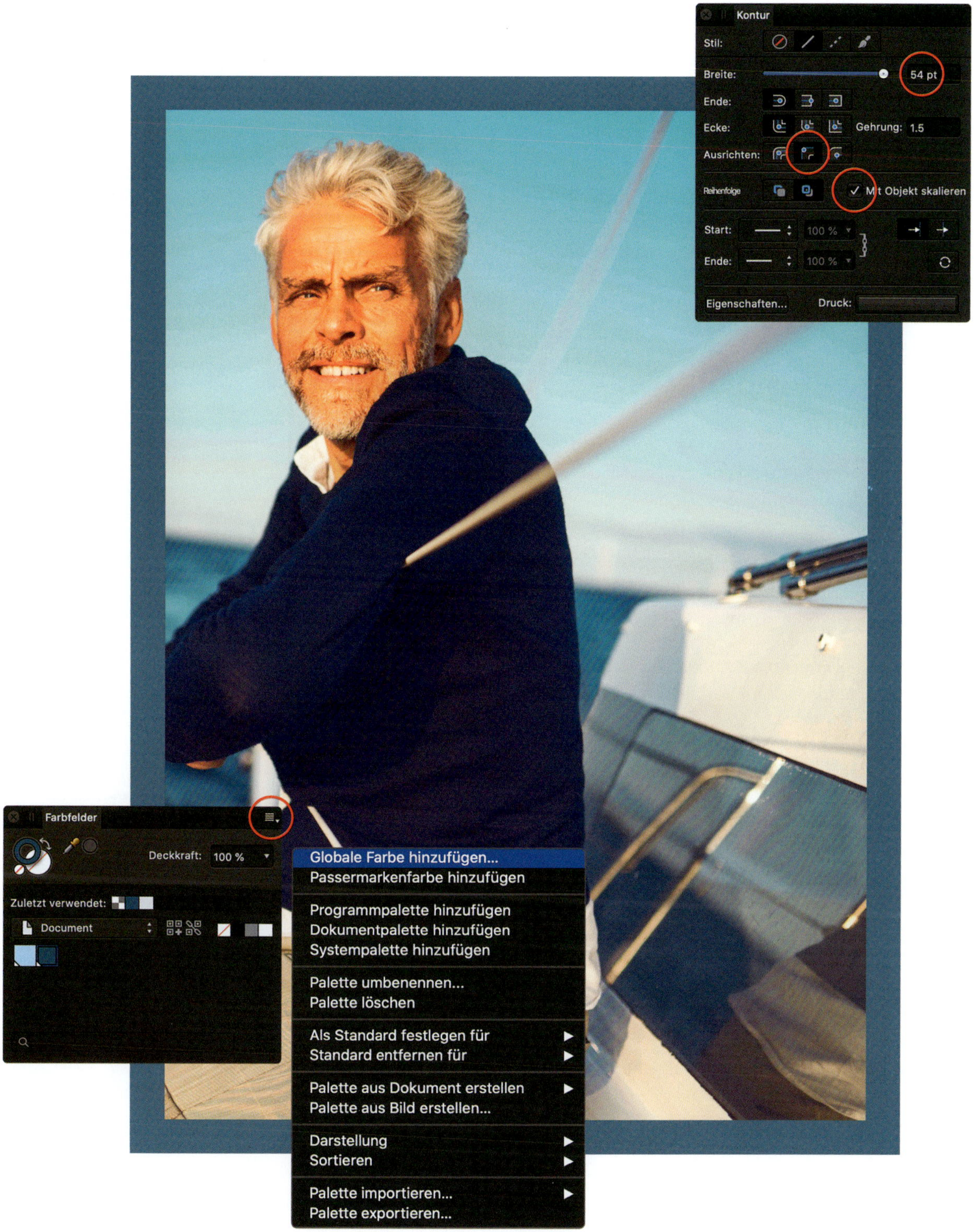
Kontur
Stil:
Breite:
54 pt
Ende:
Ecke:
Gehrung:
1.5
Ausrichten:
Reihenfolge
Mit Objekt skalieren
Start:
100 %
Ende:
100 %
Eigenschaften...
Druck:
Farbfelder
Deckkraft:
100 %
Zuletzt verwendet:
Document
Globale Farbe hinzufügen...
Passermarkenfarbe hinzufügen
Programmpalette hinzufügen
Dokumentpalette hinzufügen
Systempalette hinzufügen
Palette umbenennen...
Palette löschen
Als Standard festlegen für
Standard entfernen für
Palette aus Dokument erstellen
Palette aus Bild erstellen...
Darstellung
Sortieren
Palette importieren...
Palette exportieren...

Anwenden von Anpassungen

Hintergrundbilder verleihen einem Poster Persönlichkeit, können aber auch leicht vom Text ablenken oder mit ihren Details das Design überfrachten. Damit das Hintergrundbild eine harmonische Einheit mit dem späteren Text bildet, nehmen wir jetzt ein paar Farbanpassungen vor.

Die Anpassungsfunktion „Verlaufsumsetzung"

Mit der Anpassung **Verlaufsumsetzung**, können Sie den Rahmen und das Bild neu färben, indem Sie ihre Graustufenwerte einem Farbverlauf zuordnen. Für diesen Farbverlauf verwenden wir unsere zwei globalen Farben.

1. Wählen Sie den Bilderrahmen aus.
2. Klicken Sie im Panel **Ebenen** auf **Anpassungen** und dann in dem Einblendmenü auf **Verlaufsumsetzung**.
3. Ändern Sie das Farbverlaufsspektrum in dem Dialogfeld, indem Sie die runden Endmarker des Verlaufs bearbeiten:
   - Entfernen Sie den unerwünschten Mittelmarker mit **Löschen**.
   - Wählen Sie den linken Endmarker aus und klicken Sie unter dem Spektrumsfeld auf das Musterfeld **Farbe**. Wählen Sie in dem Einblendmenü oben die Option **Farbfelder** aus und dann in dem nun sichtbaren zweiten Einblendmenü die Option **Dokument.** Wählen Sie in der Dokumentpalette die dunkle globale Farbe aus. Wiederholen Sie diese Schritte für den rechten Endmarker und legen Sie für ihn die helle globale Farbe fest.

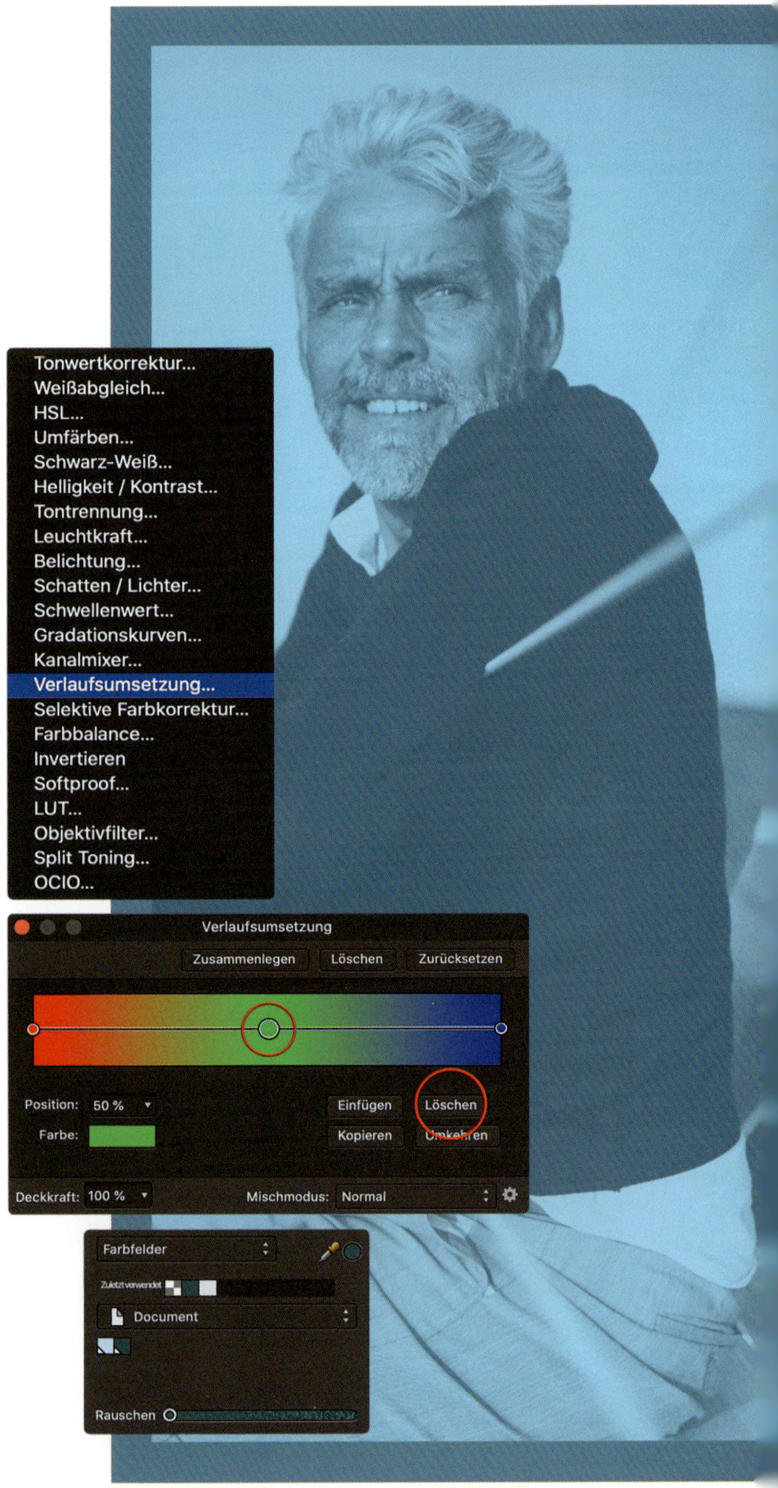

Die Anpassungsfunktion „HSL"

Mit der Anpassung **HSL** können wir die Helligkeit des Fotos etwas abschwächen, da es im Moment etwas zu grell ist.

1 Führen Sie einen Doppelklick auf den Bilderrahmen aus, um das gerahmte Bild auszuwählen.

2 Klicken Sie im Panel **Ebenen** auf **Anpassungen** und dann in dem Einblendmenü auf **HSL**.

3 Stellen Sie den Regler **Helligkeit verschieben** auf *-50 %*.

Die Verlaufsumsetzung und die HSL-Anpassung sollten Sie anschließend an dem Bilderrahmen bzw. dem Foto anheften (durch Ziehen im Panel **Ebenen** unter diese Elemente einrücken).

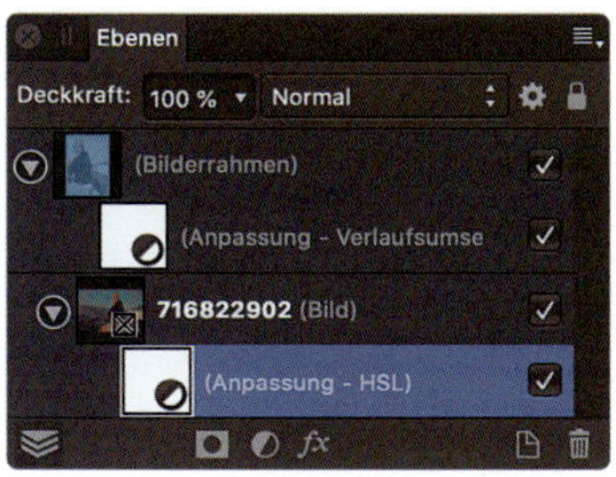

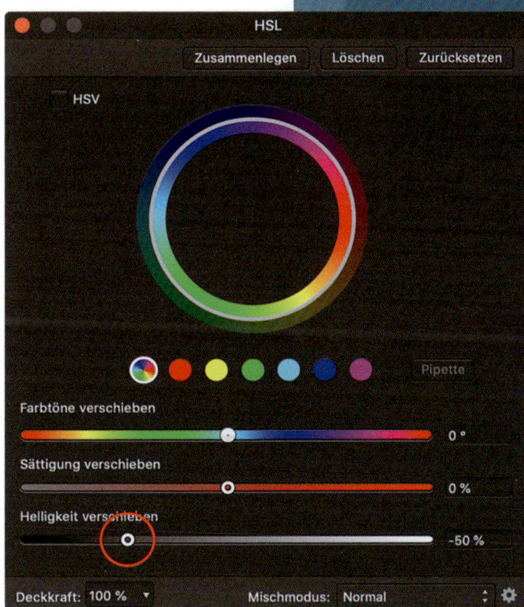

Nachdem Bilderrahmen und Bild fertig sind, schützen Sie die beiden Elemente mit einem Klick auf ihr Schloss im Panel **Ebenen**.

Ressource
Bijou_poster_03.afpub

DER TEXT FÜR DAS POSTER

Download und Installation von Schriften

1. Öffnen Sie die Webseite https://fonts.google.com/ (oder suchen Sie online nach Google Fonts) und laden Sie die Schriftfamilie **Istok Web** herunter.

2. Öffnen Sie das heruntergeladene Zip-Archiv und lesen Sie die Datei OFL.txt.

3. Für *Mac*: Führen Sie einen Doppelklick auf die heruntergeladenen Schriftdateien aus und klicken Sie auf **Installieren**.
   ODER
   Für *Windows*: Führen Sie einen Rechtsklick auf die heruntergeladenen Schriftdateien aus und klicken Sie im Kontextmenü auf **Installieren**.

Allgemeines

Bei Postertexten gilt fast immer: Weniger ist mehr. Auch wenn viele Informationen vielleicht sehr verlockend klingen – beschränken Sie sich auf das Wesentliche.

Bedenken Sie auch, ob wichtiger Text schon aus größerer Entfernung gelesen werden kann. Sie haben vielleicht nur eine Chance, das Interesse von Passanten zu wecken!

Erstellen von Postertext

Wenn Sie nur eine Schriftart mit verschiedenen Stärken verwenden, erzeugen Sie eine visuelle Hierarchie für das Poster. Je wichtiger ein Text, desto größer sollte er sein. Generell sollte die Schriftgröße immer zu dem Anteil passen, den der Text an der Gesamtaussage des Posters hat. Wichtige Infos wie Datumsangaben und Überschriften also größer als der Rest.

1. Aktivieren Sie das Werkzeug **Rahmentext** (T), stellen Sie in der Kontextleiste für Rahmentexte (siehe Abbildung) die gewünschten Textoptionen ein (Schriftfamilie, -schnitt, -größe und -eigenschaften) und legen Sie die hellblaue globale Farbe fest.

2. Ziehen Sie den Cursor über die Seite und tippen Sie den Text in den Rahmen ein. Schriftgröße und -stil können Sie einfach „unterwegs" anpassen.

3. Wiederholen Sie diese Schritte für weitere Textrahmen.

Der Text *22ND* ist ein Grafiktext ohne Füllung und mit einer hellblauen Kontur. Den **Zeichenabstand** haben wir im Panel **Zeichen** auf *-25 %* reduziert.

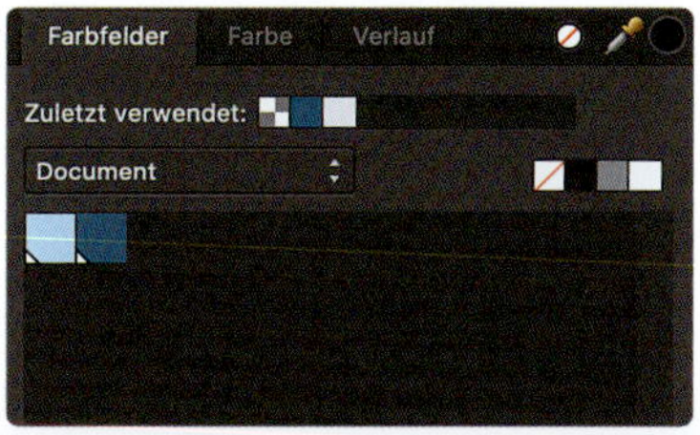

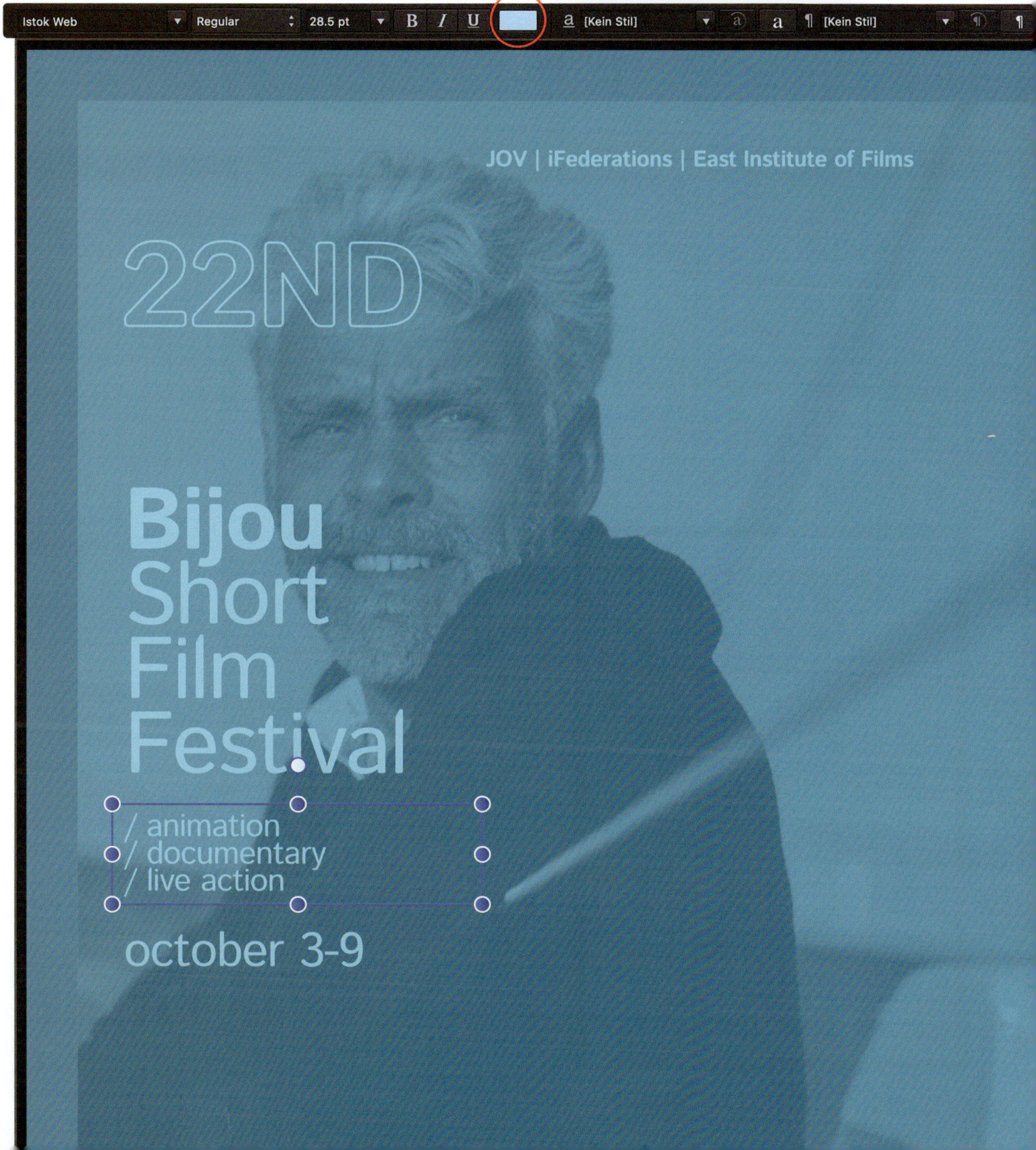

Der Titel

Ihr Titel muss direkt die Neugier des Betrachters wecken, damit er weiterliest.

Wir erstellen zuerst eine kleine Version für den Titeltext, damit wir den Titel leichter formatiern können. Später vergrößern wir ihn so, dass er die Seite füllt. Bei diesem Titel gilt für uns: Zu groß gibt es nicht!!

Erstellen von Titeltext

1 Aktivieren Sie das Werkzeug **Rahmentext** und legen Sie die gewünschten Einstellungen in der Kontextleiste fest.

2 Ziehen Sie einen ungefähr quadratischen Textrahmen für den Titeltext auf und tippen Sie *BIJOU* ein.

Der Feinschliff für den Titeltext

Der Text muss sich nun noch über zwei Zeilen erstrecken.

- Ziehen Sie den linken Kantengriff des Textrahmens nach innen, bis die Buchstaben *OU* in einer neuen Zeile stehen.

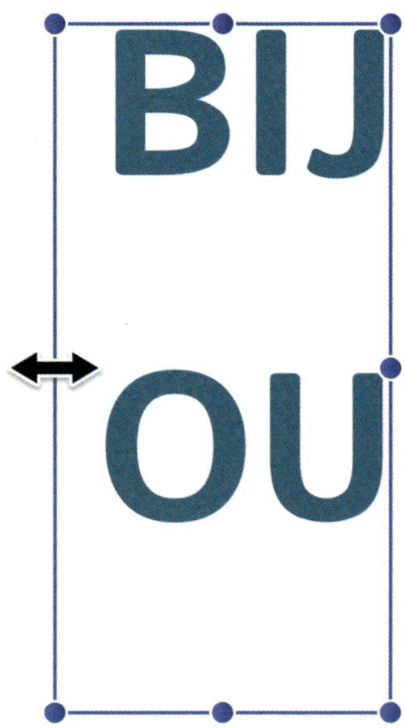

Wir passen jetzt noch Zeilen- und Zeichenabstand an, damit die Zeichen gefällig platziert sind und der ganze Titel symmetrischer wirkt.

1 Wählen Sie den gesamten Text aus.

2 Stellen Sie im Panel **Zeichen** unter **Positionierung und Transformation** mit dem Abwärtspfeil der **Abstandskorrektur** den Grundlinienabstand etwas kürzer ein, damit der Text schön kompakt wird. Verlassen Sie sich einfach auf Ihr Augenmaß.

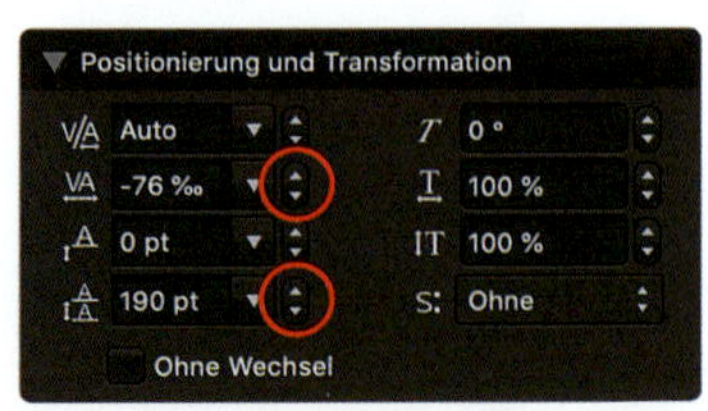

3 Verringern Sie mit dem Abwärtspfeil für den Zeichenabstand die Distanz zwischen dem *I* und dem *U* so, dass der linke Strich des U horizontal mit dem I ausgerichtet ist. Stellen Sie nun den Zeichenabstand für das ausgewählte *B* so ein, dass sich seine rechte Kante vertikal mit der rechten Kante des O ausrichtet.

Sie können die Rahmengröße auch automatisch an den enthaltenen Text anpassen, um sich die Skalierung zu erleichtern. Führen Sie einfach einen Doppelklick auf den unteren Kantengriff aus und dann auf den linken Kantengriff.

Vergrößern des Titels

- Ziehen Sie den äußeren Eckgriff unten rechts am Textrahmen nach außen.

Jetzt müssen Sie nur noch die Position etwas anpassen und schon ist der Titel fertig.

DIE TABELLE FÜR DIE FILMTERMINE

Tabellen sind perfekt, um wichtige Informationen übersichtlich zu präsentieren – wie zum Beispiel die Termine der Filmpremieren. So sehen die Leser auf einen Blick, wo der Film gezeigt wird und wann er beginnt.

Erstellen einfacher Tabellen

1 Aktivieren Sie das Werkzeug **Tabelle** (T) und erstellen Sie durch Ziehen unter dem Titeltext eine neue Tabelle. Die Anzahl der Spalten und Zeilen sowie die Tabellenabmessungen werden automatisch eingeblendet, sodass Sie die geplante Tabellenstruktur leichter umsetzen können. Platzieren Sie eine Tabelle mit 4 Spalten und 13 Zeilen.

2 Klicken Sie in der Kontextleiste auf die Option **Tabelle**, um das Panel **Tabelle** einzublenden.

3 Mit dem Panel **Tabelle** können Ihre Tabelle vor, während und nach der Texteingabe flexibel formatieren. Verwenden Sie einfach die Einstellungen aus der Abbildung.

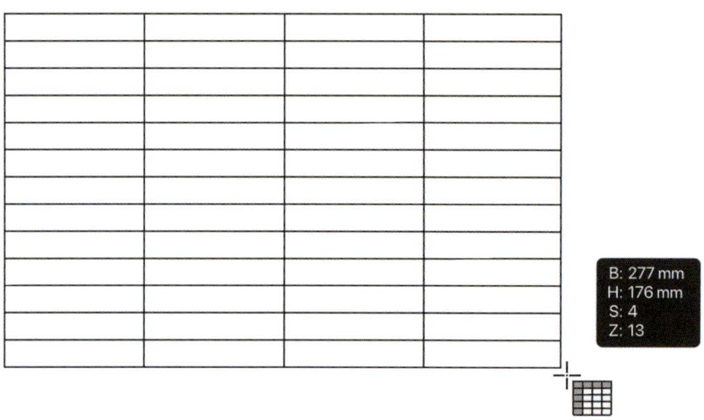

Designtipps für Tabellen

Anstatt den Text vor oder während der Designphase der Tabelle einzutippen, sollten Sie die Tabelle zuerst fertig formatieren. So können Sie sich ganz auf den Look konzentrieren und den Text später erledigen.

Die nachfolgenden Tipps sind auf dieses Projekt abgestimmt, lassen sich aber auch auf Ihre Tabellendesigns übertragen.

- Richten Sie eine einfache Tabelle ein, die alle gewünschten Daten unterbringen kann.
- Fügen Sie Platzhaltertext in die Tabelle ein, während Sie an ihrem Look arbeiten.
- Richten Sie Zellentexte vertikal unten aus und verwenden Sie die untere Zellenrandlinie als „Grundlinie".
- Stellen Sie die Spaltenbreiten und Zeilenhöhen großzügig und gleichmäßig ein, damit alles schön ordentlich wirkt. Die identische Zeilenhöhe erspart uns in dieser Tabelle komplexe Anpassungen der Zeilenabstände im Absatz sowie der Abstände zwischen den Absätzen.
- Verwenden Sie eine durchgängige Textformatierung (Schriftgröße, -schnitt, -farbe und Füllung).
- Legen Sie eine andere Textformatierung für die ersten Spalten fest (z. B. größere Schrift, fetter Schnitt, rechtsbündige Ausrichtung und Füllung). So lenken Sie den Leser auf diese „Überschriften" und betonen wo und wann die Filme und Diskussionsrunden angesetzt sind.
- Ändern Sie gleichmäßige Zellenrandlinien. In diesem Projekt haben wir sie entfernt, damit der traditionelle rechteckige Look von Tabellen verschwindet.
- Setzen Sie zusätzliche Spalten oder Zeilen als „Pufferzone" ein. In diesem Poster trennen wir die Kategorien des Festivals von den Filmtiteln und Diskussionsrunden. Passen Sie die Spaltenbreite und Zeilenhöhen durch Ziehen ihrer Kopftrennlinien an. Durch Ziehen mit gedrückter **Umschalttaste** (⇧) bleiben die anderen Spalten-/Zeilenmaße erhalten.

Ressource
Bijou_poster_04.afpub

ANHEFTEN VON BILDERN AN TITELN

Wenn Sie ein Bild an einem Objekt anheften, wird die sichtbare Bildfläche durch die Umrisslinie des Objekts begrenzt.

In diesem Projekt heften wir ein gerahmtes Bild in den Titeltext.

Auswählen des Titels für das Anheften

1 Wählen Sie den Titeltext aus.

2 Klicken Sie in der **Symbolleiste** auf die Option **In der Auswahl einsetzen**.

Hinzufügen von Bilderrahmen und Bild für das Anheften

1 Aktivieren Sie das Werkzeug **Rechteckiger Bilderrahmen**.

2 Ziehen Sie den Cursor vom linken Seitenrand bis zur rechten Seitenkante, sodass der Bilderrahmen den ganzen Titel abdeckt.

3 Klicken Sie auf **Datei > Platzieren**.

4 Wählen Sie das gewünschte Bild aus und klicken Sie auf **Öffnen**.

Positionieren gerahmter Bilder

Standardmäßig wird das neue gerahmte Bild maximal passend in dem Bilderrahmen skaliert. Leider ist das Gesicht der Hauptperson zu stark verdeckt. Wir müssen nun das Bild im Rahmen verschieben, um die Bildkomposition zu ändern.

1. Führen Sie einen Doppelklick auf den Bilderrahmen aus, um das Bild auszuwählen.
2. Halten Sie die **Umschalttaste** (⇧) gedrückt und ziehen Sie das Bild so nach rechts, dass unser verdecktes Gesicht mittig im *I* zu sehen ist.

EINSETZEN VON LOGOGRAFIKEN

Ressourcen

Bijou_poster_05.afpub
short-film-council_exported logo.svg
Fly Free_LOGO.eps
RunningTimeLogo.svg
European-screen-committee_final.psd
estel-logo-white.afdesign

Für unser Design haben wir die Sponsoren des Festivals um Grafiken ihrer Logos gebeten, damit wir sie neben unserem selbst erstellten Estell-Logo auf dem Poster anordnen können. Wir haben dabei explizit nach Vektorgrafiken und Projektdateien gefragt (auf keinen Fall Bitmaps), da wir die Logos mit unserer hellen globalen Farbe neu färben möchten, damit sie genau zu den anderen Elementen des Posters passen.

Platzieren mehrerer Logos nacheinander

1 Aktivieren Sie das Werkzeug **Bild platzieren**.

2 Wählen Sie alle Ressourcen (mit Ausnahme der afpub-Daei) aus und klicken Sie auf **Öffnen**.

3 Wählen Sie in dem vorübergehend eingeblendeten Panel **Bilder platzieren** eine Grafik aus und ziehen Sie sie an die vertikale Hilfslinie. Wiederholen Sie diesen Schritt für die anderen Logos und achten Sie darauf, dass alle mit derselben Breite (mit Ausnahme der Estell-Grafik) platziert und an der Hilfslinie magnetisch ausgerichtet sind.

Anordnen der Logos

Die Logos sollten nicht zu groß sein, damit sie nicht von dem Hauptdesign ablenken, aber dennoch groß genug, um aufzufallen. Mit den Ausrichtungsoptionen können Sie die Grafiken zentrieren und gleichmäßig vertikal verteilen.

- *Skalierung*: Halten Sie die **Umschalttaste** (⇧), wählen Sie alle Grafiken aus und ändern Sie die Größe über den rechten unteren Eckgriff. Die Proportionen (das Verhältnis der Seiten zueinander) bleiben hierbei erhalten.

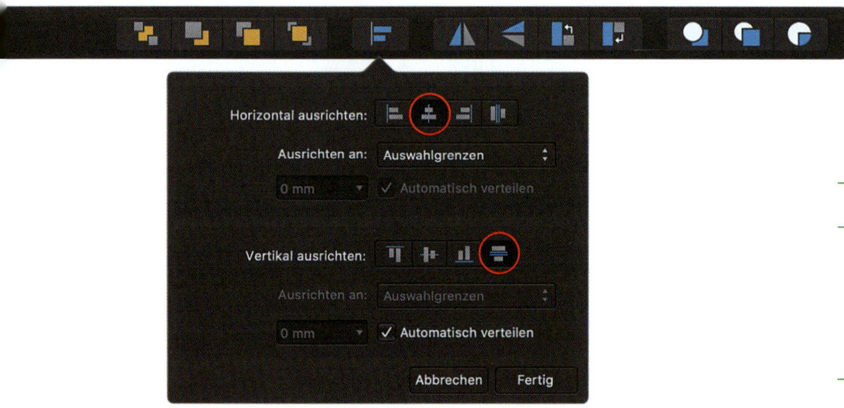

- *Ausrichtung und gleichmäßige Verteilung*: Klicken Sie in der **Symbolleiste** auf die Option **Ausrichtung** und dann auf **Zentriert** und **Mit vertikalem Abstand ausrichten**.

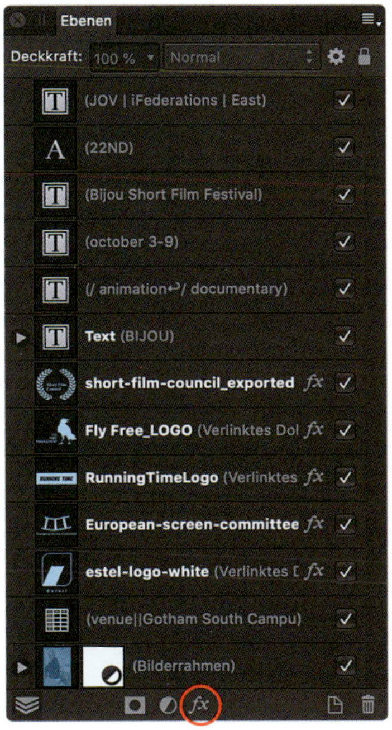

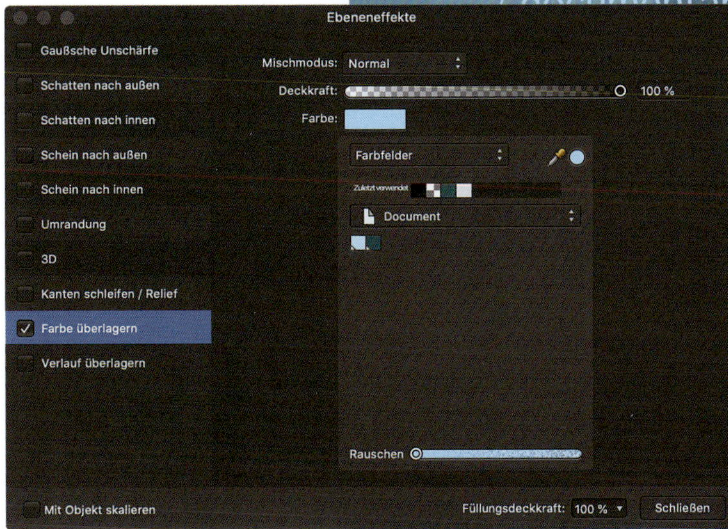

Färben der Logos

In diesem Projekt möchten wir dieselbe globale Farbe für die Logos verwenden, die wir auch bei dem Postertext eingesetzt haben. So passen die Grafiken gut in unser Farbschema.

1 Wählen Sie alle Logografiken aus.

2 Klicken Sie im Panel **Ebenen** auf die Option **Ebeneneffekte**.

3 Aktivieren Sie den Effekt **Farbe überlagern**, klicken Sie auf das Musterfeld **Farbe**, wählen Sie in dem Einblendmenü die Option **Farbfelder** aus und dann in dem nun sichtbaren zweiten Palettenmenü die Option **Dokument**.

4 Wählen Sie das Muster der hellen globalen Farbe aus.

KLEINE AKZENTE FÜR MEHR WIRKUNG

Ressource
Bijou_poster_06.afpub

Zusätzliche Formen, Linien und Texturen sind ideal, um die Hauptelemente des Designs noch etwas zu betonen. Wo Sie diese kleinen Helfer platzieren, bestimmt oft, wie sich das Auge des Betrachters über das Design bewegt und auf welche Stellen es sich konzentriert. Sie können auf diese Weise auch die Symmetrie Ihrer Designs unterstützen oder einfach nur ein paar ansprechende Kleinigkeiten hinzufügen.

In diesem Projekt haben wir genau aus diesen Gründen einige Objekte eingefügt – aber auf eine sehr subtile Art.

- **Vertikale Kante:** (a)
  Ein dünnes weißes Rechteck sorgt dafür, dass sich das Auge des Betrachters nicht zu weit von der Seitenmitte entfernt und „hebt das Design leicht von der Seite ab".
- **Raster aus Kreisen:** (b)
  Unterstützt die Symmetrie und sorgt für Ausgeglichenheit innerhalb des Designs – ohne das Raster wäre hier nur eine leere Stelle im Hintergrund.

a
b
JOV | iFederations | East Institute of Films
22ND
Bijou
Short
Film
Festival
/ animation
/ documentary
/ live action
october 3-9
BIJ
OU
Short Film Council
FLY FREE MANAGEMENT
RUNNING TIME
European Screen Committee
venue
Gotham South Campus
Godmanchester, UK
talks
From 13:00
Esther Feldman
Donald J Cornwell
Dan Platts
Tammy Rogers
Amanda Allan
screenings
From 19:00
(Amy L Dior)
Tucked In
(Edward Zenidr)
The Mark
(William Sean Twaid)
Count to Ten
(Esther Feldman)
Just Walk On In
(Ben Gunn)
Clapping Hands
(Amanda Allan)
Reoccurring
(Donald J Cornwell)
Polaroids
(Charles Upcott)
Love Under Will
(Amy Schumacher)
Wolves
(Terence Larkin)
Sound From The Sun
(Amida Khan)
Everyday
(Savid Mohammed)
Ready For Nothing

BEGUTACHTUNG DURCH DEN KUNDEN

Nachdem wir dem Kunden das Design in seiner bisherigen Form vorgelegt haben, konnten wir uns folgenden Optionen widmen:

- Unterschiedliche Farbgebungen (lassen sich sehr leicht demonstrieren)
- Unterschiedliche Größen
- Variationen des eigentlichen Designs

Die Farbgebung

Das wir das Poster ausschließlich mit zwei globalen Farben entworfen haben, können wir dem Poster einen ganz neuen Look spendieren, indem wir einfach nur diese Farben ändern.

Bearbeiten globaler Farben

- Führen Sie im Panel **Farbfelder** einen Rechtsklick auf das Muster einer globalen Farbe aus und klicken Sie auf **Füllung bearbeiten**.

Eine andere Farbauswahl kann die Stimmung eines Posters grundlegend ändern.

Ändern der Postergröße

Einer der Vorteile der Seitengrößen im A-Format ist, dass man die Seitenobjekte einfach auf unterschiedliche Druckgrößen skalieren kann, ohne dass sich die Proportionen der Objekte selbst oder die Positionierung der Objekte zueinander ändert. Es spielt keine Rolle, ob sie auf A1, A2, A3 oder eine andere A-Größe skalieren.

Für unser letztes Posterdesign vergrößern wir alles von A2 auf A1.

1. Klicken Sie auf **Datei > Layoutseite einrichten**.
2. Stellen Sie im Tab **Abmessungen** die Option **Seitenvorgabe** auf *A1*.
3. Wechseln Sie zum Tab **Skalierung** und klicken Sie auf **Neu skalieren**.
4. Klicken Sie auf **OK**.

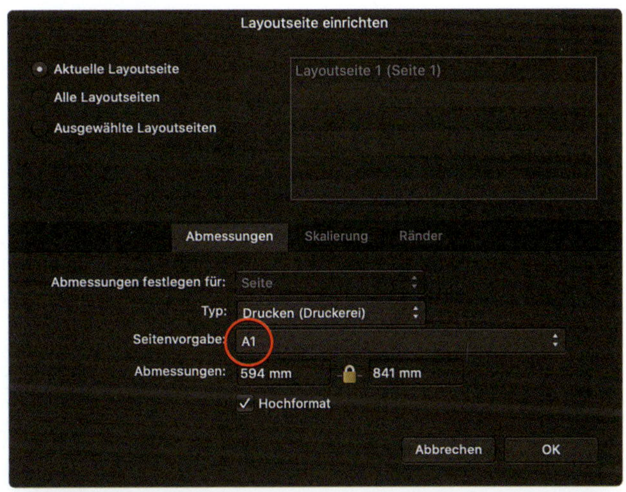

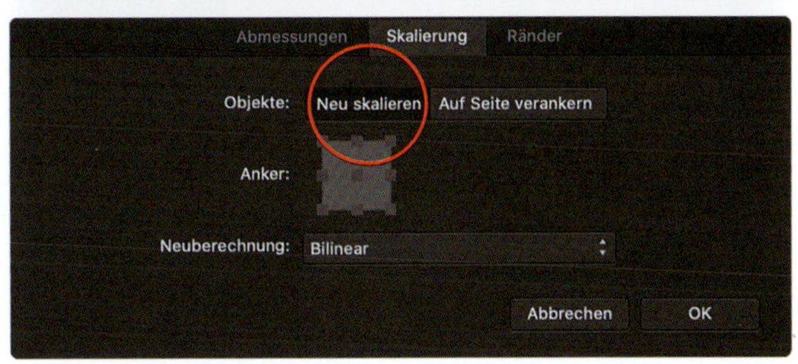

Designvariationen für das Poster

Verschiedene Variationen des Designs helfen dem Kunden auf sehr anschauliche Weise, die für ihn perfekte Lösung zu ermitteln. Für unser Projekt haben wir das Grunddesign unverändert gelassen und nur das Model etwas anders in Szene gesetzt.

- Einige Rechtecke in unterschiedlicher Breite und Höhe ersetzen den Titeltext und erzeugen so einen völlig anderen Look.

  Durch ungleiche Abstände zwischen den Rechtecken springt das Design dem Betrachter stärker ins Auge. Diese Variante ist perfekt für Poster, die sofort die Aufmerksamkeit von Passanten erregen sollen.

- Ein stilisiertes Logo ersetzt hier den Titeltext. Wenn Sie eine Marke besonders hervorheben oder Betrachter mit einem überall bekannten Logo ansprechen möchten, ist solch eine Grafik die erste Wahl.

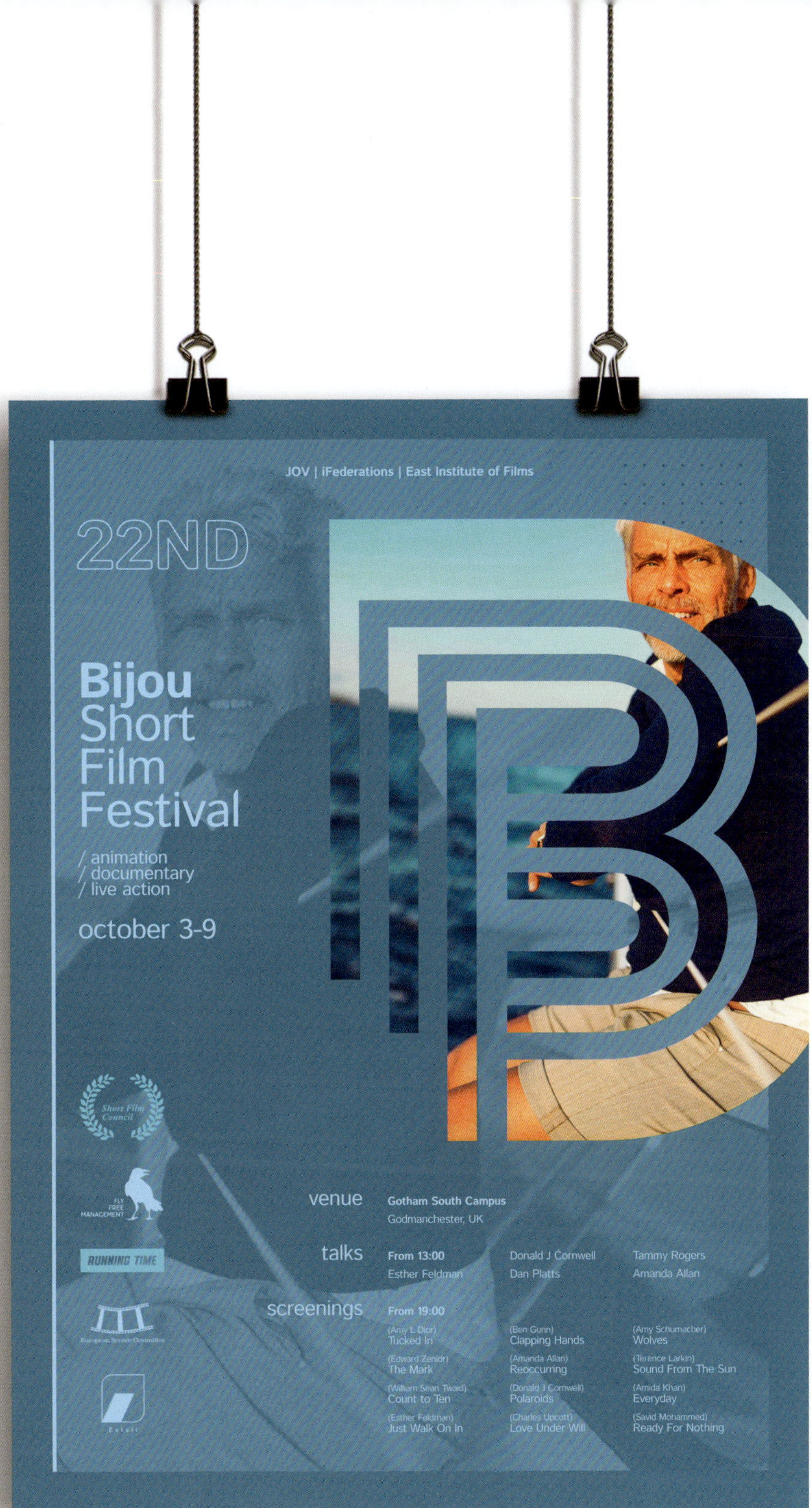

JOV | iFederations | East Institute of Films
22ND
BIJOU
Bijou
Short
Film
Festival
/ animation
/ documentary
/ live action
october 3-9
Short Film Council
RUNNING TIME
venue
Gotham South Campus
Godmanchester, UK
talks
From 13:00
Esther Feldman
Donald J Cornwell
Dan Platts
Tammy Rogers
Amanda Allan
screenings
From 19:00
Tucked In
The Mark
Count to Ten
(Esther Feldman)
Just Walk On In
(Ben Gunn)
Clapping Hands
(Amanda Allan)
Reaccuring
(Donald J Cornwell)
Polaroids
Love Under Will
(Amy Schumacher)
Wolves
(Terence Larkin)
Sound From The Sun
Everyday
Ready For Nothing

KAPITEL 6

Markenprojekte für Unternehmen

In diesem Kapitel geht es um Publikationen, die an bestimmte Marken für Unternehmen gebunden sind, und wie sich eine Marke in verschiedenen Projekten durchgängig präsentieren lässt, um Investoren zu überzeugen und die Markenidentität im Bewusstsein des Kunden zu festigen.

Nach einer kurzen Einführung zu der Marke des fiktiven Architekturbüros KB/A, zeigen wir Ihnen, wie Sie anhand eines Markenleitfadens die Marke im Briefpapier und Jahresbericht der Firma präsentieren.

KB/A – EINE EINFÜHRUNG

Branding und Markendesigns

Die Geschäftsphilosophie und die ästhetischen Ansprüche eines Unternehmens zu einem Markendesign zu verbinden, klingt nach einer ziemlich schwierigen Aufgabe. Aber wenn Sie alles sorgfältig planen, können Sie diese Herausforderung in kleinere Abschnitte aufteilen, die sich einfacher bewältigen lassen.

In diesem Kapitel stellen wir zunächst einen Markenleitfaden zusammen, der Ihnen dann die Arbeit an verschiedenen Designartikeln für diese Marke erleichtert. Durch einen methodischen Ansatz verbinden wir so Design mit Marketing, Kommunikation und Personal, damit Philosophie und Strategie des Unternehmens für alle Zielgruppen zugänglich werden.

Ihre Aufgabe

Entwickeln Sie ein Gefühl für das Unternehmen

Der Kernpunkt einer Marke ist alles, was dieses Unternehmen tut. Überlegen Sie sich kreativ, wie die Firma entstanden ist, wo sie heute steht und was sie in Zukunft noch alles erreichen will.

Manche Kunden wissen genau, was sie wollen und führen Sie mit Freuden und so vielen Details wie möglich durch den gesamten Prozess. Manchmal gibt es auch ein paar Hindernisse, die erst durch klare Kommunikation aus dem Weg geschafft werden müssen, damit das fertige Produkt auch seinen angestrebten Zweck erfüllt.

Aufbau der Marke

Wir wissen also jetzt, dass die Marke die Philosophie des Unternehmens vermitteln soll sowie ihren Ursprung und auch ihre Pläne für die Zukunft. Um all das umzusetzen, bedienen wir uns einiger bewährter Techniken.

Der lustige Teil ist, all diese Informationen in uns vertraute Designaspekte zu übertragen, wie Farben, Logos und Schriftformatierungen, die der Kunde dann für den Einsatz bei weiteren spezifischen Artikeln absegnet.

PANTONE® 2297 CP

C 26 M 0 Y 95 K 0	R 195 G 213 B 52	H 67 S 66 L 52

PANTONE® 2372 CP

C 99 M 97 Y 0 K 15	R 54 G 43 B 123	H 248 S 48 L 33

Farbfelder – primäre und sekundäre Farbe

KB
IA

Logo in primärer und sekundärer Farbe

Chivo Light 22pt. **Chivo Bold 22pt.**
Chivo Reg. 22pt. *Chivo Italic 22pt.*

Schriftstile und Schriftattribute

Farben

Hier müssen Sie ein Set von Farben zusammenstellen, die alles verkörpern, für das die Marke steht.

Logos

Logos sind das wichtigste Aushängeschild eines Unternehmens und finden sich darum auf sämtlichen Produkten und auch allen Werbematerialien. Die Logos festigen dabei nicht nur das Markenbewusstsein bei Kunden und Investoren, sondern dienen dem Unternehmen selbst als eine Art Standarte – fast wie beim Militär.

Schriftformatierung

Die Formatierung von Texten – Schriftart, Schriftgröße und andere Schriftattribute – sind für die Aussage und Wirkung einer Marke ebenso wichtig, wie ansprechende Farben oder ein wunderschön entworfenes Logo.

Farben, Logodesign und Schriftformatierung verbinden sich dann zu einem homogenen und wirkungsvollen Image für die Marke des Unternehmens.

Zu liefernde Artikel

Dies sind die Designs für konkrete Dokumente – sowohl für die professionelle Drucklegung als auch für die digitale Kommunikation zwischen dem Unternehmen und seinen Partnern und Kunden.

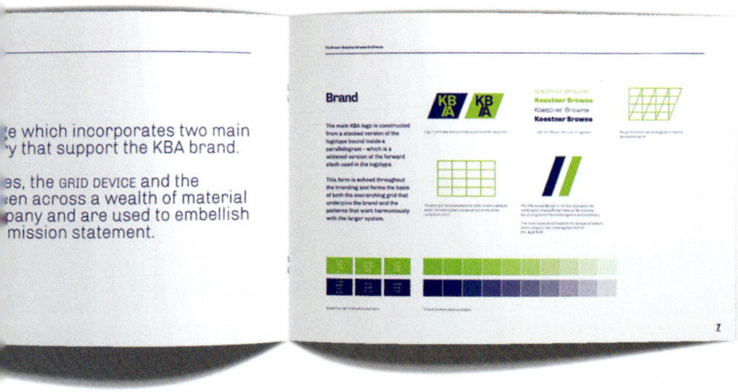

Markenleitfaden

Dieses Dokument erleichtert die Umsetzung der Markenidentität bei allen konkreten Projekten für das Unternehmen und enthält die Richtlinien, wie Logos und andere Merkmale der Markenidentität einzusetzen sind. Hier können Sie auch eine kurze und interessante Hintergrundgeschichte zu dem Unternehmen präsentieren und allen, die mit diesem Markenleitfaden arbeiten, das notwendige Werkzeug in die Hand geben, um ansprechende Werbematerialien und andere Werke zu entwerfen.

Alle zu liefernden Artikel orientieren sich so an den Richtlinien für die Marke, die Sie zusammen mit dem Unternehmen im Markenleitfaden festgelegt haben.

Briefpapier

Im Briefpapier verbinden sich Branding und Ästhetik zu professionell hergestelltem Schreibmaterial. Der Look und das Format des Briefpapiers variieren je nach Art und Branche des Unternehmens. Ein Unternehmen, das zum Beispiel nur über seine Onlinepräsenz mit den Kunden in Kontakt tritt, benötigt vielleicht nur einen Briefkopf und Briefumschläge, während eine Firma mit persönlichem Kundenkontakt neben dem Briefkopf jeden Tag auch Visitenkarten und Kurzbriefe als Beilage zu Produktsendungen verwendet. Einigen Sie sich daher mit Ihrem Auftraggeber, was er für sein Unternehmen ständig und was nur selten benötigt.

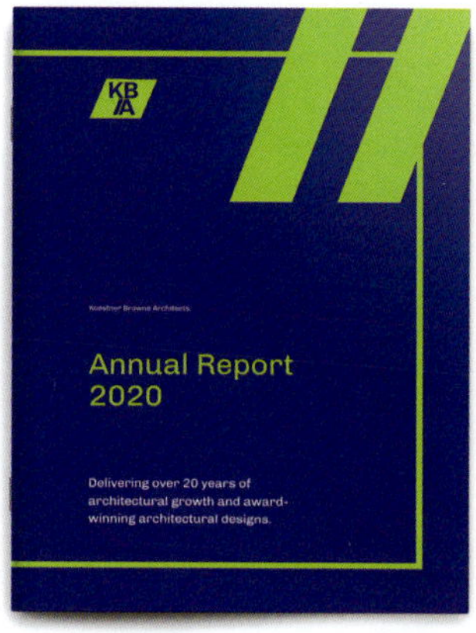

Jahresbericht

Dies ist eine Zusammenfassung des letzten Geschäftsjahres und gleichzeitig eine Lobrede auf alle Erfolge des Unternehmens in diesem Jahr. Diese Dokumente umfassen für gewöhnlich eine Menge auf Daten gestützte Bilder, wie z. B. Infografiken, Diagramme und Schaubilder, sowie Texte zu den Plänen für die Zukunft. Hier laufen Informationen und Ergebnisse der verschiedenen Abteilungen zusammen, wie z. B. Marketing, Management, Finanzbuchhaltung und Entwicklung.

Der Bericht gibt dem Unternehmen auch die Möglichkeit, die Fülle an schriftlichen Details in eine Form zu übersetzen, die sowohl leicht zugänglich als auch ansprechend ist.

Verwalten Ihrer Assets und zu liefernden Artikel

Sobald Sie alle Assets für Ihre Marke zusammen haben (Farben, Logos usw.) können Sie diese Elemente ansprechend und übersichtlich im dem Markenleitfaden anordnen und dann direkt für einige praktische Designbeispiele verwenden.

Ein wichtiger Teil dieser Projektreihe ist die Ordnerstruktur, die Ihre Logos und zu liefernden Artikel verbindet. Ändern sich zum Beispiel die Logos, erhalten Sie wie Kollegen aus dem Unternehmen direkt die neuesten Versionen, damit Ihre sorgfältig entworfenen Designs nicht durch veraltete Logos über den Haufen geworfen werden.

In diesem Kapitel verwenden wir modulare Projekte und zeigen Ihnen dabei, wie Sie Verknüpfungen zu den Logos nutzen sowie die für eine Marke festgelegten Farbpaletten und Textformatierungen importieren.

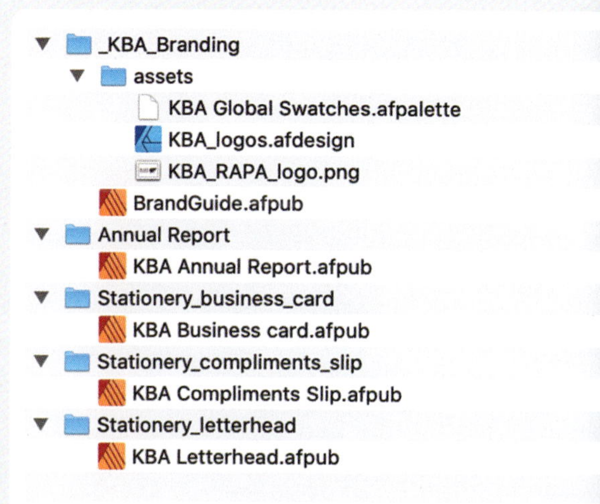

1

KB/A-Markenleitfaden

Präsentieren einer Firmenmarke mit James Bates

In diesem Projekt entwerfen wir einen Markenleitfaden für das Architektenteam KB/A, der die Informationen zu der Marke umfasst sowie die Geschichte der Marke und wie man speziell für die Marke entworfene Assets praktisch einsetzt und präsentiert. Zu diesen Assets zählen zum Beispiel Logos und Farbpaletten.

KB
/A
Koestner Browne Architects - Brand Guide
A visual language
pieces of imagery
These two devices,
SOLIDUS can be seen
used by the company
the overarching
6
Typography
Chivo is a grotesque Sans Serif typeface family.
Chosen for its strength across the board as a font family, it is ideal for highlights and headlines whilst performing elegantly when used in the lighter weights for continuous reading.
Its design details make it an indispensable ally for KBA where we often require a seamless interaction of light and heavy typographic treatments within our marketing collateral.
Chivo Light 22pt.
ABCDEFGHIJKLMNOPQRSTUVWXYZ
abcdefghijklmnopqrstuvwxyz
Chivo Reg. 22pt.
ABCDEFGHIJKLMNOPQRSTUVWXYZ
abcdefghijklmnopqrstuvwxyz
Chivo
10

BEVOR SIE LOSLEGEN

Ressourcen

Alle Ressourcen, auf die in diesem Kapitel verwiesen wird, finden Sie unter: https://affin.co/KBABrandGuide

Kenntnisse in Affinity Publisher

Damit Sie diesem Projekt optimal folgen können, sollten Sie:

- Mit der Programmoberfläche von Affinity Publisher vertraut sein. Mehr über die einzelnen Bedienelemente erfahren Sie in dem Kapitel „Tour durch die App-Oberfläche" ab Seite 14.
- Die Grundlagen beherrschen. Die folgende Tabelle zeigt Ihnen, mit welchen Aspekten von Affinity Publisher Sie außerdem vertraut sein sollten, um dieses Projekt anzugehen:

Seiten und Master-Seiten	Seite 82
Arbeiten mit Text	Seite 112
Bilderrahmen	Seite 124
Einsetzen von Inhalten	Seite 130

Betrachten Sie den Leitfaden wie eine Geschichte. Er sollte einen Fluss haben und ein klares Bild der Marke und des Unternehmens präsentieren.

EINFÜHRUNG

Bevor Sie sich an das Layout der ersten Seite machen oder ein Dokument mit mehreren Seiten angehen, sollten Sie die Verteilung der Inhalte auf die verschiedenen Seiten per Hand skizzieren. Bei jedem neuen Abschnitt in einem Designprozess lohnt es sich, den Computer kurz zu verlassen. So sehen Sie das Projekt aus einer anderen Perspektive und finden eventuell sogar noch Seiten, die Sie besser anordnen können oder noch überarbeiten sollten.

In diesem Projekt müssen wir nach der Planungsphase für den Markenleitfaden das Layout für alle Sektionen festlegen und sie in einer Reihenfolge präsentieren, die sich flüssig lesen lässt.

Die richtige Wahl der Schrift

Bei der Planung der Marke hat sich Chivo als Favorit für die Hauptschrift des Unternehmens herauskristallisiert. Diese Schrift gibt es in vier Stärken plus passende Kursivformen. Designer haben somit eine Menge Spielraum für die Texte der verschiedenen Projekte und die jeweiligen Hierarchiestufen, auf denen die Texte präsentiert werden. Chivo ist eine solide und gut ausgewogene Schrift – sowohl elegant als auch praktisch.

Download und Installation von Schriften

1. Öffnen Sie die Webseite https://fonts.google.com (oder suchen Sie online nach *Google Fonts*) und laden Sie die **Chivo**-Familie herunter.
2. Öffnen Sie das heruntergeladene Zip-Archiv und lesen Sie die Datei OFL.txt.
3. Für *Mac*: Führen Sie einen Doppelklick auf die heruntergeladenen Schriftdateien aus und klicken Sie auf **Installieren**.
   ODER
   Für *Windows*: Führen Sie einen Rechtsklick auf die heruntergeladenen Schriftdateien aus und klicken Sie auf **Installieren**.

Chivo-Light.ttf

Chivo

Chivo-Regular.ttf

Chivo

Chivo-Bold.ttf

Chivo

Chivo-Black.ttf

Chivo

Ressource

KBA_brand_guide_setup.afpub

EINRICHTEN DES DOKUMENTS

Als Erstes brauchen wir ein Grundgerüst für das Dokument. Nach dem Einrichten fügen wir noch weitere Master- und Publikationsseiten hinzu, platzieren die Seitenzahlen und Spaltenhilfslinien auf der Master-Seite, definieren die Absatzstile und setzen dann erste Inhalte ein.

1 Klicken Sie auf **Datei > Neu**.

2 Klicken Sie im Dialogfeld auf **Vorgaben** und **Druckerei-fertig** und dann auf die Miniatur *A4*.

3 Stellen Sie unter **Layout** die **Ausrichtung** auf *Querformat* und die **Regel zur Bildplatzierung** auf *Bevorzugt verknüpft*; ich habe die Option **Master-Standardseite** deaktiviert, da ich später noch selbst Master-Seiten hinzufüge.

Die anderen Standardeinstellungen sorgen für ein CMYK-Dokument mit gegenüberliegenden Seiten und einem Anschnitt von *3 mm* (nicht abgebildet) für die professionelle Druckausgabe.

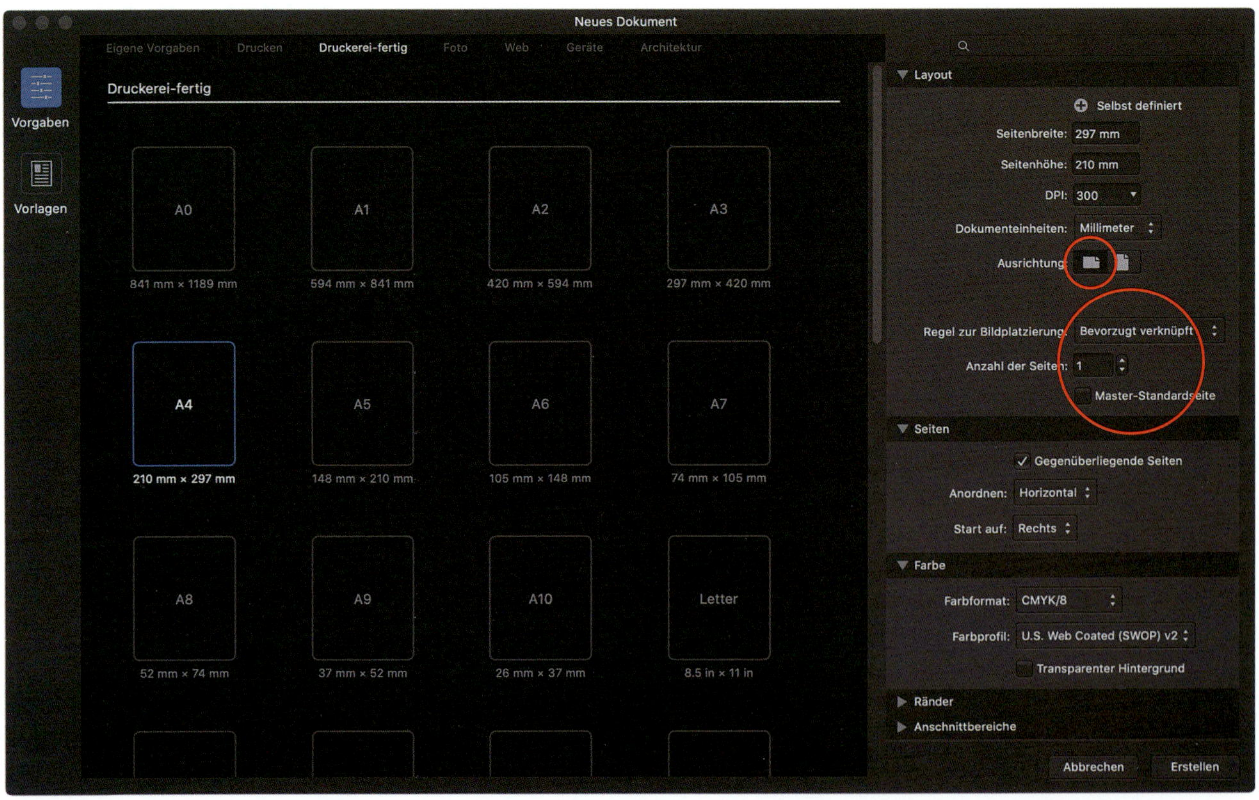

Master A

Master B

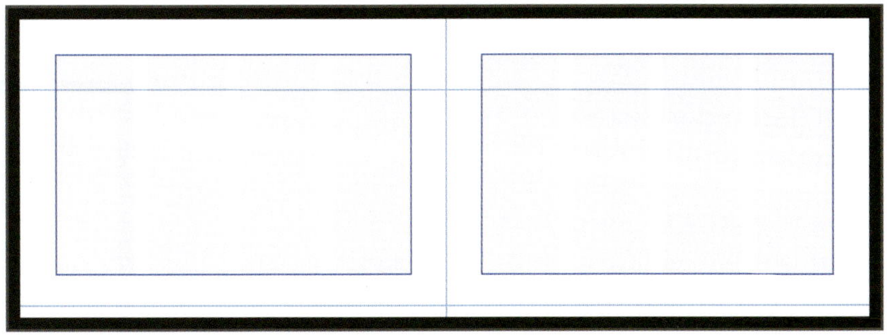

Erstellen von Master-Seiten

Bei den verschiedenen Master-Seiten kam es mir vor allem auf flexible Einstellungen für die Spaltenhilfslinien an, da sich damit sehr unterschiedliche Layouts realisieren lassen.

1 Klicken Sie im Panel **Seiten** auf die Option **Master-Seite hinzufügen**.

2 Klicken Sie in dem Dialogfeld auf **Einzel**, um nur eine Master-Seite (*Master A*) zu erstellen.

3 Wiederholen Sie die Schritte und klicken Sie diesmal auf **Gegenüberliegend**, um eine Master-Doppelseite (*Master B*) und dann noch eine Master-Einzelseite (*Master C*) zu erstellen.

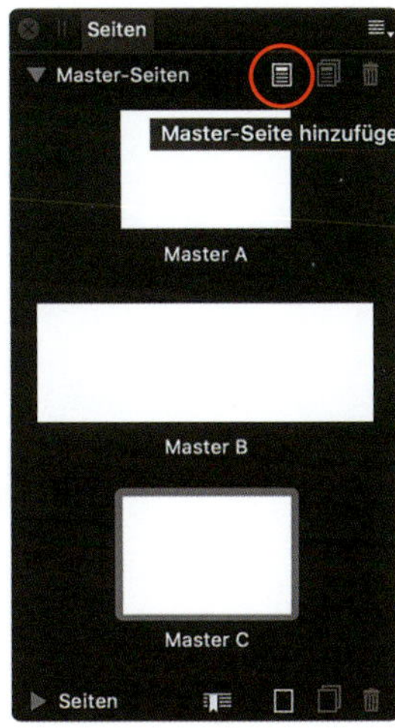

Master C

Festlegen von Spaltenhilfslinien für Master-Seiten

1 Führen Sie im Panel **Seiten** einen Doppelklick auf die Miniatur *Master B* aus.

2 Klicken Sie auf **Ansicht > Hilfslinien konfigurieren** und stellen Sie die Anzahl der **Spalten** auf *4*; für *Master C* stellen Sie die Anzahl der **Spalten** auf *8*.

Vier Spalten sind eine gute Allzwecklösung und die doppelte Spaltenzahl eröffnet auf bestimmten Seiten mehr Möglichkeiten.

Platzieren von Hilfslinien auf Master-Seiten

Hilfslinien sind ideal für „Wäscheleinen" und Grundlinien, an denen Sie dann Ihre Textrahmen magnetisch ausrichten können.

- Legen Sie mit dem Dialogfeld **Hilfslinien konfigurieren** für *Master B* und *Master C* eine horizontale Wäscheleine auf ungefähr einem Viertel der Höhe (*50 mm*) jeder Seite fest und eine weitere Hilfslinie (*202 mm*) für die präzise Platzierung der Seitenzahlen.

Aktivieren Sie die Option **Ansicht > Lineale einblenden**, können Sie durch simples Ziehen von den Linealen ganz bequem Hilfslinien für die Seitenmitte platzieren.

Platzieren der Seitennummerierung auf Master-Seiten

Auf Master-Seiten können Sie ebenfalls Felder für die Seitenzahl platzieren. Wir verwenden diese Möglichkeit für das Layout unserer Doppelseiten.

1 Führen Sie einen Doppelklick auf *Master B* aus.

2 Erstellen Sie auf jeder Seite in der entsprechenden unteren Seitenecke einen Textrahmen.

3 Klicken Sie auf **Text > Einfügen > Felder > Seitenzahl**.

4 Das Feld für die Seitenzahlen # habe ich mit *Chivo Black Bold* in *16 pt* (Unterstrichen) und der Markenfarbe *Blau* formatiert.

5 Richten Sie das Feld über die Kontextleiste aus – horizontal **Rechtsbündig** und vertikal **Unten ausrichten**.

6 An den oberen Seitenrändern habe ich Textrahmen mit dem Platzhaltertext *Seitenname* platziert und seine Formatierung mit *Chivo Bold* in *6 pt* und *Blau* als neuen Zeichenstil namens *Kleine Überschrift* gespeichert. Die Linien über die gesamte Breite der Ränder habe ich mit dem **Zeichenstift** in der Markenfarbe *Blau* gezeichnet.

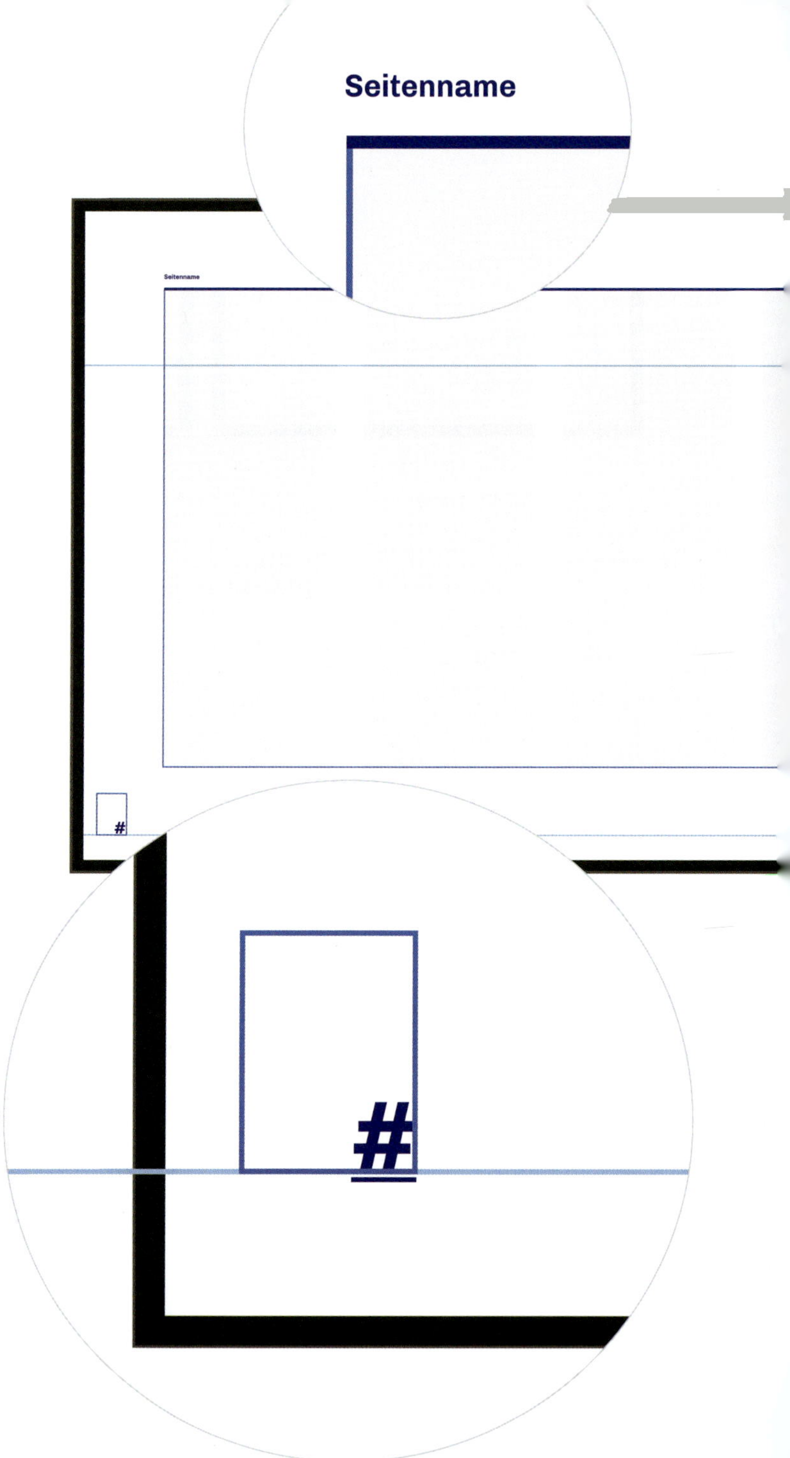

Stellen Sie bei den Seitenzahlen sicher, dass die Textrahmen an identischen Positionen auf den gegenüberliegenden Seiten der Layoutseite gespiegelt sind. Für *Master C* übertragen Sie einfach die rechte Kopfzeile aus *Master B* per Kopieren und Einfügen.

> Indem Sie das #-Feld auf der Master-Seite platzieren, werden dann später an dieser Stelle automatisch die korrekten Seitenzahlen auf allen Publikationsseiten angezeigt, denen Sie diese Master-Seite zuweisen.

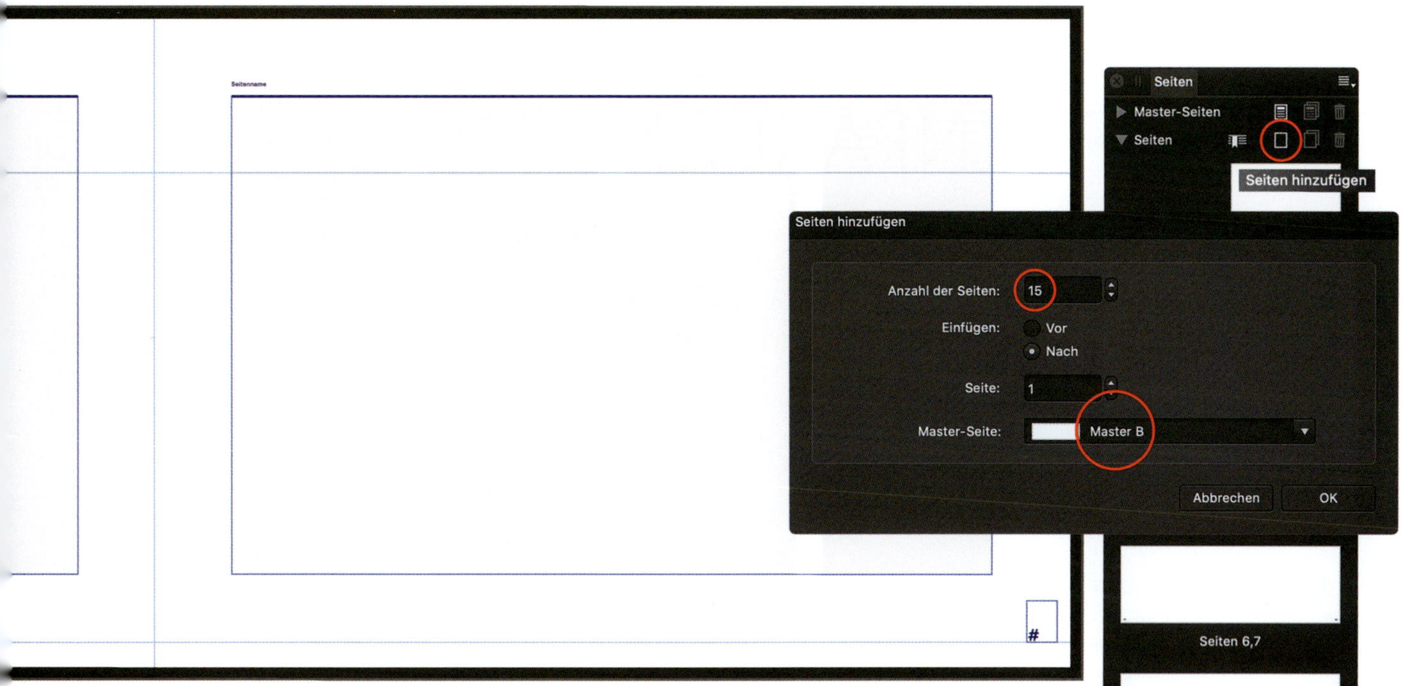

Erstellen zusätzlicher Seiten

Nachdem wir zu Beginn nur eine Seite festgelegt haben, fügen wir jetzt genügend Seiten („über den Daumen gepeilt") für eine Einführung, ein Inhaltsverzeichnis, die Texte und ganzseitige Bilder sowie Vorder- und Rückseitencover hinzu.

1 Klicken Sie im Panel **Seiten** auf die Option **Seiten hinzufügen**.

2 Stellen Sie im Dialogfeld die **Anzahl der Seiten** auf *15* und für **Master-Seite** die Option *Master B* ein.

Weisen Sie dem Rückseitencover (*Seite 16*) durch Ziehen und Ablegen *Master A* zu – auf dieser Seite brauchen wir keine Seitenzahl; weisen Sie der für das Inhaltsverzeichnis geplanten Seite (*Seite 3*) *Master C* zu, damit wir dort mehr Spaltenhilfslinien zur Verfügung haben.

> Stellen Sie bei Dokumenten für die professionelle Drucklegung die Seitenzahl immer auf ein Vielfaches von 4 ein, damit es bei dem Ausschießen der Seiten und dem Falten der Druckbögen später keine Problem gibt.

DIE MARKENFARBEN

Die Farbgebung ist ein wichtiger Aspekt, wenn es um die Präsentation einer Marke geht. Mit dem Markenleitfaden lassen sich dann „echte" Farbpaletten definieren, die Designer später bei der Arbeit an unterschiedlichsten Projekten ganz einfach importieren können.

In Affinity Publisher können wir diese Markenfarben als globale Farben festlegen. Globale Farben lassen sich später mit nur einem Klick ändern – perfekt, wenn Sie den Look für eine Marke variieren möchten.

Erstellen globaler Markenfarben

Als Nächstes wählen wir die Farben für unser Markenlogo aus der Palette *PANTONE® Color Bridge Coated V4* aus, die zum Lieferumfang von Affinity Publisher gehört.

Grün:
PANTONE 2297 CP
(CMYK 26,0,95,0)

Blau:
PANTONE 2372 CP
(CMYK 99,97,0,15)

Festlegen des ersten globalen Farbmusters

1 Klicken Sie im Panel **Farbfelder** auf das Einblendmennü und wählen Sie die Option *PANTONE® Color Bridge Coated V4* aus.

2 Geben Sie in das Suchfeld *2297 CP* ein und klicken Sie auf das angezeigte Farbmuster. Löschen Sie die Eingabe im Suchfeld, um die neu erstellte Dokumentpalette mit Ihrer neuen globalen Farbe einzublenden.

3 Führen Sie einen Rechtsklick auf das Farbmuster aus, klicken Sie auf **Globale Farbe umbenennen** und ändern Sie den Namen in *Grün*.

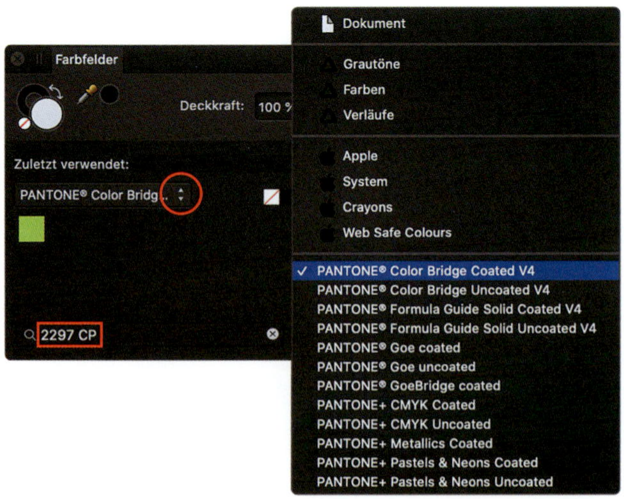

Farbmuster globaler Farben erkennen Sie an dem weißen Dreieck in der linken unteren Ecke.

4 Suchen Sie nach PANTONE 2372 CP, wählen Sie im Einblendmenü die Dokumentpalette aus und klicken Sie auf die Option **Aktuelle Farbe als globale Farbe zur Palette hinzufügen**. Löschen Sie nun das Suchfeld, um beide Farben einzublenden und ändern Sie den Namen der zweiten Farbe in *Blau*.

5 Öffnen Sie das Menü **Paneleinstellungen**, klicken Sie auf **Palette umbenennen** und nennen Sie die Palette *Globale KBA-Farben*.

Auch wenn Sie den Namen für Farben ändern, können Sie die ursprünglichen PANTONE-Namen jederzeit im Panel **Farbe** nachschlagen.

Exportieren der Palette

Nachdem die Palette *Globale KBA-Farben* nun fertig ist, können wir die Farben direkt für Designs in dem Markenleitfaden verwenden und die Palette auch als separate Affinity-Palettendatei (.afpalette) weitergeben, damit sich diese Markenfarben auch in anderen KB/A-Designs (z. B. Briefpapier und Jahresberichte) einsetzen lassen.

- Öffnen Sie im Panel **Farbfelder** das Menü **Paneleinstellungen** und klicken Sie auf **Palette exportieren**.

PANTONE®-Farben für eine präzise Farbverwaltung

Die PANTONE®-Farben gehören zu einem standardisierten PANTONE® Matching System, das von vielen Designer und Druckereien verwendet wird, um die Farbechtheit* der Designs vom Entwurf bis zur Druckausgabe zu gewährleisten.

Das Panel **Farbfelder** in Affinity Publisher enthält über 10 PANTONE®-Paletten, aus denen Sie per Suche (nach den PANTONE-Nummern) die Farben von gedruckten PANTONE-Farbsets auswählen können. Jede Palette entspricht hierbei einem gedruckten Farbset, das Ihre Druckerei später als Referenz verwendet.

Für gewöhnlich sollten Sie zuerst mit Ihrer Druckerei die verfügbaren PANTONE-Farbsets durchgehen und sich für einzelne Farben entscheiden. Danach wählen Sie dann die Farben in den PANTONE-Paletten der App aus und übertragen Sie auf Ihre Designelemente. Die Kapiteltrennung in diesem Workbook wurde zum Beispiel mit PANTONE® 171 C gefärbt.

* Dies funktioniert natürlich nur, wenn Sie die Funktion für die Farbverwaltung (auch Farbmanagement genannt) verwenden und Ihren Monitor bzw. Ihr Display kalibriert haben.

DAS COVER DER VORDERSEITE

Ressourcen
KBA_brand_guide_1.afpub KBA_logos.afdesign

Auf dem Cover der Vorderseite (Seite 1) platzieren wir ein Rasterlogo unsere Marke vor einem blauen Hintergrund.

1 Zeichnen Sie mit dem Werkzeug **Rechteck** eine Box, die sich über die gesamte Seite bis in alle Anschnittecken erstreckt.

2 Wählen Sie im Panel **Farbfelder** die Markenfarbe *Blau* aus der Palette *Globale KBA-Farben* als Farbe für den Hintergrund aus.

3 Klicken Sie auf **Datei > Platzieren** und öffnen Sie die Datei KBA_logos.afdesign.

4 Halten Sie die cmd-Taste ⌘ (Mac) oder Strg-Taste (Win) und bewegen Sie den Cursor auf die Seitenmitte. Wenn die sich kreuzenden rote und grüne Hilfslinie für die magnetische Ausrichtung eingeblendet werden, ziehen Sie, um das erste ArtBoard aus dem Dokument von seiner Mitte aus zu skalieren und in die Seite einzusetzen.

5 Legen Sie über die Option **ArtBoard** der Kontextleiste das gewünschte ArtBoard fest – in unserem Fall *KBA Grid Logo Green*. Falls notwendig, passen Sie die Größe auf der Seite noch einmal an.

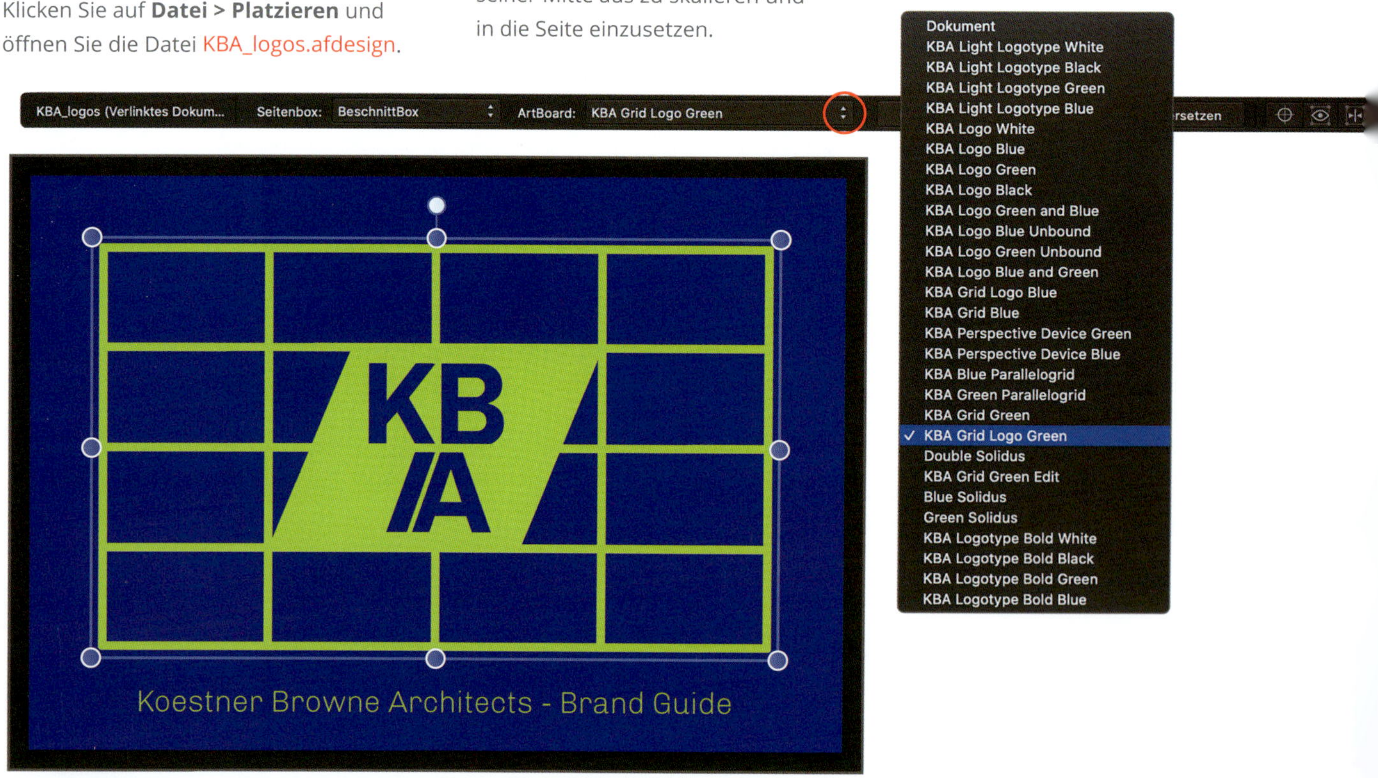

Platzieren von Dokumenten und Bildern

Affinity-Dokumente lassen sich in anderen Affinity-Dokumenten platzieren und mit diesen verknüpfen. Dies hat folgende Vorteile:

1 Sie arbeiten effizienter, da Sie nie wieder ständig neue Grafikversionen aus Designdokumenten exportieren und dann in Projekte exportieren müssen.

2 Platzieren Sie Dokumente aus Affinity Designer mit mehreren ArtBoards, können Sie genau festlegen, welches ArtBoard angezeigt wird. Für unser vorderes Cover und auch später im Markenleitfaden verwenden wir so ein bereits vom Kunden „abgesegnetes" Markenlogo.

3 Da das Designdokument verknüpft ist, werden Sie automatisch aufgefordert, diese verknüpfte Ressource zu aktualisieren, wenn sich ihr Inhalt ändert.

KBA_logos.afdesign

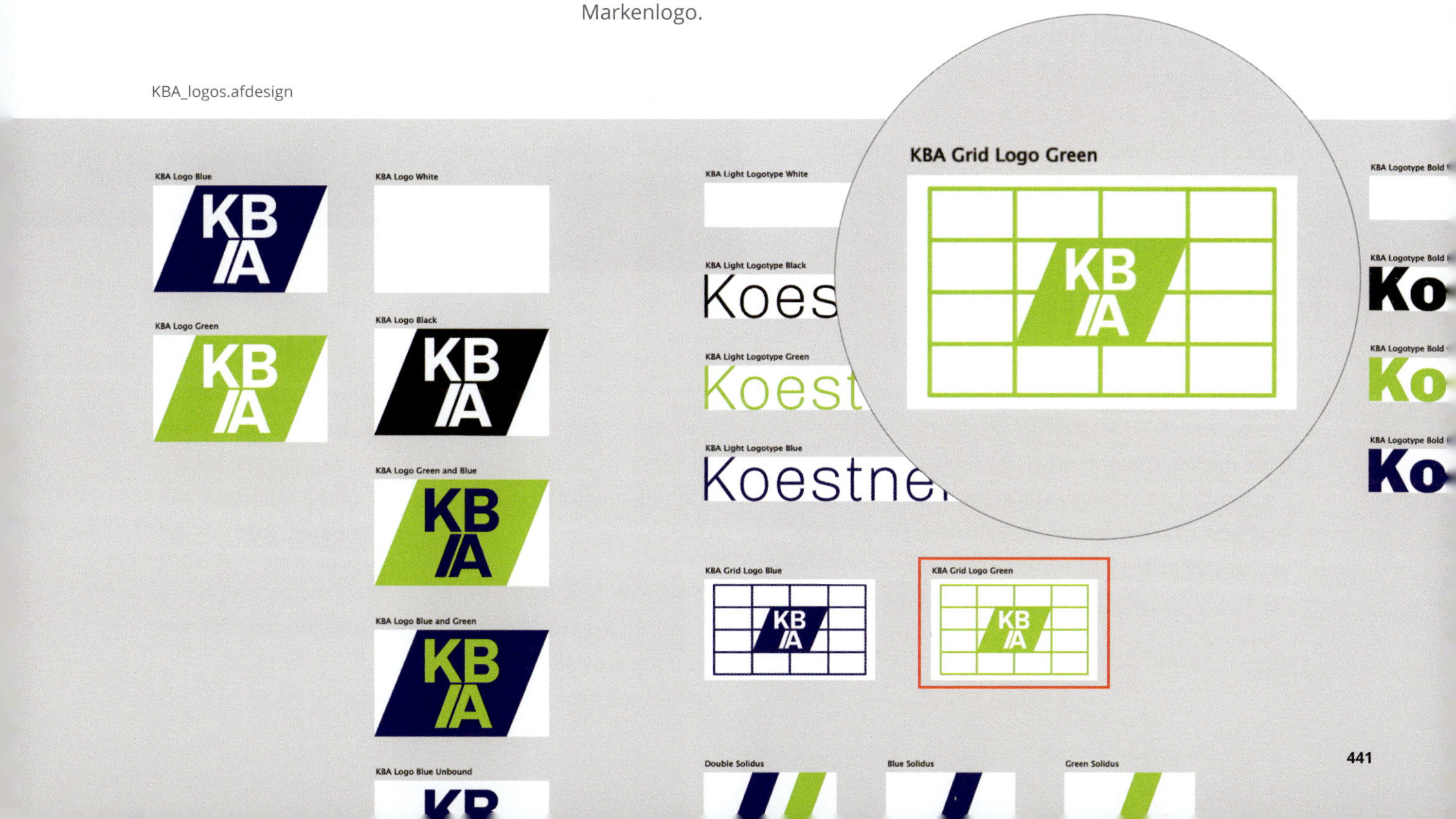

GANZSEITIGE FOTOS UND TEXTINHALTE

Seite 2 fungiert als Füllseite. Wir setzen hier also ganz einfach mit den Werkzeugen **Rechteckiger Bilderrahmen** und **Bild platzieren** einen Bilderrahmen inklusive Bild ein.

Seite 3 ist für das Inhaltsverzeichnis. Hier platzieren wir mit der gleichnamigen Funktion ein Inhaltsverzeichnis, das aus den Überschriften der fertigen Seiten erstellt wird. Damit und mit den Textstilen beschäftigen wir uns später auf Seite 454.

Als Erstes entfernen wir die vordefinierten Textstile, erstellen selbst einen Absatzstil speziell für die Überschriften und wenden ihn auf unsere Texte an.

Entfernen vordefinierter Textstile

- Öffnen Sie im Panel **Textstile** das Menü **Paneleinstellungen** und klicken Sie auf **Nicht verwendete Stile löschen**.

Erstellen von Textstilen

- Die Überschrift **Inhalt** (a) formatieren wir mit Chivo Bold in *24 pt* und unserer Markenfarbe *Blau*, die wir zusammen als Absatzstil *KBA-Überschrift* in der Kontextleiste erstellen. Klicken Sie hierfür im Einblendmenü **Absatzstil** einfach auf **Neuer Stil**. Ich habe ebenfalls den Zeichenabstand etwas gelockert und den Zeilenabstand korrigiert.
- In dem Textrahmen am oberen Seitenrand ersetzen wir *Seitenname* durch den Namen dieser Seite *Inhalt – Koestner Brown Architects*. Hierfür ändern wir lokal den Platzhaltertext aus *Master C*. Diese Methode verwende ich auch bei allen folgenden Seiten.
- Später habe ich noch einen leeren Textrahmen für das Inhaltsverzeichnis eingefügt und ihn magnetisch über drei Spaltenhilfslinien und die im Vorfeld erstellte Wäscheleine ausgerichtet.

Ressource
KBA_brand_guide_2&3.afpub

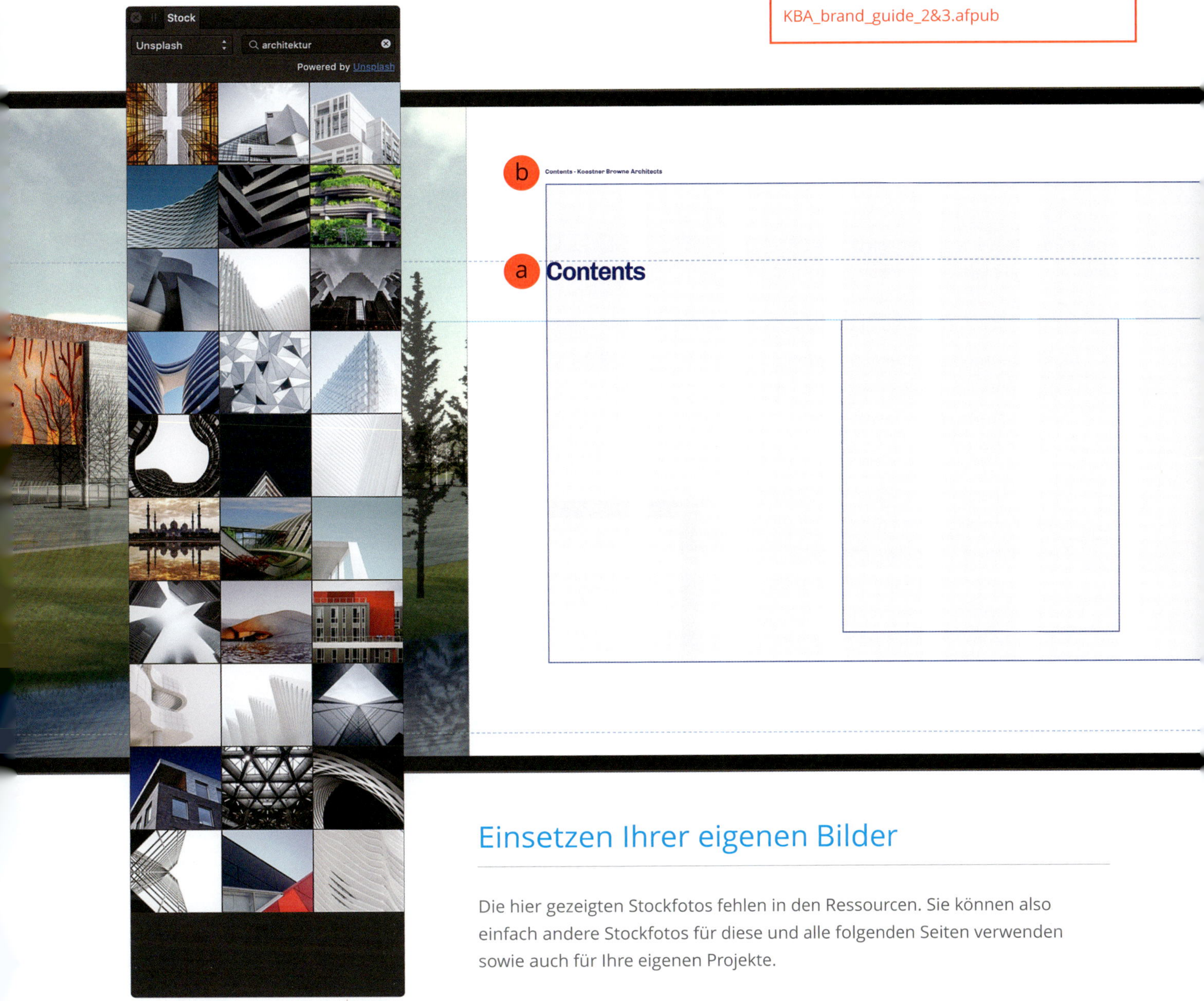

Einsetzen Ihrer eigenen Bilder

Die hier gezeigten Stockfotos fehlen in den Ressourcen. Sie können also einfach andere Stockfotos für diese und alle folgenden Seiten verwenden sowie auch für Ihre eigenen Projekte.

Mit dem Panel **Stock** haben Sie jederzeit Zugriff auf Lizenzgebühr freie Bilder von UnSplash, Pexels und Pixabay. Ziehen Sie die Bilder einfach auf die gewünschten Bilderrahmen und legen Sie sie dort ab.

INFOSEITE UND GANZSEITIGES FOTO

Ressourcen
KBA_brand_guide_4&5.afpub KBA_logos.afdesign

Bei der Infoseite (Seite 4) dreht sich alles um ein präzises Layout der Bilderrahmen, Textrahmen und platzierten Dokumente an den Spaltenhilfslinien.

- In der ersten Spalte richten wir zwei Bilderrahmen magnetisch an den Spaltenhilfslinien aus und setzen dann zwei Porträts von Koestner und Browne (a) ein.
- Ziehen Sie einen Textrahmen über die anderen drei Spalten mit derselben Spaltenanzahl und Zwischenraumbreite wie bei den Spaltenhilfslinien und füllen Sie ihn mit Text. Formatieren Sie den Text mit *Chivo Regular* in Größe *10 pt* und speichern Sie diese Formatierung als neuen Absatzstil *KBA-Textkörper*. Ich habe noch eine **Abstandskorrektur** von *14 pt* eingestellt, um den Text vertikal etwas mehr zu verteilen (b).
- Fügen Sie weitere Details ein, wie zum Beispiel die Logos *KBA Perspective Device Blue*, *KBA Logo Blue* und *KBA Blue Parallelogrid* logos. Diese habe ich wie zuvor über **Datei > Platzieren** aus der Datei KBA_logos.afdesign eingesetzt. Legen Sie einfach das entsprechende ArtBoard fest (c).

> Verwenden Sie am Anfang einfach lorem ipsum Platzhaltertext (**Text > Fülltext einfügen**). So werden Sie nicht ständig durch das Zurücksetzen der Formatierung abgelenkt.

Für Seite 5 habe ich wie zuvor für Seite 2 ein ganzseitiges gerahmtes Bild verwendet und es dann mit der Markenfarbe *Blau* neu gefärbt, damit es zu der Marke passt. Stellen Sie für das ausgewählte Bild *Nur K* ein, bevor Sie die Schmuckfarbe *Blau* aus dem Panel **Farbfelder** anwenden. Die Ausgabe in der Druckerei erfolgt dann später nur mit einer einzigen Druckplatte in der blauen PANTONE®-Farbe. Es werden keine C-, M- oder Y-Platten verwendet und die K-Platte haben Sie durch die Schmuckfarbe ersetzt.

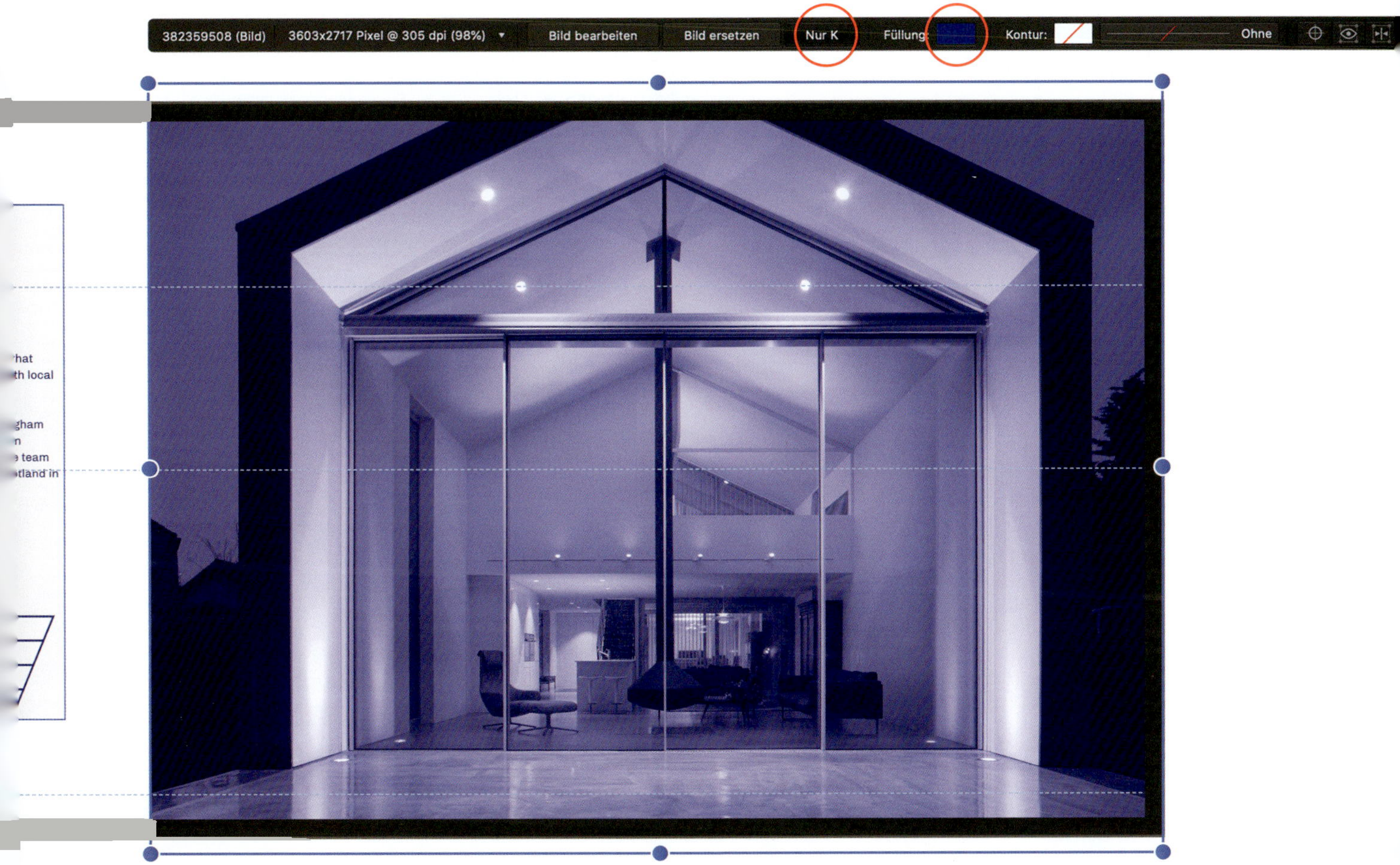

EINFÜHRUNG ZU DER MARKE UND HAUPTSEITE

Ressourcen

KBA_brand_guide_6&7.afpub
KBA_logos.afdesign

Seite 6 ist eine Einführung zu dem Hauptteil, in dem sich alles um die Markengestaltung dreht. Der Rahmentext selbst ist ein Zitat, den ich mit dem neuen Absatzstil *KBA-Zitat* formatiert habe (Chivo Light in Größe *31,5 pt*). Die Wörter GRID DEVICE und SOLIDUS verwenden einen besonderen Zeichenstil namens *KBA-Kapitälchen*; Kapitälchen legen Sie über das Panel **Textstile** fest (**Typografie > Großbuchstaben**).

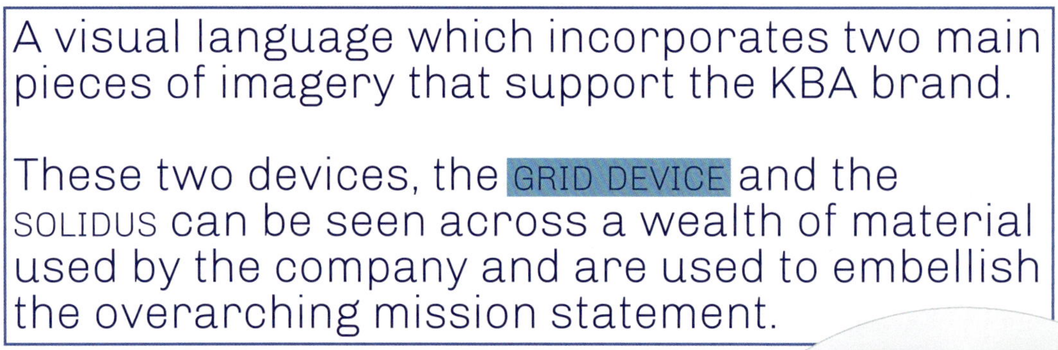

A visual language which incorporates two main pieces of imagery that support the KBA brand.

These two devices, the GRID DEVICE and the SOLIDUS can be seen across a wealth of material used by the company and are used to embellish the overarching mission statement.

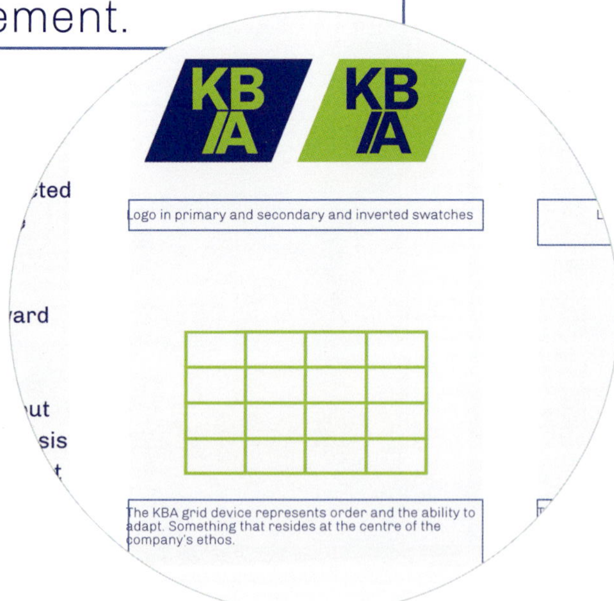

Die gegenüberliegende Seite 7 ist die Hauptseite und enthält verschiedene Marken-Assets für den Einsatz in anderen Designs.

- Platzieren Sie die Assets (a) aus den ArtBoards von KBA_logos.afdesign und orientieren Sie sich dabei an den Spaltenhilfslinien. Zu jedem Asset gehört eine kleine Beschreibung formatiert mit *Chivo Light* in Größe *6 pt*. Diese Formatierung habe ich als Absatzstil *KBA – Kleiner Text* gespeichert, damit ich sie jederzeit schnell erneut einsetzen kann.

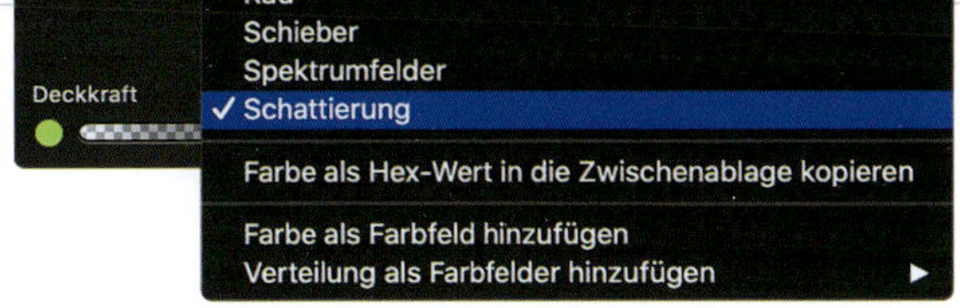

Farben sind für eine Marke sehr wichtig. Darum werden die vom Kunden bereits akzeptierten Farben und Schattierungen hier ebenfalls vorgestellt und ihre Rolle als Unterstützung für die Markengrafiken erläutert.

- Die Farbmuster (b) habe ich als drei Paare von Rechtecken gezeichnet und dann mit den CMYK-, RGB- und HSL-Werten für die Markenfarben *Blau* und *Grün* ergänzt. Erstellen Sie die Textrahmen in derselben Größe wie die Rechtecke und zentrieren Sie die Texte vertikal über die Kontextleiste.
- Für die zehn Schattierungen (c) erstellen Sie ein Rechteck, wählen es mit dem Werkzeug **Verschieben** aus und ziehen es mit gedrückter cmd-Taste ⌘ (Mac) oder Strg-Taste (Win) nach rechts, um es zu duplizieren. Drücken Sie dann acht Mal cmd ⌘ + J (Mac) oder Strg + J (Win), um die Formen zu duplizieren. Weisen Sie den Formen die Markenfarben zu, aktivieren Sie in den **Paneleinstellungen** des Panels **Farbe** die Option **Schattierung** und verringern Sie dann für jedes Farbmuster die prozentuale Schattierung.

EINSATZ VON MARKENLOGO UND GRAFIKEN

Ressourcen

KBA_brand_guide_8&9.afpub
KBA_logos.afdesign

Seite 8 enthält grundlegende Richtlinien, wie das Firmenlogo richtig eingesetzt wird. Diesen Ansatz können Sie für fast jeden Markenleitfaden übernehmen, da es immer ein paar absolut richtige und absolut falsche Verwendungsweisen gibt, die sich anschaulich demonstrieren lassen.

Wie zuvor habe ich hier mehrere Logoversionen platziert.

- (a) Zwei Logos der Variante *KBA Logo Green and Blue* habe ich in einem Raster platziert, um ihre korrekte Anordnung neben anderen Logos oder Bilder zu demonstrieren. Stilistisch können diese Beispiele von Fall zu Fall abweichen, aber die Grundregel bleibt dieselbe: Die Abmessungen des Logos werden halbiert und dieses neue Maß ist der „Sicherheitsabstand" in dem andere Objekte platziert werden dürfen, damit sie nicht von der Wirkung des Logos ablenken. In diesem Beispiel habe ich einfach ein fiktives Logo für die Veranschaulichung benutzt.
- (b) Das zweite Set von Logos zeigt, dass die Farben der Logos nicht geändert werden dürfen. In unserem Fall also keine anderen Farbwerte für *Blau* oder *Grün*. Farbverläufe dürfen ebenfalls nicht „falsch" eingesetzt werden.
- (c) Die Gesamtform des Logos soll erhalten bleiben und darf nicht durch Neigen, Spiegeln oder Komprimieren verändert werden.

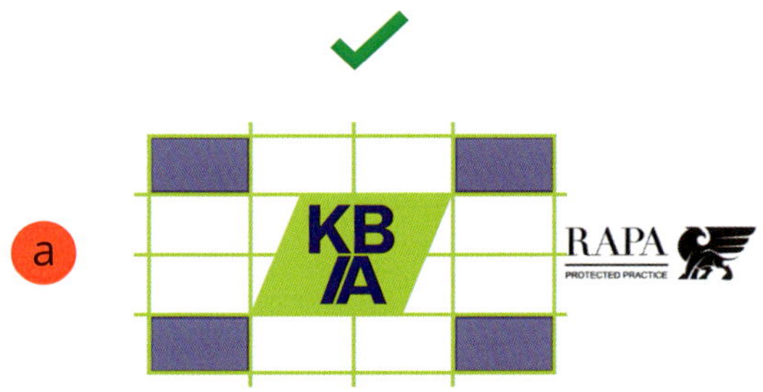

„RAPA" im korrekten Abstand zu KBA

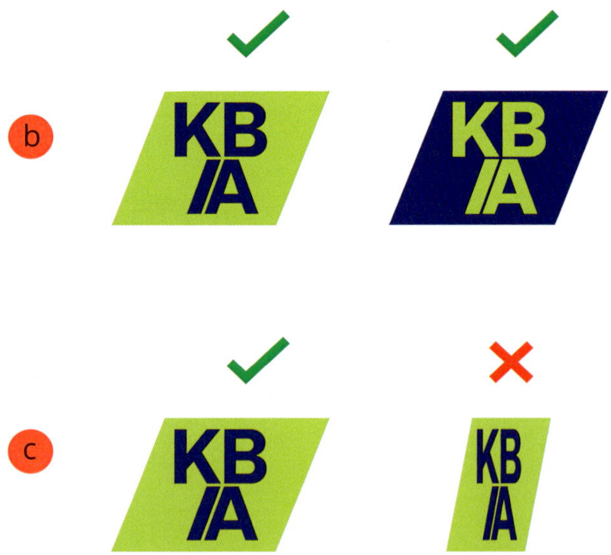

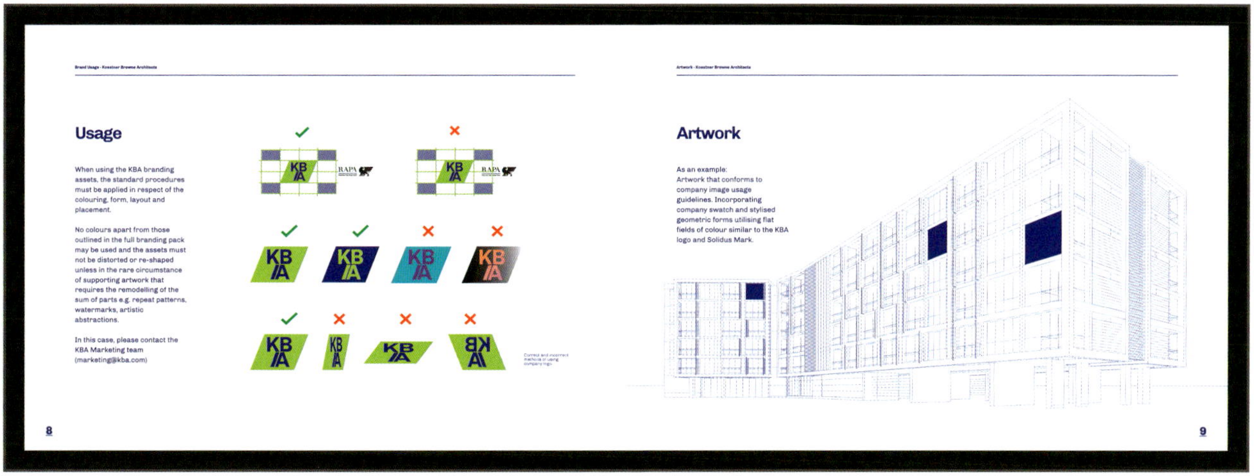

Usage

When using the KBA branding assets, the standard procedures must be applied in respect of the colouring, form, layout and placement.

No colours apart from those outlined in the full branding pack may be used and the assets must not be distorted or re-shaped unless in the rare circumstance of supporting artwork that requires the remodelling of the sum of parts e.g. repeat patterns, watermarks, artistic abstractions.

In this case, please contact the KBA Marketing team (marketing@kba.com)

8

Artwork

As an example:
Artwork that conforms to company image usage guidelines. Incorporating company swatch and stylised geometric forms utilising flat fields of colour similar to the KBA logo and Solidus Mark.

9

„RAPA"-Logo im falschen Abstand zu KBA

Auf Seite 9 dreht sich alles um unterstützende Bilder und Grafiken. In diesem Fall stelle ich allerdings nur einige Richtlinien auf, anstatt konkrete Grafiken zu präsentieren, da das Unternehmen mit der Zeit wahrscheinlich noch weitere Designs für seine Marke in Auftrag gibt.

- Das Beispiel auf Seite 9 habe ich mit dem **Zeichenstift** gezeichnet, der sich in Affinity Publisher ebenso präzise und flexibel einsetzen lässt wie sein Gegenstück in Affinity Designer – die speziell von Affinity für das Grafikdesign entworfene App. Die Linien und Polygonfüllungen habe ich in der Markenfarbe *Blau* erstellt, damit alles gut zusammenpasst.

WEITERE GRAFIKEN AND TYPOGRAFIE

Ressource
KBA_brand_guide_10&11.afpub

Auf Seite 10 werden die Grafikbeispiele fortgesetzt. Hierzu habe ich ein Stockfoto in einem Bilderrahmen platziert und dann zwei Raster auf das Bild gezeichnet, die an die Statikstruktur des Gebäudes erinnern.

- **Perspektivisches Raster**: Ziehen Sie die Umrisslinie des Fensters in dem Bild mit dem **Zeichenstift** so nach, dass es dem perspektivischen Beispiel auf Seite 444 ähnelt. Ziehen Sie dann die restlichen Linien und färben Sie alle in der Markenfarbe *Grün*.
- **Rechteckraster**: Dies ist ein einfaches Rechteck mit zwei zusätzlichen vertikalen und drei horizontalen Linien, das dem Parallelorastter entspricht (Seite 444).

Seite 11 erläutert in einem Textrahmen mit zwei Spalten den richtigen Einsatz der von der Firma gewünschten Schrift in vier Standardstärken. Die Schriftbeispiele sind in der entsprechenden Schrift und Stärke formatiert, um die Varianten anschaulich zu demonstrieren. Der Rahmen erstreckt sich über zwei Drittel der gesamten Layoutbreite.

Chivo Light 22pt.

ABCDEFGHIJKLMNOPQRSTUVWXYZ
abcdefghijklmnopqrstuvwxyz
1234567890,./?!()

Chivo Bold 22pt.

ABCDEFGHIJKLMNOPQRSTUVWXYZ
abcdefghijklmnopqrstuvwxyz
1234567890,./?!()

Chivo Reg. 22pt.

ABCDEFGHIJKLMNOPQRSTUVWXYZ
abcdefghijklmnopqrstuvwxyz
1234567890,./?!()

Chivo Italic 22pt.

ABCDEFGHIJKLMNOPQRSTUVWXYZ
abcdefghijklmnopqrstuvwxyz
1234567890,./?!()

StudioLink

Arbeiten mit Vektor- und Raster-Werkzeugkästen innerhalb der App

Sind auf Ihrem Computer Affinity Designer und Affinity Photo installiert, können Sie die Funktion **Kontur erweitern** und das **Perspektivenwerkzeug** der jeweiligen Persons verwenden, um rechteckigen Rastern wie in unserem Beispiel eine Perspektive zu verleihen.

Ressourcen
KBA_brand_guide_12&13.afpub KBA_logos.afdesign

MOCK-UPS FÜR BRIEFPAPIER & DER EINSATZ VON BILDERN

Markenleitfäden sollen den richtigen Einsatz einer Marke anhand der offiziellen und bereits vom Kunden abgenommenen Logos, Farben und Schriften demonstrieren. Hierzu können Sie auch bereits bestehende Artikel oder Designs verwenden.

Seite 12 enthält Mock-ups aus dem „KB/A-Briefpapier" (Seite 460) für Visitenkarten, Briefkopf und Kurzbriefe von KB/A. Hierbei handelt es sich nur um ein einziges Bild – Sie müssen also nicht die eigentlichen Dokumente auf der Seite platzieren. Die Ebene *Master B* habe ich im Panel **Ebenen** an die oberste Position verschoben, damit die Kopfzeile und Seitenzahl sichtbar sind.

Auf Seite 13 geht es um den richtigen Einsatz von Bildmaterial. Den Text habe ich als Aufzählung in einem einfachen Textrahmen platziert und die zwei Logos unten sind ein verknüpftes Logos aus einem ArtBoard von KBA_logos.afdesign und eine PNG-Datei. Hier habe ich *Master C* verwendet, um die Seitenzahl zu unterdrücken; auf Seite 12 wird diese von dem Bild verdeckt.

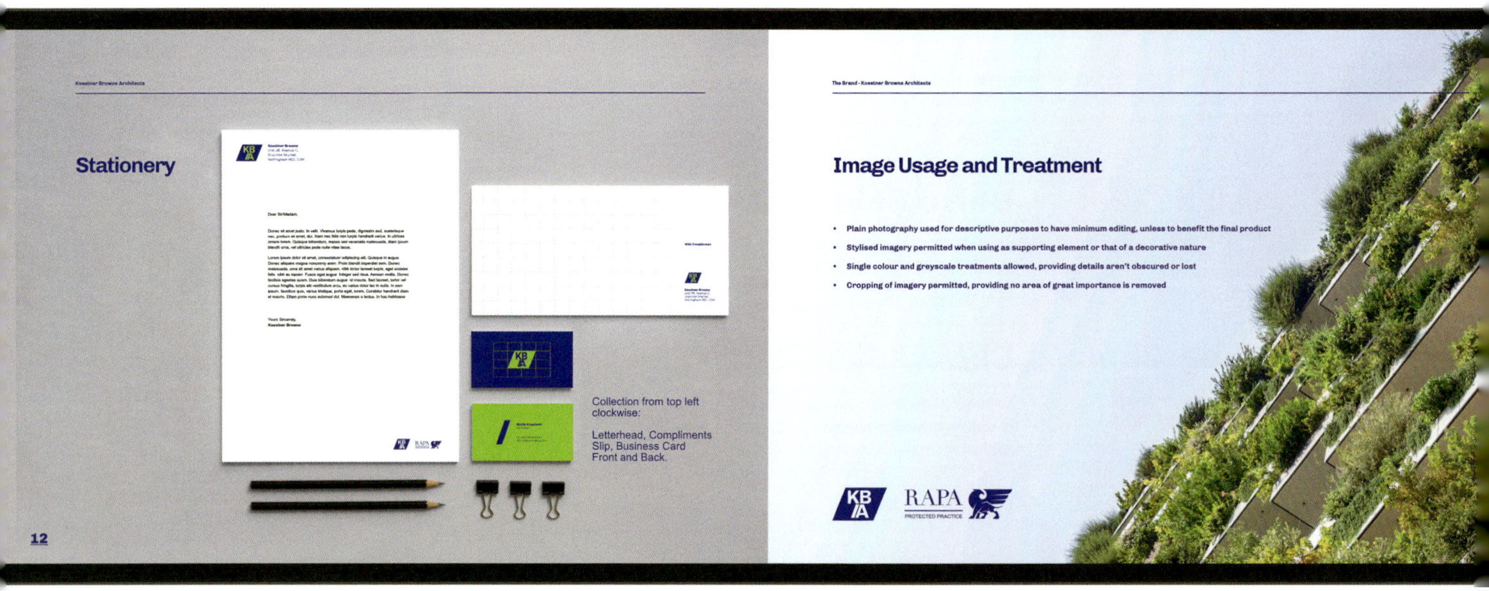

GRAFIKEN & MOCK-UPS FÜR DESKTOP- UND HANDY-BILDSCHIRME

Ressource
KBA_brand_guide_14&15.afpub

Auf Seite 14 habe ich wie auf Seite 9 eine Grafik in Markenfarbe als Overlay auf ein gerahmtes Bild gelegt. Leicht angepasste Varianten des Solidus-Zeichens zieren die Wände des Gebäudes, um die Markenidentität zu unterstützen. Genau wie auf Seite 12 habe ich auch hier die Ebene *Master B* an der obersten Position platziert.

- Zeichnen Sie die Polygone mit dem **Zeichenstift**, indem Sie in jede Ecke klicken und füllen Sie die Formen mit den Markenfarben *Grün* und *Blau*.

Seite 15 zeigt einige Geräte, die sich gut für Mock-Ups von Bildschirmen eignen und noch betonen, dass die Marke KB/A auch für die Entwicklung von normalen Webseiten und Mobilvarianten eine wichtige Rolle spielt. Mithilfe einfacher Stockfotos von Computern habe ich einige Vektorgrafiken für Hintergründe, Icons und Buttons in den offiziellen Markenfarben *Blau* und *Grün* präsentiert. Auch hier sorgt *Master C* dafür, dass keine Seitenzahl das Gesamtbild stört.

DAS COVER DER RÜCKSEITE

Für Seite 16 gehen Sie wie bei dem Cover der Vorderseite vor, verwenden für das platzierte Dokument jedoch das ArtBoard *KBA Grid Green Edit* aus der Datei KBA_logos.afdesign und das ArtBoard *KBA Logo Green Unbound* als Logo. Zum Abschluss erstellen Sie mit dem Werkzeug **Rahmentext** noch einen kleinen Textrahmen für die Webadresse des Unternehmens.

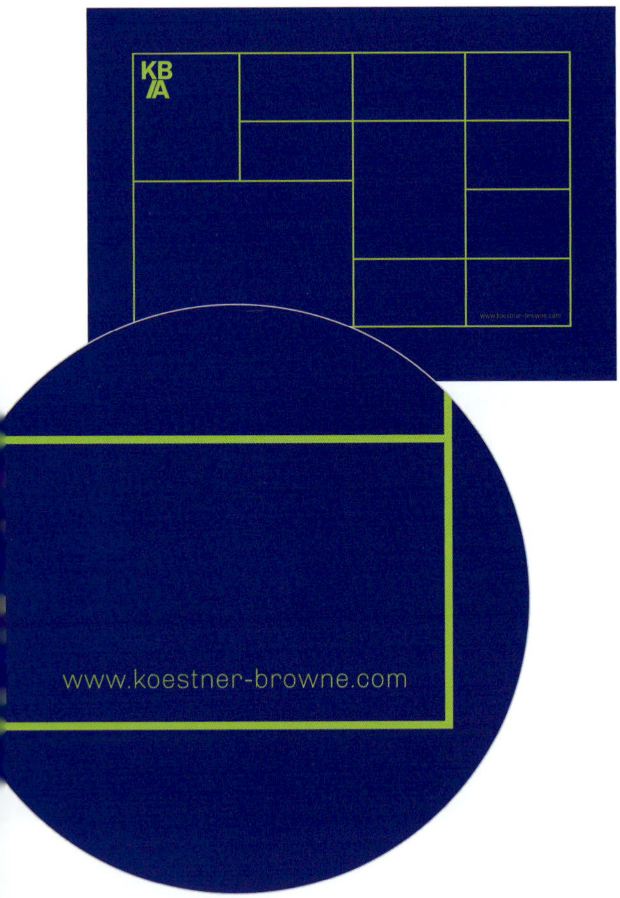

LETZTE SCHRITTE

Das Inhaltsverzeichnis

Zu Beginn des Projekts (Seite 442) hatten wir bereits einen leeren Textrahmen für das Inhaltsverzeichnis erstellt. Nachdem der Leitfaden nun fertig ist, können wir das Verzeichnis ganz einfach direkt in dem Textrahmen erstellen.

1 Wählen Sie den leeren Textrahmen auf Seite 3 mit dem Werkzeug **Rahmentext** aus.

2 Klicken Sie auf **Ansicht > Studio > Inhaltsverzeichnis**.

3 Klicken Sie im Panel auf die Option **Erstellen**, um das Inhaltsverzeichnis zu generieren und wählen Sie dann den **Stilnamen** *KBA-Überschrift* aus, um die so formatierten Texte in das Verzeichnis aufzunehmen.

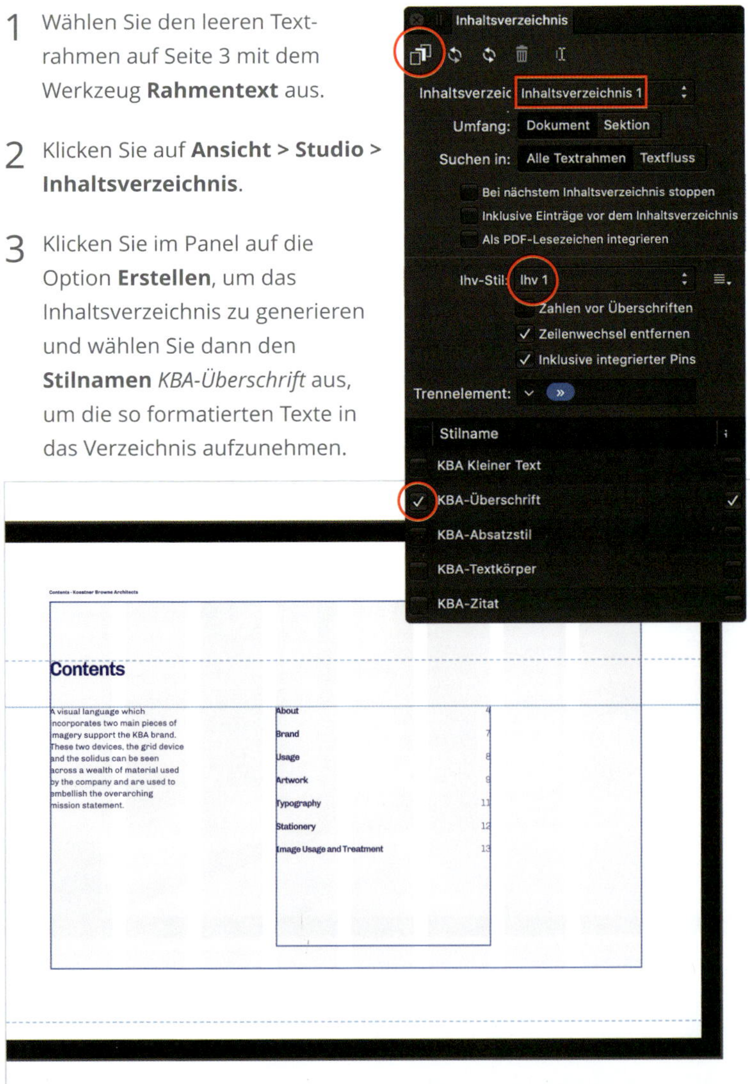

Ressourcen
KBA_brand_guide_final.afpub KBA_logos.afdesign

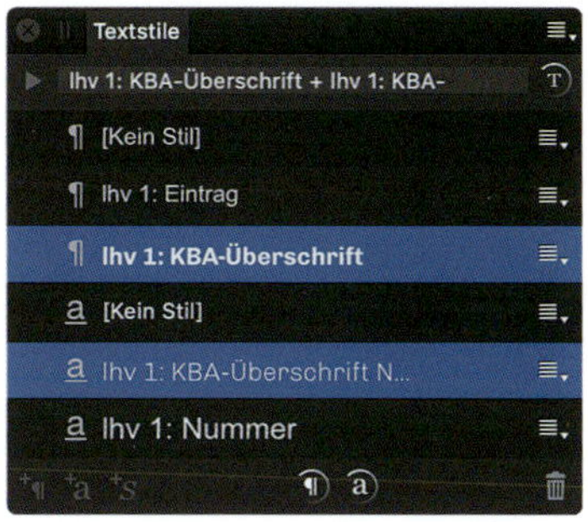

4 Legen Sie im Panel **Textstile** für die Stile *Ihv 1: KBA-Überschrift* und *Ihv 1: KBA-Überschrift Nummer* die Schriften *Chivo Bold* und *Chivo Light* mit Größe *11 pt* und der Markenfarbe *Blau* fest.

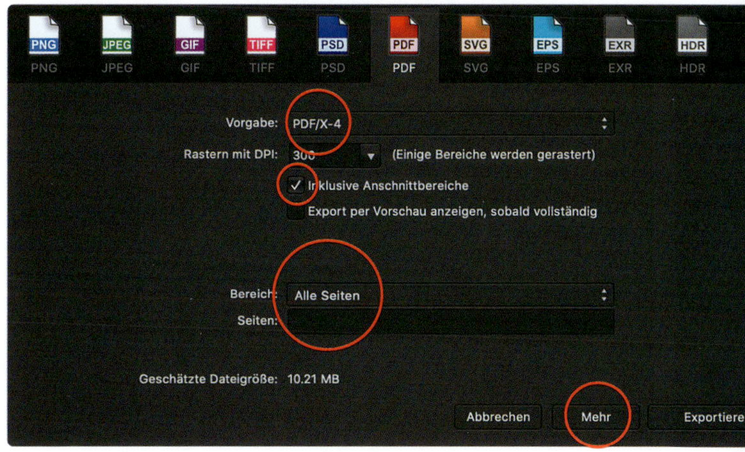

Export als PDF

Das Projekt ist für eine professionelle und hochauflösende CMYK-Druckausgabe eingerichtet, wir können es aber auch als PDF-Version für die Betrachtung auf einem Bildschirm ausgeben.

Für hochauflösende Druckerei-fertige PDFs

1 Klicken Sie auf **Datei > Exportieren**.

2 Wählen Sie in dem Dialogfeld das Format **PDF** und die **Vorgabe** *PDF/X-4* aus und aktivieren Sie die Option **Inklusive Anschnittbereiche**.

3 Stellen Sie den **Bereich** auf *Alle Seiten* ein.

4 Um Druckermarken einzufügen, klicken Sie auf **Mehr**, aktivieren im nun eingeblendeten Dialogfeld die Option **Inklusive Druckermarken** und klicken auf dort auf **Schließen**.

5 Klicken Sie auf **Exportieren**.

6 Nennen Sie die Datei *KBA_Markenleitfaden.pdf*, wechseln Sie zu dem Ordner Ihrer Wahl und klicken Sie auf **Speichern**.

Für PDFs zur Bildschirmbetrachtung

- Gehen Sie wie für Druckerei-fertige PDFs vor, wählen Sie jedoch als **Vorgabe** die Variante *PDF (digital - hohe Qualität)* aus. Beachten Sie bitte, dass in diesem Fall keine Anschnitt- oder Druckermarken benötigt werden und das Dokument im RGB-Farbraum ausgeben wird anstatt im CMYK-Farbraum.

PACKEN DER PAKETDATEI

Mit der Funktion **Als Paket speichern** können Sie alle Ressourcen sammeln, die Sie in einer Publikation verwendet haben; hierzu gehören zum Beispiel Schriften und verknüpfte Bilder. Diese Ressourcen lassen sic hdann bequem auf einen anderen Computer übertragen, mit dem Sie sonst nicht auf diese Dateien zugreifen könnten. Mit dieser Paketspeicherung stellen Sie sicher, dass sich das Projekt auf jedem Computer öffnen lässt und auf allen diesen Computern immer identisch aussieht.

Bei dieser Art der Speicherung wird eine spezielle Paketdatei erstellt, die sich später öffnen und extrahieren lässt und in der alle Dateiverknüpfungen erhalten bleiben. So können Sie überall an dem Projekt arbeiten und müssen sich keine Sorgen machen, dass Sie eventuell eine der Ressourcen übersehen haben.

Speichern als Paket

1 Klicken Sie auf **Datei > Als Paket speichern**.

2 Überprüfen Sie in dem Dialogfeld die Schriften und Bilder, die in das Paket gepackt werden sollen und klicken Sie auf **OK**.

3 Wähen Sie einen Ordner aus oder erstellen Sie einen leeren Ordner und klicken Sie dann auf **Packen**.

In dem Ordner wird nun eine Paketdatei (*.afpackage) mit Schrift- und Dateiordnern erstellt, deren Inhalt jeweils aus den ursprünglich verwendeten Speicherpositionen stammt, wie z. B. dem Systemordner für Schriften.

Sie können diesen Ordner auch mit einen Zip-Programm als Archiv packen und dann auf einen anderen Computer übertragen. Affinity Publisher verwendet diese Archivierungsmethode nicht, da eventuell Probleme mit den Lizenzen für die Schriften auftreten. Lesen Sie immer die Lizenzbestimmungen zu den Schriften, damit Sie nicht aus Versehen urheberrechtlich geschützte Schriften weitergeben und dann eventuell für finanzielle Schäden haftbar gemacht werden.

Öffnen von Paketen

1 Platzieren Sie die Paketdatei in dem gewünschten Ordner.

2 Klicken Sie in Affinity Publisher auf **Datei > Öffnen**.

3 Wählen Sie die afpackage-Datei aus und klicken Sie auf **Öffnen**.

4 Überprüfen Sie in dem Dialogfeld die **Zusammenfassung** und die Listen für **Schriften** und **Dateien**, die in dem Paket enthalten sind. Sie können nun festlegen, welche Ressourcen Sie ausschließen möchten.

5 Nachdem Sie ein Paket geöffnet haben, können Sie es nicht mehr speichern, damit Sie das Originalpaket nicht versehentlich überschreiben. Verwenden Sie stattdessen den Befehl **Datei > Speichern unter** oder **Datei > Als Paket speichern**, um eine zweite Version neben ihrem Originalpaket zu speichern.

Verwalten der Schriften

Bei dem Entpacken installiert die App Schriften automatisch zur privaten Nutzung. Diese Schriften sind dann für andere Apps unsichtbar (inklusive Apps zur Schriftverwaltung). Sie können mit diesen Schriften jedoch exportieren und drucken.

Ist eine Schrift auf dem Zielcomputer nicht verfügbar, wird die Schrift in dem Dialogfeld unter der Kategorie **Schriften** als *Fehlt* markiert und die Option **Installieren** automatisch ausgewählt, damit Sie die Schrift zur rein privaten Nutzung installieren können.

Möchten Sie das Dokument weiter bearbeiten und die Schrift ist nicht auf dem Computer installiert, müssen Sie die Schrift unabhängig von der App installieren.

> Vergessen Sie nicht das gezippte Archiv zu extrahieren (falls erforderlich).

KB
/A
KB
/A
Koestner Browne Architects - Brand Guide

Koestner Browne Architects
Typography
Chivo is a grotesque Sans Serif typeface family.
Chosen for its strength across the board as a font family, it is ideal for highlights and headlines whilst performing elegantly when used in the lighter weights for continuous reading.
Its design details make it an indispensable ally for KBA where we often require a seamless interaction of light and heavy typographic treatments within our marketing collateral.
Chivo Light 22pt.
ABCDEFGHIJKLMNOPQRSTUVWXYZ
Chivo Bold 22pt.
ABCDEFGHIJKLMNOPQRSTUVWXYZ
abcdefghijklmnopqrstuvwxyz
Chivo Reg. 22pt.
ABCDEFGHIJKLMNOPQRSTUVWXYZ
abcdefghijklmnopqrstuvwxyz
Chivo Italic 22pt.
ABCDEFGHIJKLMNOPQRSTUVWXYZ
10
11

A visual language which incorporates two main pieces of imagery that support the KBA brand.
These two devices, the GRID DEVICE and the SOLIDUS can be seen across a wealth of material used by the company and are used to embellish the overarching mission statement.
6
Brand
KB/A
Koestner Browne
The main KBA logo is constructed from a stacked version of the logotype bound inside a parallelogram - which is a widened version of the forward slash used in the logotype.
This form is echoed throughout the branding and forms the basis of both the overarching grid that underpins the brand and the patterns that work harmoniously with the larger system.
7
About
Koestner Browne Architects is one of the UK's leading architecture firms, founded by Nadia Koestner and Alexandra Browne in 1999. Over the past twenty years, the team has grown from two to more than fifty members of staff, all specialising in a range of disciplines and industries, including heritage, corporate and hospitality.
Koestner Browne specialises in both heritage and modern projects, with expert teams in each field. Alexandra Browne's background is in the development and preservation of heritage sites, while Nadia Koestner's lies in sustainable and environmental engineering. The company's mission is to create a super firm that puts placemaking at the forefront through large projects that work sympathetically with local ecosystems.
Koestner Browne is headquartered in Nottingham city centre, with offices in London and Durham. The team hopes to expand into Scotland in the near future.
KB/A
4

2

KB/A-Briefpapier

Entwerfen von Briefpapier für bestimmte Marken mit James Bates

Briefpapier ist ein Sammelbegriff für viele verschiedene Artikel in allen möglichen Farben, Ausführungen und Größen, von denen jeder Einzelne eine ganz besondere Herausforderung darstellt. Jeder dieser Artikel ist ein Aushängeschild für das Unternehmen und sollte daher nicht nur gut aussehen, sondern sich auch hochwertig anfühlen.

In diesem Projekt entwerfen wir drei Artikel und kombinieren dabei die Elemente der Marke, die wir im vorangehenden KB/A-Markenleitfaden entwickelt haben, möglichst effektiv in Dokumenten von unterschiedlicher Größe und mit unterschiedlichem Stil.

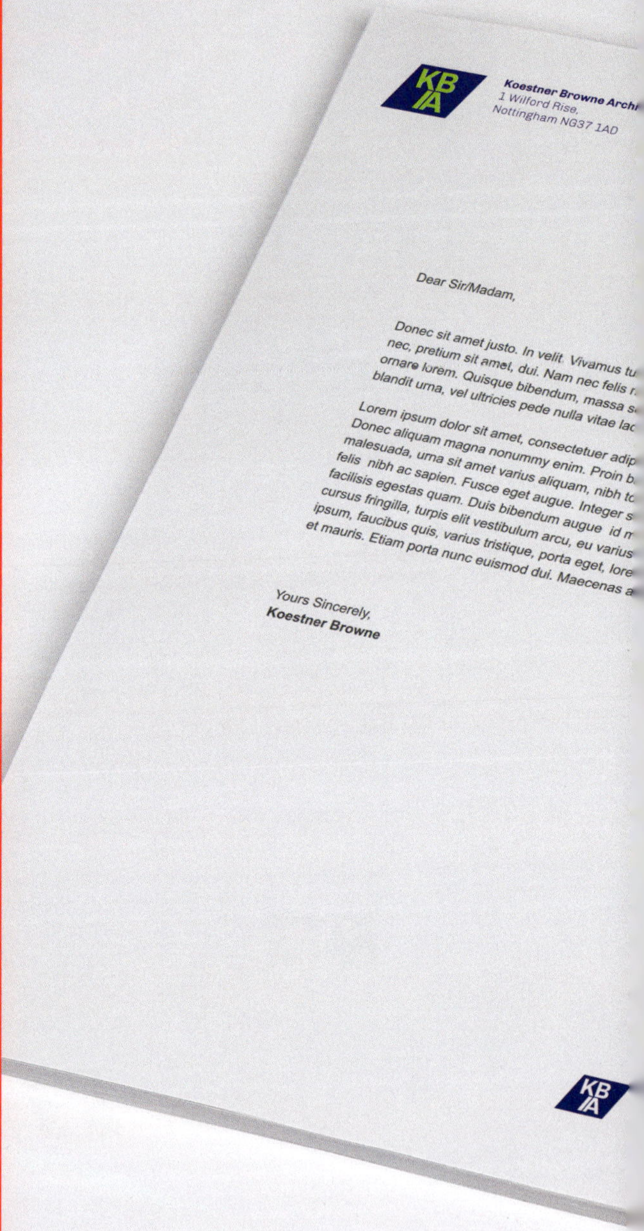

With Compliments
KB
A
Koestner Browne Architects
1 Wilford Rise,
Nottingham NG37 1AD
KB
A
Nadia Koestner
Co-Founder
Tel: +44 1632 960421
Mail: n.koestner@kba.com

BEVOR SIE LOSLEGEN

Ressourcen

Alle Ressourcen, auf die in diesem Kapitel verwiesen wird, finden Sie unter: https://affin.co/KBAStationery

Kenntnisse in Affinity Publisher

Damit Sie diesem Projekt optimal folgen können, sollten Sie:

- Mit der Programmoberfläche von Affinity Publisher vertraut sein. Mehr über die einzelnen Bedienelemente erfahren Sie in dem Kapitel „Tour durch die App-Oberfläche" ab Seite 14.
- Die Grundlagen beherrschen. Die folgende Tabelle zeigt Ihnen, mit welchen Aspekten von Affinity Publisher Sie außerdem vertraut sein sollten, um dieses Projekt anzugehen:

Designhilfen	Seite 96
Arbeiten mit Text	Seite 112
Einsetzen von Inhalten	Seite 130

EINFÜHRUNG

In diesem Projekt entwerfen wir drei Briefpapierartikel für unsere Marke:

- KB/A-Visitenkarte
- KB/A-Briefkopf
- KB/A-Kurzbrief

Designs für Briefpapiere sollten elegant und professionell wirken und die Aufmerksamkeit des Lesers auf wichtige Informationen lenken, ohne ihn mit irrelevanten Details zu überfrachten.

Bei den drei Designs dreht sich alles um die Markenlogos aus dem vorherigen Projekt „KB/A-Markenleitfaden" (Seite 430). Dabei müssen wir jedoch die Seitenstruktur und Beschränkungen beachten, die uns jeder dieser Artikel auferlegt.

DIE ERSTEN SCHRITTE FÜR NEUE DESIGNS

Zu Beginn der Designphase sollten Sie auf jeden Fall die Abmessungen beachten, mit denen die Artikel später gedruckt werden. Sämtliche Beschränkungen bei den Größen sind absolut entscheidend, wenn es darum geht, wo Sie Markenlogos und wo den jeweiligen Text platzieren.

Welche Details müssen unbedingt enthalten sein? Wo ist der beste Platz für diese Details? Der Briefkopf sollte zum Beispiel genügend weißen Leerraum mitten auf der Seite frei lassen – bei einer Visitenkarte ist das unnötig.

Halten Sie sich bei dem gesamten Designvorgang unbedingt an die Markenrichtlinien des Kunden. Logos sollten richtig eingesetzt werden – genau wie die Markenfarben und Textstile, die wir bereits entworfen haben. Ein durchgängiger Look innerhalb jedes Artikels und für alle Artikel zusammen unterstreicht, dass diese Artikel zusammengehören und stärken somit auch die Marke und das Markenbewusstsein bei den Lesern.

Ressource
KBA_business_card.afpub

VISITENKARTEN

Die Visitenkarte ist ein tragbares Aushängeschild einer Firma und sollte damit die gesamte Marke visuell unterstreichen. Das Design sollte Aufmerksamkeit erregen, ohne dabei von den wichtigen Kontaktinformationen abzulenken. Auch wenn die Leinwandgröße sehr klein ist, haben Sie hier genug Spielraum für kreative Ideen. Achten Sie aber darauf, dass Ihr Design auf keinen Fall zu kompliziert wird und zu viele Details enthält.

Wir entwerfen in diesem Projekt eine doppelseitige Visitenkarte. Die erste Seite bildet die Vorderseite der Visitenkarte und präsentiert das Logo der Firma und die zweite Seite bildet die Rückseite mit den Kontaktinformationen.

Die Seiten erstellen wir mit unterschiedlichen schlichten Hintergründen und Varianten des Firmenlogos – selbstverständlich in den Markenfarben.

Einrichten des Dokuments

Bei Visitenkarten gibt es keine Einheitsgröße. Fragen Sie daher immer bei der Druckerei Ihrer Wahl, welche Papiergrößen in dem Land üblich sind, in dem die Karten eingesetzt werden sollen. Für unser Design verwenden wir eine Vorgabe, damit es nicht unnötig kompliziert wird.

1 Klicken Sie auf **Datei > Neu**.

2 Kicken Sie in dem Dialogfeld auf **Vorgaben** und **Druckerei-fertig** und dann auf die Miniatur *Visitenkarte* (eventuell müssen Sie die Liste etwas scrollen). So legen Sie direkt den CMYK-Farbraum für die professionelle Druckausgabe fest.

Deaktivieren Sie **Master-Standardseite** und **Gegenüberliegende Seiten** – für unser Projekt brauchen wir diese Einstellungen nicht.

3 Stellen Sie unter **Layout** die **Regel zur Bildplatzierung** auf *Bevorzugt verknüpft* und die **Anzahl der Seiten** auf *2*.

4 Stellen Sie unter **Anschnittbereiche** alle Werte auf *3 mm*.

5 Klicken Sie auf **Erstellen**.

Ressourcen
KBA Global Swatches.afpalette KBA_logos.afdesign

Importieren der Markenfarben

In dem Projekt zum Markenleitfaden haben wir eine Farbpalette mit für unsere Marke passenden PANTONE-Farben erstellt. Für diese Visitenkarten und andere Briefpapierartikel können wir diese Farben nun einfach importieren und auf die verschiedenen Layoutelemente übertragen.

1 Öffnen Sie im Panel **Farbfelder** das Menu **Paneleinstellungen** und klicken Sie auf **Palette importieren > Als Dokumentpalette**.

2 Öffnen Sie die Datei KBA Global Swatches.afpalette.

3 Es wird nun eine neue Dokumentpalette namens *KBA Global Swatches* in das Panel eingetragen. Diese Palette enthält unsere Markenfarben *Blau* und *Grün*.

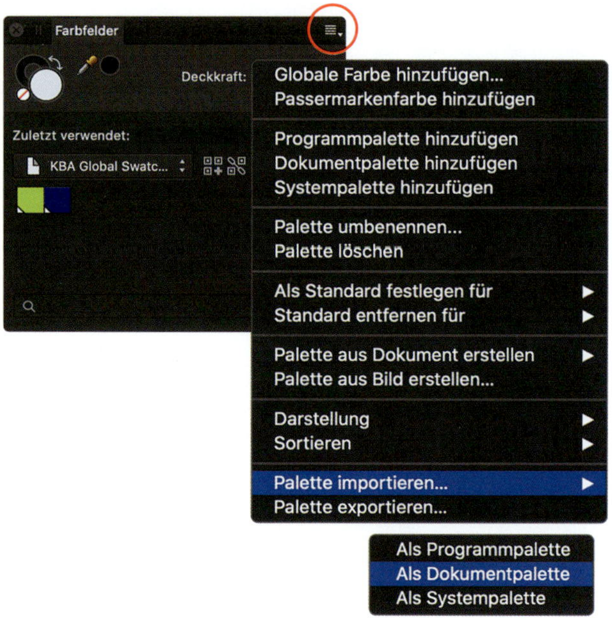

Entwerfen der Hintergründe

1 Zeichen Sie mit dem Werkzeug **Rechteck** (M) ein Rechteck auf Seite 1, dass sich magnetisch an den gegenüberliegenden Anschnittecken ausrichtet.

2 Wiederholen Sie diesen Schritt für die zweite Seite.

3 Legen Sie über das Panel **Farbfelder** die Farben *Blau* und *Grün* für das jeweilige Hintergrundrechteck fest.

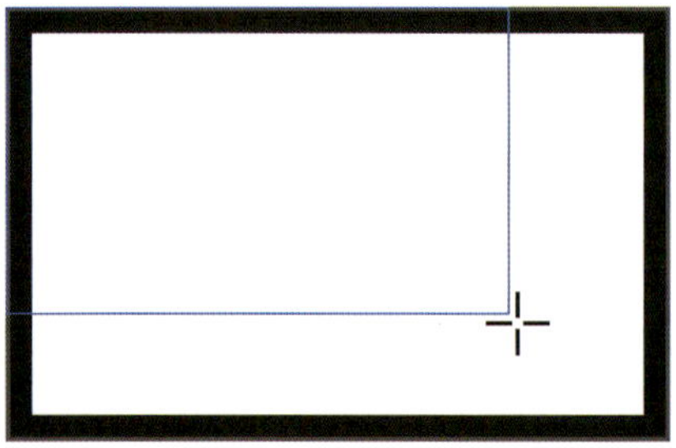

Platzieren des Firmenlogos

Die Vorderseite (Seite 1) der Visitenkarte besticht durch eine minimalistische Version des Firmenlogos: ein auffälliges Raster mit dem Logo in der Mitte.

1 Öffnen Sie *Seite 1*.

2 Klicken Sie auf **Datei > Platzieren**.

3 Öffnen Sie die Datei KBA_logos.afdesign.

4 Halten Sie die cmd-Taste ⌘ (Mac) oder Strg-Taste (Win) und parken Sie den Cursor auf der Seitenmitte. Wenn die grüne und rote Hilfslinie erscheinen, ziehen Sie, um das erste ArtBoard des Dokuments von seiner Mitte aus zu skalieren.

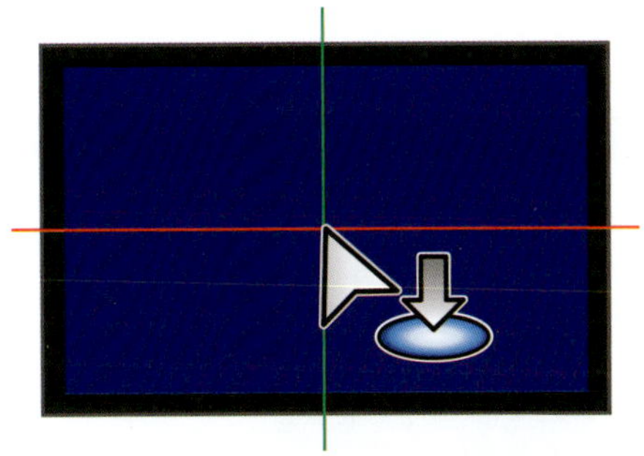

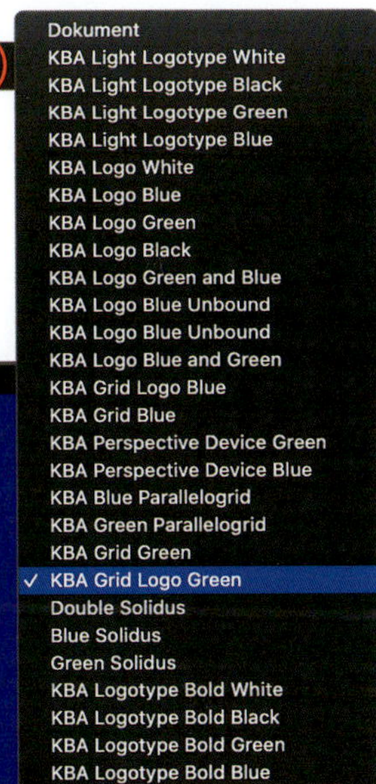

5 Über die Option **Artboard** der Kontextleiste wählen Sie nun das gewünschte ArtBoard aus – *KBA Grid Logo Green*.

6 Skalieren Sie das Logo durch Ziehen eines Eckgriffs mit gedrückter cmd-Taste ⌘ (Mac) oder Strg-Taste (Win).

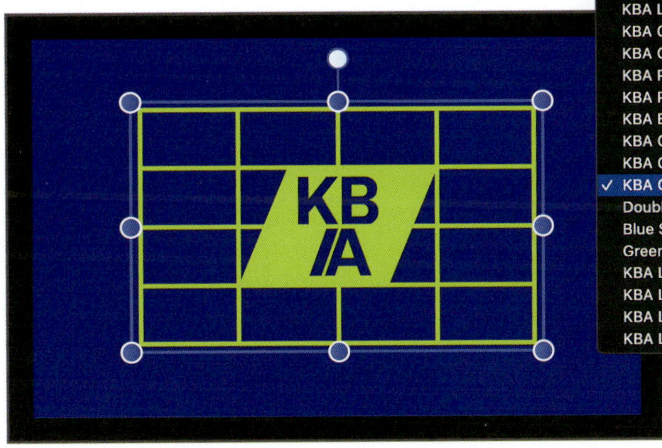

Wir verwenden ein verknüpftes Dokument aus Affinity Designer mit 27 ArtBoards. Durch das Platzieren wird immer die aktuelle Logovariante verwendet und das Logo entspricht immer den neuesten Richtlinien für die Marke.

Die Kontaktinfos

Bei der Präsentation dieser Informationen auf einer Visitenkarte haben Sie sehr viel Spielraum für Flexibilität. Entscheidend ist: Der Text muss die Aufmerksamkeit des Lesers erregen, gut lesbar sein und sollte sich auf das Wichtigste beschränken.

Download und Installation der Schriften

1 Öffnen Sie die Webseite https://fonts.google.com (oder suchen Sie online nach *Google Fonts*) und laden Sie die **Chivo**-Schriftfamilie herunter.

2 Öffnen Sie das heruntergeladene ZIP-Archiv und lesen Sie die Datei OFL.txt.

3 Für *Mac*: Führen Sie einen Doppelklick auf die heruntergeladenen Schriftdateien aus und klicken Sie auf **Installieren**.
ODER
Für *Windows*: Führen Sie einen Rechtsklick auf die heruntergeladenen Schriftdateien aus und klicken Sie auf **Installieren**.

Der Textkörper

Kommen wir nun zu dem Text für die Rückseite (*Seite 2*) unserer Visitenkarte.

1 Aktivieren Sie das Werkzeug **Rahmentext** (T) und legen Sie die gewünschten Einstellungen in der Kontextleiste fest.

2 Ziehen Sie ungefähr über die Seitenmitte und tippen Sie den Text in den Textrahmen ein. Zeilenwechsel erstellen Sie mit **Umschalttaste** + **Eingabetaste** (⇧ ↵).

Mit der globalen Farbe *Blau* als Textfarbe bleiben wir unseren Markenfarben treu und sorgen für einen durchgängigen Look.

Betonen der Kontaktinfos

Nun betonen wir den Namen der Person mit einer anderen Schriftgröße und Schriftstärke.

1 Wählen Sie den Namen aus.

2 Erhöhen Sie in der Kontextleiste die **Schriftgröße** so, dass der Text etwas größer ist als der Rest und formatieren Sie ihn mit dem **Schriftschnitt** *Fett*.

Das Solidus-Zeichen

Auf der zweiten Seiten der Visitenkarte platzieren wir noch ein Solidus-Zeichen und richten es neben dem Textkörper aus.

1 Heben Sie die Auswahl des Textrahmens auf und klicken Sie auf **Datei > Platzieren**.

2 Wählen Sie wie zuvor die Datei KBA_logos.afdesign aus und platzieren Sie diesmal das ArtBoard *Blue Solidus* neben dem Text. Ziehen und skalieren Sie es so, dass es sich magnetisch links am Textrahmen ausrichtet.

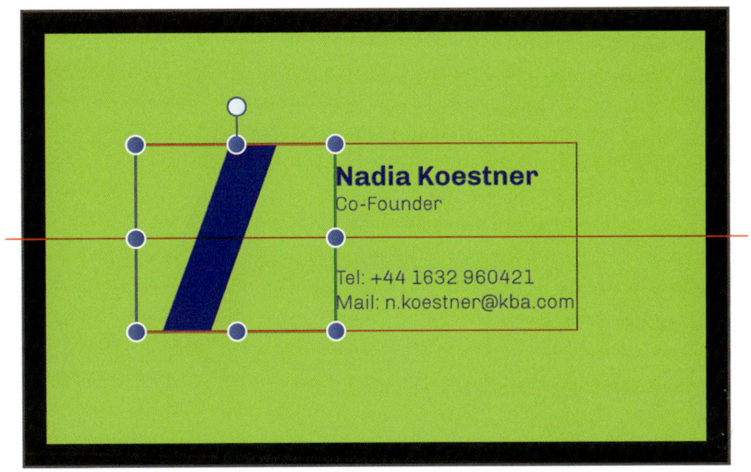

Ressourcen

KBA_letterhead.afpub
KBA_logos.afdesign
KBA_RAPA_logo.png

DER BRIEFKOPF

Ein genau auf das Firmenlogo abgestimmter Briefkopf verleiht sämtlicher Korrespondenz eine elegante und professionelle Note.

Wenn Sie das Design entwerfen, müssen Sie auf jeden Fall genügend weißen Leerraum für den Brieftext berücksichtigen. Das Logo sollte auch nicht zu übertrieben wirken oder von dem Inhalt des Schreibens ablenken. Wir brauchen also einen Briefkopf, der schlicht und elegant ist aber trotzdem auffällt.

Koestner Browne Architects
1 Wilford Rioo,
Nottingham NG37 1AD

Dear Sir/Madam,

Donec sit amet justo. In velit. Vivamus turpis pede, dignissim sed, scelerisque nec, pretium sit amet, dui. Nam nec felis non turpis hendrerit varius. In ultrices ornare lorem. Quisque bibendum, massa sed venenatis malesuada, diam ipsum blandit urna, vel ultricies pede nulla vitae lacus.

Lorem ipsum dolor sit amet, consectetuer adipiscing elit. Quisque in augue. Donec aliquam magna nonummy enim. Proin blandit imperdiet sem. Donec malesuada, urna sit amet varius aliquam, nibh tortor laoreet turpis, eget sodales felis nibh ac sapien. Fusce eget augue. Integer sed risus. Aenean mollis. Donec facilisis egestas quam. Duis bibendum augue id mauris. Sed laoreet, tortor vel cursus fringilla, turpis elit vestibulum arcu, eu varius dolor leo in nulla. In sem ipsum, faucibus quis, varius tristique, porta eget, lorem. Curabitur hendrerit diam et mauris. Etiam porta nunc euismod dui. Maecenas a lectus. In hac habitasse

Yours Sincerely,
Koestner Browne

Einrichten des Dokuments

Gehen Sie wie für die Visitenkarte (Seite 465) Vor und wählen Sie diesmal die Vorgabe *A4* aus (mit der **Ausrichtung** im *Hochformat*) und einer **Anzahl der Seiten** von *1*.

Importieren Sie dann wieder die Farbpalette für unsere Marke (siehe Seite 466).

Platzieren der Anschrift (a)

1. Aktivieren Sie das Werkzeug **Rahmentext** und legen Sie die gewünschten Einstellungen in der Kontextleiste fest. Die globale Farbe *Blau* betont den Text zusätzlich.

2. Ziehen Sie einen Rahmen in der linkeren oberen Ecke auf und tippen Sie die Adresse ein.

3. Formatieren Sie den Firmennamen **Fett**.

Koestner Browne Architects
1 Wilford Rise,
Nottingham NG37 1AD

Platzieren des Firmenlogos (b)

Bei unserem Briefkopf gehen wir genau so vor wie bei der Visitenkarte. Ich habe mich für eine zweifarbige Version des Logos entschieden, da sie gut zu der Textfarbe passt und außerdem elegant und professionell wirkt.

1. Klicken Sie auf **Datei > Platzieren**.

2. Öffnen Sie wie zuvor die Datei KBA_logos.afdesign (Seite 467) und wählen Sie nach dem Platzieren in der Kontextleiste das **ArtBoard** namens *KBA Logo Blue and Green* aus.

3. Verschieben Sie das Logo so, dass es sich magnetisch an der Oberkante des Textrahmens für die Adresse ausrichtet.

Lassen Sie genug weißen Leerraum zwischen den beiden Elementen, damit das Design nicht zusammengedrängt wirkt.

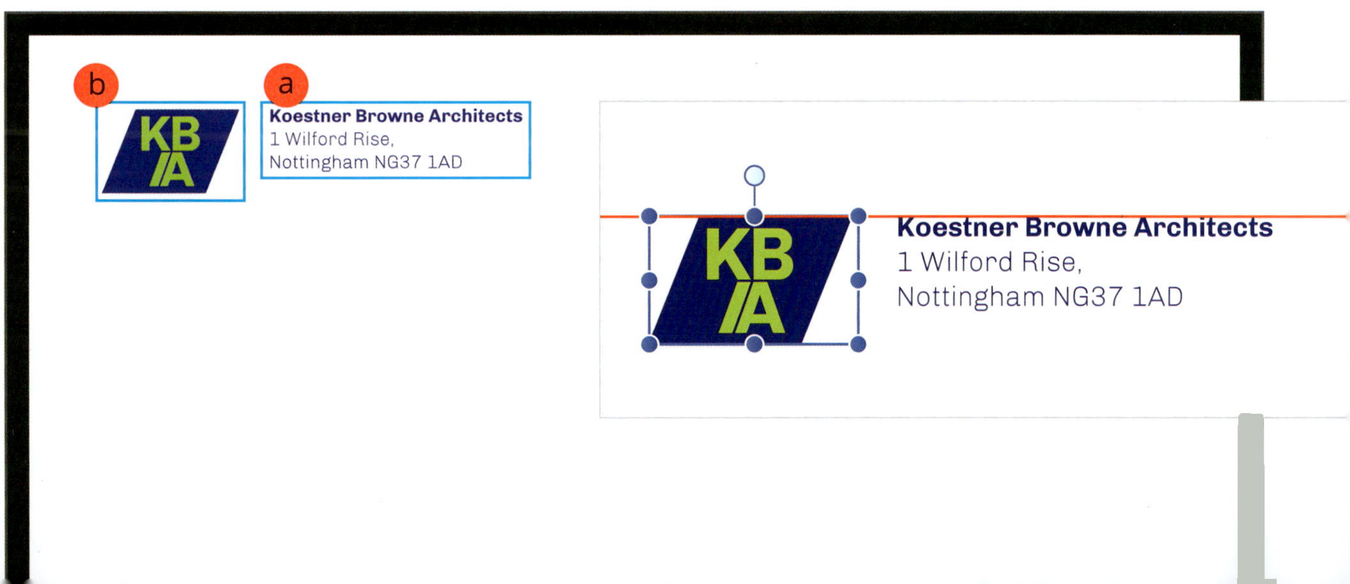

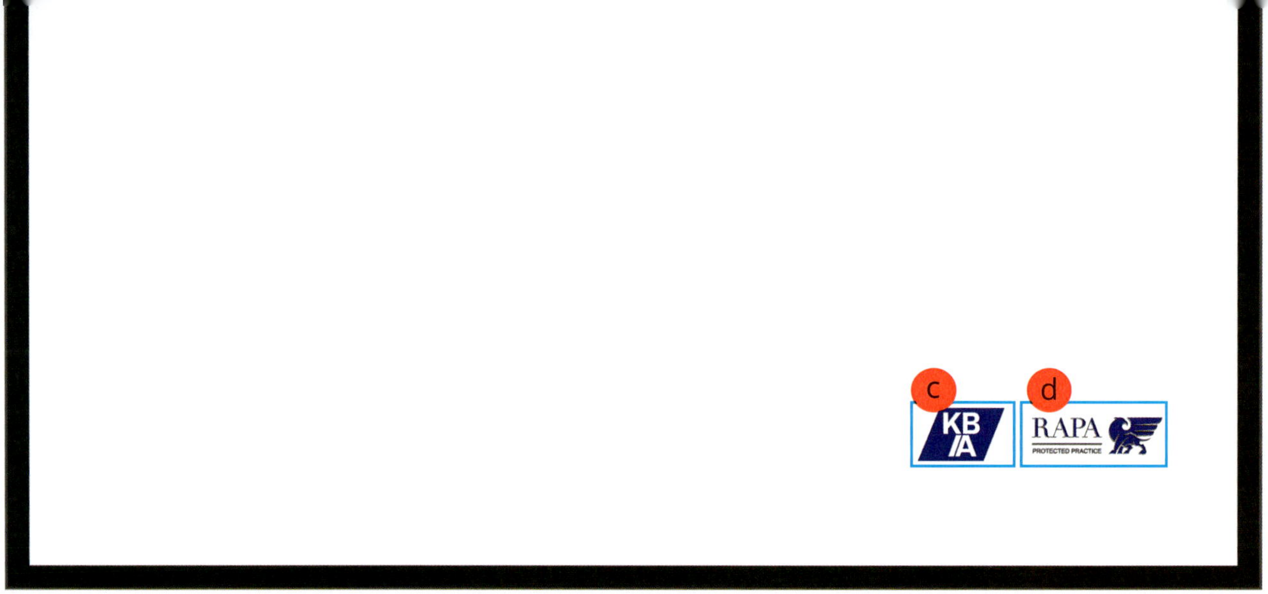

Platzieren der Logos in Fußzeilen

Für die Fußzeile des Briefes verwenden wir ein weiteres Markenlogo – eine blaue Variante des bereits platzierten KB/A-Logos plus ein RAPA-Logo (als PNG-Datei) von einem anderen Designer.

Platzieren des zweiten KB/A-Logos (c)

1 Klicken Sie auf **Datei > Platzieren**.

2 Öffnen Sie die Datei KBA_logos.afdesign und wählen Sie nach dem Platzieren in der Kontextleiste das **ArtBoard** namens *KBA Logo Blue* aus.

Platzieren der Fremdgrafik (d)

1 Klicken Sie auf **Datei > Platzieren**.

2 Öffnen Sie die Datei KBA_RAPA_logo.png und platzieren Sie das Bild so, dass es sich magnetisch vertikal zentriert an dem KB/A-Logo ausrichtet.

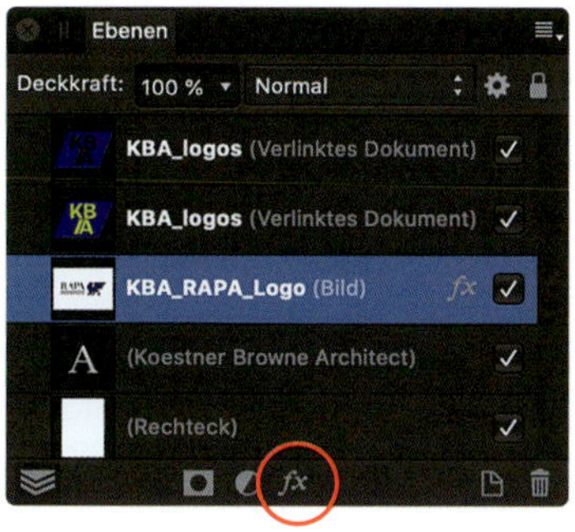

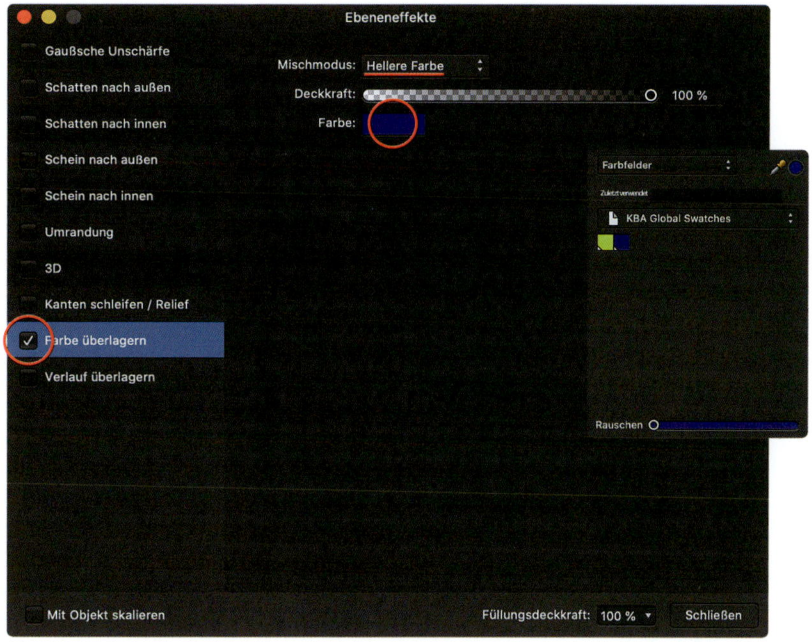

Färben der Fremdgrafik in den Markenfarben

Setzen Sie Fremdgrafiken in Ihren Designs ein, „beißen" sich deren Farben eventuell mit Ihren Markenfarben. Nachdem Sie die Erlaubnis des anderen Designers eingeholt haben, können Sie solche Fremdgrafiken aber schnell mit Ihren Markenfarben versehen.

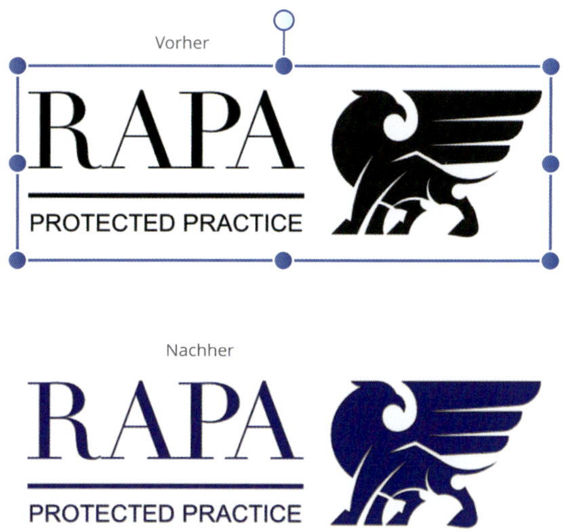

1. Wählen Sie platzierte Fremdgrafik aus.
2. Klicken Sie im Panel **Ebenen** auf die Option **Ebeneneffekte**.
3. Wählen Sie den Effekt **Farbe überlagern** aus, klicken Sie auf das Musterfeld **Farbe**, wählen Sie in dem nun sichtbaren Menü die Option **Farbfelder** und in dem dann sichtbaren Menü die **Dokumentpalette** aus.
4. Wählen Sie das Farbmuster *Blau* aus und stellen Sie den **Mischmodus** auf *Hellere Farbe*, um die höchsten Farbwerte der Grund- und Mischfarbe zu verwenden.

Ressourcen

KBA_compliments_slip.afpub
KBA_logos.afdesign

KURZBRIEFE

Kurzbriefe werden häufig als Begleitschreiben für Dokumente oder Produkte eingesetzt, die ein Kunde angefordert oder bestellt hat. Diese Briefe lassen sich auch für ein Dankeschön, eine Entschuldigung oder andere Zwecke verwenden. Da die Kurzbriefe auch Kontaktinfos enthalten, sind sie ein zusätzlicher Werbeträger, mit dem Kunden sich direkt an das Unternehmen wenden können.

Verwenden Sie simple Designs für Kurzbriefe mit jeder Menge weißem Leeraum.

Einrichten des Dokuments

Gehen Sie wie bei der Visitenkarten vor (Seite 465), wählen Sie aber diesmal die Vorgabe *DIN Lang* aus, stellen Sie die **Ausrichtung** auf *Querformat* und die **Anzahl der Seiten** auf *1*.

Importieren Sie dann wieder die Farbpalette unserer Marke (siehe Seite 466).

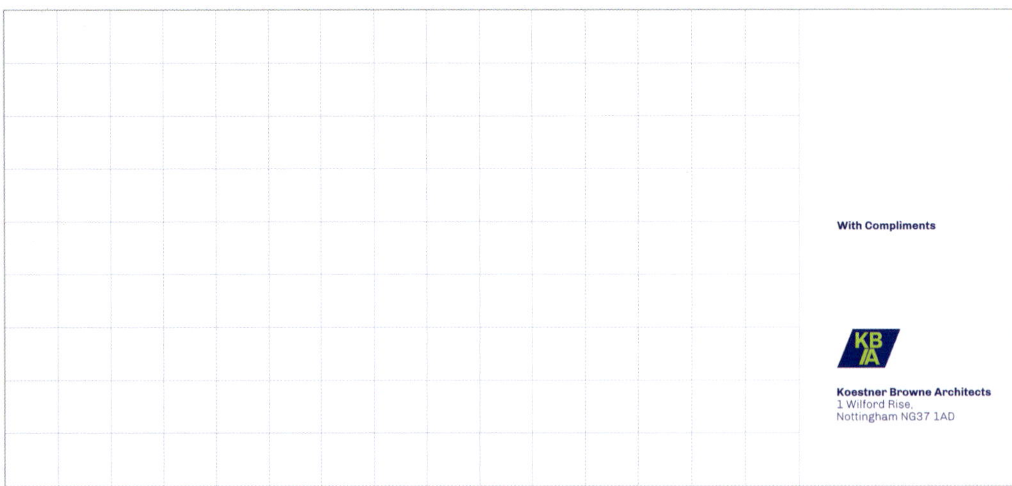

Das Raster

Als Hintergrund für unsere Kurzbriefe verwenden wir ein selbst definiertes Raster. Dies lässt sich recht einfach bewerkstelligen, indem wir ein Raster für das Dokument festlegen und es dann mit dem **Zeichenstift** nachzeichnen.

Aktivieren des Rasters

1 Klicken Sie auf **Ansicht > Raster einblenden**.

2 Klicken Sie in der **Symbolleiste** auf den Pfeil der Option **Magnetische Ausrichtung** und aktivieren Sie die Optionen **Magnetische Ausrichtung** und **Am Raster ausrichten**.

Einrichten des Rasters

1 Klicken Sie auf **Ansicht > Raster und Achsen konfigurieren**.

2 Stellen Sie als **Vorgabe** die Option *1 cm Quadrat* ein.

3 Stellen Sie den **Abstand** des Rasters auf *11 mm*. So erhalten Sie ein Raster mit 9 Zeilen, das genau in unsere Dokumenthöhe von 99 mm passt.

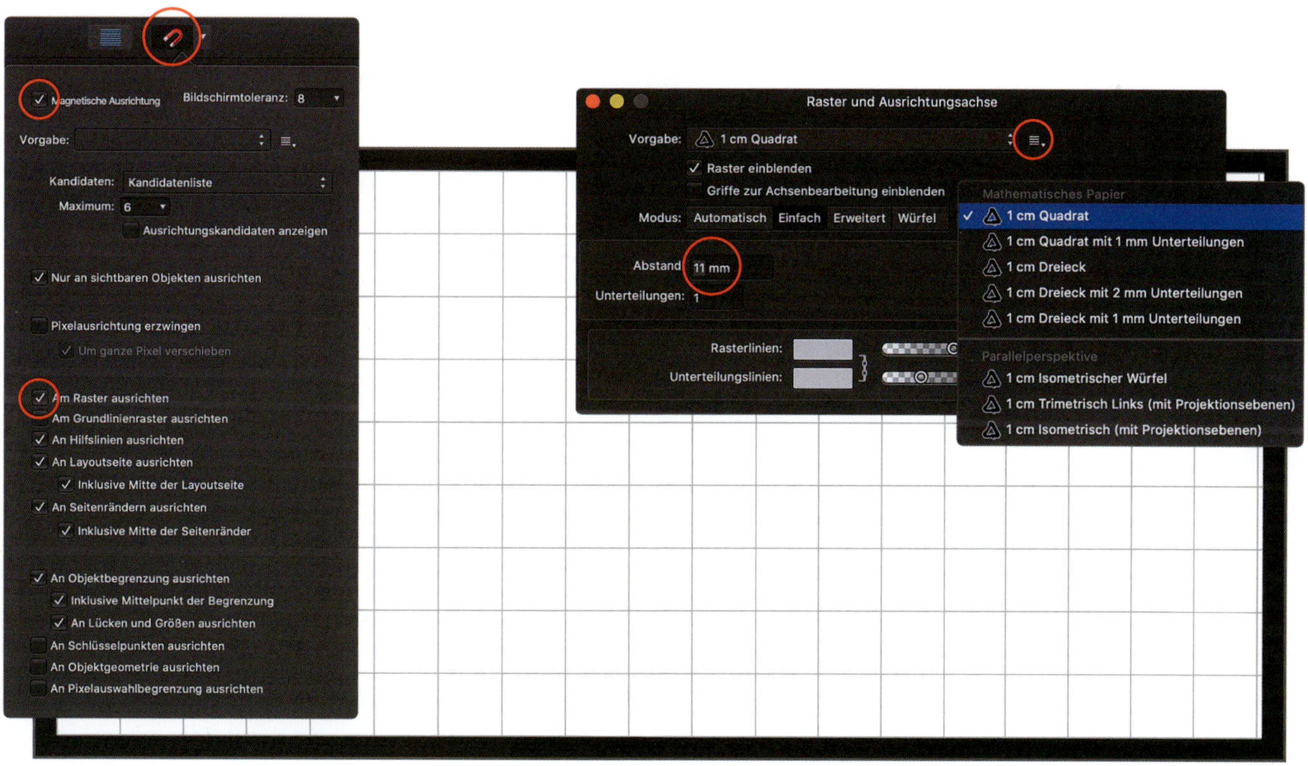

Zeichnen des Rasters

Nachdem das Raster nun festgelegt ist, können wir die Linien nachzeichnen.

1 Aktivieren Sie den **Zeichenstift** (P) und ziehen Sie eine vertikale Linie entlang der linken Seitenkante bis ganz nach unten, die genau dem Raster folgt.

2 Aktivieren Sie das Werkzeug **Verschieben** (V), halten Sie die cmd-Taste ⌘ (Mac) oder Strg-Taste (Win), wählen Sie die Linie aus und ziehen Sie sie auf die nächste vertikale Rasterlinie, um sie zu duplizieren; Erstellen Sie mit der Tastenkombination cmd ⌘ + J (Mac) oder Strg + J (Win) noch weitere 13 Linien (für 15 Linien insgesamt), um den vertikalen Rasterteil abzuschließen. Es sollte nun ungefähr ein Fünftel des weißen Leerraums rechts auf der Seite für den Text übrig sein.

3 Wiederholen Sie diese Schritte für die horizontalen Linien. Zeichnen Sie die erste Line entlang der Seitenoberkante zwischen den äußersten vertikalen Linien.

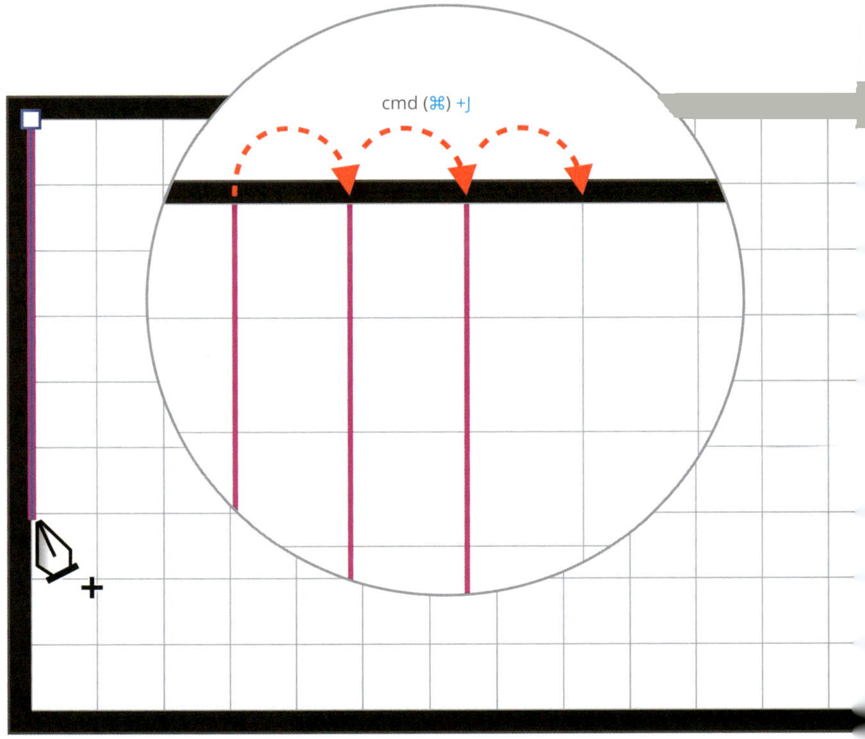

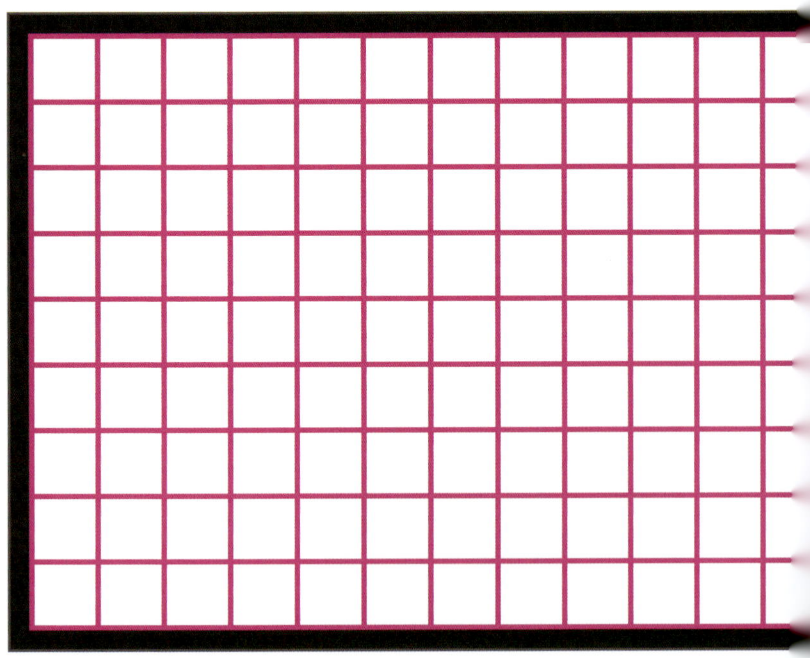

Anpassen des neuen Rasters

Wir müssen dem Raster jetzt noch unseren „Markenstempel" aufdrücken und es etwas zurücknehmen, damit es den Kurzbrieftext nicht „erschlägt".

1 Klicken Sie auf **Auswählen > Alles markieren**.

2 Stellen Sie im Panel **Farbfelder** den Farbselektor „Kontur" auf die globale Farbe *Blau* ein.

3 Ändern Sie im Panel **Kontur** die **Breite** der Linien auf *0,2 pt*.

4 Reduzieren Sie im Panel **Ebenen** die **Deckkraft** auf *20%*, damit das Raster transparenter wird.

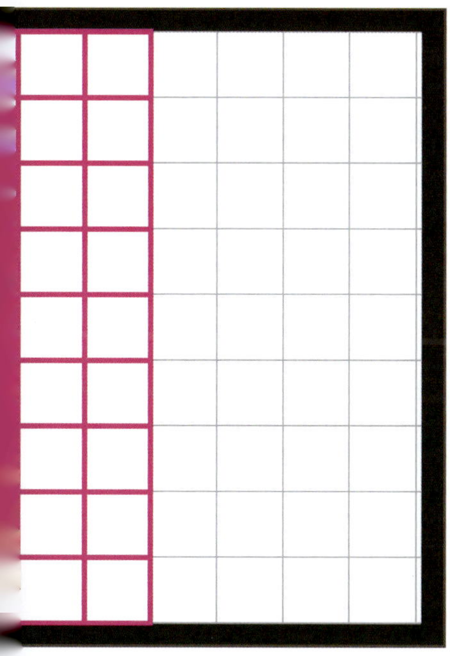

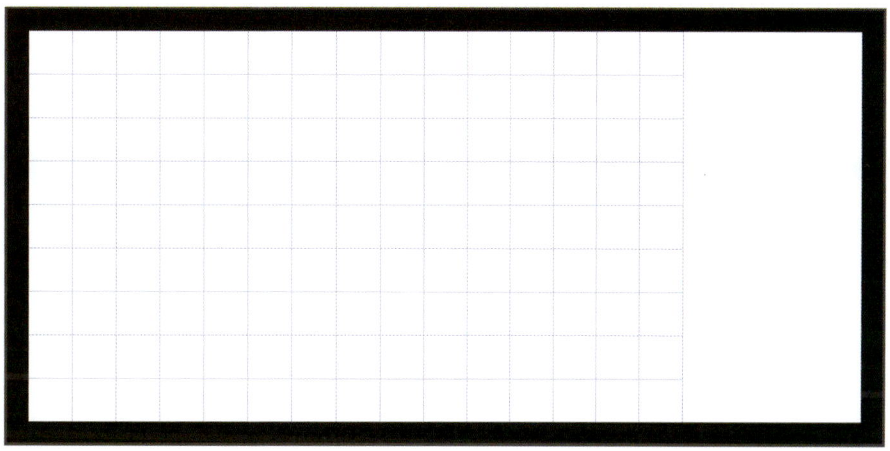

Der Text

Der Text für den Kurzbrief sollte klein und schlicht sein. Achten Sie auf die Seitenkanten und darauf, dass der Text gut leserlich ist. Der Text darf aber nicht zu sehr von dem Briefinhalt ablenken. Lassen Sie genug Platz auf dem Kurzbrief für die jeweilige Kurznachricht.

Platzieren von Anrede und Firmenanschrift (a)

1 Aktivieren Sie das Werkzeug **Rahmentext** und legen Sie in der Kontextleiste die gewünschten Einstellungen fest.

2 Ziehen Sie einen kleinen Textrahmen mittig in dem Leerraum auf der rechten Seite auf und tippen Sie die Anrede ein. Erstellen Sie dann noch einen Textrahmen und geben Sie die Firmenanschrift ein.

Wie bei den anderen Designs verwenden wir die globale Farbe *Blau*, damit ein durchgängiger Look für all unsere Markenartikel entsteht.

Lassen Sie genügend Platz zwischen den Textrahmen für das Firmenlogo und die eigentliche Nachricht des Kurzbriefs.

Betonen von Textdetails

- Wählen Sie die Anrede und den Firmennamen aus und formatieren Sie beide über die Kontextleiste als **Fett**.

Platzieren des Firmenlogos

Für unseren Kurzbrief verwenden wir eine Logovariante, die beide Markenfarben enthält.

Platzieren des Firmenlogos (b)

1 Klicken Sie auf **Datei > Platzieren**.

2 Öffnen Sie wie zuvor die Datei KBA_logos.afdesign (Seite 467) und wählen Sie nach dem Platzieren in der Kontextleiste das **ArtBoard** namens *KBA Logo Blue and Green* aus.

3 Verschieben Sie das Logos so, dass es sich vertikal magnetisch an der linken Kante beider Textrahmen ausrichtet.

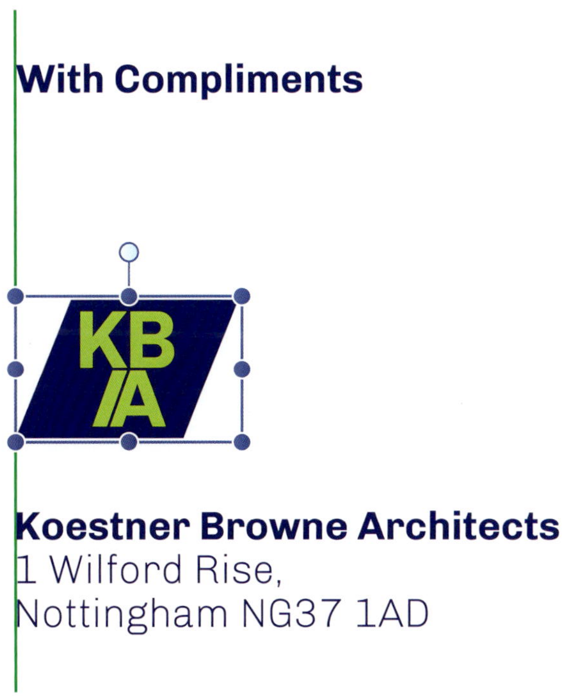

EXPORT ALS PDF

Da wir alle drei Designs als CMYK-Dokumente eingerichtet haben, können wir sie problemlos als Druckerei-fertige PDF-Dateien exportieren und direkt an unsere Druckerei schicken.

Der Export verläuft genau wie bei dem KB/A-Markenleitfaden (Seite 455).

Bei diesem Projekt für das KB/A-Briefpapier drehten sich alle drei Designs um zwei Punkte – schlichte Aufmachung und Markentreue. Im nächsten Projekt für den KB/A-Jahresbericht greifen wir diese Punkte erneut auf.

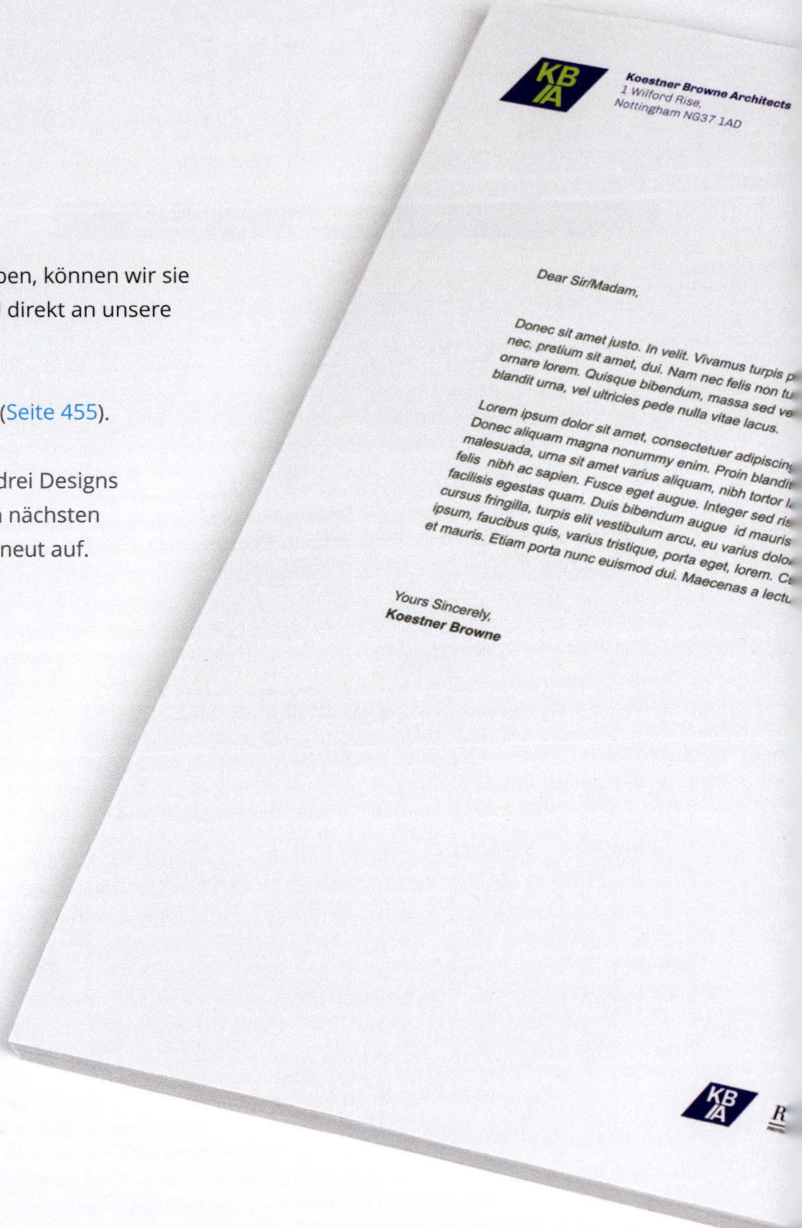

With Compliments
KB/A
Koestner Browne Architects
1 Wilford Rise,
Nottingham NG37 1AD
Nadia Koestner
Co-Founder
Tel: +44 1632 960421
Mail: n.koestner@kba.com

3

KB/A-Jahresbericht

Entwerfen von Jahresberichten nach festen Markenrichtlinien mit *David Hussner*

Mit Jahresberichten können Unternehmen anschaulich ihre Aktivitäten in einem Geschäftsjahr sowie ihre Zukunftspläne präsentieren. Diese Daten und Informationen sind nicht nur für bestehende Aktionäre interessant, sondern auch für neue potenzielle Investoren.
Solche Dokumente sollten unbedingt den Markenrichtlinien und der Unternehmensphilosophie der Firma folgen.

In diesem Projekt entwerfen wir ein mehrseitiges Dokument mit für einen Jahresbericht typischen Texten und Daten und einem ansprechenden Coverdesign.

Die Logos und Farben für diesen Bericht übernehmen wir aus dem KB/A-Markenleitfaden des vorangehenden Projekts.

KB/A
Koestner Browne Architects.
Annual Report 2020
Delivering over 20 years of architectural growth and award-winning architectural designs.
Koestner Browne Architects
Annual Report
2019 Financial Summary
Gross revenue
Gross profit
Net profit
Cash
Total current assets
Total current liabilities
Three-year financial overview
2019
2018
2017
Revenue
Total current assets
Company Highlights
Meet the Team
The Board of Directors
Our Offices
Location

BEVOR SIE LOSLEGEN

Ressourcen

Alle Ressourcen, auf die in diesem Kapitel verwiesen wird, finden Sie unter: https://affin.co/KBAAnnualReport

Kenntnisse in Affinity Publisher

Damit Sie diesem Projekt optimal folgen können, sollten Sie:

- Mit der Programmoberfläche von Affinity Publisher vertraut sein. Mehr über die einzelnen Bedienelemente erfahren Sie in dem Kapitel „Tour durch die App-Oberfläche" ab Seite 14.
- Die Grundlagen beherrschen. Die folgende Tabelle zeigt Ihnen, mit welchen Aspekten von Affinity Publisher Sie außerdem vertraut sein sollten, um dieses Projekt anzugehen:

Seiten und Master-Seiten	Seite 82
Arbeiten mit Objekten	Seite 106
Arbeiten mit Text	Seite 112
Bilderrahmen	Seite 124
Einsetzen von Inhalten	Seite 130

EINFÜHRUNG

Für dieses Projekt entwerfen wir einen Jahresbericht mit 16 Seiten. Bei dem Design stützen wir uns zum größten Teil auf die von KB/A in ihren Markenrichtlinien vorgegebenen Farben *Grün* und *Blau* sowie ihr Solidus-Logo, um die Markenidentität zu unterstreichen.

Auf dieser Grundlage entwerfen wir dann mit den erweiterten Funktionen von Affinity Publisher ein elegantes Design, mit dem das Interesse des Lesers geweckt wird.

DIE ERSTEN SCHRITTE

Bevor ich mit der eigentlichen Layoutarbeit in Affinity Publisher beginne, mache ich mir gern auf die „analoge Art" ein paar Gedanken. Hierzu skizziere ich auf Papier verschiedene Designs und Layoutvarianten. So erhalte ich ein besseres Gefühl für das Projekt, indem ich Raster, Größen und Anordnung der Inhalte direkt ausprobiere.

Steht das Designkonzept und Sie wissen, wie Sie alles präsentieren möchten, werfen Sie einen genauen Blick auf all die verfügbaren Inhalte. Der Gesamtinhalt des Dokuments muss in klare Abschnitte (Sektionen) unterteilt sein, damit sich die Leser auch darin zurechtfinden.

Eine Tabelle ist in diesem Fall sehr hilfreich. Listen Sie alle Inhalte auf und schätzen Sie, wie viele Seiten Sie jeweils für die entsprechenden Sektionen benötigen. Ich habe hier die endgültigen Werte angegeben, um das Projekt zu beschleunigen.

Sektion	Anzahl der Seiten	Geschätzte Seitenzahlen
Die Unternehmensphilosophie	1	2
Die Geschichte der Marke	1	3
Ein Wort von der Geschäftsführung	3	4, 5, 6
Highlights des Unternehmens	1	7
Finanzdaten und Ranking des Unternehmens in diesem Geschäftsjahr	2	8, 9
KB/A in den Medien	2	10, 11
Unser Team	2	12, 13
Unsere Büros	2	14, 15
Insgesamt (inklusive Cover für Vorder- und Rückseite)	**16**	

Damit der Start in die Designphase möglichst effektiv verläuft, planen Sie, was Sie für ein funktionelles und professionelles Layout benötigen. Welche Assets sind unverzichtbar, wie z. B. Farben, Schriften, Bilder usw.? Bei diesem Projekt liefert der KB/A-Leitfaden einen Großteil dieser wichtigen Grundlagen.

EINRICHTEN DES DOKUMENTS

Ressourcen
KBA Global Swatches.afpalette KBA_annual_report_text_styles.afpub KBA_annual_report_document_setup.afpub

Als Erstes legen wir mit Affinity Publisher die Dokumenteinstellungen fest.

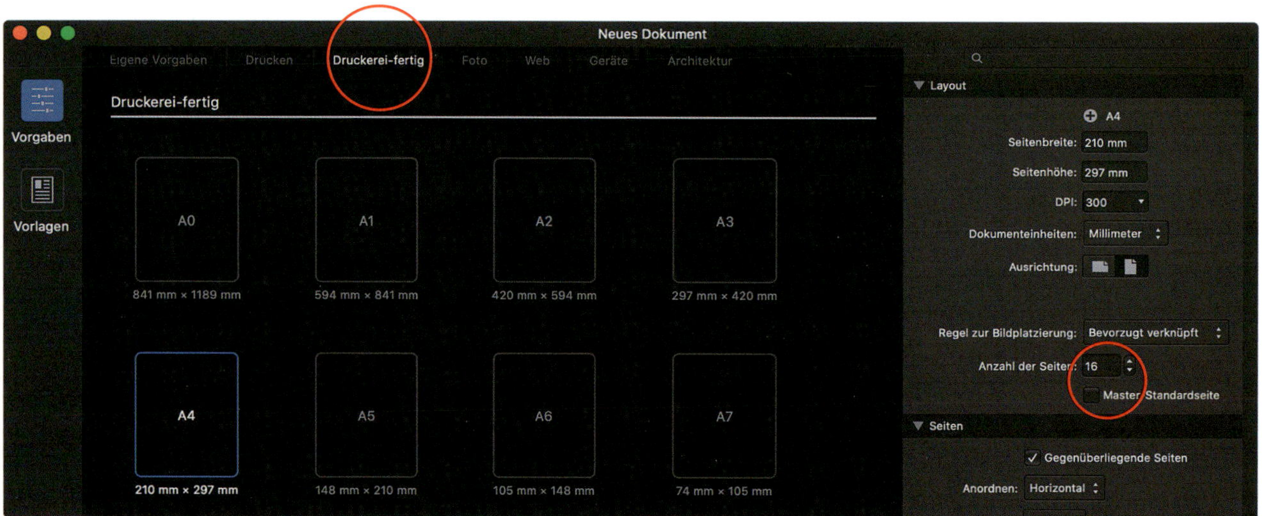

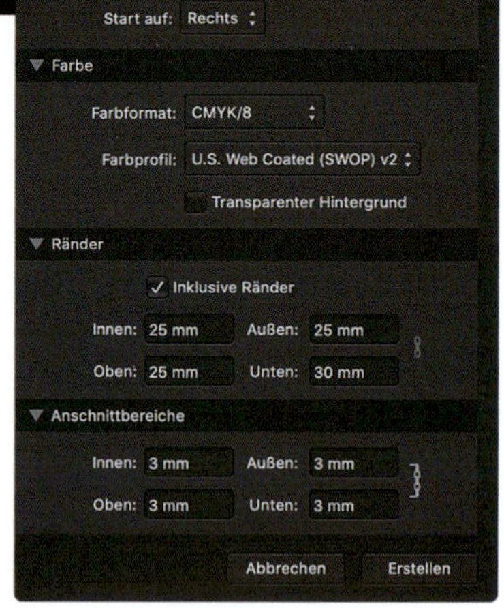

1 Klicken Sie auf **Datei > Neu**.

2 Klicken Sie in dem Dialogfeld auf **Vorgaben** und **Druckerei-fertig**.

3 Klicken Sie auf die Miniatur *A4*.

4 Stellen Sie die **Anzahl der Seiten** auf *16* und deaktivieren Sie die Option **Master-Standardseite**.

5 Klicken Sie auf **Erstellen**.

Bei diesem Projekt wissen wir, wie viele Seiten wir am Ende benötigen. Wenn Sie ein Dokument von Grund auf neu entwerfen, müssen Sie eventuell im Laufe der Designarbeiten neue Seiten hinzufügen. Soll das Projekt später professionell von einer Druckerei gedruckt werden, müssen Sie auf jeden Fall ein Vielfaches von 4 als Gesamtseitenzahl für das Dokument festlegen.

Importieren von Farben und Textstilen

Viele Elemente in dem Jahresbericht werden wir mit den offiziellen PANTONE®-Farben der Marke von KB/A entwerfen, die das Unternehmen bereits für den Markenleitfaden abgesegnet hat. Sie können diese Farben ganz einfach zusammen mit den von mir bereits für den Jahresbericht erstellten Textstilen in Ihr Projektdokument importieren.

1 Öffnen Sie im Panel **Farbfelder** das Menü **Paneleinstellungen** und klicken Sie auf **Palette importieren > Als Dokumentpalette**.

2 Öffnen Sie die Datei KBA Global Swatches.afpalette.

3 Klicken Sie auf **Text > Textstile > Textstile importieren** und öffnen Sie die Datei KBA_Annual_Report_text_styles.afpub.

Nach diesen Schritten können Sie dann ganz einfach die für die Marke offiziell festgelegten Farben Grün und Blau aus der Palette *KBA Global Swatches* im Panel **Farbfelder** auswählen. Die Textstile finden Sie im Panel **Textstile**.

Meine Textstile

Die Namen meiner Textstile beginnen entweder mit *Headline* (Sektionsüberschriften, Zwischenüberschriften und Text auf dem Cover des Berichts) oder *Copy Text* (kleiner Text, wie der normale Berichttext).

Einige der Stile für Überschriften teilen sich zwar Schriftfamilie, Farbe und Zeichenabstand, unterscheiden sich aber eventuell in anderen Punkten, wie z. B. Größe oder Zeilenabstand. Die Namen der Stile enthalten daher auch immer wichtige abweichende Merkmale.

So finde ich mich Panel **Textstile** schneller zurecht und sehe auf einen Blick, welchen Stil ich für welche Größe oder welchen Abstand auswählen muss.

In diesem Projekt arbeiten wir auch mit meinen fünf Zeichenstilen, um die entsprechenden Texte mit denselben Farben zu formatieren, damit ein durchgängiger Look entsteht und alles nicht zu lange dauert. *Text Bold Black* verwendet zusätzlich eine etwas höhere Schriftstärke.

Die am häufigsten in diesem Projekt verwendeten Absatzstile sind:

Headline 27/31 Left für Sektionsüberschriften oben auf den Seiten.

Sektionsüberschrift

Headline 13/15 Left für Zwischenüberschriften – vor allem im normalen Berichttext.

Zwischenüberschrift

Copy Text 08/14 Left für Berichttexte – insbesondere für lange Passagen.

Berichttext. Berichttext. Berichttext.

Ressourcen

KBA_logos.afdesign
KBA_cover.rtf
KBA_annual_report_1.afpub

ENTWERFEN DES COVERS

Als Erstes erstellen wir eine Master-Seite mit Seitenrand- und Spaltenhilfslinien sowie einem farbigen Hintergrund, die wir dann für das Cover der Vorderseite und Rückseite festlegen.

1 Klicken Sie im oberen Feld des Panels **Seiten** auf die Option **Master-Seite hinzufügen**.

2 Nennen Sie die Seite *Cover* und klicken Sie auf **OK**.

3 Klicken Sie auf **Ansicht > Hilfslinien konfigurieren** und stellen Sie die **Spalten** auf *12* und den **Zwischenraum** auf *5 mm* ein.

4 Stellen Sie für die **Ränder** den Wert **Unten** auf *21,8 mm* ein und alle anderen Werte auf *21,2 mm*. Klicken Sie nun auf **Schließen**.

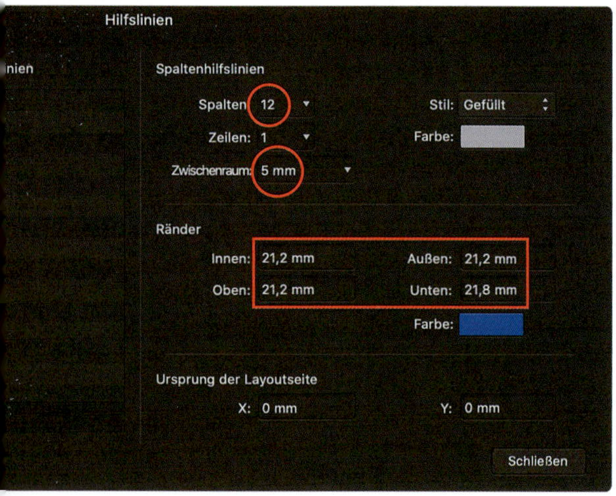

5 Klicken Sie auf **Ansicht > Grundlinien konfigurieren**, aktivieren Sie die Option **Grundlinienraster verwenden** und stellen Sie den **Rasterabstand** auf *5 pt*.

Wir verwenden im gesamten Bericht identische Einstellungen für die Spaltenhilfslinien und das Grundlinienraster.

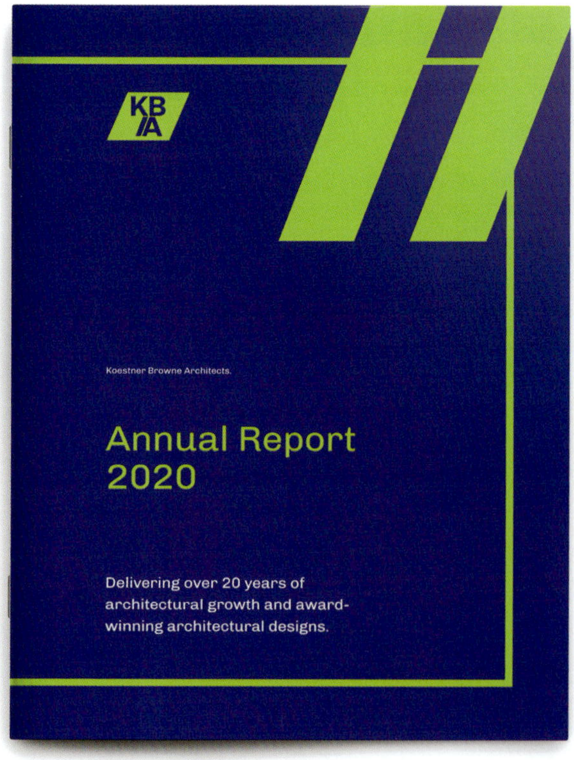

Färben der Master-Seite

Ich habe mit dem Werkzeug **Rechteck** (M) eine Form gezeichnet, die sich über die gesamte Seite inklusive der Anschnittbereiche erstreckt und dann mit der Markenfarbe *Blau* gefüllt.

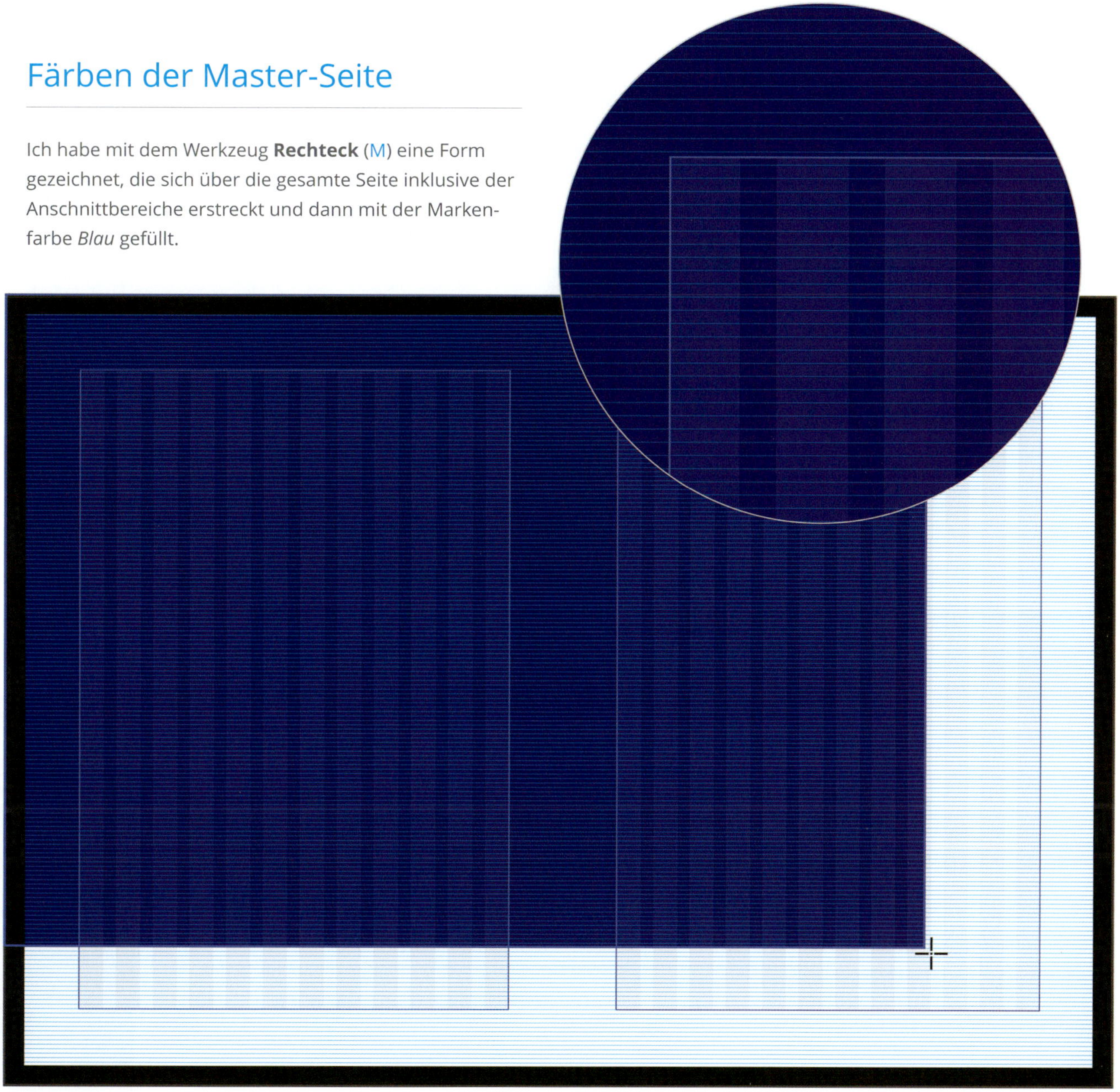

Bearbeiten des Covers

Weisen Sie die neue Master-Seite *Cover* den Seiten 1 und 16 zu und führen Sie dann im Panel **Seiten** einen Doppelklick auf die Miniatur von Seite 1 aus, um die Seite zu bearbeiten. Bevor wir die Markengrafiken und den Text platzieren, brauchen wir noch eine Umrandung.

1 Zeichnen Sie ein Rechteck ohne Füllfarbe und legen Sie für seine Kontur unsere Markenfarbe *Grün* fest.

2 Stellen Sie im Panel **Kontur** die **Breite** auf *8 pt* und wählen Sie die Option **Umrisslinie innen ausrichten** aus.

3 Dimensionieren Sie die Form so, dass ihre linke Kante knapp außerhalb der Seite liegt und die anderen Kanten den oberen, unteren und rechten Seitenrand berühren.

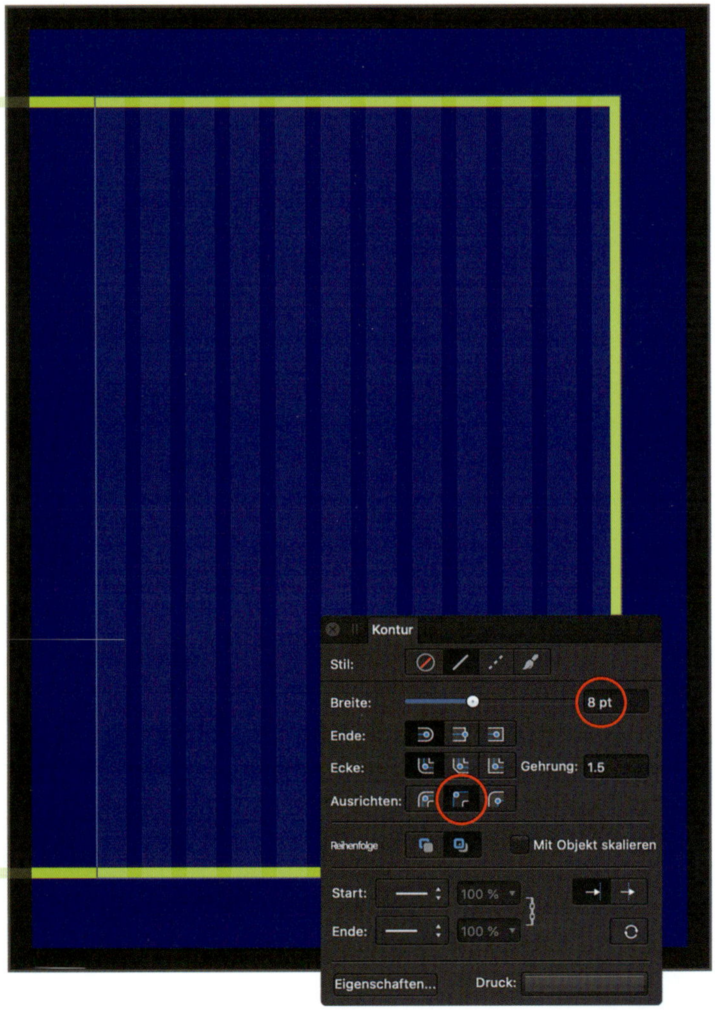

Einsetzen der Markengrafiken

1 Klicken Sie auf **Datei > Platzieren**, wählen Sie die Datei KBA_logos.afdesign aus und ziehen Sie über die Seite, um die Grafik zu platzieren.

2 Stellen Sie in der Kontextleiste die Option **Artboard** auf *KBA Logo Green*.

3 Passen Sie die Logogröße an, richten das Logo links an der zweiten Spaltenhilfslinie aus und platzieren Sie es ein paar Grundlinien unter dem oberen Seitenrand.

4 Klicken Sie auf **Datei > Öffnen**, wählen Sie die Datei KBA_logos.afdesign aus und kopieren Sie die Formen aus ihrem ArtBoard *Double Solidus*.

5 Fügen Sie die kopierten Inhalte auf Seite 1 des Jahresberichts ein und legen unsere Markenfarbe *Grün* als Füllung für beide Solidus-Zeichen fest.

6 Richten Sie die Objekte aus, skalieren Sie sie mit gedrückter **Umschalttaste** (⇧) und positionieren Sie die Objekte so, dass sie oben rechts bis in den Anschnittbereich ragen (siehe Abbildung).

Text	Absatzstil	Zeichenstil
Firmenname	Headline 10/15 Left (Head 10/15)	Text White
Titel des Berichts	Headline 40/44 Left (Head 40/40)	Text KBA Green
Slogan	Headline 17/25 Left (Head 17/20)	Text White

Einsetzen der Texte

Ich habe zwei Textrahmen erstellt und sie links an der zweiten Spaltenhilfslinie ausgerichtet. Der obere Rahmen enthält den Firmennamen und den Titel des Dokuments, der untere Rahmen enthält einen Slogan. Hier könnten Sie auch eine Kurzbeschreibung für den Bericht platzieren. Für dieses Projekt übernehmen Sie mit Kopieren/Einfügen einfach den Text aus KBA_cover.rtf.

Den Text habe ich wie in der Tabelle mit Absatz- und Zeichenstilen formatiert, um einen starken Kontrast zu erzeugen. Der grüne Titel schafft eine Verbindung zu der Umrandung für das Cover und gleichzeitig zur Markenidentität.

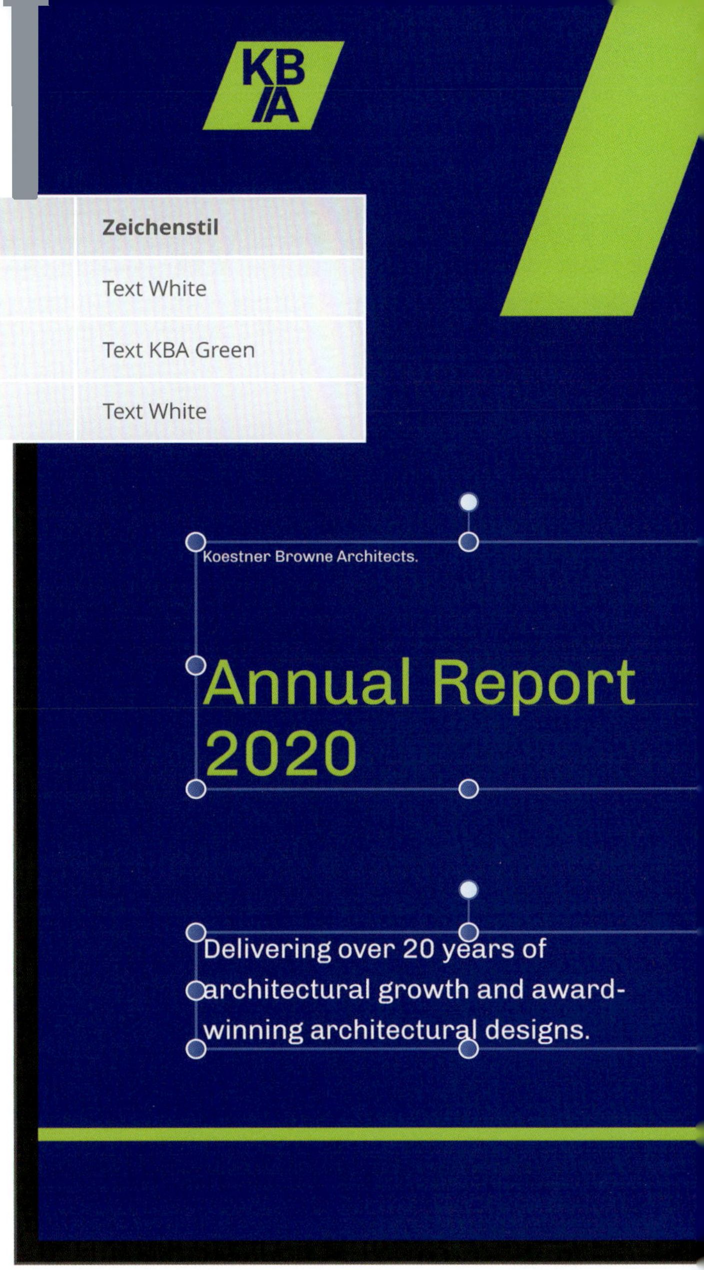

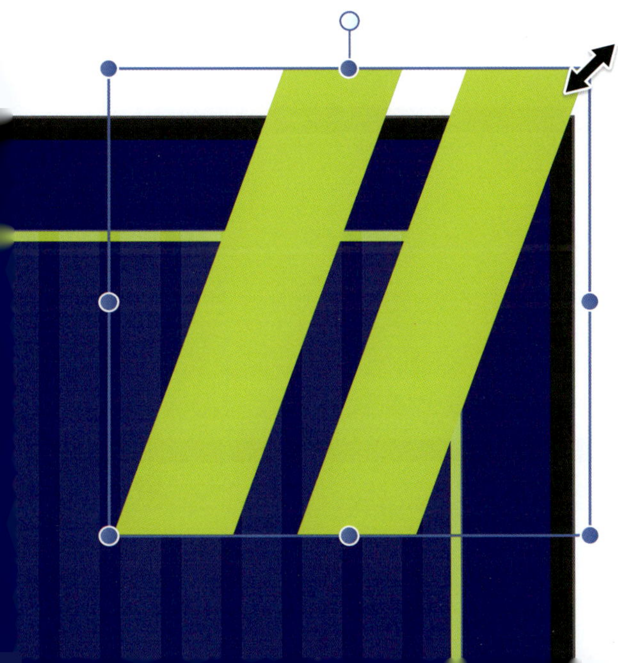

Ressourcen
KBA_logos.afdesign KBA_annual_report_add_masters_1.afpub

WEITERE MASTER-SEITEN

Bei den Innenseiten des Berichts habe ich mir für ein Layout mit 12 Spaltenhilfslinien und etwas anderen Rändern entschieden als bei dem Cover.

Fügen Sie Ihrem Dokument eine neue Master-Seite hinzu. Gehen Sie hierbei wie für die Master-Seite *Cover* vor (Seite 488). Nennen Sie diese Master-Seite *Raster 12 Leer* und stellen Sie unter **Ränder** die Werte **Innen** und **Außen** auf *21,2 mm*, **Oben** auf *26,5 mm* und **Unten** auf *21,8 mm*.

Erstellen Sie noch eine Master-Seite mit dem Namen *Seitenzahl*. Mit dem **Zeichenstift** habe ich in der Markenfarbe *Blau* eine Linie mit Breite *1 pt* über dem oberen Seitenrand gezogen (a).

Für das Parallelogram (b) habe ich aus der Datei KBA_logos.afdesign die Form des ArtBoards *Blue Solidus* kopiert und mit dem **Knotenwerkzeug** verbreitert.

Ich nehme zwei Textrahmen – einen für die Seitenzahl (**Text > Einfügen > Felder > Seitenzahl**) und den Titel des Berichts und einen für den Firmennamen (c). Über das Panel **Textrahmen** habe ich sie so eingestellt, dass sie das Grundlinienraster ignorieren und dann so angeordnet, dass das Feld in dem Parallelogramm liegt. Die Texte sind mit den Stilen *Copy Text 08/14 Left* und *Text KBA Blue* formatiert und die Seitenzahl mit *Text KBA Green*.

Duplizieren Sie die Objekte auf der gegenüberliegenden Seite und kehren Sie dort ihre Reihenfolge um. Weisen Sie dann diese Master-Seite der Master-Seite *Raster 12 Leer* zu. *Master 12 Leer* und zwei weitere Master-Seiten, die wir gleich noch erstellen, verwenden wir später für die Innenseiten, und so steht die Kopfzeile dann später auf all diesen Innenseiten.

DIE UNTERNEMENS-PHILOSOPHIE

Ressourcen
KBA_logos.afdesign KBA_mission_statement.rtf KBA_annual_report_2&3.afpub

Auf Seite 2 und 3 präsentiere ich die Grundsätze der Unternehmensphilosophie und ein paar Fakten zu der Entstehung der Marke. Auf diese Seiten habe ich die Master-Seite *Raster 12 Leer* angewendet.

Die Firmenphilosophie soll stärker auffallen als der im Bericht verwendete Normaltext.

1 Erstellen Sie auf Seite 2 einen Textrahmen und geben Sie die Überschrift *Company Principles* ein.

2 Legen Sie über die Kontextleiste unseren Absatzstil *Headline 27/31 Left* fest und den Zeichenstil *Text KBA Blue*.

3 Erstellen Sie darunter noch einen Textrahmen und kopieren Sie die drei Absätze aus KBA_mission_statement.rtf in den Rahmen.

4 Legen Sie den Absatzstil *Headline 17/25 Left* und als Schriftfarbe ein mittleres Grau (*CMYK 0,0,0,50*) fest.

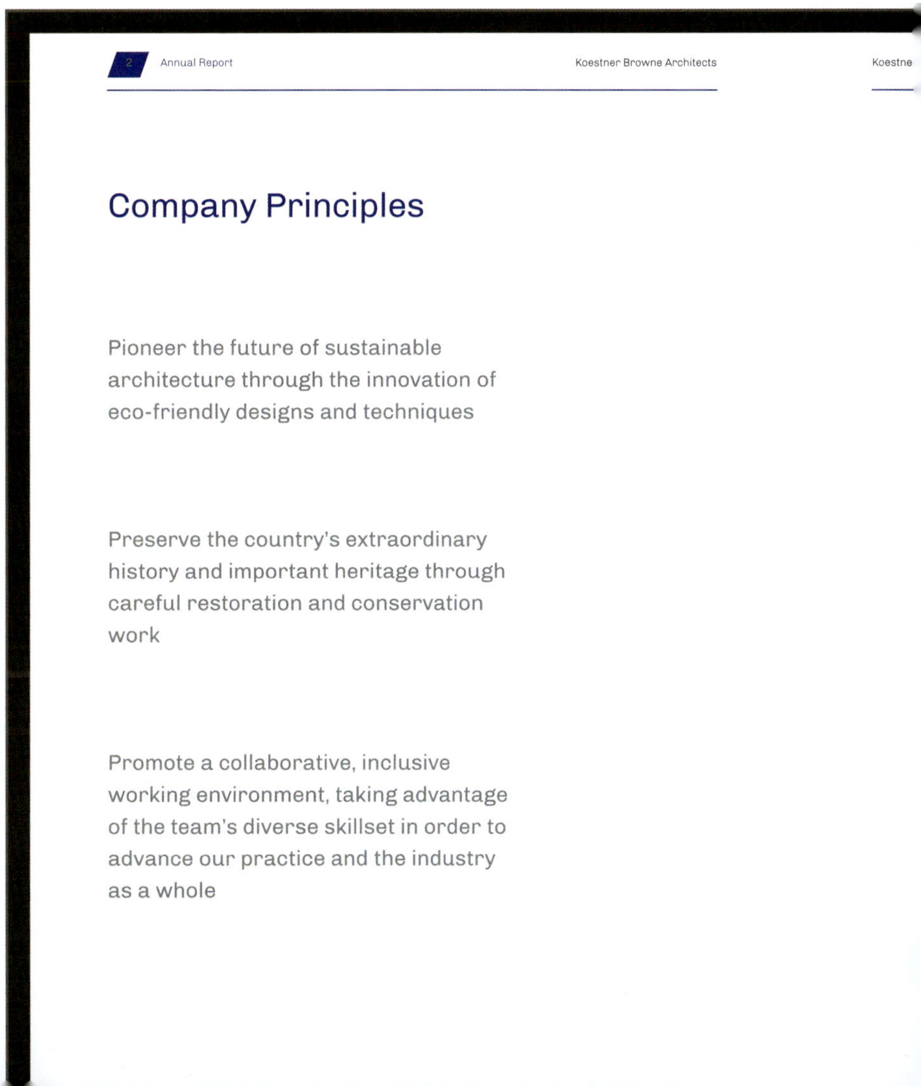

Die Geschichte der Marke

Auf der rechten Seite habe ich einen weiteren Textrahmen erstellt und die Überschrift *Brand Story* und ihre Absätze aus der Datei KBA_mission_statement.rtf in den Rahmen eingefügt.

Die Überschrift ist mit dem Absatzstil *Headline 27/31 Left* und dem Zeichenstil *Text KBA Blue* formatiert.

Für den restlichen Text habe ich den Absatzstil *Copy Text 08/14 Left* und den Zeichenstil *Text Black* verwendet.

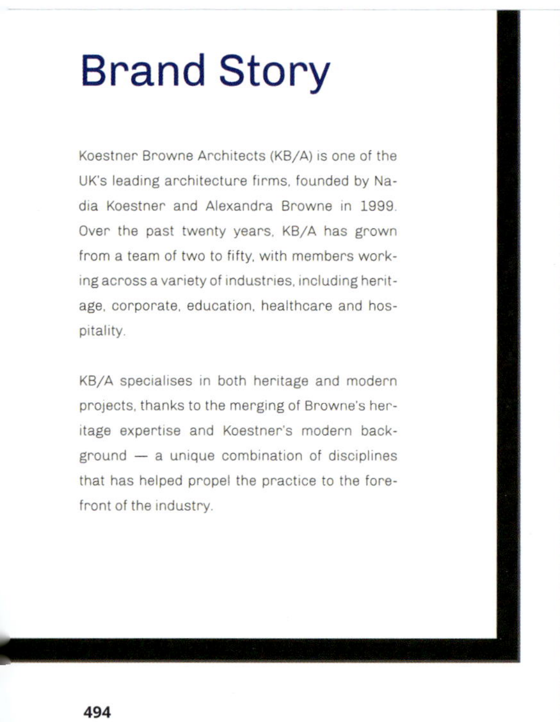
Brand Story

Koestner Browne Architects (KB/A) is one of the UK's leading architecture firms, founded by Nadia Koestner and Alexandra Browne in 1999. Over the past twenty years, KB/A has grown from a team of two to fifty, with members working across a variety of industries, including heritage, corporate, education, healthcare and hospitality.

KB/A specialises in both heritage and modern projects, thanks to the merging of Browne's heritage expertise and Koestner's modern background — a unique combination of disciplines that has helped propel the practice to the forefront of the industry.

494

Einsetzen kleiner Grafikelemente

Da diese beiden Seiten wenig Text enthalten, habe ich den weißen Leeraum mit zwei großen Exemplaren des Solidus-Zeichens aufgefüllt. So erhalten die Seiten Struktur und ich betone gleichzeitig die wichtigen Punkte der Unternehmensphilosophie auf der linken Seite.

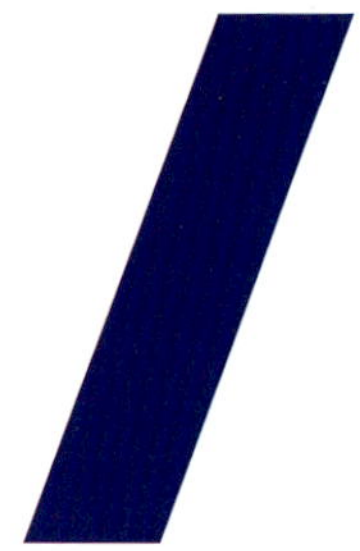

1 Öffnen Sie die Datei KBA_logos.afdesign.

2 Kopieren Sie die Form aus dem ArtBoard *Blue Solidus* in die Zwischenablage und schließen Sie die Datei.

3 Fügen Sie die Form auf Seite 3 des Jahresberichts ein.

Ich habe das Solidus-Zeichen proportional so skaliert, dass es sich vom oberen Rand auf Seite 3 bis zur unteren Anschnittkante der Layoutseite erstreckt und seine linke Ecke knapp links neben der entsprechenden Randecke der rechten Seite liegt und das Zeichen dann verbreitert.

1 Aktivieren Sie das **Knotenwerkzeug** (A), halten Sie die **Umschalttaste** (⇧) und wählen Sie die rechten Knoten des Solidus aus.

2 Halten Sie die Taste weiter und ziehen Sie den oberen rechten Knoten, bis er knapp rechts neben der entsprechenden Seitenrandecke liegt. So verschieben Sie beide ausgewählte Knoten und der Kantenwinkel bleibt unverändert.

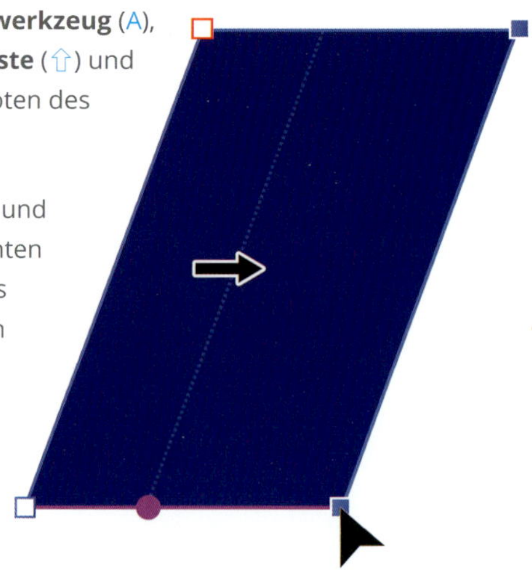

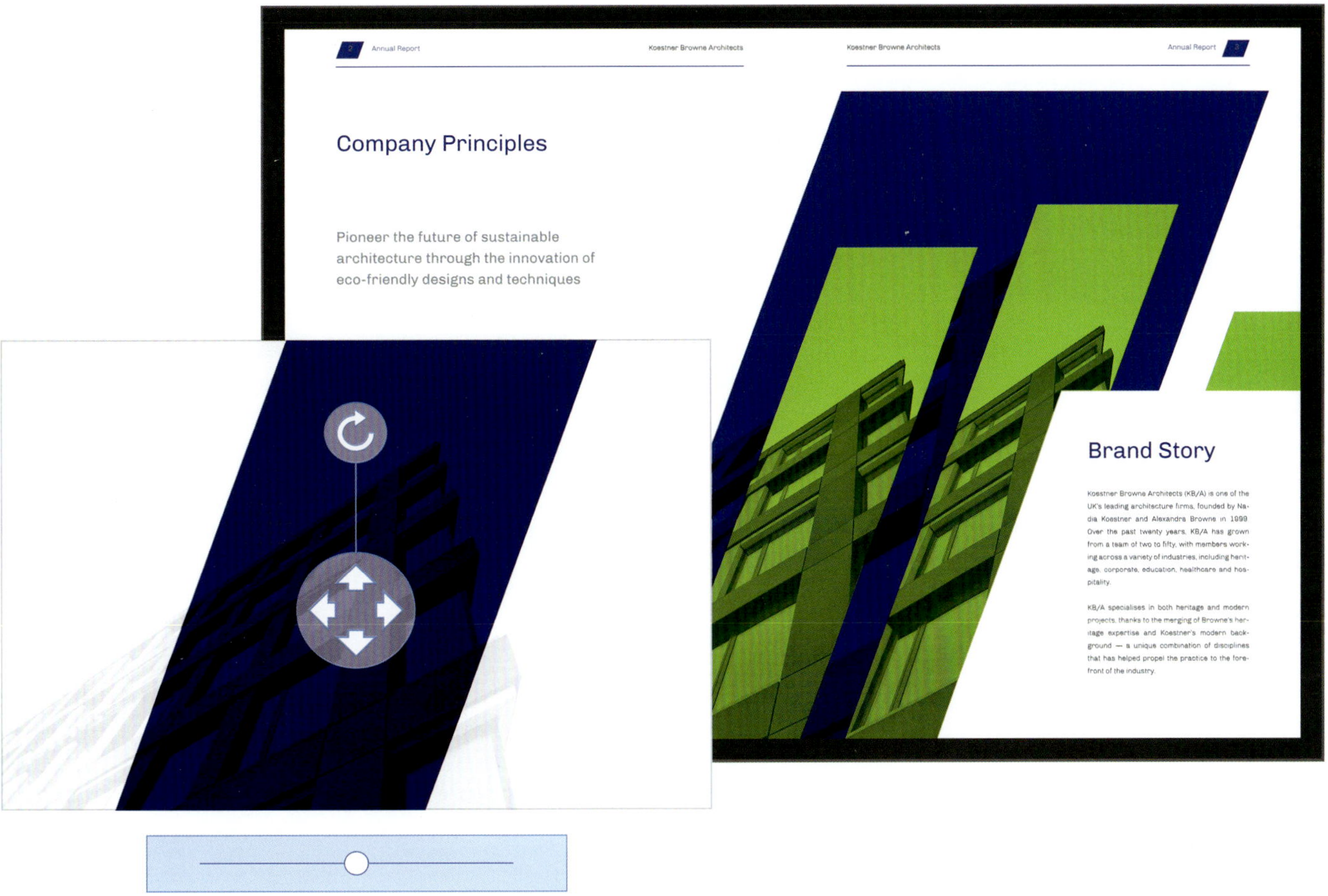

Nun füllen wir das Solidus-Zeichen mit einem Bild, das anschaulich zeigt, was KB/A eigentlich tut.

1 Wählen Sie die Form aus und klicken Sie auf **Ebene > In Bilderrahmen umwandeln**.

2 Suchen Sie im Panel **Stock** nach Fotos für *Gebäude*. Ich habe ein Foto mit klaren architektonischen Mustern und starkem Kontrast ausgewählt. Ziehen Sie es in den Bilderrahmen und legen Sie es dort ab.

3 Platzieren Sie mit den nun eingeblendeten Optionen das Bild wie gewünscht innerhalb der Form.

4 Klicken Sie im Panel **Ebenen** auf das kleine Dreieck des Solidus-Bilderrahmens.

5 Stellen Sie den nun sichtbaren **Mischmodus** für das Bild auf *Multiplizieren* und klicken Sie auf **Ebene > Neue Anpassung > Schwarz-Weiß**. Das Bild wird nun mit der Füllfarbe des Rahmens getönt.

Nach dem Anwenden der Anpassung „Schwarz-Weiß" können Sie per Doppelklick auf die Miniatur der Ebene ihre Auswirkung auf das Bild ändern.

Duplizieren Sie den Bilderrahmen und ändern Sie seine Füllfarbe in unsere Markenfarbe *Grün*. Von dieser Kopie habe ich noch zwei Duplikate erstellt und dann wie in der Abbildung skaliert und angeordnet.

Bei einer weiteren Kopie des Bilderrahmens habe ich das Bild entfernt, seine Füllung auf Weiß (*CMYK 0,0,0,0*) eingestellt und es dann mit dem Panel **Ebenen** hinter den Text zur Geschichte der Marke geschoben, sodass sie vor den farbigen Bilderrahmen liegt.

Fügen Sie zum Schluss nach ein paar Absatzwechsel ein, bis alles gut aussieht.

Ressource

KBA_annual_report_add_masters_2.afpub

MASTER-SEITEN FÜR INHALTE

Auf vielen Innenseiten werde ich den Text für den Bericht auf zwei bis drei Spalten verteilen. Also erstellen wir zuerst Master-Seiten für diese Layouts.

1 Klicken Sie im Panel **Seiten** auf die Option **Master-Seite hinzufügen**.

2 Nennen Sie die neue Master-Seite *Raster 12 Spa (3 Textspalten)* und klicken Sie auf **OK**.

3 Wenden Sie die Master-Seite *Raster 12 Leer* auf diese Master-Seite an, damit sie die Einstellungen für Spaltenhilfslinien, Grundlinienraster, Seitenränder und Kopfzeile mit Seitenzahl übernimmt.

Einsetzen von Überschrift und Markengrafik

Kopieren Sie den Textrahmen für die Überschrift von Seite 2 und fügen Sie ihn auf der neuen Master-Seite ein. Der Textrahmen erscheint genau an der gleichen Position platziert wie auf seiner Ausgangsseite.

Ersetzen Sie seinen Inhalt so oft durch das Wort *Headline*, bis Sie zwei Textzeilen haben.

Setzen Sie das grüne doppelte Solidus-Zeichen auf der rechten Seite ein. Größe und Position legen Sie so fest, dass seine obere rechte Ecke die gleiche Seitendrandecke berührt und seine Unterkante auf derselben Grundlinie sitzt wie die zweite Zeile der Überschrift.

Einsetzen von Berichttexten

1 Erstellen Sie auf der linken Seite einen Textrahmen, der sich über alle Spaltenhilfslinien erstreckt und fast den gesamten Raum unter der Überschrift einnimmt.

2 Klicken Sie auf **Text > Fülltext einfügen**.

3 Formatieren Sie den Text mit dem Absatzstil *Copy Text 08/14 Left* und dem Zeichenstil *Text Black*.

4 Stellen Sie in der Kontextleiste die **Spalten** auf *3* und den **Zwischenraum** auf einheitliche *5 mm*. Jede Textspalte erstreckt sich über vier Spaltenhilfslinien.

5 Wählen Sie den Textrahmen aus und stellen Sie sicher, dass im Panel **Textrahmen** die Option **Grundlinienraster ignorieren** nicht ausgewählt ist.

6 Duplizieren Sie den Rahmen und platzieren Sie das Duplikat an der gleichen Position auf der rechten Seite.

Damit die Berichtseiten nicht zu eintönig wirken, brauchen wir noch eine Version dieser Master-Seite mit zwei Textspalten pro Seite. Duplizieren Sie die Master-Seite, geben Sie ihr den Namen *Raster 12 Spa (2 Textspalten)* und passen Sie ihre Textrahmen für den Berichttext entsprechend an.

Ressourcen

KBA_in_the_news.rtf
KBA_annual_report_10&11.afpub

DIE ERSTEN INNENSEITEN

Springen wir nun ein Stück vorwärts in dem Bericht und kümmern uns um das Layout für die Seiten 10 und 11 für KB/A in den Medien. In diesem Projekt habe ich diese Seiten relativ simpel gestaltet, da es hier nur um das Prinzip geht. Unsere Master-Seiten kommen gleich noch richtig zur Geltung.

1 Ziehen Sie die Miniatur der Master-Seite *Raster 12 Spa (3 Textspalten)* auf die Miniatur *Seiten 10,11*.

2 Klicken Sie auf Seite 10 auf das rechte Symbol **Textfluss** des Rahmens für den Berichttext und verknüpfen Sie ihn mit dem entsprechenden Gegenstück auf Seite 11.

3 Löschen Sie den gesamten Fülltext der zwei Rahmen.

4 Wählen Sie einen der zwei Textrahmen aus, klicken Sie auf **Datei > Platzieren** und öffnen Sie die Datei KBA_in_the_news.rtf.

5 Schneiden Sie die erste Zeile aus und übertragen Sie sie mit **Bearbeiten > Ohne Format einfügen** in den Textrahmen für die Überschrift.

Ich habe die gesamte Überschrift auf der zweiten Zeile platziert, damit sie schön ordentlich an dem doppelten Solidus-Zeichen ausgerichtet ist.

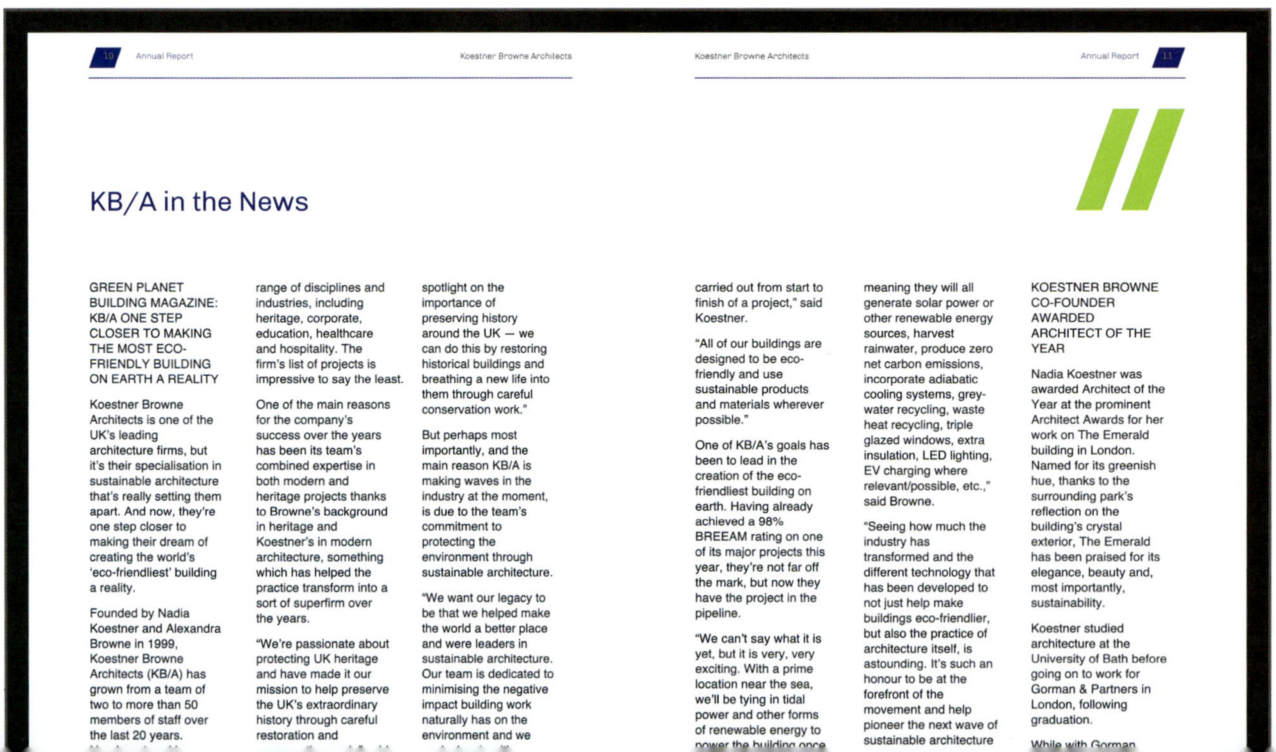
10 Annual Report Koestner Browne Architects

Koestner Browne Architects Annual Report 11

KB/A in the News

GREEN PLANET BUILDING MAGAZINE: KB/A ONE STEP CLOSER TO MAKING THE MOST ECO-FRIENDLY BUILDING ON EARTH A REALITY

Koestner Browne Architects is one of the UK's leading architecture firms, but it's their specialisation in sustainable architecture that's really setting them apart. And now, they're one step closer to making their dream of creating the world's 'eco-friendliest' building a reality.

Founded by Nadia Koestner and Alexandra Browne in 1999, Koestner Browne Architects (KB/A) has grown from a team of two to more than 50 members of staff over the last 20 years.

range of disciplines and industries, including heritage, corporate, education, healthcare and hospitality. The firm's list of projects is impressive to say the least.

One of the main reasons for the company's success over the years has been its team's combined expertise in both modern and heritage projects thanks to Browne's background in heritage and Koestner's in modern architecture, something which has helped the practice transform into a sort of superfirm over the years.

"We're passionate about protecting UK heritage and have made it our mission to help preserve the UK's extraordinary history through careful restoration and

spotlight on the importance of preserving history around the UK — we can do this by restoring historical buildings and breathing a new life into them through careful conservation work."

But perhaps most importantly, and the main reason KB/A is making waves in the industry at the moment, is due to the team's commitment to protecting the environment through sustainable architecture.

"We want our legacy to be that we helped make the world a better place and were leaders in sustainable architecture. Our team is dedicated to minimising the negative impact building work naturally has on the environment and we

carried out from start to finish of a project," said Koestner.

"All of our buildings are designed to be eco-friendly and use sustainable products and materials wherever possible."

One of KB/A's goals has been to lead in the creation of the eco-friendliest building on earth. Having already achieved a 98% BREEAM rating on one of its major projects this year, they're not far off the mark, but now they have the project in the pipeline.

"We can't say what it is yet, but it is very, very exciting. With a prime location near the sea, we'll be tying in tidal power and other forms of renewable energy to

meaning they will all generate solar power or other renewable energy sources, harvest rainwater, produce zero net carbon emissions, incorporate adiabatic cooling systems, grey-water recycling, waste heat recycling, triple glazed windows, extra insulation, LED lighting, EV charging where relevant/possible, etc.," said Browne.

"Seeing how much the industry has transformed and the different technology that has been developed to not just help make buildings eco-friendlier, but also the practice of architecture itself, is astounding. It's such an honour to be at the forefront of the movement and help pioneer the next wave of sustainable architecture

KOESTNER BROWNE CO-FOUNDER AWARDED ARCHITECT OF THE YEAR

Nadia Koestner was awarded Architect of the Year at the prominent Architect Awards for her work on The Emerald building in London. Named for its greenish hue, thanks to the surrounding park's reflection on the building's crystal exterior, The Emerald has been praised for its elegance, beauty and, most importantly, sustainability.

Koestner studied architecture at the University of Bath before going on to work for Gorman & Partners in London, following graduation.

Die Stilformatierung für den Text

Formatieren Sie diesen gesamten Text mit dem Absatzstil *Copy Text 08/14 Left* und dem Zeichenstil *Text Black*.

Die mit „*Green Planet Building Magazine*" und „*Architect News*" beginnenden Absätze sind lange Überschriften für Medienartikel und erhalten darum eine andere Formatierung.

1 Klicken Sie mit dem Werkzeug **Rahmentext** in den Textrahmen für den Berichttext.

2 Halten Sie die cmd-Taste ⌘ (Mac) oder Strg-Taste (Win) und führen Sie auf jeden Überschriftabsatz einen Vierfachklick aus, um sie auszuwählen.

3 Formatieren Sie den Text mit dem Absatzstil *Headline 13/15 Left* für Zwischenüberschriften und dem Zeichenstil *Text KBA Blue*.

Texte mit Kleinschreibung können Sie bequem als Titel formatieren, indem Sie den Text auswählen und dann im Panel **Zeichen** unter **Typografie** den Effekt **Nur Großbuchstaben** aktivieren.

Fügen Sie noch ein paar Absatz- und Spaltenwechsel (**Text > Einfügen > Wechsel > Spaltenwechsel**) ein, bis alles gut aussieht.

Bearbeiten der Inhalte

Sie haben nun die Inhalte der Textrahmen ersetzt, die aus den Master-Seiten übernommen wurden. Die Rahmen und ihre Eigenschaften lassen sich hier nicht ändern (dies ist jedoch später noch möglich). Mit Bilderrahmen verhält es sich ebenso. Die Reihenfolge, in der Text durch verschiedene Rahmen fließt, können Sie auch noch festlegen, **nachdem** Sie die Rahmen aus Master-Seiten übernommen habens.

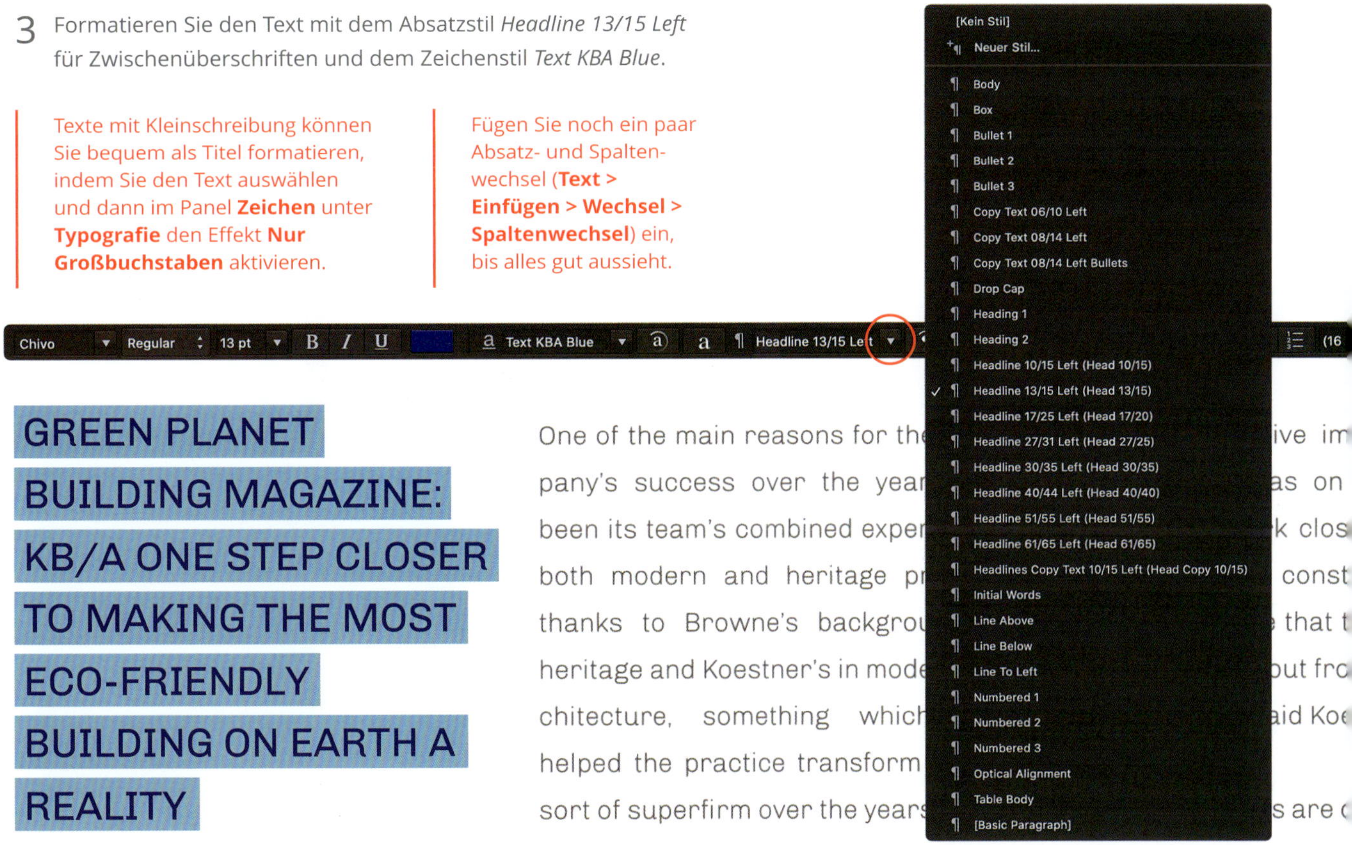

DIE EINLEITUNG

Nach der Unternehmensphilosophie und der Geschichte der Marke folgen jetzt mehrere Seiten mit einer Einleitung. Dieser Platz ist auch ideal für Willkommen-Texte von Vorstand und Geschäftsleitung.

1 Weisen Sie die Master-Seite *Raster 12 Spa (2 Textspalten)* den Seiten 4 bis 6 zu.

2 Führen Sie im Panel **Seiten** einen Doppelklick auf die Miniatur *Seiten 4,5* aus, um die Seiten zu öffnen.

3 Verknüpfen Sie die Textrahmen für den Berichttext auf den drei Seiten mit den Symbolen **Textfluss** in der Reihenfolge der Seiten.

4 Löschen Sie den gesamten Fülltext für den Berichttext.

5 Klicken Sie auf **Datei > Platzieren** und wählen Sie die Datei KBA_message_directors.rtf aus.

6 Schneiden Sie die erste Zeile aus und ersetzen Sie damit über **Bearbeiten > Ohne Format einfügen** den Platzhaltertext für die Überschrift.

7 Formatieren Sie die Texte wie auf Seite 10 und 11:

- Normaltext: Absatzstil *Copy Text 08/14 Left*, Zeichenstil *Text Black*.
- Zwischenüberschriften: Absatzstil *Headline 13/15 Left*, Zeichenstil *Text KBA Blue* und Effekt **Nur Großbuchstaben**.
- Platzieren Sie Absatzwechsel, wo Sie möchten. Stellen Sie sicher, dass alle leeren Zeilen nach Zwischenüberschriften mit dem Absatzstil *Copy Text 08/14 Left* formatiert sind.

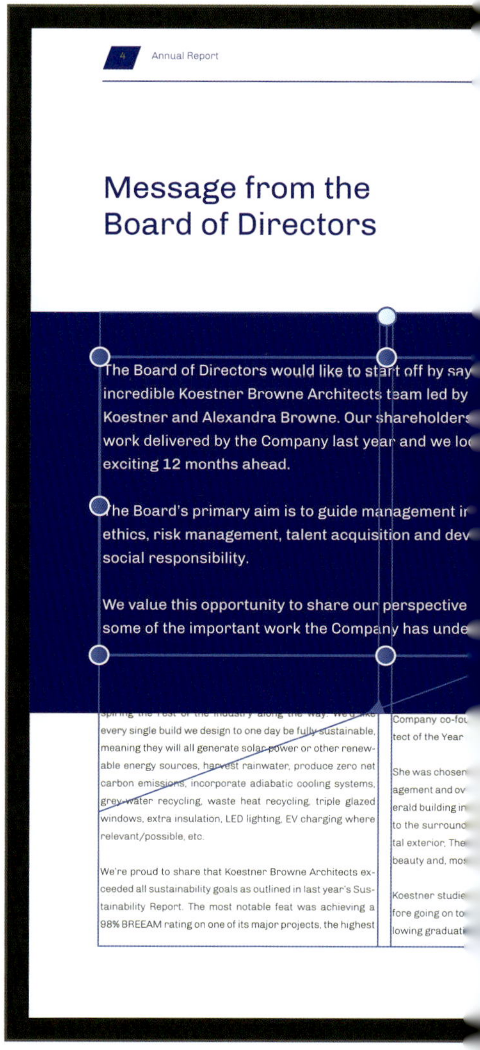

Ein Hingucker für den Einstieg

Damit die ersten drei Absätze gut auffallen, habe ich sie vor einem blauen Rechteck platziert und eine größere Schrift als bei normalem Berichttext verwendet.

1 Formatieren Sie die drei Absätze mit dem Absatzstil *Headline 13/15 Left* und dem Zeichenstil *Text White*.

2 Platzieren Sie die Einfügemarke am Ende des dritten Absatzes und klicken Sie auf **Text > Einfügen > Wechsel > Rahmenwechsel**.

3 Zeichnen Sie mit dem Werkzeug **Rechteck** auf der linken Seite eine Form mit der Markenfarbe *Blau* als Füllung.

Ressourcen

KBA_message_directors.rtf
KBA_annual_report_4&5&6.afpub

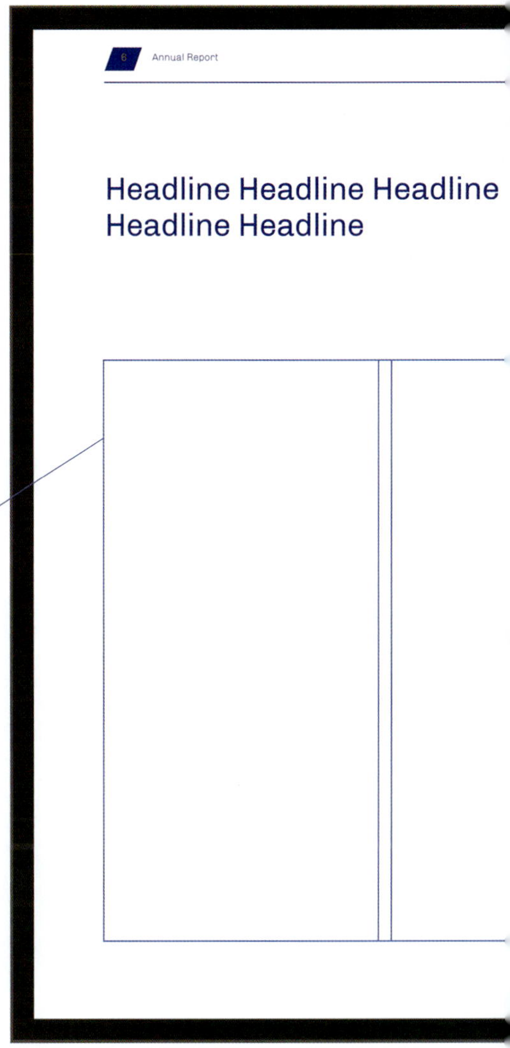

4 Erstellen Sie in dem leeren Bereich auf der Seite einen Textrahmen mit einer Spalte. Positionieren Sie ihn über der blauen Form und legen Sie seine Größe so fest, dass er sich über alle drei Spaltenhilfslinien erstreckt.

5 Klicken Sie auf das rechte Symbol **Textfluss** des Rahmens und dann auf den zweispaltigen Rahmen dahinter.

Korrigieren der Überlappung

Die Einleitung sieht gut aus, aber der Berichttext ist teilweise verdeckt. Dieses Problem beheben wir mit der extrem praktischen Option **Abgetrennt** (Seite 92), mit der Sie von Master-Seiten übernommene Rahmen umwandeln und dann ihre Eigenschaften direkt auf einer Publikationsseite ändern können, ohne dabei die Master-Seiten selbst zu verändern.

1 Wählen Sie im Panel **Ebenen** die Ebene der angewendeten Master-Seite aus.

2 Aktivieren Sie in der Kontextleiste die Option **Abgetrennt**.

3 Wählen Sie den übernommenen Textrahmen auf der linken Seite aus.

4 Ziehen Sie seinen oberen Mittelgriff auf einer Position unter der blauen Form. Ich habe ihn bei einer Höhe von *224 mm* abgelegt.

5 Klicken Sie in der orangefarbenen Leiste auf **Fertigstellen**.

6 Damit der Berichttext in den Spalten dieses Rahmens auf derselben Grundlinie beginnt, fügen Sie nach dem ersten Absatz einen Spaltenwechsel ein und dann einen Absatzwechsel.

Der Feinschliff

1 Übertragen Sie das doppelte grüne Solidus-Zeichen aus Seite 1 per Kopieren und Einfügen und positionieren Sie es in der passenden Größe auf der rechten oberen Ecke des blauen Rechtecks (a).

2 Wählen Sie die Formen aus und klicken Sie in der **Symbolleiste** auf die Option **Einstellungen für Textumbruch einblenden**.

3 Wählen Sie den Stil **Eng** aus und stellen Sie den **Abstand vom Text** für alle Seiten auf *8 mm*.

Auf der gegenüberliegenden Seite habe ich im Modus **Abgetrennt** die Oberkante des Textrahmens so nach unten gezogen, dass er mit dem Text im blauen Rechteck ausgerichtet ist (b).

Für den Bilderrahmen oben in der ersten Spalte habe ich den Umbruchstil **Quadratisch** und den **Abstand vom Text** auf *7 mm* unten und auf *0 mm* an seinen anderen Seiten eingestellt (c).

Wichtige Ausdrücke im Berichttext habe ich mit dem Zeichenstil *Text Bold Black* betont.

Auf Seite 6 habe ich mit dem Modus **Abgetrennt** den Textrahmen für die Überschrift ausgeblendet und den größeren Rahmen so skaliert, dass er am oberen Seitenrand beginnt.

Sollte ein Absatzstil unerwünschte Silbentrennstriche in Web- oder E-Mail-Adressen erzeugen, deaktivieren Sie über das Panel **Absatz** einfach die automatische Silbentrennung für diesen Absatz. Bei langen Wörtern in Texten mit Blocksatz müssen Sie eventuell manuelle Zeilenwechsel einfügen, um große Lücken zwischen den Wörtern zu beseitigen.

Ressourcen

KBA_company_highlights.rtf
KBA_company_timeline.rtf
KBA_maps.afdesign
KBA_annual_report_7.afpub

HIGHLIGHTS DES UNTERNEHMENS

Für diese Sektion liegt nur wenig Text vor, also ist hier Kreativität gefragt. Ich habe die Seite in zwei Bereiche aufgeteilt und mir etwas Platz oben auf Seite 6 geliehen.

Der erste Bereich enthält einen Textrahmen mit der Seiteneinleitung. Der zweite Bereich präsentierte wichtige Aktivitäten des Unternehmens von der Gründung bis zum heutigen Datum in chronologischer Reihenfolge.

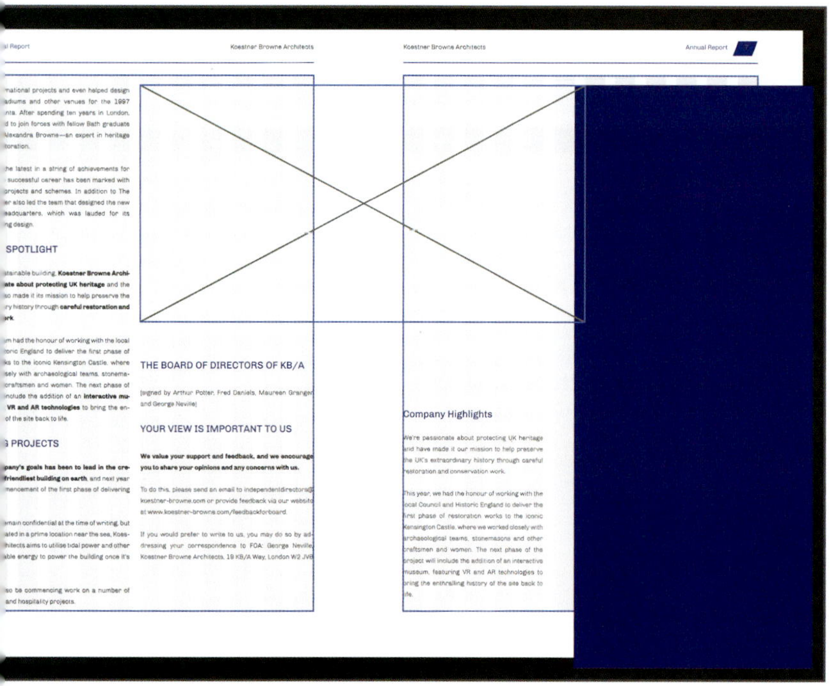

Aufteilen der Seite

1 Ziehen Sie im Panel **Seiten** die Miniatur der Master-Seite *Raster 12 Leer* auf die Seitenminiatur *Seite 7*.

2 Erstellen Sie einen rechteckigen Bilderrahmen gefüllt mit unserer Markenfarbe *Blau*, der sich über die letzten sechs Spaltenhilfslinien der linken Seite bis zur siebten Spaltenhilfslinie der rechten Seite erstreckt.

3 Legen Sie für den Rahmen den Umbruchstil **Quadratisch** fest und stellen Sie unter **Abstand vom Text** den Wert **Unten** auf *10 mm*, damit der Text der letzten Spalte nicht von dem Rahmen verdeckt wird.

4 Zeichnen Sie mit dem Werkzeug **Rechteck** eine hohe blaue Form, die sich über die restliche Breite von Seite 7 und bis zur unteren rechten Anschnittecke erstreckt.

Einsetzen der Texte

Den Inhalt von KBA_company_timeline.rtf habe ich in einem Textrahmen über das verlängerte Rechteck gelegt und dann mit unseren üblichen Stilen für Absätze und Zwischenüberschriften formatiert. Die Jahreszahlen erhalten den Zeichenstil *KBA Text Green* und der restliche Text die Farbe Weiß (*CMYK 0,0,0,0*).

In dem weißen Leerraum unten links habe ich einen Textrahmen erstellt und darin den Inhalt von KBA_company_highlights.rtf platziert und mit denselben Textstilen formatiert wie den Körpertext auf der gegenüberliegenden Seite.

Die Überschrift *Company Highlights* habe ich aus einer der Master-Seiten kopiert, auf Seite 7 verschoben, neu gefärbt und dann im Panel **Textrahmen** so konfiguriert, dass sie Textumbrüche ignoriert.

Einsetzen von Grafikelementen

Ich habe KBA_maps.afdesign platziert, ihr ArtBoard *World map* ausgewählt und dann in den blauen Bereich verschoben, der sich über die Seiten 6 und 7 erstreckt. Die Deckkraft der Grafik habe ich etwas zurückgenommen und die Grafik dann hinter die Überschrift von Seite 7 verschoben.

Für eine subtile architektonische Textur habe ich im Panel **Stock** nach einem passenden Bild gesucht und es dann hinter der Karte platziert. Für das Bild in dem Rahmen habe ich dann den Mischmodus *Multiplizieren* festgelegt und eine Anpassungsebene *Schwarz-Weiß* (Seite 495).

Den Abschluss bildet ein grünes doppeltes Solidus-Zeichen – linksbündig so an der ersten Spalten-hilfslinie ausgerichtet , dass es den Bilderrahmen leicht überlappt.

DATEN ZU DEM GESCHÄFTSJAHR

Ressourcen

KBA_financials.rtf
KBA_Financial_CurrentYear.xlsx
KBA_Financial_YearonYear.xlsx
KBA_building_illustrations.afdesign
KBA_annual_report_8&9.afpub

In dieser Sektion nutzen wir die Präsentationsmöglichkeiten von Affinity Publisher für XLSX-Arbeitsmappen (z. B. aus Microsoft Excel) als Tabellen.

Legen Sie Master-Seite *Raster 12 Spa (3 Textspalten)* für Seite 8 und Master-Seite *Raster 12 Leer* für Seite 9 fest.

Die linke Seite ist recht einfach. Setzen Sie über **Datei > Platzieren** den Inhalt von KBA_financials.rtf in den großen Textrahmen ein und übertragen Sie durch Ausschneiden/Ohne Format einfügen die erste Zeile in den Textrahmen für die Überschrift. Legen Sie für Berichttext und Zwischenüberschriften die üblichen Absatz- und Zeichenstile fest und für die Liste den Stil *Copy Text 08/14 Left Bullets*.

Teilen Sie den Text mit **Text > Einfügen > Wechsel > Spaltenwechsel** so auf, dass von links nach rechts eine Treppe entsteht wie in der Abbildung.

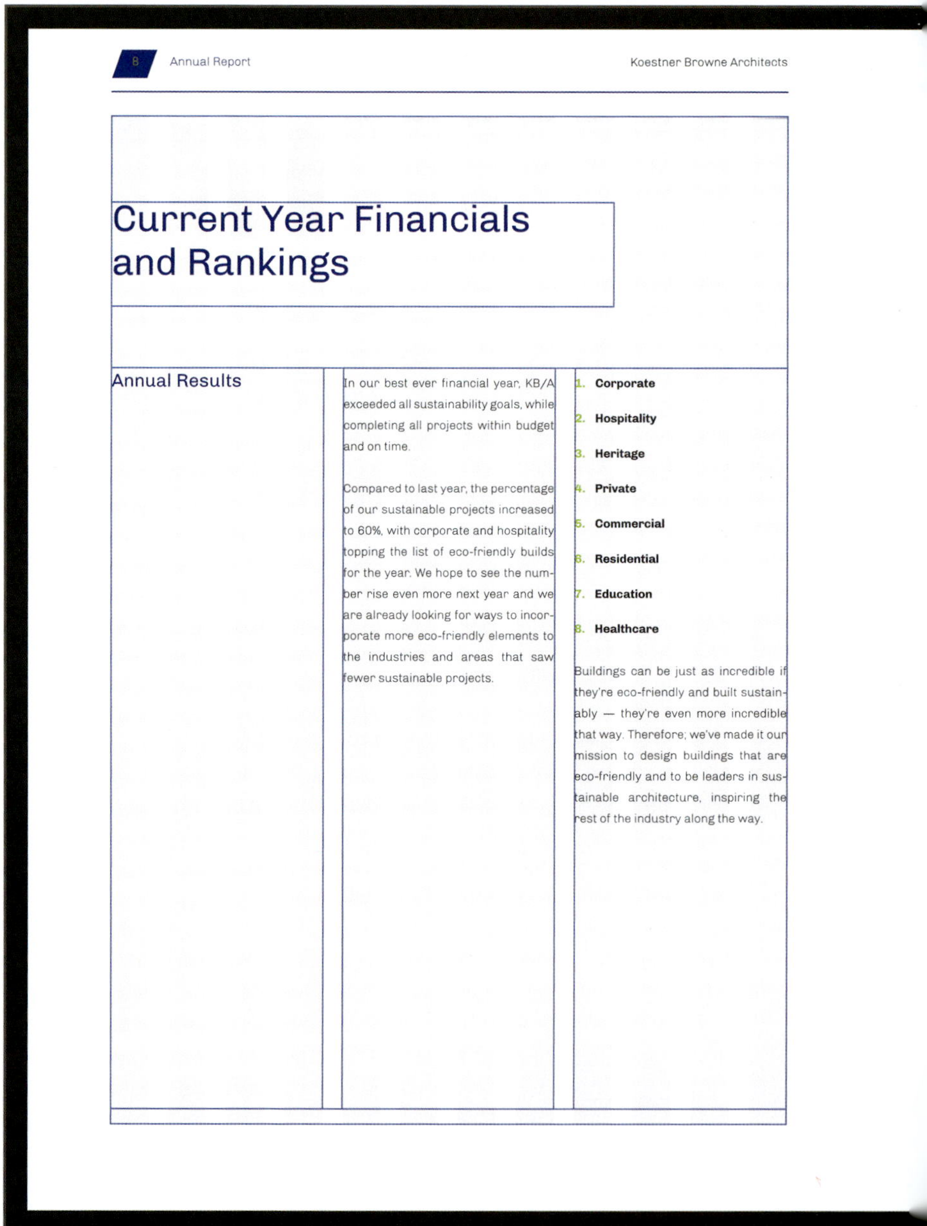
8 Annual Report Koestner Browne Architects

Current Year Financials and Rankings

Annual Results

In our best ever financial year, KB/A exceeded all sustainability goals, while completing all projects within budget and on time.

Compared to last year, the percentage of our sustainable projects increased to 60%, with corporate and hospitality topping the list of eco-friendly builds for the year. We hope to see the number rise even more next year and we are already looking for ways to incorporate more eco-friendly elements to the industries and areas that saw fewer sustainable projects.

1. Corporate
2. Hospitality
3. Heritage
4. Private
5. Commercial
6. Residential
7. Education
8. Healthcare

Buildings can be just as incredible if they're eco-friendly and built sustainably — they're even more incredible that way. Therefore, we've made it our mission to design buildings that are eco-friendly and to be leaders in sustainable architecture, inspiring the rest of the industry along the way.

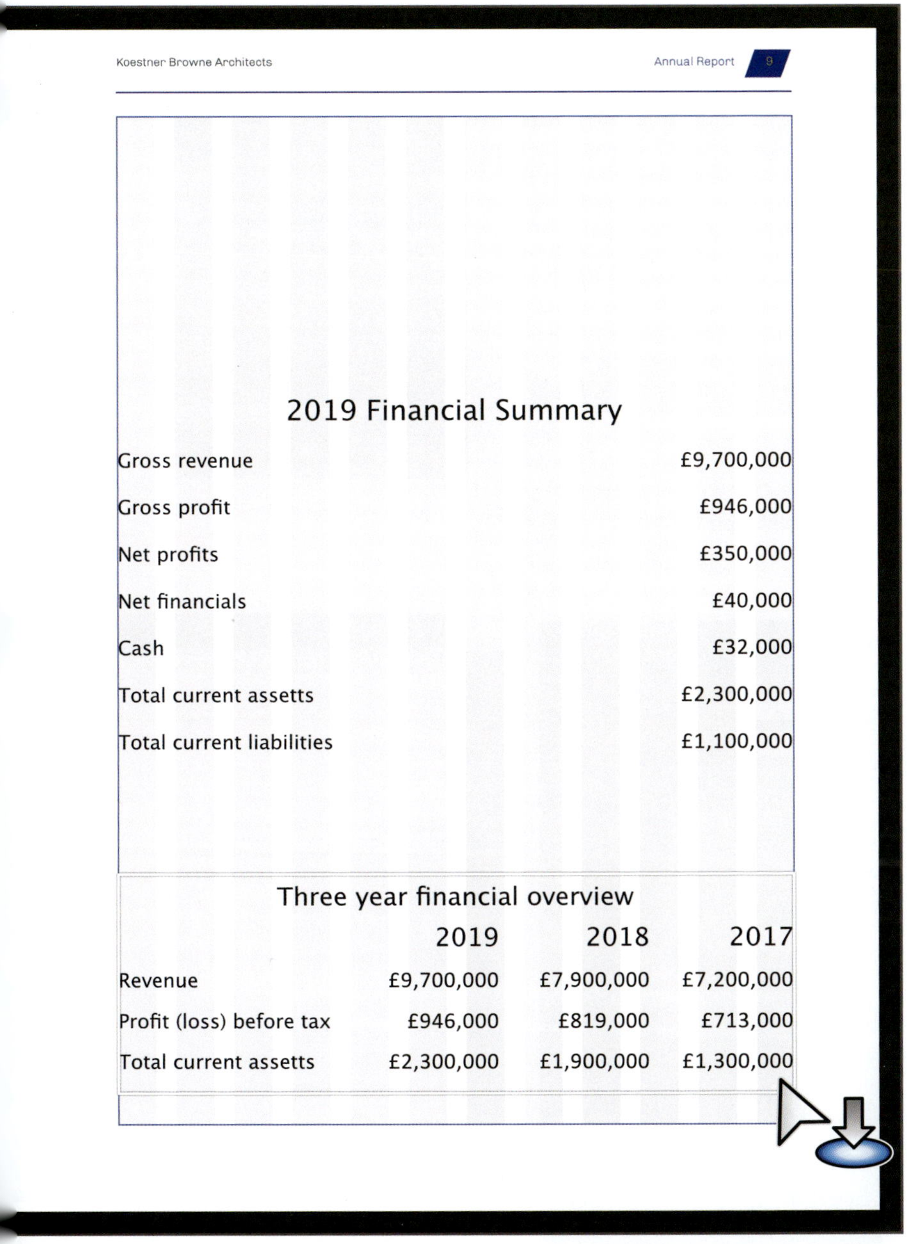
Koestner Browne Architects Annual Report 9

2019 Financial Summary

Gross revenue	£9,700,000
Gross profit	£946,000
Net profits	£350,000
Net financials	£40,000
Cash	£32,000
Total current assetts	£2,300,000
Total current liabilities	£1,100,000

Three year financial overview

	2019	2018	2017
Revenue	£9,700,000	£7,900,000	£7,200,000
Profit (loss) before tax	£946,000	£819,000	£713,000
Total current assetts	£2,300,000	£1,900,000	£1,300,000

Einsetzen und Stilformate für Arbeitsmappen

1 Wählen Sie über **Datei > Platzieren** die Datei KBA_Financial_CurrentYear.xlsx aus.

2 Ziehen Sie auf Seite 9 vom linken Seitenrand zum rechten Seitenrand und dann nach unten. Während dieser Bewegung wird die ganze Zeit der Inhalt der Arbeitsmappe als Vorschau eingeblendet. Lassen Sie die Maustaste los, wenn die Größe gut passt.

3 Wiederholen Sie Schritt 1 und 2, um KBA_Financial_YearonYear.xlsx etwas tiefer auf der Seite zu platzieren.

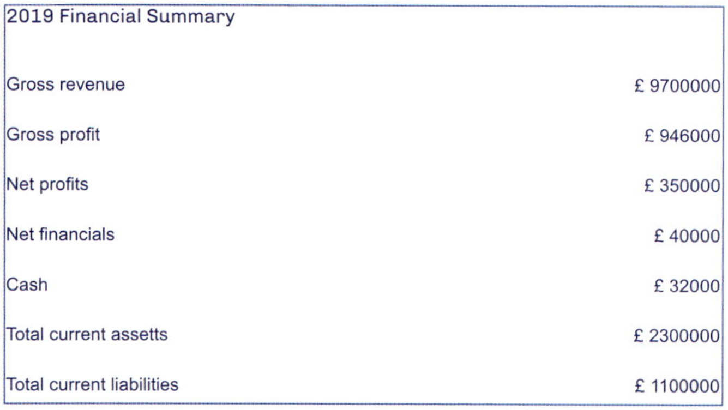

2019 Financial Summary	
Gross revenue	£ 9700000
Gross profit	£ 946000
Net profits	£ 350000
Net financials	£ 40000
Cash	£ 32000
Total current assetts	£ 2300000
Total current liabilities	£ 1100000

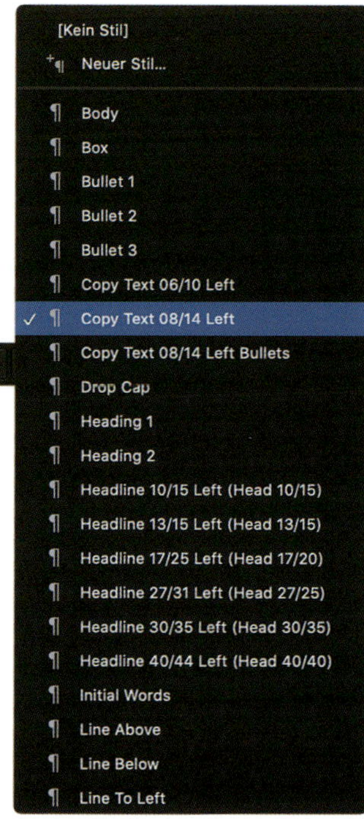

Stilformatierung für Tabellen

Jetzt müssen wir die Daten noch etwas ansprechender präsentieren.

1 Legen Sie über die Kontextleiste den Absatzstil *Copy Text 08/14 Left* und den Zeichenstil *Text KBA Blue* für die ganze Tabelle fest.

2 Legen Sie den Absatzstil *Headline 13/15 Left* für die erste Zeile fest.

3 Stellen Sie in der Kontextleiste die Ausrichtung der ersten Zeile auf **Oben ausrichten**.

4 Wählen Sie alle andere Zeilen aus und stellen Sie ihre Ausrichtung auf **Vertikal zentriert**.

5 Wählen Sie alle Zellen mit numerischen Daten aus und klicken Sie in der Kontextleiste auf die Option **Rechtsbündig**.

Füllungen und Konturen

Mit Füllungen und Umrandungen für die Zellen können wir den Blick des Lesers gezielt über die Inhalte lenken.

1 Wählen Sie in der ersten Tabelle die Zellen für die Währung aus und stellen Sie in der Kontextleiste die **Zellenfüllung** auf *CMYK 99,97,0,15* mit einer **Deckkraft** von ungefähr 20 %.

2 Wählen Sie die unterste Zeile aus und stellen Sie ihren **Schriftschnitt** auf *Fett*.

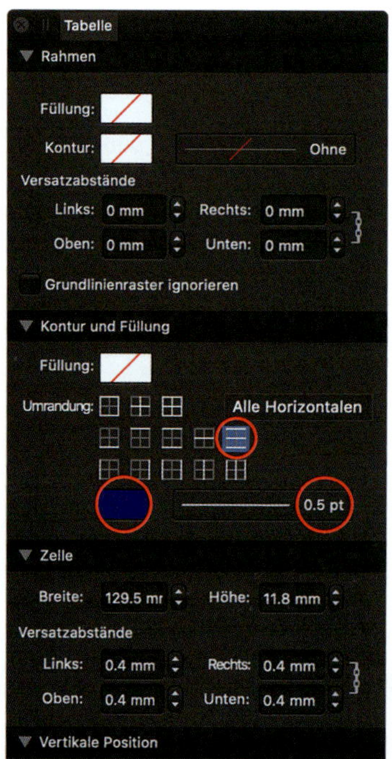

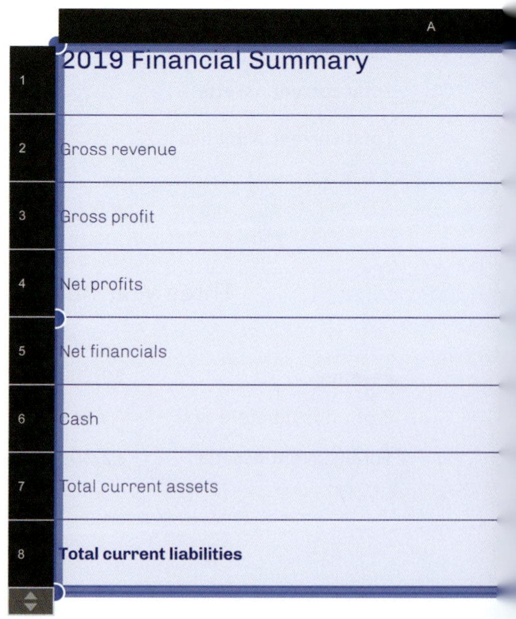

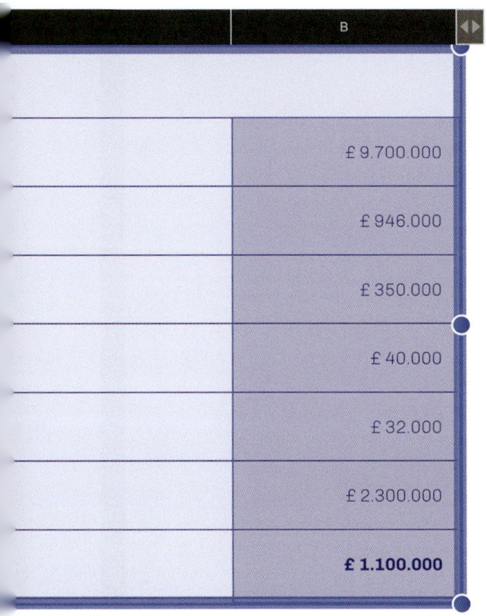

3 Wählen Sie alle Zeilen außer der ersten Zeile aus und klicken Sie im Panel **Tabelle** unter **Kontur und Füllung** neben **Umrandung** auf **Alle Horizontalen**.

4 Stellen Sie als Zellenkonturfarbe unsere Markenfarbe *Blau* ein und die Zellenkonturbreite auf *0,5 pt*.

Wiederholen Sie diese Arbeitsgänge für die zweite Tabelle, aber wählen Sie in Schritt 1 des zweiten Arbeitsgangs nur die Spalte des letzten Jahres aus.

In den unteren linken und rechten oberen Ecken habe ich grüne doppelte Solidus-Zeichen eingesetzt. Das Paar unten links erstreckt sich bis in den Anschnittbereich und das Paar oben rechts habe ich durch Kopieren und Einfügen aus der Master-Seite *Raster 12 Spa (3 Textspalten)* an der gleichen Position abgelegt.

Zum Schluss habe ich noch KBA_building_illustrations.afdesign platziert und ihr ArtBoard *Building 1* als Hintergrund für die linke Seite festgelegt, um den weißen Leerraum zu füllen und für ein ausgewogenes Layout zu sorgen.

Ressourcen

KBA_logos.afdesign
KBA_team.rtf
KBA_annual_report_12&13.afpub
KBA_building_illustrations.afdesign

UNSER TEAM

Diese Sektion des Berichts unterscheidet sich stark von den anderen Teilen des Berichts. Der Großteil der Seiten 12 und 13 präsentiert die Geschäftsleitung von KB/A sowie leitende Teammitglieder in einem Raster – bei der Geschäftsleitung sogar mit Porträtfotos. Daher habe ich für dieses Layout die Master-Seite *Raster 12 Leer* verwendet.

Damit der Look auch zu den anderen Seiten im Bericht passt, habe ich den üblichen Textrahmen für die Überschrift aus einer der Master-Seiten kopiert. Links auf Seite 12 erstreckt sich ein blaues Rechteck bis in den Anschnittbereich als Hintergrund für einen Textrahmen mit weißem Text und unsere grünen Solidus-Zeichen.

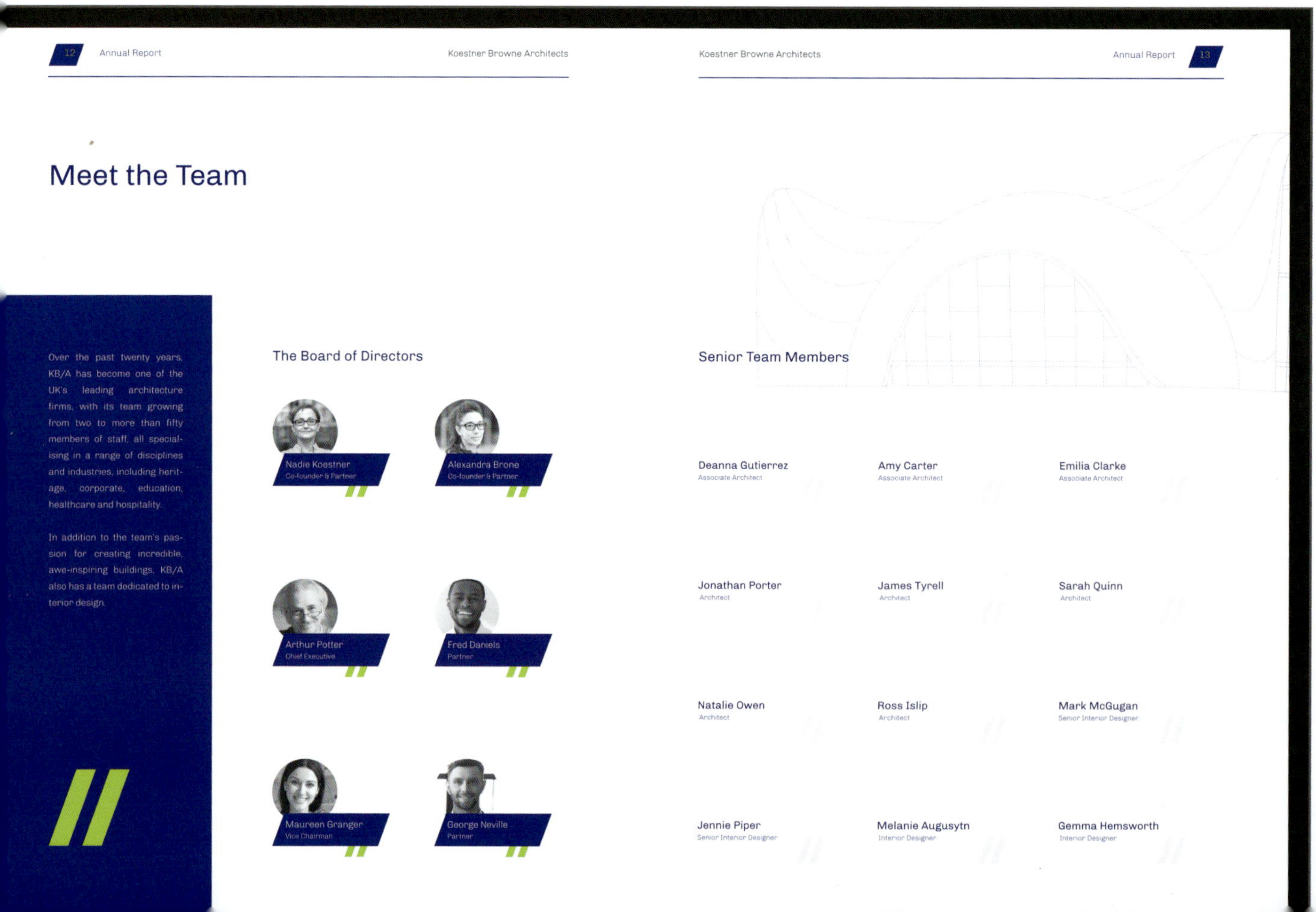

Erstellen der Objekte

Für alle Mitglieder der Geschäftsführung platzieren wir jeweils in einer Form neben dem Namen auch ihren Aufgabenbereich in dem Unternehmen sowie ein Foto und ein doppeltes Solidus-Zeichen.

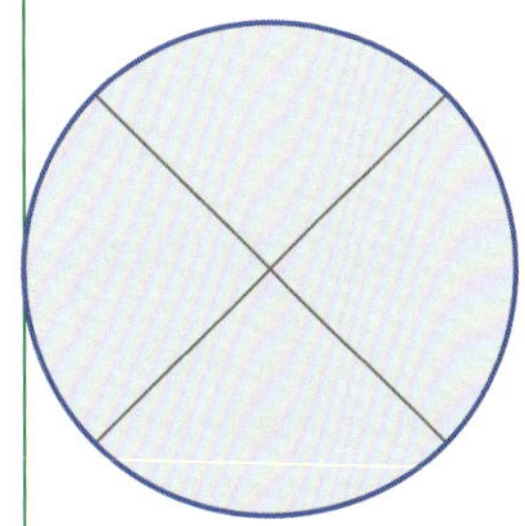

1 Aktivieren Sie das Werkzeug **Elliptischer Bilderrahmen** (F), halten Sie die **Umschalttaste** (⇧) und erstellen Sie durch simples Ziehen einen kreisrunden Rahmen.

2 Öffnen Sie die Datei KBA_logos.afdesign, kopieren Sie die Form aus dem ArtBoard *Blue Solidus* und fügen Sie sie auf Seite 12 ein.

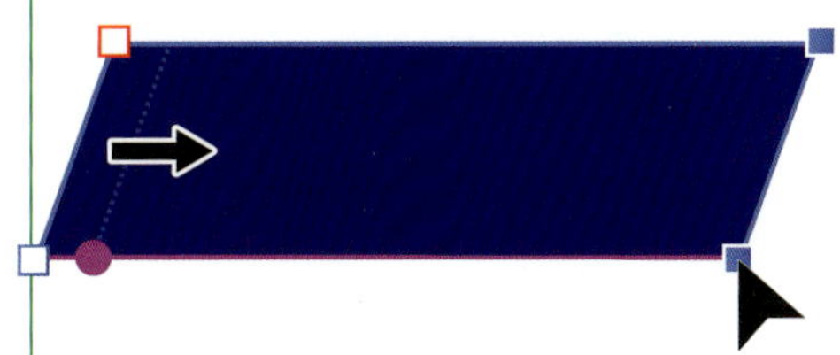

3 Aktivieren Sie das **Knotenwerkzeug** und verwandeln Sie das Solidus-Zeichen in ein Parallelogramm, das sich über drei Spaltenhilfslinien erstreckt. Die besten Ergebnisse erzielen Sie, wenn Sie jeweils ein Paar Knoten auswählen und ziehen.

4 Richten Sie Bilderrahmen und Parallelogramm linksbündig an einer Spaltenhilfslinie aus.

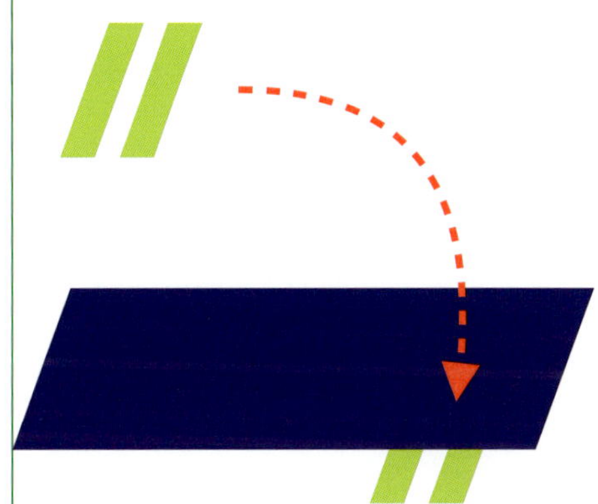

5 Übertragen Sie das grüne doppelte Solidus-Zeichen per Kopieren und Einfügen aus einer der zuvor erstellten Seiten.

6 Stellen Sie sicher, dass die Ebene des Parallelogramms vor den Ebenen für den Bilderrahmen und das doppelte Solidus-Zeichen liegt.

7 Stellen Sie die Größe und Position für das doppelte Solidus-Zeichen so ein, dass es hinter dem Parallelogramm hervorragt.

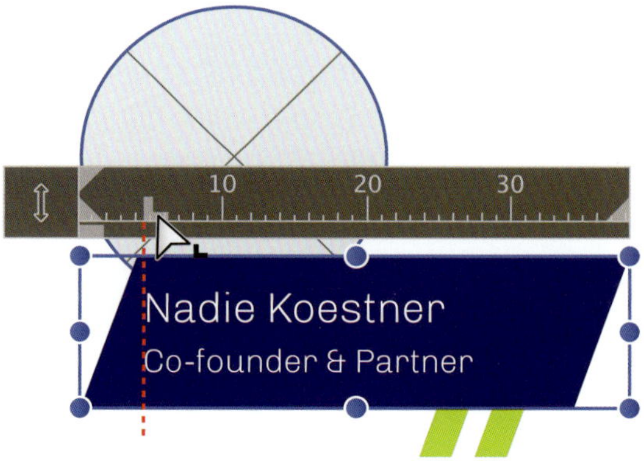

Name und Aufgabenbereich

1 Wählen Sie die blaue Form mit dem Werkzeug **Verschieben** aus.

2 Aktivieren Sie das Werkzeug **Rahmentext** und klicken Sie in die blaue Form, um einen Formtext zu erstellen.

3 Stellen Sie im Panel **Textrahmen** die Anzahl der **Spalten** auf *1*.

4 Formatieren Sie diesen gesamten Text mit dem Zeichenstil *Text White*.

5 Geben Sie das Wort *Name* ein, drücken Sie die **Eingabetaste** ↵ und geben Sie dann das Wort *Position* ein.

6 Formatieren Sie die erste Zeile mit dem Absatzstil *Copy Text 08/14 Left* und die zweite Zeile mit *Copy Text 06/10 Left*.

7 Aktivieren Sie im Panel **Textrahmen** die Option **Grundlinienraster ignorieren** und stellen Sie die **Vertikale Position** auf *Zentriert*.

8 Wählen Sie beide Zeilen aus und legen Sie in der Kontextleiste einen **Zeilenabstand** von *10 pt* fest.

Einzüge für den Text

1 Klicken Sie auf **Ansicht > Textlineal einblenden**.

2 Weilen Sie beide Textzeilen aus und klicken Sie auf das Lineal des Textrahmens, um eine Tabstoppmarke zu platzieren.

3 Drücken Sie am Anfang jeder Zeile einmal die **Tab-Taste**.

4 Wählen Sie beide Zeilen aus und ziehen Sie die Tabstoppmarke, um den linksbündigen Einzug wie in der Abbildung festzulegen.

Auf der linken Seite habe ich Duplikate dieser Objekte in einem Raster von 2 x 3 angeordnet. In der Ressource KBA_team.rtf finden Sie alle Namen und Aufgabenbereiche der Geschäftsleitung. Übertragen Sie diese Texte einfach per Kopieren/Ohne Format einfügen in die Textrahmen. Passende Stockfotos finden Sie einfach mit einer Suche nach *Porträt* oder *Headshot*.

Mit Anpassungen lassen sich auch viele kreative Effekte erzeugen. Für einen durchgängigen Look bei den Porträts habe ich **Ebene > Neue Anpassung > Schwarz-Weiß** verwendet.

Die leitenden Teammitglieder

Duplizieren Sie die Objekte für ein Mitglied der Geschäftsleitung und schieben Sie sie auf Seite 13. Bei diesen Angestellten habe ich mich gegen ein Foto und farbige Elemente entschieden.

In einem rechteckigen Textrahmen habe ich die erste Zeile mit dem Absatzstil *Headline 10/15 Left* formatiert, damit sie ohne die Form im Hintergrund etwas mehr Gewicht bekommt. Die zweite Zeile ist wie auf der gegenüberliegenden Seite formatiert. Bei diesen Texten habe ich den Zeilenabstand nicht angepasst.

Da der Textrahmen keine Füllfarbe bekommt, habe ich den Zeichenstil *Text KBA Blue* für den Text verwendet.

Abschließend habe ich noch die Füllungsfarbe des doppelten Solidus-Zeichens in *CMYK 3,3,3,0* geändert und es weiter nach rechts verschoben.

Duplikate dieser Objekte habe ich nun in einem Raster von 3 x 4 verteilt und die Texte der oberen und unteren Zeilen mit den entsprechenden Texten auf der gegenüberliegenden Seite ausgerichtet. Um die zwei anderen Zeilen gleichmäßig zu verteilen, können Sie die Objekte jeder Zeile in einer Gruppe zusammenfassen, dann alle vier Gruppen auswählen und auf **Ebene > Ausrichtung > Vertikal verteilen** klicken.

Um ein Gleichgewicht zu schaffen, habe ich zum Schluss noch eine Kopie von KBA_building_illustrations.afdesign oben rechts auf der Layoutseite platziert und dieses Mal das ArtBoard *Building 2* ausgewählt.

Deanna Gutierrez
Associate Architect

Jonathon Porter
Architect

Natalie Owen
Architect

UNSER BÜRO & KONTAKTINFOS

Ressourcen

- KBA_social_media.afdesign
- KBA_location.rtf
- KBA_contacts.rtf
- KBA_annual_report_14&15.afpub
- KBA_maps.afdesign
- KBA_logos.afdesign

Die letzten zwei inneren Seiten enthalten Angaben zu dem Firmensitz und die Kontaktinfos. Wie bei der vorangehenden Layoutseite habe ich auch hier die Master-Seite *Raster 12 Leer* verwendet und einen kopierten Textrahmen für die Überschrift auf beiden Seiten eingefügt.

Ähnlich wie auf Seite 12 beginnt alles mit einem Textrahmen für eine kurze Einleitung (KBA_location.rtf). Der Textrahmen erstreckt sich über drei Spaltenhilfslinien mit Zwischenräumen vor einem blauen Rechteck. Dieses Mal habe ich ihn jedoch am rechten Seitenrand platziert.

Der blaue Hintergrund reicht links und unten bis in den Anschnittbereich und besteht eigentlich aus zwei Objekten. Der linke Teil ist ein Bilderrahmen mit einem weiteren Architekturfoto. Den Rahmen selbst habe ich mit unserer Markenfarbe *Blau* gefüllt und dann mit dem Mischmodus *Multiplizieren* und der zuvor verwendeten Anpassung *Schwarz-Weiß* verfeinert.

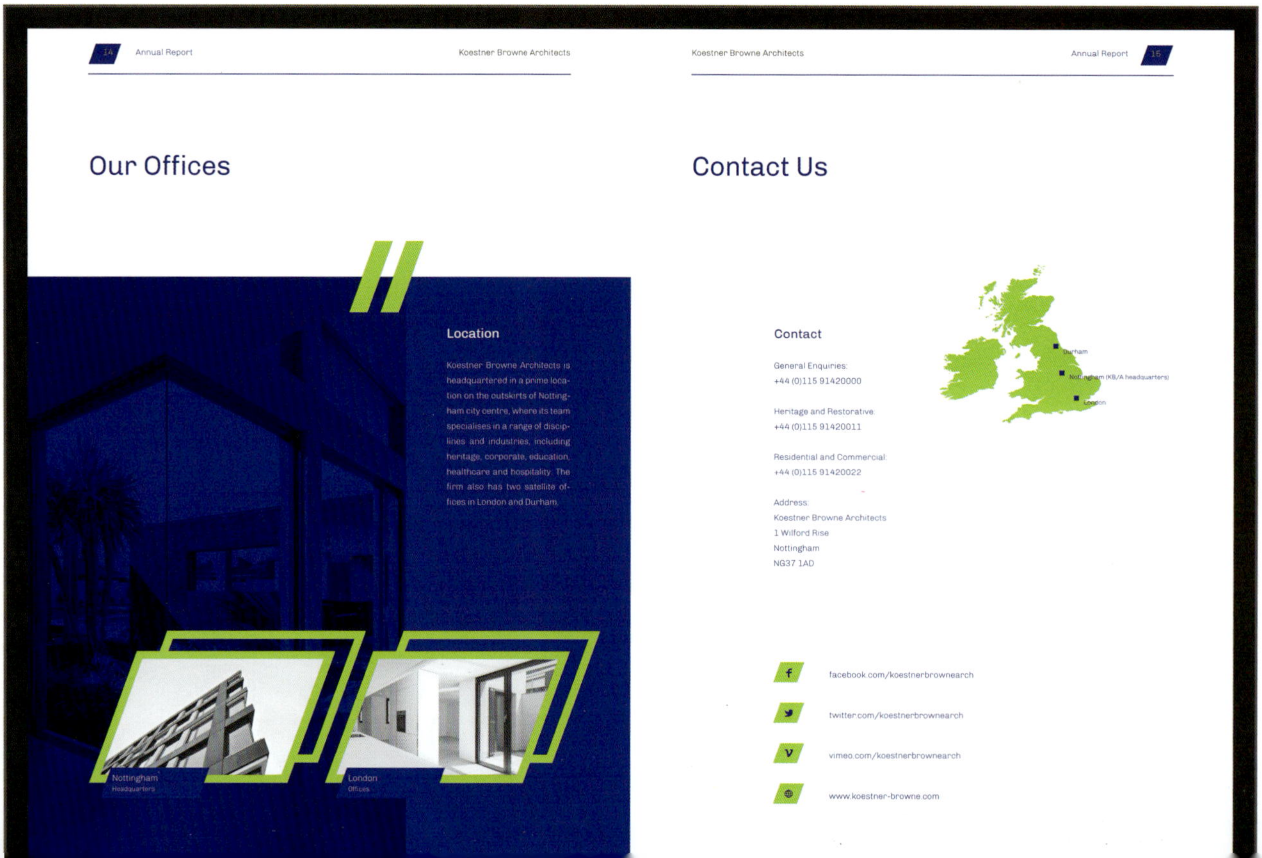

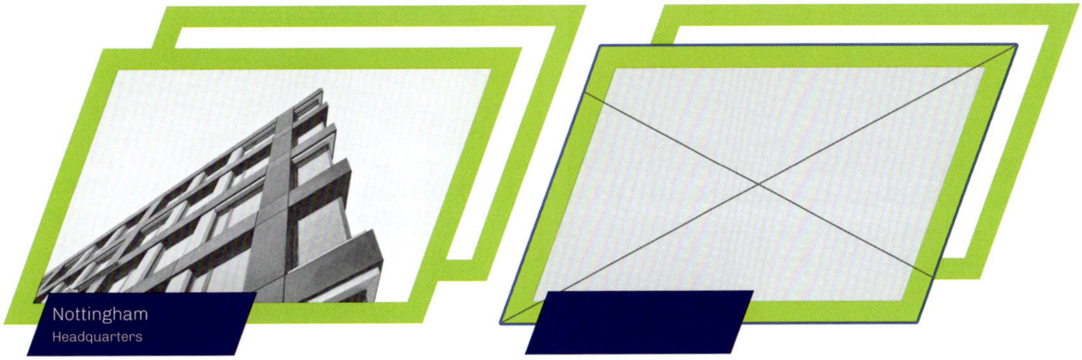

Unten auf Seite 14 habe ich Bilder platziert, die für die Firmenzentrale und ein regionales Büro stehen.

Damit sie zu dem Look von KB/A passen, habe ich mit Affinity Publisher ein verbreitertes Solidus-Zeichen in einen Bilderrahmen umgewandelt.

1 Öffnen Sie KBA_logos.afdesign. Kopieren Sie die Form aus dem ArtBoard *Green Solidus* und fügen Sie sie auf Seite 14 ein.

2 Wählen Sie die Form aus und klicken Sie im Panel **Farbe** auf den Doppelpfeil, um ihre Füllungs- und Konturfarbe zu vertauschen.

3 Stellen Sie im Panel **Kontur** die **Breite** auf *8 pt* und die Option **Umrisslinie innen ausrichten** ein.

4 Verbreiten Sie die Form mit dem **Knotenwerkzeug** wie auf Seite 494.

5 Duplizieren Sie die Form und verschieben Sie die Kopie nach unten und nach links.

6 Wählen Sie die Kopie aus und klicken Sie auf **Ebene > In Bilderrahmen umwandeln**.

7 Duplizieren Sie beide Objekte und verschieben Sie die Kopien zur Seite.

8 Suchen Sie im Panel **Stock** nach passenden Bildern für *Büro* und setzen Sie je ein Bild in einen Rahmen ein.

Der Text ist wie auf der Seite *Unser Team* formatiert. Kopieren Sie einfach den Text von dort und überschreiben sie ihn.

Letzte Details

Auf der rechten Seite habe ich den Text aus KBA_contacts.rtf in Textrahmen kopiert und passend mit den Absatzstilen *Headline 13/15 Left* und *Copy Text 08/14 Left* sowie dem Zeichenstil *Text KBA Blue* formatiert.

Die Elemente für die sozialen Netzwerke sind ArtBoards aus KBA_social_media.afdesign. Diese Grafiken und die darüber liegenden Texte sind linksbündig an der dritten Spaltenhilfslinie ausgerichtet.

Wird Ihr Bericht später digital als PDF versendet, können Sie mit dem Panel **Hyperlinks** die Logos und Texte mit den entsprechenden Adressen verknüpfen.

Um ein Gleichgewicht zu schaffen, habe ich noch das ArtBoard *UK map* aus KBA_maps.afdesign platziert. Für die Bezeichnungen der Firmenstandorte habe ich blaue Rechtecke gezeichnet und passende Textrahmen mit *Copy Text 06/10 Left* formatiert.

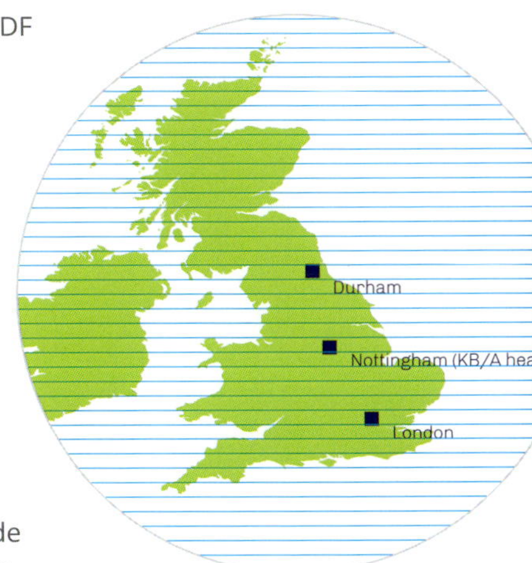

Ressource

KBA_annual_report_final.afpub

DAS DESIGN DER RÜCKSEITE

Die Rückseite ähnelt dem Cover auf der Vorderseite. Kopieren Sie einfach alle Objekte aus Seite 1 und fügen Sie sie auf Seite 16 ein.

Das Rechteck mit der grünen Kontur habe ich so geändert, dass es am linken Seitenrand beginnt und sich bis in den rechten Anschnittbereich erstreckt – die Rückenkante des gefalteten Berichts.

Die Objekte sind an der dritten Spaltenhilfslinie ausgerichtet. Insgesamt sind es hier drei Textrahmen mit:

- Dem Berichttitel formatiert in dem Absatzstil *Headline 30/35 Left*.
- Dem Wort *Contact* formatiert als Zwischenüberschrift in dem Absatzstil *Headline 13/15 Left*.
- Dem Namen und der Anschrift der Firma formatiert in dem Absatzstil *Copy Text 08/14 Left*.

EXPORT ALS PDF

Da wir den Bericht als CMYK-Dokument eingerichtet haben, können wir daraus bequem ein Druckerei-fertige PDF-Datei erstellen und direkt an unseren Druckdienstleister schicken.

Der Export verläuft genau wie bei dem KB/A-Markenleitfaden (Seite 430). Da sich viele der Designelemente bis in die Anschnittbereiche erstrecken, sollten Sie unbedingt sicherstellen, dass die Option **Inklusive Anschnittbereiche** aktiviert ist, damit keine weißen Kanten entstehen, wenn die Druckerei die bedruckten Bögen zuschneidet.

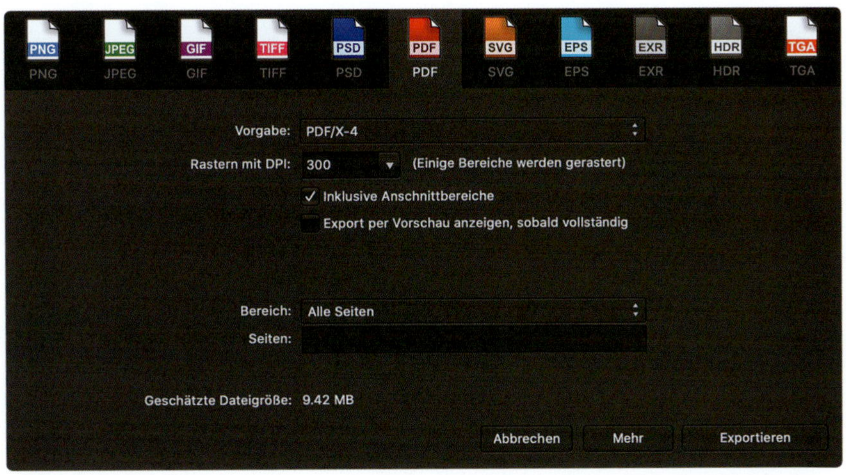

Koestner Browne Architects.
Annual Report
2020
Delivering over 20 years of
architectural growth and
winning architectural designs
Annual Report
14
Our Offices

2019 Financial Summ
Gross revenue
Gross profit
Net profits
Net financials
Cash
Total current assets
Total current liabilities
£ 40.000
£ 32.000
£ 2.300.000
£ 1.100.000
Three-year financial overview
2019
2018
2017
Revenue
Profit (loss) before tax
Total current assets
£ 9.700.000
£ 946.000
£ 2.300.000
£ 7.900.000
£ 819.000
£ 1.900.000
£ 7.200.000
£ 713.000
£ 1.300.000
Company H
Koestner Browne Architects
12
Annual Report
Meet the Team
The Board of Directors
Nadie Koestner
Co-founder & Partner
Over the past twenty years, KB/A has become one of the UK's leading architecture firms, with its team growing from two to more than fifty members of staff, all specialising in a range of disciplines and industries, including heritage, corporate, education, healthcare and hospitality.
Koestner Browne Architects
Location
Koestner Browne Architects is headquartered in a prime location on the outskirts of Nottingham city centre, where its team specialises in a range of disciplines and industries, including heritage, corporate, education, healthcare and hospitality. The firm also has two satellite of-

INDEX

G

H

I

J

K

R

S

T

U

V

W

X

Z

125	conceptual-image-light-bulb-on-background-322131167 © Sergey Nivens
125	beautiful-woman-doing-yoga-on-cliff-435680188 © Merla
133	fashion-pretty-young-woman-wearing-straw-447987058 © Rohappy
137	portrait-of-young-attractive-woman-sitting-in-lecture-hall-1029203734 © MRProduction
137	fire-show-artist-breathe-fire-in-the-dark-1164964681 © Suvorov_Alex
145, 137	male-model-walks-runway-beige-suit-1174728280 © Belish
145	fashion-show-runway-catwalk-event-backstage-402160099 © CatwalkPhotos
145	portrait-beautiful-woman-studio-backstage-187375904 © Alex Andrei
152, 444, 459, 483, 510, 512, 519	business-woman-portrait-618365528 © The Art of Pics
152, 444, 459, 510	portrait-woman-out-office-718046350 © Mamasuba
152, 449	abstract-3d-wireframe-building-1213107082 © Alesandro14
153	portrait-handsome-man-smiling-525264961 © Merla
153	modern-glass-building-157927313 © zhangyang
154 – 155	blank-a4-photorealistic-brochure-mockup-on-670958233 © PrimeMockup
154 – 155	red-hair-girl-dressed-green-shirt-1083211346 © Oleksii Dubrovskyi
154 – 155, 296, 297	red-hair-girl-dressed-green-shirt-1083211367 © Oleksii Dubrovskyi
154 – 155	green-shirt-black-dress-leather-handbag-1083211343 © Oleksii Dubrovskyi
154 – 155	red-hair-girl-dressed-green-shirt-1083211352 © Oleksii Dubrovskyi
156 – 157	group-full-body-people-620517593 © Djomas
156 – 157	brown-electric-guitar-amplifier-isolated-on-240529498 © jirawatfoto
156 – 157	guitar-amplifier-on-white-background-164432561© Garsya
157	studio-audio-instrument-cable-extending-disappearing-257748331 © optimark
158 – 159	vector-architectural-sketch-modern-exclusive-house-1116854846 © ornavi
158 – 159	scrolls-engineering-drawings-isolated-render-on-204329143 © urfin
158 – 159	portrait-smiling-black-woman-striped-shirt-667485685 © mimagephotography
158 – 159	3d-rendering-modern-cozy-house-garage-687170326 © korisbo
158 – 159	3d-rendering-modern-cozy-house-garage-687170329 © korisbo
158 – 159	3d-rendering-modern-cozy-house-garage-691354642 © korisbo
158 – 159	3d-rendering-modern-cozy-house-garage-704556310 © korisbo
161, 219	grand-canal-basilica-santa-maria-della-116504368 © ESB Professional
161, 219	surfer-ocean-top-view-1071223274 © Anton Watman
161, 219	girl-red-dress-amazing-tibumana-waterfall-1136038235 © Aurelia Teslaru
161, 219	traveling-asian-jungle-1278664513 © Arafat shafin99
162, 137	rearview-group-carefree-young-girlfriends-having-1075198985 © Flamingo Images
162	set-stylish-clothes-woman-summer-collage-635321216 © ivastasya
162	set-stylish-clothes-collection-collage-womens-706235647 © ivastasya
162	sunglasses-isolated-on-white-244200697 © Lifestyle Travel Photo
162	set-fashion-jeans-146514308 © Karkas
162	set-fashionable-stylish-clothes-146513426 © Karkas
167	sprinkling-chocolate-brownie-icing-sugar-horizontal-351448700 © Karpenkov Denis
167	pancakes-blueberries-on-dark-wooden-table-319683212 © Karpenkov Denis
167	chocolate-cake-on-dark-background-574305673 © thepiwko
168 – 169	interior-design-dining-kitchen-area3d-illustration3d-1488645683 © Ume illustration
199 – 202, 204, 205, 207, 209	cardboard-texture-170577635 © belkos
216 – 217	young-man-reading-magazine-1166326951 © Bro Crock
223, 429, 488	blank-magazine-journal-newspaper-notebook-mockup-1727514202 © Angel_AMX
244, 245, 254	koi-fish-694633309 © gunungkawi
262 – 263	blank-3d-illustration-magazines-mockup-on-534986113 © mileswork
265, 267, 280, 283, 286, 289	fashion-portrait-young-blond-woman-flowers-640873981 © Max Frost
265, 284 – 285, 290, 291	hat-beige-blouse-turqoise-pleats-skirt-1086666065 © Oleksii Dubrovskyi
265, 267, 274 – 277, 288	girl-model-white-dress-glasses-blue-1133304371 © Street Style Photo
267	book-blank-cover-isolated-mockup-realistic-1234147417 © David Kalosson
267, 297, 299	red-hair-girl-dressed-green-shirt-1083211367 © Oleksii Dubrovskyi
274, 278	girl-model-white-dress-glasses-blue-1133304347 © Street Style Photo
274, 287, 298	girl-model-white-dress-glasses-blue-1133304308 © Street Style Photo
274 ,288	girl-model-white-dress-glasses-blue-1133304380 © Street Style Photo
274, 279, 280, 287, 298	girl-model-white-dress-glasses-blue-1133304353 © Street Style Photo
274, 287, 298	girl-model-white-dress-glasses-blue-1133304344 © Street Style Photo
286, 288, 299	fashion-portrait-young-blond-woman-flowers-640873864 © Max Frost

290, 296, 297	outdoor-photo-beautiful-blond-woman-long-243274207 © Dari Ya
291	light-bedroom-wooden-ceiling-large-bed-552591901 © Photographee.eu
291	young-red-hair-girl-hat-dressed-1086666185 © Oleksii Dubrovskyi
291	young-red-hair-girl-hat-dressed-1086666182 © Oleksii Dubrovskyi
292	beautiful-stylish-girl-posing-trendy-living-1311811970 © Lightfield Studios
296, 297	red-hair-girl-dressed-green-shirt-1083211346 © Oleksii Dubrovskyi
296, 297	closeup-fashionable-woman-legs-wear-beige-1386912383 © Viktoria Minkova
299	girl-model-white-dress-glasses-blue-1133304374 © Street Style Photo
301	clipboard-3d-illustration-on-white-background-177953597 © Montego
301, 323	black-pencil-on-white-background-soft-1188751594 © Lifestyle Graphic
303	simple-clock-watch-on-white-tile-117918247 © Andrey_Kuzmin
303	close-stack-papers-on-white-background-129400130 © Picsfive
326 – 327	blank-spread-open-book-womans-hands-396277846 © Boumen Japet
366 – 367	samples-color-cardstock-paper-292195607 © Anton Starikov
369	close-stack-papers-on-white-background-129400130 © Picsfive
388 – 389, 422 – 423	blank-mock-vertical-street-poster-billboard-425371828 © photodonato
217, 389 – 423	smiling-mature-man-sitting-leaning-on-716822902 © Flamingo Images
420 – 421	three-white-paper-poster-mock-497244337 © Big Picture House
428	blank-a4-photorealistic-landscape-brochure-mockup-1502126720 © Hussainqev
428, 452	mockup-business-brand-template-on-gray-324563438 © mileswork
430 – 431	blank-a4-photorealistic-landscape-brochure-mockup-1502126744 © Hussainqev
430 – 431	blank-a4-photorealistic-landscape-brochure-mockup-1502126720 © Hussainqev
430, 445, 459	beautiful-modern-house-night-scene-382359508 © Alexandre zveiger
430, 450, 458, 514	luxurious-home-interior-exterior-new-empty-107394701© Image Supply
439	female-hand-holding-color-swatches-trend-1575832684 © Igisheva Maria
442, 443	3d-building-landscape-79891999 © han871111
452, 505, 483, 519	green-futuristic-skyscraper-environment-architecture-concepts-530471596 © Tostphoto
453, 514	interior-new-house-modern-white-kitchen-141908515 © Alexandre zveiger
453	modern-dark-grey-laptop-reflections-shadows-1506458510 © Yuliya Team
453	new-version-slim-smartphone-blank-white-1432609280 © Issarawat Tattong
456	open-empty-white-box-isolated-on-660629089 © Mega Pixel
460 – 461, 480 – 481	photo-template-branding-identity-graphic-designers-185706821 © Vitalliy
464	floating-business-card-mockup-isolated-on-1334268443 © sdecoret
482 – 483, 518 – 519, 458 – 459	blank-white-postcard-flyer-on-grey-507923374 © Ink Drop
483, 495, 514, 515, 519	modern-office-building-617520431 © Grand Warszawski
503	businesspeople-discussing-together-conference-room-during-1374784202 © Crafter
510	many-happy-diverse-ethnicity-different-young-1733872811 © Fizkes

ANDERE URHEBERRECHTE AN BILDERN

Vorwort, 183, 187, 365	Die Porträtfotos der Mitwirkenden am Affinity Publisher Workbook wurden mit Erlaubnis der Mitwirkenden verwendet
4	affinity-publisher-AOTY © Apple, Inc., used mit Erlaubnis verwendet
8 – 9, 25	Explosionsdarstellung eines Getriebes © Fernando Martins Ribeiro, im Rahmen einer Lizenz und mit Erlaubnis verwendet
29	Bildminiaturen „explore" im Panel Stock stammen von Unsplash. Ersteller der Bilder in den Miniaturen nach der Darstellungsreihenfolge: Harley Davidson, Harley Davidson, Harley Davidson, Alessandro Erbetta, Andrew Neel, Bryan Minear, Jamie Street, Erico Marcelino, Andreas Chu, Joshua Earle, L B, Alin Zainescu, Tony Bertolino, Maurice Smeets, Rosan Harmenson
80	„Brand Guidelines" © Occy Designs, verwendet im Rahmen einer Lizenz und mit Erlaubnis. Bilder von Unsplash.com
80	Mock-up der Vorlage „Magazine" © Luuqas Design, verwendet im Rahmen einer Lizenz und mit Erlaubnis. Bilder von Unsplash.com
80	Mock-up der Vorlage „Annual Report" © Egotype, verwendet im Rahmen einer Lizenz und mit Erlaubnis. Bilder von Unsplash.com
80 – 81	Mock-up der Vorlage „Gemini Brochure" © Slide Station, verwendet im Rahmen einer Lizenz und mit Erlaubnis. Bilder von Unsplash.com
80	Mock-up der Vorlage „Project Proposal" © ID Vision Studio, verwendet im Rahmen einer Lizenz und mit Erlaubnis. Bilder von Unsplash.com
80, 161, 163, 219	Mock-up der Vorlage „Voyager Magazine" © Visuel Colonie, verwendet im Rahmen einer Lizenz und mit Erlaubnis. Bilder von Unsplash.com (sofern nicht anders vermerkt)
80	Mock-up der Vorlage „Architecture Portfolio" © Studio Bons, verwendet im Rahmen einer Lizenz und mit Erlaubnis. Bilder von Unsplash.com
80	Mock-up der Vorlage „Cookbook" © Occy Designs, verwendet im Rahmen einer Lizenz und mit Erlaubnis. Bilder von Unsplash.com
104	My Gang © James Ritson, mit Erlaubnis verwendet
127	Geese © James Ritson, mit Erlaubnis verwendet

132	Bildminiaturen „summer" im Panel Stock stammen von Unsplash. Ersteller der Bilder in den Miniaturen nach der Darstellungsreihenfolge: Sean O., Ethan Robertson, , Vicko Mozara, Angelo Pantazis, Angello Pro, Atienne Girardet, 煜翔 肖, takahiro taguchi, Aleksandr Eremin, Ali Abdul Rahman, Marissa Rodriguez, Corey Agopian, Nattu Adnan, Lionel Gustave, Alex Bunday, Simon Rae, Brooke Lark, Raphaël Biscaldi, jcob nasyr, Ian Dooley, Daan Huttinga, Mohamed Nashah, Shot On DJI, Link Hoang, Annie Spratt, Luise Schumann
132	heather-ford-1571634298-unsplash (pineapple) https://unsplash.com/photos/vAfCO8xrz0I © the_modern_life_mrs
135	Porträtfotos der Mitglieder des Teams von Affinity Spotlight (Charlotte Thomson-Morley, Umar Lawson, Melanie Khareghat) © Serif (Europe) Ltd.
160, 186, 187, 196, 207	rootbox-Ribeiro-englishgarden.jpg © Fernando Martins Ribeiro, im Rahmen einer Lizenz und mit Erlaubnis verwendet
160, 187, 196, 207	rootbox-Ribeiro-farmersdelight.jpg © Fernando Martins Ribeiro, im Rahmen einer Lizenz und mit Erlaubnis verwendet
160, 177, 187, 188, 196, 207	rootbox-Ribeiro-paradise.jpg © Fernando Martins Ribeiro, im Rahmen einer Lizenz und mit Erlaubnis verwendet
160, 196, 207	rootbox-Ribeiro-berries.png © Fernando Martins Ribeiro, im Rahmen einer Lizenz und mit Erlaubnis verwendet
165, 167	https://creativemarket.com/feelthis/4768929-Celen-Shadow-Mockup-Scene-Creator/ © Feel This
178,183, 199, 201 – 207	Das „Root Box"-Logo wurde von Matt Searston für Serif (Europe) Ltd entworfen und zur Verfügung gestellt
183	Die „Root Box"-Logokonzepte wurden von Matt Searston für Serif (Europe) Ltd entworfen und zur Verfügung gestellt
188, 196, 207	rootbox-Ribeiro-holdingbox.jpg © Fernando Martins Ribeiro, im Rahmen einer Lizenz und mit Erlaubnis verwendet
198 – 199, 203, 207, 211	rootbox-Ribeiro-kitchen.jpg © Fernando Martins Ribeiro, im Rahmen einer Lizenz und mit Erlaubnis verwendet
201, 204, 207, 209 – 210	rootbox-Ribeiro-overhead.png © Fernando Martins Ribeiro, im Rahmen einer Lizenz und mit Erlaubnis verwendet
217, 256	Derwent Lake © James Ritson, mit Erlaubnis verwendet
220 – 221, 223, 226, 238	magazine_profile_EleniDebo_RedCheecks.jpg © Eleni Debo, im Rahmen einer Lizenz und mit Erlaubnis verwendet
220 – 221, 240, 254, 240 – 241	magazine_profile_EleniDebo_Ramen.jpg © Eleni Debo, im Rahmen einer Lizenz und mit Erlaubnis verwendet
220 – 221, 223, 238	magazine_profile_EleniDebo_PortraitBW.jpg © Eleni Debo, im Rahmen einer Lizenz und mit Erlaubnis verwendet
223, 238, 239, 240, 254	magazine_profile_EleniDebo_Raimondas.jpg © Eleni Debo, im Rahmen einer Lizenz und mit Erlaubnis verwendet
239, 241	magazine_profile_EleniDebo_PublicServants.jpg © Eleni Debo, im Rahmen einer Lizenz und mit Erlaubnis verwendet
244 – 245	magazine_tutorial © Moon Lotus Dreams / Roberta Burattini, im Rahmen einer Lizenz und mit Erlaubnis verwendet
254, 257, 262 – 263	magazine_cover_the_final_full_artwork_by_moon_lotus_dreams.jpg © Moon Lotus Dreams, im Rahmen einer Lizenz und mit Erlaubnis verwendet
275	Bildminiaturen „fashion" im Panel Stock stammen von Unsplash. Ersteller der Bilder in den Miniaturen nach der Darstellungsreihenfolge: Dom Hill, freestocks, Lauren Fleischmann, STIL, Tamara Bellis, Alexandra Gorn, Ahmed Carter, Atikh Bana, Alexi Romano, Ian Dooley, Priscilla Du Preez, Alex Blăjan, S O C I A L . C U T, Hannah Morgan, Tamara Bellis, Judeus Samson, Nordwood, Clem Onojeghuo, Jason Leung, Naeim Jafarion, Analise Benevides, Darko Mitev, Hipster Mum, Alex Iby, Brooke Cagle, Dami Adebayo, Fezbot2000, Sarah Dorweiler, Charisse Kenion, Calvin Lupiya
326 – 327	alice_chapter_III.png © Steve Simpson, im Rahmen einer Lizenz und mit Erlaubnis verwendet
329, 354	alice_chapter_II.png © Steve Simpson, im Rahmen einer Lizenz und mit Erlaubnis verwendet
329, 359	alice_chapter_VII.png © Steve Simpson, im Rahmen einer Lizenz und mit Erlaubnis verwendet
329	alice_chapter_X1.png © Steve Simpson, im Rahmen einer Lizenz und mit Erlaubnis verwendet
342, 343, 353, 354	alice_chapter_I-drinkme.png © Steve Simpson, im Rahmen einer Lizenz und mit Erlaubnis verwendet
344, 360	alice_chapter_IX-gryphon.png © Steve Simpson, im Rahmen einer Lizenz und mit Erlaubnis verwendet
364 – 365	Steve Simpson illustrations © Steve Simpson, im Rahmen einer Lizenz und mit Erlaubnis verwendet
365	Steve Simpson portrait © Steve Simpson, im Rahmen einer Lizenz und mit Erlaubnis verwendet
368	alice_chapter_IV.png © Steve Simpson, im Rahmen einer Lizenz und mit Erlaubnis verwendet
363, 372 – 375, 380 – 381, 383, 385 – 387	artwork_alicecover.jpg © Steve Simpson, im Rahmen einer Lizenz und mit Erlaubnis verwendet
374	ZTF Logo © Zeune Type Foundry, mit Erlaubnis verwendet
443	Bildminiaturen „architecture" im Panel Stock stammen von Unsplash. Ersteller der Bilder in den Miniaturen nach der Darstellungsreihenfolge: Alex Wong, Lance Anderson, Joel Filipe, Maarten Deckers, Anders Jildén, 贝莉儿 Danist, Tobias Keller, Luca Bravo, Marc Olivier Jodoin, Jimmy Chang, Joel Filipe, Joel Filipe, Joakim Nådell, Riccardo Oliva, Christian Perner, Farhan Khan, Ricardo Gomez Angel, Simone Hutsch, Matthew Henry, Sandro Katalina, All Bong, Kimon Maritz, Luca Bravo, Verne Ho, Etienne Beauregard, Guillaume Bolduc, Colin Carter, bantersnaps, Scott Webb, Christian Perner

URHEBERRECHTE AN SCHRIFTEN

Special Elite © 2011, Astigmatic
Caladea © Carolina Giovagnoli and Andres Torresi
Crimson Pro © 2010, Sebastian Kosch (sebastian@aldusleaf.org), mit Reserved Font Name "Crimson Text"
Chivo © 2011, Omnibus-Type (www.omnibus-type.com | omnibus.type@gmail.com)
Poppins © 2014, Indian Type Foundry (info@indiantypefoundry.com)
DM Serif Display © 2014 Adobe (http://www.adobe.com/), mit Reserved Font Name "Source"
Muli © 2011 by Vernon Adams (vern@newtypography.co.uk), mit Reserved Font Name "Muli"
Wallington Pro © 2014, Zeune Ink Foundry (https://ink.creativezeune.com) mit Reserved Font Name "Wallington Pro"
Istok Web © Andrey Panov
IBM Plex Sans © 2017, Mike Abbink, IBM BX&D, in Zusammenarbeit mit Bold Monday

NOTIZEN

NOTIZEN

AFFINITY Publisher Mac

PUBLISHER PERSONA TASTENKÜRZEL

Die Tastenkürzel für die Designer Persona und Photo Persona finden Sie auf den ersten Seiten der jeweiligen Spickzettel unter:

affin.co/afdmacshortcutsde
affin.co/afpmacshortcutsde

AFFINITY **Publisher** Windows

PUBLISHER PERSONA TASTENKÜRZEL

Die Tastenkürzel für die Designer Persona und Photo Persona finden Sie auf den ersten Seiten der jeweiligen Spickzettel unter:

affin.co/afdwinshortcutsde
affin.co/afpwinshortcutsde

AFFINITY **Publisher** Mac

ERWEITERTE TEXTOPTIONEN

Drücken Sie folgende Tasten für die entsprechend gekennzeichneten Aktionen:
Alt ⌥ Cmd ⌘ Umschalt ⇧ Ctrl ^

⌘ + T Panel **Zeichen**
⇧ ⌘ + T Dialogfeld **Typografie**

⌘ + B Fett
⌘ + I Kursiv
⌘ + U Unterstrichen

⌥ ⌘ + L Links ausrichten
⌥ ⌘ + C Zentriert ausrichten
⌥ ⌘ + R Rechts ausrichten

(Nutzen Sie zusätzlich ⌘, um die Schrittgröße zu erhöhen ◄ & ►)
(Nutzen Sie zusätzlich ⌘, um die Schrittgröße zu verringern ▲ & ▼)

x2 Wort unter dem Mauszeiger auswählen
x3 Zeile unter dem Mauszeiger auswählen
x4 Absatz unter dem Mauszeiger auswählen
x5 Alles markieren

AUSDRÜCKE

Verwenden Sie diese Ausdrücke in den Eingabefeldern des Panels **Transformieren** (und in anderen UI-Elementen).

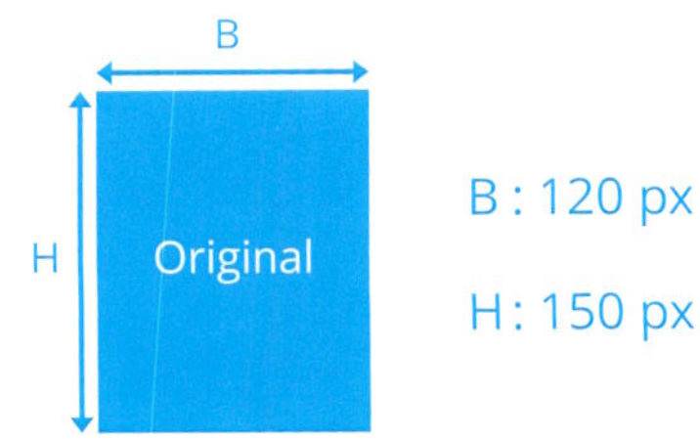

B:	118+55	173 px	B:	*=75%	90 px
B:	37*4	148 px	B:	h+30	180 px
B:	+=80	200 px	B:	h-5	145 px
B:	-=20	100 px	B:	2*h	300 px
B:	*=2	240 px	B:	h/2	75 px
B:	/=2	60 px	B:	gr*h	242.7 px
B:	*=1.4	168 px			

GESTEN

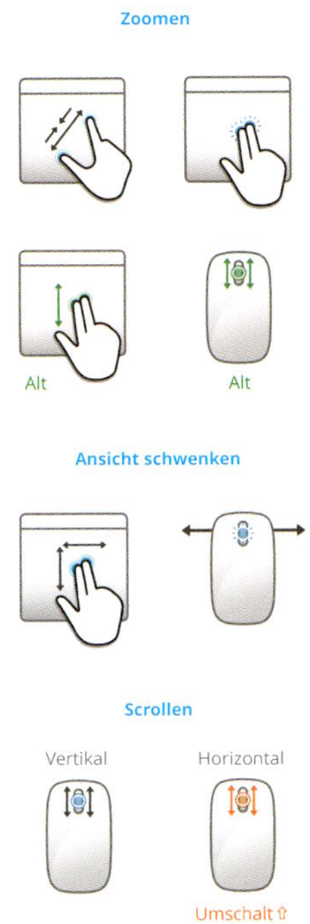

AFFINITY **Publisher** Windows

ERWEITERTE TEXTOPTIONEN

Drücken Sie folgende Tasten für die entsprechend gekennzeichneten Aktionen:
Strg Alt Umschalt ⇧

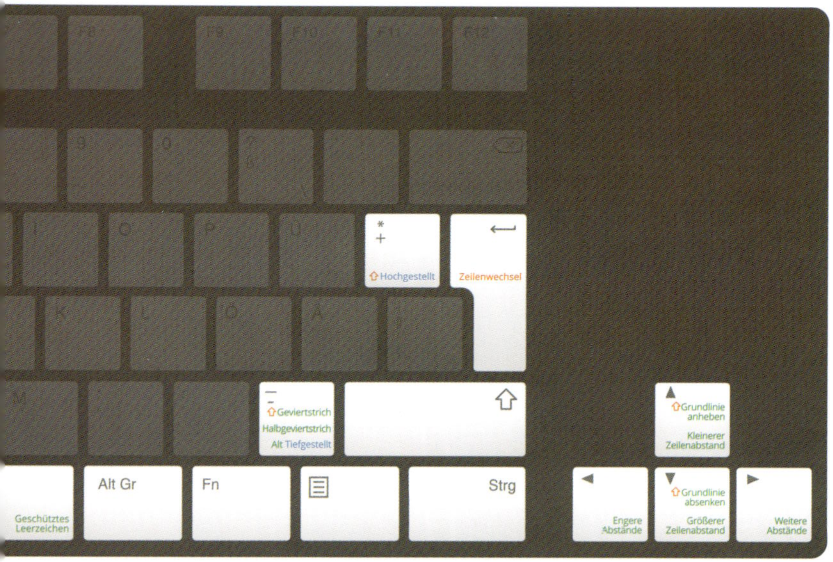

Strg + F Panel **Suchen und Ersetzen**
Strg + T Panel **Zeichen**
Strg + ⇧ + T Dialogfeld **Typografie**

Strg + B Fett
Strg + I Kursiv
Strg + U Unterstrichen

Strg + Alt + L Links ausrichten
Strg + Alt + C Zentriert ausrichten
Strg + Alt + R Rechts ausrichten

Alt + ⇧ + ◄ Noch engere Abstände
Alt + ⇧ + ► Noch weitere Abstände
Strg + Alt + ⇧ + ▲ Grundlinie präzise anheben
Strg + Alt + ⇧ + ▼ Grundlinie präzise absenken
Strg + Alt + ▼ Zeilenabstand präzise erhöhen
Strg + Alt + ▲ Zeilenabstand präzise verringern

x2 Wort unter dem Mauszeiger auswählen
x3 Zeile unter dem Mauszeiger auswählen
x4 Absatz unter dem Mauszeiger auswählen
x5 Alles markieren

AUSDRÜCKE

Verwenden Sie diese Ausdrücke in den Eingabefeldern des Panels **Transformieren** (und in anderen UI-Elementen).

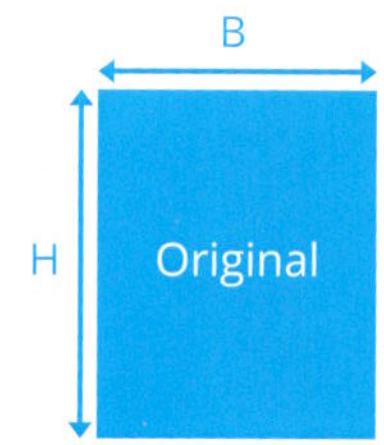

B : 120 px
H : 150 px

B: 118+55	=	173 px	B: *=75%	=	90 px
B: 37*4	=	148 px	B: h+30	=	180 px
B: +=80	=	200 px	B: h-5	=	145 px
B: -=20	=	100 px	B: 2*h	=	300 px
B: *=2	=	240 px	B: h/2	=	75 px
B: /=2	=	60 px	B: gr*h	=	242.7 px
B: *=1.4	=	168 px			

AFFINITY Publisher Mac

MODIFIER-TASTEN & ARBEITEN MIT EBENEN

Auswählen	Umschalt Alt Ziehen + Ctrl Option + Ziehen	Wählt mehrere Objekte und Ebenen aus. Wählt das Objekte oder die Ebene hinter der aktuellen Auswahl aus. Wählt Objekte/Ebenen aus, die teilweise von dem Auswahlrahmen erfasst sind. Ignoriert das ursprüngliche Objekt bzw. die Ebene unter dem Cursor.
Verschieben	Cmd + Ziehen Umschalt + Ziehen	Objekt duplizieren Eingeschränkt verschieben unter Winkeln von 45° gemessen zum Ursprung
Drehen	Umschalt Ctrl	Beschränken der Drehung auf Schritte von 15° Dreht von der gegenüberliegenden Ecke der Ebene oder des Objekts aus
Größe ändern	Umschalt Cmd Alt	Kehrt die Einschränkung des Seitenverhältnisses beim Skalieren um Skaliert vom Mittelpunkt der Auswahl aus Ignoriert während des Vorgangs die magnetische Ausrichtung
Tabellen	Umschalt + Ziehen Umschalt Cmd	Spalte links neben dem gezogenen Trennelement im Tabellenkopf verkleinern / vergrößern, ohne die Größe der anderen Spalten zu ändern Mehrere angrenzende Spalten, Zeilen oder Zellen auswählen Mehrere nicht angrenzende Spalten, Zeilen oder Zellen auswählen
Panel *Ebenen*	☐ Ebene 1 ☐ Ebene 1 ☐ Ebene 1	Doppelklick = Name der Ebene ändern Doppelklick = Auf Ebene zoomen Klick + Alt = Nur ausgewählte anzeigen
Zoomwerkzeug	Alt + Klick Alt + Ziehen	Verringert die Zoomstufe Zoomt auf den Auswahlrahmen

AFFINITY Publisher Windows

MODIFIER-TASTEN & ARBEITEN MIT EBENEN

Auswählen	Umschalt Alt Alt + Ziehen Ziehen + Rechte Maustaste	Wählt mehrere Objekte und Ebenen aus. Wählt das Objekte oder die Ebene hinter der aktullen Auswahl aus. Ignoriert das ursprüngliche Objekt bzw. die Ebene unter dem Cursor. Wählt Objekte/Ebenen aus, die teilweise von dem Auswahlrahmen erfasst sind.
Verschieben	Strg + Ziehen Umschalt + Ziehen	Objekt duplizieren Eingeschränkt verschieben unter Winkeln von 45° gemessen zum Ursprung
Drehen	Umschalt Ziehen, dann rechte Maustaste halten	Beschränken der Drehung auf Schritte von 15° Dreht von der gegenüberliegenden Ecke der Ebene oder des Objekts aus
Größe ändern	Umschalt Strg Alt	Kehrt die Einschränkung des Seitenverhältnisses beim Skalieren um Skaliert vom Mittelpunkt der Auswahl aus Ignoriert während des Vorgangs die magnetische Ausrichtung

Tabellen	Umschalt + Ziehen Umschalt Strg	Spalte links neben dem gezogenen Trennelement im Tabellenkopf verkleinern / vergrößern, ohne die Größe der anderen Spalten zu ändern Mehrere angrenzende Spalten, Zeilen oder Zellen auswählen Mehrere nicht angrenzende Spalten, Zeilen oder Zellen auswählen
Panel *Ebenen*	☐ Ebene 1 ☐ Ebene 1 ☐ Ebene 1	Doppelklick = Name der Ebene ändern Doppelklick = Auf Ebene zoomen Klick + Alt = Nur ausgewählte anzeigen
Zoomwerkzeug	Alt + Klick Alt + Ziehen	Verringert die Zoomstufe Zoomt auf den Auswahlrahmen